LES CARACTÈRES

ou

LES MOEURS DE CE SIÈCLE

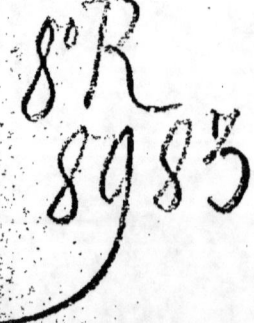

LA BRUYÈRE

LES CARACTÈRES

OU

LES MOEURS DE CE SIÈCLE

SUIVIS DES

CARACTÈRES DE THÉOPHRASTE

NOUVELLE ÉDITION

COLLATIONNÉE SUR LES MEILLEURS TEXTES

PRÉCÉDÉE D'UNE NOTICE SUR LA BRUYÈRE

et accompagnée de notes historiques et littéraires

PAR

M. J. LABBÉ

ANCIEN ÉLÈVE DE L'ÉCOLE NORMALE, AGRÉGÉ DES CLASSES
SUPÉRIEURES

PARIS

LIBRAIRIE CLASSIQUE EUGÈNE BELIN

Vᵉ EUGÈNE BELIN & FILS

RUE DE VAUGIRARD, Nº 52

1888

Toutes mes éditions sont revêtues de ma griffe.

Eug. Belin (signature)

SAINT-CLOUD. — IMPRIMERIE Vᵉ EUG. BELIN ET FILS.

NOTICE

SUR LA VIE ET LES ÉCRITS DE LA BRUYÈRE

I

On a longtemps disputé sur le lieu et sur la date de sa naissance. Les uns ont fait naître notre auteur en 1639, d'autres en 1644 ou 1646, à Dourdan ou dans quelque autre village inconnu. On sait aujourd'hui que Jean de La Bruyère est né à Paris, dans la Cité, au mois d'août 1645. Sa famille était de bonne bourgeoisie parisienne, et comptait parmi ses ancêtres un célèbre Ligueur. La Bruyère, après avoir été élevé chez les Oratoriens, fit ses études de droit et fut reçu avocat au parlement.

A vingt-huit ans, il acheta une charge de trésorier des finances dans la généralité de Caen. Vers la même époque, Bossuet, qui estimait son caractère et son esprit, le présenta au grand Condé, qui le chargea d'enseigner l'histoire à son petit-fils, le duc de Bourbon[1]. Celui-ci, dit Saint-Simon qui lui est peu favorable, conserva toute sa vie « les restes de l'excellente éducation » qu'il devait à La Bruyère. Il se maria en 1685 et cessa de prendre des leçons d'histoire ; mais La Bruyère ne quitta la maison des Condés, ni après le mariage de son élève, ni après la mort du vainqueur de Rocroy, arrivée en 1686. Il demeura, à Chantilly ou à Versailles, en qualité d'homme de lettres, auprès de M. le Prince qui, pour prix des soins donnés à son fils, lui avait fait une pension de mille écus.

Vivant avec ces illustres personnages, mais dans une position subalterne, La Bruyère eut accès à la cour, et, sans être mêlé à ses intrigues politiques ou galantes, il put tout voir, tout observer, tout noter en silence, dessiner et peindre ses portraits d'après nature : situation vraiment privilégiée d'un spectateur qui se trouvait placé, non trop près ou trop loin, mais au véritable

---

1. Louis de Bourbon, prince de Condé, eût de son mariage avec Clémence de Maillé de Brézé, nièce de Richelieu, Henri Jules de Bourbon, qu'on appelle M. le Prince et qui mourut en 1709. M. le Prince est le père de Louis de Bourbon, M. le Duc, l'élève de la Bruyère, mort en 1710. — C'est le fils de M. le Duc qui fut premier ministre sous Louis XV.

point de vue, connaissant le théâtre et les personnages, et les
pièces tragiques ou comiques qu'on y représentait, et les machines, et le fort et le faible de chacun des acteurs, n'étant pas
acteur lui-même, et par conséquent n'ayant ni l'esprit brouillé
par l'inquiétude de voir la pièce tomber ou réussir, ni le cœur
engagé dans les intérêts d'aucune des cabales. D'un autre côté,
par sa famille, il tenait aux bourgeois de Paris, et, de cette façon,
ne connaissait pas la ville moins bien que la cour. N'oublions pas
qu'à Chantilly, « dans ces superbes allées, au bruit de ces jets
d'eau, qui ne se taisaient ni jour ni nuit », il avait pu voir le
grand Condé entouré de tout ce que la France possédait d'hommes
illustres dans l'Église et dans les Lettres, des Bossuet, des Fénelon, des Racine, des Molière, des La Fontaine, des Boileau ;
c'est là sans doute que Saint-Simon l'avait rencontré et avait eu
l'occasion de le connaître assez pour le peindre au naturel dans
un portrait qui fait d'autant plus d'honneur à l'auteur des *Caractères* que l'auteur des *Mémoires* est moins enclin à dire du bien
du prochain : « C'était, dit-il, un homme illustre par son esprit,
par son style et par la connaissance des hommes... un fort
honnête homme, de très bonne compagnie, simple, sans rien de
pédant et fort désintéressé[1]. »

La Bruyère semblait donc appelé par la situation où l'avait
placé l'estime de Bossuet, aussi bien que par les qualités de son
esprit et par son tempérament, à être un observateur clairvoyant,
un moraliste sans illusions comme sans amertume, un écrivain
sans pédantisme, enfin le peintre des mœurs de ce siècle qui fut
si grand et qui cachait tant de petitesses sous ses grandeurs.

Il avait traduit du grec les *Caractères* de Théophraste ; il eut
la pensée de placer modestement, à la suite de ces *Caractères*,

---

1. Il faut rapprocher ce jugement de Saint-Simon de celui que l'abbé d'Olivet porte sur La Bruyère dans son *Histoire de l'Académie française* :
« On me l'a dépeint comme un philo-
» sophe qui ne songeait qu'à vivre
» tranquille avec des amis et des livres ;
» faisant un bon choix des uns et des
» autres ; ne cherchant ni ne fuyant le
» plaisir ; toujours disposé à une joie
» modeste, et ingénieux à la faire
» naître ; poli dans ses manières, et
» sage dans ses discours ; craignant
» toute sorte d'ambition, même celle
» de montrer de l'esprit. »
Le chartreux Bonaventure d'Argonne, sous le pseudonyme de Vigneul-Marville, commente ainsi le caractère du philosophe, qui se trouve au chapitre des *biens de fortune* : « Rien n'est si beau que ce caractère ; mais aussi faut-il avouer que, sans supposer d'antichambre ni de cabinet, on avait une grande commodité pour s'introduire soi-même auprès de M. de la Bruyère avant qu'il eût un appartement à l'hôtel de... (Condé). Il n'y avait qu'une porte à ouvrir et qu'une chambre proche du ciel, séparée en deux par une légère tapisserie. Le vent, toujours bon serviteur des philosophes, courant au-devant de ceux qui arrivaient, et retournant avec le mouvement de la porte, levait adroitement la tapisserie et laissait voir le philosophe, le visage riant et bien content d'avoir occasion de distiller dans l'esprit et le cœur des survenants l'élixir de ces méditations. »
Voltaire, qui adressait à Dieu cette prière : « Mon Dieu ! préservez-moi de mes amis, quant à mes ennemis, je m'en charge ; » se fût chargé volontiers de dom Bonaventure, qui savait si bien, en dix lignes, faire l'éloge des gens qu'il voulait décrier.

quelques-uns des portraits et quelques-unes des réflexions qu'il écrivait le soir. dans sa petite chambre de Versailles ou de Chantilly, après avoir, pendant toute la journée, vu les princes, les favoris et les ministres jouer leur rôle, les uns bien et les autres mal. Il lut cette ébauche du livre des *Mœurs de ce siècle* à ses amis, qui louèrent froidement l'auteur et de façon à le décourager. Il était fort perplexe, se défiant de lui-même, n'osant livrer son livre à l'impression. S'il faut en croire Maupertuis, les circonstances dans lesquelles La Bruyère remit son manuscrit au libraire qui devait l'imprimer, peignent bien la modestie et le désintéressement de ce grand écrivain et de cet honnête homme : « M. de La Bruyère venait presque journellement s'asseoir chez un libraire nommé Michallet, où il feuilletait les nouveautés, et s'amusait avec un enfant bien gentil, fille du libraire, qu'il avait pris en amitié. Un jour il tire un manuscrit de sa poche, et dit à Michallet : « Voulez-vous imprimer ceci ? (C'était les *Caractères*.) Je ne sais si vous y trouverez votre compte ; mais en cas de succès, le produit sera pour ma petite amie. » Le libraire entreprit l'édition. A peine l'eût-il mise en vente qu'elle fut enlevée, et qu'il fut obligé de réimprimer plusieurs fois ce livre, qui lui valut deux ou trois cent mille francs. Telle fut la dot imprévue de sa fille, qui fit, dans la suite, le mariage le plus avantageux. »

La première édition des *Caractères* parut à la fin de 1687. Elle ne contenait que le tiers de l'ouvrage que nous possédons, et fut rapidement épuisée. Une deuxième et une troisième édition la suivirent immédiatement (1688.) Ce succès enhardit La Bruyère qui ajouta de nouvelles réflexions et surtout de nouveaux portraits dans les six éditions qui parurent encore de son vivant, de 1689 à 1696.

Suivant la prédiction que lui avait faite M. de Malézieux, son livre lui avait attiré beaucoup de lecteurs et beaucoup d'ennemis Ceux-ci furent assez forts pour qu'en 1691, quand l'auteur des *Caractères* se présenta pour occuper le fauteuil de Benserade, l'Académie française lui préférât un poète à la mode, Etienne Pavillon. Il fut plus heureux deux ans plus tard ; grâce à l'appui de Racine, de Boileau, et de quelques autres, il fut élu presque à l'unanimité, et reçu le 15 juin 1693, dans une séance que présidait Charpentier, une des victimes de Boileau.

On était alors au plus fort de la querelle des Anciens et des Modernes. La Bruyère tenait pour les anciens, avec Racine, avec Boileau, avec Fénelon, c'est-à-dire avec tous ceux de ses contemporains, « qui semblaient juger en leur propre cause, tant leurs ouvrages étaient faits sur le goût de l'antiquité. » Dans le camp opposé combattaient des hommes d'esprit, comme Fontenelle, Charles Perrault, l'abbé Terrasson, tous Cartésiens déterminés, qui eurent le mérite de préparer la théorie du Progrès et le tort de voir le progrès là où il n'est pas, c'est-à-dire dans les Lettres et dans les Arts. La Bruyère les avait maltraités dans son livre, et fit l'éloge de leurs adversaires dans son discours. Charpentier, dans sa réponse, dérogea à toutes les traditions de l'Académie en adressant au récipiendaire non quelques-unes de ces épigrammes courtoises qui sont comme l'assaisonnement indispensable de ces sortes de harangue, mais certaines critiques fort acerbes, dont la conclusion était que les Caractères de Théophraste vivraient toujours, tandis que ceux de notre auteur seraient oubliés, dès qu'ils auraient perdu ce vif et ce brillant qui faisaient tout leur mérite aux yeux des contemporains. La Bruyère se montra peut-être plus touché de cette attaque qu'il ne convenait à un philosophe, et y répondit plus longuement qu'il n'était nécessaire, dans *sa Préface au Discours prononcé dans l'Académie française*.

Cette préface fut sa dernière œuvre : elle fut publiée dans la neuvième édition des *Caractères*. Quelques jours avant que parût cette édition, le 11 juin 1696, il mourut subitement. L'abbé d'Olivet raconte ainsi sa mort : « Quatre jours auparavant, il était
» à Paris dans une compagnie de gens qui me l'ont conté, où
» tout à coup il s'aperçut qu'il devenait sourd, mais absolument
» sourd. Il s'en retourna à Versailles, où il avait son logement
» à l'hôtel de Condé ; et une apoplexie d'un quart d'heure
» l'emporta, n'étant âgé que de cinquante-deux ans. »

II

Suard a dit qu'en lisant le livre des *Caractères*, « on est moins frappé des pensées que du style » ; et il ajoute : « Les tournures et les expressions paraissent avoir quelque chose de plus brillant, de plus fin, de plus inattendu que le fond des choses mêmes, et c'est moins l'homme de génie que le grand écrivain qu'on admire. » Nous devons avouer que ce sentiment n'est pas le nôtre : certes le livre de La Bruyère veut être étudié par quiconque se mêle d'écrire ; mais il nous paraît que chez lui les pensées ne sont pas moins dignes d'attention que le style. Sans admettre toutes les interprétations malignes, souvent fausses, quelquefois ridicules de ces *Clefs*, dont l'indiscrétion ou la sottise le désespérait, on doit reconnaître qu'en peignant les mœurs de son temps, il a rendu service non seulement aux moralistes, mais aux historiens qui devaient venir après lui ; et la lecture des *Caractères* est peut-être la meilleure préparation pour celui qui se propose de pénétrer ensuite dans l'effrayant dédale de l'œuvre de Saint-Simon, de celui que Michelet appelle si bien « le guide et le tyran de l'histoire. »

On peut dire que les opinions de La Bruyère, en littérature, en art, en philosophie, en religion, ont été celles des plus honnêtes gens de son époque. Nous avons déjà remarqué que, dans la querelle des Anciens et des Modernes, il avait pris parti pour les Anciens, faisant ainsi cadrer ses jugements à ceux des plus habiles entre les modernes. Si, avec Fénelon et contre tout le dix-septième siècle, il regrette « ce je ne sais quoi de court, de naïf, de hardi, de vif et de passionné », dont on semblait avoir perdu le secret depuis la réforme indiscrète de Malherbe, de Balzac et de Vaugelas, il paraît, avec Fénelon lui-même et avec tous ses contemporains, sévère jusqu'à l'injustice et jusqu'à l'ignorance, pour la poésie et l'architecture du moyen âge. En religion et en philosophie, il est chrétien et cartésien : il eût signé l'*Exposition de la foi catholique* et la *Connaissance de Dieu et de soi-même*. Dans les matières qui sont de la foi et dans celles qui sont de la raison, on le trouve toujours avec Bossuet. (Il eut même le tort d'approuver, avec l'orateur qui prononça l'oraison funèbre de Michel Le Tellier, le crime du règne, la faute irréparable qui affaiblit la France et créa la Prusse, la révocation de l'Edit de Nantes.) Bien que les *Dialogues sur le quiétisme*, qu'on a publiés sous son nom, soient d'une authenticité douteuse, il est certain que les égarements de Molinos et « de sa mystique bande » lui inspirèrent la même horreur qu'à l'honnête Boileau (Satire XI, à M. de Valincourt), et que sa raison s'indigna des *Torrents* de Mme Guyon. Sur ce point encore il fut avec l'évêque de Meaux ; il ne se laissa point séduire par l'auteur des *Maximes des Saints*, qui bientôt après allait être sacré pour l'exil comme archevêque de Cambrai. Esprit modéré, mais non pas modérément raisonnable, il s'efforça de se tenir toujours à une distance égale des hypocrites de cour, de ceux qu'il appelle les dévots ou faux-dévots, et des libertins : il écrivit contre les premiers son chapitre *de la Mode* et contre les seconds son chapitre des *Esprits forts*. Il eût dit volontiers avec le Cléante de Molière :

>....... Je sais, pour toute ma science,
> Du faux avec le vrai faire la différence.
> Et comme je ne vois nul genre de héros
> Qui soient plus à priser que les parfaits dévots,
> Aucune chose au monde et plus noble et plus belle
> Que la sainte ferveur d'un véritable zèle ;
> Aussi je ne vois rien qui soit plus odieux
> Que le dehors plâtré d'un zèle spécieux,
> Que ces francs charlatans, que ces dévots de place
> De qui la sacrilège et pompeuse grimace
> Abuse impunément, et se joue à leur gré
> De ce qu'ont les mortels de plus saint et sacré ;
> Ces gens qui, par une âme à l'intérêt soumise,
> Font de dévotion métier et marchandise,
> Et veulent acheter crédit et dignités,
> A prix de faux clins d'yeux et d'élans affectés.

L'attitude prise par La Bruyère ne manquait pas de périls : aucune conduite en effet ne compromet plus un homme que cet esprit d'équilibre qui le tient à égale distance de deux partis extrêmes : car il est sûr de n'avoir aucun appui, d'être attaqué par tous ceux qui sont à l'une des extrémités, et mal défendu par ceux qui sont de son avis, les personnes d'un caractère modéré aimant peu à se compromettre même pour leurs amis. Montesquieu disait : « Ce que c'est que d'être modéré dans ses principes ! Je passe en France pour avoir peu de religion, et en Angleterre pour en avoir trop. » De même l'auteur des *Caractères* se vit traiter de libertin par les hypocrites de cour, et sans doute il passait pour dévot dans la société des Vendômes et à l'hôtel des Tournelles.

Peu original en métaphysique, toujours inférieur à Pascal dans les imitations qu'il a faites de cet écrivain inimitable, n'ayant ni la netteté lumineuse de Bossuet, ni l'abondance éloquente de Fénelon dans l'exposition du cartésianisme chrétien, répugnant aux hardiesses de Malebranche, il est vraiment supérieur comme moraliste, non seulement à ses devanciers, mais à ceux qui essayèrent après lui de faire l'anatomie du cœur et l'analyse des passions. Il a moins d'amertume que La Rochefoucauld, peut-être parce qu'il n'avait été que spectateur dans ces tragi-comédies où l'ami de Mme de La Fayette avait joué son rôle, tour à tour applaudi et sifflé par la cour et par la ville ; il ne croit pas, ainsi que l'auteur des *Maximes*, que le monde moral soit borné à l'ouest par le château de Saint-Germain ou le palais de Versailles, et à l'est par les barricades de la Fronde ; il sait qu'il y a d'autres hommes et d'autres femmes que les héros et les héroïnes de l'intrigue, de la révolte sans motif et de la soumission sans dignité, et ne pense pas qu'il ait le droit de mépriser le genre humain par cela seulement qu'il a vu la cour. S'il ignore les coups d'ailes qui emportaient Pascal jusque dans ces régions du vide où l'homme s'effraye de lui-même, suspendu entre deux infinis et ne voyant en soi que contradictions, s'il n'a pas osé regarder en face le problème des grandeurs et des misères de ce roi dépossédé qui se sent à l'étroit dans les limites de l'univers aussi bien qu'entre les murs d'une chambre, il n'est pas tombé dans le désespoir d'où l'auteur des *Pensées* ne sort que par un pari pour ou contre Dieu, et il a su, mieux que lui, accommoder le doute de Montaigne et l'orgueil d'Épictète. Moins dogmatique que Nicole, il a plus de solidité que Saint-Évremond, brisant de toutes parts les barrières un peu étroites où Port-Royal emprisonnait l'auteur des *Essais*, et dédaignant le facile libertinage de l'hôte de Mme de Mazarin, qui, confondant le dérèglement des mœurs avec l'indépendance de l'esprit, voulait trouver dans le système d'Épicure ou de Gassendi un dogme philosophique qui sanctionnât son goût pour les plaisirs. Nous n'oserions dire qu'il eût plus que Vauvenargues l'amour de la vertu et l'amour de l'humanité ; mais il n'a pas les illusions de ce jeune officier mort à trente-deux ans, et qui a laissé à la postérité son livre *de l'Esprit humain* et ses *Conseils à un jeune homme* comme le testament d'un esprit droit, d'un cœur généreux et d'une âme sans tache. Toutes les fois qu'il admire le bien, La Bruyère fait penser à Vauvenargues, quoiqu'il ait sur lui le douloureux avantage de ne pas ignorer le mal; et c'est le plus grand éloge que nous puissions faire de l'auteur et du livre des *Caractères*.

Vauvenargues n'est pas le seul écrivain du dix-huitième siècle qui veuille être rapproché de La Bruyère. En étudiant les *Caractères*, en les annotant, le nom de J.-J. Rousseau a dû se présenter plus d'une fois à notre esprit. Comme Rousseau, La Bruyère avait eu des commencements difficiles; comme lui, il en avait gardé quelque amertume au fond du cœur (voir surtout le chap. du *mérite personnel*); mais cette amertume paraît adoucie par le sentiment d'une résignation qui n'est pas exempte d'ironie et cependant exclut toute pensée de révolte. Il s'écrie : « le peuple n'a guère d'esprit, et les grands n'ont point d'âme. Celui-ci a un bon fond et n'a point de dehors; ceux-là n'ont que des dehors et une simple superficie. Faut-il opter, je ne balance pas, je veux être peuple. » Mais il se résigne bientôt à cette inégalité des conditions humaines; il appelle à son aide pour l'accepter les maximes les plus fermes et en même temps les plus dédaigneuses de l'Ecole stoïcienne : « Nous devons travailler à nous rendre très dignes de quelque emploi : le reste ne nous regarde point, c'est l'affaire des autres. » On sent que l'heure de la révolte n'a pas encore sonné. Toutefois la fierté de l'homme de lettres, qui, commensal des Condés, sut, avec beaucoup d'esprit et un peu de sauvagerie, se garder du mépris dans une maison où le poète Santeuil mourait victime d'un caprice de prince, annonce déjà les insurrections morales qui éclateront au siècle suivant.

La Bruyère est tour-à-tour Philinte et Alceste. Il ne s'étonne, non plus que le Philinte de Molière, « de voir un homme fourbe, injuste, intéressé, » il voit ces défauts, dont Alceste murmure, « comme vices unis à l'humaine nature; » mais il est fort différent du Philinte de Rousseau, de « cet honnête homme du grand monde, qui, autour d'une bonne table, soutient qu'il n'est pas vrai que le peuple ait faim. » La Bruyère sait, au contraire, que le peuple a faim et qu'il a froid et il le dit,, et il s'en indigne : « Il y a des misères qui saisissent le cœur : il manque à quelques-uns jusqu'aux aliments; ils redoutent l'hiver, ils appréhendent de vivre... »; et ailleurs : « Il y a une espèce de honte d'être heureux devant certaines misères. » Et il écrit le fameux portrait du paysan dans l'ancienne monarchie : « L'on voit certains animaux farouches, etc. » D'un autre côté, La Bruyère est bien Alceste, et l'Alceste de Molière, car il a, comme lui,....

Ces haines vigoureuses
Que doit donner le vice aux âmes vertueuses.

« Il y a des âmes sales, pétries de boue et d'ordure, éprises du gain et de l'intérêt, comme les belles âmes le sont de la gloire et de la vertu... De telles gens ne sont ni parents, ni amis, ni citoyens, ni chrétiens, ni peut-être des hommes ; ils ont de l'argent. » Et il est aussi l'Alceste de Rousseau, c'est-à-dire « un homme de bien qui déteste les mœurs de son siècle et la méchanceté de ses contemporains ; qui, précisément parce qu'il aime ses semblables, hait en eux les maux qu'ils se font réciproquement et les vices dont ces maux sont l'ouvrage. » Chez lui l'indignation n'est qu'un effet de la pitié, et la méchante humeur où on le surprend souvent vient non d'un esprit chagrin, mais d'un cœur sensible qui voudrait voir ses semblables moins vicieux et par cela moins malheureux.

La vue des misères humaines lui inspire ce mot plein de mélancolie : « Il faut rire avant que d'être heureux, de peur de mourir sans avoir ri. » Cela est charmant, et également éloigné de l'optimisme des sots qui sont contents de tout, parce qu'ils sont contents d'eux-mêmes, et de l'ennui solennel de l'auteur de *René*, des tristesses factices de ceux qu'Alfred de Musset appelle « les pleurards, les rêveurs à nacelles, les amants de la nuit, des lacs, des cascatelles. »

Dirons-nous que La Bruyère fut royaliste ? qui ne l'était pas alors ? Non seulement La Bruyère est royaliste en France, mais il est Jacobite en Angleterre, et nous ne l'en blâmerons point ; Jacques II était notre hôte, Guillaume III était notre ennemi, et un ennemi tellement implacable que la France n'a connu que deux adversaires aussi aveugles dans leur haine et aussi clairvoyants dans leur volonté de mal faire, Pitt et un autre. Cependant il est certain que le traducteur de Théophraste eût préféré vivre à Athènes qu'à Versailles. « Athènes était libre ; c'était le centre d'une république, ses citoyens étaient égaux ; ils ne rougissaient point l'un de l'autre... l'émulation d'une cour ne les faisait pas sortir d'une vie commune... ils passaient leur vie au milieu d'une ville dont ils étaient les maîtres, etc. » A tout prendre, La Bruyère était royaliste comme la Boëtie, l'immortel auteur de la *Servitude volontaire*, dont Montaigne disait : « Que s'il eût eu à choisir, il eût mieux aimé être né à Venise qu'à Sarlac, et avec raison ; mais il avait une autre maxime souverainement empreinte en son âme, d'obéir et de se soumettre très religieusement aux lois sous lesquelles il était né. »

III

Ainsi que nous l'avons déjà dit, le livre de La Bruyère est un de ceux qui méritent d'être étudié le plus attentivement par quiconque est curieux de l'histoire de la langue. Un critique a écrit fort justement : « Sa manière n'est plus tout à fait celle des grands écrivains du dix-septième siècle, et l'on a pu dire qu'il touche, par certains côtés, au dix-huitième. Mais s'il est vrai que, par une teinte d'affectation et par la nouveauté des tours, il appartienne à ce qui est encore l'avenir, que de liens le rattachent au passé, je veux dire à la langue de la première partie du dix-septième siècle! Alors que la plupart de ses contemporains avaient « secoué le joug du latinisme », il reste, l'un des derniers, fidèle à quantité de tournures et de locutions qui n'auront plus cours au dix-huitième siècle et qui parfois étonnent déjà les puristes de son temps. » Maintenant encore, ajoute M. Vallery Radot, voulez-vous faire un inventaire des richesses de notre langue, en voulez-vous connaître tous les tours, tous les mouvements, toutes les figures, toutes les ressources, il n'est pas nécessaire de recourir à cent volumes, lisez, relisez La Bruyère. C'est qu'en effet il connaissait et appréciait, mieux qu'on ne le faisait généralement sous Louis XIV, les écrivains antérieurs; il aimait leur vieux style, il en regrettait les beautés et il en a sauvé plus d'une. (Voir le chap. *Des Ouvrages de l'Esprit*, et surtout le chap. *De quelques usages*.)

La meilleure étude qui ait été faite de La Bruyère considéré seulement comme écrivain est peut-être celle de Suard; nous en reproduisons les parties principales :

———

Quelque universelle que soit la réputation dont jouit La Bruyère, il paraîtra peut-être hardi de le placer, comme écrivain, sur la même ligne que les grands hommes qu'on vient de citer[1]; mais ce n'est qu'après avoir relu, étudié, médité ses *Caractères*, que j'ai été frappé de l'art prodigieux et des beautés sans nombre qui semblent mettre cet ouvrage au rang de ce qu'il y a de plus parfait en notre langue.

Sans doute La Bruyère n'a ni les élans et les traits sublimes de Bossuet; ni le nombre, l'abondance et l'harmonie de Fénelon; ni la grâce brillante et abandonnée de Voltaire; ni la sensibilité profonde de Rousseau; mais aucun d'eux ne m'a paru réunir au même degré la variété, la finesse et l'originalité des formes et des tours qui étonnent dans La Bruyère. Il n'y a peut-être pas une beauté de style propre à notre idiome, dont on ne trouve des exemples et des modèles dans cet écrivain.

Despréaux observait, à ce qu'on dit, que La Bruyère, en évitant les transitions, s'était épargné ce qu'il y a de plus difficile dans un ouvrage. Cette observation ne me paraît pas digne d'un si grand maître. Il savait trop bien qu'il y a dans l'art d'écrire des secrets plus importants que celui de trouver ces formules qui servent à lier les idées, et à unir les parties du discours.

---

1. DE CITER : Despréaux et Racine, Bossuet et Montesquieu, Voltaire et Rousseau.

Ce n'est point sans doute pour éviter les transitions que La Bruyère a écrit son livre par fragments et par pensées détachées. Ce plan convenait mieux à son objet; mais il s'imposait dans l'exécution une tâche tout autrement difficile que celle dont il s'était dispensé.

L'écueil des ouvrages de ce genre est la monotonie. La Bruyère a senti vivement ce danger : on peut en juger par les efforts qu'il a faits pour y échapper. Des portraits, des observations de mœurs, des maximes générales, qui se succèdent sans liaison; voilà les matériaux de son livre. Il sera curieux d'observer toutes les ressources qu'il a trouvées dans son génie pour varier à l'infini, dans un cercle si borné, ses tours, ses couleurs et ses mouvements. Cet examen, intéressant pour tout homme de goût, ne sera peut-être pas sans utilité pour les jeunes gens qui cultivent les lettres et se destinent au grand art de l'éloquence.

Il serait difficile de définir avec précision le caractère distinctif de son esprit : il semble réunir tous les genres d'esprit. Tour à tour noble et familier, éloquent et railleur, fin et profond, amer et gai, il change avec une extrême mobilité de ton, de personnage, et même de sentiment, en parlant cependant des mêmes objets.

Et ne croyez pas que ces mouvements si divers soient l'explosion naturelle d'une âme très sensible, qui, se livrant à l'impression qu'elle reçoit des objets dont elle est frappée, s'irrite contre un vice, s'indigne d'un ridicule, s'enthousiasme pour les mœurs et la vertu. La Bruyère montre partout les sentiments d'un honnête homme; mais il n'est ni apôtre, ni misanthrope. Il se passionne, il est vrai; mais c'est comme le poète dramatique, qui a des caractères opposés à mettre en action. Racine n'est ni Néron, ni Burrhus; mais il se pénètre fortement des idées et des sentiments qui appartiennent au caractère et à la situation de ces personnages, et il trouve dans son imagination échauffée tous les traits dont il a besoin pour les peindre.

Ne cherchons donc dans le style de La Bruyère ni l'expression de son caractère, ni l'épanchement involontaire de son âme : mais observons les formes diverses qu'il prend tour à tour pour nous intéresser ou nous plaire.

Une grande partie de ses pensées ne pouvait guère se présenter que comme les résultats d'une observation tranquille et réfléchie; mais, quelque vérité, quelque finesse, quelque profondeur même qu'il y eût dans les pensées, cette forme froide et monotone aurait bientôt ralenti et fatigué l'attention, si elle eût été trop continûment prolongée.

Le philosophe n'écrit pas seulement pour se faire lire, il veut persuader ce qu'il écrit; et la conviction de l'esprit, ainsi que l'émotion de l'âme, est toujours proportionnée au degré d'attention qu'on donne aux paroles.

Quel écrivain a mieux connu l'art de fixer l'attention par la vivacité ou la singularité des tours, et de la réveiller sans cesse par une inépuisable variété?

. . . .

« Tout excellent écrivain est excellent peintre », dit La Bruyère lui-même ; et il le prouve dans tout le cours de son livre. Tout vit et s'anime sous son pinceau ; tout y parle à l'imagination : « La véritable grandeur se laisse *toucher et manier*..... elle se
» *courbe* avec bonté vers ses inférieurs, et *revient* sans effort à
» son naturel. »

« Il n'y a rien, dit-il ailleurs, qui mette plus subitement un
» homme à la mode, et qui le *soulève* davantage, que le grand
» jeu. »

Veut-il peindre ces hommes qui n'osent avoir un avis sur un ouvrage avant de savoir le jugement du public : « Ils ne hasar-
» dent point leurs suffrages ; ils veulent être *portés par la foule*,
» et *entraînés* par la multitude. »

La Bruyère veut-il peindre la manie du fleuriste : il vous le montre *planté* et ayant *pris racine* devant ses tulipes ; il en fait un arbre de son jardin. Cette figure hardie est piquante, surtout par l'analogie des objets.

« Il n'y a rien qui rafraîchisse le sang comme d'avoir su éviter une sottise. » C'est une figure bien heureuse que celle qui transforme ainsi en sensation le sentiment qu'on veut exprimer.

L'énergie de l'expression dépend de la force avec laquelle l'écrivain s'est pénétré du sentiment ou de l'idée qu'il a voulu rendre. Ainsi la Bruyère, s'élevant contre l'usage des serments, dit : « Un honnête homme qui dit oui, ou non, mérite d'être cru;
» son caractère *jure* pour lui. »

Il est d'autres figures de style d'un effet moins frappant, parce que les rapports qu'elles expriment demandent, pour être saisis, plus de finesse et d'attention dans l'esprit ; je n'en citerai qu'un exemple.

« Il y a dans quelques femmes un *mérite paisible*, mais solide,
» accompagné de mille vertus qu'elles ne peuvent *couvrir* de toute
» leur modestie. »

Ce *mérite paisible* offre à l'esprit une combinaison d'idées très fines, qui doit, ce me semble, plaire d'autant plus qu'on aura le goût plus délicat et plus exercé.

Mais les grands effets de l'art d'écrire, comme de tous les arts, tiennent surtout aux contrastes.

Ce sont les rapprochements ou les oppositions de sentiments et d'idées, de formes et de couleurs, qui, faisant ressortir tous les objets les uns par les autres, répandent dans une composition la variété, le mouvement et la vie. Aucun écrivain peut-être n'a mieux connu ce secret, et n'en a fait un plus heureux usage, que la Bruyère. Il a un grand nombre de pensées qui n'ont d'effet que par le contraste.

« Il s'est trouvé des filles qui avaient de la vertu, de la santé,
» de la ferveur, et une bonne vocation, mais qui n'étaient pas
» assez riches pour faire dans une riche abbaye vœu de pau-
» vreté. »

Ce dernier trait, rejeté si heureusement à la fin de la période pour donner plus de saillie au contraste, n'échappera pas à ceux qui aiment à observer dans les productions des arts les procédés de l'artiste. Mettez à la place, « qui n'étaient pas assez riches » pour faire vœu de pauvreté dans une riche abbaye; » et voyez combien cette légère transposition, quoique peut-être plus favorable à l'harmonie, affaiblirait l'effet de la phrase! Ce sont ces artifices que les anciens recherchaient avec tant d'étude, et que les modernes négligent trop : lorsqu'on en trouve des exemples chez nos bons écrivains, il semble que c'est plutôt l'effet de l'instinct que de la réflexion.

On a cité ce beau trait de Florus, lorsqu'il nous montre Scipion, encore enfant, qui croît pour la ruine de l'Afrique : *Qui in exitium Africæ crescit.* Ce rapport supposé entre deux faits naturellement indépendants l'un de l'autre, plaît à l'imagination et attache l'esprit. Je trouve un effet semblable dans cette pensée de la Bruyère.

« Pendant qu'Oronte augmente avec ses années son fonds et
» ses revenus, une fille naît dans quelque famille, s'élève, croît,
» s'embellit, et entre dans sa seizième année; il se fait prier à
» cinquante ans pour l'épouser, jeune, belle, spirituelle : cet
» homme sans naissance, sans esprit et sans le moindre mérite,
» est préféré à tous ses rivaux. »

Si je voulais, par un seul passage, donner à la fois une idée du grand talent de la Bruyère et un exemple frappant de la puissance des contrastes dans le style, je citerais ce bel apologue qui contient la plus éloquente satire du faste insolent et scandaleux des parvenus.

« Ni les troubles, Zénobie, qui agitent votre empire, etc. »

Si l'on examine avec attention tous les détails de ce beau tableau, on verra que tout y est préparé, disposé, gradué avec un art infini pour produire un grand effet. Quelle noblesse dans le début, quelle importance on donne au projet de ce palais! que de circonstances adroitement accumulées pour en relever la magnificence et la beauté! et, quand l'imagination a été bien pénétrée de la grandeur de l'objet, l'auteur amène un *pâtre*, enrichi du *péage de vos rivières*, qui achète *à deniers comptants* cette *royale* maison, *pour l'embellir, et la rendre plus digne de lui.*

SUARD.

Au témoignage de Suard, nous croyons devoir ajouter les jugements qu'un certain nombre de grands écrivains ou de critiques distingués ont portés sur notre auteur.

Vers pour mettre sous le portrait de M. de la Bruyère, au devant de son livre des « Caractères du Temps. »

> Tout esprit orgueilleux qui s'aime
> Par mes leçons se voit guéri,
> Et dans mon livre si chéri,
> Apprend à se haïr soi-même.
>
> BOILEAU.

La Bruyère est entré plus avant que Théophraste dans le cœur de l'homme ; il y est même entré plus délicatement et par des expressions plus fines. Ce ne sont pas des portraits de fantaisie qu'il nous a donnés : il a travaillé d'après nature, et il n'y a pas une description sur laquelle il n'ait eu quelqu'un en vue. Pour moi, qui ai le malheur d'une longue expérience du monde, j'ai trouvé à tous les portraits qu'il m'a faits des ressemblances peut-être aussi justes que ses propres originaux. Au reste, monsieur, je suis de votre avis sur la destinée de cet ouvrage, que, dès qu'il paraîtra, il plaira fort aux gens qui ont de l'esprit, mais qu'à la longue il plaira encore davantage. Comme il y a un beau sens enveloppé sous des tours fins, la revision en fera sentir toute la délicatesse. BUSSY-RABUTIN

Il n'y a presque point de tour dans l'éloquence qu'on ne trouve dans la Bruyère ; et si on y désire quelque chose, ce ne sont pas certainement les expressions, qui sont d'une force infinie, et toujours les plus propres et les plus précises qu'on puisse employer. Peu de gens l'ont compté parmi les orateurs, parce qu'il n'y a pas une suite sensible dans ses *Caractères*. Nous faisons trop peu d'attention à la perfection de ses fragments, qui contiennent souvent plus de matière que de longs discours, plus de proportion et plus d'art.

On remarque dans tout son ouvrage un esprit juste, élevé, nerveux, pathétique, également capable de réflexion et de sentiment et doué avec avantage de cette invention qui distingue la main des maîtres et qui caractérise le génie.

Personne n'a peint les détails avec plus de feu, plus de force, plus d'imagination dans l'expression qu'on n'en voit dans ses *Caractères*. Il est vrai qu'on n'y trouve pas aussi souvent que dans les écrits de Bossuet et de Pascal de ces traits qui caractérisent non seulement une passion ou les vices d'un particulier, mais le genre humain. Ses portraits les plus élevés ne sont jamais aussi grands que ceux de Fénelon et de Bossuet : ce qui vient en grande partie des genres qu'ils ont traités. La Bruyère a cru, ce me semble, qu'on ne pouvait peindre les hommes assez petits ; et il s'est bien plus attaché à relever leurs ridicules que leur force. VAUVENARGUES.

Le livre de la Bruyère est du petit nombre de ceux qui ne cesseront jamais d'être à l'ordre du jour. C'est un livre fait d'après nature, un des plus pensés qui existent et des plus fortement écrits. « Comme il y a un beau sens enveloppé sous des tours fins, une seconde lecture en fait mieux sentir toute la délicatesse. » Il n'est point propre d'ailleurs à être lu de suite, étant trop plein et trop dense de matière, c'est-à-dire d'esprit, pour cela ; mais à quelque page qu'on l'ouvre, on est sûr d'y trouver le fond et la forme, la réflexion et l'agrément, quelque remarque juste relevée d'imprévu, de ce que Bussy-Rabutin appelait le *tour* et que nous appelons l'*art*...

À prendre l'ouvrage dans sa forme définitive, tel qu'il était déjà à partir de la cinquième édition, c'est, je l'ai dit, un des livres les plus substantiels, les plus consommés que l'on ait, et qu'on peut toujours relire sans jamais l'épuiser, un de ceux qui honorent le plus le génie de la nation qui les a produits. Il n'en est pas de plus propre à faire respecter l'esprit français à l'étranger (ce qui n'est pas également vrai de tous nos chefs-d'œuvre domestiques), et en même temps il y a profit pour chacun de l'avoir, soir et matin, sur sa table. Peu à la fois et souvent : suivez la prescription, et vous vous en trouverez bien pour le régime de l'esprit.....

La Bruyère aime la variété et même il l'affecte un peu. Soit dans la distribution, soit dans le détail, l'art chez lui est grand, très grand, il n'est pas suprême, car il se voit et il se sent ; il ne remplit pas cet éloge que le poëte donne aux jardins enchantés d'Armide :

> E quel che 'l bello e 'l caro accresce all' opre
> L'arte che tutto fa, nulla si scopre.

« Et ce qui ajoute à la beauté et au prix des ouvrages, l'art qui a présidé à tout ne se découvre nulle part. »

Tout est soigné dans la Bruyère : il a de grands morceaux à effet ; ce sont les plus connus, les plus réputés classiques, tels que celui-ci : « *Ni les troubles, Zénobie, qui agitent votre empire*, etc. » Ce ne sont pas ceux qu'on préfère quand on l'a beaucoup lu, mais ils sont d'une construction, d'une suspension parfaite et d'un laborieux achevé.

En fait de toiles de moyenne dimension, on n'a avec lui que l'embarras du choix. On sait les beaux portraits du *Riche* et du

Pauvre, auxquels il n'y a qu'à admirer : c'est mieux encore que du Théophraste. La Bruyère excelle et se complaît à ces portraits d'un détail accompli, qui vont deux par deux, mis en regard et contrastés ou même concertés : *Démophon et Basilide*, le nouvelliste *Tant pis* et le nouvelliste *Tant mieux* ; *Gnathon et Cliton*, le gourmand vorace qui engloutit tout, et le gourmet qui a fait de la digestion son étude. N'oubliez pas, entre tant d'autres, l'incomparable personnage du ministre *plénipotentiaire*. Quand j'appelle cela des portraits, il y a toutefois à dire qu'ils ne sont jamais fondus d'un jet ni rassemblés dans l'éclair d'une physionomie ; la vie y manque : ils se composent, on le sent trop, d'une quantité de remarques successives ; ils représentent une somme d'additions patientes et ingénieuses. Aussi la Bruyère ne les a-t-il pas intitulés *portraits*, mais *caractères*.

Lorsqu'on s'est une fois familiarisé avec lui et avec sa manière, on l'aime bien mieux, ce me semble, hors de ces morceaux de montre et d'apprêt, dans les esquisses plus particulières d'originaux, surtout dans les remarques soudaines, dans les traits vifs et courts, dans les observations pénétrantes qu'il a logés partout et qui sortent de tous les coins de son œuvre.   SAINTE-BEUVE.

« La Bruyère avait un génie élevé et véhément, une âme forte et profonde. Logé à la cour sans y vivre, et placé là comme en observation, on le voit rire amèrement et quelquefois s'indigner du spectacle qui se passe sous ses yeux. Il observe ceux qui se succèdent et les dépeint à grands traits, souvent les apostrophe vivement, court à eux, les dépouille de leurs déguisements et va droit à l'homme qu'il montre nu, petit, hideux et dégénéré. On voit dans Tacite la douleur de la vertu, dans la Bruyère son impatience. L'auteur des *Caractères* n'est pas ou indifférent comme Montaigne, ou froidement détracteur comme la Rochefoucauld ; c'est l'homme, son frère, qu'il trouve ainsi avili, et duquel il dit avec un regret douloureux : « il devrait être meilleur. »

A. THIERS, *Éloge de Vauvenargues*.

Nous n'oserions rien ajouter à ce jugement de M. Thiers sur l'auteur des *Caractères*, si la Bruyère lui-même n'avait écrit quelques lignes qui pourraient servir d'épigraphe à son livre et qui sont peut-être, bien qu'il n'y ait point songé, la louange la plus vraie qu'on en puisse faire :

« Quand une lecture vous élève l'esprit et qu'elle vous inspire des sentiments nobles et courageux, ne cherchez pas une autre règle pour juger l'ouvrage, il est bon et fait de main d'ouvrier. »

J. LABBÉ.

LES CARACTÈRES

ou

LES MŒURS DE CE SIÈCLE

PRÉFACE

> Admonere voluimus, non mordere; prodesse, non lædere; consulere moribus hominum, non officere.
> ÉRASME [1].

Je rends au public ce qu'il m'a prêté : j'ai emprunté de lui la matière de cet ouvrage ; il est juste que, l'ayant achevé avec toute la vérité dont je suis capable et qu'il mérite de moi, je lui en fasse la restitution. Il peut regarder avec loisir [2] ce portrait que j'ai fait de lui d'après nature, et, s'il se connaît quelques-uns des défauts que je touche, s'en corriger. C'est l'unique fin que l'on doit se proposer en écrivant, et le succès aussi que l'on doit moins [3] se promettre. Mais, comme les hommes ne se dégoûtent point du vice, il ne faut pas aussi [4] se lasser de leur reprocher [5] : ils seraient peut-être pires s'ils venaient à manquer de censeurs ou de critiques : c'est ce qui fait que l'on prêche et que l'on écrit. L'orateur et l'écrivain ne sauraient vaincre la joie qu'ils ont d'être applaudis ; mais ils devraient rougir d'eux-mêmes, s'ils n'avaient cherché, par leurs discours ou par leurs écrits, que des éloges : outre que l'approbation la plus sûre et la moins équivoque est le changement de mœurs, et la réformation de ceux qui les lisent ou qui les écoutent. On ne doit parler, on ne doit écrire que pour l'instruction [6] ; et, s'il arrive

---

1. ÉRASME, né à Rotterdam en 1467, mort en 1536, l'auteur des *Adages*, des *Colloques*, de l'*Éloge de la folie*, etc., le plus spirituel entre tous les auteurs qui aient écrit dans une langue morte.
2. AVEC LOISIR. On dirait aujourd'hui : *à loisir*.
3. MOINS, pour *le moins*. Latinisme fréquent au dix-septième siècle.
4. AUSSI, pour *non plus*.
5. REPROCHER était souvent employé comme verbe neutre.
6. L'INSTRUCTION. Au dix-septième siècle, l'idée d'instruire, d'enseigner, d'agir sur la conduite des hommes n'était pas distincte de l'idée des ouvrages de l'esprit. Écrire était une façon de prêcher, l'éloquence un instrument de direction. « L'éloquence, disait Balzac, est cet art qui commande à tous les autres, qui ne se contente pas de plaire par la pureté du style et par la grâce du langage, mais *qui entreprend de persuader par la force de la doctrine et par l'abondance de la raison*. »

que l'on plaise, il ne faut pas néanmoins s'en repentir, si cela sert à insinuer et à faire recevoir les vérités qui doivent instruire : quand donc il s'est glissé dans un livre quelques pensées ou quelques réflexions qui n'ont ni le feu, ni le tour, ni la vivacité des autres, bien qu'elles semblent y être admises pour la variété, pour délasser l'esprit, pour le rendre plus présent et plus attentif à ce qui va suivre, à moins que d'ailleurs elles ne soient sensibles[1], familières, instructives, accommodées au simple peuple, qu'il n'est pas permis de négliger[2], le lecteur peut les condamner, et l'auteur les doit proscrire : voilà la règle. Il y en a une autre[3], et que j'ai intérêt que l'on veuille suivre, qui est de ne pas perdre de vue, et de penser toujours, et dans toute la lecture de cet ouvrage, que ce sont les caractères ou les mœurs de ce siècle que je décris[4], car, bien que je les tire souvent de la cour de France et des hommes de ma nation, on ne peut pas néanmoins les restreindre à une seule cour ni les renfermer en un seul pays[5], sans que mon livre ne perde beaucoup de son étendue et de son utilité, ne s'écarte du plan que je me suis fait d'y peindre les hommes en général, comme des raisons qui entrent dans l'ordre des chapitres, et dans une certaine suite insensible

1. SENSIBLES. On dirait aujourd'hui *frappantes, saisissantes.*

2. NÉGLIGER. C'est ce désir d'être entendu de tous, de ceux mêmes « qui ne se servent que de leur raison naturelle toute pure », qui, dès 1637, déterminait Descartes à écrire *le Discours de la méthode* en français. « C'est un livre, écrivait-il dans une de ses lettres, où j'ai voulu que les femmes mêmes pussent entendre quelque chose. »

3. UNE AUTRE. Une autre règle, pour juger du livre des *Caractères.* — A parler exactement, celle-ci n'est pas une règle, mais une recommandation que La Bruyère fait au lecteur, afin qu'on ne se méprenne pas sur la portée de son ouvrage. — Toute cette préface est remplie de singulières négligences de style, bien qu'elle ait été remaniée par l'auteur dans huit éditions consécutives.

4. QUE JE DÉCRIS. Il décrit les mœurs de son siècle tout entier, et non celles de telle ruelle de Versailles, de Paris ou de la province. — C'est une protestation contre ces fameuses « Clefs », inspirées toujours par la malignité et souvent par la sottise, et dont La Bruyère était au désespoir.

5. UNE SEULE COUR... UN SEUL PAYS. C'est une réponse au mauvais compliment que Charpentier avait adressé à La Bruyère en le recevant à l'Académie : « Théophraste a traité la chose d'un air plus philosophique : il n'a envisagé que l'universel, vous êtes plus descendu dans le particulier. Vous avez fait vos portraits d'après nature ; lui n'a fait les siens que sur une idée générale. Vos portraits ressemblent à de certaines personnes, et souvent on les devine ; les siens ne ressemblent qu'à l'homme. Cela est cause que ses portraits ressembleront toujours ; mais il est à craindre que les vôtres ne perdent quelque chose de ce vif et de ce brillant qu'on y remarque, quand on ne pourra plus les comparer avec ceux sur qui vous les avez tirés. » — C'est ce Charpentier qui a inspiré l'épigramme de Boileau :

Ne blâmez pas Perrault de condamner
    Virgile, Aristote, Platon : [Homère.
Il a pour lui monsieur son frère,
G...., N..., Lavau, Caligula, Néron,
    Et le gros Charpentier, dit-on.

Voyez aussi le discours de Boileau sur *le style des Inscriptions.*

PRÉFACE. 3

des réflexions qui les composent[1]. Après cette précaution si nécessaire[2] et dont on pénètre assez les conséquences, je crois pouvoir protester contre tout chagrin, toute plainte, toute maligne interprétation, toute application et toute censure; contre les froids plaisants et les lecteurs malintentionnés. Il faut savoir lire, et ensuite se taire, ou pouvoir rapporter ce qu'on a lu, et ni plus ni moins que ce qu'on a lu; et, si on le peut quelquefois, ce n'est pas assez, il faut encore le vouloir faire : sans ces conditions, qu'un auteur exact et scrupuleux est en droit d'exiger de certains esprits pour l'unique récompense de son travail, je doute qu'il doive continuer d'écrire[3], s'il préfère du moins sa propre satisfaction à l'utilité de plusieurs et au zèle de la vérité. J'avoue d'ailleurs que j'ai balancé dès l'année 1690, et avant la cinquième édition[4], entre l'impatience de donner à mon livre plus de rondeur et une meilleure forme par de nouveaux caractères[5], et la crainte de faire dire à quelques-uns[6] : « Ne finiront-ils point, ces *Caractères*, et ne verrons-nous jamais autre

---

1. COMPOSENT. Il faut avouer que cette phrase est d'une obscurité désespérante. L'auteur veut dire : « Sans que mon livre s'écarte du plan que je me suis fait..., ainsi que des raisons qui ont déterminé non seulement l'ordre des chapitres, mais la suite même des réflexions qui composent chacun de ces chapitres. »

2. SI NÉCESSAIRE. Mais qu'on pourrait appeler « la précaution inutile », comme celle qui fait le sujet du *Barbier de Beaumarchais.* — Dès le jour où parurent les *Caractères*, M. de Malézieux disait à La Bruyère : « Voilà de quoi vous procurer beaucoup de lecteurs et beaucoup d'ennemis. »

3. D'ÉCRIRE. Dans l'*Impromptu de Versailles*, Molière met en scène deux marquis qui disputent qui des deux est le marquis de la *Critique de l'école des femmes*, et il leur fait répondre par l'acteur qui joue le rôle du Chevalier, de l'homme de qualité qui est en même temps l'homme de bon goût et de bon sens : « Vous êtes fous tous deux de vouloir vous appliquer ces sortes de choses : et voilà de quoi j'ouïs l'autre jour se plaindre Molière, parlant à des personnes qui le chargeaient de même chose que vous. Il disait que rien ne lui donnait du déplaisir comme d'être accusé de regarder quelqu'un dans les portraits qu'il fait; que son dessein est de peindre les mœurs sans vouloir jamais toucher aux personnes;... et que si quelque chose était capable de le dégoûter de faire des comédies, c'était les ressemblances qu'on y voulait toujours trouver, et dont ses ennemis tâchaient malicieusement d'appuyer la pensée pour lui rendre de mauvais offices auprès de certaines personnes à qui il n'a jamais pensé. »

4. CINQUIÈME ÉDITION. La première avait paru en 1688. — Les *Caractères* ont obtenu un succès qu'on ne peut comparer qu'à celui des *Lettres Persanes* de Montesquieu ou des *Premières Méditations* de Lamartine. Les libraires de 1690 disaient aux jeunes auteurs : « faites-nous des *Caractères* », comme ceux de 1721 dirent : « faites-nous des *Lettres* », et ceux de 1828 : « faites-nous des *Méditations.* »

5. CARACTÈRES. C'est-à-dire « de donner à l'ouvrage plus de volume et une forme plus achevée, en y ajoutant de nouveaux caractères. »

6. QUELQUES-UNS. Cet artifice de style, qui consiste à établir un dialogue entre la Critique et l'Apologie, est familier aux écrivains, tels que moralistes, satiriques, auteurs comiques, pamphlétaires, qui croient avoir besoin de justifier le choix du sujet dont ils traitent et du genre où leur verve s'exerce. Molière en a usé dans *la Critique* et dans l'*Impromptu*.

chose de cet écrivain? » Des gens sages me disaient, d'une part : « La matière[1] est solide, utile, agréable, inépuisable ; vivez longtemps et traitez-la sans interruption pendant que vous vivrez : que pourriez-vous faire de mieux? il n'y a point d'année que les folies des hommes ne puissent vous fournir un volume. » D'autres, avec beaucoup de raison, me faisaient redouter les caprices de la multitude et la légèreté du public, de qui j'ai néanmoins de si grands sujets d'être content, et ne manquaient pas de me suggérer que, personne presque depuis trente années ne lisant plus que pour lire[2], il fallait aux hommes, pour les amuser, de nouveaux chapitres et un nouveau titre : que cette indolence avait rempli les boutiques et peuplé le monde, depuis tout ce temps, de livres froids et ennuyeux, d'un mauvais style et de nulle ressource, sans règles et sans la moindre justesse, contraires aux mœurs et aux bienséances, écrits avec précipitation, et lus de même, seulement par leur nouveauté[3] ; et que, si je ne savais qu'augmenter un livre raisonnable, le mieux que je pouvais faire était de me reposer. Je pris alors quelque chose de ces deux avis si opposés, et je gardai un tempérament[4] qui les rapprochait : je ne feignis point[5] d'ajouter quelques nouvelles remarques à celles qui avaient déjà grossi du double la première édition de mon ouvrage ; mais, afin que le public ne fût point obligé de parcourir ce qui était ancien pour passer à ce qu'il y avait de nouveau, et qu'il trouvât sous ses yeux ce qu'il avait seulement envie de lire, je pris soin de lui désigner cette seconde augmentation par une marque particulière : je crus aussi qu'il

---

1. LA MATIÈRE. Cf. Molière, l'Impromptu : « Plus de matière ? Eh ! mon pauvre marquis, nous lui en fournirons toujours assez, et nous ne prenons guère le chemin de nous rendre sages pour tout ce qu'il fait et tout ce qu'il dit. Crois-tu qu'il ait épuisé dans ses comédies tout le ridicule des hommes ? Et, sans sortir de la cour, n'a-t-il pas encore vingt caractères de gens où il n'a point touché ? N'a-t-il pas, par exemple, etc.

2. QUE POUR LIRE. C'est-à-dire pour le divertissement (au sens où Pascal entend ce mot), pour se distraire, comme on dit aujourd'hui, sans une pensée sérieuse d'instruction ou de réforme.

3. PAR LEUR NOUVEAUTÉ. On dirait aujourd'hui « pour leur nouveauté. » Cf. Molière, la Critique : « J'ai ouï condamner cette comédie à de certaines gens, par les mêmes choses que j'ai vu d'autres estimer le plus. » La Rochefoucauld : « Si nous renonçons à nos passions, c'est plus par leur faiblesse que par notre force. »

4. UN TEMPÉRAMENT. Un milieu. Cf. Montesquieu, Esprit des lois, XXXI, 17 : « Charlemagne mit un tel tempérament dans les ordres de l'État, qu'ils furent contrebalancés et qu'il resta le maître. »

5. JE NE FEIGNIS POINT. C'est-à-dire « je n'hésitai point à ajouter. » Cf. Molière, M. de Pourceaugnac : « Belle Julie, nous avons dressé pour cela quantité de machines, et nous ne feignons point de tout mettre en usage. » Les gens du peuple, « les crocheteurs du Port-au-Foin », qui étaient pour Malherbe « les maîtres pour le langage », disent encore aujourd'hui, dans ce sens : « ne pas être feignant. »

ne serait pas inutile de lui distinguer la première augmentation par une autre marque [1] plus simple, qui servît à lui montrer le progrès de mes Caractères, et à aider son choix dans la lecture qu'il en voudrait faire : et, comme il pouvait craindre que ce progrès n'allât à l'infini, j'ajoutais à toutes ces exactitudes [2] une promesse sincère de ne plus rien hasarder en ce genre. Que si quelqu'un m'accuse d'avoir manqué à ma parole, en insérant dans les trois éditions qui ont suivi un assez grand nombre de nouvelles remarques, il verra du moins qu'en les confondant avec les anciennes par la suppression entière de ces différences, qui se voient par apostille, j'ai moins pensé à lui faire lire rien de nouveau, qu'à laisser peut-être un ouvrage de mœurs plus complet, plus fini et plus régulier, à la postérité. Ce ne sont point au reste des maximes que j'ai voulu écrire : elles sont comme des lois dans la morale, et j'avoue que je n'ai ni assez d'autorité ni assez de génie pour faire le législateur. Je sais même que j'aurais péché contre l'usage des maximes, qui veut qu'à la manière des oracles [3] elles soient courtes et concises. Quelques-unes de ces remarques le sont, quelques autres sont plus étendues. On pense les choses d'une manière différente [4], et on les explique par un tour aussi tout différent, par une sentence, par un raisonnement, par une métaphore ou quelque autre figure, par un parallèle, par une simple comparaison, par un fait tout entier, par un seul trait, par une description, par une peinture; de là procède la longueur ou la brièveté de mes réflexions. Ceux enfin qui font des maximes veulent être crus : je consens [5], au contraire, que l'on dise de moi que je n'ai pas quelquefois bien remarqué, pourvu que l'on remarque mieux.

1. AUTRE MARQUE. Dans la présente édition, nous avons cru devoir supprimer toutes ces marques, qui n'ont aujourd'hui aucun intérêt ni pour le lecteur, ni pour l'étudiant.

2. EXACTITUDES. Ne s'emploie plus au pluriel. Cf. Fénelon : « Ne vous usez point en détails et en exactitudes superficielles. »

3. ORACLES. Il y a évidemment, dans ce mot, une allusion épigrammatique aux *Maximes* de La Rochefoucauld.

4. DIFFÉRENTE. Il ne s'agit pas de la manière différente dont les divers auteurs pensent les choses; il s'agit d'un même auteur qui, considérant diverses choses, ne se les représente pas et par conséquent ne les exprime pas de la même manière.

5. JE CONSENS. Ceci n'est-il pas en contradiction avec le début de cette préface? La Bruyère veut être cru, puisqu'il se propose d'instruire et de corriger.

CHAPITRE PREMIER

DES OUVRAGES DE L'ESPRIT

Tout est dit[1], et l'on vient trop tard depuis plus de sept mille ans[2] qu'il y a des hommes, et qui pensent[3]. Sur ce qui concerne les mœurs, le plus beau et le meilleur est enlevé; l'on ne fait que glaner après les anciens[4] et les habiles[5] d'entre les modernes.

Il faut chercher seulement à penser et à parler juste, sans vouloir amener les autres à notre goût et à nos sentiments; c'est une trop grande entreprise.

C'est un métier[6] que de faire un livre, comme de faire une pendule; il faut plus que de l'esprit pour être auteur. Un magistrat[7] allait par son mérite à la première dignité, il était homme délié et pratique dans les affaires; il a fait imprimer un ouvrage moral qui est rare par le ridicule.

Il n'est pas si aisé de se faire un nom[8] par un ouvrage parfait

---

1. TOUT EST DIT. C'était déjà l'avis du sage roi Salomon, mille ans avant J.-C. — » Rien n'est nouveau sous le soleil, et nul ne peut dire : Voilà une chose nouvelle : car elle a été déjà dans les siècles qui se sont écoulés avant nous. » *Ecclésiaste*, chap. 1er.

2. SEPT MILLE ANS. Bossuet, dans son *Discours sur l'histoire universelle*, publié en 1681, sept ans avant la première édition des *Caractères*, place la création en 4004. — (Les Juifs comptent l'année 1880 comme la 5640e, ce qui placerait la création en 3760.) — La date, donnée par Bossuet, avait été proposée, dès 1650, par l'Irlandais Usher, et se rapprochait de celle qui était enseignée dans les collèges des jésuites et qui se trouve indiquée dans la Chronologie universelle du P. Labbe (4053 av. J.-C.) D'autres auteurs proposent 4138. — La Bruyère a adopté la chronologie de Suidas, d'Onuphre Pauvino et des *tables Alphonsines* (6000 et plus av. J.-C.).

3. ET QUI PENSENT. Latinisme. Cf. Chapitre *de quelques usages* : « des princes de l'Eglise, et qui se disent les successeurs des apôtres. »

4. LES ANCIENS. N'oublions pas que, dans la querelle des anciens et des modernes, La Bruyère tenait pour les anciens.

5. LES HABILES. C'est ici le sens de la locution latine « qui hæc intelligunt », ceux qui se connaissent en ces matières. En ce sens, le mot a vieilli. Molière l'emploie souvent; Toinon, dans le *Malade imaginaire*, s'écrie, après avoir entendu le compliment de Thomas Diafoirus à Argan : « Vivent les collèges d'où l'on sort si habile homme! » c'est-à-dire homme si docte.

6. C'EST UN MÉTIER. Rien n'est plus vrai : Il y a, dans l'art d'écrire, comme dans tous les arts, certains procédés qu'on ne connaît pas, si on ne les a point étudiés. Sans doute la grande affaire est d'avoir du génie, mais le génie même ne suffit pas : il faut encore savoir écrire et composer; il faut avoir fait du style et de la composition, un apprentissage; en un mot, il faut être du métier.

7. UN MAGISTRAT. On raconte que Pierre Poncet de la Rivière, conseiller d'Etat, allait être nommé chancelier à la mort du chancelier d'Aligre, ou pour le moins premier président, à la mort de Lamoignon, quand il eut la funeste pensée (1677) de publier un ouvrage qui avait pour titre : *Considérations sur les avantages de la vieillesse dans la vie chrétienne, politique, civile, économique et solitaire.* Ce livre, rare par le ridicule, aurait empêché son auteur d'arriver à la première dignité.

8. SE FAIRE UN NOM. On sait que

que d'en faire valoir un médiocre par le nom qu'on s'est déjà acquis.

Un ouvrage satirique ou qui contient des faits [1], qui est donné en feuilles sous le manteau, aux conditions d'être rendu de même, s'il est médiocre, passe pour merveilleux : l'impression est l'écueil [2].

Si l'on ôte de beaucoup d'ouvrages de morale l'avertissement au lecteur, l'épître dédicatoire, la préface, la table, les approbations [3], il reste à peine assez de pages pour mériter le nom de livre.

Il y a de certaines choses dont la médiocrité est insupportable : la poésie [4], la musique, la peinture, le discours public [5].

Quel supplice que celui d'entendre déclamer pompeusement un discours, ou prononcer de médiocres vers avec toute l'emphase d'un mauvais poète !

Certains poètes sont sujets [6] dans le dramatique à de longues suites de vers pompeux, qui semblent forts, élevés, et remplis de grands sentiments. Le peuple écoute avidement, les yeux élevés et la bouche ouverte, croit que cela lui plaît, et à mesure qu'il y comprend moins, l'admire davantage [7] ; il n'a pas le temps de respirer, il a à peine celui de se récrier et d'applaudir. J'ai

---

Lamartine pensa ne pas trouver un éditeur qui consentît à publier *les Méditations*, ce chef-d'œuvre immortel, qui sera lu tant qu'il y aura des âmes religieuses et qui aimeront : « Cela ne ressemblait à rien », disait-on. Plus tard on s'arracha des mains les productions les moins parfaites de l'auteur des *Méditations*.

1. DES FAITS. Des faits vrais ou faux, mais toujours diffamatoires, des anecdotes scandaleuses.

2. L'ÉCUEIL. Cf. Boileau, *Art poétique*, chant IV.

Tel écrit récité se soutint à l'oreille,
Qui, dans l'impression au grand jour se
 [montrant,
Ne soutient pas des yeux le regard péné-
 [trant.

3. LES APPROBATIONS. Les approbations des censeurs, dont voici la formule ordinaire : « J'ai lu par l'ordre de monseigneur le garde des sceaux, etc... Je n'ai rien trouvé dans ces ouvrages qui s'opposât à leur impression. »

4. LA POÉSIE. Cf. Horace :

...Mediocribus esse poetis
Non Di, non homines, non concessere co-
 [lumnæ.

Et Montaigne. (*Essais*, II, 17) : « On peut faire le sot partout ailleurs, mais non en la poésie. »

5. PUBLIC. Dans les arts utiles, la médiocrité est supportable, parce qu'un meuble, un ustensile, un vêtement, fait par un méchant ouvrier, peut encore rendre quelques services. Dans les Beaux-Arts, qui ont pour fin non l'utilité, mais la Beauté, tout ce qui n'est pas la perfection, est au-dessous de rien ; en peinture, en musique, en poésie,

Il n'est point de degrés du médiocre au
 [pire.

6. SUJETS. Comme on est sujet à la goutte, à la migraine.

7. DAVANTAGE. Cf. Molière, *le Médecin malgré lui* :

Jacqueline. L'habile homme que v'là !
Lucas. Oui, ça est si beau que je n'y entends goutte.

Voyez aussi la fable de Florian, *Le singe qui montre la lanterne magique* :

Messieurs les beaux esprits, dont la prose
 [et les vers
Sont d'un style pompeux et toujours admi-
 [rable,
Mais que l'on n'entend point, écoutez cette
 [fable
Et tâchez de devenir clairs.

cru autrefois, et dans ma première jeunesse, que ces endroits étaient clairs et intelligibles pour les acteurs, pour le parterre et l'amphithéâtre; que les auteurs s'entendaient eux-mêmes; et qu'avec toute l'attention que je donnais à leur récit, j'avais tort de n'y rien entendre : je suis détrompé [1].

L'on n'a guère vu, jusqu'à présent, un chef-d'œuvre d'esprit qui soit l'ouvrage de plusieurs [2]. Homère a fait l'Iliade [3]; Virgile, l'Énéide; Tite Live, ses Décades; et l'Orateur romain, ses Oraisons.

Il y a dans l'art un point de perfection, comme de bonté ou de maturité dans la nature; celui qui le sent et qui l'aime a le goût parfait; celui qui ne le sent pas, et qui aime en deçà ou au delà, a le goût défectueux. Il y a donc un bon et un mauvais goût, et l'on dispute des goûts avec fondement [4].

Il y a beaucoup plus de vivacité que de goût parmi les hommes; ou, pour mieux dire, il y a peu d'hommes dont l'esprit soit accompagné d'un goût sûr [5] et d'une critique judicieuse.

1. DÉTROMPÉ. « M. Despréaux distinguait ordinairement deux sortes de galimatias; le galimatias simple et le galimatias double. Il appelait galimatias simple celui où l'auteur entendait ce qu'il voulait dire, mais où les autres n'entendaient rien, et galimatias double celui où l'auteur ni les lecteurs ne pouvaient rien comprendre... Il citait pour exemple de galimatias double ces quatre vers de *Tite et Bérénice* du grand Corneille :

Faut-il mourir, Madame? et, si proche du [terme,
Votre illustre inconstance est-elle encor si [ferme
Que les restes d'un feu que j'avais cru si [fort
Puissent dans quatre jours se promettre [ma mort?

— L'acteur Baron, ne pouvant comprendre ces vers, en vint, dit-on, demander l'explication à l'auteur lui-même sur le conseil de Molière : « Je ne les entends pas trop bien non plus, répondit Corneille après les avoir examinés quelque temps; mais récitez-les toujours; tel qui ne les entendra pas, les admirera. » Cizeron-Rival, *Récréations littéraires*.

2. PLUSIEURS. On voit que La Bruyère tenait en estime médiocre ce qu'on appelle, dans le jargon moderne, « la collaboration. »

3. L'ILIADE. L'auteur des *Caractères* ne soupçonnait pas qu'un homme se rencontrerait, d'une tournure d'esprit vraiment germanique, capable de soutenir que l'*Iliade* était l'ouvrage de plusieurs, et que François-Auguste Wolf trouverait des adeptes même en France, dans ce pays où l'on ne goûte d'ordinaire que les propositions qui ont un sens. — Fénelon ne le soupçonnait pas davantage, quand il s'appuyait sur l'existence d'Homère pour démontrer l'existence de Dieu : « Qui croira que l'*Iliade* d'Homère, ce poëme si parfait, n'ait jamais été composée par un effort du génie d'un grand poète? etc... » *Traité de l'existence de Dieu*, première partie, chap. 1er.

4. AVEC FONDEMENT. « On dit qu'il ne faut pas disputer des goûts; et on a raison, quand il n'est question que du goût sensuel, de la répugnance qu'on a pour certaine nourriture, de la préférence qu'on donne à une autre; on n'en dispute pas, par ce qu'on ne peut corriger un défaut d'organes. Il n'en est pas de même dans les arts : comme ils ont des beautés réelles, il y a un bon goût qui les discerne, et un mauvais goût qui les ignore; et l'on corrige souvent le défaut d'esprit qui donne un goût de travers. Il y a aussi des âmes froides, des esprits faux, qu'on ne peut ni réchauffer, ni redresser; c'est avec eux qu'il ne faut point disputer des goûts, par ce qu'ils n'en ont point. » VOLTAIRE.

5. D'UN GOUT SUR. Cf. Boileau, *Art poétique*, ch. IV.

DES OUVRAGES DE L'ESPRIT.

La vie des héros a enrichi l'histoire, et l'histoire a embelli les actions des héros; ainsi je ne sais qui sont plus redevables, ou ceux qui ont écrit l'histoire à ceux qui leur en ont fourni une si noble matière, ou ces grands hommes à leurs historiens [1].

Amas d'épithètes, mauvaises louanges: ce sont les faits qui louent [2], et la manière de les raconter.

Tout l'esprit d'un auteur consiste à bien définir et à bien peindre. Moïse [3], HOMÈRE, PLATON, VIRGILE, HORACE, ne sont au-dessus des autres écrivains que par leurs expressions et par leurs images : il faut exprimer le vrai pour écrire naturellement, fortement, délicatement.

On a dû faire du style ce qu'on a fait de l'architecture; on a entièrement abandonné l'ordre gothique, que la barbarie [4] avait introduit pour les palais et pour les temples; on a rappelé le dorique, l'ionique et le corinthien [5]; ce qu'on ne voyait plus que dans les ruines de Rome et de la vieille Grèce, devenu moderne,

---

Tel excelle à rimer qui juge sottement.
Tel s'est fait par ses vers distinguer dans
[la ville,
Qui jamais de Lucain n'a distingué Vir-
[gile.

1. LEURS HISTORIENS. Cf. Horace, *Odes*, IV, 9.
Vixere fortes ante Agamemnona
Multi ; sed omnes illacrimabiles
Urgentur, ignotique longa
Nocte, carent quia vate sacro.
« Heureux Achille, disait Alexandre, d'avoir eu un Homère pour chanter ta gloire. »

2. QUI LOUENT. — Cf. Bossuet, *Oraison funèbre de Louis de Bourbon* : « Nous ne pouvons rien, faibles orateurs, pour la gloire des âmes extraordinaires ; le sage a raison de dire que leurs seules actions les peuvent louer ; toute autre louange languit auprès des grands noms ; et la seule simplicité d'un récit fidèle pourrait soutenir la gloire du prince de Condé. »

3. MOÏSE. « Quand même on ne le considère que comme un homme qui a écrit. » Note de La Bruyère.

4. BARBARIE. Le seizième, le dix-septième, le dix-huitième siècle ont considéré les temps qui se sont écoulés depuis la fermeture de l'École d'Athènes par Justinien, jusqu'à la prise de Constantinople par les Ottomans (529-1453), comme un âge de barbarie. Voyez Rabelais, II, 8 (lettre de Gargantua à son fils Pantagruel) : « Le temps était encore ténébreux, et sentant l'infélicité et calamité des Goths qui avaient mis à destruction toute bonne littérature. » Voyez, sur la philosophie et les sciences du moyen âge, Bacon et Descartes, sur la poésie du moyen âge, Boileau,

Durant les premiers ans du Parnasse fran-
[çois,... etc.

Cf. Fénelon, *Lettre à l'Académie*. « La prompte chute de la maison de Charlemagne replongea l'Europe dans une affreuse barbarie. Saint Louis fut un prodige de raison et de vertu dans un siècle de fer. A peine sortons-nous de cette longue nuit... — Il ne faut pas s'étonner si notre siècle qui ne fait que sortir de la barbarie, a peu de livres français qui méritent d'être souvent relus avec un très grand plaisir... etc. »

5. LE CORINTHIEN. On condamnait, dans le moyen âge, même son architecture. Cf. Fénelon, *Lettre à l'Académie*, etc. (sur les anciens et les modernes). — Fleury, *Histoire ecclésiastique*, V° discours : « Ces bâtiments gothiques, chargés de petits ornements et si peu agréables en effet qu'aucun architecte ne voudrait les imiter... » — Dans la querelle des anciens et des modernes, les modernes étaient aussi défavorables au moyen âge que les anciens ; quand Perrault veut opposer au Parthénon un chef-d'œuvre qui ne soit ni grec, ni romain, ce n'est pas Notre-Dame ou la Sainte-Chapelle qu'il désigne, mais Versailles ou la colonnade du Louvre. — Le dix-neuvième siècle a jugé et senti bien différemment. Cf. Musset:

Regrettez-vous le temps où d'un siècle
[barbare

éclate dans nos portiques et dans nos péristyles. De même on ne saurait en écrivant rencontrer le parfait et, s'il se peut, surpasser les anciens que par leur imitation [1].

Combien de siècles se sont écoulés avant que les hommes, dans les sciences et dans les arts, aient pu revenir au goût des anciens et reprendre enfin le simple et le naturel [2] !

On se nourrit des anciens et des habiles modernes; on les presse, on en tire le plus que l'on peut, on en renfle ses ouvrages; et quand enfin l'on est auteur, et que l'on croit marcher tout seul, on s'élève contre eux, on les maltraite, semblables à ces enfants *drus* et forts d'un bon lait qu'ils ont sucé, qui battent leur nourrice [3].

Un auteur moderne [4] prouve ordinairement que les anciens nous sont inférieurs en deux manières, par raison et par exemple: il tire la raison de son goût particulier, et l'exemple de ses ouvrages.

Il avoue que les anciens, quelque inégaux et peu corrects qu'ils soient, ont de beaux traits, il les cite; et ils sont si beaux qu'ils font lire sa critique.

Quelques habiles prononcent en faveur des anciens contre les modernes; mais ils sont suspects [5], et semblent juger en leur propre cause, tant leurs ouvrages sont faits sur le goût de l'antiquité : on les récuse.

Naquit un siècle d'or plus fertile et plus [beau ?] etc.

1. IMITATION. Cf. Diderot : « Comme les jeunes artistes copient longtemps d'après l'antique, ne pensez-vous pas que l'imitation des jeunes littérateurs devrait être la même, et qu'avant de tenter quelque chose de nous, nous devrions aussi nous occuper de traduire d'après les poètes et les orateurs anciens? Notre goût, fixé d'abord par des beautés sévères que nous nous serions pour ainsi dire appropriées, ne pourrait plus rien souffrir de médiocre et de mesquin. »

2. LE NATUREL. La simplicité, le naturel sont aussi les qualités que Fénelon goûtait et chérissait le plus chez les anciens et dont il leur avait dérobé le secret.

3. NOURRICE. Les modernes, Ch. Perrault, Fontenelle, Saint Évremond, Lamotte, l'abbé Terrasson, etc., étaient des gens d'esprit qui avaient pris trop à la lettre le dédain que Descartes professe pour « la lecture des livres anciens, pour leurs histoires et pour leurs fables. » Ils n'avaient pas compris que, chez Descartes, ce dédain n'était qu'une sorte d'artifice au moyen duquel il préparait les esprits à recevoir et à accepter sa méthode. Leur mérite est d'avoir préparé la théorie du progrès, élaborée après eux par Leibnitz, Turgot, Lessing, Condorcet. Leur tort est d'avoir dit des sottises à propos d'Homère; leur malheur est d'avoir écrit beaucoup de livres médiocres, quelques-uns ridicules; ils n'ont produit qu'un seul chef-d'œuvre, les *Contes* de Perrault, et précisément ce livre est « ancien » par ses qualités, la simplicité et le naturel.

4. MODERNE. Charles Perrault venait de publier le *Parallèle des anciens et des modernes*. — Voyez Boileau: *Réflexions critiques sur Longin*, et ses nombreuses épigrammes contre « l'auteur inimitable *De Peau-d'âne* mis en vers. »

5. SUSPECTS. On peut citer ce trait comme un modèle de louange fine et délicate. — On comprend qu'il s'agit de Racine et de Boileau, partisans des anciens et leurs égaux.

L'on devrait aimer à lire ses ouvrages[1] à ceux qui en savent assez pour les corriger et les estimer[2].

Ne vouloir être ni conseillé ni corrigé sur son ouvrage, est un pédantisme.

Il faut qu'un auteur reçoive avec une égale modestie les éloges et la critique que l'on fait de ses ouvrages.

Entre toutes les différentes expressions qui peuvent rendre une seule de nos pensées, il n'y en a qu'une qui soit la bonne[3]; on ne la rencontre pas toujours en parlant ou en écrivant : il est vrai néanmoins qu'elle existe, que tout ce qui ne l'est point est faible, et ne satisfait point un homme d'esprit qui veut se faire entendre[4].

Un bon auteur, et qui écrit avec soin, éprouve souvent que l'expression qu'il cherchait depuis longtemps sans la connaître, et qu'il a enfin trouvée, est celle qui était la plus simple, la plus naturelle, qui semblait devoir se présenter d'abord[5] et sans efforts.

Ceux qui écrivent par humeur[6] sont sujets à retoucher à leurs ouvrages; comme elle n'est pas toujours fixe, et qu'elle varie

---

1. SES OUVRAGES. Cf. Boileau, *Art poétique*, chant Ier :
   Faites-vous des amis prompts à vous cen-
   [surer... etc.
   et chant IV :
   Faites choix d'un censeur solide et salu-
   [taire... etc.

2. ESTIMER. Latinisme, juger, apprécier.

3. LA BONNE. Qu'est-ce que le style, sinon l'analyse de la pensée ? « L'analyse de la pensée est dans le discours avec plus ou moins de précision, suivant que les langues sont plus ou moins parfaites et que ceux qui les parlent ont l'esprit plus ou moins juste. » CONDILLAC. — Avoir l'esprit juste, c'est avoir l'esprit analytique ; or un esprit de cette trempe ne peut admettre qu'il y ait plus d'un signe pour exprimer la chose signifiée, ou, en d'autres termes, plus d'un mot pour une idée. Une langue parfaite serait celle où il y aurait autant de mots que d'idées, et pas plus de mots que d'idées. Il est donc vrai qu'il n'y a pas, ou tout au moins qu'il ne doit pas y avoir de synonymes.

4. ENTENDRE. Ce paragraphe a frappé Sainte-Beuve : « Il y a nombre de pensées droites, justes, proverbiales, mais trop aisément communes dans Boileau, que La Bruyère n'écrirait jamais et n'admettrait pas dans son élite. Chez lui tout devient plus détourné et plus neuf, c'est un repli de plus qu'il pénètre. Par exemple, au lieu de ce genre de sentences familières à l'auteur de l'*Art poétique* :
   Ce que l'on conçoit bien s'énonce claire-
   [ment,
il nous dit dans cet admirable chapitre *Des ouvrages de l'esprit*, qui est son *Art poétique* à lui et sa *Rhétorique* : Entre toutes les différentes expressions, etc... — On sent combien la sagacité si vraie, si judicieuse encore du second critique enchérit pourtant sur la raison saine du premier. »

5. D'ABORD. Il y a une réflexion analogue dans Pascal ; mais cette réflexion s'applique non plus au choix des mots, mais à l'ordre des pensées : « La dernière chose qu'on trouve en faisant un ouvrage est de savoir celle qu'il faut mettre la première. »

6. PAR HUMEUR. Ceux qui écrivent par humeur sont ceux « que le cœur fait parler et qui tirent, pour ainsi dire, de leurs entrailles tout ce qu'ils expriment sur le papier. » La Bruyère. — Tel est Montaigne, et aussi Pascal. N'est-ce pas de ceux qui écrivent par humeur que Pascal a dit : « On est tout étonné et ravi, car on s'attendait de voir un auteur et on trouve un homme. »

en eux selon les occasions, ils se refroidissent bientôt pour les expressions et les termes qu'ils ont le plus aimés.

La même justesse d'esprit qui nous fait écrire de bonnes choses nous fait appréhender qu'elles ne le soient pas assez pour mériter d'être lues [1].

Un esprit médiocre croit écrire divinement; un bon esprit croit écrire raisonnablement.

L'on m'a engagé, dit *Ariste* [2], à lire mes ouvrages à *Zoïle* [3]: je l'ai fait. Ils l'ont saisi d'abord, et, avant qu'il ait eu le loisir de les trouver mauvais, il les a loués modestement en ma présence, et il ne les a pas loués depuis devant personne. Je l'excuse, et je n'en demande pas davantage à un auteur; je le plains même d'avoir écouté de belles choses qu'il n'a point faites.

Ceux qui, par leur condition, se trouvent exempts de la jalousie d'auteur [4], ont ou des passions ou des besoins qui les distraient et les rendent froids sur les conceptions d'autrui; personne, presque, par la disposition de son esprit, de son cœur et de sa fortune, n'est en état de se livrer au plaisir que donne la perfection d'un ouvrage.

Le plaisir de la critique nous ôte celui d'être vivement touchés de très belles choses [5].

---

1. D'ÊTRE LUES. Un esprit médiocre est content de tout ce qu'il fait; un grand esprit n'est jamais content parce qu'il voit plus loin et vise plus haut; tout ce qu'il fait ne lui paraît que comme une copie imparfaite du modèle intérieur qu'il porte en lui. — Cf. Montaigne, III, 8. « Rien ne me dépite tant en la sottise, que de quoi elle se plaît plus qu'aucune raison ne se peut raisonnablement plaire. C'est malheur que la prudence vous défend de vous satisfaire et fier de vous, et vous renvoie toujours mal content et craintif, là où l'opiniâtreté et la témérité remplissent leurs hôtes de jouissance et d'assurance. »

2. ARISTE. Dans Molière, le personnage qui porte le nom d'Ariste est toujours un homme de bon sens, de bon goût et de bon ton. Voyez l'*École des maris*, *les Femmes savantes*. Le même personnage s'appelle *Cléante* dans le *Tartuffe*. — Ariste était le nom que les amis de Boileau donnaient à l'auteur de l'*Art poétique*; en effet le cœur de Boileau était aussi juste que son esprit était droit. (Dans la société de la rue du vieux Colombier, La Fontaine s'appelait Polyphile, Molière, Gélaste et Racine, Acante.)

3. ZOÏLE, l'ennemi d'Homère, dont le nom est devenu un nom commun pour désigner un critique envieux, bassement jaloux.

4. JALOUSIE D'AUTEUR. Cf. Boileau, *Art poétique*, ch. IV:

Fuyez surtout, fuyez les basses jalousies...

Relire tout ce morceau où Boileau se montre poète à force d'être honnête homme et où se rencontre ce vers; le plus beau qu'il ait jamais écrit:

Le vers se sent toujours des bassesses du
[cœur.

5. TRÈS BELLES CHOSES. Cf. Molière, *la Critique* : « Moquons-nous donc de cette chicane où ils veulent assujettir le goût du public, et ne consultons dans une comédie que l'effet qu'elle fait sur nous. Laissons-nous aller de bonne foi aux choses qui nous prennent par les entrailles, et ne cherchons point de raisonnement pour nous empêcher d'avoir du plaisir » Cf. aussi Victor Hugo, préface de *Cromwell* : « On quittera, et c'est M. de Chateaubriand qui parle ici, la critique mesquine des défauts pour la grande et féconde critique des beautés. »

Bien des gens vont jusqu'à sentir le mérite d'un manuscrit qu'on leur lit, qui ne peuvent se déclarer en sa faveur, jusqu'à ce qu'ils aient vu le cours qu'il aura dans le monde par l'impression, ou quel sera son sort parmi les habiles : ils ne hasardent point leurs suffrages, et ils veulent être portés par la foule et entraînés[1] par la multitude. Ils disent alors qu'ils ont les premiers approuvé cet ouvrage, et que le public est de leur avis.

Ces gens laissent échapper les plus belles occasions de nous convaincre qu'ils ont de la capacité et des lumières, qu'ils savent juger, trouver bon ce qui est bon, et meilleur ce qui est meilleur. Un bel ouvrage tombe entre leurs mains; c'est un premier ouvrage, l'auteur ne s'est pas encore fait un grand nom, il n'a rien qui prévienne en sa faveur : il ne s'agit point de faire sa cour ou de flatter les grands en applaudissant à ses écrits. On ne vous demande pas, *Zélotes*, de vous récrier : « C'est un chef-
» d'œuvre de l'esprit; l'humanité ne va pas plus loin; c'est
» jusqu'où la parole humaine peut s'élever : on ne jugera à
» l'avenir du goût de quelqu'un qu'à proportion qu'il en aura
» pour cette pièce[2] ! » phrases outrées, dégoûtantes, qui sentent la pension ou l'abbaye[3]; nuisibles à cela même qui est louable, et qu'on veut louer. Que ne disiez-vous seulement : Voilà un bon livre ? Vous le dites, il est vrai, avec toute la France, avec les étrangers comme avec vos compatriotes, quand il est imprimé par toute l'Europe, et qu'il est traduit en plusieurs langues[4] : il n'est plus temps.

1. Portés... entraînés. — « Tout excellent écrivain est excellent peintre », dit La Bruyère, et il le prouve ici, et dans tout son livre.

2. Pour cette pièce. Faut-il voir ici une allusion aux phrases mêmes par lesquelles M⁽ᵐᵉ⁾ de Sévigné loue l'*Esther* de Racine : « La mesure de l'approbation qu'on donne à cette pièce, c'est celle du goût et de l'attention. » *Lettre à M⁽ᵐᵉ⁾ de Grignan*, 21 février 1689. — M⁽ᵐᵉ⁾ de Sévigné avait été, quelque quinze ans auparavant, plus sévère pour l'auteur de *Bérénice* et de *Bajazet*. (Voyez lettres du 15 janvier, du 9 mars, du 16 mars 1672.) Elle disait alors : « Racine fait des comédies pour la Champmeslé ; ce n'est pas pour les siècles à venir. » Mais, en 1689, Racine faisait *des comédies* pour M⁽ᵐᵉ⁾ de Maintenon; M⁽ᵐᵉ⁾ de Sévigné avait écouté la représentation d'Esther, à St-Cyr, « au second banc, derrière les duchesses. » Le roi lui avait parlé, le roi lui avait dit : « Racine a bien de l'esprit » ; et elle avait répondu : « Sire, il en a beaucoup. » Tout était donc parfait et complet dans *Esther*, la musique, les vers, les chants, les personnages, etc.

3. L'abbaye. C'est-à-dire phrases telles que les font ceux qui sollicitent une pension ou une abbaye.

4. En plusieurs langues. Cet alinéa appartient à la sixième édition qui est de 1691. Or, à cette époque, les *Caractères* n'avaient encore été traduits en aucune langue. La Bruyère avait le goût trop délicat, pour que parlant « d'un bel ouvrage », il le désignât par des traits qui se seraient appliqués trop directement au livre des *Caractères*.

Quelques-uns de ceux qui ont lu[1] un ouvrage en rapportent certains traits dont ils n'ont pas compris le sens, et qu'ils altèrent encore par tout ce qu'ils y mettent du leur[2]; et ces traits ainsi corrompus et défigurés, qui ne sont autre chose que leurs propres pensées et leurs expressions[3], ils les exposent à la censure, soutiennent qu'ils sont mauvais, et tout le monde convient qu'ils sont mauvais; mais l'endroit de l'ouvrage que ces critiques croient citer, et qu'en effet ils ne citent point, n'en est pas pire.

« Que dites-vous du livre[4] d'*Hermodore?* — Qu'il est mauvais, répond *Anthime*. — Qu'il est mauvais? — Qu'il est tel, continue-t-il, que ce n'est pas un livre, ou qui mérite du moins que le monde en parle. — Mais l'avez-vous lu? — Non, » dit Anthime. Que n'ajoute-t-il que *Fulvie* et *Mélanie* l'ont condamné sans l'avoir lu, et qu'il est ami de Fulvie et de Mélanie[5]?

1. CEUX QUI ONT LU. Charles Perrault, défendant contre Boileau l'*Alceste* de Quinault, avait attaqué l'*Alceste* d'Euripide; mais il avait si mal lu la pièce grecque qu'il plaçait dans la bouche d'Admète des paroles qu'Euripide avait mises dans la bouche d'Alceste et dans celle de Caron.— Racine avait relevé l'erreur dans la *préface d'Iphigénie* et fait la leçon à Perrault en lui citant la phrase de Quintilien: « Modeste tamen et circumspecto judicio de tantis viris pronuntiandum est, ne, quod plerisque accidit, damnent quæ non intelligunt... »

2. DU LEUR. Cf. La Fontaine:
Si j'ajoute du mien à son invention
C'est pour peindre nos mœurs et non point
[par envie.

3. LEURS EXPRESSIONS. Voyez l'épigramme de Boileau contre Perrault:
D'où vient que Cicéron, Platon, Virgile,
[Homère,
Et tous ces grands auteurs que l'univers
[révère,
Traduits dans vos écrits nous paraissent si
[sots?
P..., c'est qu'en prêtant à ces esprits sublimes
Vos façons de parler, vos bassesses, vos
[rimes,
Vous les faites tous des P...

Perrault, rime bien mal avec *sots*, mais on sait que, pour Boileau, « la rime est une esclave et ne doit qu'obéir. »

4. QUE DITES-VOUS. La forme du dialogue est excellente, non seulement dans les écrits satiriques, mais dans toutes les sortes d'ouvrages où l'on heurte l'une contre l'autre des opinions philosophiques, théologiques, politiques ou littéraires. Platon a laissé de cette forme un modèle, que Cicéron a imité sans l'égaler. Même après Platon, on peut citer Pascal, dans ses *Provinciales*, et les dialogues de Voltaire.

5. *Mélanie*. Cf. Molière, *la Critique*, scène VI.

Le marquis. Je trouve la pièce détestable, morbleu! détestable, du dernier détestable, ce qu'on appelle détestable.

Dorante. Et moi, mon cher marquis, je trouve le jugement détestable.

Le marquis. Quoi! chevalier, est-ce que tu prétends soutenir cette pièce?

Dorante. Oui, je prétends la soutenir.

Le marquis. Parbleu! je la garantis détestable.

Dorante. La caution n'est pas bourgeoise. Mais, marquis, par quelle raison, de grâce, cette comédie est-elle ce que tu dis?

Le marquis. Pourquoi elle est détestable?

Dorante. Oui.

Le marquis. Elle est détestable parce qu'elle est détestable.

Dorante. Après cela, il n'y a plus rien à dire: voilà son procès fait. Mais encore instruis-nous, et nous dis les défauts qui y sont.

Le marquis. Que sais-je moi? Je ne me suis pas donné seulement la peine de l'écouter. Mais enfin je sais bien que je n'ai jamais rien vu de si méchant, Dieu me sauve! et Dorilas, contre qui j'étais, a été de mon avis.

Dorante. L'autorité est belle, et te voilà bien appuyé.

DES OUVRAGES DE L'ESPRIT.

Arsène[1], du plus haut de son esprit, contemple les hommes; et, dans l'éloignement d'où il les voit, il est comme effrayé de leur petitesse : loué, exalté et porté jusqu'aux cieux par de certaines gens qui se sont promis de s'admirer réciproquement[2], il croit, avec quelque mérite qu'il a, posséder tout celui qu'on peut avoir, et qu'il n'aura jamais; occupé et rempli de ses sublimes idées, il se donne à peine le loisir de prononcer quelques oracles; élevé par son caractère au-dessus des jugements humains, il abandonne aux âmes communes le mérite d'une vie suivie et uniforme[3], et il n'est responsable de ses inconstances qu'à ce cercle d'amis qui les idolâtrent. Eux seuls savent juger, savent penser, savent écrire, doivent écrire; il n'y a point d'autre ouvrage d'esprit si bien reçu dans le monde et si universellement goûté des honnêtes gens[4], je ne dis pas qu'il veuille

---

1. ARSÈNE. Comparez ce caractère avec celui de Damis, *le Misanthrope*, acte II sc. v.

Et les deux bras croisés, du haut de son
[esprit,
Il regarde en pitié tout ce que chacun dit.

Il est certain que La Bruyère désigne ici le comte de Tréville, à qui Sainte-Beuve a consacré une de ses *Causeries du Lundi*. En effet le portrait d'Arsène ressemble fort au caractère du Pharisien, tracé par Bourdaloue dans son sermon sur la *Sévérité évangélique*, et où tous les contemporains avaient reconnu Tréville. Voy. Mme de Sévigné, lettre du 25 déc. 1671 : « J'ai été cette nuit aux Minimes, je m'en vais en Bourdaloue; on dit qu'il s'est mis à dépeindre les gens, et que l'autre jour il fit trois points de la retraite de Tréville; il n'y manquait que le nom, mais il n'en était pas besoin. » Dans le sermon de Bourdaloue, il est question « de ces esprits superbes qui se regardaient et se faisaient un secret plaisir d'être regardés comme les justes, comme les parfaits, comme les irrépréhensibles; qui de là prétendaient avoir droit de mépriser tout le genre humain, ne trouvant que chez eux la sainteté et la perfection et n'en pouvant goûter d'autre... » Voyez, sur ce personnage, Saint-Simon, Mme de Sévigné, Mme de Coulanges, Boileau, qui tous lui sont extrêmement favorables; Boileau le cite « parmi les esprits de premier ordre. » Tréville était mal en cour, étant fort attaché à Port-Royal, où il était fort estimé : quand il fut élu à l'Académie en 1704, le roi refusa d'approuver son élection. La Bruyère et Bourdaloue paraissent avoir été bien sévères pour un homme d'un vrai mérite qui s'était tourné vers le genre de piété de Port-Royal, parce que, selon l'expression de Saint-Simon, « c'était celui des gens instruits, d'esprit et de bon goût. »

2. S'ADMIRER RÉCIPROQUEMENT. Cf. Molière. *Les femmes savantes*, acte III, scène II, rôle d'Armande :

Nous serons par nos lois, les juges des ou-
[vrages;
Par nos lois, prose et vers, tout nous sera
[soumis.
Nul n'aura de l'esprit, hors nous et nos
[amis.

3. UNIFORME. M. de Tréville avait eu quelques inconstances, c'est-à-dire quelques défaillances dans sa foi janséniste. Pascal lui-même n'avait-il pas été mondain, de 1648 à 1654? (Voyez ce qu'en dit sa nièce, Marguerite Périer.) Il fallait d'ailleurs que les inconstances de M. de Tréville fussent bien vénielles, pour qu'il continuât d'être « idolâtré » par un cercle d'amis où M. Singlin et M. de Saci faisaient la loi, où Nicole et Arnauld passaient presque pour des indulgents.

4. DES HONNÊTES GENS. L'honnête homme, au dix-septième siècle, n'est pas seulement l'homme qui a de la probité, ainsi que l'entend Franklin et qu'on l'entend dans les sociétés démocratiques; ce n'est pas non plus l'homme d'un parti, du parti oligarchique, ainsi que l'entendent Aristophane et Cicéron et qu'on l'entend dans les cénacles aristocratiques. C'est tout cela à la fois, et plus encore : un homme

approuver, mais qu'il daigne lire : incapable d'être corrigé par cette peinture, qu'il ne lira point [1].

Théocrine sait des choses assez inutiles ; il a des sentiments toujours singuliers ; il est moins profond que méthodique ; il n'exerce que sa mémoire ; il est abstrait [2], dédaigneux, et il semble toujours rire en lui-même de ceux qu'il croit ne le valoir pas. Le hasard fait que je lui lis mon ouvrage. Il l'écoute. Est-il lu, il me parle du sien. Et du vôtre, me direz-vous, qu'en pense-t-il ? Je vous l'ai déjà dit, il me parle du sien.

Il n'y a point d'ouvrage si accompli qui ne fondît tout entier au milieu de la critique, si son auteur voulait en croire tous les censeurs, qui ôtent chacun l'endroit qui leur plaît le moins [3].

C'est une expérience faite, que, s'il se trouve dix personnes qui effacent d'un livre une expression ou un sentiment, l'on en fournit aisément un pareil nombre qui les réclame ; ceux-ci s'écrient : Pourquoi supprimer cette pensée ? elle est neuve, elle est belle, et le tour en est admirable ; et ceux-là affirment, au contraire, ou qu'ils auraient négligé cette pensée, ou qu'ils lui auraient donné un autre tour. Il y a un terme, disent les uns,

---

qui a de la naissance et qui doit, à sa naissance l'aisance des manières et l'élégance des mœurs, qui est instruit, cultivé, mais qui est le contraire d'un pédant, d'un *cuistre*, d'un Trissotin ou d'un Vadius, qui a de l'esprit, sans courir après l'esprit, qui possède au degré le plus élevé l'art de bien dire et de bien faire, sans que cet art paraisse ; Molière s'est plu à représenter cet honnête homme dans le Cléante du *Tartufe*, également éloigné de la fausse dévotion et du libertinage ; dans le Clitandre des *Femmes savantes* qui garde un si juste tempérament entre la préciosité de Philaminte et la grossièreté de Chrysale. Dans cette dernière comédie, Henriette est le caractère de femme qui correspond exactement à l'idée de l'honnête homme ; de même « la sincère » Éliante dans le *Misanthrope*.

1. NE LIRA POINT. Le caractère d'Arsène veut être rapproché de celui que trace le père Bouhours dans ses *Entretiens d'Ariste et d'Eugène* : « Je ne hais rien tant que certains esprits qui s'en font extrêmement accroire. Ils ont, dans leur mine, dans leurs gestes et jusque dans le ton de leur voix, un air de fierté et de suffisance, qui fait juger qu'ils sont fort contents d'eux-mêmes. Ils font profession de n'estimer rien et de trouver à redire à tout. Il ne se fait pas un ouvrage d'esprit qui ne leur fasse pitié ; mais en récompense, ils ne font rien qu'ils n'admirent. Ils prennent quelquefois un ton d'oracle, et décident de tout souverainement dans les compagnies. Pour leurs ouvrages, ils en font un grand mystère, ou par affectation, ou pour exciter davantage la curiosité de ceux qui ont envie de les voir, ou parce qu'ils jugent peu de personnes capables d'en connaître le juste prix. Ce sont des trésors cachés, qu'ils ne communiquent qu'à trois ou quatre de leurs admirateurs. »

2. ABSTRAIT. Voyez Guizot, *synonymes français* : « *abstrait, distrait*, signification commune, défaut d'attention, avec cette différence que ce sont nos propres idées, nos méditations qui nous rendent abstraits, tandis que nous sommes distraits par les objets extérieurs qui nous attirent et nous détournent. »

3. LE MOINS. Comme les deux veuves de la fable de La Fontaine (*l'Homme entre deux âges*), saccageant l'une les cheveux noirs de son futur époux, l'autre, les blancs, si bien

..... que notre tête grise
Demeura sans cheveux...

dans votre ouvrage, qui est rencontré [1], et qui peint la chose au naturel ; il y a un mot, disent les autres, qui est hasardé, et qui d'ailleurs ne signifie pas assez ce que vous voulez peut-être faire entendre : et c'est du même trait et du même mot que tous ces gens s'expliquent ainsi ; et tous sont connaisseurs et passent pour tels. Quel autre parti pour un auteur, que d'oser pour lors être de l'avis de ceux qui l'approuvent [2] ?

Un auteur sérieux n'est pas obligé de remplir son esprit de toutes les extravagances, de toutes les saletés, de tous les mauvais mots que l'on peut dire, et de toutes les ineptes applications que l'on peut faire au sujet de quelques endroits de son ouvrage, et encore moins de les supprimer. Il est convaincu que, quelque scrupuleuse exactitude que l'on ait dans sa manière d'écrire, la raillerie froide des mauvais plaisants est un mal inévitable, et que les meilleures choses ne leur servent souvent qu'à leur faire rencontrer une sottise.

Si certains esprits vifs et décisifs étaient crus, ce serait encore trop que les termes pour exprimer les sentiments ; il faudrait leur parler par signes, ou sans parler [3] se faire entendre. Quelque soin qu'on apporte à être serré et concis, et quelque réputation qu'on ait d'être tel, ils vous trouvent diffus. Il faut leur laisser tout à suppléer, et n'écrire que pour eux seuls : ils conçoivent une période par le mot qui la commence, et par une période tout un chapitre : leur avez-vous lu un seul endroit de l'ouvrage, c'est assez, ils sont dans le fait et entendent l'ouvrage. Un tissu d'énigmes leur serait une lecture divertissante ; et c'est une perte pour eux que ce style estropié qui les enlève soit rare [4], et que peu d'écrivains s'en accommodent. Les com-

---

1. RENCONTRÉ. C'est-à-dire rencontré heureusement. — Cf. Voltaire : « C'est un drôle qui a quelque esprit, un peu d'érudition et qui rencontre quelquefois. » — « Quelquefois, en devinant au hasard, on rencontre. »

2. QUI L'APPROUVENT. « Où en serait-on, si l'on voulait écouter tout le monde ? *Quid dem ? quid non dem ? Renuis tu quod jubet alter.* » BOILEAU.

3. SANS PARLER. Cf. le P. Bouhours, *Manière de penser* : « Il serait à souhaiter que nous fussions comme les anges, qui se communiquent leurs pensées sans le secours des paroles ; mais, n'étant pas de purs esprits, nous sommes contraints d'avoir recours au langage, pour exprimer ce que nous pensons ; et telle pensée ne peut s'entendre sans un certain nombre de mots : si vous en retranchez quelque chose sous prétexte de rendre la pensée plus forte, vous tombez infailliblement dans l'obscurité. »

4. SOIT RARE. Cf. Bouhours : « N'avez-vous pas pris garde que l'obscurité des pensées vient encore de ce qu'elles sont *estropiées*, si j'ose m'exprimer de la sorte ; je veux dire que le sens n'en est pas complet, et qu'elles ont quelque chose de monstrueux, comme ces statues imparfaites ou toutes mutilées qui ne donnent qu'une idée confuse de ce qu'elles représentent et qui n'en donnent même aucune. » — La Bruyère avait lu *la Manière de penser*, qui avait paru en 1687.

paraisons tirées d'un fleuve dont le cours, quoique rapide, est égal et uniforme, ou d'un embrasement qui, poussé par les vents, s'épand au loin dans une forêt où il consume les chênes et les pins, ne leur fournissent aucune idée de l'éloquence. Montrez-leur un feu grégeois[1] qui les surprenne ou un éclair qui les éblouisse, ils vous quittent[2] du bon et du beau.

Quelle prodigieuse distance entre un bel ouvrage et un ouvrage parfait ou régulier! Je ne sais s'il s'en est encore trouvé de ce dernier genre. Il est peut-être moins difficile aux rares génies de rencontrer le grand et le sublime, que d'éviter toute sorte de fautes. Le *Cid* n'a eu qu'une voix pour lui à sa naissance, qui a été celle de l'admiration; il s'est vu plus fort que l'autorité et la politique[3] qui ont tenté vainement de le détruire; il a réuni en sa faveur des esprits toujours partagés d'opinions et de sentiments, les grands et le peuple; ils s'accordent tous à le savoir de mémoire, et à prévenir au théâtre les acteurs qui le récitent. Le *Cid* enfin est l'un des plus beaux poèmes que l'on puisse faire; et l'une des meilleures critiques qui ait été faite sur aucun sujet est celle du *Cid*[4].

Quand une lecture vous élève l'esprit, et qu'elle vous inspire des sentiments nobles et courageux, ne cherchez pas une autre règle pour juger de l'ouvrage : il est bon et fait de main d'ouvrier[5].

1. UN FEU GRÉGEOIS. On dirait aujourd'hui : un feu d'artifice. — Scarron a plusieurs fois employé cette expression dans le même sens.

2. QUITTENT. Ils vous tiennent quitte. Bossuet, II*e* *méditation pour le jubilé* : « Nous sommes tous insolvables, et si vous ne nous quittez tout, nous périssons tous également. » Massillon, *Paraphrase du Psaume* XVII : « Les supplices affreux que l'énormité de mes crimes me préparait, et dont votre justice a bien voulu me quitter pour quelques violences passagères. » — Racine, *Mithridate*, acte V, scène v :

No perdez point le temps que vous laisse
　　　　　　　　　　　　　　[leur fuite
A rendre à mon tombeau des soins dont je
　　　　　　　　　　　　　　[vous quitte.

3. LA POLITIQUE. Cf. Boileau, satire IX :

En vain contre le Cid un ministre se ligne;
Tout Paris pour Chimène a les yeux de Ro-
　　　　　　　　　　　　　　[drigue;
L'Académie en corps a beau le censurer,
Le public révolté s'obstine à l'admirer.

4. CELLE DU CID. « Les sentiments de l'Académie sur la tragédie du Cid ont été trop vantés, et la phrase de La Bruyère vaut mieux comme antithèse que comme jugement. » GÉRUZEZ. — Il est vrai, toutefois, que *les sentiments de l'Académie* peuvent paraître un modèle de critique, si on les lit après le libelle de Georges de Scudéry, où le *Cid* est comparé à « certains animaux qui sont en la nature et qui de loin semblent des étoiles, et qui de près ne sont que des vermisseaux. » Cela n'empêcha pas « la cour aussi bien que le bourgeois » d'adopter le proverbe : *Beau comme le Cid*.

5. D'OUVRIER. — Longin avait déjà dit : « Tout ce qui est véritablement beau a cela de propre quand on l'écoute, qu'il élève l'âme, et lui fait concevoir une plus haute opinion d'elle-même. » — Longin et La Bruyère ont raison : un bon livre est celui qui élève, un mauvais livre est celui qui abaisse; et cela est également vrai d'un tableau, d'un opéra, de toutes les œuvres d'art. *Sursum corda* doit être la devise de quiconque écrit, sculpte, peint, chante, pense pour le public. — Tout ce qui est noble et courageux est bon et beau,

Capys[1], qui s'érige en juge du beau style, et qui croit écrire comme Bouhours[2] et Rabutin[3], résiste à la voix du peuple, et dit tout seul que *Damis* n'est pas un bon auteur. Damis cède à la multitude, et dit ingénument, avec le public, que Capys est un froid écrivain.

Le devoir du nouvelliste[4] est de dire : Il y a un tel livre qui court, et qui est imprimé chez Cramoisy[5], en tel caractère ; il est bien relié, et en beau papier ; il se vend tant. Il doit savoir jusqu'à l'enseigne du libraire qui le débite : sa folie est d'en vouloir faire la critique[6].

tout ce qui est bas et lâche, est mauvais et laid.

1. Capys. Capys est Boursault et Damis Boileau. — Boileau avait attaqué Boursault dans la IX° satire, où son nom rimait avec Quinault ; Boursault répondit par un écrit intitulé *la Satire des satires*.. Ils s'étaient réconciliés en 1687 : Boileau étant malade à Bourbon, Boursault le vint voir et « lui fit offre de toutes choses, d'argent, de commodités et de chevaux. » Boileau en fut fort touché (voir la lettre à Racine du 19 août 1687) et effaça le nom de Boursault de ses satires. — Voltaire dit de Boursault : « On joue encore sa comédie d'*Esope*. »

2. Bouhours, jésuite, écrivain spirituel, et critique ingénieux. Voltaire dit de lui : « La langue et le bon goût lui ont beaucoup d'obligations... Les *remarques sur la langue* et surtout sa *Manière de bien penser sur les ouvrages d'esprit* seront toujours utiles aux jeunes gens qui voudront se former le goût : il leur enseigne à éviter l'enflure, l'obscurité, le recherché et le faux. » — C'est dans l'édition de 1690 que La Bruyère plaça pour la première fois son nom à côté de celui de Rabutin. Le P. Bouhours venait de publier les *Pensées ingénieuses des anciens et des modernes*, où il avait cité plusieurs fois *les Caractères*.

3. Rabutin. Le comte Roger de Bussy-Rabutin, né en 1618, mort en 1693, cousin de M™° de Sévigné, emprisonné en 1665 pour un écrit scandaleux sur les mœurs de la cour, exilé en 1666, rappelé en 1682, mais resté dans la disgrâce du roi, finit sa vie à Autun. — Il avait, un des premiers, prédit le succès des *Caractères* et avait même voulu faire entrer La Bruyère à l'Académie, mais La Bruyère ne fut reçu que quelque temps après la mort de Bussy. — Il est probable que l'éloge de La Bruyère s'adresse surtout à la correspondance de Bussy qui circulait manuscrite.

4. Nouvelliste. La Bruyère n'aimait pas les journalistes ; nous pensons (avec M. Hemardinquer et contrairement à l'opinion de M. Servois), qu'il s'agit ici des journaux encore dans leur enfance. — Outre *le Mercure Galant*, dont nous parlons ailleurs, les journaux qui existaient alors étaient le *Journal des savants*, fondé en 1665 par le conseiller-clerc Sallo et dirigé, dès 1666, par l'abbé Jean Gallois, et la *Gazette de France*. Le médecin Théophraste Renaudot fonda la *Gazette* dès 1631 ; il eut pour continuateurs ses deux fils, Isaac et Eusèbe ; il ne faut pas confondre celui-ci avec l'abbé Eusèbe Renaudot (1646-1720), petit-fils de Théophraste, historien et orientaliste, membre de l'Académie française, des Inscriptions et belles-lettres et de l'Académie de la Crusca.

5. Cramoisy. Famille célèbre dans l'histoire de la librairie. Sébastien-Mabre Cramoisy, imprimeur du Roi, était établi rue Saint-Jacques, à l'enseigne des Cigognes ; sa veuve lui avait succédé au temps où parurent *les Caractères*. André Cramoisy, son neveu, dirigeait une autre imprimerie à la même époque.

6. La critique. Les droits de la critique n'étaient pas reconnus comme ils le sont aujourd'hui. Lorsque l'abbé Gallois prit, en 1666, la direction du *Journal des savants*, il promit de ne pas entreprendre sur la liberté publique, reconnaissant humblement « que c'était exercer une sorte de tyrannie dans l'empire des lettres, que de s'attribuer le droit de juger les ouvrages de tout le monde. » — Cette modestie de journalisme naissant ne dura guère ;

Le sublime du nouvelliste[1] est le raisonnement creux sur la politique.

Le nouvelliste se couche le soir tranquillement sur une nouvelle qui se corrompt la nuit, et qu'il est obligé d'abandonner le matin à son réveil.

Le philosophe[2] consume sa vie à observer les hommes, et il use ses esprits[3] à en démêler les vices et le ridicule ; s'il donne quelque tour à ses pensées, c'est moins par une vanité d'auteur, que pour mettre une vérité qu'il a trouvée dans tout le jour nécessaire pour faire l'impression qui doit servir à son dessein. Quelques lecteurs croient néanmoins le payer avec usure, s'ils disent magistralement qu'ils ont lu son livre, et qu'il y a de l'esprit ; mais il leur renvoie tous leurs éloges qu'il n'a pas cherchés par son travail et par ses veilles. Il porte plus haut ses projets, et agit pour une fin plus relevée : il demande des hommes un plus grand et un plus rare succès que les louanges, et même que les récompenses, qui est de les rendre meilleurs.

Les sots lisent un livre, et ne l'entendent point ; les esprits médiocres croient l'entendre parfaitement ; les grands esprits ne l'entendent quelquefois pas tout entier ; ils trouvent obscur ce qui est obscur, comme ils trouvent clair ce qui est clair. Les beaux esprits[4] veulent trouver obscur ce qui ne l'est point, et ne pas entendre ce qui est fort intelligible.

Un auteur cherche vainement à se faire admirer par son ouvrage. Les sots admirent quelquefois, mais ce sont des sots. Les personnes d'esprit ont en eux[5] les semences de toutes les

---

un siècle plus tard, Voltaire disait déjà : « Les puissances européennes ont-elles une querelle à démêler ? Elles plaident d'abord pardevant les gazetiers, qui la jugent en premier ressort, et ensuite elles appellent de ce tribunal à celui de l'artillerie. »

1. DU NOUVELLISTE. On l'appelle aujourd'hui d'un nom anglais : *reporter*.
2. LE PHILOSOPHE. L'auteur des *Caractères*.
3. SES ESPRITS. Ce pluriel était fort usité au XVIIe siècle ; Descartes avait mis à la mode « les esprits animaux » ainsi que « les petits corps, l'indéfectibilité de la matière et les négations non conversibles » dont Mme de Grignan avait la tête tournée. Tous ces mots étaient entrés dans la conversation. (Voir lettre du marquis de Sévigné du 23 juillet 1677, et les *Femmes savantes*, acte III, sc. II.)
4. LES BEAUX ESPRITS. Ce mot était alors employé le plus souvent dans un sens favorable ; mais La Bruyère le prend ici dans la signification défavorable qu'il a conservée.
5. EN EUX. Vaugelas approuve une phrase de Malherbe où le mot *personne*, accompagné d'un adjectif féminin, reçoit élégamment, dit-il, le genre masculin dans le cours de la phrase : « J'ai eu cette consolation en mes ennuis qu'une infinité de personnes qualifiées ont pris la peine de me témoigner le déplaisir qu'ils en ont eu. » Cf. Molière, *Don Juan*, acte Ier, scène II : « Jamais je n'ai vu deux personnes être si contents l'un de l'autre », et le *Malade imaginaire*, acte II, scène VI, rôle de Cléante : « Deux personnes qui disent les choses d'eux-mêmes. » La Fontaine, *Psyché* : « On respirait un air embaumé, à cause des personnes qui venaient offrir des parfums à la Déesse, et qui étaient parfumés eux-mêmes. »

vérités et de tous les sentiments, rien ne leur est nouveau ; ils admirent peu, ils approuvent.

Je ne sais si l'on pourra jamais mettre dans des lettres plus d'esprit, plus de tour, plus d'agrément et plus de style que l'on en voit dans celles de Balzac[1] et de Voiture[2]. Elles sont vides des sentiments qui n'ont régné que depuis leur temps, et qui doivent aux femmes[3] leur naissance. Ce sexe va plus loin que le nôtre dans ce genre d'écrire. Elles trouvent sous leur plume des tours et des expressions qui souvent en nous ne sont l'effet que d'un long travail et d'une pénible recherche ; elles sont heureuses dans le choix des termes, qu'elles placent si juste que, tout connus qu'ils sont, ils ont le charme de la nouveauté, et semblent être faits seulement pour l'usage où elles les mettent ; il n'appartient qu'à elles de faire lire dans un seul mot[4] tout un sentiment, et de rendre délicatement une pensée qui est délicate ; elles ont un enchaînement de discours inimitable, qui se suit naturellement, et qui n'est lié que par le sens. Si les femmes étaient toujours correctes, j'oserais dire que les lettres de quelques-unes d'entre elles seraient peut-être ce que nous avons dans notre langue de mieux écrit[5].

Il n'a manqué à Térence[6] que d'être moins froid : quelle pu-

1. Balzac, né à Angoulême en 1588, mort en 1654, a laissé, outre ses lettres, *Aristippe* ou *de la Cour, le Prince, le Socrate chrétien*, que Sainte-Beuve appelle l'*Isocrate chrétien* et qui renferme quelques pages admirables. Il a préparé la langue oratoire de Bossuet, c'est le Malherbe de la prose. (Voir surtout sa dissertation sur *le Romain*), c'est lui qui a mis en circulation le mot d'*urbanité* pour marquer le ton de la société polie qui naissait alors. — Il est fâcheux que, selon l'expression de M. Nisard, son éloquence soit de l'éloquence sans sujet.

2. Voiture né à Amiens en 1598 mort en 1648, l'idole de l'hôtel de Rambouillet, l'arbitre de l'élégance dans le salon bleu d'Arthénice ; une spirituelle enfant de douze ans, Mlle de Bourbon, (plus tard Mme de Longueville), disait qu'il fallait le conserver dans du sucre. L'Académie française prit le deuil quand il mourut. Boileau estimait fort ses vers ; il le place à côté de Malherbe et même d'Horace ; dans toutes ses lettres et ses poésies si goûtées de ses contemporains, il n'y a pas vingt lignes dont la lecture se puisse supporter aujourd'hui (sauf sa lettre sur la reprise de Corbie qui est vraiment belle et qui renferme une apologie de Richelieu où la raison se fait admirer autant que l'éloquence).

3. Aux femmes. Cf. Paul-Louis Courier : « Gardez-vous bien de croire que quelqu'un ait écrit en français depuis le règne de Louis XIV ; la moindre femmelette de ce temps-là vaut mieux pour le langage que les Jean-Jacques, Diderot, d'Alembert, contemporains et postérieurs ; ceux-là sont tous ânes bâtés, *sous le rapport de la langue*, pour user d'une de leurs phrases. »

4. Un seul mot. Mme de Sévigné écrivait à sa fille : Je suis *toute* à vous », et à ses connaissances : « Je suis *tout* à vous. »

5. De mieux écrit. La Bruyère avait sans doute lu quelques-unes des lettres de Mme de Sévigné ; Bussy-Rabutin lui avait communiqué la copie de celles qui lui étaient adressées. — Les Clefs indiquent : *Les lettres portugaises* (de Marianna Alcaforada, publiées en 1669), la correspondance de Mme de Lameth avec le marquis d'Albret, etc.

6. Térence. Celui que César appelait un demi-Ménandre et chez qui il aurait voulu trouver la *vis comica* qui ne manquait point à Plaute, a eu la singulière fortune d'être loué par tous nos plus excellents écrivains, depuis le

reté, quelle exactitude, quelle politesse, quelle élégance, quels caractères! Il n'a manqué à MOLIÈRE[1] que d'éviter le jargon, et d'écrire purement : quel feu, quelle naïveté, quelle source de la bonne plaisanterie, quelle imitation des mœurs, quelles images, et quel fléau du ridicule! mais quel homme on aurait pu faire de ces deux comiques!

J'ai lu MALHERBE[2] et THÉOPHILE[3]. Ils ont tous deux connu la nature, avec cette différence que le premier, d'un style plein et uniforme[4], montre tout à la fois ce qu'elle a de plus beau et de plus noble, de plus naïf et de plus simple; il en fait la peinture ou l'histoire. L'autre, sans choix, sans exactitude, d'une plume libre et inégale, tantôt charge ses descriptions, s'appe-

sceptique Montaigne jusqu'au Janséniste Rollin et au philosophe Diderot. « Térence sent son gentilhomme », dit Montaigne, qui l'appelle « le bon Térence, la mignardise et les grâces du langage latin. » Port-Royal traduisait, avant Mme Dacier, plusieurs comédies de Térence « rendues très honnêtes, en y changeant fort peu de chose. » Bossuet, dans sa Lettre au pape Innocent XI *sur l'instruction de Mgr le Dauphin,* écrit; « on ne peut dire combien le prince s'est diverti agréablement, dans Térence, etc. » Voyez tout ce morceau, très vif et très curieux, au paragraphe 4 de la Lettre. — On connaît les louanges que Boileau et Racine font de l'auteur des *Adelphes* et de l'*Andrienne ;* et l'on sait que Mme de Sévigné le lisait presque aussi volontiers que Nicole ou saint Augustin. Quant à Fénelon, il a fait mieux que louer Térence, il l'a cité : *memor essem ! ô Mysis, Mysis...* et, par cette seule citation, il a prouvé que Térence était moins froid que ne le dit La Bruyère qui fait cependant de lui le plus grand éloge en le plaçant à côté de Molière. Diderot compare les six comédies qui nous restent de l'ami de Lélius et de Scipion à ces précieuses statues qui nous restent des Grecs, etc.

1. MOLIÈRE. Le jargon que La Bruyère reproche à Molière est celui de ses paysans, de Jacqueline et de Lucas, de Pierrot et de Charlotte, etc. Mais nous sommes étonnés, quand nous lisons qu'il n'a manqué à l'auteur du *Misanthrope* que d'écrire purement, Fénelon est également sévère pour Molière jusqu'à dire « que l'*Avare* est moins mal écrit que les pièces qui sont en vers. » Voltaire a répondu aux critiques de Fénelon. (Voyez le catalogue des écrivains du siècle de Louis XIV.) — Pour nous, tenons-nous au jugement de Boileau : le roi lui demandant quel était le plus grand écrivain de son temps : « Sire, c'est Molière », répondit celui qui, s'il n'est pas un de nos plus grands poètes, est et sera éternellement le maître de la critique.

2. MALHERBE, né à Caen en 1555, mort en 1628. — V. Boileau, « enfin Malherbe vint... » Balzac l'appelle le premier grammairien de France, et M. Nisard appelle Balzac et Malherbe d'excellents précepteurs pour le public. — Malherbe s'enorgueillissait d'être appelé le tyran des mots et des syllabes. « Le culte de la langue est sa religion; il la prêche encore au lit de mort à sa garde-malade. » DEMOGEOT. — On peut lui reprocher d'avoir appauvri la langue et d'avoir donné à l'alexandrin la monotonie d'une forme trop raide et trop compassée.

3. THÉOPHILE. Boileau avait dit :

Tous les jours à la cour un sot de qualité
Peut juger de travers avec impunité,
A Malherbe, à Racan, préférer Théophile...

La Bruyère ne préfère pas Théophile à Malherbe, mais il les compare l'un à l'autre, et cette comparaison est assez extraordinaire. Théophile de Viaux (1590-1626), ne manquait pas d'un certain talent naturel, mais il a dépassé les limites ordinaires du mauvais goût. Boileau lui a donné l'immortalité du ridicule en citant ces vers de *Pyrame et Thisbé* :

Ah ! voici le poignard qui du sang de son
 (maître
S'est souillé lâchement. Il en rougit, le
 (traître !

4. UNIFORME. Toujours égal, toujours également poli.

santit sur les détails; il fait une anatomie : tantôt il feint[1], il exagère, il passe le vrai dans la nature, il en fait le roman.

Ronsard[2] et Balzac ont eu, chacun dans leur genre, assez de bon et de mauvais pour former après eux de très grands hommes[3] en vers et en prose.

Marot[4], par son tour et par son style, semble avoir écrit depuis Ronsard : il n'y a guère entre ce premier et nous que la différence de quelques mots.

Ronsard et les auteurs ses contemporains ont plus nui au style qu'ils ne lui ont servi[5] : ils l'ont retardé dans le chemin de la perfection; ils l'ont exposé à la manquer pour toujours, et à n'y plus revenir. Il est étonnant que les ouvrages de Marot, si naturels et si faciles, n'aient su faire de Ronsard, d'ailleurs plein de verve et d'enthousiasme, un plus grand poète que Ronsard et que Marot; et, au contraire que Belleau, Jodelle et du Bartas[6] aient

---

1. Il feint. Il invente, il est dans le faux.

2. Ronsard, né près de Vendôme en 1524, mort en 1585. Malherbe et Boileau l'ont trop maltraité ; Fénelon dit fort bien : « Il n'avait pas tort, ce me semble, de tenter quelque nouvelle route pour enrichir notre langue, pour enhardir notre poésie, et pour dénouer notre versification naissante. » Voyez tout ce jugement de Fénelon, qui est excellent, dans *la lettre à l'Académie*. Personne ne lit plus aujourd'hui sa *Franciade* ni ses *Odes Pindariques* qui sont la chose la plus maussade du monde ; mais on lit et même l'on sait par cœur plus d'une de ses poésies légères, par exemple celle qui commence par ce vers :

Mignonne, allons voir si la rose..

3. De très grands hommes. Le dix-septième siècle a fait sa rhétorique sous Balzac, a dit M. Taine ; et quant à Ronsard, nos poètes du dix-neuvième siècle lui doivent beaucoup

4. Marot, né à Cahors en 1495. mort en 1544. Il fut le valet de chambre et le poète de cette spirituelle et charmante sœur de François Ier qu'on a appelée *la Marguerite des Marguerites*. Henri Estienne le nomme fort bien « le plus gentil des premiers poètes français. » Fénelon dit : « Le vieux langage se fait regretter, quand nous le trouvons dans Marot... il avait je ne sais quoi de court, de naïf, de hardi, de vif et de passionné. » Marot est, parmi nos poètes, un de ceux qui ont eu l'esprit *le plus français*; il a des airs de famille avec La Fontaine, avec Voltaire, avec Béranger.

5. Servi. Le P. Bouhours rend meilleure justice aux tentatives de réforme littéraire de Joachim du Bellay et de Ronsard : « Ils donnèrent à la langue un caractère d'élégance et de doctrine qu'elle n'avait point encore auparavant, en l'enrichissant des dépouilles de la Grèce et de l'Italie. Amyot, Joachim du Bellay et Ronsard eurent le plus de part à ce changement ; mais tout ce que firent ces grands maîtres ne fut qu'une ébauche, dont les traits furent effacés ou corrigés dans les règnes suivants. Desportes, du Perron, Malherbe et Coeffeteau réformèrent le langage d'Amyot, de du Bellay et de Ronsard, comme Amyot, du Bellay et Ronsard avaient réformé le langage de ceux qui les avaient précédés. Les changements qui se sont faits depuis trente ans ont servi de dernières dispositions à cette perfection, où la langue française devait parvenir sous le règne du plus grand monarque de la terre. » *Entretiens d'Ariste et d'Eugène*. — Sainte-Beuve a longuement instruit tout ce procès de Ronsard et de la Pléiade, dans son *Tableau de la poésie française au seizième siècle*.

6. Belleau (1528-1577), Jodelle (1532-1573), du Bartas (1544-1590), faisaient partie de la Pléiade, avec Baïf, Dorat et Pontus de Thiard. — Remy Belleau, qu'on appelait « le gentil Belleau », traducteur des *Phénomènes* d'Aratus, de l'*Ecclésiaste* et

été sitôt suivis d'un RACAN[1] et d'un MALHERBE, et que notre langue, à peine corrompue, se soit vue réparée[2].

MAROT et RABELAIS[3] sont inexcusables d'avoir semé l'ordure[4] dans leurs écrits : tous deux avaient assez de génie et de naturel pour pouvoir s'en passer, même à l'égard de ceux qui cherchent moins à admirer qu'à rire dans un auteur. Rabelais surtout est incompréhensible ; son livre est une énigme, quoi qu'on veuille dire, inexplicable ; c'est une chimère, c'est le visage d'une belle femme avec des pieds et une queue de serpent[5], ou de quelque autre bête plus difforme ; c'est un monstrueux assemblage d'une morale fine et ingénieuse et d'une sale corruption : où il est mauvais, il passe bien loin au delà du pire, c'est le charme de la canaille : où il est bon, il va jusques à l'exquis et à l'excellent, il peut être le mets des plus délicats.

Deux écrivains[6] dans leurs ouvrages ont blâmé MON-

---

des *Odes* d'Anacréon, a laissé, comme Ronsard, de petites pièces délicieuses, par exemple celle qui commence par :

Avril, l'honneur et des bois
    Et des mois...

Il est vraiment, dans ses *Bergeries* « un peintre de la nature » ainsi que l'appelait Ronsard. — Jodelle, l'auteur de la *Cléopâtre*, et de la *Didon*, d'*Eugène* et de la *Rencontre*, crut avoir restauré chez nous la tragédie grecque et l'antique comédie. — Du Bartas, l'auteur du poème de *la Semaine ou les sept jours de la Création*; il a exagéré « le faste prédantesque » de Ronsard. Ce poète, si décrié en France depuis le dix-septième siècle, a eu en Allemagne une fortune très différente ; Goethe fait de lui un éloge qui doit nous donner à réfléchir. — La Bruyère avait d'abord écrit le nom de Saint-Gelais après celui de Jodelle, dans la neuvième édition : il le remplaça par celui de du Bartas ; on lui avait sans doute fait remarquer que Mellin de Saint-Gelais (1491-1558) appartient à l'école de Marot et non à celle de Ronsard.

1. RACAN (1589-1670), élève et ami de Malherbe ; Boileau a dit de lui :

Racan chante Philis, les bergers et les
    [bois.

Outre ses *Bergeries*, il a laissé des *Odes sacrées*, des *mémoires sur la vie de Malherbe*, etc. Il est, avec La Fontaine, l'un des deux poètes du dix-septième siècle qui ont su parler de la campagne.

2. RÉPARÉE. Boileau avait dit de Malherbe :

Par ce sage écrivain la langue réparée.
N'offrit plus rien de rude à l'oreille épurée.

3. RABELAIS, né à Chinon en 1483, tour à tour cordelier, prédicateur, bénédictin, médecin, bibliothécaire, secrétaire d'ambassade, chanoine, mort curé de Meudon en 1553. — Les *Faits et dits du géant Gargantua et de son fils Pantagruel* sont un roman allégorique et satirique dirigé contre les rois, les papes, les moines, contre les hommes d'épée et contre les hommes de robe, contre la scolastique et la fausse chevalerie, et contre beaucoup d'autres choses encore. C'est à dessein qu'il a fait de son livre une énigme, dissimulant ses hardiesses et s'enveloppant dans une obscurité préservatrice. — Le jugement de La Bruyère est fort remarquable, c'est encore aujourd'hui ce qui a été dit de mieux sur Rabelais.

4. L'ORDURE. Cf. Pascal : « Que le cœur de l'homme est creux et plein d'ordure ! » Ce mot s'employait plus souvent au pluriel ; Molière, *Tartufe* :

Chaque instant de ma vie est chargé de
    [souillures,
Elle n'est qu'un amas de crimes et d'or-
    [dures.

« Ce mot énergique est aujourd'hui d'un emploi rare, la langue s'efféminant à force de délicatesse. » selon la remarque de M. Hemardinquer.

5. SERPENT. Cf. Horace, *Ep. aux Pisons* :

    ... Ut turpiter atrum
Desinat in piscem mulier formosa superne.

6. DEUX ÉCRIVAINS. Celui qui pense

TAGNE[1], que je ne crois pas, aussi bien qu'eux[2], exempt de toute sorte de blâme; il paraît que tous deux ne l'ont estimé en nulle manière. L'un ne pensait pas assez pour goûter un auteur qui pense beaucoup; l'autre pense trop subtilement pour s'accommoder de pensées qui sont naturelles[3].

Un style grave, sérieux, scrupuleux va fort loin: on lit AMYOT[4] et COEFFETEAU[5]: lequel lit-on de leurs contemporains? BALZAC, pour les termes et pour l'expression, est moins vieux que VOITURE: mais si ce dernier, pour le tour, pour l'esprit et pour le naturel, n'est pas moderne, et ne ressemble en rien à nos écrivains, c'est qu'il leur a été plus facile de le négliger que de l'imiter; et que le petit nombre de ceux qui courent après lui ne peut l'atteindre.

---

trop subtilement est certainement Malebranche, qui a dit dans la *Recherche de la vérité:* « Montaigne a bien travaillé à se faire l'air cavalier, mais il n'y a pas réussi. Ainsi, il s'est plutôt fait un pédant à la cavalière et d'une espèce toute singulière qu'il ne s'est rendu raisonnable, judicieux et honnête homme. » — Celui qui ne pensait pas assez, est suivant les uns, Nicole, suivant les autres, Balzac.

1. MONTAGNE. Michel de Montaigne, né en 1533, mort en 1592. Juste-Lipse l'appelait le Thalès français; de Thou disait de lui: « C'est un homme d'une liberté naturelle que ses *Essais* immortaliseront dans la postérité la plus reculée. » Le Cardinal du Perron appelle les *Essais* « le bréviaire des honnêtes gens. » — Voyez, sur Montaigne, l'*Entretien de Pascal avec M. de Saci*. — Voyez surtout l'*Éloge de Montaigne*, composé par Villemain en 1812, et qui fut le début de cet illustre écrivain.

2. AUSSI BIEN QU'EUX... Ce tour ne s'emploie plus dans les phrases négatives; mais Pascal, Descartes, Molière, Fénelon l'employaient ainsi: « Il n'est pas juste qu'il puisse entrer dans les terres de ses voisins; il n'est pas juste aussi que ses voisins puissent entrer dans les siennes. » FÉNELON, *Télémaque*.

3. NATURELLES. Montaigne semble avoir prévu qu'il ne plairait ni à ceux qui pensent trop, ni à ceux qui ne pensent pas assez; il dit au ch. LIV du livre 1er. « Que si ces Essais étaient dignes qu'on en jugeât, il en pourrait advenir, à mon avis, qu'ils ne plairaient guère aux esprits communs et vulgaires, ni guère aux singuliers et excellents: ceux-là n'y entendraient pas assez; ceux-ci y entendraient trop: ils pourraient vivoter en la moyenne région. »

4. AMYOT (Jacques), né à Melun en 1513, d'une famille très pauvre, d'abord valet au collège de Navarre, puis précepteur des enfants de Henri II, grand aumônier de France, évêque d'Auxerre, mort en 1593; traducteur des romans grecs d'Héliodore et de Longus et surtout des œuvres de Plutarque. « Le vieux langage se fait regretter, quand nous le retrouvons dans Marot, dans Amyot, dans le cardinal d'Ossat. » FÉNELON. — « Je donne la palme à Jacques Amyot sur tous nos écrivains français, non seulement pour la pureté et la naïveté du langage, en quoi il surpasse tous autres... Mais surtout je lui sais gré d'avoir su trier et choisir un livre si digne et à propos pour en faire présent à son pays. Nous autres ignorants étions perdus, si ce livre ne nous eût relevés du bourbier; sa merci, nous osons à cette heure parler et écrire: les dames en régentent les maîtres d'école: c'est notre bréviaire. » MONTAIGNE, II, IV.

5. COEFFETEAU (Nicolas), né dans le Maine en 1574, évêque de Marseille, savant théologien et célèbre prédicateur, mort en 1623; auteur d'un *Tableau des passions humaines*, d'une traduction de Florus, d'une *histoire Romaine*, et d'autres livres aujourd'hui oubliés. Vaugelas admirait si fort cet auteur « qu'il ne pouvait presque recevoir de phrase qui ne fût employée dans l'*Histoire romaine*. » PELLISSON, *Histoire de l'Académie*. — Saint-Evremond est le premier qui ait osé attaquer une gloire si bien établie.

Le H. G.[1] est immédiatement au-dessous du rien : il y a bien d'autres ouvrages qui lui ressemblent. Il y a autant d'invention à s'enrichir par un sot livre, qu'il y a de sottise à l'acheter : c'est ignorer le goût du peuple que de ne pas hasarder quelquefois de grandes fadaises.

L'on voit bien que l'*Opéra*[2] est l'ébauche d'un grand spectacle : il en donne l'idée.

Je ne sais pas comment l'*Opéra*, avec une musique si parfaite et une dépense toute royale, a pu réussir à m'ennuyer.

Il y a des endroits dans l'*opéra* qui laissent en désirer d'autres. Il échappe quelquefois de souhaiter la fin de tout le spectacle : c'est faute de théâtre[3], d'action, et de choses qui intéressent.

L'*opéra* jusques à ce jour n'est pas un poëme, ce sont des vers ; ni un spectacle, depuis que les machines ont disparu par le bon ménage d'*Amphion* et de sa race[4] : c'est un concert, ou ce sont des voix soutenues par des instruments.

C'est prendre le change et cultiver un mauvais goût que de dire, comme l'on fait, que la machine n'est qu'un amusement d'enfants et qui ne convient qu'aux marionnettes : elle augmente et embellit la fiction, soutient dans les spectateurs cette douce illusion qui est tout le plaisir du théâtre, où elle jette encore le merveilleux. Il ne faut point de vols, ni de chars, ni de change-

---

1. LE H. G. Le Mercure Galant. Voyez sur ce journal, la *préface du Discours à l'Académie*.

2. L'OPÉRA. L'Académie royale de musique date de 1665, et est une des fondations de Colbert. — Il est à remarquer que Boileau, La Fontaine, Racine, Saint-Evremond ne pensaient pas plus favorablement de l'opéra que La Bruyère lui même. On connaît les vers de Boileau sur

Tous ces lieux communs de morale lubrique,
Que Lulli réchauffa des sons de sa musique.

Saint-Evremond écrivait au duc de Buckingham : « Une sottise chargée de musique, de danses, de machines, de décorations, est une sottise magnifique, mais toujours sottise. Si vous voulez savoir ce que c'est qu'un opéra, je vous dirai que c'est un travail bizarre de poésie et de musique, où le poëte et le musicien également gênés l'un par l'autre, se donnent bien de la peine à faire un méchant ouvrage. » Saint-Evremond eût-il osé écrire ces lignes, s'il eût vécu après Mozart, Weber, Beethoven, s'il eût été le contemporain de Rossini et de Meyerbeer, etc. ?

3. THÉÂTRE. La Bruyère entend par ce mot les décors, les trucs, chars, enlèvements, apparitions, tout ce qu'il appelle plus loin la machine.

4. AMPHION ET SA RACE. Lulli et sa famille. — J.-B. Lulli, né à Florence, en 1633, dirigea l'opéra depuis 1672, jusqu'à sa mort en 1686. — Son gendre, Francine, lui succéda. — Ses deux fils, Louis Lulli et Jean-Louis Lulli firent représenter plusieurs opéras de 1688 à 1693. — Mme de Sévigné disait de la musique de Lulli : « Je ne crois point qu'il y ait une autre musique dans le ciel. » Il est vrai qu'il s'agissait de sa musique d'Église. — On sait que Quinault faisait les paroles des opéras dont Lulli faisait la musique ; Voltaire dit : « Il fallait ces deux hommes pour faire de quelques scènes d'*Atys*, d'*Armide* et de *Roland*, un spectacle tel que l'antiquité ni aucun peuple contemporain n'en connut. »

ments, aux *Bérénices*[1] et à *Pénélope*[2]; il en faut aux *opéras*; et le propre de ce spectacle est de tenir les esprits, les yeux et les oreilles dans un égal enchantement.

Ils ont fait le *théâtre*[3], ces empressés[4], les machines, les ballets, les vers, la musique, tout le spectacle, jusqu'à la salle où s'est donné le spectacle, j'entends le toit et les quatre murs dès leurs fondements. Qui doute que la chasse sur l'eau[5], l'enchantement de la Table[6], la merveille du labyrinthe[7], ne soient encore de leur invention? J'en juge par le mouvement qu'ils se donnent, et par l'air content dont ils s'applaudissent sur tout le succès. Si je me trompe, et qu'ils n'aient contribué en rien à cette fête si superbe, si galante, si longtemps soutenue, et où un seul a suffi pour le projet et pour la dépense, j'admire deux choses : la tranquillité et le flegme de celui qui a tout remué, comme l'embarras et l'action de ceux qui n'ont rien fait[8].

---

1. BÉRÉNICES. La *Bérénice* de Corneille et la *Bérénice* de Racine, représentées en 1670. — C'est *Madame*, duchesse d'Orléans (Henriette d'Angleterre), qui engagea Corneille et Racine à traiter le sujet de Bérénice renvoyée par Titus (*invitus invitam dimisit*); elle mettait ainsi aux prises, à l'insu l'un de l'autre, le vieux génie de l'auteur du *Cid* avec le génie naissant de l'auteur d'*Andromaque*.

2. PÉNÉLOPE. Tragédie de l'abbé Genest, aumônier de la duchesse d'Orléans, secrétaire des commandements du duc du Maine, membre de l'Académie française. — La Bruyère, en rapprochant la *Pénélope* de l'abbé Genest des tragédies de Corneille et de Racine, a eu évidemment une intention de flatterie. — La *Pénélope* fut représentée en 1684.

3. LE THÉÂTRE. Il s'agit d'une fête donnée à Chantilly par M. le Prince, fils du grand Condé et père de l'élève de La Bruyère. Cette fête, offerte au Dauphin, au mois d'août 1688, dura huit jours et coûta plus de cent mille écus. « Monsieur le Prince, dit La Fare dans ses Mémoires, était l'homme du monde qui avait le plus de talent pour imaginer tout ce qui pouvait la rendre galante et magnifique. » —Saint-Simon dit : « Personne n'a jamais porté si loin l'invention, l'exécution, l'industrie, les agréments, ni les magnificences des fêtes dont il savait surprendre et enchanter. »

4. CES EMPRESSÉS. On ne sait pas exactement quels sont ces empressés; il faut avouer du reste que cela intéresse fort peu la postérité.

5. LA CHASSE SUR L'EAU. « Après une chasse où l'on avait tué cinquante ou soixante cerfs, biches ou sangliers, on jeta dans l'étang de Commelle, au son des hautbois et des trompettes, les bêtes que l'on avait prises vivantes; les dames, placées sur des bateaux couverts de feuillage, arrêtaient les cerfs au moyen de nœuds coulants et les attachaient ainsi à la barque. Lorsqu'on avait gagné la terre, les dames coupaient la corde et rendaient aux cerfs la liberté. »

6. LA TABLE. « Rendez-vous de chasse dans la forêt de Chantilly. » Note de La Bruyère. — Le premier jour de la fête, le Dauphin avait été amené par M. le Duc au carrefour de la Table où les attendait M. le Prince. Au milieu de ce carrefour s'élevait sur une estrade un édifice de verdure, au milieu duquel une magnifique corbeille d'argent contenait la collation. Après le repas et le concert, on vit passer le cerf dans l'une des allées et la chasse commença. (Voir les Commentaires de Walckenaer et de M. Servois.)

7. LABYRINTHE. « Collation très ingénieuse, donnée dans le labyrinthe de Chantilly. » Note de La Bruyère.

8. RIEN FAIT. Cf. *le Coche et la Mouche*.

Ainsi certaines gens, faisant les empressés,
S'introduisent dans les affaires;
Ils font partout les nécessaires,
Et partout importuns devraient être chassés.

Les connaisseurs[1], ou ceux qui se croient tels, se donnent voix délibérative et décisive sur les spectacles, se cantonnent aussi, et se divisent en des partis contraires, dont chacun, poussé par un tout autre intérêt que par celui du public ou de l'équité, admire un certain poème[2] ou une certaine musique[3], et siffle toute autre. Ils nuisent également, par cette chaleur à défendre leurs préventions, et à la faction opposée, et à leur propre cabale; ils découragent par mille contradictions les poëtes et les musiciens, retardent le progrès des sciences et des arts, en leur ôtant le fruit qu'ils pourraient tirer de l'émulation et de la liberté qu'auraient plusieurs excellents maîtres de faire, chacun dans leur genre et selon leur génie, de très beaux ouvrages[4].

D'où vient que l'on rit si librement au théâtre, et que l'on a honte d'y pleurer[5]? Est-il moins dans la nature de s'attendrir sur le pitoyable[6] que d'éclater sur le ridicule? Est-ce l'altération des traits qui nous retient? Elle est plus grande dans un ris immodéré que dans la plus amère douleur; et l'on détourne son visage pour rire comme pour pleurer en la présence des grands et de tous ceux que l'on respecte. Est-ce une peine que l'on sent à laisser voir que l'on est tendre, et à marquer quelque faiblesse, surtout en un sujet faux, et dont il semble que l'on soit la dupe[7]? Mais, sans citer les personnes graves ou les esprits

---

1. LES CONNAISSEURS. « *Intelligentes,* — *qui ista intelligunt* », dans le latin de Cicéron. Quintilien désigne les connaisseurs ou ceux qui se croient tels par la périphrase « *proprio quodam intelligendi ambitu.* »

2. UN CERTAIN POÈME. Allusion aux exagérations des partisans exclusifs de Corneille ou de Racine.

3. UNE CERTAINE MUSIQUE. La Bruyère ne connaissait pourtant pas les luttes des Gluckistes et des Piccinnistes, des fidèles de Rossini et des adorateurs de Richard Wagner.

4. TRÈS BEAUX OUVRAGES. Tout cela est parfait. Il y a en effet de très beaux ouvrages dans tous les genres. Shakespeare est l'égal de Sophocle et ne lui ressemble pas; chacun a son génie. Il n'y a de mauvais ouvrages que ceux des poëtes et des musiciens à qui on a enlevé ou qui se sont enlevé à eux-mêmes « l'émulation et la liberté. » *Imitatores, servum pecus,* dit Horace.

5. D'Y PLEURER. La vraie raison de cette contradiction est-celle-ci : quand nous éclatons sur un ridicule, c'est que nous croyons en être exempts; nous affirmons ainsi notre supériorité. Au contraire nous craignons de nous attendrir jusqu'aux larmes, parce que les larmes nous semblent un signe de faiblesse, un aveu de notre infériorité. C'est par amour-propre que nous rions, et c'est l'amour-propre qui nous défend de pleurer.

6. LE PITOYABLE. Ce qui est digne de pitié. « Vous voyez devant vous un prince pitoyable », disait-on, dans la langue tragique du dix-septième siècle. *Pitoyable* signifie aujourd'hui digne de moquerie, comme bonhomme signifie un imbécile, comme prud'homme est devenu le synonyme du sot important, comme *gêner* qui signifiait naguère *torturer,* veut dire maintenant *ennuyer;* on n'oserait plus dire, avec le vieux Corneille : « Ah! que vous me gênez! »

7. LA DUPE. Observation très juste, qui explique bien l'expression « d'esprits forts » qui va suivre. En effet il y a des personnes graves, et des esprits forts ou qui se croient tels, qui rougissent également de rire et de pleurer au théâtre; mais alors qu'y vont-ils faire?

forts qui trouvent du faible dans un ris excessif comme dans les pleurs, et qui se les défendent également, qu'attend-on d'une scène tragique? qu'elle fasse rire? Et d'ailleurs la vérité n'y règne-t-elle pas aussi vivement par ses images que dans le comique? l'âme ne va-t-elle pas jusqu'au vrai dans l'un et l'autre genre avant que de s'émouvoir? est-elle même si aisée à contenter? ne lui faut-il pas encore le vraisemblable? Comme donc ce n'est point une chose bizarre d'entendre s'élever de tout un amphithéâtre un ris universel sur quelque endroit d'une comédie, et que cela suppose au contraire qu'il est plaisant et très naïvement exécuté; aussi l'extrême violence que chacun se fait à contraindre ses larmes, et le mauvais ris dont on veut les couvrir, prouve clairement que l'effet naturel du grand tragique serait de pleurer tous franchement et de concert à la vue l'un de l'autre, et sans autre embarras que d'essuyer ses larmes; outre qu'après être convenu de s'y abandonner, on éprouverait encore qu'il y a souvent moins lieu de craindre de pleurer au théâtre que de s'y morfondre[1].

Le poëme tragique vous serre le cœur dès son commencement, vous laisse à peine dans tout son progrès la liberté de respirer et le temps de vous remettre; ou, s'il vous donne quelque relâche, c'est pour vous replonger dans de nouveaux abîmes et dans de nouvelles alarmes; il vous conduit à la terreur par la pitié, ou, réciproquement, à la pitié par le terrible; vous mène par les larmes, par les sanglots, par l'incertitude, par l'espérance, par la crainte, par les surprises et par l'horreur, jusqu'à la catastrophe. Ce n'est donc pas un tissu de jolis sentiments, de déclarations tendres, d'entretiens galants, de portraits agréables, de mots *doucereux*[2], ou quelquefois assez plaisants pour faire rire, suivi à la vérité d'une dernière scène où les mutins n'entendent aucune raison[3], et où, pour la bienséance, il y a enfin du sang répandu, et quelque malheureux à qui il en coûte la vie.

Ce n'est point assez que les mœurs du théâtre[4] ne soient point

1. DE S'Y MORFONDRE. La chute est jolie, plus jolie que celle du sonnet d'Oronte, et vraiment spirituelle, parce qu'elle est vraie. Le plus grand danger que l'on puisse courir au théâtre, n'est-il pas celui d'y bâiller?

2. MOTS DOUCEREUX. Allusion à l'opéra tragique d'*Énée et Lavinie*, représenté en 1690, dont Fontenelle avait écrit les paroles et Colasse composé la musique. — Boileau dit au chant III de l'*Art poétique*:

Feignez donc, j'y consens, les héros amoureux,
Mais ne m'en formez pas des bergers doucereux.

3. AUCUNE RAISON. « Sédition, dénouement vulgaire des tragédies. » Note de La Bruyère.

4. LES MŒURS DU THÉÂTRE. Les mœurs des personnages que les auteurs mettent en scène.

mauvaises; il faut encore qu'elles soient décentes et instructives. Il peut y avoir un ridicule si bas et si grossier, ou même si fade et si indifférent, qu'il n'est ni permis au poète d'y faire attention, ni possible aux spectateurs de s'en divertir. Le paysan ou l'ivrogne fournit quelques scènes à un farceur; il n'entre qu'à peine dans le vrai comique : comment pourrait-il faire le fond ou l'action principale de la comédie? Ces caractères, dit-on, sont naturels : ainsi, par cette règle, on occupera bientôt tout l'amphithéâtre, d'un laquais qui siffle, d'un malade dans sa garde-robe, d'un homme ivre qui dort ou qui vomit[1] : y a-t-il rien de plus naturel? C'est le propre d'un efféminé[2] de se lever tard, de passer une partie du jour à sa toilette, de se voir au miroir, de se parfumer, de se mettre des mouches, de recevoir des billets et d'y faire réponse : mettez ce rôle sur la scène, plus longtemps vous le ferez durer, un acte, deux actes, plus il sera naturel[3] et conforme à son original; mais plus aussi il sera froid et insipide.

Il semble que le roman et la comédie[4] pourraient être aussi utiles qu'ils sont nuisibles : l'on y voit de si grands exemples de constance, de vertu, de tendresse et de désintéressement, de si beaux et de si parfaits caractères, que quand une jeune personne jette de là sa vue sur tout ce qui l'entoure, ne trouvant que des sujets indignes et fort au-dessous de ce qu'elle vient d'admirer, je m'étonne qu'elle soit capable pour eux de la moindre faiblesse[5].

---

1. Ou qui vomit. Il ne peut être ici question de Molière. Sganarelle ne dort, ni ne vomit en scène. Mais le malade, dans sa garde-robe, pourrait bien être Argan. — Quant aux paysans, ceux du *Don Juan*, ont bien de l'esprit : il est vrai, en outre, qu'ils ne font point le fond ou l'action principale de la comédie.

2. D'un efféminé. Allusion à une comédie de Baron, *L'homme à bonnes fortunes*, représentée en 1686. — Tout le paragraphe peut se rapporter à toutes les comédies de Baron. Les *Enlèvements* nous montrent un paysan; *la Coquette*, un ivrogne, les scènes d'ivrognes étaient très fréquentes dans le répertoire de cette époque; l'acteur qui en était particulièrement chargé au théâtre français était Jean de Villiers, mort en 1701. — Ajoutez à la liste des mauvaises pièces de Baron, *le Débauché*, 1689.

3. Naturel. Toute cette argumentation de notre auteur est excellente. Quelle condamnation de notre *Naturalisme* contemporain, qui se prétend d'autant plus naturel, qu'il est plus froid, plus insipide, moins décent, plus bas et plus grossier, et qu'il étale sur la scène plus de garde-robe et de vomissements!

4. La comédie. La Bruyère touche à un sujet qui, dès les beaux temps de la Grèce, partageait Platon et Aristote. Au dix-septième siècle Pascal et surtout Bossuet, dans ses *Maximes et réflexions sur la Comédie*, ont condamné le théâtre comme absolument pernicieux. La thèse de Platon, de Pascal et de Bossuet a été soutenue, au dix-huitième siècle, par J.-J. Rousseau, dans la *Lettre sur les spectacles*, et combattue par Voltaire. La Bruyère, sans y penser peut-être, s'est fort rapproché du point de vue d'Aristote.

5. La moindre faiblesse. Cette apologie du roman est ingénieuse, mais

CORNEILLE ne peut être égalé dans les endroits où il excelle :
il a pour lors un caractère original et inimitable ; mais il est
inégal. Ses premières comédies[1] sont sèches, languissantes, et
ne laissaient pas espérer qu'il dût ensuite aller si loin, comme
ses dernières font qu'on s'étonne qu'il ait pu tomber de si haut.
Dans quelques-unes de ses meilleures pièces il y a des fautes
inexcusables contre les mœurs[2] ; un style de déclamateur qui
arrête l'action et la fait languir ; des négligences dans les vers
et dans l'expression, qu'on ne peut comprendre en un si grand
homme. Ce qu'il y a eu en lui de plus éminent, c'est l'esprit,
qu'il avait sublime, auquel il a été redevable de certains vers,
les plus heureux qu'on ait jamais lus ailleurs, de la conduite de
son théâtre, qu'il a quelquefois hasardée contre les règles des
anciens[3], et enfin de ses dénoûments, car il ne s'est pas toujours
assujetti au goût des Grecs et à leur grande simplicité ; il a aimé
au contraire à charger la scène d'événements dont il est presque
toujours sorti avec succès : admirable surtout par l'extrême variété et le peu de rapport qui se trouve pour le dessein entre un
si grand nombre de poèmes qu'il a composés. Il semble qu'il y
ait plus de ressemblance dans ceux de RACINE[4], et qu'ils tendent

elle n'a de valeur qu'à une condition : c'est que le roman sera idéaliste, qu'il représentera des caractères plus beaux et plus parfaits que ceux des personnages qui nous entourent.

1. SES PREMIÈRES COMÉDIES. — Ici le mot *comédies*, comme le mot latin *fabulæ*, désigne aussi bien les tragédies que les comédies. — Voltaire dit fort bien : « Ses premières comédies sont à la vérité indignes de notre siècle, mais elles furent longtemps ce qu'il y avait de moins mauvais en ce genre, tant nous étions loin de la plus légère connaissance des beaux-arts. »

2. CONTRE LES MŒURS. La Bruyère n'accuse pas Corneille de pécher contre la morale, ce qui serait absurde, mais contre les mœurs dramatiques qui exigent qu'un personnage agisse jusqu'au dénouement d'une manière conforme à son caractère et à sa situation.

..... Servetur ad imum,
Qualis ab incœpto processit, et sibi constet.
HORACE, *Ep. ad Pis.*

Il est certain que le caractère de Cinna se montre fort différent dans les derniers actes de la tragédie de ce qu'il a été dans le premier.

3. LES RÈGLES DES ANCIENS. « Je sais qu'il y a de certaines règles éternelles, pour être fondées sur un bon sens, sur une raison ferme et solide qui subsistera toujours ; mais il en est peu qui portent le caractère de cette raison incorruptible. Celles qui regardaient les mœurs, les affaires, les coutumes des vieux Grecs ne nous touchent guère aujourd'hui ; on en peut dire ce qu'a dit Horace des mots : elles ont leur âge et leur durée. Les unes meurent de vieillesse : ita verborum interit ætas ; les autres périssent avec leur nation..... il n'y en a donc que bien peu qui aient le droit de diriger nos esprits dans tous les temps ; et il serait ridicule de vouloir toujours régler des ouvrages nouveaux par des lois éteintes. » SAINT-EVREMOND. — « Il faut convenir que la *Poétique* d'Aristote est un excellent ouvrage ; cependant il n'y a rien d'assez parfait pour régler toutes les nations et tous les siècles. Descartes et Gassendi ont découvert des vérités qu'Aristote ne connaissait pas ; Corneille a trouvé des beautés pour le théâtre qui ne lui étaient pas connues. » SAINT-EVREMOND.

4. RACINE. La Bruyère a écrit ce parallèle entre Corneille et Racine en 1687. Plus tard son admiration pour Corneille s'est affaiblie et il penche dé-

un peu plus à une même chose; mais il est égal, soutenu, toujours le même partout, soit pour le dessein et la conduite de ses pièces, qui sont justes, régulières, prises dans le bon sens et dans la nature, soit pour la versification, qui est correcte, riche dans ses rimes, élégante, nombreuse, harmonieuse : exact imitateur des anciens, dont il a suivi scrupuleusement la netteté et la simplicité de l'action ; à qui le grand et le merveilleux n'ont pas même manqué, ainsi qu'à Corneille [1] ni le touchant ni le pathétique. Quelle plus grande tendresse que celle qui est répandue dant tout le *Cid*, dans *Polyeucte* et dans les *Horaces* ? Quelle grandeur ne se remarque point en Mithridate, en Porus et en Burrhus ? Ces passions encore favorites des anciens, que les tragiques aimaient à exciter sur les théâtres, et qu'on nomme la terreur et la pitié, ont été connues de ces deux poètes. Oreste, dans l'*Andromaque* de Racine, et *Phèdre* du même auteur, comme l'*OEdipe* [2] et les *Horaces* de Corneille, en sont la preuve. Si cependant il est permis de faire entre eux quelque comparaison, et les marquer l'un et l'autre par ce qu'ils ont eu de plus propre, et par ce qui éclate le plus ordinairement dans leurs ouvrages, peut-être qu'on pourrait parler ainsi : Corneille nous assujettit à ses caractères et à ses idées, Racine se conforme aux nôtres : celui-là peint les hommes comme ils devraient être [3], celui-ci les peint tels qu'ils sont. Il y a plus dans le premier de ce que l'on admire, et de ce que l'on doit même imiter ; il y a plus dans le second de ce que l'on reconnaît dans les autres, ou de ce que l'on éprouve dans soi-même. L'un élève, étonne, maîtrise, instruit; l'autre plaît, remue, touche, pénètre. Ce qu'il y a de plus beau, de plus noble, et de plus impérieux dans la raison, est manié par le premier ; et, par l'autre, ce qu'il y a de plus flatteur et de plus délicat dans la passion. Ce sont, dans celui-là, des maximes, des règles, des préceptes ; et, dans celui-ci, du goût et des sentiments. L'on est plus occupé aux

---

cidément du côté de Racine. Voir *le discours de réception à l'Académie française* prononcé en 1693.

1. AINSI QU'A CORNEILLE : On dirait aujourd'hui : « Non plus qu'à Corneille, le touchant et le pathétique. »

2. OEDIPE. — « C'est une chose étrange, dit Voltaire, que le difficile et concis La Bruyère, dans son parallèle de Corneille et de Racine, ait dit *les Horaces et Œdipe...* Voilà comme l'or et le plomb sont confondus souvent. » La Bruyère n'a fait que partager pour l'*Œdipe* l'admiration de ses contemporains. Saint-Evremond dit que cette tragédie doit compter parmi les chefs-d'œuvre de l'art. — Dans *le Discours à l'Académie*, La Bruyère se montrera beaucoup plus sévère, il parlera de « ces vieillards qui, touchés indifféremment de tout ce qui rappelle leurs premières années, n'aiment peut-être dans *Œdipe* que le souvenir de leur jeunesse. »

3. COMME ILS DEVRAIENT ÊTRE. « Corneille, vieux Romain parmi les Français, a établi sur le théâtre une école de grandeur d'âme. » VOLTAIRE.

pièces de Corneille; l'on est plus ébranlé et plus attendri à celles de Racine. Corneille est plus moral; Racine, plus naturel[1]. Il semble que l'un imite SOPHOCLE, et que l'autre doit plus à EURIPIDE[2].

Le peuple[3] appelle éloquence la facilité que quelques-uns ont de parler seuls et longtemps, jointe à l'emportement du geste, à l'éclat de la voix, et à la force des poumons. Les pédants ne l'admettent aussi que dans le discours oratoire, et ne la distinguent pas de l'entassement des figures, de l'usage des grands mots et de la rondeur des périodes.

Il semble que la logique est l'art de convaincre de quelque vérité; et l'éloquence un don de l'âme, lequel nous rend maîtres du cœur et de l'esprit des autres; qui fait que nous leur inspirons ou que nous leur persuadons tout ce qui nous plaît[4].

L'éloquence peut se trouver dans les entretiens et dans tout genre d'écrire. Elle est rarement où on la cherche, et elle est quelquefois où on ne la cherche point[5].

1. PLUS NATUREL. Il est intéressant de rapprocher de ce parallèle le jugement porté par Boileau en 1694 dans ses *Réflexions critiques sur Longin* : « Corneille est celui de tous nos poètes qui a fait le plus d'éclat en notre temps; et on ne croyait pas qu'il pût jamais y avoir en France un poète digne de lui être égalé. Il n'y en a point, en effet, qui ait plus d'élévation de génie, ni qui ait plus composé. Tout son mérite pourtant, à l'heure qu'il est, ayant été mis par le temps comme dans un creuset, se réduit à huit ou neuf pièces de théâtre qu'on admire, et qui sont, s'il faut ainsi parler, comme le midi de sa poésie, dont l'orient et l'occident n'ont rien valu. Encore, dans ce petit nombre de bonnes pièces, outre les fautes de langage qui y sont assez fréquentes, on commence à s'apercevoir de beaucoup d'endroits de déclamation qu'on n'y voyait point autrefois. Ainsi, non seulement on ne trouve point mauvais qu'on lui compare aujourd'hui M. Racine, mais il se trouve même quantité de gens qui le lui préfèrent. La postérité jugera qui vaut le mieux des deux, car je suis persuadé que les écrits de l'un et de l'autre passeront aux siècles suivants. Mais jusque-là ni l'un ni l'autre ne doit être mis en parallèle avec Euripide et Sophocle, puisque leurs ouvrages n'ont point encore le sceau qu'ont les ouvrages d'Euripide et de Sophocle, je veux dire l'approbation de plusieurs siècles. »

2. EURIPIDE. Il suffit de comparer l'*Hippolyte* et la *Phèdre* pour voir combien Racine diffère d'Euripide. Quant à Corneille, il ne ressemble en rien à Sophocle; son génie est à la fois espagnol et romain, comme celui de Sénèque et de Lucain, nullement grec. — Ces sortes de parallèles entre les écrivains modernes et les anciens ont toujours quelque chose de forcé; ils ressemblent trop aux antithèses dont parle Pascal : « Ceux qui font les antithèses en forçant les mots sont comme ceux qui font de fausses fenêtres pour la symétrie. Leur règle n'est pas de parler juste, mais de faire des figures justes. »

3. LE PEUPLE. Buffon, dans son *Discours sur le style*, se montre encore plus sévère que La Bruyère pour cette éloquence populaire : « C'est le corps qui parle au corps, dit-il. » — Voir notre édition des morceaux choisis de Buffon, page 2.

4. TOUT CE QUI NOUS PLAIT. « Neque vero mihi quidquam præstabilius videtur, quam posse dicendo tenere hominum cœtus, mentes allicere, voluntates impellere quo velit, unde autem velit deducere. » CICÉRON, *de Oratore*. — L'éloquence est à la fois un don de l'âme, comme le dit La Bruyère, et un art, comme le dit Cicéron, l'art de persuader.

5. ON NE LA CHERCHE POINT. C'est à peu près dans le même sens que Pascal a dit : « La vraie éloquence se moque de l'éloquence. »

L'éloquence est au sublime ce que le tout est à sa partie.

Qu'est-ce que le sublime? Il ne paraît pas qu'on l'ait défini[1]. Est-ce une figure? Naît-il des figures, ou du moins de quelques figures? Tout genre d'écrire reçoit-il le sublime, ou s'il n'y a que les grands sujets qui en soient capables[2]? Peut-il briller autre chose dans l'églogue qu'un beau naturel, et dans les lettres familières comme dans les conversations qu'une grande délicatesse? ou plutôt le naturel et le délicat ne sont-ils pas le sublime des ouvrages dont ils font la perfection[3]? Qu'est-ce que le sublime? Où entre le sublime?

Les synonymes sont plusieurs dictions[4] ou plusieurs phrases différentes qui signifient une même chose[5]. L'antithèse est une opposition de deux vérités qui se donnent du jour l'une à l'autre[6]. La métaphore ou la comparaison emprunte d'une chose étrangère une image sensible et naturelle d'une vérité. L'hyperbole exprime au delà de la vérité pour ramener l'esprit à la mieux connaître. Le sublime ne peint que la vérité, mais en un sujet noble; il la peint tout entière, dans sa cause et dans son effet; il est l'expression ou l'image la plus digne de cette vérité. Les esprits médiocres ne trouvent point l'unique expression, et usent de synonymes. Les jeunes gens sont éblouis de l'éclat de l'antithèse, et s'en servent. Les esprits justes, et qui aiment à faire des images qui soient précises, donnent[7] naturellement dans la comparaison et la métaphore.

---

1. DÉFINI. En effet, on ne trouve de définition du sublime, ni dans *le traité de Longin*, ni dans la *préface* et les *réflexions critiques* que Boileau y a ajoutées. — La meilleure théorie du sublime est peut-être celle qui a été donnée par le philosophe Emm-Kant. D'après lui le sublime, dans les ouvrages de l'esprit, serait ce qui élève notre âme au-dessus d'elle-même, en confondant notre imagination et en étonnant notre sensibilité; par exemple le *qu'il mourût* du vieil Horace; toute la partie sensible de notre être subit pour ainsi dire un choc et une sorte de froissement, tandis que notre raison se trouve complètement satisfaite par la contemplation d'un certain idéal de force et de grandeur.

2. CAPABLES. Dans le sens latin : « Non erat capax ingenii materia », Pline l'ancien. — Corneille a dit de même : « Je n'ai pu découvrir un sujet capable de tant d'ornements extérieurs, » préface d'*Andromède*.

3. LA PERFECTION. Ces considérations nous paraissent peu heureuses. Il est impossible d'entendre le sublime comme la perfection dans quelque genre que ce soit : Quoi de plus parfait, dans leur genre, que les Idylles de Théocrite ou que l'épigramme de l'Anthologie? Cependant l'épithète de *sublime* leur convient fort peu.

4. DICTIONS. Expressions, mots. Autrefois on distinguait les lettres, les syllabes et les dictions. — Un peu plus loin *diction* sera pris par La Bruyère comme synonyme de style.

5. UNE MÊME CHOSE. Une chose analogue et non pas identique. Il n'y a pas de synonymes parfaits, attendu, comme l'a dit plus haut La Bruyère « qu'entre toutes les différentes expressions qui peuvent rendre une seule de nos pensées, il n'y en a qu'une qui soit la bonne. »

6. L'UNE A L'AUTRE. C'est-à-dire qui s'éclairent l'une l'autre.

7. DONNENT DANS. La Bruyère emploie cette expression sans lui donner le sens défavorable qui s'y attache le plus souvent.

Les esprits vifs, pleins de feu, et qu'une vaste[1] imagination emporte hors des règles et de la justesse, ne peuvent s'assouvir de l'hyperbole. Pour le sublime, il n'y a même entre les grands génies que les plus élevés qui en soient capables[2].

Tout écrivain, pour écrire nettement, doit se mettre à la place de ses lecteurs, examiner son propre ouvrage comme quelque chose qui lui est nouveau, qu'il lit pour la première fois, où[3] il n'a nulle part, et que l'auteur aurait soumis à sa critique ; et se persuader ensuite qu'on n'est pas entendu seulement à cause que l'on s'entend soi-même, mais parce qu'on est en effet intelligible.

L'on n'écrit que pour être entendu ; mais il faut du moins en écrivant faire entendre de belles choses. L'on doit avoir une diction pure, et user de termes qui soient propres, il est vrai ; mais il faut que ces termes si propres expriment des pensées nobles, vives, solides, et qui renferment un très beau sens. C'est faire de la pureté et de la clarté du discours un mauvais usage que de les faire servir à une matière aride, infructueuse, qui est sans sel, sans utilité, sans nouveauté : que sert aux lecteurs de comprendre aisément et sans peine des choses frivoles et puériles, quelquefois fades et communes, et d'être moins incertains de la pensée d'un auteur qu'ennuyés de son ouvrage ?

Si l'on jette quelque profondeur[4] dans certains écrits ; si l'on affecte une finesse de tour, et quelquefois une trop grande délicatesse, ce n'est que par la bonne opinion qu'on a de ses lecteurs.

---

1. VASTE. Saint-Évremond a écrit quinze pages de dissertation sur la véritable signification de ce mot. D'après lui le mot *vaste* ne saurait jamais être une louange. » Le grand est une perfection dans les esprits, le *vaste* toujours un vice. L'étendue juste et réglée fait le grand, la grandeur démesurée fait le *vaste* : *Vastitas*, grandeur excessive. » D'après lui les esprits vastes sont ceux qui se portent aux choses démesurées et qui le plus souvent ne laissent après eux que des ruines, et il cite Alexandre, Pyrrhus, Catilina, César... — Cf. les vers que Voltaire met dans la bouche de Mahomet.

ZOPIRE : Quel droit as-tu reçu d'enseigner,
[de prédire,
De porter l'encensoir et d'affecter l'empire ?
MAHOMET : Le droit qu'un esprit vaste et
[ferme en ses desseins
A sur l'esprit grossier des vulgaires humains.

2. CAPABLES. « Il n'y a vraisemblablement que ceux qui ont de hautes et de solides pensées qui puissent faire des discours élevés ; et c'est particulièrement aux grands hommes qu'il échappe de dire des choses extraordinaires. » LONGIN.

3. Où. Les écrivains du dix-septième siècle employoient cette locution vive et rapide, dans presque tous les cas où nous employons si lourdement : *dans lequel, en qui, auquel, chez lequel, sur lequel...* Pourquoi ne pas nous autoriser d'exemples aussi considérables que ceux de Molière, de Pascal, de La Bruyère pour débarrasser notre langue de tours si pénibles, et si désagréables ?

4. JETTE QUELQUE PROFONDEUR. Il faut avouer que cette métaphore est bien mauvaise.

L'on a cette incommodité à essuyer dans la lecture des livres faits par des gens de parti et de cabale[1], que l'on n'y voit pas toujours la vérité. Les faits y sont déguisés, les raisons réciproques n'y sont point rapportées dans toute leur force, ni avec une entière exactitude ; et, ce qui use la plus longue patience, il faut lire un grand nombre de termes durs et injurieux que se disent des hommes graves, qui, d'un point de doctrine ou d'un fait contesté, se font une querelle personnelle. Ces ouvrages ont cela de particulier qu'ils ne méritent ni le cours prodigieux qu'ils ont pendant un certain temps, ni le profond oubli où ils tombent lorsque, le feu et la division venant à s'éteindre, ils deviennent des almanachs de l'autre année[2].

La gloire ou le mérite de certains hommes est de bien écrire ; et de quelques autres, c'est de n'écrire point[3].

L'on écrit régulièrement depuis vingt années ; l'on est esclave de la construction ; l'on a enrichi la langue de nouveaux mots, secoué le joug du latinisme, et réduit le style à la phrase purement française ; l'on a presque retrouvé le nombre que MALHERBE et BALZAC avaient les premiers rencontré, et que tant d'auteurs depuis eux ont laissé perdre ; l'on a mis enfin dans les discours tout l'ordre et toute la netteté dont il est capable : cela conduit insensiblement à y mettre de l'esprit[4].

---

1. DE PARTI. Les Jésuites et les Jansénistes (annotation de toutes les clefs).

2. ALMANACHS DE L'AUTRE ANNÉE. « Tout cela tombe comme les feuilles en automne. » VOLTAIRE.

3. DE N'ÉCRIRE POINT. Cf. la tirade d'Alceste dans Molière :

Si l'on peut pardonner l'essor d'un mau-
    [vais livre,
Ce n'est qu'aux malheureux qui composent
    [pour vivre ;
Croyez-moi, résistez à vos tentations,
Dérobez au public ces occupations,
Et n'allez point quitter, de quoi que l'on
    [vous somme,
Le nom que dans la cour vous avez d'hon-
    [nête homme,
Pour prendre de la main d'un avide im-
    [primeur
Celui de ridicule et misérable auteur.

Cf. aussi Rivarol, *Petit almanach de nos grands hommes* : « Il y a, parmi les gens du monde, certaines personnes qui doivent tout le bonheur de leur vie à leur réputation de gens d'esprit et toute leur réputation à leur paresse. Toujours spectateurs et jamais acteurs, lisant sans cesse et n'écrivant jamais, censeurs de tout et dispensés de rien produire, ils deviennent des juges très redoutables, mais ils manquent un peu de générosité ; c'est sans doute un terrible avantage de n'avoir rien fait, mais il ne faut pas en abuser.

4. DE L'ESPRIT. Tout ce paragraphe a été très diversement interprété par Génin, par Sainte-Beuve, par M. Hermardinquer, et M. Servois. Il nous a été impossible de ne pas nous ranger à l'avis de M. Hemardinquer qui dit : « Ce passage est ironique. On sait que l'auteur regrettait comme Fénelon beaucoup de vieux mots et d'anciennes tournures ; personne n'est moins que lui l'esclave de la construction… » En effet, si ce passage n'était pas ironique, il renfermerait bien des idées insoutenables ; comment La Bruyère pourrait-il dire qu'on n'a pas écrit régulièrement avant 1667 ? Pascal et Descartes, et Corneille et Larochefoucauld, et le cardinal de Retz, et Molière qui avait déjà donné le *Misanthrope* et le *Tartufe*, n'écrivaient donc pas régulièrement ? — Toutefois le trait final du paragraphe mérite une attention particulière : il est très vrai que le dix-septième siècle « avait mis

Il y a des artisans [1] ou des habiles dont l'esprit est aussi vaste que l'art et la science qu'ils professent; ils lui rendent avec avantage, par le génie et par l'invention, ce qu'ils tiennent d'elle et de ses principes; ils sortent de l'art pour l'ennoblir, s'écartent des règles si elles ne les conduisent pas au grand et au sublime; ils marchent seuls et sans compagnie; mais ils vont fort haut et pénètrent fort loin [2], toujours sûrs et confirmés par le succès des avantages que l'on tire quelquefois de l'irrégularité. Les esprits justes, doux, modérés, non seulement ne les atteignent pas, ne les admirent pas, mais ils ne les comprennent point, et voudraient encore moins les imiter [3]. Ils demeurent tranquilles dans l'étendue de leur sphère, vont jusques à un certain point qui fait les bornes de leur capacité et de leurs lumières; ils ne vont pas plus loin, parce qu'ils ne voient rien au delà; ils ne peuvent au plus qu'être les premiers d'une seconde classe, et exceller dans le médiocre.

Il y a des esprits, si je l'ose dire, inférieurs et subalternes, qui ne semblent faits que pour être le recueil, le registre, ou le magasin de toutes les productions des autres génies. Ils sont plagiaires, traducteurs, compilateurs [4] : ils ne pensent point, ils disent ce que les auteurs ont pensé; et, comme le choix des pensées est invention [5], ils l'ont mauvais, peu juste, et qui les détermine plutôt à rapporter beaucoup de choses que d'excellentes choses : ils n'ont rien d'original et qui soit à eux : ils ne savent que ce qu'ils ont appris; et ils n'apprennent que ce que tout le monde veut bien ignorer, une science vaine, aride, dénuée d'agré-

---

dans le discours tout l'ordre et toute la netteté dont il est capable. » Cela a conduit le dix-huitième siècle « à y mettre de l'esprit. »

1. ARTISANS. Nous avons déjà vu le mot *ouvrier* employé dans le même sens : « L'ouvrage est bon et fait de main d'ouvrier. » La Fontaine a dit :

On exposait une peinture
Où l'artisan avait tracé
Un lion d'immense stature...

artisan au dix-septième siècle était synonyme d'*artiste*.

2. VONT FORT HAUT ET PÉNÈTRENT FORT LOIN. Tout ce portrait du génie qui sort de l'art pour l'ennoblir, est tracé de main de maître : ne semble-t-il pas être celui d'un de nos plus grands historiens, de Jules Michelet?

3. ENCORE MOINS LES IMITER. Trait d'une justesse irréprochable. On reconnaît un esprit médiocre à l'aversion, mêlée d'effroi, qu'il éprouve en présence de nos grands esprits.

4. COMPILATEURS. On sait par cœur ces vers de Voltaire :

L'abbé Trublet avait alors la rage
D'être à Paris un petit personnage.
Au peu d'esprit que le bonhomme avait,
L'esprit d'autrui par supplément servait;
Il entassait adage sur adage,
Il compilait, compilait, compilait;
On le voyait sans cesse écrire, écrire
Ce qu'il avait jadis entendu dire,
Et nous lassait, sans jamais se lasser.
Il me choisit pour l'aider à penser;
Trois mois entiers ensemble nous pensâmes,
Lûmes beaucoup et rien n'imaginâmes.

5. EST INVENTION. Un choix de pensées, voire même des pensées d'autrui, s'il est heureux, suppose nécessairement chez l'auteur de ce choix une idée originale, personnelle, qui lui a fait écarter ceci, préférer cela, et par conséquent une certaine faculté d'invention.

ment et d'utilité, qui ne tombe point dans la conversation, qui est hors de commerce, semblable à une monnaie qui n'a point de cours. On est tout à la fois étonné de leur lecture, et ennuyé de leur entretien ou de leurs ouvrages. Ce sont ceux que les grands et le vulgaire[1] confondent avec les savants, et que les sages[2] renvoient au pédantisme[3].

La critique souvent n'est pas une science : c'est un métier, où il faut plus de santé que d'esprit, plus de travail que de capacité, plus d'habitude que de génie[4]. Si elle vient d'un homme qui ait moins de discernement que de lecture, et qu'elle s'exerce sur de certains chapitres, elle corrompt et les lecteurs et l'écrivain.

Je conseille à un auteur né copiste, et qui a l'extrême modestie de travailler d'après quelqu'un, de ne se choisir pour exemplaires[5] que ces sortes d'ouvrages où il entre de l'esprit, de l'imagination, ou même de l'érudition : s'il n'atteint pas ses originaux, du moins il en approche, et il se fait lire. Il doit au contraire éviter comme un écueil de vouloir imiter ceux qui écrivent par humeur, que le cœur fait parler, à qui il inspire les termes et les figures, et qui tirent, pour ainsi dire, de leurs entrailles tout ce qu'ils expriment sur le papier ; dangereux modèles et tout propres à faire tomber dans le froid, dans le bas et dans le ridicule, ceux qui s'ingèrent de les suivre. En effet, je rirais d'un homme qui voudrait sérieusement parler mon ton de voix[6], ou me ressembler de visage.

---

1. LES GRANDS ET LE VULGAIRE. Ils sont rapprochés ici, parce que le vulgaire ne saurait jamais compter parmi les habiles (parmi les connaisseurs, comme on dirait aujourd'hui), et que plus d'un grand, sur ce point, fait partie du vulgaire, du *profanum vulgus*, n'étant, non plus que le peuple, fort clerc en ces matières.

2. LES SAGES. Les habiles, *qui intelligunt illa*.

3. AU PÉDANTISME. Le pédant, au dix-septième siècle, c'est le contraire de l'honnête homme, c'est-à-dire du bel esprit qui n'est étranger à aucune belle connaissance et qui a des clartés de tout, mais sans s'être barbouillé des pieds à la tête de grec et de latin. — Quoi qu'en dise La Bruyère, il est fort heureux qu'il y ait des gens qui apprennent une science « qui ne tombe point dans la conversation. » La physiologie, l'anatomie comparée, la chimie organique, la philologie, l'archéologie ne tombent point dans la conversation, *non cadunt in sermonem*, et on n'est pas nécessairement un pédant ou un cuistre parce qu'on cultive ces sciences « que tout le monde veut bien ignorer. »

4. QUE DE GÉNIE. La Bruyère est trop sévère pour la critique. Il a fallu autre chose que de la santé et de la patience à un Villemain, à un Sainte-Beuve, à un Saint-Marc Girardin, pour ne parler que des morts. — Il faut dire que la critique véritable, que la critique historique, ne date que de notre siècle et était fort inconnue au temps de La Bruyère.

5. EXEMPLAIRES. Modèles :
    Vos exemplaria græca
    Nocturnâ versate manu, versate diurnâ.
    HORACE.

6. PARLER MON TON DE VOIX. Il y a de nombreux exemples de *parler* pris comme un verbe actif : « Ce que je parle avec vous, qu'est-ce que c'est ? » MOLIÈRE. — « Si un animal faisait par esprit ce qu'il fait par instinct, et s'il

Un homme né chrétien et Français se trouve contraint dans la satire : les grands sujets lui sont défendus ; il les entame quelquefois, et se détourne ensuite sur de petites choses, qu'il relève par la beauté de son génie et de son style[1].

Il faut éviter le style vain et puéril, de peur de ressembler à *Dorilas* et *Handburg*[2]. L'on peut au contraire, en une sorte d'écrits, hasarder de certaines expressions, user de termes transposés[3] et qui peignent vivement, et plaindre ceux qui ne sentent pas le plaisir qu'il y a à s'en servir ou à les entendre.

Celui qui n'a égard en écrivant qu'au goût de son siècle songe plus à sa personne qu'à ses écrits. Il faut toujours tendre à la perfection ; et alors cette justice qui nous est quelquefois refusée par nos contemporains, la postérité sait nous la rendre.

Il ne faut point mettre un ridicule où il n'y en a point ; c'est se gâter le goût, c'est corrompre son jugement et celui des autres. Mais le ridicule qui est quelque part, il faut l'y voir, l'en tirer avec grâce, et d'une manière qui plaise et qui instruise[4].

HORACE ou DESPRÉAUX l'a dit avant vous[5]. — Je le crois sur votre parole ; mais je l'ai dit comme mien. Ne puis-je pas penser après eux une chose vraie, et que d'autres encore penseront après moi[6] ?

---

parlait par esprit ce qu'il parle par instinct. » PASCAL. — « Il faut penser sa parole avant de parler sa pensée. » J.-J. ROUSSEAU.

1. DE SON STYLE. Il est probable, comme le veut M. Havet, que ce paragraphe se rapporte à Boileau, qui en effet ne traite point les grands sujets, qui les entame quelquefois, comme dans les satires *sur l'homme* ou *sur la noblesse*, qui se détourne bien vite sur de petites choses, comme la description d'un *repas ridicule* ou des *embarras de Paris* et qui relève ces petites choses par la beauté de son style. — Cependant il n'est pas impossible qu'il y ait là une allusion à La Bruyère lui-même et à son ouvrage. « Il n'y a qu'à lire du chapitre des *Esprits forts* et celui du *Souverain*, dit M. Hemardinquer, pour comprendre le regret sincère, quoique discret, que La Bruyère exprime en ce passage. » — « Ces paroles, dit M. Demogeot, par lesquelles La Bruyère justifiait sans doute à ses propres yeux le caractère un peu superficiel de son ouvrage, étaient en même temps le symptôme d'un besoin nouveau qui allait bientôt se manifester dans la littérature. »

2. DORILAS ET HANDBURG. Varillas, auteur d'une *Histoire des révolutions arrivées en Europe*, mort en 1696 ; et le P. Maimbourg, mort en 1686, dont Mme de Sévigné disait : « L'*Histoire des croisades* est fort belle ; mais le P. Maimbourg me déplaît fort ; il sent l'auteur qui a ramassé le délicat des mauvaises ruelles. »

3. TERMES TRANSPOSÉS. Il ne s'agit pas ici de l'inversion, mais des termes métaphoriques, transposés quant au sens, et non quant à la construction.

4. QUI INSTRUISE. Cf. la onzième *Provinciale* de Pascal. « Ne prétendez pas, mes Pères, de faire accroire au monde que ce soit une chose indigne d'un chrétien de traiter les erreurs avec moquerie, etc. » — Voyez aussi, dans Boileau, l'apologie de la satire (*Satire* IX) et dans P.-L. Courier, l'apologie du Pamphlet (*Pamphlet des Pamphlets*).

5. AVANT VOUS. Cf. Boileau, *Sat.* IX.
Mais lui qui fait ici le régent du Parnasse
N'est qu'un gueux revêtu des dépouilles
[d'Horace.
Avant lui Juvénal avait dit en latin...

6. APRÈS MOI. « La vérité et la raison sont communes à un chacun, et ne

CHAPITRE II

DU MÉRITE PERSONNEL

Qui peut[1], avec les plus rares talents et le plus excellent[2] mérite, n'être pas convaincu de son inutilité, quand il considère qu'il laisse, en mourant, un monde qui ne se sent pas de sa perte, et où tant de gens se trouvent pour le remplacer?

De bien des gens il n'y a que le nom qui vale[3] quelque chose. Quand vous les voyez de fort près, c'est moins que rien : de loin ils imposent[4].

Tout persuadé que je suis[5] que ceux que l'on choisit pour de différents emplois, chacun selon son génie et sa profession, font bien[6], je me hasarde de dire qu'il se peut faire qu'il y ait au monde plusieurs personnes connues ou inconnues, que l'on n'emploie pas, qui feraient très bien[7]; et je suis induit à ce sentiment par

---

sont non plus à qui les a dites premièrement qu'à qui les a dit après; ce n'est non plus selon Platon que selon moi, puisque lui et moi l'entendons et voyons de même. » MONTAIGNE, *Essais*, I, 25. — « Qu'on ne dise pas que je n'ai rien dit de nouveau : la disposition des matières est nouvelle. Quand on joue à la paume, c'est une même balle dont on joue l'un et l'autre, mais l'autre la place mieux. » PASCAL, *Pensées*.

1. QUI PEUT. « La Bruyère n'avait pas eu les débuts faciles ; il lui avait fallu bien de la peine et du temps, et aussi une occasion unique pour percer. L'homme de mérite et aussi l'homme de lettres en lui avaient secrètement souffert. Le ressentiment qu'il en a gardé se laisse voir en maint endroit de son livre, et s'y marque même parfois avec une sorte d'amertume. Ayant passé presque en un seul jour de l'obscurité entière au plein éclat et à la vogue, il sait à quoi s'en tenir sur la faiblesse et sur la lâcheté du jugement des hommes ; il ne peut s'empêcher de se railler de ceux qui n'ont pas su le deviner ou qui n'ont pas osé le dire. « Personne presque, remarque-t-il, ne s'avise de lui-même du mérite d'un autre. » On ne se rend au mérite nouveau, *qu'à l'extrémité*. Mais l'élévation chez lui l'emporte, en fin de compte, sur la rancune ; l'honnête homme triomphe de l'auteur. Le chapitre du *mérite personnel*, qui pourrait avoir pour épigraphe ce mot de Montesquieu : « Le mérite console de tout », est plein de fierté, de noblesse, de fermeté. On sent que l'auteur possède son sujet, et qu'il en est maître, sans en être plein. » SAINTE-BEUVE.

2. LE PLUS EXCELLENT. — *Excellent* ne reçoit plus aujourd'hui de degrés de comparaison ; cependant l'Académie admet le superlatif *le plus excellent*. Montaigne intitule un de ses chapitres : « Des plus excellents hommes ; » Molière dit : « les plus excellentes choses ; » Fénelon écrit : « les plus excellents auteurs de nos jours. »

3. VALE. Au lieu de *qui vaille*. On dit en effet ; *qui prévale* ; mais, malgré l'autorité de La Bruyère, *vale* est resté un barbarisme.

4. ILS IMPOSENT. C'est la fable du chameau et des bâtons flottants :

J'en sais beaucoup de par le monde
A qui ceci conviendrait bien :
De loin c'est quelque chose, et de près ce
[n'est rien.

5. QUE JE SUIS. La Bruyère avait d'abord écrit : *que je sois*. Il s'est décidé pour l'indicatif.

6. FONT BIEN. C'est un latinisme qui signifie ; faire son devoir, bien remplir tous les devoirs de sa charge. Montaigne et Bossuet l'ont employé, et il est regrettable qu'on ait laissé tomber en désuétude cette locution concise et énergique.

7. TRÈS BIEN. Remarquez ce superlatif.

le merveilleux succès de certaines gens que le hasard seul a placés, et de qui jusques alors on n'avait pas attendu de fort grandes choses[1].

Combien d'hommes admirables, et qui avaient de très beaux génies, sont morts sans qu'on en ait parlé! Combien vivent encore dont on ne parle point, et dont on ne parlera jamais[2]!

Quelle horrible peine a un homme qui est sans prôneurs et sans cabale, qui n'est engagé dans aucun corps, mais qui est seul, et qui n'a que beaucoup de mérite pour toute recommandation, de se faire jour à travers l'obscurité où il se trouve, et de venir au niveau d'un fat qui est en crédit[3]!

Personne presque ne s'avise de lui-même du mérite d'un autre.

Les hommes sont trop occupés d'eux-mêmes[4] pour avoir le loisir de pénétrer ou de discerner les autres : de là vient qu'avec un grand mérite et une plus grande modestie l'on peut être longtemps ignoré.

Le génie et les grands talents manquent souvent, quelquefois aussi les seules occasions : tels peuvent être loués de ce qu'ils ont fait, et tels de ce qu'ils auraient fait[5].

Il est moins rare de trouver de l'esprit que des gens qui se servent du leur, ou qui fassent valoir celui des autres et le mettent à quelque usage[6].

---

1. GRANDES CHOSES. Cf. Vauvenargues : « Les plus grands ministres ont été ceux que la fortune avait placés le plus loin du ministère. »

2. PARLERA JAMAIS. Bernard Palissy a dit avec beaucoup de force et dans un sentiment analogue : « pauvreté empêche les bons esprits de parvenir. » Et Gray, dans son *Cimetière de campagne* : « Peut-être dans ces tombes abandonnées gisent des hommes dont le cœur fut inspiré du souffle céleste, dont la main aurait soulevé le sceptre d'un grand empire ou tiré de la lyre un son mélodieux. — Mais la science n'avait jamais déroulé à leurs yeux ses longues pages, riches des dépouilles du temps; la pauvreté avait retenu leur noble essor et tari la source du génie. Peut-être est là enseveli quelque Hampden, qui aurait combattu avec énergie les tyrans de sa patrie; peut-être est là couché quelque Milton muet et sans gloire; quelque Cromwell pur du sang de ses concitoyens. »

3. EN CRÉDIT. « Lorsque parut le livre de La Bruyère, ses habitudes étaient prises, sa vie réglée, il n'y changea rien. La gloire soudaine qui lui vint ne l'éblouit pas; il y avait songé de longue main, l'avait retournée en tout sens, et savait fort bien qu'il aurait pu ne pas l'avoir et ne pas valoir moins pour cela. Loué, attaqué, recherché, il se trouva seulement peut-être un peu moins heureux après qu'avant son succès, et regretta sans doute, à certains jours, d'avoir livré au public une si grande part de son secret. » SAINTE-BEUVE.

4. D'EUX-MÊMES. Aussi nous arrive-t-il d'être fort étonnés quand nous apprenons que tel de nos amis, dont nous n'avons jamais discerné le mérite, vient d'obtenir un de ces succès qui mettent un homme hors de pair; au contraire, comme le dit Larochefoucauld, « quelque bien qu'on nous dise de nous, on ne nous apprend rien de nouveau. »

5. AURAIENT FAIT. « La nature fait le mérite, et la fortune le met en œuvre. » — « Notre mérite nous attire l'estime des honnêtes gens, et notre étoile celle du public. » LA ROCHEFOUCAULD.

6. LE METTENT A QUELQUE USAGE. L'appliquent à quelque usage. — Cette

Il y a plus d'outils que d'ouvriers, et de ces derniers plus de mauvais que d'excellents : que pensez-vous de celui qui veut scier avec un rabot, et qui prend sa scie pour raboter [1] ?

Il n'y a point au monde un si pénible métier que celui de se faire un grand nom; la vie s'achève que l'on a à peine ébauché son ouvrage.

Que faire d'*Égésippe*, qui demande un emploi [2] ? Le mettra-t-on dans les finances, ou dans les troupes? Cela est indifférent, et il faut que ce soit l'intérêt seul qui en décide, car il est aussi capable de manier de l'argent ou de dresser des comptes que de porter les armes : il est propre à tout, disent ses amis, ce qui signifie toujours qu'il n'a pas plus de talent pour une chose que pour une autre, ou, en d'autres termes, qu'il n'est propre à rien. Ainsi, la plupart des hommes, occupés d'eux seuls dans leur jeunesse, corrompus par la paresse ou par le plaisir, croient faussement, dans un âge plus avancé, qu'il leur suffit d'être inutiles ou dans l'indigence, afin que [3] la république soit engagée à les placer ou à les secourir; et ils profitent rarement de cette leçon [4] si importante : que les hommes devraient employer les premières années de leur vie à devenir tels par leurs études et par leur travail que la république elle-même eût besoin de leur industrie et de leurs lumières, qu'ils fussent comme une pièce nécessaire à tout son édifice, et qu'elle se trouvât portée par ses propres avantages à faire leur fortune ou à l'embellir.

Nous devons travailler à nous rendre très dignes de quelque emploi : le reste ne nous regarde point, c'est l'affaire des autres [5].

---

pensée de La Bruyère est juste; tel qui a un véritable mérite, ne sait point le mettre en œuvre, et tel qui n'a qu'un mérite médiocre, avec du savoir-faire, arrive à la réputation. « L'art de savoir bien mettre en œuvre de médiocres qualités dérobe l'estime et donne souvent plus de réputation que le véritable mérite. » LA ROCHEFOUCAULD.

1. POUR RABOTER. Ce paragraphe se rapporte au précédent; il s'agit toujours de ceux qui ne savent pas se servir de leurs outils, c'est-à-dire de leurs qualités naturelles.

2. UN EMPLOI. Tout ce caractère est excellent, et il semble qu'il ait été écrit hier. On remarquera surtout ce trait passé aujourd'hui en proverbe, « qu'être propre à tout, c'est n'être propre à rien. »

3. AFIN QUE. Il faudrait; *pour que*.

4. DE CETTE LEÇON. Du précepte, de la maxime qui va suivre.

5. C'EST L'AFFAIRE DES AUTRES. — Il y a beaucoup de fierté dans cette maxime vraiment stoïcienne. On peut la rapprocher d'un chapitre célèbre du *manuel* d'Épictète. « Souviens-toi que tu es ici-bas comme sur un théâtre, pour y jouer le rôle qu'il a plu au maître de te donner. S'il le veut long, joue-le long; si court, joue-le court. S'il veut que tu joues celui d'un pauvre, tâche de bien représenter ce personnage. Fais-en de même, soit qu'il te confie le rôle d'un boiteux, d'un prince ou d'un simple particulier : car c'est à toi de bien jouer le rôle qu'on te donne; mais c'est à un autre de le choisir. » Il faut remarquer seulement que ces *autres* dont parle La Bruyère, ce sont les autres hommes, et que

Se faire valoir[1] par des choses qui ne dépendent point des autres, mais de soi seul[2], ou renoncer à se faire valoir : maxime inestimable et d'une ressource infinie dans la pratique, utile aux faibles[3], aux vertueux, à ceux qui ont de l'esprit, qu'elle rend maîtres de leur fortune ou de leur repos ; pernicieuse pour les grands ; qui diminuerait leur cour, ou plutôt le nombre de leurs esclaves ; qui ferait tomber leur morgue avec une partie de leur autorité, et les réduirait presque à leurs entremets et à leurs équipages[4] ; qui les priverait du plaisir qu'ils sentent à se faire prier, presser, solliciter, à faire attendre ou à refuser, à promettre et à ne pas donner ; qui les traverserait dans le goût qu'ils ont quelquefois à mettre les sots en vue, et à anéantir le mérite[5] quand il leur arrive de le discerner ; qui bannirait des cours les brigues, les cabales, les mauvais offices, la bassesse, la flatterie, la fourberie ; qui ferait d'une cour orageuse, pleine de mouvements et d'intrigues, comme une pièce comique, ou même tragique, dont les sages ne seraient que les spectateurs ; qui remettrait de la dignité dans les différentes conditions des hommes, de la sérénité sur leur visage ; qui étendrait leur liberté ; qui réveillerait en eux, avec les talents naturels, l'habitude du travail et de l'exercice ; qui les exciterait à l'émulation, au désir de la gloire, à l'amour de la vertu ; qui, au lieu de courtisans vils, inquiets, inutiles[6], souvent onéreux à la république, en ferait ou

l'*autre* dont parle Épictète, c'est Dieu.

1. SE FAIRE VALOIR. Cette expression a à peu près le même sens que celle de *relever* dans la phrase de Pascal : « Toute notre dignité consiste en la pensée ; c'est de là qu'il *nous faut relever*, non de l'espace et de la durée que nous ne saurions remplir. »

2. SOI SEUL. Cette distinction entre les choses qui dépendent de nous et celles qui dépendent des autres, est empruntée à la philosophie stoïcienne. Le *Manuel* d'Épictète commence ainsi : « Tout ce qui est, ou dépend de nous ou ne dépend pas de nous ; ce qui dépend de nous, ce sont nos jugements, nos volontés, nos désirs, nos aversions, en un mot toutes nos opérations ; ce qui ne dépend pas de nous, c'est le corps, ce sont les biens, les honneurs, les dignités, enfin tout ce qui n'est pas notre œuvre. »

3. FAIBLES. Ce mot est ici opposé au mot *les Grands*.

4. LEURS ÉQUIPAGES. C'est-à-dire que les Grands ne se distingueraient plus du reste des hommes que par le luxe de leur table et de leurs écuries.

5. ANÉANTIR LE MÉRITE. Cf. le fameux monologue de Figaro : « ... Ne pouvant avilir l'esprit, on se venge en le maltraitant... que je voudrais bien tenir un de ces puissants de quatre jours, si légers sur le mal qu'ils ordonnent ! quand une bonne disgrâce a cuvé son orgueil, je lui dirais... etc. » La tirade de Beaumarchais a plus de *vis comica* et de véhémence que le morceau de La Bruyère ; mais il règne, chez notre auteur, un ton de fierté, de noblesse et de dignité qu'on chercherait en vain dans les déclamations du Barbier.

6. INUTILES. Tout cela est bien vif pour avoir été écrit cent ans avant la révolution. — La Bruyère est, avec Fénelon, le seul de nos grands écrivains du dix-septième siècle qui ait osé juger la cour et en parler en homme libre. Fénelon écrit au duc de Bourgogne : « Le métier d'adroit courtisan perd tout dans un État. Les esprits les plus courts et les plus corrompus sont souvent ceux qui apprennent le mieux cet indigne métier. Ce métier gâte tous les autres : le médecin né-

de sages économes, ou d'excellents pères de famille, ou des juges intègres, ou de bons officiers[1], ou de grands capitaines, ou des orateurs, ou des philosophes, et qui ne leur attirerait à tous nul autre inconvénient que celui peut-être de laisser à leurs héritiers moins de trésors que de bons exemples.

Il faut en France beaucoup de fermeté et une grande étendue d'esprit pour se passer des charges et des emplois, et consentir ainsi à demeurer chez soi et à ne rien faire[2]. Personne presque n'a assez de mérite pour jouer ce rôle avec dignité[3], ni assez de fonds pour remplir le vide[4] du temps, sans ce que le vulgaire appelle des affaires. Il ne manque cependant à l'oisiveté du sage, qu'un meilleur nom; et que méditer, parler, lire, et être tranquille, s'appelât travailler.

Un homme de mérite, et qui est en place, n'est jamais incommode par sa vanité; il s'étourdit moins du poste qu'il occupe, qu'il n'est humilié par un plus grand qu'il ne remplit pas, et dont il se croit digne : plus capable d'inquiétude que de fierté ou de mépris pour les autres, il ne pèse qu'à soi-même[5].

Il coûte à un homme de mérite de faire assidûment sa cour, mais par une raison bien opposée à celle que l'on pourrait croire. Il n'est point tel sans une grande modestie, qui l'éloigne de penser qu'il fasse le moindre plaisir aux princes s'il se trouve sur leur passage[6], se poste devant leurs yeux et leur montre son

glige la médecine; le prélat oublie les devoirs de son ministère; le général d'armée songe bien plus à faire sa cour qu'à défendre l'État; l'ambassadeur négocie bien plus pour ses propres intérêts à la cour de son maître, qu'il ne négocie pour les véritables intérêts de son maître à la cour où il est envoyé. L'art de faire sa cour gâte les hommes de toutes les professions et étouffe le vrai mérite. »

1. DE BONS OFFICIERS. — De bons officiers de finance, par exemple.

2. RIEN FAIRE. C'est le latin *otiari*. A Rome, on était *otiosus*, dès que l'on ne vaquait ni aux occupations des camps, ni à celles du barreau, du sénat et de la place publique, ni aux travaux de l'agriculture. Pour un Romain, un homme comme Aristote, dont l'immense activité a embrassé la connaissance humaine tout entière, a été toute sa vie un oisif.

3. AVEC DIGNITÉ. *Otium cum dignitate*, ainsi que le répète fréquemment Cicéron ; mais *dignitas*, chez Cicéron, n'a pas le même sens que *dignité* chez La Bruyère. La dignité dont parle Cicéron, est celle qui s'attache à un personnage consulaire, à un homme qui a été revêtu des plus hautes charges de la République, et qui, même dans la retraite paraît encore le premier citoyen; c'est une dignité tout extérieure; celle dont parle La Bruyère, est au contraire intérieure; c'est la dignité morale, qui se confond avec le respect de soi-même.

4. REMPLIR LE VIDE. Cf. l'article des *Pensées* de Pascal qui a pour titre : *Divertissement*. « J'ai dit souvent que tout le malheur des hommes vient d'une seule chose, qui est de ne savoir pas demeurer en repos dans une chambre. » Il faut lire l'article tout entier, un de ceux où le pessimisme de Pascal a le mieux mis en lumière la condition misérable de l'homme.

5. A SOI-MÊME. On dirait aujourd'hui à lui-même; mais nos classiques du dix-septième siècle emploient toujours le pronom *soi* dans les cas où le pronom se rapporte au sujet du verbe.

6. SUR LEUR PASSAGE. Il s'agit du *levé* du roi. — Cf. Molière :

visage. Il est plus proche de se persuader qu'il les importune ; et il a besoin de toutes les raisons tirées de l'usage et de son devoir, pour se résoudre à se montrer. Celui au contraire qui a bonne opinion de soi, et que le vulgaire appelle un glorieux[1], a du goût à se faire voir ; et il fait sa cour avec d'autant plus de confiance, qu'il est incapable de s'imaginer que les grands dont il est vu pensent autrement de sa personne qu'il fait[2] lui-même.

Un honnête homme se paye par ses mains de l'application qu'il a à son devoir par le plaisir qu'il sent à le faire, et se désintéresse sur les éloges, l'estime et la reconnaissance, qui lui manquent quelquefois.

Si j'osais faire une comparaison entre deux conditions[3] tout à fait inégales, je dirais qu'un homme de cœur pense à remplir ses devoirs à peu près comme le couvreur songe à couvrir : ni l'un ni l'autre ne cherchent à exposer leur vie, ni ne sont détournés par le péril ; la mort pour eux est un inconvénient dans le métier, et jamais un obstacle. Le premier aussi n'est guère plus vain d'avoir paru à la tranchée, emporté un ouvrage ou forcé un re-

---

Parbleu ! je viens du Louvre où Cléante,
  [au levé,
Madame, a bien paru ridicule achevé.

On connaît l'ordonnance royale imaginée par Montesquieu, dans *les Lettres Persanes*. « Quelques-uns de nos sujets nous ont représenté qu'ils n'ont point manqué, depuis notre avènement à la couronne, de se trouver à notre lever ; que nous les avons toujours vus, sur notre passage, immobiles comme des bornes, et qu'ils se sont extrêmement élevés pour regarder, sur les épaules les plus hautes, notre sérénité... Ainsi, désirant traiter les suppliants avec bonté, et leur accorder toutes leurs prières (c.-à-d., leurs demandes de pensions), nous avons ordonné ce qui suit : — que tout laboureur ayant cinq enfants retranchera journellement la cinquième partie du pain qu'il leur donne. Enjoignons aux pères de famille de faire la diminution sur chacun d'eux aussi juste que faire se pourra. »

1. GLORIEUX. Au temps de la Bruyère, ce mot se prenait encore en bonne part, dans la langue littéraire, même appliqué à une personne. Aujourd'hui il est pris en mauvaise part pour les personnes et en bonne part pour les choses. *Un glorieux*, c'est par exemple l'Oronte de Molière, quand il dit :

S'il faut faire à la cour pour vous quelque
  [ouverture,
On sait qu'auprès du roi je fais quelque
  [figure.
Il m'écoute, et, dans tout, il en use, ma foi,
Le plus honnêtement du monde avec moi.

— Destouches a fait une comédie du *Glorieux*.

2. QU'IL FAIT. On dirait aujourd'hui : *qu'il ne fait*.

3. DEUX CONDITIONS. Cette comparaison entre deux conditions inégales, celle d'homme de guerre et celle de couvreur, a évidemment été inspirée à La Bruyère par Pascal : « La chose la plus importante à toute la vie, c'est le choix du métier : le hasard en dispose. C'est un excellent couvreur, dit-on ; et en parlant des soldats : ils sont bien fous, dit-on ; et les autres, au contraire : il n'y a rien de grand que la guerre, le reste des hommes sont des coquins. A force d'ouïr louer en l'enfance ces métiers, et mépriser tous les autres on choisit... tant est grande la force de la coutume, que de ceux que la nature n'a fait qu'hommes, on fait toutes les conditions des hommes. Car des pays sont tous de maçons, d'autres, tous de soldats... hommes naturellement couvreurs, et de toutes vocations, hormis en chambre. »

tranchement, que celui-ci d'avoir monté sur de hauts combles ou sur la pointe d'un clocher. Ils ne sont tous deux appliqués qu'à bien faire, pendant que le fanfaron travaille à ce que l'on dise de lui qu'il a bien fait.

La modestie est au mérite ce que les ombres sont aux figures dans un tableau : elle lui donne de la force et du relief.

Un extérieur simple est l'habit des hommes vulgaires ; il est taillé pour eux et sur leur mesure ; mais c'est une parure pour ceux qui ont rempli leur vie de grandes actions[1] : je les compare à une beauté négligée, mais plus piquante.

Certains hommes, contents d'eux-mêmes[2], de quelque action ou de quelque ouvrage qui ne leur a pas mal réussi, et ayant ouï dire que la modestie sied bien aux grands hommes, osent être modestes, contrefont les simples et les naturels ; semblables à ces gens d'une taille médiocre qui se baissent aux portes, de peur de se heurter.

Votre fils est bègue : ne le faites pas monter sur la tribune. Votre fille est née pour le monde : ne l'enfermez pas parmi les vestales[3]. Xantus, votre affranchi[4], est faible et timide : ne différez pas, retirez-le des légions et de la milice. — Je veux

---

1. DE GRANDES ACTIONS. On peut rapprocher de caractère du portrait de Catinat, tel qu'il a été tracé par Saint-Simon : « On ne parlera jamais assez de Catinat, de sa vertu, de sa sagesse, de sa modestie, de son désintéressement, de la supériorité si rare de ses sentiments... Il mourut dans un âge très avancé, sans avoir acquis aucunes richesses, dans sa petite maison de Saint-Gratien... Il y rappela par sa simplicité, par sa frugalité, par le mépris du monde, par la paix de son âme et l'uniformité de sa conduite, le souvenir de ces grands hommes qui, après les triomphes les mieux mérités, retournaient tranquillement à leur charrue, toujours amoureux de leur patrie et peu sensibles à l'ingratitude de Rome qu'ils avaient si bien servie. Il avait de l'esprit, un grand sens, une réflexion mûre ; il n'oublia jamais le peu qu'il était. Ses habitudes, ses équipages, ses meubles, sa maison, tout était de la dernière simplicité ; son air l'était aussi et tout son maintien. »

2. CONTENTS D'EUX-MÊMES. Après la simplicité naturelle du grand homme, voici la simplicité affectée de l'homme qui se croit important, et qui s'abaisse afin d'être relevé. C'est de cette fausse modestie que Larochefoucauld a dit : « Le refus des louanges est un désir d'être loué deux fois. » Et encore : « L'orgueil se dédommage toujours et ne perd rien, lors même qu'il renonce à la vanité. » Et enfin : « L'humilité n'est souvent qu'une feinte soumission dont on se sert pour soumettre les autres. C'est un artifice de l'orgueil, qui s'abaisse pour s'élever, et, bien qu'il se transforme en mille manières, il n'est jamais mieux déguisé et plus capable de tromper que lorsqu'il se cache sous la figure de l'humilité. »

3. LES VESTALES. Il s'agit du premier président Achille de Harlay, à qui l'on reprochait d'avoir fait un avocat-général de son fils qui était bègue, et d'avoir fait entrer au couvent une fille qui était née pour le monde.

4. VOTRE AFFRANCHI. Xantus, l'affranchi, est le fils aîné de Louvois ; Crassus c'est Louvois lui-même. « Courtanvaux, dit Saint-Simon, était un petit homme avec une voix ridicule, qui avait peu et mal servi, méprisé et compté pour rien dans sa famille et à la cour, où il ne fréquentait personne, avare et taquin, fort colère, en tout un fort sot homme. » — Dans une chanson du temps sur Maurice le Tellier, archevêque de Reims, on trouve le couplet suivant :

Maurice disait à Louvois :

l'avancer, dites-vous. — Comblez-le de biens, surchargez-le de terres, de titres et de possessions ; servez-vous du temps[1] : nous vivons dans un siècle où elles lui feront plus d'honneur que la vertu. — Il m'en coûterait trop, ajoutez-vous. — Parlez-vous sérieusement, *Crassus* ? Songez-vous que c'est une goutte d'eau que vous puisez du Tibre pour enrichir Xantus que vous aimez, et pour prévenir les honteuses suites d'un engagement[2] où il n'est pas propre ?

Il ne faut regarder dans ses amis que la seule vertu qui nous attache à eux, sans aucun examen de leur bonne ou de leur mauvaise fortune ; et, quand on se sent capable de les suivre dans leur disgrâce, il faut les cultiver hardiment et avec confiance jusque dans leur plus grande prospérité.

S'il est ordinaire d'être vivement touché des choses rares, pourquoi le sommes-nous si peu de la vertu ?

S'il est heureux d'avoir de la naissance, il ne l'est pas moins d'être tel qu'on ne s'informe plus si vous en avez[3].

Il apparaît[4] de temps en temps sur la face de la terre des hommes rares, exquis, qui brillent par leur vertu, et dont les qualités éminentes jettent un éclat prodigieux[5]. Semblables à ces étoiles extraordinaires dont on ignore les causes, et dont on sait encore moins ce qu'elles deviennent après avoir disparu, ils n'ont ni aïeuls[6], ni descendants ; ils composent seuls toute leur race.

Le bon esprit nous découvre notre devoir, notre engagement à le faire[7] ; et s'il y a du péril, avec péril : il inspire le courage, ou il y supplée.

Quand on excelle dans son art, et qu'on lui donne toute la perfection dont il est capable, l'on en sort en quelque manière, et l'on s'égale à ce qu'il y a de plus noble et de plus relevé.

« Mon frère, vous n'êtes pas sage ;
Des quatre enfants que je vous vois,
Vous négligez l'avantage. »
Louvois répond avec soupirs :
« Il faut modérer ses désirs :
Barbezieux régira l'État,
Souvré remplacera Turenne ;
L'abbé visa au Cardinalat ;
Pour Courtanvaux, j'en suis en peine ;
Il est sot et de mauvais air ;
Nous n'en ferons qu'un duc et pair. »

1. Servez-vous du temps. Profitez des circonstances favorables, *utere temporibus*.
2. D'un engagement. D'un emploi.
3. Si vous en avez. Un des maréchaux de Napoléon 1er, ancien soldat de la révolution, répondit à un émigré qui parlait de ses ancêtres : « Moi, je suis un ancêtre. » Voyez le développement de cette idée dans le *Jugurtha* de Salluste, discours de Marius, et dans la huitième satire de Juvénal.
4. Il apparaît. Rapprocher ce tour de celui de Bossuet : « Un homme s'est rencontré... »
5. Prodigieux. D'après les clefs du dix-huitième siècle, le cardinal de Richelieu.
6. Aïeuls. Aujourd'hui on dirait : ni aïeux. — L'expression d'aïeuls ne s'applique qu'au grand-père et à la grand'mère.
7. A le faire. L'obligation où nous sommes de le faire.

V****[1] est un peintre ; C****[2], un musicien ; et l'auteur de Pyrame[3] est un poète : mais Mignard[4] est Mignard, Lulli est Lulli[5], et Corneille est Corneille.

Un homme libre, et qui n'a point de femme, s'il a quelque esprit, peut s'élever au-dessus de sa fortune, se mêler dans le monde, et aller de pair avec les plus honnêtes gens[6] : cela est moins facile à celui qui est engagé[7] ; il semble que le mariage met tout le monde dans son ordre[8].

Après le mérite personnel, il faut l'avouer, ce sont les éminentes dignités et les grands titres dont les hommes tirent plus de distinction et plus d'éclat, et qui ne sait être un Erasme[9] doit penser à être évêque. Quelques-uns[10], pour étendre leur renommée, entassent sur leurs personnes des pairies, des colliers d'ordre, des primaties, la pourpre, et ils auraient besoin d'une tiare : mais quel besoin a Trophime[11] d'être cardinal ?

L'or éclate, dites-vous, sur les habits de Philémon[12]. — Il éclate de même chez les marchands. — Il est habillé des plus

---

1. V****. Vignon ; il y eut trois peintres de ce nom : Claude-François Vignon, le plus célèbre des trois, mort en 1670, et ses deux fils Claude-François Vignon, peintre d'histoire, mort en 1703, et Philippe Vignon, peintre de portraits, mort en 1701.

2. C****. Colasse, élève de Lulli, qui, d'enfant de chœur, devint maître de la chapelle du roi en 1683 ; fit jouer en 1687 son opéra d'*Achille et Polyxène*, dont Campistron avait fait les paroles.

3. Pyrame. L'auteur de *Pyrame* est Pradon, ce rival ridicule de Racine ; sa tragédie la plus célèbre a pour titre : *Phèdre et Hippolyte* ; il la fit jouer en en même temps que la *Phèdre* de Racine, 1677. — *Pyrame et Thisbé* est de 1674 ; il ne faut pas la confondre avec la tragédie de Théophile de Viau, qui porte le même titre.

4. Mignard. Pierre Mignard, né à Troyes en Champagne en 1610, mort en 1695. Il est surtout célèbre comme peintre de portraits.

5. Lulli. Voir le chapitre des *ouvrages de l'esprit*.

6. Les plus honnêtes gens. Avec le plus grand monde.

7. Engagé. Marié. — Il est à remarquer que La Bruyère ne se maria jamais.

8. Dans son ordre. Dans sa classe, à son rang.

9. Erasme. Voyez l'épigraphe de la préface.

10. Quelques-uns. La Bruyère a probablement en vue Charles-Maurice le Tellier, fils du chancelier Michel le Tellier et frère de Louvois, archevêque duc de Reims, premier pair de France, légat né du saint-siège apostolique, primat de la Gaule Belgique, commandeur des ordres du roi, élu proviseur de Sorbonne après la mort de M. de Harlay, archevêque de Paris, abbé de Saint-Remi de Reims, de Saint-Etienne de Caen, etc., etc. Louvois voulut, en vain, obtenir pour lui le chapeau de cardinal.

11. Trophime. D'après les clefs, il s'agit de le Camus, évêque de Grenoble, nommé cardinal en 1686, malgré le roi qui eût voulu le chapeau pour François de Harlay, archevêque de Paris, celui-là même qui avait présidé les fameuses assemblées du clergé de 1681 et de 1682. — Il est beaucoup plus probable qu'il s'agit de Bossuet, qui ne fut jamais cardinal, non plus que M. de Harlay, la cour de Rome ne lui ayant jamais pardonné d'avoir rédigé la déclaration des libertés de l'Église Gallicane.

12. Philémon. Milord Stafford, cadet de la maison des ducs de Norfolk, Jacobite réfugié à la cour de France (d'après les clefs). — Ou plutôt La Bruyère n'a-t-il pas voulu faire le portrait d'un sot de qualité, sans avoir en vue celui-ci plutôt que celui-là ?

DU MÉRITE PERSONNEL.

belles étoffes. — Le sont-elles moins toutes déployées dans les boutiques et à la pièce? — Mais la broderie et les ornements y ajoutent encore la magnificence. — Je loue donc le travail de l'ouvrier. — Si on lui demande quelle heure il est, il tire une montre qui est un chef-d'œuvre; la garde de son épée est un onyx[1]; il a au doigt un gros diamant qu'il fait briller aux yeux, et qui est parfait; il ne lui manque aucune de ces curieuses bagatelles que l'on porte sur soi autant pour la vanité que pour l'usage, et il ne se plaint[2] non plus toute sorte de parure qu'un jeune homme qui a épousé une riche vieille. — Vous m'inspirez enfin de la curiosité; il faut voir du moins des choses si précieuses : envoyez-moi cet habit et ces bijoux de Philémon, je vous quitte de la personne.

Tu te trompes, Philémon, si avec ce carrosse brillant, ce grand nombre de coquins qui te suivent, et ces six bêtes qui te traînent, tu penses que l'on t'en estime davantage : l'on écarte tout cet attirail, qui t'est étranger, pour pénétrer jusques à toi[3], qui n'es qu'un fat.

Ce n'est pas qu'il faut quelquefois pardonner à celui qui, avec un grand cortège[4], un habit riche et un magnifique équipage, s'en croit plus de naissance et plus d'esprit : il lit cela dans la contenance et dans les yeux de ceux qui lui parlent.

Un homme à la cour, et souvent à la ville, qui a un long manteau de soie ou de drap de Hollande, une ceinture large et placée haut sur l'estomac, le soulier de maroquin, la calotte de même, d'un beau grain, un collet bien fait et bien empesé, les cheveux arrangés et le teint vermeil, qui avec cela se souvient

---

1. ONYX. Agate (note de La Bruyère).

2. IL NE SE PLAINT. On dirait aujourd'hui : « il ne se refuse... » Bossuet a dit : « Cette sorte d'avarice où l'on se plaint tout à soi-même. » et Lesage : « Je me disposai à exercer la médecine aux dépens de qui il appartiendrait. Je débutai par un alguazil qui avait une pleurésie. J'ordonnai qu'on le saignât sans miséricorde et qu'on ne lui plaignît point l'eau. »

3. JUSQUES A TOI. Cf. Sénèque : « Quand vous voudrez juger sainement d'un homme et l'estimer son prix, examinez-le nu. Qu'il mette de côté son patrimoine, ses honneurs, tous les oripeaux de la fortune; qu'il se dépouille même de son corps; alors vous examinerez son âme; vous connaîtrez son naturel et sa valeur, si sa dignité est à lui ou si elle est d'emprunt. » 76ᵉ Ep. à Lucilius.

4. UN GRAND CORTÈGE. Cf. Pascal : « Être brave n'est pas trop vain (c'est-à-dire être bien mis n'est pas une chose frivole, illusoire) ; car c'est montrer qu'un grand nombre de gens travaillent pour soi, c'est montrer par ses cheveux qu'on a un valet de chambre, un parfumeur; Or ce n'est pas une simple superficie, ni un simple harnais, d'avoir plusieurs bras. Plus on a de bras, plus on est fort. Être brave, c'est montrer sa force. — Cela est admirable; on ne veut pas que j'honore un homme vêtu de brocatelle, et suivi de sept ou huit laquais. Eh quoi ? il me fera donner les étrivières, si je ne le salue. Cet habit, c'est une force. C'est bien de même d'un cheval bien enharnaché à l'égard d'un autre. »

LA BRUYÈRE.

de quelques distinctions métaphysiques, explique ce que c'est que la lumière de gloire[1], et sait précisément comment l'on voit Dieu, cela s'appelle un docteur. Une personne humble, qui est ensevelie dans le cabinet, qui a médité, cherché, consulté, confronté, lu ou écrit pendant toute sa vie, est un homme docte[2].

Chez nous, le soldat est brave, et l'homme de robe est savant; nous n'allons pas plus loin. Chez les Romains, l'homme de robe était brave, et le soldat était savant : un Romain était tout ensemble et le soldat et l'homme de robe[3].

Il semble que le héros est d'un seul métier, qui est celui de la guerre; et que le grand homme est de tous les métiers, ou de la robe, ou de l'épée, ou du cabinet, ou de la cour : l'un et l'autre mis ensemble ne pèsent pas un homme de bien[4].

Dans la guerre, la distinction entre le héros et le grand homme est délicate : toutes les vertus militaires font l'un et l'autre. Il semble néanmoins que le premier soit jeune, entreprenant, d'une haute valeur, ferme dans les périls, intrépide; que l'autre excelle par un grand sens, par une vaste prévoyance, par une haute capacité, et par une longue expérience[5]. Peut-être qu'ALEXANDRE n'était qu'un héros, et que CÉSAR était un grand homme.

---

1. DE GLOIRE : « Les théologiens appellent *lumière de gloire* un secours que Dieu donne aux âmes des bienheureux, pour les fortifier, afin qu'elles puissent voir Dieu face à face, comme dit saint Paul, ou intuitivement, comme on parle dans l'école; car, sans ce secours, elles ne pourraient soutenir la présence immédiate de Dieu. » *Dict. de Trévoux.*

2. DOCTE. Le docteur, d'après les clefs, serait ou le chanoine Robert, pénitencier de Notre-Dame et professeur en théologie, qui recevait mille francs de pension pour écrire l'histoire de ce que Louis XIV avait fait en faveur de la religion; ou l'abbé Charles Boileau (qu'il ne faut pas confondre avec l'abbé Jacques Boileau, le frère du poète), qui prêcha plusieurs fois le carême à la cour, fut de l'académie française en 1694 et mourut en 1704. — L'homme docte est certainement l'illustre bénédictin Mabillon, membre de l'Académie des inscriptions en 1701, mort en 1707.

3. DE ROBE. La Bruyère touche ici à un des vices de nos sociétés modernes; l'abus du métier, de la *spécialité*, qui prend l'homme tout entier, et qui fait que l'un est militaire, l'autre avocat et un troisième homme de finance, et, qu'au milieu des occupations professionnelles, personne n'a le temps de songer à être homme, c'est-à-dire à développer d'une manière égale et harmonieuse toutes ses facultés; dans les anciennes républiques, le citoyen n'était pas ainsi mutilé, déformé par la *spécialité*. Cette admiration du Romain se rencontre, au dix-septième siècle, chez Balzac, chez Bossuet, chez Saint-Évremond; à la fin du dix-huitième siècle, elle s'exprimera par le mot fameux de Saint-Just : « Le monde est vide depuis les Romains. »

4. UN HOMME DE BIEN. Tout cela est vrai; il faut dire néanmoins qu'il y a des cas où il est nécessaire d'être un héros, c'est-à-dire un soldat, pour être un homme de bien : c'est quand la patrie est attaquée. Socrate a été un héros, toutes les fois qu'il a fallu l'être, à Délion, à Amphipolis, à Potidée.

5. UNE LONGUE EXPÉRIENCE. Le pre

Æmile[1] était né[2] ce que les plus grands hommes ne deviennent qu'à force de règles, de méditation et d'exercice. Il n'a eu dans ses premières années qu'à remplir des talents qui étaient naturels, et qu'à se livrer à son génie. Il a fait, il a agi avant que de savoir, ou plutôt il a su ce qu'il n'avait jamais appris. Dirai-je que les jeux de son enfance ont été plusieurs victoires? Une vie accompagnée d'un extrême bonheur joint à une longue expérience serait illustre[3] par les seules actions qu'il avait achevées dès sa jeunesse. Toutes les occasions de vaincre qui se sont depuis offertes, il les a embrassées; et celles qui n'étaient pas, sa vertu et son étoile les ont fait naître : admirable même et par les choses qu'il a faites, et par celles qu'il aurait pu faire[4]. On l'a regardé comme un homme incapable de céder à l'ennemi, de plier sous le nombre ou sous les obstacles; comme une âme du premier ordre, pleine de ressources et de lumières, et qui voyait encore où personne ne voyait plus[5]; comme celui qui, à la tête des légions, était pour elles

mier de ces caractères semble être celui d'Achille, le second celui d'Ulysse, dans l'*Iliade* et dans l'*Odyssée*.

1. ÆMILE. Ce portrait du grand Condé est de 1692. Bossuet avait prononcé l'oraison funèbre du vainqueur de Rocroy en 1687. La Bruyère a imité un grand nombre de traits de l'oraison qui est peut-être le chef-d'œuvre de Bossuet, et on peut sans lui faire une trop grave injure, avouer qu'il est resté au-dessous de son modèle.

2. ÉTAIT NÉ. «A l'âge de vingt-deux ans, le duc conçut un dessein où les vieillards expérimentés ne purent atteindre : mais la victoire le justifia devant Rocroy.» BOSSUET. — Voiture écrivait au duc d'Enghien au lendemain de Rocroy : «Vous vérifiez bien ce qui a été dit autrefois que la vertu vient aux Césars avant le temps; car vous qui êtes un vrai César, en esprit et en science, César en diligence, en vigilance, en courage, César *et per omnes casus*. César, vous avez trompé le jugement et passé l'espérance des hommes; vous avez fait voir que l'expérience n'est nécessaire qu'aux âmes ordinaires, que la vertu des héros vient par d'autres chemins, qu'elle ne monte pas par degrés, et que les ouvrages du ciel sont en leur perfection dès le commencement.» En lisant ces flatteries outrées, on se demande comment Boileau a pu mettre Voiture au rang d'Horace.

3. ILLUSTRE. Cf. Bossuet : «C'en serait assez pour illustrer une autre vie que la sienne, mais pour lui, c'est le premier pas de sa course.»

4. QU'IL AURAIT PU FAIRE. Déjà, deux lignes plus haut, on a pu remarquer, «celles qui n'étaient pas», proposition vague et par conséquent mal écrite, car il n'y a de proposition bien écrite que celle qui exprime un sens précis et déterminé. — Quant à dire que Condé était admirable «par les choses qu'il aurait pu faire», cela est indigne du style ordinaire de La Bruyère, et cette hyperbole de mauvais goût ne peut se justifier que par la reconnaissance vouée par notre auteur à l'illustre aïeul de son élève.

5. NE VOYAIT PLUS. Cf. le portrait de Thémistocle dans Thucydide, 1, 138. «Grâce à la seule force de son génie, sans étude préalable ou subséquente, il jugeait par intuition des affaires présentes et prévoyait avec une rare sagacité les événements futurs. Les questions qui lui étaient familières, il savait les mettre dans tout leur jour, celles qui étaient neuves pour lui, il ne laissait pas de les résoudre. Il discernait du premier coup d'œil les chances bonnes ou mauvaises des affaires encore obscures; en un mot, par son inspiration naturelle et sans aucun effort d'esprit, il excellait à trouver sur-le-champ les meilleures résolutions.»

un présage de la victoire, et qui valait seul plusieurs légions ; qui était grand dans la prospérité, plus grand quand la fortune lui a été contraire : la levée d'un siège [1], une retraite, l'ont plus ennobli [2] que ses triomphes ; l'on ne met qu'après [3] les batailles gagnées et les villes prises ; qui était rempli de gloire et de modestie [4] : on lui a entendu dire : *Je fuyais*, avec la même grâce qu'il disait : *Nous les battîmes* ; un homme dévoué à l'État [5], à sa famille, au chef de sa famille ; sincère pour Dieu et pour les hommes, autant admirateur du mérite [6] que s'il lui eût été moins propre et moins familier ; un homme vrai, simple, magnanime, à qui il n'a manqué que les moindres vertus [7].

1. LA LEVÉE D'UN SIÈGE. S'agit-il de la levée du siège de Lérida, 1647, ou de la levée du siège d'Arras, 1654 ? — Voltaire a dit à propos du second de ces faits d'armes : « L'archiduc et le prince de Condé assiégeaient la ville d'Arras. Turenne les assiégea dans leur camp, et força leurs lignes ; les troupes de l'archiduc furent mises en fuite. Condé, avec deux régiments de Français et de Lorrains, soutint seul les efforts de Turenne ; et tandis que l'archiduc fuyait, il battit le maréchal d'Hocquincourt ; il repoussa le maréchal de la Ferté, et se retira victorieux en couvrant la retraite des Espagnols vaincus. Aussi le roi d'Espagne lui écrivit ces propres paroles : J'ai su que tout était perdu, et que vous avez tout conservé. » Bossuet dit à propos du siège de Lérida : « Tout paraissait sûr sous la conduite du duc d'Enghien ; et, sans vouloir ici achever le jour à vous marquer seulement ses autres exploits, vous savez, parmi tant de places fortes attaquées, qu'il n'y en eut qu'une seule qui pût échapper de ses mains ; encore releva-t-elle la gloire du prince. L'Europe, qui admirait la divine ardeur, dont il était animé dans les combats, s'étonna qu'il en fût maître ; et, dès l'âge de vingt-six ans, aussi capable de ménager ses troupes que de les pousser dans les hasards, et de céder à la fortune que de la faire servir à ses desseins. » Les *Mémoires* de Bussy-Rabutin s'accordent avec Bossuet à louer Condé à propos de cet échec si habilement réparé.

2. ENNOBLI. Les éditions du dix-septième siècle donnent *anobli*. On n'avait pas encore établi la distinction entre *ennoblir* qui signifie « illustrer » et *anoblir* qui signifie « conférer un titre de noblesse. »

3. QU'APRÈS. On ne place qu'en seconde ligne.

4. MODESTIE. Cf. Bossuet : « Toutes les fois qu'il avait à parler de ses actions, et même dans les relations qu'il envoyait à la cour, il vantait les conseils de l'un, la hardiesse de l'autre ; chacun avait son rang dans ses discours ; et, parmi ce qu'il donnait à tout le monde, on ne savait où placer ce qu'il avait fait lui-même. Sans envie, sans faste, sans ostentation, toujours grand dans l'action et dans le repos, il parut à Chantilly comme à la tête des troupes. »

5. DÉVOUÉ A L'ÉTAT. La Bruyère ne veut point se souvenir du rôle que Condé joua pendant la Fronde, où il conspira avec l'étranger. On n'avait pas alors les mêmes idées qu'aujourd'hui sur le patriotisme.

6. DU MÉRITE. Bossuet, Bourdaloue, Boileau, Racine, Molière furent les hôtes de Chantilly. Condé disait de Molière qu'il trouvait toujours quelque chose à gagner dans sa conversation. — Dans la préface du *Tartufe*, Molière rapporte « un mot d'un grand prince, » qui n'est autre que le grand Condé. « Huit jours après que la comédie de *Tartufe* eut été défendue, on représenta devant la cour une pièce intitulée *Scaramouche ermite*; et le roi, en sortant, dit au grand prince : Je voudrais bien savoir pourquoi les gens qui se scandalisent si fort de la comédie de Molière, ne disent mot de celle de *Scaramouche*; — à quoi le prince répondit : La raison de cela, c'est que la comédie de *Scaramouche* joue le ciel et la religion, dont ces messieurs-là ne se soucient point ; mais celle de Molière les joue eux-mêmes ; c'est ce qu'ils ne peuvent souffrir. »

7. LES MOINDRES VERTUS. Bossuet a parlé aussi des promptes saillies de

Les enfants des dieux[1], pour ainsi dire, se tirent des règles[2] de la nature et en sont comme l'exception : ils n'attendent presque rien du temps et des années. Le mérite chez eux devance l'âge[3]. Ils naissent instruits[4], et ils sont plus tôt des hommes parfaits que le commun des hommes ne sort de l'enfance.

Les vues courtes, je veux dire les esprits bornés et resserrés dans leur petite sphère, ne peuvent comprendre cette universalité de talents que l'on remarque quelquefois dans un même sujet[5] : où ils voient l'agréable, ils en excluent le solide ; où ils croient découvrir les grâces du corps, l'agilité, la souplesse, la dextérité, ils ne veulent plus y admettre les dons de l'âme, la profondeur, la réflexion, la sagesse : ils ôtent de l'histoire de SOCRATE qu'il ait dansé.

Il n'y a guère d'homme si accompli et si nécessaire aux siens, qu'il n'ait de quoi se faire moins regretter[6].

Un homme d'esprit et d'un caractère simple et droit peut tomber dans quelque piège ; il ne pense pas que personne veuille lui en dresser, et le choisir pour être sa dupe : cette confiance le rend moins précautionné, et les mauvais plaisants l'entament par cet endroit. Il n'y a qu'à perdre pour ceux qui en viendraient à une seconde charge : il n'est trompé qu'une fois.

J'éviterai avec soin d'offenser personne, si je suis équitable ; mais sur toutes choses[7] un homme d'esprit, si j'aime le moins du monde mes intérêts.

Condé, qui avait l'humeur fort inégale et quelquefois des emportements bien étranges.

1. LES ENFANTS DES DIEUX. Fils, petits-fils, issus des rois (note de La Bruyère). — Cette flatterie hyperbolique n'est que la répétition de la phrase qui commence le portrait d'Émile ; mais cette fois tous les princes du sang, et en particulier les descendants du grand Condé, en prendront leur part.

2. DES RÈGLES. Sortent des règles, se mettent en dehors des règles.

3. DEVANCE L'ÂGE. Cf. Corneille.

Mais aux âmes bien nées
La valeur n'attend pas le nombre des années.

4. ILS NAISSENT INSTRUITS. Mascarille avait déjà dit, dans les Précieuses ridicules : « Les gens de qualité savent tout sans jamais avoir rien appris. » Figaro dira en 1784 : « Parce que vous êtes un grand seigneur, vous vous croyez un grand génie !... Noblesse, fortune, un rang, des places, tout cela rend si fier ! Qu'avez-vous fait pour tant de biens ? vous vous êtes donné la peine de naître... » — Cf. Pascal : « C'est un grand avantage que la qualité, qui, dès dix-huit ou vingt ans, met un homme en passe, connu et respecté, comme un autre pourrait avoir mérité à cinquante ans : c'est trente ans gagnés sans peine. »

5. UN MÊME SUJET. Dans un même homme.

6. MOINS REGRETTER. C'est-à-dire qu'il n'ait assez de défauts pour que le souvenir de ces imperfections vienne bientôt adoucir les regrets des siens. — Cette pensée est vraie, mais triste. Il est certain que chacun de nous, le meilleur comme le pire, se fait illusion sur la nécessité du rôle qu'il joue en ce monde ; cette illusion est heureuse et féconde ; on ne vivrait point si l'on pensait au peu de vide qu'on laissera en disparaissant.

7. SUR TOUTES CHOSES. Surtout. Cf. Corneille :

. . . . Et sur toute chose
Observe exactement la loi que t'impose,

Il n'y a rien de si délié[1], de si simple, et de si imperceptible, où il n'entre des manières qui nous décèlent. Un sot[2] ni n'entre, ni ne sort, ni ne s'assied, ni ne se lève, ni ne se tait, ni n'est sur ses jambes, comme un homme d'esprit.

Je connais *Mopse*[3] d'une visite qu'il m'a rendue sans me connaître. Il prie des gens qu'il ne connaît point de le mener chez d'autres dont il n'est pas connu; il écrit à des femmes qu'il connaît de vue; il s'insinue dans un cercle de personnes respectables, et qui ne savent quel il est; et là, sans attendre qu'on l'interroge, ni sans sentir qu'il interrompt, il parle, et souvent, et ridiculement. Il entre une autre fois dans une assemblée, se place où il se trouve, sans nulle attention aux autres, ni à soi-même : on l'ôte d'une place destinée à un ministre, il s'assied à celle d'un duc et pair; il est là précisément celui dont la multitude rit, et qui seul est grave et ne rit point. Chassez un chien du fauteuil du roi, il grimpe à la chaire du prédicateur; il regarde le monde indifféremment, sans embarras, sans pudeur; il n'a pas, non plus que le sot, de quoi rougir.

Celse[4] est d'un rang médiocre, mais des grands le souffrent; il n'est pas savant, il a relation avec des savants; il a peu de mérite, mais il connaît des gens qui en ont beaucoup; il n'est pas habile, mais il a une langue qui peut servir de truchement, et des pieds qui peuvent le porter d'un lieu à un autre. C'est un homme né pour les allées et venues, pour écouter des propo-

---

1. DÉLIÉ. De si mince, de si menu. *Délié* vient de *delicatus*. C'est le même mot que *délicat* refait par les latinistes du seizième siècle. — On sait que le même mot latin se trouve souvent avoir produit en français deux dérivés, l'un populaire (et par conséquent très altéré), l'autre savant. Ainsi *fabrica* a fait *forge* et *fabrique*, *potio* a fait *poison* et *potion*, etc.

2. UN SOT. Madame (Henriette d'Angleterre) disait d'un marquis, grand parleur et grand rieur : « Il n'y a pas jusqu'au son de sa voix qui ne soit une sottise. »

3. MOPSE. D'après les Clefs, Mopse serait Charles Castel, abbé de Saint-Pierre, membre de l'Académie française en 1695, exclu de l'Académie en 1718 après la publication de sa *Polysynodie*. Si les Clefs ont raison, La Bruyère aurait eu tort d'attaquer un des hommes les plus vertueux de son temps, le premier qui ait rêvé la paix perpétuelle par l'établissement d'une Diète Européenne, l'homme bienfaisant qui, n'ayant qu'une fortune médiocre, dit Voltaire, la partagea quelque temps avec le mathématicien Varignon et avec Fontenelle, le sage enfin qui mourut à l'âge de quatre-vingt-six ans, en répondant à ceux qui lui demandaient comment il regardait le passage de la vie à la mort : « Comme un voyage à la campagne. »

4. CELSE. Le baron de Breteuil, lecteur du roi en 1677, se rendit en janvier 1682 à Mantoue en qualité d'envoyé extraordinaire, porta au mois d'octobre de la même année au duc de Parme et au duc de Modène la nouvelle de la naissance du duc de Bourgogne, fut remplacé à Mantoue et revint en France en août 1684. « C'était un homme qui ne manquait pas d'esprit, dit Saint-Simon, mais qui avait la rage de la cour, des ministres, des gens en place où à la mode, et surtout de gagner de l'argent dans les partis en promettant sa protection. — On le souffrait et on s'en moquait. »

sitions et les rapporter, pour en faire d'office, pour aller plus loin que sa commission, et en être désavoué; pour réconcilier des gens qui se querellent à leur première entrevue; pour réussir dans une affaire, et en manquer mille; pour se donner toute la gloire de la réussite, et pour détourner sur les autres la haine d'un mauvais succès. Il sait les bruits communs, les historiettes de la ville; il ne fait rien, il dit ou il écoute ce que les autres font; il est nouvelliste; il sait même le secret des familles : il entre dans de plus hauts mystères; il vous dit pourquoi celui-ci est exilé, et pourquoi on rappelle cet autre; il connaît le fond et les causes de la brouillerie des deux frères[1], et de la rupture des deux ministres[2] : n'a-t-il pas prédit aux premiers les tristes suites de leur mésintelligence? n'a-t-il pas dit de ceux-ci que leur union ne serait pas longue? n'était-il pas présent à de certaines paroles qui furent dites? n'entra-t-il pas dans une espèce de négociation? le voulut-on croire? fut-il écouté? à qui parlez-vous de ces choses? qui a eu plus de part que Celse à toutes ces intrigues de cour? Et si cela n'était ainsi, s'il ne l'avait du moins ou rêvé ou imaginé, songerait-il à vous le faire croire? aurait-il l'air important et mystérieux d'un homme revenu d'une ambassade.

Ménippe[3] est l'oiseau paré de divers plumages qui ne sont pas

---

1. LA BROUILLERIE DES DEUX FRÈRES. Il s'agit, d'après les Clefs, d'une brouillerie qui aurait éclaté entre Claude Le Pelletier, contrôleur-général des finances de 1683 à 1689, et l'un de ses frères.

2. LA RUPTURE DES DEUX MINISTRES. Il s'agit de Louvois et de Seignelay, le fils de Colbert. Saint-Simon accuse la jalousie que Louvois éprouvait pour Colbert et pour Seignelay d'avoir perdu la marine. — Après la révolution d'Angleterre de 1688, Seignelay soutenait qu'il y allait de la dignité du roi de replacer Jacques II sur le trône de ses ancêtres; Louvois fut d'un avis contraire. Louis XIV se décida pour l'avis de Seignelay; mais Louvois n'envoya en Irlande que peu de troupes qui se firent battre à la Boyne en 1690.

3. MÉNIPPE. Le maréchal de Villeroy, un des plus indignes favoris et des généraux les plus incapables de la vieillesse de Louis XIV. Saint-Simon a fait de lui le portrait suivant : « Toute sa vie nourri et vivant dans le plus grand monde; fils du gouverneur du roi, élevé avec lui dans sa familiarité dès leur première jeunesse, parfaitement au fait des intrigues de la cour et de la ville, dont il savait amuser le roi qu'il connaissait à fond, et des faiblesses duquel il sut profiter, et se maintenir en osier de cour dans les contre-temps qu'il essuya. Il était magnifique en tout, fort noble dans toutes ses manières, grand et beau joueur sans se soucier du jeu, point méchant gratuitement, tout le langage et les façons d'un grand seigneur et d'un homme pétri de la cour, glorieux à l'excès par nature, bas aussi à l'excès pour peu qu'il en eût besoin, et à l'égard du Roi et de Mme de Maintenon valet à tout faire. Il avait cet esprit de la cour et du monde que le grand usage donne, et que les intrigues et les vues aiguisent, avec ce jargon qu'on y apprend, qui n'a que le tuf, mais qui éblouit les sots, et que l'habitude de la familiarité du Roi, de la faveur, des distinctions, du commandement, rendait plus brillant, et dont la fatuité suprême faisait tout le fond. C'était un homme fait exprès pour présider à un bal, pour être le juge d'un carrousel, et, s'il avait eu de la voix, pour chanter à l'opéra les

à lui : il ne parle pas, il ne sent pas ; il répète des sentiments et des discours, se sert même si naturellement de l'esprit des autres, qu'il y est le premier trompé, et qu'il croit souvent dire son goût ou expliquer sa pensée, lorsqu'il n'est que l'écho de quelqu'un qu'il vient de quitter. C'est un homme qui est de mise un quart d'heure de suite, qui le moment d'après baisse, dégénère, perd le peu de lustre qu'un peu de mémoire lui donnait, et montre la corde : lui seul ignore combien il est au-dessous du sublime et de l'héroïque ; et, incapable de savoir jusqu'où l'on peut avoir de l'esprit, il croit naïvement que ce qu'il en a est tout ce que les hommes en sauraient avoir : aussi a-t-il l'air et le maintien de celui qui n'a rien à désirer sur ce chapitre, et qui ne porte envie à personne. Il se parle souvent à soi-même, et il ne s'en cache pas, ceux qui passent le voient, et il semble[1] toujours prendre un parti, ou décider qu'une telle chose est sans réplique. Si vous le saluez quelquefois, c'est le jeter dans l'embarras de savoir s'il doit rendre le salut, ou non ; et, pendant qu'il délibère, vous êtes déjà hors de portée. Sa vanité l'a fait honnête homme, l'a mis au-dessus de lui-même, l'a fait devenir ce qu'il n'était pas. L'on juge en le voyant qu'il n'est occupé que de sa personne : qu'il sait que tout lui sied bien, et que sa parure est assortie, qu'il croit que tous les yeux sont ouverts sur lui, et que les hommes se relayent pour le contempler.

Celui qui, logé chez soi dans un palais, avec deux appartements pour les deux saisons, vient coucher au Louvre[2] dans un entre-sol, n'en use pas ainsi par modestie. Cet autre qui, pour conserver une taille fine, s'abstient du vin et ne fait qu'un seul repas, n'est ni sobre ni tempérant ; et d'un troisième qui, importuné d'un ami pauvre, lui donne enfin quelque secours, l'on dit qu'il achète son repos, et nullement qu'il est libéral. Le motif seul fait le mérite des actions des hommes, et le désintéressement y met la perfection.

---

rôles de rois et de héros ; fort propre encore à donner les modes et à rien du tout au delà. »

1. SEMBLE. C'est-à-dire : ceux qui passant, voient qu'il se parle à lui-même et qu'il semble toujours, etc. — Cette construction, dans laquelle le verbe gouverne d'abord un pronom et ensuite un verbe, n'est pas rare au dix-septième siècle. C'est ainsi que Pellisson a dit : « Considérant toutefois l'état des choses, et qu'il serait peut-être difficile au roi de conserver... »

2. AU LOUVRE. Ou plutôt à Versailles, où le roi habitait alors. Il s'agit ici de grands seigneurs qui abandonnaient leurs châteaux pour se rapprocher du roi, considérant comme une faveur inestimable d'avoir un logement au palais, à l'entresol comme le duc de Saint-Simon, sous les combles comme l'archevêque de Paris, le cardinal de Noailles.

La fausse grandeur[1] est farouche et inaccessible : comme elle sent son faible, elle se cache, ou du moins ne se montre pas de front, et ne se fait voir qu'autant qu'il faut pour imposer et ne paraître point ce qu'elle est, je veux dire une vraie petitesse. La véritable grandeur est libre, douce, familière, populaire ; elle se laisse toucher et manier, elle ne perd rien à être vue de près ; plus on la connaît, plus on l'admire : elle se courbe par bonté vers ses inférieurs, et revient sans effort dans son naturel ; elle s'abandonne quelquefois, se néglige, se relâche de ses avantages, toujours en pouvoir de les reprendre et de les faire valoir ; elle rit, joue et badine, mais avec dignité ; on l'approche tout ensemble avec liberté et avec retenue ; son caractère est noble et facile, inspire le respect et la confiance, et fait que les princes nous paraissent grands, et très grands, sans nous faire sentir que nous sommes petits.

Le sage guérit de l'ambition par l'ambition même ; il tend à de si grandes choses, qu'il ne peut se borner à ce qu'on appelle des trésors, des postes, la fortune et la faveur ; il ne voit rien dans de si faibles avantages qui soit assez bon et assez solide pour remplir son cœur, et pour mériter ses soins et ses désirs ; il a même besoin d'efforts pour ne les pas trop dédaigner. Le seul bien capable de le tenter est cette sorte de gloire qui devrait naître de la vertu toute pure et toute simple : mais les hommes ne l'accordent guère ; et il s'en passe[2].

Celui-là est bon, qui fait du bien aux autres : s'il souffre pour le bien qu'il fait, il est très bon ; s'il souffre de ceux à qui il a fait ce bien, il a une si grande bonté qu'elle ne peut être augmentée que dans le cas où ses souffrances viendraient à croître ; et s'il en meurt, sa vertu ne saurait aller plus loin : elle est héroïque[3], elle est parfaite.

---

1. LA FAUSSE GRANDEUR. D'après les clefs, l'image de la fausse grandeur s'appliquerait à Villeroy, ce qui est absurde ; car, ainsi qu'on l'a vu par le portrait de Ménippe et par la note empruntée aux mémoires de Saint-Simon, Villeroy ne sentait point son faible et ne se cachait guère. — Dans l'image de la vraie grandeur, on a voulu voir Louis XIV, ou Condé, ou Turenne ; il semble que c'est surtout à celui-ci que s'applique le caractère de cette grandeur « qui ne perd rien à être vue de près. »

2. IL S'EN PASSE. Il y a beaucoup de fierté dans ce mépris de la fortune, des postes et des faveurs ; mais cette fierté n'est-elle pas un peu *farouche*, pour emprunter une qualification à La Bruyère lui-même ? Est-il bien vrai que le sage se passe aussi facilement de cette sorte de gloire que donne l'estime publique ? L'homme est fait pour vivre dans la société et pour en goûter les douceurs ; et la plus précieuse de ces douceurs, pour une âme bien faite, n'est-elle pas l'estime et l'admiration de nos semblables ?

3. HÉROÏQUE. On n'a jamais donné de l'héroïsme une meilleure définition : *la bonté dont on meurt.*

CHAPITRE III

DES FEMMES.

Les hommes et les femmes conviennent rarement[1] sur le mérite d'une femme ; leurs intérêts sont trop différents. Les femmes ne se plaisent point les unes aux autres par les mêmes agréments qu'elles plaisent[2] aux hommes ; mille manières, qui allument dans ceux-ci les grandes passions, forment[3] entre elles l'aversion et l'antipathie.

Il y a dans quelques femmes une grandeur artificielle attachée au mouvement des yeux, à un air de tête, aux façons de marcher, et qui ne va pas plus loin ; un esprit éblouissant qui impose, et que l'on n'estime que parce qu'il n'est pas approfondi[4]. Il y a dans quelques autres une grandeur simple, naturelle, indépendante du geste et de la démarche, qui a sa source dans le cœur, et qui est comme une suite de leur haute naissance ; un mérite paisible, mais solide, accompagné de mille vertus qu'elles ne peuvent couvrir de toute leur modestie, qui échappent, et qui se montrent à ceux qui ont des yeux[5].

J'ai vu souhaiter d'être fille, et une belle fille, depuis treize ans jusques à vingt-deux, et, après cet âge, de devenir un homme.

Quelques jeunes personnes ne connaissent point assez les avantages d'une heureuse nature, et combien il leur serait utile de s'y abandonner ; elles affaiblissent ces dons du ciel, si rares et si fragiles, par des manières affectées et par une mauvaise imitation ; leur son de voix et leur démarche sont empruntés ; elles se composent, elles se recherchent[6], regardent dans un miroir

---

1. RAREMENT. Sont rarement d'accord. Bossuet a dit de même : « On ne convient pas de l'année où il vint au monde » ; et ailleurs : « Les Sociniens ne conviennent point avec les autres chrétiens sur les articles fondamentaux. »
2. QU'ELLES PLAISENT. On dirait aujourd'hui : par lesquels elles plaisent ; combien le latinisme du dix-septième siècle, ce que employé pour quo, quâ, quibus, est plus vif et plus rapide !
3. FORMENT. Encore un latinisme : formare en latin signifie engendrer, produire. Corneille a dit dans le même sens : «... Epuise sa force à former un malheur » ; et Racine : « Ta haine a pris plaisir à former ma misère. »
4. APPROFONDI. C'est-à-dire : parce qu'on ne l'approfondit point.
5. DES YEUX. Ce caractère ne serait-il pas le portrait de Mme Henriette ? Michelet pense que Molière a emprunté à Madame les traits dont il a peint la Léonor de l'École des femmes, l'Henriette des Femmes savantes ; ajoutons l'Eliante du Misanthrope, et l'Elmire du Tartufe. Tous ces caractères ont avec le portrait que nous peint La Bruyère la plus grande ressemblance. Cf. le portrait de Madame dans l'Oraison funèbre de Bossuet.
6. SE RECHERCHENT. Buffon a employé ce verbe réfléchi dans le même

si elles s'éloignent assez de leur naturel : ce n'est pas sans peine qu'elles plaisent moins.

Chez les femmes, se parer et se farder n'est pas, je l'avoue, parler contre sa pensée; c'est plus aussi que le travestissement et la mascarade [1], où l'on ne se donne point pour ce que l'on paraît être, mais où l'on pense seulement à se cacher et à se faire ignorer : c'est chercher à imposer aux yeux, et vouloir paraître selon l'extérieur contre la vérité ; c'est une espèce de menterie.

Il faut juger des femmes depuis la chaussure jusqu'à la coiffure exclusivement, à peu près comme on mesure le poisson entre queue et tête [2].

Si les femmes veulent seulement être belles à leurs propres yeux et se plaire à elles-mêmes, elles peuvent sans doute, dans la manière de s'embellir, dans le choix des ajustements et de la parure, suivre leur goût et leur caprice : mais si c'est aux hommes qu'elles désirent de plaire, si c'est pour eux qu'elles se fardent ou qu'elles s'enluminent, j'ai recueilli les voix, et je leur prononce, de la part de tous les hommes ou de la plus grande partie, que le blanc et le rouge les rend affreuses et dégoûtantes ; que le rouge seul les vieillit et les déguise ; qu'ils haïssent autant à les voir [3] avec de la céruse sur le visage qu'avec de fausses dents en la bouche, et des boules de cire dans les mâchoires; qu'ils protestent sérieusement contre tout l'artifice dont elles usent pour se rendre laides ; et que, bien loin d'en répondre [4] devant Dieu, il semble au contraire qu'il leur ait réservé [5] ce dernier et infaillible moyen de guérir des femmes.

Si les femmes étaient telles naturellement qu'elles le deviennent par artifice, qu'elles perdissent en un moment toute la fraîcheur de leur teint, qu'elles eussent le visage aussi allumé et aussi plombé qu'elles se le font par le rouge et par la peinture dont elles se fardent, elles seraient inconsolables.

---

sens : « Les Persanes se recherchent encore plus sur la propreté que les Turques. » Aujourd'hui ce verbe ne s'emploie plus guère qu'au participe passé : être recherché, c'est-à-dire être affecté.

1. LA MASCARADE. Variante : « Se mettre du rouge ou se farder est, je l'avoue, un moindre crime que de parler contre sa pensée ; c'est quelque chose aussi de moins innocent que le travestissement ou la mascarade. »

2. QUEUE ET TÊTE. Cette comparaison n'est pas d'un goût irréprochable. — La Bruyère fait allusion à la mode qui voulait alors que les femmes se grandissent par des chaussures à hauts talons et des coiffures à trois étages, terminées en pointe et n'ayant pas moins d'un pied et demi de hauteur. — Voir le chapitre de *la mode*.

3. A LES VOIR. Boileau a dit de même : « Tel qui hait à se voir... » Et Mme de Sévigné : « Je hais mortellement à vous parler de tout cela... — Si vous ne haïssez point à vous divertir... »

4. D'EN RÉPONDRE. C'est-à-dire : bien loin qu'ils en doivent être responsables devant Dieu...

5. RÉSERVÉ. C'est-à-dire que Dieu leur ait réservé...

Une femme coquette ne se rend point[1] sur la passion de plaire, et sur l'opinion qu'elle a de sa beauté. Elle regarde le temps et les années comme quelque chose seulement qui ride et qui enlaidit les autres femmes : elle oublie du moins que l'âge est écrit sur le visage. La même parure qui a autrefois embelli sa jeunesse défigure enfin sa personne, éclaire les défauts de sa vieillesse[2]. La mignardise et l'affectation l'accompagnent dans la douleur et dans la fièvre : elle meurt[3] parée et en rubans de couleur.

Lise entend dire d'une autre coquette qu'elle se moque de se piquer de jeunesse, et de vouloir user d'ajustements qui ne conviennent plus à une femme de quarante ans[4]. Lise les a ac-

---

1. NE SE REND POINT. Expression ingénieuse et énergique qui exprime bien la lutte soutenue contre le temps « pour réparer des ans l'irréparable outrage. » — Cf. Malherbe :
Je suis vaincu du temps, je cède à ses outrages.
2. LES DÉFAUTS DE LA VIEILLESSE. Cf. Larochefoucauld : « Le plus dangereux ridicule des vieilles personnes qui ont été aimables, c'est d'oublier qu'elles ne le sont plus. »
3. ELLE MEURT. Le récit de la mort de Mᵐᵉ de Pompadour, emprunté aux mémoires du dix-huitième siècle, serait le meilleur commentaire de ce caractère.
4. UNE FEMME DE QUARANTE ANS. — Cf. Montesquieu, *Lettres persanes* : « J'étois l'autre jour dans une société où je me divertis assez bien. Il y avoit là une femme de tous les âges : une de quatre-vingts ans, une de soixante, une de quarante, laquelle avoit une nièce qui pouvoit en avoir vingt ou vingt-deux. Un certain instinct me fit approcher de cette dernière, et elle me dit à l'oreille : « Que dites-vous de ma tante, qui à son âge veut avoir des amans, et fait encore la jolie? — Elle a tort, lui dis-je : c'est un dessein qui n'appartient qu'à vous. » Un moment après, je me trouvai auprès de sa tante, qui me dit : « Que dites-vous de cette femme qui a pour le moins soixante ans, qui a passé aujourd'hui plus d'une heure à sa toilette? — C'est du temps perdu, lui dis-je ; il faut avoir vos charmes pour devoir y songer. » J'allai à cette malheureuse femme de soixante ans, et la plaignois dans mon âme, lorsqu'elle me dit à l'oreille : « Y a-t-il rien de si ridicule? voyez cette femme qui a quatre-vingts ans et qui met des rubans couleur de feu; elle veut faire la jeune et elle y réussit : car cela approche de l'enfance. » Ah! bon Dieu, dis-je en moi-même, ne sentirons-nous jamais que le ridicule des autres? C'est peut-être un bonheur, disois-je ensuite, que nous trouvions de la consolation dans les foiblesses d'autrui. Cependant j'étois en train de me divertir, et je dis : Nous avons assez monté, descendons à présent, et commençons par la vieille qui est au sommet. « Madame, vous vous ressemblez si fort, cette dame à qui je viens de parler et vous, qu'il semble que vous soyez deux sœurs; et je ne crois pas que vous soyez plus âgées l'une que l'autre. — Eh! vraiment, monsieur, me dit-elle, lorsque l'une mourra, l'autre devra avoir grand'peur : je ne crois pas qu'il y ait d'elle à moi deux jours de différence. » Quand je tins cette femme décrépite, j'allai à celle de soixante ans : « Il faut, madame, que vous décidiez un pari que j'ai fait; j'ai gagé que cette dame et vous, lui montrant la femme de quarante ans, étiez de même âge. — Ma foi, dit-elle, je ne crois pas qu'il y ait six mois de différence. » Bon, m'y voilà; continuons, Je descendis encore, et j'allai à la femme de quarante ans : « Madame, faites-moi la grâce de me dire si c'est pour rire que vous appelez cette demoiselle, qui est à l'autre table, votre nièce. Vous êtes aussi jeune qu'elle; elle a même quelque chose dans le visage de passé que vous n'avez certainement pas; et ces couleurs vives qui paraissent sur votre teint... — Attendez, me dit-elle : je suis sa tante; mais sa mère avoit pour le moins vingt-cinq ans plus que moi;

complis; mais les années pour elle ont moins de douze mois, et ne la vieillissent point. Elle le croit ainsi; et, pendant qu'elle se regarde au miroir, qu'elle met du rouge sur son visage et qu'elle place des mouches, elle convient qu'il n'est pas permis à un certain âge de faire la jeune [1], et que *Clarice*, en effet, avec ses mouches [2] et son rouge, est ridicule.

Un beau visage est le plus beau de tous les spectacles [3]; et l'harmonie la plus douce est le son de voix de celle que l'on aime.

L'agrément est arbitraire : la beauté est quelque chose de plus réel et de plus indépendant du goût et de l'opinion [4].

L'on peut être touché de certaines beautés si parfaites et d'un mérite si éclatant, que l'on se borne à les voir et à leur parler.

Une belle femme qui a les qualités d'un honnête homme [5] est ce qu'il y a au monde d'un commerce plus délicieux; l'on trouve en elle tout le mérite des deux sexes.

Le caprice est, dans les femmes, tout proche de la beauté, pour être son contre-poison et afin qu'elle nuise moins aux hommes, qui n'en guériraient pas sans ce remède.

Une femme faible est celle à qui l'on reproche une faute, qui

---

nous n'étions pas de même lit; j'ai ouï dire à feu ma sœur que sa fille et moi naquîmes la même année. — Je le disois bien, madame, et je n'avois pas tort d'être étonné. »

1. FAIRE LA JEUNE. Cf. Molière, le *Misanthrope* :

...Quoi! vous iriez dire à la vieille Émilie
Qu'à son âge il sied mal de faire la jolie,
Et que le blanc qu'elle a scandalise chacun?

2. MOUCHES. « Petit morceau de taffetas ou de velours noir que les femmes mettent sur le visage par ornement ou pour faire paraître leur teint plus blanc. Les dévots crient fort contre les mouches comme étant une marque de grande coquetterie. Les *mouches* taillées en long s'appellent des *assassins*. » FURETIÈRE.

3. LE PLUS BEAU DE TOUS LES SPECTACLES. C'est que de toutes les beautés, celle qui nous frappe le plus est la beauté de l'expression, et que cette beauté éclate surtout dans le visage humain, bien que l'artiste la découvre souvent même dans les spectacles de la nature inorganique, dans le reflet d'une vague ou dans la forme et le coloris d'un nuage.

4. DE L'OPINION. La Bruyère exprime ici une distinction essentielle entre l'agréable et le beau. L'agréable est en effet, quelque chose d'arbitraire et dépend de la mode; c'est ainsi que les héroïnes de la fronde diffèrent si essentiellement de leurs petites filles, les marquises du dix-huitième siècle, et que ces marquises protectrices et amies de Voltaire ou de Rousseau, diffèrent encore davantage de leurs filles retour de l'émigration, des femmes de Lamartine et de Balzac. Mais la beauté est indépendante des variations du goût et de la mode; elle ne subit ni l'influence des révolutions, ni celle des réactions; elle existe, en vertu de certaines règles de la géométrie éternelle, et participe de l'immutabilité du vrai et du bien, ainsi que l'a démontré Platon.

5. D'UN HONNÊTE HOMME. Nous avons essayé plus haut de définir l'honnête homme d'après les idées du dix-septième siècle; n'oublions pas ici que la qualité essentielle de l'honnête homme était la sûreté dans les relations, ou, comme on disait alors, la *solidité*.

se la reproche à elle-même, dont le cœur combat la raison[1], qui veut guérir, qui ne guérira point, ou bien tard.

Une femme inconstante est celle qui n'aime plus; une légère, celle qui déjà en aime un autre; une volage, celle qui ne sait si elle aime et ce qu'elle aime; une indifférente, celle qui n'aime rien.

La perfidie, si je l'ose dire, est un mensonge de toute la personne : c'est, dans une femme, l'art de placer un mot ou une action qui donne le change, et quelquefois de mettre en œuvre des serments et des promesses qui ne lui coûtent pas plus à faire qu'à violer.

Une femme infidèle, si elle est connue pour telle de la personne intéressée, n'est qu'infidèle : s'il la croit fidèle, elle est perfide.

On tire ce bien de la perfidie des femmes, qu'elle guérit de la jalousie.

A juger de cette femme par sa beauté, sa jeunesse, sa fierté et ses dédains, il n'y a personne qui doute que ce ne soit un héros qui doive un jour la charmer : son choix est fait, c'est un petit monstre qui manque d'esprit.

Le rebut de la cour[2] est reçu à la ville dans une ruelle[3] où il défait[4] le magistrat même en cravate et en habit gris[5], ainsi que le bourgeois en baudrier[6], les écarte, et devient maître de la place : il est écouté, il est aimé; on ne tient guère plus d'un moment contre une écharpe d'or et une plume blanche, contre un homme qui *parle au roi*[7] *et voit les ministres*. Il fait des ja-

1. COMBAT LA RAISON. C'est cette lutte du cœur et de la raison, de la passion et du devoir qui est l'élément essentiel de la tragédie au dix-septième siècle. Voyez par exemple les stances du *Cid:*

Que je sens de rudes combats!
Contre mon propre honneur mon amour
[s'intéresse.

et tout le rôle de Chimène, de Pauline, de Titus et de Bérénice, de Monime, de Phèdre, etc.

2. LE REBUT DE LA COUR. Le courtisan que tout le monde méprise à Versailles, est reçu à Paris. D'après les clefs, il s'agit du comte d'Aubigné, frère de Mme de Maintenon.

3. UNE RUELLE. Partie de la chambre où les femmes reçoivent les visites.

4. IL DÉFAIT. Métaphore piquante, qui se continue de la manière la plus heureuse : « il devient maître de la place. »

5. EN HABIT GRIS. C'est-à-dire, même lorsqu'il porte un costume élégant que lui interdisent les règlements.

6. LE BOURGEOIS EN BAUDRIER. Il s'agit ici du bourgeois petit-maître, qui, à la faveur d'une grande épée et d'une physionomie revêche, veut se faire croire d'armée tandis qu'il n'en est point.

7. QUI PARLE AU ROI. Cf. Molière, le *Bourgeois gentilhomme.* DORANTE : Ma foi, monsieur Jourdain, j'avais une impatience étrange de vous voir. Vous êtes l'homme du monde que j'estime le plus ; et je parlais de vous encore ce matin dans la chambre du roi. — M. JOURDAIN : Vous me faites beaucoup d'honneur, monsieur. (A Mme *Jourdain*) Dans la chambre du roi ! — M. JOURDAIN (*bas à Mme Jourdain*) : Que faire? voulez-vous que je refuse un homme de cette condition-là, qui a parlé de moi ce matin dans la chambre du roi?

loux et des jalouses; on l'admire, il fait envie : à quatre lieues [1] de là il fait pitié.

Un homme de la ville est pour une femme de province ce qu'est pour une femme de ville un homme de la cour

La dévotion [2] vient à quelques-uns, et surtout aux femmes, comme une passion, ou comme le faible d'un certain âge, ou comme une mode qu'il faut suivre. Elles comptaient autrefois une semaine par les jours [3] de jeu, de spectacle, de concert, de mascarade ou d'un joli sermon. Elles allaient le lundi perdre leur argent chez *Ismène*; le mardi, leur temps chez *Climène*; et le mercredi, leur réputation chez *Célimène*. Elles savaient dès la veille toute la joie qu'elles devaient avoir le jour d'après et le lendemain : elles jouissaient tout à la fois du plaisir présent et de celui qui ne leur pouvait manquer; elles auraient souhaité de les pouvoir rassembler tous en un seul jour. C'était alors leur unique inquiétude, et tout le sujet de leurs distractions; et, si elles se trouvaient quelquefois à l'*opéra*, elles y regrettaient la comédie. Autres temps, autres mœurs : elles outrent l'austérité et la retraite; elles n'ouvrent plus les yeux qui leur sont donnés pour voir; elles ne mettent plus leurs sens à aucun usage, et, chose incroyable ! elles parlent peu : elles pensent encore et assez bien d'elles-mêmes, comme assez mal des autres [4]. Il y a chez elles une émulation de vertu et de réforme qui tient quelque chose de la jalousie. Elles ne haïssent pas de primer dans ce nouveau genre de vie, comme elles faisaient dans celui qu'elles viennent de quitter par politique ou par dégoût. Elles se perdaient gaiement par la galanterie, par la bonne chère, et par l'oisiveté; et elles se perdent [5] tristement par la présomption et par l'envie.

Une femme est aisée à gouverner, pourvu que ce soit un homme qui s'en donne la peine. Un seul même en gouverne

---

1. A QUATRE LIEUES. C'est-à-dire à Versailles.
2. LA DÉVOTION. Fausse dévotion (note de La Bruyère).
3. LES JOURS. La sixième édition porte : « Par les jours de jeu, de spectacle, de repas, de promenade, de concert, de mascarade et d'un joli sermon. » Énumération qui correspond, en effet, aux sept jours de la semaine.
4. MAL DES AUTRES. Cf. Le portrait d'Arsinoé par Célimène. Acte III, sc. V, du *Misanthrope* :

Cette hauteur d'estime où vous êtes de [vous,
Et ces yeux de pitié que vous jetez sur [tous,
Vos fréquentes leçons et vos aigres cen- [sures
Sur des choses qui sont innocentes et [pures...

5. ELLES SE PERDENT. Cf. Pascal, troisième discours *sur la condition des grands* : « Ce que je vous dis ne va pas bien loin; et si vous en demeurez là, vous ne laisserez pas de vous perdre; mais au moins vous vous perdrez en honnête homme. Il y a des gens qui se damnent si sottement !... »

plusieurs : il cultive leur esprit et leur mémoire, fixe et détermine leur religion ; il entreprend même de régler leur cœur : elles n'approuvent et ne désapprouvent, ne louent et ne condamnent qu'après avoir consulté ses yeux et son visage ; il est le dépositaire de leurs joies et de leurs chagrins, de leurs désirs, de leurs jalousies, de leurs haines et de leurs amours. Il prend soin de leurs affaires, sollicite leurs procès et voit leurs juges ; il leur donne son médecin, son marchand, ses ouvriers ; il s'ingère de les loger, de les meubler, et il ordonne de leur équipage : on le voit avec elles dans leurs carrosses, dans les rues d'une ville et aux promenades, ainsi que dans leur banc à un sermon, et dans leur loge à la comédie : il fait avec elles les mêmes visites ; il les accompagne au bain, aux eaux, dans les voyages ; il a le plus commode appartement chez elles à la campagne. Il vieillit sans déchoir de son autorité : un peu d'esprit et beaucoup de temps à perdre lui suffit pour la conserver ; les enfants, les héritiers, la bru, la nièce, les domestiques, tout en dépend. Il a commencé par se faire estimer, il finit par se faire craindre. Cet ami si ancien, si nécessaire, meurt sans qu'on le pleure ; et dix femmes dont il était le tyran héritent, par sa mort, de la liberté.

Quelques femmes[1] ont voulu cacher leur conduite sous les dehors de la modestie ; et tout ce que chacune a pu gagner par une continuelle affectation, et qui ne s'est jamais démentie, a été de faire dire de soi : *On l'aurait prise pour une vestale.*

C'est dans les femmes une violente preuve[2] d'une réputation bien nette et bien établie, qu'elle ne soit pas même effleurée par la familiarité de quelques-unes qui ne leur ressemblent point ; et qu'avec toute la pente qu'on a aux malignes explications, on ait recours à une tout autre raison de ce commerce qu'à celle de la convenance des mœurs[3].

Un comique outre sur la scène ses personnages ; un poète charge ses descriptions ; un peintre qui fait d'après nature force et exagère une passion, un contraste, des attitudes ; et celui qui copie, s'il ne mesure au compas les grandeurs et les proportions, grossit ses figures, donne à toutes les pièces qui entrent dans l'ordonnance de son tableau plus de volume que n'en ont

---

1. QUELQUES FEMMES. Pour ce caractère et pour tous ceux qui ont rapport à la fausse dévotion, les clefs indiquent les duchesses d'Aumont et de Lesdiguières et la maréchale de la Ferté.

2. UNE VIOLENTE PREUVE. C'est-à-dire une preuve bien forte...

3. CONVENANCE DES MŒURS. C'est-à-dire conformité des mœurs.

celles de l'original : de même, la pruderie est une imitation de la sagesse[1].

Il y a une fausse modestie qui est vanité ; une fausse gloire qui est légèreté, une fausse grandeur qui est petitesse, une fausse vertu qui est hypocrisie, une fausse sagesse qui est pruderie.

Une femme prude paye de maintien et de paroles, une femme sage paye de conduite[2]. Celle-là suit son humeur et sa complexion, celle-ci sa raison et son cœur. L'une est sérieuse et austère ; l'autre est, dans les diverses rencontres, précisément ce qu'il faut qu'elle soit. La première cache des faibles sous de plausibles dehors ; la seconde couvre un riche fond sous un air libre et naturel. La pruderie contraint l'esprit, ne cache ni l'âge ni la laideur[3] ; souvent elle les suppose. La sagesse, au contraire, pallie les défauts du corps, ennoblit l'esprit, ne rend la jeunesse que plus piquante, et la beauté que plus périlleuse.

Pourquoi s'en prendre aux hommes[4] de ce que les femmes ne sont pas savantes ? Par quelles lois, par quels édits, par quels rescrits leur a-t-on défendu[5] d'ouvrir les yeux et de lire, de retenir ce qu'elles ont lu et d'en rendre compte ou dans leur conversation, ou par leurs ouvrages ? Ne se sont-elles pas au contraire établies elles-mêmes dans cet usage de ne rien savoir, ou par la faiblesse de leur complexion, ou par la paresse de leur

---

1. IMITATION DE LA SAGESSE. Il y a, au théâtre, une loi qu'on pourrait appeler la loi de la perspective théâtrale et qui exige le grossissement de tous les objets, et l'exagération des passions, des sentiments, des vices, des ridicules, etc. Ainsi la prude qui joue la comédie, outre la sagesse en l'imitant, et c'est précisément cette exagération, ce grossissement tout artificiel, qui nous fait apercevoir qu'elle joue un rôle. Ce n'est chez elle

. . . . . qu'affectation pure
Et ce n'est pas ainsi que parle la nature.

2. PAIE DE CONDUITE. Voir Molière, portrait d'Arsinoé :

Qu'il faut mettre le poids d'une vie exem-
[plaire
Dans les corrections qu'aux autres on veut
[faire.

3. NI L'AGE NI LA LAIDEUR. Cf. Célimène à Arsinoé :

Je ne dis pas qu'un jour je ne suive vos
[traces.
L'âge amènera tout; et ce n'est pas le
[temps,

Madame, comme on sait, d'être prude à
[vingt ans.

4. S'EN PRENDRE AUX HOMMES. La Bruyère répond ici aux reproches que Philaminte adresse aux hommes :

Car enfin je me sens un étrange dépit
Du tort que l'on nous fait du côté de l'es-
[prit :
Et je veux nous venger, toutes tant que
[nous sommes,
De cette indigne classe où nous rangent les
[hommes,
De borner nos talents à des futilités
Et nous fermer la porte aux sublimes
[clartés.

5. DÉFENDU. Il est vrai que les hommes n'ont jamais fait de lois pour défendre aux femmes de s'instruire ; mais il est aussi vrai qu'ils n'ont jamais rien fait pour les y aider. Ce n'est que dans notre siècle, et dans les années les plus rapprochées de nous qu'on a commencé à s'occuper sérieusement de ce grave problème : l'instruction et l'éducation de la femme.

esprit, ou par le soin de leur beauté, ou par une certaine légèreté qui les empêche de suivre une longue étude, ou par le talent et le génie qu'elles ont seulement pour les ouvrages de la main, ou par les distractions que donnent les détails d'un domestique [1], ou par un éloignement naturel [2] des choses pénibles et sérieuses, ou par une curiosité toute différente de celle qui contente l'esprit, ou par un tout autre goût que celui d'exercer leur mémoire? Mais, à quelque cause que les hommes puissent devoir cette ignorance des femmes, ils sont heureux que les femmes, qui les dominent d'ailleurs par tant d'endroits, aient sur eux cet avantage de moins [3].

On regarde une femme savante comme on fait une belle arme: elle est ciselée artistement, d'une polissure admirable et d'un travail fort recherché; c'est une pièce de cabinet, que l'on montre aux curieux, qui n'est pas d'usage, qui ne sert ni à la guerre ni à la chasse, non plus qu'un cheval de manège, quoique le mieux instruit du monde [4].

Si la science et la sagesse se trouvent unies en un même sujet [5], je ne m'informe plus du sexe, j'admire; et si vous me dites qu'une femme sage ne songe guère à être savante, ou qu'une femme savante n'est guère sage, vous avez déjà oublié

1. LES DÉTAILS D'UN DOMESTIQUE. C'est-à-dire les soins minutieux du ménage.

2. ÉLOIGNEMENT NATUREL. Cet éloignement est-il aussi naturel que le dit La Bruyère? ne vient-il pas plutôt de l'habitude des futilités, d'une éducation frivole et d'une instruction dépourvue de tout sérieux et de toute solidité? Il règne d'ailleurs, dans tout ce paragraphe, une grande confusion. Il est évident que La Bruyère ne sait pas lui-même à quel point il est d'un avis opposé à celui du bonhomme Chrysale; on verra tout à l'heure qu'il estime fort, dans une femme, l'union de la sagesse et de la science : ce qui ne l'empêche pas ici de sacrifier au préjugé, et de donner comme preuves de la prétendue infériorité intellectuelle de la femme des lieux communs qui ne supportent pas l'analyse.

3. CET AVANTAGE DE MOINS. Notre auteur conclut tout ce paragraphe un peu pénible par une épigramme ingénieuse et spirituelle, qui contredit ce qui précède.

4. LE MIEUX INSTRUIT DU MONDE. Il n'est pas vrai qu'une femme instruite soit comme une pièce de cabinet, qui n'est d'aucun usage. L'instruction chez la femme, peut au contraire servir à plus d'un usage et au plus important de tous, à l'éducation des enfants. On a remarqué que la plupart des grands hommes avaient eu pour mères des femmes supérieures : « Sic Corneliam Gracchorum, sic Aureliam Cæsaris, sic Attiam Augusti matrem præfuisse educationibus ac produxisse principes liberos accepimus. » *Dialogus de oratoribus*, c. XXVIII.

5. UN MÊME SUJET. Sans parler des femmes de Port-Royal, de la mère Angélique et de Jacqueline Pascal, on peut citer comme des exemples de cette union de la science et de la sagesse en un même sujet, Mme de Sévigné qui lisait Saint-Augustin dans le texte presque aussi souvent qu'elle lisait Corneille ou La Fontaine et Mme de La Fayette qui, trois mois après qu'elle eût commencé à apprendre le latin, expliquait un passage de Virgile à Ménage et au P. Rapin qui ne l'entendaient point et qui se rendirent à son sentiment.

ce que vous venez de lire, que les femmes ne sont détournées des sciences que par de certains défauts : concluez donc vous-mêmes que moins elles auraient de ces défauts, plus elles seraient sages, et qu'ainsi une femme sage n'en serait que plus propre à devenir savante, ou qu'une femme savante, n'étant telle que par ce qu'elle aurait pu vaincre beaucoup de défauts, n'en est que plus sage[1].

La neutralité entre des femmes qui nous sont également amies[2], quoiqu'elles aient rompu pour des intérêts où nous n'avons nulle part, est un point difficile : il faut choisir souvent entre elles, ou les perdre toutes deux.

Les femmes sont extrêmes ; elles sont meilleures ou pires que les hommes.

Les femmes vont plus loin en amour que la plupart des hommes ; mais les hommes l'emportent sur elles en amitié.

Les hommes sont cause que les femmes ne s'aiment point.

Il y a du péril à contrefaire. *Lise*, déjà vieille, veut rendre une jeune femme ridicule, et elle-même devient difforme ; elle me fait peur. Elle use, pour l'imiter, de grimaces et de contorsions : la voilà aussi laide qu'il faut pour embellir celle dont elle se moque.

Un homme est plus fidèle au secret d'autrui qu'au sien propre ; une femme, au contraire, garde mieux son secret que celui d'autrui.

Il n'y a point dans le cœur d'une jeune personne un si violent amour auquel l'intérêt ou l'ambition n'ajoute quelque chose.

Il y a un temps où les filles les plus riches doivent prendre parti. Elles n'en laissent guère échapper les premières occasions sans se préparer un long repentir[3]. Il semble que la réputation des biens diminue en elles avec celle de leur beauté. Tout favorise au contraire une jeune personne, jusques à l'opinion des hommes, qui aiment à lui accorder tous les avantages qui peuvent la rendre plus souhaitable.

Combien de filles à qui une grande beauté n'a jamais servi qu'à leur faire espérer une grande fortune !

---

1. PLUS SAGE. Ce paragraphe est d'une justesse irréprochable. Il est fâcheux que notre auteur ait employé un raisonnement si alambiqué pour dire une chose assez simple : que la moralité s'élève quand l'instruction s'accroît, et que, plus l'esprit est occupé, plus la vie et le cœur sont réglés. C'est le vide et l'oisiveté de l'esprit qui font l'agitation et le dérèglement de la conduite.

2. QUI NOUS SONT AMIES. Cf. Molière, *Don Juan* : « Quelque ami que vous lui soyez. »

3. UN LONG REPENTIR. Voyez les fables de La Fontaine, la *Fille* et le *Héron*.

Un homme qui serait en peine de connaître s'il change, s'il commence à vieillir, peut consulter les yeux d'une jeune femme qu'il aborde, et le ton dont elle lui parle : il apprendra ce qu'il craint de savoir. Rude école !

Il arrive quelquefois qu'une femme cache à un homme toute la passion qu'elle sent pour lui, pendant que de son côté il feint pour elle toute celle qu'il ne sent pas.

L'on suppose un homme indifférent, mais qui voudrait persuader à une femme une passion qu'il ne sent pas ; et l'on demande s'il ne lui serait pas plus aisé d'imposer[1] à celle dont il est aimé qu'à celle qui ne l'aime point.

Un homme peut tromper une femme par un feint attachement, pourvu qu'il n'en ait pas ailleurs un véritable.

Un homme éclate contre une femme qui ne l'aime plus, et se console : une femme fait moins de bruit quand elle est quittée, et demeure longtemps inconsolable.

Les femmes guérissent de leur paresse par la vanité ou par l'amour.

La paresse au contraire, dans les femmes vives, est le présage de l'amour.

Il est fort sûr qu'une femme qui écrit avec emportement est emportée ; il est moins clair qu'elle soit touchée[2]. Il semble qu'une passion vive et tendre est morne et silencieuse ; et que le plus pressant intérêt d'une femme qui n'est plus libre, celui qui l'agite davantage, est moins de persuader qu'elle aime que de s'assurer si elle est aimée.

Je ne comprends pas comment un mari qui s'abandonne à son humeur et à sa complexion, qui ne cache aucun de ses défauts, et se montre au contraire par ses mauvais endroits, qui est avare, qui est trop négligé dans son ajustement, brusque dans ses réponses, incivil, froid et taciturne, peut espérer de défendre le cœur d'une jeune femme contre les entreprises de son galant, qui emploie la parure et la magnificence, la complaisance, les soins, l'empressement, les dons, la flatterie.

Il y a telle femme qui anéantit ou qui enterre son mari, au point qu'il n'en est fait dans le monde aucune mention : vit-il encore ? ne vit-il plus ? on en doute. Il ne sert dans sa famille qu'à montrer l'exemple d'un silence timide et d'une parfaite soumission. Il ne lui est dû ni douaire ni conventions[3] ; mais à

---

1. D'IMPOSER. On dirait aujourd'hui : d'en imposer.
2. TOUCHÉE. Qu'elle aime véritablement.
3. CONVENTIONS. Les conventions matrimoniales, faites au profit de la femme.

cela près, il est la femme, et elle le mari. Ils passent les mois entiers dans une même maison sans le moindre danger de se rencontrer ; il est vrai seulement qu'ils sont voisins. Monsieur paye le rôtisseur et le cuisinier ; et c'est toujours chez madame qu'on a soupé. Ils n'ont souvent rien de commun, ni le lit, ni la table, pas même le nom ; ils vivent à la romaine ou à la grecque ; chacun a le sien ; et ce n'est qu'avec le temps, et après qu'on est initié au jargon d'une ville, qu'on sait enfin que M. B... est publiquement, depuis vingt années, le mari de madame L[1].....

Telle autre femme, à qui le désordre manque pour mortifier son mari, y revient[2] par sa noblesse et ses alliances, par la riche dot qu'elle a apportée, par les charmes de sa beauté, par son mérite, par ce que quelques-uns appellent vertu.

Les douleurs muettes et stupides[3] sont hors d'usage ; on pleure, on récite, on répète, on est si touchée de la mort de son mari, qu'on n'en oublie pas la moindre circonstance.

Une femme insensible est celle qui n'a pas encore vu celui qu'elle doit aimer.

Il y avait à Smyrne[4] une très belle fille qu'on appelait *Émire*, et qui était moins connue dans toute la ville par sa beauté que par la sévérité de ses mœurs, et surtout par l'indifférence qu'elle conservait pour tous les hommes, qu'elle voyait, disait-elle, sans aucun péril, et sans d'autres dispositions que celles où elle se trouvait pour ses amies ou pour ses frères. Elle ne croyait pas la moindre partie de toutes les folies qu'on disait que l'amour avait fait faire dans tous les temps ; et celles qu'elle avait vues elle-même, elle ne les pouvait comprendre : elle ne connaissait que l'amitié. Une jeune et charmante personne, à qui elle devait cette expérience, la lui avait rendue si douce, qu'elle ne pensait qu'à la faire durer, et n'imaginait pas par quel autre sentiment elle pourrait jamais se refroidir sur celui de l'estime et de la confiance, dont elle était si contente. Elle ne parlait que d'Euphrosine, c'était le nom de cette fidèle amie ; et tout Smyrne ne parlait que d'elle et d'Euphrosine ; leur amitié passait en proverbe. Émire avait deux frères qui étaient jeunes,

---

1. MADAME L... — Les clefs nomment ici Nicolas de Bauquemare, président au parlement, et Mme d'Ons-en-Bray ou d'Osembray, sa femme, qui portait le nom d'une des terres de son mari.

2. Y REVIENT. C'est-à-dire se dédommage en le mortifiant par sa noblesse.

3. STUPIDES. C'est-à-dire qui rendent stupides, dans le sens du mot latin *stupentes*. Dans Corneille, Cinna dit à Auguste : Je demeure stupide.

4. A SMYRNE. « Il y a peu de chose dans notre langue, dit Suard, d'aussi parfait que l'histoire d'Émire ; c'est un petit roman plein de finesse, de grâce et même d'intérêt. »

d'une excellente beauté, et dont toutes les femmes de la ville étaient éprises : et il est vrai qu'elle les aima toujours comme une sœur aime ses frères. Il y eut un prêtre de Jupiter qui avait accès dans la maison de son père, à qui elle plut, qui osa le lui déclarer, et ne s'attira que du mépris ; un vieillard, qui, se confiant en sa naissance et en ses grands biens, avait eu la même audace, eut aussi la même aventure. Elle triomphait cependant, et c'était jusqu'alors au milieu de ses frères, d'un prêtre et d'un vieillard, qu'elle se disait insensible. Il sembla que le ciel voulut l'exposer à de plus fortes épreuves, qui ne servirent néanmoins qu'à la rendre plus vaine, et qu'à l'affermir dans la réputation d'une fille que l'amour ne pouvait toucher. De trois amants que ses charmes lui acquirent successivement, et dont elle ne craignit pas de voir toute la passion, le premier, dans un transport amoureux, se perça le sein à ses pieds ; le second, plein de désespoir de n'être pas écouté, alla se faire tuer à la guerre de *Crète* ; et le troisième mourut de langueur et d'insomnie. Celui qui les devait venger n'avait pas encore paru. Ce vieillard, qui avait été si malheureux dans ses amours, s'en était guéri par des réflexions sur son âge et sur le caractère de la personne à qui il voulait plaire : il désira de continuer de la voir, et elle le souffrit. Il lui amena un jour son fils, qui était jeune, d'une physionomie agréable, et qui avait une taille fort noble. Elle le vit avec intérêt ; et comme il se tut beaucoup en la présence de son père, elle trouva qu'il n'avait pas assez d'esprit, et désira qu'il en eût eu davantage. Il la vit seul, parla assez, et avec esprit ; mais comme il la regarda peu, et qu'il parla encore moins d'elle et de sa beauté, elle fut surprise et comme indignée qu'un homme si bien fait et si spirituel ne fût pas galant. Elle s'entretint de lui avec son amie, qui voulut le voir. Il n'eut des yeux que pour Euphrosine ; il lui dit qu'elle était belle : et Émire, si indifférente, devenue jalouse, comprit que *Ctésiphon* était persuadé de ce qu'il disait, et que non seulement il était galant, mais même qu'il était tendre. Elle se trouva depuis ce temps moins libre avec son amie. Elle désira de les voir ensemble une seconde fois, pour être plus éclaircie ; et une seconde entrevue lui fit voir encore plus qu'elle ne craignait de voir, et changea ses soupçons en certitude. Elle s'éloigne d'Euphrosine, ne lui connaît plus le mérite qui l'avait charmée, perd le goût de sa conversation : elle ne l'aime plus ; et ce changement lui fait sentir que l'amour dans son cœur a pris la place de l'amitié. Ctésiphon et Euphrosine se voient tous les jours, s'aiment, songent à s'épouser, s'épousent. La nouvelle s'en répand par toute la ville; et l'on publie que deux personnes enfin ont eu cette joie si rare de se marier à ce qu'ils aimaient. Emire l'apprend, et s'en désespère. Elle ressent tout son amour : elle recherche Euphrosine pour le seul plaisir de revoir Ctésiphon; mais ce jeune mari est encore l'amant de sa femme, et trouve une maîtresse dans une nouvelle épouse; il ne voit dans Émire que l'amie d'une personne qui lui est chère. Cette fille infortunée perd le sommeil, et ne veut plus manger : elle s'affaiblit; son esprit s'égare; elle prend son frère pour Ctésiphon, et elle lui parle comme à un amant. Elle se détrompe, rougit de son égarement : elle retombe bientôt dans de plus grands, et n'en rougit plus; elle ne les connaît plus. Alors elle craint les hommes, mais trop tard; c'est sa folie : elle a des intervalles où sa raison lui revient et où elle gémit de la retrouver. La jeunesse de Smyrne, qui l'a vue si fière et si insensible, trouve que les dieux l'ont trop punie [1].

CHAPITRE IV

DU CŒUR

Il y a un goût dans la pure amitié où ne peuvent atteindre ceux qui sont nés médiocres [2].

L'amitié peut subsister entre des gens de différents sexes, exempte même de toute grossièreté [3]. Une femme cependant regarde toujours un homme comme un homme; et réciproquement, un homme regarde une femme comme une femme. Cette liaison [4] n'est ni passion ni amitié pure; elle fait une classe à part.

L'amour naît brusquement, sans autre réflexion [5], par tempé-

---

1. PUNIE. Il est fort probable que le fond de ce petit roman est réel, et que La Bruyère a tiré partie d'une anecdote qui s'était passée pendant sa jeunesse. Mais les clefs, malgré leur indiscrétion habituelle, ne nous donnent aucune indication, vraie ou fausse, sur le véritable nom d'Emire.

2. MÉDIOCRES. C'est que, comme le dit Pascal, « Dans une grande âme tout est grand, et dans une âme médiocre, tout est médiocre, l'amitié comme le reste. »

3. GROSSIÈRETÉ. Vauvenargues a développé la même idée, de l'esprit humain, ch. XXXVI.

4. LIAISON. Rien ne peut mieux s'appliquer à la longue et inaltérable liaison de La Rochefoucauld et de Mme de La Fayette. (Hémardinquer.) — On pourrait encore citer l'exemple de Mme Récamier et de ses amis, Ballanche, Chateaubriand, Ampère.

5. SANS AUTRE RÉFLEXION. Cf. Buffon : « C'est lorsqu'on pense et qu'on réfléchit le moins que naissent la plu-

rament, ou par faiblesse : un trait de beauté nous fixe, nous détermine. L'amitié, au contraire, se forme peu à peu, avec le temps, par la pratique, par un long commerce. Combien d'esprit, de bonté de cœur, d'attachement, de services et de complaisance, dans les amis, pour faire en plusieurs années bien moins que ne fait quelquefois en un moment un beau visage ou une belle main!

Le temps, qui fortifie les amitiés, affaiblit l'amour[1].

Tant que l'amour dure, il subsiste de soi-même, et quelquefois par les choses qui semblent le devoir éteindre, par les caprices, par les rigueurs, par l'éloignement, par la jalousie. L'amitié, au contraire, a besoin de secours; elle périt faute de soins, de confiance et de complaisance.

Il est plus ordinaire de voir un amour extrême qu'une parfaite amitié[2].

L'amour et l'amitié s'excluent l'un l'autre.

Celui qui a eu l'expérience d'un grand amour néglige l'amitié; et celui qui est épuisé sur l'amitié n'a encore rien fait pour l'amour.

L'amour commence par l'amour; et l'on ne saurait passer de la plus forte amitié qu'à un amour faible.

Rien ne ressemble mieux à une vive amitié que ces liaisons que l'intérêt de notre amour nous fait cultiver.

L'on n'aime bien qu'une seule fois; c'est la première : les amours qui suivent sont moins involontaires.

L'amour qui naît subitement est le plus long à guérir.

L'amour qui croît peu à peu, et par degrés, ressemble trop à l'amitié pour être une passion violente.

Celui qui aime assez pour vouloir aimer un million de fois plus qu'il ne fait, ne cède en amour qu'à celui qui aime plus qu'il ne voudrait.

Si j'accorde que, dans la violence d'une grande passion, on

---

part de nos attachements; c'est encore faute de penser et de réfléchir qu'ils se confirment et se tournent en habitude; il suffit que quelque chose flatte nos sens pour que nous aimions. Mais l'amitié suppose cette puissance de réfléchir, c'est de tous les attachements le plus digne de l'homme... l'amitié n'émane que de la raison, l'impression des sens n'y fait rien; c'est l'âme de son ami qu'on aime, etc. »

1. L'AMOUR. Voir l'admirable chapitre de Montaigne sur l'amitié, 1, 27 : « L'amour est un peu téméraire et volage, ondoyant et divers, feu de fièvre, sujet à accès et remises...; il s'évanouit et s'alanguit... L'amitié au rebours est jouïe à mesure qu'elle est désirée, ne s'élève, ne se nourrit, ni ne prend accroissance qu'en la jouissance, comme étant spirituelle, et l'âme s'affinant par l'usage. »

2. AMITIÉ. « Quelque rare que soit le véritable amour, il l'est encore moins que la véritable amitié. » (La Rochefoucauld.)

peut aimer quelqu'un plus que soi-même, à qui ferai-je plus de plaisir, ou à ceux qui aiment, ou à ceux qui sont aimés?

Les hommes souvent veulent aimer, et ne sauraient y réussir; ils cherchent leur défaite sans pouvoir la rencontrer; et, si j'ose ainsi parler, ils sont contraints de demeurer libres.

Ceux qui s'aiment d'abord avec la plus violente passion contribuent bientôt chacun de leur part à s'aimer moins, et ensuite à ne s'aimer plus. Qui d'un homme ou d'une femme met davantage du sien dans cette rupture? Il n'est pas aisé de le décider. Les femmes accusent les hommes d'être volages; et les hommes disent qu'elles sont légères.

Quelque délicat que l'on soit en amour, on pardonne[1] plus de fautes que dans l'amitié.

C'est une vengeance douce à celui qui aime beaucoup, de faire, par tout son procédé, d'une personne ingrate une très ingrate.

Il est triste d'aimer sans une grande fortune, et qui nous donne les moyens de combler ce que l'on aime, et le rendre si heureux qu'il n'ait plus de souhaits à faire.

S'il se trouve une femme pour qui l'on ait eu une grande passion, et qui ait été indifférente, quelque important service qu'elle nous rende dans la suite de notre vie, l'on court un grand risque d'être ingrat.

Une grande reconnaissance emporte avec soi beaucoup de goût et d'amitié pour la personne qui nous oblige[2].

Être avec des gens qu'on aime, cela suffit : rêver, leur parler, ne leur parler point, penser à eux, penser à des choses plus indifférentes, mais auprès d'eux, tout est égal.

Il n'y a pas si loin de la haine à l'amitié que de l'antipathie[3].

Il semble qu'il est moins rare de passer de l'antipathie à l'amour qu'à l'amitié.

L'on confie son secret dans l'amitié; mais il échappe[4] dans l'amour.

L'on peut avoir la confiance de quelqu'un sans en avoir le

---

1. PARDONNE. Cf. La Rochefoucauld : « On pardonne tant que l'on aime. »

2. OBLIGE. Ce paragraphe est obscur et d'un style pénible et contourné. L'auteur veut dire que nous ne pouvons ressentir une reconnaissance très vive que pour les personnes pour qui nous avons beaucoup de goût et d'amitié.

3. DE L'ANTIPATHIE. C'est que la haine est réfléchie et par conséquent peut se détruire par une réflexion contraire, tandis que l'antipathie est irréfléchie et instinctive : ni le raisonnement, ni la volonté n'ont de prise sur elle; elle dure quoi qu'on fasse pour réagir contre elle.

4. IL ÉCHAPPE. Cf. Bossuet, *Oraison funèbre de Madame* : « Ni l'appât d'une douce conversation, qui souvent, épanchant le cœur, en fait échapper le secret. »

cœur : celui qui a le cœur n'a pas besoin de révélation ou de confiance ; tout lui est ouvert.

L'on ne voit dans l'amitié que les défauts qui peuvent nuire à nos amis. L'on ne voit en amour de défauts dans ce qu'on aime, que ceux dont on souffre soi-même.

Il n'y a qu'un premier dépit en amour, comme la première faute dans l'amitié, dont on puisse faire un bon usage.

Il semble que s'il y a un soupçon injuste, bizarre, et sans fondement, qu'on ait une fois appelé jalousie ; cette autre jalousie, qui est un sentiment juste, naturel, fondé en raison et sur l'expérience, mériterait un autre nom.

Le tempérament a beaucoup de part à la jalousie, et elle ne suppose pas toujours une grande passion ; c'est cependant un paradoxe qu'un violent amour sans délicatesse[1].

Il arrive souvent que l'on souffre tout seul de la délicatesse ; l'on souffre de la jalousie, et l'on fait souffrir les autres.

Celles qui ne nous ménagent sur rien, et ne nous épargnent nulles occasions de jalousie, ne mériteraient de nous aucune jalousie, si l'on se réglait plus par leurs sentiments et leur conduite que par son cœur[2].

Les froideurs et les relâchements dans l'amitié ont leurs causes. En amour, il n'y a guère d'autre raison de ne s'aimer plus que de s'être trop aimés.

L'on n'est pas plus maître de toujours aimer, qu'on l'a été de ne pas aimer.

Les amours meurent par le dégoût, et l'oubli les enterre.

Le commencement et le déclin de l'amour se font sentir par l'embarras où l'on est de se trouver seuls.

Cesser d'aimer, preuve sensible que l'homme est borné[3], et que le cœur a ses limites.

---

1. DÉLICATESSE. Ce mot signifie ici cette jalousie « qui est un sentiment juste, naturel, fondé en raison et sur l'expérience », et dont il est question dans le paragraphe précédent. — La Rochefoucauld croit à la vérité du paradoxe mis en doute par La Bruyère : « Il y a, dit-il, une certaine sorte d'amour dont l'excès empêche la jalousie. »

2. CŒUR. Cf. La Rochefoucauld : « Les infidélités devraient éteindre l'amour, et il ne faudrait pas être jaloux quand on a sujet de l'être : il n'y a que les personnes qui évitent de donner de la jalousie qui soient dignes qu'on en ait pour elles. »

3. BORNÉ. Cf. Lamartine :
Borné dans sa nature, infini dans ses [vœux,
L'homme est un dieu tombé qui se souvient [des cieux.
Il veut aimer toujours, ce qu'il aime est [fragile.

Un écrivain contemporain a dit : « Ce n'est pas seulement parce que tous les objets de notre amour sont marqués au sceau de l'imperfection, que nous ne pouvons aimer toujours. C'est aussi parce que nous sommes nous-mêmes misérablement imparfaits. La force nous manque pour les amours infinies comme pour les haines éternelles. Nous sommes si faibles que le culte même de

C'est faiblesse que d'aimer; c'est souvent une autre faiblesse que de guérir.

On guérit comme on se console[1]; on n'a pas dans le cœur de quoi toujours pleurer et toujours aimer.

Il devrait y avoir dans le cœur des sources inépuisables de douleur pour de certaines pertes[2]. Ce n'est guère par vertu ou par force d'esprit que l'on sort d'une grande affliction : l'on pleure amèrement, et l'on est sensiblement touché; mais l'on est ensuite si faible, ou si léger, que l'on se console.

Si une laide se fait aimer, ce ne peut être qu'éperdument; car il faut que ce soit ou par une étrange faiblesse de son amant, ou par de plus secrets et de plus invincibles charmes que ceux de la beauté.

L'on est encore longtemps[3] à se voir par habitude, et à se dire de bouche que l'on s'aime, après que les manières disent qu'on ne s'aime plus.

Vouloir oublier quelqu'un, c'est y penser. L'amour a cela de commun avec les scrupules, qu'il s'aigrit par les réflexions et les retours que l'on fait pour s'en délivrer. Il faut, s'il se peut, ne point songer à sa passion, pour l'affaiblir.

L'on veut faire tout le bonheur, ou, si cela ne se peut ainsi, tout le malheur[4] de ce qu'on aime.

Regretter ce que l'on aime est un bien, en comparaison de vivre avec ce que l'on hait.

Quelque désintéressement qu'on ait à l'égard de ceux qu'on aime, il faut quelquefois se contraindre pour eux, et avoir la générosité de recevoir[5].

---

nos bien-aimés, quand ils nous ont quittés, ne saurait vivre dans notre cœur plus longtemps que ces fleurs d'automne dont nous parons leurs tombeaux. Nous allons à travers la vie en oubliant toujours. »

1. ON SE CONSOLE. Cf. Pascal : « D'où vient que cet homme qui a perdu depuis peu son fils unique, et qui, accablé de procès et de querelles, était le matin si troublé, n'y pense plus maintenant? ne vous étonnez pas; il est tout occupé à voir là où passera un cerf, que les chiens poursuivent depuis six heures. Il n'en faut pas davantage pour l'homme, quelque plein de tristesse qu'il soit. Si on peut gagner sur lui de le faire entrer en quelque divertissement, le voilà heureux pendant ce temps-là. »

2. CERTAINES PERTES. « Une chose me semble horrible dans les peines du deuil : penser qu'elles pourront prendre fin, et le bien-être les remplacer; que nous pourrons nous passer de ce qui était notre vie; qu'une petite existence vulgaire, avec les repas à leur heure et quantité de menues jouissances, viendra combler ce grand vide qu'avait fait en notre cœur la disparition d'un mort bien-aimé; que s'il revenait, on ne saurait où le mettre!.. » (Mᵐᵉ de Gasparin, les Horizons célestes.)

3. ENCORE LONGTEMPS. Cf. La Rochefoucauld : « On a bien de la peine à rompre quand on ne s'aime plus. »

4. TOUT LE MALHEUR. Cf. La Rochefoucauld : « Si on juge de l'amour par la plupart de ses effets, il ressemble plus à la haine qu'à l'amitié. »

5. DE RECEVOIR. Cf. Montaigne, dans le chapitre de l'Amitié : « Si en

Celui-là peut prendre, qui goûte un plaisir aussi délicat à recevoir que son ami en sent à lui donner.

Donner, c'est agir[1] ; ce n'est pas souffrir de ses bienfaits, ni céder à l'importunité ou à la nécessité de ceux qui nous demandent.

Si l'on a donné à ceux que l'on aimait, quelque chose qu'il arrive, il n'y a plus d'occasions où l'on doive songer à ses bienfaits.

On a dit en latin[2] qu'il coûte moins cher de haïr que d'aimer; ou, si l'on veut, que l'amitié est plus à charge que la haine : il est vrai qu'on est dispensé de donner à ses ennemis; mais ne coûte-t-il rien de s'en venger? ou, s'il est doux et naturel de faire du mal à ce que l'on hait, l'est-il moins de faire du bien à ce qu'on aime? ne serait-il pas dur et pénible de ne lui[3] en point faire?

Il y a du plaisir à rencontrer les yeux de celui à qui l'on vient de donner.

Je ne sais si un bienfait[4] qui tombe sur un ingrat, et ainsi sur un indigne, ne change pas de nom, et s'il méritait plus de reconnaissance[5].

La libéralité consiste moins à donner beaucoup qu'à donner à propos[6].

S'il est vrai que la pitié ou la compassion soit un retour vers nous-mêmes[7], qui nous met en la place des malheureux, pourquoi tirent-ils de nous si peu de soulagement dans leurs misères?

---

l'amitié de quoi je parle, l'un pouvait donner à l'autre, ce serait celui qui recevrait le bienfait qui obligerait son compagnon : car cherchant l'un et l'autre, plus que toute autre chose, de s'entre bien faire, celui qui en prête la matière et l'occasion est celui-là qui fait le libéral, donnant ce contentement à son ami d'effectuer en son endroit ce qu'il désire le plus. »

1. C'est agir. C'est faire un acte volontaire et spontané, et non pas donner seulement lorsque l'on y est contraint.

2. En latin. C'est Publius Syrus qui a dit :

Discordia fit carior concordia.

3. Lui. « C'est là ce qu'a écrit l'auteur dans sa cinquième édition, et le mot *lui* appliqué à *ce qu'on aime*, nous étonne peu chez La Bruyère. Dans les éditions suivantes, *leur* a été substitué à *lui*. Si c'est l'auteur qui a effacé *lui* pour écrire *leur*, il n'a pu le faire que par distraction. A-t-il oublié qu'il avait écrit *ce qu'on aime* et non pas *ceux qu'on aime?* » Note de M. Servois.

4. Un bienfait. La Bruyère, dans ce paragraphe et dans les suivants, a fait de nombreux emprunts au traité de Sénèque *De Beneficiis*.

5. Reconnaissance. Nous aimons mieux La Rochefoucauld quand il dit : « Ce n'est pas un grand malheur d'obliger des ingrats. »

6. A propos. Cf. La Rochefoucauld : « Assez de gens méprisent le bien, mais peu savent le donner. »

7. Un retour vers nous-mêmes. Tout le monde sait par cœur le beau vers de Virgile :

Haud ignara mali miseris succurrere disco.

Il vaut mieux s'exposer à l'ingratitude que de manquer aux misérables.

L'expérience confirme que la mollesse ou l'indulgence pour soi, et la dureté pour les autres, n'est qu'un seul et même vice [1].

Un homme dur au travail et à la peine, inexorable à soi-même, n'est indulgent aux autres que par un excès de raison [2].

Quelque désagrément qu'on ait à se trouver chargé d'un indigent, l'on goûte à peine les nouveaux avantages qui le tirent enfin de notre sujétion : de même, la joie que l'on reçoit de l'élévation de son ami est un peu balancée par la petite peine qu'on a de le voir au-dessus de nous, ou s'égaler à nous. Ainsi l'on s'accorde mal avec soi-même ; car l'on veut des dépendants, et qu'il n'en coûte rien : l'on veut aussi le bien de ses amis ; et, s'il arrive, ce n'est pas toujours par s'en réjouir que l'on commence [3].

On convie, on invite, on offre sa maison, sa table, son bien et ses services : rien ne coûte qu'à tenir parole [4].

C'est assez pour soi d'un fidèle ami [5] ; c'est même beaucoup de l'avoir rencontré : on ne peut en avoir trop pour le service des autres.

Quand on a assez fait auprès de certaines personnes pour avoir dû se les acquérir, si cela ne réussit point, il y a encore une ressource, qui est de ne plus rien faire.

Vivre avec ses ennemis comme s'ils devaient un jour être nos amis, et vivre avec nos amis comme s'ils pouvaient devenir nos ennemis [6], n'est ni selon la nature de la haine, ni selon les règles de l'amitié [7] : ce n'est point une maxime morale, mais politique.

---

1. MÊME VICE. C'est que l'indulgence pour soi et la dureté pour les autres ont également leur source dans l'égoïsme ; nous sommes indulgents pour nos propres vices parce qu'ils nous flattent, et sévères à l'excès pour ceux d'autrui parce qu'ils nous gênent.

2. EXCÈS DE RAISON. Pensée forte et juste. Il faut, en effet, une grande hauteur de raison pour excuser chez les autres ce que l'on ne se pardonne pas à soi-même.

3. COMMENCE. Il y a un peu de misanthropie dans ce paragraphe, mais un grand fond de vérité. La vanité est si fort ancrée dans le cœur de l'homme, qu'il préfère souvent l'abaissement d'autrui à ses propres commodités, et que, parmi ses amis, il aime mieux ses inférieurs que ses égaux.

4. TENIR PAROLE. Cf. La Rochefoucauld : « Nous promettons selon nos espérances, et nous tenons selon nos craintes. »

5. AMI. « Cette parfaite amitié de quoi je parle est indivisible : chacun se donne si entier à son ami, qu'il ne lui reste à départir ailleurs... cette amitié qui possède l'âme et la régente en toute souveraineté, il est impossible qu'elle soit double. » MONTAIGNE.

6. NOS ENNEMIS. C'est l'une des sentences de Publius Syrus :
Ita amicum habeas, posse inimicum fieri
  Iut putes.

7. DE L'AMITIÉ. « Aimez-le, disait

On ne doit pas se faire des ennemis de ceux qui, mieux connus, pourraient avoir rang entre nos amis. On doit faire choix d'amis si sûrs et d'une si exacte probité, que, venant à cesser de l'être, ils ne veuillent pas abuser de notre confiance, ni se faire craindre comme nos ennemis[1].

Il est doux de voir ses amis par goût et par estime; il est pénible de les cultiver par intérêt, c'est *solliciter*.

Il faut briguer la faveur de ceux à qui l'on veut du bien, plutôt que de ceux de qui l'on espère du bien[2].

On ne vole point des mêmes ailes pour sa fortune que l'on fait pour des choses frivoles et de fantaisie. Il y a un sentiment de liberté à suivre ses caprices, et tout au contraire de servitude à courir pour son établissement : il est naturel de le souhaiter beaucoup et d'y travailler peu, de se croire digne de le trouver sans l'avoir cherché.

Celui qui sait attendre le bien qu'il souhaite, ne prend pas le chemin[3] de se désespérer s'il ne lui arrive pas; et celui au contraire qui désire une chose avec une grande impatience, y met trop du sien pour en être assez récompensé par le succès[4].

Il y a de certaines gens qui veulent si ardemment et si déterminément une certaine chose que, de peur de la manquer, ils n'oublient rien de ce qu'il faut faire pour la manquer.

Les choses les plus souhaitées n'arrivent point, ou, si elles arrivent, ce n'est ni dans le temps ni dans les circonstances où elles auraient fait un extrême plaisir.

Il faut rire avant que d'être heureux, de peur de mourir sans avoir ri[5].

Chilon, comme ayant quelque jour à le haïr ; haïssez-le comme ayant à l'aimer. Ce précepte qui est si abominable en cette souveraine et maîtresse amitié, il est salubre en l'usage des amitiés ordinaires et coutumières; à l'endroit desquelles il faut employer le mot qu'Aristote avait très familier : O mes amis, il n'y a nul ami. » MONTAIGNE.

1. Nos ENNEMIS. Cette maxime, qui est un commentaire de la précédente, est d'une morale plus saine et plus élevée que la maxime attribuée à Chilon et reproduite par Publius Syrus.

2. Du BIEN. Cela revient à dire qu'il ne faut demander de services qu'aux gens qu'on estime; en effet, comme le dit La Rochefoucauld, « c'est un malheur insupportable d'être obligé à un malhonnête homme. » Sénèque avait déjà dit : « Ne recevez que de ceux à qui vous voudriez donner.

3. LE CHEMIN. Cette expression est très fréquente au dix-septième siècle, chez Mme de Sévigné et ailleurs. Molière a dit : « Nous ne prenons pas le chemin de nous rendre sages. »

4. PAR LE SUCCÈS. Cette pensée a été développée avec une rare éloquence par Jouffroy dans son essai sur le *problème de la destinée humaine* : « A peine obtenu, ce bonheur si ardemment, si uniquement désiré, effraie l'âme de son insuffisance, etc. »

5. SANS AVOIR RI. Beaumarchais ne s'est-il point souvenu de cette pensée, quand il fait dire à Figaro : « Je me

La vie est courte, si elle ne mérite ce nom que lorsqu'elle est agréable, puisque, si l'on cousait ensemble[1] toutes les heures que l'on passe avec ce qui plaît, l'on ferait à peine d'un grand nombre d'années une vie de quelques mois.

Qu'il est difficile d'être content de quelqu'un!

On ne pourrait se défendre de quelque joie à voir périr un méchant homme[2]; l'on jouirait alors du fruit de sa haine, et l'on tirerait de lui tout ce qu'on en peut espérer, qui est le plaisir de sa perte. Sa mort enfin arrive, mais dans une conjoncture où nos intérêts ne nous permettent pas de nous en réjouir: il meurt trop tôt ou trop tard.

Il est pénible à un homme fier de pardonner à celui qui le surprend en faute, et qui se plaint de lui avec raison: sa fierté ne s'adoucit que lorsqu'il reprend ses avantages, et qu'il met l'autre dans son tort.

Comme nous nous affectionnons de plus en plus aux personnes à qui nous faisons du bien, de même nous haïssons violemment ceux que nous avons beaucoup offensés.

Il est également difficile d'étouffer dans les commencements le sentiment des injures, et de le conserver après un certain nombre d'années[3].

C'est par faiblesse que l'on hait un ennemi et que l'on songe à s'en venger, et c'est par paresse que l'on s'apaise et qu'on ne se venge point[4].

Il y a bien autant de paresse que de faiblesse à se laisser gouverner[5].

---

presse de rire de tout, de peur d'être obligé d'en pleurer. »

1. COUSAIT ENSEMBLE. Cf. Platon, *Apologie de Socrate:* « Si quelqu'un, après avoir passé une nuit bien tranquille, sans aucune inquiétude, sans aucun trouble, sans le moindre songe, la comparait avec toutes les autres nuits et tous les autres jours qu'il a passés, et qu'il fût obligé de dire en conscience combien il aurait passé de jours et de nuits dans sa vie plus heureusement que cette nuit-là, je suis persuadé non seulement qu'un simple particulier, mais que le Grand Roi lui-même en trouverait un bien petit nombre et qu'il serait très aisé de les compter. »

2. PÉRIR UN MÉCHANT HOMME. Voyez les beaux vers de Claudien sur la chute de Rufin:

Abstulit hunc tandem Rufini pœna tumultum,
Absolvitque Deos. Jam non ad culmina rerum
Injustos crevisse queror; tolluntur in altum
Ut lapsu graviore ruant....

3. D'ANNÉES. Cf. La Rochefoucauld: « Les hommes ne sont pas seulement sujets à perdre le souvenir des bienfaits et des injures; ils haïssent même ceux qui les ont obligés, et cessent de haïr ceux qui leur ont fait des outrages. L'application à récompenser le bien et à se venger du mal leur paraît une servitude, à laquelle ils ont peine à se soumettre. »

4. ON NE SE VENGE POINT. Cf. La Rochefoucauld: « La réconciliation avec nos ennemis n'est qu'un désir de rendre notre condition meilleure, une lassitude de la guerre et une crainte de quelque mauvais événement. »

5. GOUVERNER. Ceux qui se laissent gouverner par faiblesse, ne savent point

Il ne faut pas penser à gouverner un homme tout d'un coup et sans autre préparation dans une affaire importante, et qui serait capitale à lui ou aux siens; il sentirait d'abord l'empire et l'ascendant qu'on veut prendre sur son esprit, et il secouerait le joug par honte ou par caprice. Il faut tenter auprès de lui les petites choses, et de là le progrès jusqu'aux plus grandes est immanquable. Tel ne pouvait au plus, dans les commencements, qu'entreprendre de le faire partir pour la campagne ou retourner à la ville, qui finit par lui dicter un testament où il réduit son fils à la légitime [1].

Pour gouverner quelqu'un longtemps et absolument, il faut avoir la main légère, et ne lui faire sentir que le moins qu'il se peut sa dépendance [2].

Tels se laissent gouverner jusqu'à un certain point, qui au delà sont intraitables, et ne se gouvernent plus; on perd tout à coup la route de leur cœur et de leur esprit; ni hauteur, ni souplesse, ni force, ni industrie, ne les peuvent dompter, avec cette différence que quelques-uns sont ainsi faits par raison et avec fondement, et quelques autres par tempérament et par humeur.

Il se trouve des hommes qui n'écoutent ni la raison ni les bons conseils, et qui s'égarent volontairement par la crainte qu'ils ont d'être gouvernés.

D'autres consentent d'être gouvernés par leurs amis en des choses presque indifférentes, et s'en font un droit de les gouverner à leur tour en des choses graves et de conséquence.

Drance[3] veut passer pour gouverner son maître, qui n'en croit rien, non plus que le public : parler sans cesse à un grand que l'on sert, en des lieux et en des temps où il convient le moins,

qu'ils sont gouvernés; ceux qui se laissent gouverner par paresse, le savent et s'en accommodent.

1. LA LÉGITIME. Furetière la définit ainsi : « Droit que la loi donne aux enfants sur les biens de leurs père et mère, et qui leur est acquis en sorte qu'on ne les en peut priver par une disposition contraire. La *légitime* des enfants selon la coutume de Paris est la moitié de ce que chacun aurait eu *ab intestat*.

2. SA DÉPENDANCE. Cf. Montesquieu : « Quand on veut gouverner les hommes, il ne faut pas les chasser devant soi, il faut les suivre. »

3. DRANCE. Le comte de Clermont-Tonnerre, premier gentilhomme de la chambre de Monsieur. « Il avait beaucoup d'esprit, dit Saint-Simon, et c'était tout; il en partait souvent des traits extrêmement plaisants et salés, mais qui lui attiraient des aventures qu'il ne soutenait pas... Il était depuis longtemps fort mal dans sa petite cour par ses bons mots. Il lui avait échappé de dire qu'il ne savait ce qu'il faisait de demeurer en cette boutique, que Monsieur était la plus sotte femme du monde, et Madame le plus sot homme qu'il eût jamais vu. L'un et l'autre le surent, et en furent très offensés. Il n'en fut pourtant autre chose; mais le mélange des brocards sur chacun et du mépris extrême qu'il avait acquis, le chassèrent à la fin, pour mener une vie fort pitoyable. »

lui parler à l'oreille ou en des termes mystérieux, rire jusqu'à éclater en sa présence, lui couper la parole, se mettre entre lui et ceux qui lui parlent, dédaigner ceux qui viennent faire leur cour ou attendre impatiemment qu'ils se retirent, se mettre proche de lui en une posture trop libre, figurer avec lui le dos appuyé à une cheminée, le tirer par son habit, lui marcher sur les talons, faire le familier, prendre des libertés, marque mieux un fat qu'un favori.

Un homme sage ni ne se laisse gouverner, ni ne cherche à gouverner les autres; il veut que la raison gouverne seule et toujours.

Je ne haïrais pas d'être livré par la confiance à une personne raisonnable, et d'en être gouverné en toutes choses, et absolument, et toujours : je serais sûr de bien faire, sans avoir le soin de délibérer[1]; je jouirais de la tranquillité de celui qui est gouverné par la raison.

Toutes les passions sont menteuses; elles se déguisent autant qu'elles le peuvent aux yeux des autres; elles se cachent à elles-mêmes[2]; il n'y a point de vice qui n'ait une fausse ressemblance avec quelque vertu[3], et qui ne s'en aide[4].

On ouvre un livre de dévotion, et il touche; on en ouvre un autre qui est galant, et il fait son impression. Oserai-je dire que le cœur seul concilie les choses contraires, et admet les incompatibles?

Les hommes rougissent moins de leurs crimes que de leurs faiblesses et de leur vanité; tel est ouvertement injuste, violent, perfide, calomniateur, qui cache son amour ou son ambition, sans autre vue que de la cacher.

Le cas n'arrive guère où l'on puisse dire : J'étais ambitieux; ou on ne l'est point, ou on l'est toujours; mais le temps vient où l'on avoue que l'on a aimé.

---

1. LE SOIN DE DÉLIBÉRER. Mais un homme qui n'aurait plus le soin de délibérer, n'aurait plus aucun mérite à bien faire; il cesserait d'être responsable, et par conséquent d'être homme.

2. A ELLES-MÊMES. Cf. La Rochefoucauld : « Nous sommes si accoutumés à nous déguiser aux autres, qu'enfin nous nous déguisons à nous-mêmes. »

3. QUELQUE VERTU. C'est ce qui a permis à La Rochefoucauld de dire : « Nos vertus ne sont plus souvent que des vices déguisés. »

4. QUI NE S'EN AIDE. Toute cette partie du chapitre du Cœur est dans l'esprit et dans le goût de La Rochefoucauld. Les exemples de ces vices qui s'aident de la vertu abondent chez l'auteur des Maximes. C'est ainsi que d'après lui la sincérité n'est d'ordinaire qu'une fine dissimulation pour attirer la confiance des autres; la clémence des princes, dont on fait une vertu, se pratique tantôt par vanité, quelquefois par paresse, souvent par crainte, et presque toujours par tous les trois ensemble; l'amour de la justice n'est, en la plupart des hommes, que la crainte de souffrir l'injustice, etc.

Les hommes commencent par l'amour, finissent par l'ambition, et ne se trouvent souvent dans une assiette plus tranquille que lorsqu'ils meurent [1].

Rien ne coûte moins à la passion que de se mettre au-dessus de la raison : son grand triomphe est de l'emporter sur l'intérêt.

L'on est plus sociable et d'un meilleur commerce par le cœur que par l'esprit [2].

Il y a de certains grands sentiments, de certaines actions, nobles et élevées, que nous devons moins à la force de notre esprit qu'à la bonté de notre naturel.

Il n'y a guère au monde un plus bel excès que celui de la reconnaissance.

Il faut être bien dénué d'esprit, si l'amour, la malignité, la nécessité, n'en font pas trouver.

Il y a des lieux que l'on admire; il y en a d'autres qui touchent, et où l'on aimerait à vivre [3].

Il me semble que l'on dépend des lieux [4] pour l'esprit, l'humeur, la passion, le goût et les sentiments.

Ceux qui font bien mériteraient seuls d'être enviés, s'il n'y avait encore un meilleur parti à prendre, qui est de faire mieux, c'est une douce vengeance contre ceux qui nous donnent cette jalousie.

Quelques-uns se défendent d'aimer et de faire des vers, comme de deux faibles qu'ils n'osent avouer, l'un du cœur, l'autre de l'esprit.

Il y a quelquefois dans le cours de la vie de si chers plaisirs et de si tendres engagements que l'on nous défend, qu'il est naturel de désirer du moins qu'ils fussent permis : de si grands charmes ne peuvent être surpassés que par celui de savoir y renoncer par vertu.

---

1. LORSQU'ILS MEURENT. « Il y a dans le cœur humain, dit La Rochefoucauld, une génération perpétuelle de passions; en sorte que la ruine de l'une est presque toujours l'établissement d'une autre. »

2. PAR L'ESPRIT. « La confiance, dit La Rochefoucauld, fournit plus à la conversation que l'esprit. »

3. OU L'ON AIMERAIT A VIVRE. Ce sentiment de sympathie qui rattache l'homme à la nature est rarement exprimé au dix-septième siècle, et jamais il ne l'a été avec plus de force que dans ce paragraphe de la Bruyère. Il est impossible, en lisant ces lignes, de ne pas songer à la chanson de Mignon, dans Gœthe : « Connais-tu le pays, où les citronniers fleurissent? ... C'est là que je voudrais vivre. »

4. ON DÉPEND DES LIEUX. C'est la thèse soutenue par Montesquieu dans l'Esprit des lois, par Buffon (v. p. 68, p. 114 et suivantes de notre édition classique); cette thèse se rattache à toute une série de sentiments qui ont été surtout développés par J.-J. Rousseau et Bernardin de Saint-Pierre. Ce passage est un de ceux où La Bruyère pressent et prépare le dix-huitième siècle.

CHAPITRE V

DE LA SOCIÉTÉ ET DE LA CONVERSATION.

Un caractère bien fade est celui de n'en avoir aucun.

C'est le rôle d'un sot d'être importun : un homme habile[1] sent s'il convient ou s'il ennuie; il sait disparaître le moment qui précède celui où il serait de trop quelque part[2].

L'on marche sur les mauvais plaisants, et il pleut par tout pays de cette sorte d'insectes. Un bon plaisant est une pièce rare; à un homme qui est né tel, il est encore fort délicat d'en soutenir longtemps le personnage : il n'est pas ordinaire que celui qui fait rire se fasse estimer.

Il y a beaucoup d'esprits obscènes, encore plus de médisants ou de satiriques, peu de délicats. Pour badiner avec grâce et rencontrer heureusement sur les plus petits sujets, il faut trop de manières[3], trop de politesse, et même trop de fécondité : c'est créer que de railler ainsi, et faire quelque chose de rien[4].

Si l'on faisait une sérieuse attention à tout ce qui se dit de froid, de vain et de puéril, dans les entretiens ordinaires, l'on aurait honte de parler ou d'écouter; et l'on se condamnerait peut-être à un silence perpétuel, qui serait une chose pire dans le commerce que les discours inutiles. Il faut donc s'accommoder à tous les esprits[5], permettre comme un mal nécessaire le récit des fausses nouvelles, les vagues réflexions sur le gouvernement[6] présent ou sur l'intérêt des princes, le débit des

---

1. UN HOMME HABILE. Nous avons déjà dit que, dans la langue du dix-septième siècle, un habile signifiait ordinairement celui qui se connaît aux ouvrages de l'esprit; ici il est à peu près synonyme d'honnête homme, d'homme de bon sens et de bon ton.

2. QUELQUE PART. Cf. Montesquieu : « Il faut toujours quitter les lieux un moment avant d'y attraper des ridicules. C'est l'usage du monde qui donne cela. »

3. TROP DE MANIÈRES. Cette expression est prise aujourd'hui en mauvaise part; ici elle signifie trop de tours ingénieux et de délicatesse.

4. DE RIEN. Cf. Buffon, page 8 de notre édition classique : « Plus on mettra de cet esprit mince et brillant dans un écrit, moins il aura de nerf, de lumière, de chaleur et de style, à moins que cet esprit ne soit lui-même le fond du sujet, et que l'écrivain n'ait pas eu d'autre objet que la plaisanterie; alors l'art de dire de petites choses devient peut-être plus difficile que l'art d'en dire de grandes. »

5. A TOUS LES ESPRITS. Cf. le Philinte du *Misanthrope* :
Je prends tout doucement les hommes
[comme ils sont.

6. LE GOUVERNEMENT. La politique, au temps de Platon ou de Cicéron, était le fond ordinaire de la conversation des plus honnêtes gens d'Athènes ou de Rome, parce que chacun avait alors part au gouvernement; au temps de La Bruyère, elle ne pouvait être qu'un caquetage inutile, un amusement d'oisifs.

beaux sentiments, et qui reviennent toujours les mêmes : il faut laisser *Aronce*[1] parler proverbe, et *Mélinde* parler de soi, de ses vapeurs, de ses migraines, de ses insomnies.

L'on voit des gens[2] qui, dans les conversations ou dans le peu de commerce que l'on a avec eux, vous dégoûtent par leurs ridicules expressions[3]; par la nouveauté, et j'ose dire par l'impropriété des termes dont ils se servent, comme par l'alliance de certains mots qui ne se rencontrent ensemble que dans leur bouche, et à qui ils font signifier des choses que leurs premiers inventeurs n'ont jamais eu intention de leur faire dire. Ils ne suivent en parlant ni la raison ni l'usage, mais leur bizarre génie, que l'envie de toujours plaisanter, et peut-être de briller, tourne insensiblement à un jargon qui leur est propre, et qui devient enfin leur idiome naturel; ils accompagnent un langage si extravagant d'un geste affecté, et d'une prononciation qui est contrefaite[4]. Tous sont contents d'eux-mêmes et de l'agrément de leur esprit, et l'on ne peut pas dire qu'ils en soient entièrement dénués ; mais on les plaint de ce peu qu'ils en ont; et, ce qui est pire, on en souffre.

Que dites-vous? comment? Je n'y suis pas : vous plairait-il de recommencer? J'y suis encore moins. Je devine enfin : vous voulez, *Acis*, me dire qu'il fait froid ; que ne disiez-vous : Il fait froid! Vous voulez m'apprendre qu'il pleut ou qu'il neige; dites : Il pleut, il neige. Vous me trouvez bon visage, et vous désirez m'en féliciter; dites : Je vous trouve bon visage. — Mais, répondez-vous, cela est bien uni et bien clair; et d'ailleurs, qui ne pourrait pas en dire autant? — Qu'importe, Acis? Est-ce un si

---

1. ARONCE. Les clefs désignent Perrault.

2. DES GENS. Contre les précieuses, disent les clefs.

3. EXPRESSIONS. Voir, sur ce ridicule, Molière (*les Précieuses* et *les Femmes savantes*) et la 2ᵉ scène du *Misanthrope*) :
Ce style figuré dont on fait vanité,
Sort du bon caractère et de la vérité;
Ce n'est que jeu de mots, qu'affectation
　　　　　　　　　　　　　　　[pure,
Et ce n'est point ainsi que parle la nature.
Voir aussi Boileau, les *héros de roman*. Ce ridicule est d'ailleurs de tous les temps; chaque époque a son jargon; le seizième siècle avait aussi le sien, que Rabelais a raillé d'une façon si amusante dans son chapitre de *l'Etudiant limousin qui contrefaisait le langage français;* Rabelais conclut ce chapitre en disant « qu'il nous convient de parler selon le langage usité. Et, comme disait Octavien Auguste, qu'il faut éviter les mots épaves, en pareille diligence que les patrons de navire évitent les rochers de mer. » C'est aussi l'avis de Montaigne : « Comme aux accoutrements, c'est pusillanimité de vouloir marquer par quelque façon particulière et inusitée; de même au langage, la recherche des phrases nouvelles et peu connues vient d'une ambition scolastique et puérile. Puissé-je ne me servir que de ceux qui servent aux halles à Paris. » Rapprochez ce dernier mot de ceux de Malherbe et de Balzac, si souvent cités.

4. CONTREFAITE. Qu'aurait dit La Bruyère, s'il eût pu entendre les incroyables et les muscadins du Directoire?

grand mal d'être entendu quand on parle et de parler comme tout le monde? Une chose vous manque, Acis, à vous et à vos semblables, les diseurs de *phébus*[1]; vous ne vous en défiez point, et je vais vous jeter dans l'étonnement : une chose vous manque, c'est l'esprit. Ce n'est pas tout : il y a en vous une chose de trop, qui est l'opinion d'en avoir plus que les autres : voilà la source de votre pompeux galimatias, de vos phrases embrouillées et de vos grands mots qui ne signifient rien. Vous abordez cet homme, ou vous entrez dans cette chambre; je vous tire par votre habit et vous dis à l'oreille : Ne songez point à avoir de l'esprit, n'en ayez point[2]; c'est votre rôle; ayez, si vous pouvez, un langage simple et tel que l'ont ceux en qui vous ne trouvez aucun esprit; peut-être alors croira-t-on que vous en avez[3].

Qui peut se promettre d'éviter dans la société des hommes la rencontre de certains esprits vains, légers, familiers, délibérés, qui sont toujours dans une compagnie ceux qui parlent et qu'il faut que les autres écoutent? On les entend de l'antichambre; on entre impunément et sans crainte de les interrompre : ils continuent leur récit sans la moindre attention pour ceux qui entrent ou qui sortent, comme pour le rang ou le mérite des personnes qui composent le cercle. Ils font taire celui qui commence à conter une nouvelle, pour la dire de leur façon, qui est la meilleure : ils la tiennent de *Zamet*, de *Ruccelay* ou de *Conchini*[4], qu'ils ne connaissent point, à qui ils n'ont jamais parlé, et qu'ils traiteraient de *Monseigneur* s'ils leur parlaient; ils s'approchent quelquefois de l'oreille du plus qualifié de l'assemblée, pour le gratifier d'une circonstance que personne ne sait, et dont ils ne veulent pas que les autres soient instruits; ils suppriment quelques noms pour déguiser l'histoire qu'ils racontent, et pour détourner les applications : vous les priez, vous les

---

1. DISEURS DE PHÉBUS. Le phébus des contemporains de La Bruyère avait été préparé par le gongorisme espagnol, par les concetti du chevalier Marin, par l'euphuïsme de John Lilly (voir certains personnages de Shakespeare).

2. N'EN AYEZ POINT. «On est quelquefois un sot avec de l'esprit, mais on ne l'est jamais avec du jugement.» (LA ROCHEFOUCAULD.)

3. VOUS EN AVEZ. Gresset a dit :
L'esprit qu'on veut avoir gâte celui qu'on a.
« Peu d'esprit avec de la droiture, dit La Rochefoucauld, ennuie moins à la longue que beaucoup d'esprit avec du travers. »

4. CONCHINI. Sans dire *monsieur* (note de La Bruyère). Cf. Molière :
Il tutaye en parlant ceux du plus haut [étage,
Et le mot de monsieur est chez lui hors [d'usage.
La Bruyère n'a voulu nommer ici aucun de ses contemporains. Zamet, Ruccellai et Concini sont trois Italiens, favoris de Catherine ou de Marie de Médicis. Tout le monde connaît la fin tragique de Concini, maréchal d'Ancre.

pressez inutilement, il y a des choses qu'ils ne diront pas ; il y a des gens qu'ils ne sauraient nommer, leur parole y est engagée; c'est le dernier secret, c'est un mystère, outre que vous leur demandez l'impossible : car, sur ce que vous voulez apprendre d'eux, ils ignorent le fait et les personnes.

Arrias[1] a tout lu, a tout vu ; il veut le persuader ainsi : c'est un homme universel, et il se donne pour tel; il aime mieux mentir que de se taire ou de paraître ignorer quelque chose. On parle à la table d'un grand d'une cour du Nord[2] ; il prend la parole, et l'ôte à ceux qui allaient dire ce qu'ils en savent ; il s'oriente dans cette région lointaine comme s'il en était originaire ; il discourt des mœurs de cette cour, des femmes du pays, de ses lois et de ses coutumes ; il récite des historiettes qui y sont arrivées ; il les trouve plaisantes, et il en rit le premier jusqu'à éclater. Quelqu'un se hasarde de le contredire, et lui prouve nettement qu'il dit des choses qui ne sont pas vraies; Arrias ne se trouble point, prend feu au contraire contre l'interrupteur. « Je n'avance, lui dit-il, je ne raconte rien que je ne sache d'original ; je l'ai appris de *Sethon*, ambassadeur de France dans cette cour, revenu à Paris depuis quelques jours, que je connais familièrement, que j'ai fort interrogé, et qui ne m'a caché aucune circonstance. » Il reprenait le fil de sa narration avec plus de confiance qu'il ne l'avait commencée, lorsque l'un des conviés lui dit : « C'est Sethon à qui vous parlez, lui-même, et qui arrive de son ambassade. »

Il y a un parti[3] à prendre, dans les entretiens, entre une certaine paresse qu'on a de parler, ou quelquefois un esprit abstrait[4], qui, nous jetant loin du sujet de la conversation, nous

---

1. ARRIAS. La clef dit : « Robert de Châtillon, fils de M. Robert, procureur du roi au châtelet de Paris, où il est lui-même conseiller. Cette aventure lui est arrivée. »

2. COUR DU NORD. Cf. Montesquieu. *Lettres Persanes*. Lettre de Rica à Usbeck.

Je me trouvai l'autre jour dans une compagnie où je vis un homme bien content de lui. Dans un quart d'heure, il décida trois questions de morale, quatre problèmes historiques, et cinq points de physique. Je n'ai jamais vu un décisionnaire si universel ; son esprit ne fut jamais suspendu par le moindre doute. On laissa les sciences; on parla des nouvelles du temps : il décida sur les nouvelles du temps. Je voulus l'attraper, et je dis en moi-même : « Il faut que je me mette dans mon fort; je vais me réfugier dans mon pays. » Je lui parlai de la Perse ; mais à peine lui eus-je dit quatre mots, qu'il me donna deux démentis, fondés sur l'autorité de MM. Tavernier et Chardin.

« Ah! bon Dieu! dis-je en moi-même, quel homme est-ce là ? Il connaîtra tout à l'heure les rues d'Ispahan mieux que moi. » Mon parti fut bientôt pris : je me tus, je le laissai parler, et il décida encore.

3. UN CERTAIN PARTI. C'est-à-dire un certain milieu à garder entre une distraction qui est impolitesse et une attention qui devient importunité.

4. ABSTRAIT. Nous dirions aujourd'hui *distrait*.

fait faire ou de mauvaises demandes ou de sottes réponses; et une attention importune qu'on a au moindre mot qui échappe, pour le relever, badiner autour, y trouver un mystère que les autres n'y voient pas, y chercher de la finesse et de la subtilité, seulement pour avoir occasion d'y placer la sienne [1].

Être infatué de soi et s'être fortement persuadé qu'on a beaucoup d'esprit, est un accident [2] qui n'arrive guère qu'à celui qui n'en a point ou qui en a peu : malheur, pour lors, à qui est exposé à l'entretien d'un tel personnage! combien de jolies phrases lui faudra-t-il essuyer! combien de ces mots aventuriers [3] qui paraissent subitement, durent un temps, et que bientôt on ne revoit plus [4]! S'il conte une nouvelle, c'est moins pour l'apprendre à ceux qui l'écoutent que pour avoir le mérite de la dire, et de la dire bien ; elle devient un roman entre ses mains : il fait penser les gens à sa manière, leur met en la bouche ses petites façons de parler, et les fait toujours parler longtemps; il tombe ensuite en des parenthèses qui peuvent passer pour épisodes, mais qui font oublier le gros de l'histoire, et à lui qui vous parle, et à vous qui le supportez. Que serait-ce de vous et de lui, si quelqu'un ne survenait heureusement pour déranger le cercle et faire oublier la narration [5] ?

J'entends *Théodecte* [6] de l'antichambre; il grossit sa voix à

---

1. LA SIENNE. C'est-à-dire de montrer soi-même la finesse et la subtilité qu'on a ou qu'on croit avoir.

2. UN ACCIDENT. C'est dans ce sens que Montesquieu a dit : « Quand on court après l'esprit, on attrape la sottise. »

3. MOTS AVENTURIERS. C'est ce que Rabelais appelle *des mots épaves*, c'est-à-dire des mots inusités.

4. ON NE REVOIT PLUS. Cf. Horace :

Multa renascentur quæ jam cecidere cadentque.
Quæ nunc sunt in honore vocabula...

5. LA NARRATION. Ces ennuyeux conteurs, qui chagrinaient si fort La Bruyère, divertissaient au contraire Montesquieu : « Rien ne m'amuse plus que de voir un conteur ennuyeux faire une histoire circonstanciée sans quartier; je ne suis pas attentif à l'histoire, mais à la manière de la faire. »

6. THÉODECTE : le comte d'Aubigné, frère de Mᵐᵉ de Maintenon. Saint-Simon en a tracé un portrait fort curieux :

« Mᵐᵉ de Maintenon, dans ce prodige incroyable d'élévation où sa bassesse était si miraculeusement parvenue, ne laissait pas d'avoir ses peines. Son frère n'était pas une des moindres par ses incartades continuelles. On le nommait le comte d'Aubigné. C'était un panier percé, fou à enfermer, mais plaisant avec de l'esprit et des saillies et des reparties auxquelles on ne se pouvait attendre. Avec cela bon homme et honnête homme, poli, et sans rien de ce que la vanité de la situation de sa sœur eût pu mêler d'impertinent; mais d'ailleurs il l'était à merveille, et c'était un plaisir qu'on avait souvent avec lui de l'entendre sur le temps de Scarron et de l'hôtel d'Albret... Avec le divertissant, il y avait beaucoup d'embarras à écouter tous ces propos qu'on n'arrêtait pas où on voulait, et qu'il ne faisait pas entre deux ou trois amis, mais à table devant tout le monde, sur un banc des Tuileries, et fort librement encore dans la galerie de Versailles, où il ne se contraignait pas non plus qu'ailleurs de prendre un ton goguenard, et de dire très ordinairement le *beau-frère* lorsqu'il voulait parler du roi. »

mesure qu'il s'approche : le voilà entré ; il rit, il crie, il éclate ; on bouche ses oreilles ; c'est un tonnerre : il n'est pas moins redoutable par les choses qu'il dit que par le ton dont il parle ; il ne s'apaise et il ne revient de ce grand fracas que pour bredouiller des vanités et des sottises ; il a si peu d'égard au temps, aux personnes, aux bienséances, que chacun a son fait sans qu'il ait eu intention de le lui donner ; il n'est pas encore assis, qu'il a, à son insu, désobligé toute l'assemblée. A-t-on servi, il se met le premier à table, et dans la première place ; les femmes sont à sa droite et à sa gauche : il mange, il boit, il conte, il plaisante, il interrompt tout à la fois ; il n'a nul discernement des personnes, ni du maître, ni des conviés ; il abuse de la folle déférence qu'on a pour lui. Est-ce lui, est-ce *Eutidème* qui donne le repas ? il rappelle à soi toute l'autorité de la table ; et il y a un moindre inconvénient à la lui laisser entière qu'à la lui disputer : le vin et les viandes n'ajoutent rien à son caractère. Si l'on joue, il gagne au jeu ; il veut railler celui qui perd, et il l'offense : les rieurs sont pour lui ; il n'y a sorte de fatuités qu'on ne lui passe. Je cède enfin, et je disparais, incapable de souffrir plus longtemps Théodecte et ceux qui le souffrent.

Troïle[1] est utile à ceux qui ont trop de bien ; il leur ôte l'embarras du superflu ; il leur sauve la peine d'amasser de l'argent, de faire des contrats, de fermer des coffres, de porter des clefs sur soi, et de craindre un vol domestique ; il les aide dans leurs plaisirs, et il devient capable ensuite de les servir dans leurs passions : bientôt il les règle et les maîtrise dans leur conduite. Il est l'oracle d'une maison, celui dont on attend, que dis-je ? dont on prévient, dont on devine les décisions ; il dit de cet esclave : « Il faut le punir, » et on le fouette ; et de cet autre : « Il faut l'affranchir, » et on l'affranchit. L'on voit qu'un parasite ne le fait pas rire ; il peut lui déplaire : il est congédié. Le maître est heureux si Troïle lui laisse sa femme et ses enfants. Si celui-ci est à table, et qu'il prononce d'un mets qu'il est friand, le maître et les conviés, qui en mangeaient sans réflexion, le trouvent friand et ne s'en peuvent rassasier ; s'il dit au contraire d'un autre mets qu'il est insipide, ceux qui commençaient à le goûter, n'osant avaler le morceau qu'ils ont à la bouche, ils le jettent à terre[2] : tous ont les yeux sur lui, ob-

---

1. TROILE. On a supposé qu'il s'agissait ici de Gourville, d'abord valet de chambre de La Rochefoucauld, qui par son audace et son savoir-faire finit par jouer le rôle d'un homme important.
2. A TERRE. Voilà un trait qui nous étonne fort aujourd'hui ; mais à cette

servent son maintien et son visage avant de prononcer sur le vin ou sur les viandes qui sont servies. Ne le cherchez pas ailleurs que dans la maison de ce riche qu'il gouverne : c'est là qu'il mange, qu'il dort et qu'il fait digestion, qu'il querelle son valet, qu'il reçoit ses ouvriers et qu'il remet ses créanciers. Il régente, il domine dans une salle; il y reçoit la cour et les hommages de ceux qui, plus fins que les autres, ne veulent aller au maître que par Troïle. Si l'on entre par malheur sans avoir une physionomie qui lui agrée, il ride son front et il détourne sa vue; si on l'aborde, il ne se lève pas; si l'on s'assied auprès de lui, il s'éloigne; si on lui parle, il ne répond point; si l'on continue de parler, il passe dans une autre chambre; si on le suit, il gagne l'escalier; il franchirait tous les étages, ou il se lancerait par une fenêtre[1] plutôt que de se laisser joindre par quelqu'un qui a un visage ou un son de voix qu'il désapprouve. L'un et l'autre sont agréables en Troïle, et il s'en est servi heureusement pour s'insinuer ou pour conquérir. Tout devient, avec le temps, au-dessous de ses soins, comme il est au-dessus de vouloir[2] se soutenir[3] ou continuer de plaire par le moindre des talents qui ont commencé à le faire valoir. C'est beaucoup qu'il sorte quelquefois de ses méditations et de sa taciturnité pour contredire, et que même pour critiquer il daigne une fois le jour avoir de l'esprit. Bien loin d'attendre de lui qu'il défère à vos sentiments, qu'il soit complaisant, qu'il vous loue, vous n'êtes pas sûr qu'il aime toujours votre approbation, ou qu'il souffre votre complaisance.

Il faut laisser parler cet inconnu[4] que le hasard a placé auprès de vous dans une voiture publique, à une fête ou à un spectacle; et il ne vous coûtera bientôt, pour le connaître, que de l'avoir écouté : vous saurez son nom, sa demeure, son pays, l'état de son bien, son emploi, celui de son père, la famille dont est sa mère, sa parenté, ses alliances, les armes de sa maison; vous comprendrez qu'il est noble, qu'il a un château, de beaux meubles, des valets et un carrosse.

Il y a des gens qui parlent un moment avant que d'avoir

époque, et dans le meilleur monde, on jetait à terre ce que l'on avait de trop dans son verre ou dans son assiette.

1. Par une fenêtre. On peut critiquer, chez notre auteur, l'abus qu'il fait de l'hyperbole.

2. Au-dessus de vouloir. Ceci est une véritable incorrection. Au-dessus de ne s'emploie pas avec un verbe, malgré l'autorité de La Bruyère.

3. Se soutenir. C'est-à-dire soutenir sa réputation d'homme agréable.

4. Cet inconnu. La Bruyère a emprunté plusieurs traits de ce caractère au chapitre de Théophraste : *l'Impertinent ou le diseur de riens.*

pensé ; il y en a d'autres qui ont une fade attention à ce qu'ils disent, et avec qui l'on souffre dans la conversation de tout le travail de leur esprit ; ils sont comme pétris de phrases et de petits tours d'expression, concertés dans leur geste et dans tout leur maintien ; ils sont *puristes*[1] et ne hasardent pas le moindre mot, quand il devrait faire le plus bel effet du monde : rien d'heureux ne leur échappe ; rien ne coule de source et avec liberté[2] : ils parlent proprement[3] et ennuyeusement.

L'esprit de la conversation consiste bien moins à en montrer beaucoup qu'à en faire trouver aux autres : celui qui sort de votre entretien content de soi et de son esprit, l'est de vous parfaitement[4]. Les hommes n'aiment point à vous admirer ; ils veulent plaire : ils cherchent moins à être instruits et même réjouis qu'à être goûtés et applaudis ; et le plaisir le plus délicat est de faire celui d'autrui.

Il ne faut pas qu'il y ait trop d'imagination[5] dans nos conversations ni dans nos écrits ; elle ne produit souvent que des idées vaines et puériles, qui ne servent point à perfectionner le goût, et à nous rendre meilleurs : nos pensées doivent être prises dans le bon sens et la droite raison[6], et doivent être un effet de notre jugement.

1. PURISTES. Ceux qui affectent une grande pureté de langage (note de La Bruyère). Notre auteur réagit ici contre l'excès de Malherbe, de Balzac, de Vaugelas, de toute cette école de grammairiens qui, dans la première moitié du dix-septième siècle, avait gêné et appauvri la langue, en voulant la purifier. (Voyez Fénelon, *Lettre à l'Académie*, III.) Il se rapproche ainsi des théories de Montaigne en matière de langage.

2. AVEC LIBERTÉ. Cf. Montaigne, *Essais*, I, 25 : « C'est aux paroles à servir et à suivre ; et que le gascon y arrive, si le français n'y peut aller. Je veux que les choses surmontent et qu'elles remplissent de façon l'imagination de celui qui écoute, qu'il n'aie aucune souvenance des mots. Le parler que j'aime, c'est un parler simple et naïf, tel sur le papier qu'à la bouche ; un parler succulent et nerveux, court et serré : non tant délicat et peigné, comme véhément et brusque ; plutôt difficile qu'ennuyeux ; éloigné d'affectation ; déréglé, décousu et hardi ; chaque loppin y fasse son corps ; non pédantesque, non fratesque, non plaideresque, mais plutôt soldatesque, comme Suétone appelle celui de Jules César. » — Pascal a dit dans un sens très analogue : « La vraie éloquence se moque de l'éloquence. » — Il faut remarquer d'ailleurs que les grands écrivains, où tout coule de source, où chaque expression paraît trouvée et non cherchée, où la parole n'est que l'esclave de la pensée, et dont le style sent plus le gentilhomme que le grammairien, comme Montaigne et Saint-Simon, sont absolument inimitables, et qu'il faut, en les admirant, se garder de les prendre pour modèles.

3. PROPREMENT. Il s'agit ici de la propriété d'expression.

4. PARFAITEMENT. Il en est de cette maxime comme de beaucoup d'autres de la Bruyère : il ne faut pas se contenter de la lire, de la goûter, et passer outre : on doit savoir en faire son profit, en se l'appliquant à soi-même comme règle de conduite.

5. TROP D'IMAGINATION. Le dix-septième siècle tout entier s'est défié de l'imagination, la folle du logis, comme l'appelait Malebranche.

6. RAISON. Cf. Boileau :

Aimez donc la raison : que toujours vos
[écrits

C'est une grande misère que de n'avoir pas assez d'esprit pour bien parler, ni assez de jugement pour se taire. Voilà le principe de toute impertinence.

Dire d'une chose modestement ou qu'elle est bonne ou qu'elle est mauvaise, et les raisons pourquoi elle est telle, demande du bon sens et de l'expression [1], c'est une affaire. Il est plus court de prononcer, d'un ton décisif et qui emporte la preuve de ce qu'on avance, ou qu'elle est exécrable [2], ou qu'elle est miraculeuse.

Rien n'est moins selon Dieu et selon le monde que d'appuyer tout ce que l'on dit dans la conversation, jusques aux choses les plus indifférentes, par de longs et de fastidieux serments [3]. Un honnête homme qui dit oui et non, mérite d'être cru : son caractère jure pour lui, donne créance [4] à ses paroles, et lui attire toute sorte de confiance.

Celui qui dit incessamment qu'il a de l'honneur et de la probité, qu'il ne nuit à personne, qu'il consent que le mal qu'il fait aux autres lui arrive, et qui jure pour le faire croire, ne sait pas même contrefaire l'homme de bien [5].

Un homme de bien ne saurait empêcher, par toute sa modestie, qu'on ne dise de lui ce qu'un malhonnête homme sait dire de soi.

Cléon parle peu obligeamment ou peu juste, c'est l'un ou l'autre; mais il ajoute qu'il est fait ainsi [6], et qu'il dit ce qu'il pense.

Empruntent d'elle seule et leur lustre et leur
[prix.

1. DE L'EXPRESSION. De la justesse dans l'expression.

2. EXÉCRABLE. Cf. Molière : *la critique de l'Ecole des femmes*. — Le marquis : Je la trouve détestable, morbleu! détestable, du dernier détestable, ce qu'on appelle détestable. — Dorante : Mais, marquis, par quelle raison, de grâce, cette comédie est-elle ce que tu dis? — Le marquis : Pourquoi elle est détestable? — Dorante : Oui. — Le marquis : Elle est détestable parce qu'elle est détestable. — Dorante : Après cela, il n'y a plus rien à dire; voilà son procès fait. Mais encore instruis-nous, et nous dis des défauts qui y sont. — Le marquis : Que sais-je, moi? Je ne me suis seulement pas donné la peine de l'écouter.

3. SERMENTS. On voit, par les comédies de Molière, que les gens de qualité appuyaient volontiers leurs moindres propos par *des serments*, qui aujourd'hui nous étonneraient fort dans la bouche d'un homme bien élevé.

4. DONNE CRÉANCE. C'est-à-dire donne du crédit. Cependant *donner créance* était plus souvent employé dans le sens de *ajouter foi*. C'est dans ce sens que Racine l'emploie dans *Britannicus* :

Seigneur, à vos soupçons donnez moins de
[créance.

5. L'HOMME DE BIEN. Observation très juste et d'une application fréquente. Celui qui parle toujours de sa probité, est presque toujours un fripon; et celui qui fait étalage de sa bravoure, un poltron.

6. QU'IL EST FAIT AINSI. C'est la plus mauvaise de toutes les excuses; et ceux mêmes qui n'ont point, comme Cléon, l'impertinence de la donner aux autres, se la donnent trop souvent à eux-mêmes.

Il y a parler bien, parler aisément, parler juste, parler à propos : c'est pécher contre ce dernier genre que de s'étendre sur un repas magnifique que l'on vient de faire, devant des gens qui sont réduits à épargner leur pain ; de dire merveilles de sa santé devant des infirmes ; d'entretenir de ses richesses, de ses revenus et de ses ameublements, un homme qui n'a ni rentes ni domicile ; en un mot, de parler de son bonheur devant des misérables [1]. Cette conversation est trop forte [2] pour eux ; et la comparaison qu'ils font alors de leur état au vôtre est odieuse.

Pour vous, dit *Eutiphron*, vous êtes riche, ou vous devez l'être [3] : dix mille livres de rente, et en fonds de terre, cela est beau, cela est doux, et l'on est heureux à moins ; pendant que lui, qui parle ainsi, a cinquante mille livres de revenu, et qu'il croit n'avoir que la moitié de ce qu'il mérite : il vous taxe, il vous apprécie, il fixe votre dépense ; et s'il vous jugeait digne d'une meilleure fortune, et de celle même où il aspire, il ne manquerait pas de vous la souhaiter. Il n'est pas le seul qui fasse de si mauvaises estimations ou des comparaisons si désobligeantes ; le monde est plein d'Eutiphrons.

Quelqu'un, suivant la pente de la coutume qui veut qu'on loue, et par l'habitude qu'il a à la flatterie et à l'exagération, congratule *Théodème* sur un discours qu'il n'a point entendu, et dont personne n'a pu encore lui rendre compte ; il ne laisse pas de lui parler de son génie, de son geste, et surtout de la fidélité de sa mémoire : et il est vrai que Théodème est demeuré court [4].

L'on voit des gens brusques, inquiets [5], *suffisants* [6], qui, bien qu'oisifs et sans aucune affaire qui les appelle ailleurs, vous ex-

---

1. MISÉRABLES. Ce mot est pris ici dans sa signification primitive de *malheureux*, de *pauvre*, et non dans le sens injurieux qu'on lui a donné depuis. C'est peut-être Racine qui, pour la première fois, avait détourné ce mot de son sens étymologique (*miserabilis, miserandus, digne de pitié*) pour en faire le synonyme de *méprisable* :

Misérable ! et je vis, et je soutiens la vue
De ce sacré soleil dont je suis descendue.

M. Victor Hugo a restitué à cet adjectif son véritable sens dans le titre d'un roman célèbre. — Il est à remarquer que les mots *pitoyable*, *déplorable*, ont eu, au siècle dernier, la même mauvaise fortune que le mot *misérable*, et attendent encore un grand écrivain qui les réhabilite en les ramenant à leur sens primitif.

2. TROP FORTE. Comme une viande succulente qui est une nourriture trop forte pour un estomac épuisé par le jeûne.

3. VOUS DEVEZ L'ÊTRE. Vous devez vous considérer comme tel ; autrement, d'après Eutiphron, vous vous taxez à trop haut prix ; lui seul vous apprécie et sait le chiffre qui convient à la modestie de votre mérite.

4. COURT. Mettez ce paragraphe en dialogue, et vous aurez une scène de comédie d'un effet très sûr et très vif.

5. INQUIETS. Encore un mot que La Bruyère emploie dans sa signification primitive (*inquietus, agité, remuant, turbulent*) ; aujourd'hui on l'a détourné de ce sens pour lui donner le plus souvent celui du latin *anxius*.

6. SUFFISANT. La Bruyère a souligné

pédient[1], pour ainsi dire, en peu de paroles, et ne songent qu'à se dégager de vous ; on leur parle encore, qu'ils sont partis et ont disparu. Ils ne sont pas moins impertinents que ceux qui vous arrêtent seulement pour vous ennuyer ; ils sont peut-être moins incommodes.

Parler et offenser pour de certaines gens est précisément la même chose : ils sont piquants et amers, leur style est mêlé de fiel et d'absinthe ; la raillerie, l'injure, l'insulte, leur découlent des lèvres comme leur salive ; il leur serait utile d'être nés muets ou stupides ; ce qu'ils ont de vivacité et d'esprit leur nuit davantage que[2] ne fait à quelques autres leur sottise. Ils ne se contentent pas toujours de répliquer avec aigreur, ils attaquent souvent avec insolence ; ils frappent sur tout ce qui se trouve sous leur langue, sur les présents, sur les absents ; ils heurtent de front et de côté, comme des béliers. Demande-t-on à des béliers qu'ils n'aient pas de cornes ? de même n'espère-t-on pas de réformer par cette peinture des naturels si durs, si farouches, si indociles. Ce que l'on peut faire de mieux d'aussi loin qu'on les découvre, est de les fuir de toute sa force, et sans regarder derrière soi.

Il y a des gens d'une certaine étoffe ou d'un certain caractère avec qui il ne faut jamais se commettre, de qui l'on ne doit se plaindre que le moins qu'il est possible, et contre qui il n'est pas même permis d'avoir raison.

Entre deux personnes qui ont eu ensemble une violente querelle, dont l'un a raison et l'autre ne l'a pas[3], ce que la plupart de ceux qui y ont assisté ne manquent jamais de faire, ou pour se dispenser de juger, ou par un tempérament[4] qui m'a tou

---

ce mot, parce que l'acception où il le prend était alors nouvelle, quoique déjà consignée dans le dictionnaire de Furetière. Celui de Nicot (1602 et 1625) ne prenait le mot *suffisant* qu'en bonne part ; pour lui un *auteur suffisant* est un auteur digne de foi. Furetière donne les deux sens, la capacité à remplir un emploi et la sotte présomption.

1. EXPÉDIENT. L'emploi de ce verbe avec un nom de personne comme complément est une innovation de La Bruyère qui est restée dans la langue. Avant lui on disait : *expédier une affaire* ; on n'aurait pas dit : expédier un solliciteur, un importun...

2. DAVANTAGE QUE. Les grammairiens ont décidé que cette expression, employée par Bossuet et par tous les grands prosateurs du dix-septième siècle, sans exception, était un solécisme ; nous avouons ne pas comprendre le motif de cette décision ; en effet, la grammaire ne devrait être autre chose que la pratique des grands écrivains réduite en théorie et formulée.

3. NE L'A PAS. Encore une tournure proscrite par les grammairiens. *Raison* étant ici un substantif indéterminé, le pronom ne peut s'y rapporter. Toutes ces règles ont plus nui à la langue qu'elles ne lui ont servi. Fénelon a écrit : « Il ne suffit pas d'*avoir raison* : c'est *la* gâter, la déshonorer que de la soutenir d'une manière brusque et hautaine... » Et Massillon : « Vous dites que ce n'est pas de votre faute que de *manquer de foi*, puisqu'*elle* ne dépend pas de l'homme. »

4. UN TEMPÉRAMENT. C'est-à-dire par une impartialité mal entendue.

jours paru hors de sa place, c'est de condamner tous les deux : leçon importante, motif pressant et indispensable de fuir à l'orient quand le fat est à l'occident, pour éviter de partager avec lui le même tort[1].

Je n'aime pas un homme que je ne puis aborder le premier, ni saluer avant qu'il me salue, sans m'avilir à ses yeux, et sans tremper dans la bonne opinion qu'il a de lui-même. MONTAGNE dirait[2] : « Je veux avoir mes coudées franches, et être courtois
» et affable à mon point[3], sans remords ne[4] conséquence. Je ne
» puis du tout estriver[5] contre mon penchant, et aller au re-
» bours de mon naturel, qui m'emmène vers celui que je trouve
» à ma rencontre. Quand il m'est égal, et qu'il ne m'est point
» ennemi, j'anticipe son bon accueil[6] ; je le questionne sur sa
» disposition et santé ; je lui fais offre de mes offices sans
» tant marchander sur le plus ou le moins, ne être, comme disent
» aucuns, sur le qui-vive. Celui-là me déplaist, qui, par la con-
» noissance que j'ai de ses coutumes et façons d'agir, me tire
» de cette liberté[7] et franchise : comment me ressouvenir tout
» à propos, et d'aussi loin que je vois cet homme, d'emprunter
» une contenance grave et importante, et qui l'avertisse que je
» crois le valoir bien et au-delà ; pour cela de me ramentevoir[8]
» de mes bonnes qualités et conditions, et des siennes mau-
» vaises, puis en faire la comparaison ? C'est trop de travail pour
» moi, et ne suis du tout capable de si roide et si subite atten-

1. LE MÊME TORT. La fin de ce paragraphe est d'un style entortillé et peu intelligible. L'auteur veut dire qu'il faut fuir le fat, afin d'éviter d'avoir une querelle avec lui, et de se voir attribuer par la galerie les mêmes torts qu'à lui.

2. DIRAIT. Imité de Montaigne (note de La Bruyère). — Ce genre de pastiche est agréable, pourvu qu'on n'en abuse point, et que l'imitation ne soit pas trop prolongée; La Bruyère s'est tenu ici dans de justes limites que Paul-Louis Courrier, dans ses pastiches d'Amyot, nous parait avoir de beaucoup dépassées.

3. A MON POINT. A mon heure.

4. NE. Ni.

5. ESTRIVER. Quereller. Cf. Montaigne : « La philosophie n'estrive point contre les voluptés naturelles, pourvu que la mesure y soit jointe. » Ce verbe était encore de quelque usage du temps de La Bruyère. « Estriver, dit Furetière, quereller, se choquer ou se débattre de paroles. Ces valets sont continuellement à estriver... »

6. SON BON ACCUEIL. C'est-à-dire je lui fais bon accueil le premier. — Dans la 9e édition, on a écrit : « J'anticipe sur son bon accueil » ; ce dernier tour est plus conforme à l'usage actuel du verbe anticiper, qui a cessé d'être actif. Pascal avait dit : « Nous ne tenons jamais au présent. Nous anticipons l'avenir comme trop lent » ; mais déjà Mme de Sévigné écrit : « Vous anticipez sur nos espérances. »

7. DE CETTE LIBERTÉ. Me prive de cette liberté.

8. ME RAMENTEVOIR. Me souvenir. — mot formé de la particule itérative re et de mentem habere. Le mot a été employé au dix-septième siècle par Malherbe, La Fontaine, Molière, et même au dix-huitième siècle par Voltaire.

» tion ; et, quand bien même elle m'auroit succédé[1] une pre-
» mière fois, je ne laisserois de fléchir et me démentir à une
» seconde tâche : je ne puis me forcer et contraindre pour quel-
» conque[2] à être fier. »

Avec de la vertu, de la capacité et une bonne conduite, l'on peut être insupportable. Les manières, que l'on néglige comme de petites choses, sont souvent ce qui fait que les hommes décident de vous en bien ou en mal : une légère attention à les avoir douces et polies prévient leurs mauvais jugements. Il ne faut presque rien pour être cru fier, incivil, méprisant, désobligeant ; il faut encore moins pour être estimé tout le contraire.

La politesse[3] n'inspire pas toujours la bonté, l'équité, la complaisance, la gratitude ; elle en donne du moins les apparences, et fait paraître l'homme au dehors comme il devrait être intérieurement.

L'on peut définir l'esprit de politesse, on ne peut en fixer la pratique : elle suit l'usage et les coutumes reçues ; elle est attachée aux temps, aux lieux, aux personnes, et n'est point la même dans les deux sexes ni dans les différentes conditions : l'esprit tout seul ne la fait pas deviner ; il fait qu'on la suit par imitation, et que l'on s'y perfectionne. Il y a des tempéraments qui ne sont susceptibles que de la politesse, et il y en a d'autres qui ne servent qu'aux grands talents ou à une vertu solide. Il est vrai que les manières polies donnent cours au mérite et le rendent agréable, et qu'il faut avoir de bien éminentes qualités pour se soutenir sans la politesse.

Il me semble que l'esprit de politesse est une certaine attention à faire que, par nos paroles et par nos manières, les autres soient contents de nous et d'eux-mêmes[4].

C'est une faute contre la politesse que de louer immodérément, en présence de ceux que vous faites chanter ou toucher un instrument, quelque autre personne qui a ces mêmes ta-

---

1. Succédé. Réussi. Molière a employé ce mot dans le même sens.
2. Pour quelconque. Pour qui que ce soit.
3. La politesse. Voltaire a dit tout à fait dans le même sentiment :

La politesse est à l'esprit
Ce que la grâce est au visage ;
De la bonté du cœur elle est la douce
   [image,
Et c'est la bonté qu'on chérit.

4. D'eux-mêmes. Comparer cette réflexion avec quelques-unes des maximes qu'on a rencontrées plus haut : « Celui qui sort de votre entretien content de soi et de son esprit, l'est de vous parfaitement... Le plaisir le plus délicat est de faire celui d'autrui. » Tout cela n'est pas seulement fin et ingénieux, mais vraiment humain, et fait autant d'honneur au cœur de La Bruyère qu'à son esprit.

lents ; comme devant ceux qui vous lisent leurs vers, un autre poète[1].

Dans les repas ou les fêtes que l'on donne aux autres, dans les présents qu'on leur fait et dans tous les plaisirs qu'on leur procure, il y a faire bien, et faire selon leur goût ; le dernier est préférable.

Il y aurait une espèce de férocité[2] à rejeter indifféremment toutes sortes de louanges ; l'on doit être sensibles à celles qui nous viennent des gens de bien, qui louent en nous sincèrement des choses louables.

Un homme d'esprit et qui est né fier ne perd rien de sa fierté et de sa roideur[3] pour se trouver pauvre ; si quelque chose au contraire doit amollir son humeur, le rendre plus doux et plus sociable, c'est un peu de prospérité.

Ne pouvoir supporter[4] tous les mauvais caractères dont le monde est plein n'est pas un fort bon caractère : il faut, dans le commerce, des pièces d'or et de la monnaie.

Vivre avec des gens qui sont brouillés et dont il faut écouter de part et d'autre les plaintes réciproques, c'est, pour ainsi dire, ne pas sortir de l'audience, et entendre du matin au soir plaider et parler procès.

L'on sait des gens qui avaient coulé leurs jours dans une union étroite : leurs biens étaient en commun ; ils n'avaient qu'une même demeure ; ils ne se perdaient pas de vue. Ils se sont aperçus à plus de quatre-vingts ans qu'ils devaient se quitter l'un l'autre et finir leur société ; ils n'avaient plus qu'un jour à vivre, et ils n'ont osé entreprendre de le passer ensemble ; ils se sont dépêchés de rompre avant que de mourir ; ils n'avaient de fonds pour la complaisance que jusque-là. Ils ont trop vécu pour le bon exemple ; un moment plutôt ils mouraient sociables et laissaient après eux un rare modèle de la persévérance dans l'amitié.

L'intérieur des familles est souvent troublé par les défiances, par les jalousies et par l'antipathie, pendant que des dehors contents, paisibles et enjoués, nous trompent et nous y font

---

1. UN AUTRE POÈTE. En effet, il ne faut jamais oublier le mot d'Horace : *genus irritabile vatum*.

2. FÉROCITÉ. Fierté farouche, vertu intraitable.

3. DE SA RAIDEUR. Nous retrouvons ici cet accent de fierté que nous avons déjà remarqué dans le chapitre *du mérite personnel*.

4. NE POUVOIR SUPPORTER. Cf. Montaigne, *Essais*, III, 6 : « La sottise est une mauvaise qualité ; mais de ne la pouvoir supporter, et s'en dépiter et rougir, comme il m'advient, c'est une autre sorte de maladie qui ne doit guère à la sottise en importunité. »

supposer une paix qui n'y est point : il y en a peu qui gagnent à être approfondies. Cette visite que vous rendez vient de suspendre une querelle domestique qui n'attend que votre retraite pour recommencer.

Dans la société, c'est la raison qui plie la première[1]. Les plus sages sont souvent menés par le plus fou et le plus bizarre : l'on étudie son faible, son humeur, ses caprices; l'on s'y accommode; l'on évite de le heurter; tout le monde lui cède. La moindre sérénité qui paraît sur son visage lui attire des éloges; on lui tient compte de n'être pas toujours insupportable. Il est craint, ménagé, obéi, quelquefois aimé.

Il n'y a que ceux qui ont eu de vieux collatéraux ou qui en ont encore, et dont il s'agit d'hériter, qui puissent dire ce qu'il en coûte[2].

Cléante est un très honnête homme; il s'est choisi une femme qui est la meilleure personne du monde, et la plus raisonnable : chacun, de sa part, fait tout le plaisir et tout l'agrément des sociétés où il se trouve; l'on ne peut voir ailleurs plus de probité, plus de politesse : ils se quittent demain, et l'acte de leur séparation est tout dressé chez le notaire. Il y a, sans mentir, de certains mérites qui ne sont point faits pour être ensemble, de certaines vertus incompatibles[3].

L'on peut compter sûrement sur la dot, le douaire et les conventions, mais faiblement sur *les nourritures*; elles dépendent d'une union fragile de la belle-mère et de la bru, et qui périt souvent dans l'année du mariage[4].

---

1. LA PREMIÈRE. Précisément parce qu'elle est la raison, et qu'il y a folie à s'entêter contre un fou.

2. COUTE. C'est-à-dire ce qu'il en coûte pour faire sa cour à ceux dont on convoite l'héritage. Voir les dialogues de Lucien sur les captateurs de testament.

3. INCOMPATIBLES. Plutarque a fort bien marqué ces incompatibilités d'humeur dans sa vie de Paul-Émile : « Rien n'est plus vrai, ce semble, quand il s'agit de divorce, que le propos de ce Romain répudiant sa femme. Ses amis lui faisaient des remontrances : n'est-elle pas sage? n'est-elle pas belle? — Le Romain étendant sa jambe et leur montrant sa chaussure : n'est-elle pas bien faite, dit-il, n'est-elle pas toute neuve? Aucun de vous cependant ne saurait dire où elle me blesse le pied. — En effet, si les fautes graves et éclatantes n'ont point parfois provoqué des divorces, souvent aussi un dégoût, une incompatibilité d'humeur, des piques légères et fréquentes, que tout le monde ignore, produisent dans la communauté d'insurmontables aversions. »

4. MARIAGE. Le *douaire* est la portion de biens que le mari donne à sa femme et dont elle doit jouir en cas de survivance. — On entend par *nourriture* la convention par laquelle il est stipulé que les époux vivront pendant un certain nombre d'années chez les parents de l'un d'eux. Les *nourritures*, comme la dot dont il s'agit ici, ont été promises par les parents du mari. — *Convention* est une expression qui s'applique à tous les articles accordés à une femme par contrat de mariage. (Note de M. Servois.)

Un beau-père aime son gendre, aime sa bru[1]. Une belle-mère aime son gendre, n'aime point sa bru. Tout est réciproque.

Ce qu'une marâtre aime le moins de tout ce qui est au monde, ce sont les enfants de son mari : plus elle est folle de son mari, plus elle est marâtre.

Les marâtres font déserter les villes et les bourgades, et ne peuplent pas moins la terre de mendiants, de vagabonds, de domestiques et d'esclaves que la pauvreté.

G** et H** sont voisins de campagne, et leurs terres sont contiguës ; ils habitent une contrée déserte et solitaire. Éloignés des villes et de tout commerce, il semblait que la fuite d'une entière solitude, ou l'amour de la société eût dû les assujettir à une liaison réciproque ; il est cependant difficile d'exprimer la bagatelle qui les a fait rompre[2], qui les rend implacables l'un pour l'autre, et qui perpétuera leurs haines dans leurs descendants. Jamais des parents, et même des frères[3], ne se sont brouillés pour une moindre chose.

Je suppose qu'il n'y ait que deux hommes sur la terre, qui la possèdent seuls et qui la partagent toute entre eux deux : je suis persuadé qu'il leur naîtra bientôt quelque sujet de rupture, quand ce ne serait que pour les limites[4].

Il est souvent plus court et plus utile de cadrer aux

---

1. SA BRU. Quelques éditeurs ont cru restituer la pensée de La Bruyère en écrivant : « Un beau père *n'aime pas* son gendre, aime sa bru... » La Bruyère entend au contraire que c'est seulement par la haine de la belle-mère contre la bru que la discorde éclate le plus souvent dans les familles.

2. ROMPRE. Il s'agit ici d'une fort grosse affaire qui fit grand bruit vers 1692 et qui, en 1687, à l'époque où écrivait La Bruyère, se réduisait encore aux proportions d'un procès au sujet de la pêche d'un ruisseau. Les héros de l'aventure étaient Vedeau de Grammont, conseiller de la cour en la seconde chambre des enquêtes et Charles Hervé, doyen du parlement. Le procès de pêche donna lieu à mille incidents, d'abord à une inscription en faux contre les titres de noblesse de Vedeau, qui voulait faire recevoir un de ses fils chevalier de Malte ; puis Vedeau fut accusé d'avoir arraché plusieurs feuilles d'un registre du parlement et de les avoir remplacées criminellement par d'autres ; on enveloppa dans cette accusation un notaire de Lyon et un chanoine de Fourvières. Vedeau, décrété d'arrestation, soutint un premier siège, dans son château, avec sa famille et ses gens, en 1692 ; dans cette affaire, il tua un archer ; l'année suivante, il soutint un second siège dans une maison qu'il possédait à Paris, faubourg Saint-Marceau, au champ de l'Alouette, et blessa un sergent ; il fut dégradé publiquement, et condamné au bannissement perpétuel ; peine qui fut commuée en celle de la détention, qu'il subit à Pierre-Encise. — Hervé fut obligé de se démettre de sa charge. — Et tout cela, d'après la chronique, pour quelques truites et quelques écrevisses !

3. DES FRÈRES. Cette épigramme est cruelle, mais ne s'entend que trop facilement.

4. LES LIMITES. Cf. Pascal : « Ce chien est à moi, disaient ces pauvres enfants ; c'est là ma place au soleil. Voilà le commencement et l'image de l'usurpation de toute la terre. »

autres[1] que de faire que les autres s'ajustent à nous[2].

J'approche d'une petite ville[3], et je suis déjà sur une hauteur d'où je la découvre. Elle est située à mi-côte; une rivière baigne ses murs, et coule ensuite dans une belle prairie. Elle a une forêt épaisse qui la couvre des vents froids et de l'aquilon. Je la vois dans un jour si favorable, que je compte ses tours et ses clochers. Elle me paraît peinte sur le penchant de la colline. Je me récrie, et je dis : Quel plaisir de vivre sous un si beau ciel et dans ce séjour si délicieux! Je descends dans la ville, où je n'ai pas couché deux nuits, que je ressemble à ceux qui l'habitent. J'en veux sortir.

Il y a une chose que l'on n'a point vue sous le ciel, et que selon toutes les apparences on ne verra jamais : c'est une petite ville qui n'est divisée en aucuns partis; où les familles sont unies, et où les cousins se voient avec confiance; où un mariage n'engendre point une guerre civile; où la querelle des rangs ne se réveille pas à tous moments par l'offrande, l'encens et le pain bénit, par les processions et par les obsèques; d'où l'on a banni les *caquets*, le mensonge et la médisance; où l'on voit parler ensemble le bailli[4] et le président, les élus[5] et les assesseurs[6]; où le doyen vit bien avec ses chanoines; où les chanoines ne dédaignent pas les chapelains, et où ceux-ci souffrent les chantres.

Les provinciaux et les sots sont toujours prêts à se fâcher et à croire que l'on se moque d'eux, ou qu'on les méprise : il ne faut jamais hasarder la plaisanterie, même la plus douce et la plus permise, qu'avec des gens polis ou qui ont de l'esprit.

On ne prime point avec les grands, ils se défendent par leur grandeur; ni avec les petits, ils vous repoussent par le *qui-vive*.

---

1. CADRER AUX AUTRES. Se plier au caractère des autres. — Bossuet dit indifféremment *cadrer à* et *cadrer avec*.

2. A NOUS. Cf. La Rochefoucauld : « Un esprit droit a souvent moins de peine à se soumettre aux esprits de travers que de les conduire. »

3. UNE PETITE VILLE. Les clefs donnent Richelieu; d'autres veulent que ce soit Saint-Germain-en-Laye. Tout cela est bien puéril. Il est évident que La Bruyère, dans ce paragraphe et les deux suivants, a voulu peindre non pas telle ou telle petite ville en particulier, mais *la petite ville* en général.

4. LE BAILLI. Officier de robe qui rendait la justice dans un certain ressort. Quand on avait un procès, il fallait aller au *baillage* et de là au *présidial*.

5. LES ÉLUS. Officiers royaux subalternes non lettrés, dit Furetière, qui jugeaient en première instance les procès qui avaient rapport aux tailles, aux aides et aux gabelles.

6. LES ASSESSEURS. Officiers de justice gradués, créés pour servir de conseil à un juge d'épée. On distinguait l'assesseur civil et l'assesseur criminel. — Molière a dit dans une de ses comédies :

Madame l'assesseur et madame l'élue.

Tout ce qui est mérite se sent, se discerne, se devine réciproquement : si l'on voulait être estimé, il faudrait vivre avec des personnes estimables.

Celui qui est d'une éminence au-dessus des autres qui le met à couvert de la repartie, ne doit jamais faire une raillerie piquante[1].

Il y a de petits défauts que l'on abandonne volontiers à la censure, et dont nous ne haïssons pas à être raillés ; ce sont de pareils défauts que nous devons choisir pour railler les autres[2].

Rire des gens d'esprit, c'est le privilège des sots[3] : ils sont dans le monde ce que les fous sont à la cour, je veux dire sans conséquence.

La moquerie est souvent indigence d'esprit[4].

Vous le croyez votre dupe ; s'il feint de l'être, qui est plus dupe de lui ou de vous[5] ?

Si vous observez avec soin qui sont les gens qui ne peuvent louer, qui blâment toujours, qui ne sont contents de personne, vous reconnaîtrez que ce sont ceux mêmes dont personne n'est content.

Le dédain et le rengorgement dans la société attire précisément le contraire de ce que l'on cherche, si c'est à se faire estimer.

Le plaisir de la société entre les amis se cultive par une ressemblance de goût sur ce qui regarde les mœurs, et par quelque différence d'opinions sur les sciences : par là, ou l'on s'affermit dans ses sentiments, ou l'on s'exerce et l'on s'instruit par la dispute.

---

1. PIQUANTE. La raillerie piquante est presque toujours le signe d'un méchant caractère ; cependant elle se peut tolérer entre égaux. Railler au-dessus de soi est sottise, railler au-dessous de soi est lâcheté.

2. LES AUTEURS. Cette réflexion est très fine et, comme tant d'autres maximes de La Bruyère, elle renferme un conseil dont il faut savoir profiter. La raillerie, réduite à ces proportions, n'est plus qu'un amusement inoffensif.

3. DES SOTS. Quintilien a fort bien dit des sots : « Damnant, quæ non intelligunt. »

4. D'ESPRIT. Cf., Vauvenargues. « C'est un grand signe de médiocrité de louer toujours modérément. » Si la moquerie est souvent indigence d'esprit, elle est aussi souvent indigence de cœur. Montesquieu a fort bien dit : « La raillerie est un discours en faveur de son esprit contre son bon naturel. »

5. OU DE VOUS. Cf. La Rochefoucauld : « La plus subtile de toutes les finesses est de savoir bien feindre de tomber dans les pièges que l'on nous tend, et on n'est jamais si aisément trompé que quand on songe à tromper les autres. » Et plus loin : « l'usage ordinaire de la finesse est la marque d'un petit esprit, et il arrive presque toujours que celui qui s'en sert pour se couvrir en un endroit se découvre en un autre. — Les finesses et les trahisons ne viennent que du manque d'habileté. — Le vrai moyen d'être trompé, c'est de se croire plus fin que les autres. »

DE LA SOCIÉTÉ ET DE LA CONVERSATION.

L'on ne peut aller loin dans l'amitié, si l'on n'est pas disposé à se pardonner les uns aux autres les petits défauts.

Combien de belles et inutiles raisons [1] à étaler à celui qui est dans une grande adversité, pour essayer de le rendre tranquille ! Les choses de dehors, qu'on appelle les événements, sont quelquefois plus fortes que la raison et que la nature. Mangez, dormez, ne vous laissez point mourir de chagrin, songez à vivre : harangues froides et qui réduisent à l'impossible. Êtes-vous raisonnable de vous tant inquiéter ? N'est-ce pas dire : Êtes-vous fou d'être malheureux ?

Le conseil [2], si nécessaire pour les affaires, est quelquefois, dans la société, nuisible à qui le donne, et inutile à celui à qui il est donné. Sur les mœurs, vous faites remarquer des défauts ou que l'on n'avoue pas, ou que l'on estime des vertus ; sur les ouvrages, vous rayez les endroits qui paraissent admirables à leur auteur, où il se complaît davantage, où il croit s'être surpassé lui-même. Vous perdez ainsi la confiance de vos amis, sans les avoir rendus ni meilleurs ni plus habiles.

L'on a vu, il n'y a pas longtemps, un cercle [3] de personnes des deux sexes, liées ensemble par la conversation et par un commerce d'esprit. Ils laissaient au vulgaire l'art de parler d'une

---

1. RAISONS. « Nous avons tous assez de force pour supporter les maux d'autrui, » dit La Rochefoucauld ; et par conséquent nous ne manquons jamais de raisons pour leur persuader que leurs maux sont supportables ; mais ces belles raisons ne persuadent jamais que celui qui les donne.

2. LE CONSEIL. « On ne donne rien si libéralement que ses conseils, » dit La Rochefoucauld. — Entre tous nos penchants à la libéralité, c'est celui-là dont nous devons le plus nous défier : l'estime de nous même et le mépris des autres y entre trop souvent pour une part plus grande que la bienveillance.

3. UN CERCLE. Allusion à l'hôtel de Rambouillet. La Bruyère est beaucoup trop sévère pour le cercle dont Saint-Simon a dit : « C'était le rendez-vous de tout ce qui était le plus distingué en condition et *en mérite*, un tribunal avec qui il fallait compter et dont la décision avait un grand poids dans le monde sur la conduite et sur la réputation de la cour et du grand monde. » Là régnèrent successivement trois femmes, l'Italienne Julia Savelli, femme de Jean de Vivonne, marquis de Pisani ; Catherine de Vivonne, marquise de Rambouillet, l'incomparable Arthénice, l'objet de l'adoration innocente du chevalier Marino, et du vieux Malherbe qui chantait à soixante ans :

Je suis à Rhodante ;
Je veux mourir sien.

enfin la fille de Catherine, la plus spirituelle et la plus jolie des trois souveraines de cette aimable dynastie, Julie d'Angennes, l'héroïne de la *Guirlande de Julie*, qui tint le sceptre de 1628 à 1649, et qui vit se presser autour d'elle les Condé, les Conti, les Montausier, les Bussy, les Grammont, les La Rochefoucauld.

C'est dans le salon bleu d'Arthénice que Voiture, fils d'un marchand de vin d'Amiens, et d'autres beaux esprits de la roture furent reçus pour la première fois, par les précieuses, sur un pied d'égalité avec les grands seigneurs. Les uns et les autres y gagnèrent également : les gens de qualité y perdirent leur ignorance, et les gens de lettres leur grossièreté, la grossièreté des cabarets où avait croupi Villon et où croupissaient encore à cette époque Saint-Amand et Faret.

manière intelligible; une chose dite entre eux peu clairement en entraînait une autre encore plus obscure, sur laquelle on enchérissait par de vraies énigmes, toujours suivies de longs applaudissements : par tout ce qu'ils appelaient délicatesse, sentiments, tour et finesse d'expression, ils étaient enfin parvenus à n'être plus entendus et à ne s'entendre pas eux-mêmes. Il ne fallait, pour fournir à ces entretiens, ni bon sens, ni jugement, ni mémoire, ni la moindre capacité; il fallait de l'esprit, non pas du meilleur, mais de celui qui est faux et où l'imagination a trop de part.

Je le sais, *Théobalde*[1], vous êtes vieilli; mais voudriez-vous que je crusse que vous êtes baissé, que vous n'êtes plus poète, ni bel esprit; que vous êtes présentement aussi mauvais juge de tout genre d'ouvrage que méchant auteur; que vous n'avez plus rien de naïf et de délicat dans la conversation? Votre air libre et présomptueux me rassure et me persuade tout le contraire. Vous êtes donc aujourd'hui tout ce que vous fûtes jamais, et peut-être meilleur; car, si à votre âge vous êtes si vif et si impétueux, quel nom, Théobalde, fallait-il vous donner dans votre jeunesse, et lorsque vous étiez la *coqueluche*[2] et l'entêtement de certaines femmes qui ne juraient que par vous et sur votre parole, qui disaient : *Cela est délicieux : qu'a-t-il dit?*

L'on parle impétueusement dans les entretiens, souvent par vanité ou par humeur, rarement avec assez d'attention : tout occupé du désir de répondre à ce qu'on n'écoute point[3], l'on

---

1. THÉOBALDE. Les clefs donnent Boursault, Perrault, Thomas Corneille et Benserade, c'est à ce dernier qu'il convient de s'arrêter. L'abbé Trublet dit dans ses *Mémoires sur la vie de Fontenelle*. « On peut voir le portrait de Benserade dans La Bruyère sous le nom de Théobalde. » Benserade s'était opposé à l'admission de La Bruyère à l'Académie en 1691 et lui avait fait préférer Pavillon ; il mourut la même année, à l'âge de soixante-huit ans, mais non sans avoir pu lire le portrait de Théobalde que La Bruyère, pour se venger, avait inséré dans sa sixième édition.— Benserade avait eu ses jours de gloire, au temps où Boileau écrivait :
Que de son nom, chanté par la bouche des [belles
Benserade en tous lieux amuse les ruelles.
mais le ridicule attaché à sa traduction des *Métamorphoses* d'Ovide en rondeaux, avait tué sa réputation. Il appartenait au parti des *Modernes* que La Bruyère, dans la préface de son discours à l'Académie, désigna sous ce nom : *les Théobaldes*.

2. LA COQUELUCHE. Ce mot signifie primitivement un capuchon; et par conséquent, *avoir une coqueluche pour quelqu'un* est une locution équivalente à *être coiffé de quelqu'un*.

3. ON N'ÉCOUTE POINT. Cf. La Rochefoucauld : « Une des choses qui fait que l'on trouve si peu de gens qui paraissent raisonnables et agréables dans la conversation, c'est qu'il n'y a presque personne qui ne pense plutôt à ce qu'il veut dire qu'à répondre précisément à ce qu'on lui dit. Les plus habiles et les plus complaisants se contentent de montrer seulement une mine attentive, au même temps que l'on voit dans leurs yeux et dans leur esprit un égarement pour ce qu'on leur dit, et une précipitation pour retourner à ce qu'ils veulent dire; au lieu de considérer que c'est un mauvais moyen de

suit ses idées, et on les explique sans le moindre égard pour les raisonnements d'autrui ; l'on est bien éloigné de trouver ensemble la vérité, l'on n'est pas encore convenu de celle que l'on cherche. Qui pourrait écouter ces sortes de conversations, et les écrire, ferait voir quelquefois de bonnes choses qui n'ont nulle suite.

Il a régné pendant quelque temps une sorte de conversation fade et puérile [1], qui roulait toute sur des questions frivoles qui avaient relation au cœur, et à ce qu'on appelle passion ou tendresse. La lecture de quelques romans [2] les avait introduites parmi les plus honnêtes gens de la ville et de la cour ; ils s'en sont défaits, et la bourgeoisie les a reçues avec les pointes et les équivoques.

Quelques femmes de la ville ont la délicatesse de ne pas savoir ou de n'oser dire le nom des rues, des places, et de quelques endroits publics qu'elles ne croient pas assez nobles pour être connus. Elles disent le *Louvre*, la *place Royale* : mais elles usent de tours [3] et de phrases plutôt que de prononcer de certains noms ; et, s'ils leur échappent, c'est du moins avec quelque altération du mot, et après quelques façons qui les rassurent : en cela moins naturelles que les femmes de la cour, qui, ayant besoin, dans le discours, des *Halles*, du *Châtelet*, ou de choses semblables, disent les *Halles*, le *Châtelet*.

Si l'on feint quelquefois de ne se pas souvenir de certains noms que l'on croit obscurs, et si l'on affecte de les corrompre en les prononçant, c'est par la bonne opinion qu'on a du sien [4].

L'on dit par belle humeur, et dans la liberté de la conversation, de ces choses froides, qu'à la vérité l'on donne pour telles, et que l'on ne trouve bonnes que parce qu'elles sont extrêmement mauvaises. Cette manière basse de plaisanter a passé du peuple,

---

plaire aux autres ou de les persuader que de chercher si fort à se plaire à soi-même, et que bien écouter et bien répondre est une des plus grandes perfections qu'on puisse avoir dans la conversation. »

1. PUÉRILE. Montesquieu se plaint que le même genre de conversation règne de son temps. « Plaire dans une conversation vaine et frivole est aujourd'hui le seul mérite : pour cela le magistrat abandonne l'étude des lois ; le médecin croit être décrédité par l'étude de la médecine ; on fuit comme pernicieuse toute étude qui pourrait ôter le badinage. »

2. ROMANS. Ceux de la Calprenède et de Mlle de Scudéry.

3. DE TOURS. D'Aguesseau, ayant à discuter les prétentions des héritiers d'un acteur de la comédie italienne, ne crut pas de la dignité de la cour de le désigner par son nom de théâtre : « Tiberio Fiorelli, dit-il, connu sous un autre nom dans le monde. » En marge est le nom de Scaramouche.

4. DU SIEN. C'est ainsi que le maréchal de Richelieu affectait d'écorcher impitoyablement les noms de tous les roturiers de sa connaissance, même de ceux qui étaient ses confrères à l'Académie française.

à qui elle appartient, jusque dans une grande partie de la jeunesse de la cour¹, qu'elle a déjà infectée. Il est vrai qu'il y entre trop de fadeur et de grossièreté pour devoir craindre qu'elle s'étende plus loin, et qu'elle fasse de plus grands progrès dans un pays² qui est le centre du bon goût et de la politesse : l'on doit cependant en inspirer le dégoût à ceux qui la pratiquent ; car, bien que ce ne soit jamais sérieusement, elle ne laisse pas de tenir la place, dans leur esprit et dans le commerce ordinaire, de quelque chose de meilleur.

Entre dire de mauvaises choses et en dire de bonnes que tout le monde sait, et les donner pour nouvelles, je n'ai pas à choisir³.

« *Lucain a dit une jolie chose; Il y a un beau mot de Claudien; Il y a cet endroit de Sénèque;* » et là-dessus une longue suite de latin que l'on cite souvent devant des gens qui ne l'entendent pas⁴, et qui feignent de l'entendre. Le secret serait d'avoir un grand sens et bien de l'esprit ; car ou l'on se passerait des anciens⁵, ou, après les avoir lus avec soin, l'on saurait encore choisir les meilleurs, et les citer à propos.

Hermagoras ne sait pas qui est roi de Hongrie ; il s'étonne de n'entendre faire aucune mention du roi de Bohême : ne lui parlez pas des guerres de Flandre et de Hollande, dispensez-le

---

1. JEUNESSE DE LA COUR. Cf. Molière, la *Critique de l'École des femmes* : « Pensez-vous me laisser toujours votre marquis sur les bras, et que je puisse durer à ses turlupinades perpétuelles ! La belle chose de faire entrer aux conversations du Louvre, de vieilles équivoques ramassées parmi les boues des Halles et de la place Maubert ! La jolie façon de plaisanter pour des courtisans, et qu'un homme montre d'esprit lorsqu'il vient vous dire : Madame, vous êtes dans la place Royale, et tout le monde vous voit de trois lieues de Paris, car chacun vous voit de bon œil, à cause que Bonneuil est un village à trois lieues d'ici ! Cela n'est-il pas bien galant et bien spirituel ? Et ceux qui trouvent ces belles rencontres n'ont-ils pas lieu de s'en glorifier ? »

2. DANS UN PAYS. La Bruyère a eu, de notre pays, une trop bonne opinion. Le mal dont il se plaint s'est beaucoup étendu. Aujourd'hui, bien plus qu'au temps de Molière, nos jeunes gens les plus élégants font entrer dans leurs conversations « de vieilles équivoques ramassées parmi les boues des Halles et de la place Maubert. » Cela est stupide : la seule chose qui nous puisse consoler, c'est de penser qu'il en était déjà ainsi au grand siècle ; mais nous pourrions imiter, du siècle de Pascal et de Corneille, autre chose que ses turlupinades.

3. CHOISIR. C'est une réponse aux critiques qui reprochaient aux quatre premières éditions des *Caractères* de manquer d'originalité.

4. QUI NE L'ENTENDENT PAS. Cf. Molière, le *Médecin malgré lui* :
— « SGANARELLE. Entendez-vous le latin ? — GÉRONTE. En aucune façon. — SGANARELLE. Vous n'entendez point le latin ? — GÉRONTE. Non. — SGANARELLE. *Cabricias, ancithuram, catalamus;* singulariter nominativo, *hæc musa,* la muse, *bonus, bona, bonum,* etc. »

5. DES ANCIENS. Cf. Montaigne, *Essais,* i, 2 : « Nous ne travaillons qu'à remplir la mémoire et nous laissons l'entendement et la conscience vides... Nous savons dire : Cicéron dit ainsi ; voilà les mœurs de Platon ; ce sont les mots mêmes d'Aristote ; mais nous, que disons-nous nous-mêmes ? que jugeons-nous ? que faisons-nous ? »

du moins de vous répondre ; il confond les temps, il ignore quand elles ont commencé, quand elles ont fini ; combats, sièges, tout lui est nouveau. Mais il est instruit de la guerre des Géants, il en raconte le progrès et les moindres détails ; rien ne lui est échappé : il débrouille de même l'horrible chaos des deux empires, le babylonien et l'assyrien ; il connaît à fond les Égyptiens et leurs dynasties. Il n'a jamais vu Versailles, il ne le verra point ; il a presque vu la tour de Babel ; il en compte les degrés ; il sait combien d'architectes ont présidé à cet ouvrage ; il sait le nom des architectes. Dirai-je qu'il croit Henri IV[1] fils de Henri III ? Il néglige du moins de rien connaître aux maisons de France, d'Autriche, de Bavière : Quelles minuties ! dit-il, pendant qu'il récite de mémoire toute une liste des rois des Mèdes ou de Babylone, et que les noms d'Apronal, d'Hérigebal, de Noesnemordach, de Mardokempad, lui sont aussi familiers qu'à nous ceux de VALOIS et de BOURBON. Il demande si l'Empereur a jamais été marié ; mais personne ne lui apprendra que Ninus a eu deux femmes. On lui dit que le roi jouit d'une santé parfaite ; et il se souvient que Thetmosis, un roi d'Égypte, était valétudinaire, et qu'il tenait cette complexion de son aïeul Alipharmutosis. Que ne sait-il point ? quelle chose lui est cachée de la vénérable antiquité ? Il vous dira que Sémiramis, ou, selon quelques-uns, Sérimaris, parlait comme son fils Ninyas ; qu'on ne les distinguait pas à la parole : si c'était parce que la mère avait une voix mâle comme son fils, ou le fils une voix efféminée comme sa mère, qu'il n'ose pas le décider. Il vous révélera que Nembrot était gaucher, et Sésostris ambidextre ; que c'est une erreur de s'imaginer qu'un Artaxerce ait été appelé Longuemain parce que les bras lui tombaient jusqu'aux genoux, et non à cause qu'il avait une main plus longue que l'autre ; et il ajoute qu'il y a des auteurs graves qui affirment que c'était la droite ; qu'il croit néanmoins être bien fondé à soutenir que c'est la gauche.

Ascagne est statuaire, Hégion fondeur, Eschine foulon, et Cydias[2] bel esprit, c'est sa profession. Il a une enseigne, un

---

1. HENRI IV. Henri le Grand (note de La Bruyère).
2. CYDIAS. L'abbé Trublet, neveu de Fontenelle, nous apprend que son oncle se reconnut dans ce portrait, et ne pardonna jamais à La Bruyère cette satire qui est d'ailleurs excessive et d'un caractère trop personnel. — Longtemps après, J.-B. Rousseau s'inspira du caractère de Cydias pour écrire contre Fontenelle une de ses épigrammes les plus sanglantes.

Depuis trente ans un vieux berger Nor-
[mand
Aux beaux esprits s'est donné pour mo-
[dèle
Il leur enseigne à traiter galamment
Les grands sujets en style de ruelle
Ce n'est pas tout : chez l'espèce femelle,
Il brille encor malgré son poil grison ;
Il n'est caillette en honnête maison

atelier, des ouvrages de commande, et des compagnons[1] qui travaillent sous lui : il ne vous saurait rendre de plus d'un mois les stances qu'il vous a promises, s'il ne manque de parole à *Dosithée*, qui l'a engagé à faire une élégie : une idylle est sur le métier, c'est pour *Crantor* qui le presse, et qui lui laisse espérer un riche salaire. Prose, vers, que voulez-vous? il réussit également en l'un et en l'autre. Demandez-lui des lettres de consolation, ou sur une absence, il les entreprendra ; prenez-les toutes faites et entrez dans son magasin, il y a à choisir. Il a un ami qui n'a point d'autre fonction sur la terre que de le promettre longtemps à un certain monde, et de le présenter enfin dans les maisons comme homme rare et d'une exquise conversation ; et là, ainsi que le musicien chante et que le joueur de luth touche son luth devant les personnes à qui il a été promis, Cydias, après avoir toussé, relevé sa manchette, étendu la main et ouvert les doigts, débite gravement ses pensées quintessenciées et ses raisonnements sophistiqués. Différents de ceux qui, convenant de principes, et connaissant la raison ou la vérité qui est une, s'arrachent la parole l'un à l'autre pour s'accorder sur leurs sentiments, il n'ouvre la bouche que pour contredire : *Il me semble*, dit-il gracieusement, *que c'est tout le contraire de ce que vous dites*, ou, *Je ne saurais être de votre opinion* ; ou bien, *c'a été autrefois mon entêtement, comme il est le vôtre, mais... il y a trois choses*, ajoute-t-il, *à considérer....* et il en ajoute une quatrième : fade discoureur qui n'a pas mis plutôt le pied dans une assemblée, qu'il cherche quelques femmes auprès de qui il puisse s'insinuer, se parer de son bel esprit ou de sa philosophie, et mettre en œuvre ses rares conceptions : car, soit qu'il parle ou qu'il écrive, il ne doit pas être soupçonné d'avoir en vue ni le vrai, ni le faux, ni le raisonnable, ni le ridicule ; il évite[2] uniquement de donner dans le sens des autres, et d'être

---

Qui ne se pâme à sa douce faconde.
En vérité caillettes ont raison :
C'est le pédant le plus joli du monde.

Chaulieu s'était également égayé aux dépens de Fontenelle :

Paix là ! j'entends Pimprenelle
Qui, géométriquement,
Par maint beau raisonnement,
Fait, à la pointe fidèle,
Le procès au sentiment.
Le dur, l'enflé, le bizarre
A sa voix reprend vigueur,
Et de son école l'auteur
Le plus plat, se croit un Pindare.

1. DES COMPAGNONS. Comme un maître menuisier ou un maître maçon.

2. IL ÉVITE. Il y a, dans la cinquième scène du deuxième acte du *Misanthrope* deux portraits qui se rapportent à ce trait du caractère de Cydias : celui de Damis et celui d'Alceste :

Et ne faut-il pas bien que Monsieur contredise?

dit Célimène :

Le sentiment d'autrui n'est jamais pour lui plaire;
Il prend toujours en main l'opinion contraire,
Et penserait paraître un homme du commun,
Si l'on voyait qu'il fût de l'avis de quelqu'un.

de l'avis de quelqu'un, aussi attend-il dans un cercle que chacun se soit expliqué sur le sujet qui s'est offert, ou souvent qu'il a amené lui-même, pour dire dogmatiquement des choses toutes nouvelles, mais à son gré décisives et sans réplique. Cydias s'égale à Lucien et à Sénèque[1], se met au-dessus de Platon, de Virgile et de Théocrite[2] ; et son flatteur a soin de le confirmer tous les matins dans cette opinion. Uni de goût et d'intérêt avec les contempteurs d'Homère, il attend paisiblement que les hommes détrompés lui préfèrent les poètes modernes ; il se met en ce cas à la tête de ces derniers, et il sait à qui il adjuge la seconde place[3]. C'est, en un mot, un composé du pédant et du précieux, fait pour être admiré de la bourgeoisie et de la province, en qui néanmoins on n'aperçoit rien de grand que l'opinion qu'il a de lui-même.

C'est la profonde ignorance qui inspire le ton dogmatique[4], celui qui ne sait rien croit enseigner aux autres ce qu'il vient d'apprendre lui-même ; celui qui sait beaucoup pense à peine que ce qu'il dit puisse être ignoré, et parle plus indifféremment.

Les plus grandes choses n'ont besoin que d'être dites simplement ; elles se gâtent par l'emphase : il faut dire noblement les plus petites ; elles ne se soutiennent que par l'expression, le ton et la manière[5].

Il me semble que l'on dit les choses encore plus finement qu'on ne peut les écrire.

Il n'y a guère qu'une naissance honnête[6], ou une bonne éducation, qui rende les hommes capables de secret.

Toute confiance est dangereuse, si elle n'est entière[7] : il y a peu de conjonctures où il ne faille tout dire ou tout cacher. On a déjà trop dit de son secret à celui à qui l'on croit devoir en dérober une circonstance.

---

1. SÉNÈQUE. Philosophe et poète tragique. (Note de La Bruyère.) — On voit que La Bruyère pensait, avec raison, que Sénèque le philosophe était aussi l'auteur des tragédies.

2. THÉOCRITE. Fontenelle avait fait des *pastorales* comme Virgile et Théocrite, des *tragédies* comme Sénèque, des *dialogues des morts* comme Lucien ; c'est sans doute pour ses *Entretiens sur la pluralité des mondes* qu'il se met au-dessus de Platon.

3. LA SECONDE PLACE. Il s'agit de Lamotte, avec qui Fénelon eut une correspondance « sur Homère et les anciens. »

4. DOGMATIQUE. Le ton pédantesque et tranchant.

5. LA MANIÈRE. Mlle de Scudéry disait en traçant les règles de la conversation : « Le secret est de parler toujours noblement des choses basses, assez simplement des choses élevées, et fort galamment des choses galantes, sans empressement, sans affectation. »

6. UNE NAISSANCE HONNÊTE, c'est-à-dire une naissance distinguée, plaçant un homme dans les plus hauts rangs de la société.

7. ENTIÈRE. Montesquieu dit fort bien : « Quand je me fie à quelqu'un, je le fais sans réserve ; mais je me fie à très peu de personnes. »

Des gens vous promettent le secret, et ils le révèlent eux-mêmes, et à leur insu ; ils ne remuent pas les lèvres, et on les entend : on lit sur leur front et dans leurs yeux ; on voit au travers de leur poitrine ; ils sont transparents : d'autres ne disent pas précisément une chose qui leur a été confiée ; mais ils parlent et agissent de manière qu'on la découvre de soi-même : enfin quelques-uns méprisent votre secret, de quelque conséquence qu'il puisse être : « C'est un mystère, un tel m'en a fait part et m'a défendu de le dire ; » et ils le disent.

Toute révélation d'un secret est la faute de celui qui l'a confié[1].

Nicandre s'entretient avec *Élise* de la manière douce et complaisante dont il a vécu avec sa femme, depuis le jour qu'il en fit le choix jusques à sa mort ; il a déjà dit qu'il regrette qu'elle ne lui ait pas laissé des enfants, et il le répète ; il parle des maisons qu'il a à la ville, et bientôt d'une terre qu'il a à la campagne ; il calcule le revenu qu'elle lui rapporte ; il fait le plan des bâtiments, en décrit la situation, exagère la commodité des appartements, ainsi que la richesse et la propreté des meubles[2] ; il assure qu'il aime la bonne chère, les équipages ; il se plaint que sa femme n'aimait point assez le jeu et la société. Vous êtes si riche, lui disait l'un de ses amis, que n'achetez-vous cette charge ? pourquoi ne pas faire cette acquisition qui étendrait votre domaine ? On me croit, ajoute-t-il, plus de bien que je n'en possède. Il n'oublie pas son extraction et ses alliances : « *Monsieur le Surintendant, qui est mon cousin : madame la Chancelière, qui est ma parente ;* » voilà son style. Il raconte un fait qui prouve le mécontentement qu'il doit avoir de ses plus proches et de ceux même qui sont ses héritiers. « Ai-je tort ? dit-il à Élise ; ai-je grand sujet de leur vouloir du bien ? » et il l'en fait juge. Il insinue ensuite qu'il a une santé faible et languissante, et il parle de la cave[3] où il doit être enterré. Il est insinuant, flat-

---

1. CONFIÉ. Mlle de Scudéry avait déjà dit : « Celui qui révèle son secret à un ami indiscret, est plus indiscret que l'indiscret même. » — Il semble que La Bruyère incline fort du côté de la défiance. La Rochefoucauld avait dit au contraire : « Il est plus honteux de se défier de ses amis que d'en être trompé... Notre défiance justifie la tromperie d'autrui. »

2. LA PROPRETÉ DES MEUBLES. L'élégance des meubles. « Toute cette façade, dit Perrault, a été construite avec cette *propreté* et cette magnificence sans égale. » Lesage écrit dans son *Guzman* : « Je ne doutais point à voir la *propreté* de ses habits que ce ne fût une dame hors du commun. » — M. Hemardinquer fait, à propos du mot *propre*, une remarque bien juste : c'est que, si ce mot a perdu beaucoup aujourd'hui de sa valeur, c'est que la qualité qu'il exprime est devenue plus commune.

3. DE LA CAVE. Du caveau.

teur, officieux, à l'égard de tous ceux qu'il trouve auprès de la personne à qui il aspire. Mais Élise n'a pas le courage d'être riche en l'épousant. On annonce, au moment qu'il parle, un cavalier qui, de sa seule présence, démonte la batterie de l'homme de ville; il se lève déconcerté et chagrin, et va dire ailleurs qu'il veut se remarier.

Le sage quelquefois évite le monde, de peur d'être ennuyé.

CHAPITRE VI

DES BIENS DE FORTUNE

Un homme fort riche[1], peut manger des entremets, faire peindre ses lambris et ses alcôves, jouir d'un palais à la campagne et d'un autre à la ville, avoir un grand équipage, mettre un duc dans sa famille et faire de son fils un grand seigneur: cela est juste et de son ressort; mais il appartient peut-être à d'autres de vivre contents[2].

Une grande naissance ou une grande fortune annonce le mérite et le fait plus tôt remarquer[3].

Ce qui disculpe le fat ambitieux de son ambition, est le soin que l'on prend, s'il a fait une grande fortune, de lui trouver un mérite qu'il n'a jamais eu, et aussi grand qu'il croit l'avoir.

A mesure que la faveur et les grands biens se retirent d'un homme[4], ils laissent voir en lui le ridicule qu'ils couvraient, et qui y était sans que personne s'en aperçût.

Si l'on ne le voyait de ses yeux, pourrait-on jamais s'imaginer

---

1. FORT RICHE. Il est sans doute puéril, comme on l'a dit, d'attacher un nom propre à chaque réflexion de La Bruyère. Cependant il nous faut constater, d'après Dangeau, que Nicolas de Frémont, garde du trésor royal, passait alors pour l'homme le plus riche de France, qu'il maria sa fille au maréchal duc de Lorges, ce qui fâcha très fort Mme de Sévigné, laquelle appelle de Lorges « un pauvre diable de qualité » et sa femme « une fille de laquais. » Disons toutefois que, d'après Mme de La Fayette, Mlle Frémont avait perdu à la cour l'air bourgeois au point qu'on ne reconnaissait plus en elle que la duchesse de Lorges. Elle eut pour gendres les ducs de Saint-Simon et de Lauzun.

2. VIVRE CONTENTS. Cf. La Fontaine *Philémon et Baucis.*
Ni l'or ni la grandeur ne nous rendent
[heureux.

3. REMARQUER. Nous avons déjà cité ce mot de Pascal: « C'est un avantage que la qualité qui, dès dix-huit ou vingt ans, met un homme en passe, connu et respecté, comme un autre pourrait avoir mérité à cinquante ans: c'est trente ans gagnés sans peine. »

4. D'UN HOMME. On connaît les vers de J.-B. Rousseau:
Le masque tombe, l'homme reste
Et le héros s'évanouit.

l'étrange disproportion que le plus ou le moins de pièces de monnaie met entre les hommes [1] ?

Ce plus ou ce moins détermine à l'épée, à la robe ou à l'Église ; il n'y a presque point d'autre vocation.

Deux marchands étaient voisins et faisaient le même commerce, qui ont eu dans la suite une fortune toute différente. Ils avaient chacun une fille unique ; elles ont été nourries ensemble et ont vécu dans cette familiarité que donnent un même âge et une même condition : l'une des deux, pour se tirer d'une extrême misère, cherche à se placer ; elle entre au service d'une fort grande dame, et l'une des premières de la cour : chez sa compagne [2].

Si le financier manque son coup, les courtisans disent de lui : C'est un bourgeois, un homme de rien, un malotru ; s'il réussit, ils lui demandent sa fille [3].

Quelques-uns ont fait dans leur jeunesse l'apprentissage d'un certain métier [4], pour en exercer un autre, et fort différent, le reste de leur vie.

Un homme est laid [5], de petite taille, et a peu d'esprit. L'on me dit à l'oreille : Il a cinquante mille livres de rente ; cela le concerne tout seul, et il ne m'en fera jamais ni pis ni mieux, si je commence à le regarder avec d'autres yeux, et si je ne suis pas maître de faire autrement : quelle sottise !

Un projet assez vain serait de vouloir tourner un homme fort sot et fort riche en ridicule ; les rieurs sont de son côté.

N** [6], avec un portier rustre, farouche, tirant sur le Suisse [7],

---

1. ENTRE LES HOMMES. N'y a-t-il pas ici comme un prélude des attaques du dix-huitième siècle, et en particulier de Rousseau contre l'inégalité des conditions ? D'ailleurs ces attaques se rencontrent déjà dans Pascal.

2. SA COMPAGNE. Celle qui était devenue une grande dame s'appelait, dit-on, Jeanne Gilbert ; son père était marchand de draps, près des Saints-Innocents, à l'enseigne *des Rats* ; elle épousa M. d'Armenonville, qui fut garde des sceaux en 1722 et mourut au château de Madrid en 1727. C'est lui qui avait vendu le château de La Muette à la duchesse de Berry, fille du régent.

3. SA FILLE. Voir la charmante comédie de MM. Émile Augier et Jules Sandeau, *Le gendre de M. Poirier*. — Mme de Grignan, en mariant sa fille au fermier général Saint-Amand, se consolait en disant : « Il faut bien quelquefois fumer ses terres. »

4. UN CERTAIN MÉTIER. Celui de laquais, par exemple. L'autre métier, fort différent, est celui de partisan.

5. LAID. Les clefs assurent qu'il s'agit de Lévy, duc de Ventadour, pair de France, qui avait épousé Mlle de La Mothe-Houdancourt, dont il se sépara bientôt ; il abandonna tous ses biens à son gendre, le duc de Rohan, moyennant 40,000 livres de rentes viagères ; il mourut aux Incurables, en 1717.

6. N**. Le marquis de Saint-Pouange, qui était commis principal sous Barbezieux, son parent, au moment où La Bruyère écrivait, mort en 1705.

7. LE SUISSE. Comme c'était une mode, parmi les gens de qualité, d'avoir un Suisse de nation pour portier, les bourgeois affublaient de ce nom Champagne, Picard ou La Brie. Petit-Jean dit, dans les *Plaideurs* :

Il m'avait fait venir d'Amiens pour être
[Suisse.

avec un vestibule et une antichambre, pour peu qu'il y fasse languir quelqu'un et se morfondre, qu'il paraisse enfin avec une mine grave et une démarche mesurée, qu'il écoute un peu[1] et ne reconduise point, quelque subalterne qu'il soit d'ailleurs, il fera sentir de lui-même quelque chose qui approche de la considération.

Je vais, *Clitiphon*[2], à votre porte ; le besoin que j'ai de vous me chasse de mon lit et de ma chambre : plût aux dieux que je ne fusse ni votre client, ni votre fâcheux ! Vos esclaves me disent que vous êtes enfermé, et que vous ne pouvez m'écouter que d'une heure entière : je reviens avant le temps qu'ils m'ont marqué, et ils me disent que vous êtes sorti. Que faites-vous, Clitiphon, dans cet endroit le plus reculé de votre appartement, de si laborieux qui vous empêche de m'entendre ? Vous enfilez quelques mémoires, vous collationnez un registre, vous signez, vous paraphez. Je n'avais qu'une chose à vous demander, et vous n'aviez qu'un mot à me répondre, oui ou non. Voulez-vous être rare[3] ? Rendez service à ceux qui dépendent de vous : vous le serez davantage par cette conduite que par ne vous pas laisser voir. O homme important et chargé d'affaires, qui, à votre tour, avez besoin de mes offices, venez dans la solitude de mon cabinet : le philosophe est accessible ; je ne vous remettrai point à un autre jour. Vous me trouverez sur les livres de Platon, qui traitent de la spiritualité de l'âme et de sa distinction d'avec le corps, ou la plume à la main pour calculer les distances de Saturne et de Jupiter : j'admire Dieu dans ses ouvrages, et je cherche, par la connaissance de la vérité, à régler mon esprit et devenir meilleur. Entrez, toutes les portes vous sont ouvertes ; mon antichambre n'est pas faite pour s'y ennuyer en m'attendant ; passez jusqu'à moi sans me faire avertir. Vous m'apportez quelque chose de plus précieux que l'argent et l'or, si c'est une occasion de vous obliger. Parlez, que voulez-vous que je fasse pour vous ? Faut-il quitter mes livres, mes études, mon ouvrage, cette ligne qui est commencée ? Quelle interruption heureuse pour moi que celle qui vous est utile ! Le manieur d'argent, l'homme d'affaires est un ours qu'on ne saurait apprivoiser ; on ne le voit dans sa loge qu'avec peine : que

---

1. UN PEU. Qu'il écoute *peu* serait plus correct.

2. CLITIPHON. Il est inutile de placer ici un nom propre : le monde est plein de Clitiphons.

3. RARE. La Bruyère joue sur le double sens du mot rare (*qui n'est pas commun* et *qui ne se laisse pas voir*.) Il faut avouer que ce jeu de mots est d'un goût douteux.

dis-je? on ne le voit point; car d'abord on ne le voit pas encore, et bientôt on ne le voit plus. L'homme de lettres, au contraire, est trivial[1] comme une borne au coin des places; il est vu de tous, et à toute heure, et en tous états, à table, au lit, nu, habillé, sain ou malade; il ne peut être important, et il ne le veut point être[2].

N'envions point à une sorte de gens[3] leurs grandes richesses; ils les ont à titre onéreux et qui ne nous accommoderait point; ils ont mis leur repos, leur santé, leur honneur et leur conscience pour les avoir; cela est trop cher, et il n'y a rien à gagner à un tel marché.

Les P. T. S.[4] nous font sentir toutes les passions l'une après l'autre : l'on commence par le mépris, à cause de leur obscurité; on les envie ensuite, on les hait, on les craint, on les estime quelquefois, et on les respecte; l'on vit assez pour finir à leur égard par la compassion.

Sosie[5], de la livrée[6], a passé, par une petite recette, à une

---

1. TRIVIAL. *Trivialis*, ce qui est *in trivio*, ce qu'on rencontre à chaque carrefour, et pour ainsi dire à chaque borne.

2. ÊT.. Tous les commentateurs sont d'accord pour reconnaître, dans ce caractère de l'homme de lettres, le portrait même de l'auteur.

3. GENS. Les manieurs d'argent.

4. LES P.T.S. Les partisans. « *Partisan*, dit Furetière, est un financier, un homme qui fait des traités, des *partis* avec le roi, qui prend ses revenus à ferme, le recouvrement des impôts, qui en donne aussi les avis et les mémoires. — On établit de temps en temps des chambres de justice pour punir les voleries qu'ont faites les partisans. »

5. SOSIE. Delpech, fermier général, ou Berrier, le fameux commis de Colbert, ou La Bazinière, trésorier de l'épargne, ou Gourville, favori de Fouquet, qui acheta une charge de secrétaire du conseil; ou Poisson de Bourvalois, favori de Pontchartrain, et devenu un des financiers les plus riches et les plus courtisés. Ils avaient tous commencé par être laquais.

6. LA LIVRÉE. Les laquais, pendant la décadence de la monarchie française, paraissent avoir joué le même rôle que les affranchis sous l'empire romain. Il y a sur ce sujet une page bien curieuse de Montesquieu (XCIXe des *Lettres Persanes*) :

« Il n'y a point de pays au monde où la fortune soit si inconstante que dans celui-ci. Il arrive tous les dix ans des révolutions qui précipitent le riche dans la misère, et enlèvent le pauvre avec des ailes rapides au comble des richesses. Celui-ci est étonné de sa pauvreté, celui-là l'est de son abondance. Le nouveau riche admire la sagesse de la Providence; le pauvre, l'aveugle fatalité du destin.

» Ceux qui lèvent les tributs nagent au milieu des trésors : parmi eux il y a peu de Tantales. Ils commencent pourtant ce métier par la dernière misère. Ils sont méprisés comme de la boue pendant qu'ils sont pauvres; quand ils sont riches, on les estime assez : aussi ne négligent-ils rien pour acquérir de l'estime.

» Le corps des laquais est plus respectable en France qu'ailleurs : c'est un séminaire de grands seigneurs; il remplit le vide des autres états. Ceux qui le composent prennent la place des grands malheureux, des magistrats ruinés, des gentilshommes tués dans les fureurs de la guerre; et, quand ils ne peuvent pas suppléer par eux-mêmes, ils relèvent toutes les grandes maisons par le moyen de leurs filles, qui sont comme une espèce de fumier qui engraisse les terres montagneuses et arides. »

sous-ferme[1]; et, par les concussions, la violence et l'abus qu'il a fait de ses *pouvoirs*[2], il s'est enfin, sur les ruines de plusieurs familles, élevé à quelque grade. Devenu noble par une charge, il ne lui manquait que d'être homme de bien : une place de marguillier a fait ce prodige.

Arfure cheminait seule et à pied vers le grand portique de Saint-**, entendait de loin le sermon d'un carme ou d'un docteur qu'elle ne voyait qu'obliquement, et dont elle perdait bien des paroles. Sa vertu était obscure, et sa dévotion connue comme sa personne. Son mari est entré dans le *huitième denier*[3] : quelle monstrueuse fortune en moins de six années ! Elle n'arrive à l'église que dans un char; on lui porte une lourde queue; l'orateur s'interrompt pendant qu'elle se place; elle le voit de front, n'en perd pas une seule parole, ni le moindre geste : il y a une brigue entre les prêtres pour la confesser; tous veulent l'absoudre, et le curé l'emporte.

L'on porte *Crésus* au cimetière : de toutes ses immenses richesses, que le vol et la concussion lui avaient acquises, et qu'il a épuisées par le luxe et par la bonne chère, il ne lui est pas demeuré de quoi se faire enterrer; il est mort insolvable, sans biens, et ainsi privé de tous les secours : l'on n'a vu chez lui ni julep, ni cordiaux, ni médecins, ni le moindre docteur[4] qui l'ait assuré de son salut.

Champagne, au-sortir d'un long dîner qui lui enfle l'estomac, et dans les douces fumées d'un vin d'Avenay ou de Sillery[5], signe un ordre qu'on lui présente, qui ôterait le pain à toute une province si l'on n'y remédiait : il est excusable; quel moyen de comprendre, dans la première heure de la digestion, qu'on puisse quelque part mourir de faim[6] ?

1. Une sous-ferme. Subdivision des fermes du roi, lesquelles comprenaient l'ensemble des impôts.
2. Ses pouvoirs. Il s'agit des pouvoirs que lui déléguait le fermier général.
3. Le huitième denier. C'est-à-dire dans la ferme du huitième denier. Il s'agit d'un droit qu'on faisait payer aux acquéreurs de biens ecclésiastiques, pour être confirmés dans leur possession. Ce droit avait été établi en 1672, pendant la guerre de Hollande.
4. Docteur. Il ne s'agit pas d'un médecin, mais d'un docteur de Sorbonne, d'un théologien.
5. Sillery. Avenay et Sillery sont en Champagne.
6. De faim. Cf. J.-J. Rousseau. *Lettre à d'Alembert :* « Philinte est un de ces honnêtes gens du grand monde dont les maximes ressemblent beaucoup à celles des fripons; de ces gens si doux, si modérés, qui trouvent toujours que tout va bien, parce qu'ils ont intérêt que rien n'aille mieux; qui, autour d'une bonne table, soutiennent qu'il n'est pas vrai que le peuple ait faim; qui, le gousset bien garni, trouvent fort mauvais qu'on déclame en faveur des pauvres... » — On mourait fort de faim au temps de La Bruyère; en 1698, Vauban écrit que la dixième partie de la population est réduite à la mendicité et mendie en effet. Les intendants eux-mêmes, dans les mémoires qu'on

Sylvain de ses deniers a acquis de la naissance et un autre nom. Il est seigneur de la paroisse où ses aïeuls payaient la taille[1] : il n'aurait pu autrefois entrer page chez *Cléobule*, et il est son gendre.

Dorus passe en litière par la voie *Appienne*, précédé de ses affranchis et de ses esclaves, qui détournent le peuple et font faire place ; il ne lui manque que des licteurs ; il entre à *Rome* avec ce cortège, où il semble triompher[2] de la bassesse et de la pauvreté de son père *Sanga*.

On ne peut mieux user de sa fortune que fait *Périandre*[3] : elle lui donne du rang, du crédit, de l'autorité ; déjà on ne le prie plus d'accorder son amitié, on implore sa protection. Il a commencé par dire de soi-même : *Un homme de ma sorte* ; il passe à dire : *Un homme de ma qualité*. Il se donne pour tel ; et il n'y a personne de ceux à qui il prête de l'argent, ou qu'il reçoit à sa table, qui est délicate, qui veuille s'y opposer. Sa demeure est superbe ; un dorique règne dans tous ses dehors ; ce n'est pas une porte, c'est un portique. Est-ce la maison d'un particulier ? est-ce un temple ? le peuple s'y trompe. Il est le seigneur dominant de tout le quartier[4]. C'est lui que l'on envie, et dont on voudrait voir la chute ; c'est lui dont la femme, par son collier de perles, s'est fait des ennemies de toutes les dames du voisinage. Tout se soutient dans cet homme ; rien encore ne se dément dans cette grandeur qu'il a acquise, dont il ne doit rien, qu'il a payée. Que son père, si vieux et si caduc, n'est-il mort il y a vingt ans et avant qu'il se fît dans le monde aucune mention de Périandre ! Comment pourra-t-il soutenir ces odieuses pancartes[5] qui déchiffrent les conditions et qui souvent font rougir la veuve et les héritiers ? Les supprimera-t-il aux yeux de toute une ville jalouse, maligne, clairvoyante, et aux dépens de mille gens qui veulent absolument aller tenir leur rang à des obsèques ? Veut-on d'ailleurs qu'il fasse de son père un *Noble homme*, et peut-être un *Honorable homme*, lui qui est *Messire*[6] ?

leur demande pour le duc de Bourgogne, déclarent que telle province a perdu le quart de ses habitants, telle le tiers, telle la moitié.

1. LA TAILLE. Par conséquent les aïeuls (ou les aïeux) de Sylvain étaient roturiers. Les nobles, les ecclésiastiques et les officiers du roi étaient exempts de la taille.

2. TRIOMPHES. Allusion aux triomphes antiques.

3. PÉRIANDRE. Il s'agit d'un certain Langlée, que nous retrouverons plus loin au chapitre de *la Cour* : « Les cours ne sauraient se passer, etc. »

4. LE QUARTIER. C'est-à-dire le seigneur suzerain de qui relève tout le quartier.

5. PANCARTES. Billets d'enterrement (note de La Bruyère).

6. MESSIRE. *Noble homme* était le titre que prenaient, dans les contrats,

Combien d'hommes ressemblent à ces arbres déjà forts et avancés que l'on transplante dans les jardins, où ils surprennent les yeux de ceux qui les voient placés dans de beaux endroits où ils ne les ont point vus croître, et qui ne connaissent ni leurs commencements ni leurs progrès !

Si certains morts revenaient au monde, et s'ils voyaient leurs grands noms portés, et leurs terres les mieux titrées, avec leurs châteaux et leurs maisons antiques, possédées par des gens dont les pères étaient peut-être leurs métayers[1], quelle opinion pourraient-ils avoir de notre siècle?

Rien ne fait mieux comprendre le peu de chose que Dieu croit donner aux hommes en leur abandonnant les richesses, l'argent, les grands établissements et les autres biens, que la dispensation qu'il en fait, et le genre d'hommes qui en sont le mieux pourvus[2].

Si vous entrez dans les cuisines, où l'on voit réduit en art et en méthode le secret de flatter votre goût et de vous faire manger au delà du nécessaire ; si vous examinez en détail tous les apprêts des viandes qui doivent composer le festin que l'on vous prépare ; si vous regardez par quelles mains elles passent, et toutes les formes différentes qu'elles prennent avant de devenir un mets exquis, et d'arriver à cette propreté et à cette élégance qui charment vos yeux, vous font hésiter sur le choix et prendre le parti d'essayer de tout ; si vous voyez tout le repas ailleurs que sur une table bien servie, quelles saletés ! quel dégoût ! Si vous allez derrière un théâtre, et si vous nombrez les poids, les roues, les cordages, qui font les vols et les machines ; si vous considérez combien de gens entrent dans l'exécution de ces mouvements, quelle force de bras, et quelle extension de nerfs ils y emploient, vous direz : Sont-ce là les principes et les ressorts de ce spectacle si beau, si naturel, qui paraît animé et agir de soi-même? vous vous récrierez : Quels efforts ! quelle violence ! De même, n'approfondissez pas la fortune des partisans[3].

---

les bourgeois de quelque importance. Le petit bourgeois, le marchand, l'artisan s'intitulaient *honorable homme* ; le titre de *messire* était réservé aux personnes de qualité.

1. LEURS MÉTAYERS. On voit que, plus d'un siècle avant la Révolution, la terre commençait déjà à passer aux mains des vilains et des roturiers.

2. POURVUS. Cf. Bossuet, *Sermon sur la Providence* : « Quand, rappelant en mon esprit la mémoire de tous les siècles, je vois si souvent les grandeurs du monde entre les mains des impies, ... ah ! qu'il m'est aisé de comprendre que Dieu fait peu d'état de telles faveurs, et de tous les biens qu'il donne pour la vie présente ! »

3. DES PARTISANS. La fortune de la plupart des grands sortait de la même cuisine, dit M. Hemardinquer. « Presque tous sollicitaient du roi des confis-

Ce garçon[1] si frais, si fleuri, et d'une si belle santé, est seigneur d'une abbaye et de dix autres bénéfices[2] : tous ensemble lui rapportent six vingt mille livres de revenu, dont il n'est payé qu'en médailles d'or. Il y a ailleurs six vingts[3] familles indigentes qui ne se chauffent point pendant l'hiver, qui n'ont point d'habits pour se couvrir, et qui souvent manquent de pain ; leur pauvreté est extrême et honteuse : quel partage ! et cela ne prouve-t-il pas clairement un avenir[4] ?

Chrysippe, homme nouveau, et le premier noble de sa race, aspirait, il y a trente années, à se voir un jour deux mille livres de rente pour tout bien : c'était là le comble de ses souhaits et sa plus haute ambition ; il l'a dit ainsi, et on s'en souvient. Il arrive, je ne sais par quels chemins, jusqu'à donner en revenu à l'une de ses filles, pour sa dot, ce qu'il désirait lui-même d'avoir en fonds pour toute fortune pendant sa vie : une pareille somme est comptée dans ses coffres pour chacun de ses autres enfants qu'il doit pourvoir ; et il a un grand nombre d'enfants : ce n'est qu'en avancement d'hoirie[6], il y a d'autres biens à

cations et ' des gains honteux qu'on appelait *affaires*. Ainsi le comte de Grammont parvient à saisir un homme condamné pour concussion à une amende de 12,000 écus et qui était en fuite ; il demande au roi de lui abandonner cet homme, dont il tire de 40 à 50,000 livres ! Un graveur, enfermé pour toute sa vie dans la Bastille, parce qu'il avait fait paraître quelques caricatures contre la cour, se désespère et se suicide ; le roi donne ses biens à la Dauphine, et Dangeau écrit : « Aujourd'hui le roi a donné à madame la Dauphine un homme qui s'est tué lui-même ; elle espère en tirer beaucoup d'argent. »

1. CE GARÇON. Toutes les clefs désignent Charles-Maurice Le Tellier, archevêque de Reims en 1671.
2. BÉNÉFICES. Charges spirituelles, accompagnées de revenus. — Maurice Le Tellier était abbé de Breteuil, de Lagny, de Sainte-Bénigne de Dijon, de Saint-Étienne de Caen, de Saint-Remi de Reims et de Bonnefontaine.
3. SIX VINGTS. Cent-vingt.
4. UN AVENIR. Nous ne pensons pas, comme M. Hemardinquer, qu'il puisse être question ici d'un avenir terrestre. La Bruyère, profondément ému par les misères du peuple, ainsi que Fénelon et Massillon, est aussi, comme eux, profondément religieux. Il s'agit évidemment de l'avenir céleste, de la vie future. Cette démonstration de l'immortalité de l'âme par l'inégale et souvent injuste répartition des biens et des maux sur cette terre, est d'ailleurs d'une très grande force. Voltaire y revient très souvent : « Avouons, dit-il, quand nous lisons l'histoire de certains monstres, que nous souhaitons qu'ils soient châtiés. L'idée d'un Dieu vengeur est donc nécessaire. » Dans le n° 5 du *Vieux cordelier*, Camille Desmoulins dit, en s'adressant à Hébert, le pourvoyeur de la guillotine : « J'avais toujours cru à l'immortalité de l'âme. Après tant de sacrifices d'intérêts personnels que j'avais faits à la liberté et au bonheur du peuple, je me disais au fort de la persécution : il faut que les récompenses attendent la vertu ailleurs. Mais mon mariage est si heureux, mon bonheur domestique si grand, que j'ai craint d'avoir reçu ma récompense sur la terre, et *j'avais perdu ma démonstration de l'immortalité*. Maintenant tes persécutions, ton déchaînement contre moi, et tes lâches calomnies *me rendent toute mon espérance.* »
5. CHRYSIPPE. Les clefs nomment Langeois, fermier général, qui maria sa fille au fils du maréchal de Tourville, et son fils à la fille du président Cousin, nièce de M. de Pontchartrain.
6. D'HOIRIE. C'est-à-dire par anticipation sur la part de succession qui doit leur revenir.

espérer après sa mort : il vit encore, quoique assez avancé en âge, et il use le reste de ses jours à travailler pour s'enrichir.

Laissez faire *Ergaste*[1], et il exigera un droit de tous ceux qui boivent de l'eau de la rivière, ou qui marchent sur la terre ferme. Il sait convertir en or jusqu'aux roseaux, aux joncs et à l'ortie ; il écoute tous les avis, et propose tous ceux qu'il a écoutés[2]. Le prince ne donne aux autres qu'aux dépens d'Ergaste, et ne leur fait de grâces que celles qui lui étaient dues[3] : c'est une faim insatiable d'avoir et de posséder ; il trafiquerait[4] des arts et des sciences, et mettrait en parti jusques à l'harmonie[5]. Il faudrait, s'il en était cru, que le peuple, pour avoir le plaisir de le voir riche, de lui voir une meute et une écurie, pût perdre le souvenir de la musique d'*Orphée*, et se contenter de la sienne.

Ne traitez pas avec *Criton*[6], il n'est touché que de ses seuls avantages. Le piège est tout dressé à ceux à qui sa charge, sa terre, ou ce qu'il possède, feront envie : il vous imposera des conditions extravagantes. Il n'y a nul ménagement et nulle composition a attendre d'un homme si plein de ses intérêts et si ennemi des vôtres : il lui faut une dupe.

1. ERGASTE. Il s'agit du baron de Beauvais, fils d'une femme de chambre d'Anne d'Autriche, ainsi que ce Langlée que nous avons déjà vu sous le nom de Périandre et que nous retrouverons au chapitre de *la Cour*. — D'après une des clefs, « le roi lui avait donné les ronces et les épines qui croissent sur le chemin de Versailles. » — Capitaine général des chasses, il vendait le gibier du roi ; Louis XIV le sut et le força à se défaire de sa charge en faveur de son valet de chambre Bontemps.

2. QU'IL A ÉCOUTÉS. Voltaire dit en parlant des temps qui suivirent la mort de Colbert (1685) : « On fit ce qu'on appelle des *affaires extraordinaires*... toutes ces extravagances font rire aujourd'hui, mais alors elles faisaient pleurer. » *Siècle de Louis XIV*, ch. xxx. L'imagination des chercheurs d'*affaires extraordinaires* qui entouraient les ministres était inépuisable. « Ces déplorables moyens, dit M. Clément, avaient été inventés pour fournir aux dépenses de la guerre. Le contrôleur général, un traitant plus ou moins ingénieux, un intendant de province, avisait une matière imposable, à laquelle on n'avait pas encore songé. L'affaire était mise aux enchères, adjugée au plus offrant et immédiatement exploitée. Le trésor n'avait plus qu'à recevoir. Abusant malgré eux de cette funeste ressource, les contrôleurs généraux de la seconde moitié du règne, Pontchartrain, Chamillart et Desmarest épuisèrent le pays et le réduisirent à cet état de misère dont Boisguilbert et Vauban ont tracé un si affligeant tableau.

3. Dues. Cf. Molière :

Et l'on ne donne emploi, charge, ni béné-
[fice,
Qu'à tout ce qu'il se croit on ne fasse in-
[justice.

4. IL TRAFIQUERAIT. « L'intendant d'une des provinces les plus pauvres du royaume, ayant le dessein d'y encourager l'éducation des abeilles, fit demander le nombre des ruches qui existaient dans chaque paroisse. Dès que cette curiosité fut connue, les habitants persuadés qu'un intendant ne pouvait avoir que des intentions malfaisantes, se hâtèrent de détruire tous leurs essaims. » Lemontey, *Essai sur la monarchie de Louis XIV*.

5. L'HARMONIE. Il affermerait aux partisans jusqu'à la musique.

6. CRITON. Louis Berrier, le commis de Colbert. Nous avons déjà écrit son nom à propos du portrait de Sosie, Mme de Sévigné ne l'aimait pas, Berrier ayant montré un grand acharne-

Brontin[1], dit le peuple[2], fait des retraites, et s'enferme huit jours avec des saints; ils ont leurs méditations, et il a les siennes.

Le peuple souvent a le plaisir de la tragédie[3], il voit périr sur le théâtre du monde les personnages les plus odieux, qui ont fait le plus de mal dans diverses scènes, et qu'il a le plus haïs.

Si l'on partage la vie des P. T. S. en deux portions égales, la première, vive et agissante, est toute occupée à vouloir affliger le peuple; et la seconde, voisine de la mort, à se déceler et à se ruiner les uns les autres.

Cet homme qui a fait la fortune de plusieurs, qui a fait la vôtre, n'a pu soutenir la sienne, ni assurer avant sa mort celle de sa femme et de ses enfants; ils vivent cachés et malheureux : quelque bien instruit que vous soyez de la misère de leur condition, vous ne pensez pas à l'adoucir; vous ne le pouvez pas[4] en effet, vous tenez table, vous bâtissez; mais vous conservez par reconnaissance le portrait de votre bien-facteur[5], qui a passé, à la vérité, du cabinet à l'antichambre, quels égards ! il pouvait aller au garde-meuble[6].

Il y a une dureté de complexion; il y en une autre de condition et d'état. L'on tire de celle-ci, comme de la première, de quoi s'endurcir sur la misère des autres, dirai-je même, de quoi ne pas plaindre les malheurs de sa famille : un bon financier ne pleure ni ses amis, ni sa femme, ni ses enfants[7].

---

ment contre Fouquet. Elle raconte, dans sa lettre du 3 novembre 1677, que lorsque Berrier vint complimenter le chancelier Le Tellier, à la tête des secrétaires généraux, Le Tellier lui dit: « Je vous remercie; mais, monsieur Berrier, point de finesse, point de friponnerie. » — Dans la lettre du 7 octobre 1676, on trouve l'anecdote suivante : « M⁰ᵉ de Cornuel était l'autre jour chez Berrier, dont elle était maltraitée; elle était dans l'antichambre qui était pleine de laquais; il vint une espèce d'honnête homme qui lui dit qu'elle était mal dans ce lieu-là. — Hélas ! dit-elle, j'y suis fort bien; je ne les crains pas tant qu'ils sont laquais. »

1. Brontin. Il s'agirait encore de Berrier, ou, selon d'autres, de Pontchartrain qui fut contrôleur général en 1690, et qui avait une maison à l'oratoire, où il faisait des retraites de dévotion.

2. Le peuple. L'opinion publique était tellement hostile envers Louis XIV à cette époque, dit M. de Walckenaër, qu'il suffisait qu'un personnage fût aimé du roi et de Mᵐᵉ de Maintenon, pour qu'il fût calomnié dans les libelles, qui circulaient alors contre le gouvernement. Ces libelles, écrits par les protestants réfugiés en Hollande, étaient reçus avec avidité à Paris. Voici les titres de plusieurs de ces satires dirigées contre les financiers : les *Partisans démasqués*, *l'Art de voler sans ailes*, *Pluton maltôtier*, *l'Art de plumer la poule sans crier*.

3. La tragédie. Comme celle qui mit fin à la vie du maréchal d'Ancre.

4. Vous ne le pouvez pas. Étant devenu riche, vous avez les charges de votre situation, et il ne vous reste pas de temps pour la reconnaissance.

5. Bien-facteur. La Bruyère qui a un goût prononcé pour l'archaïsme, écrit *bien-facteur*, quoique *bienfaiteur* commençât à prévaloir.

6. Au garde-meuble. Dans la chambre de débarras, où on relègue les vieux meubles et les estampes démodées.

7. Ni ses enfants. Ces derniers traits sont exagérés et portent à faux :

Fuyez, retirez-vous; vous n'êtes pas assez loin. Je suis, dites-vous, sous l'autre tropique. Passez sous le pôle, et dans l'autre hémisphère; montez aux étoiles[1] si vous le pouvez. M'y voilà. Fort bien, vous êtes en sûreté. Je découvre sur la terre un homme avide, insatiable, inexorable, qui veut, aux dépens de tout ce qui se trouvera sur son chemin et à sa rencontre, et quoi qu'il en puisse coûter aux autres[2], pourvoir à lui seul, grossir sa fortune, et regorger de bien.

Faire fortune est une si belle phrase, et qui dit une si bonne chose, qu'elle est d'un usage universel : on la reconnaît dans toutes les langues; elle plaît aux étrangers et aux barbares; elle règne à la cour et à la ville; elle a percé les cloîtres et franchi les murs des abbayes de l'un et de l'autre sexe : il n'y a point de lieux sacrés où elle n'ait pénétré, point de désert ni de solitude où elle soit inconnue.

A force de faire de nouveaux contrats, ou de sentir son argent grossir dans ses coffres, on se croit enfin une bonne tête, et presque capable de gouverner[3].

Il faut une sorte d'esprit pour faire fortune, et surtout une grande fortune : ce n'est ni le bon, ni le bel esprit, ni le grand, ni le sublime, ni le fort, ni le délicat; je ne sais précisément lequel c'est, et j'attends que quelqu'un veuille m'en instruire[4].

Il faut moins d'esprit que d'habitude ou d'expérience pour faire sa fortune; l'on y songe trop tard, et quand enfin l'on s'en avise, l'on commence par des fautes que l'on n'a pas toujours le loisir de réparer : de là vient peut-être que les fortunes sont si rares.

Un homme d'un petit génie peut vouloir s'avancer : il néglige tout; il ne pense du matin au soir, il ne rêve la nuit, qu'à une seule chose, qui est de s'avancer. Il a commencé de bonne

---

tel partisan qui ruinera, sans remords, vingt familles quand il s'agit d'une *affaire*, peut être excellent père, bon époux, et même bon ami partout ailleurs que dans son cabinet.

1. Aux étoiles. Nous avons déjà signalé l'abus que notre auteur fait de l'hyperbole.

2. Aux autres. On connaît ce dialogue d'une de nos comédies contemporaines : « Qu'est-ce que les affaires? — Les affaires ! c'est l'argent des autres. »

3. De gouverner. « Quand on voit un homme qui a fait fortune, cela vient de ce que des cent mille voies, la plupart fausses qu'il a employées, quelqu'une a réussi; de là on argumente qu'il sera propre pour les affaires publiques. — Cela n'est pas vrai. Quand on se trompe dans quelque projet pour sa fortune, ce n'est qu'un coup d'épée dans l'eau. Mais dans les entreprises de l'État, il n'y a pas de coups d'épée dans l'eau. » Montesquieu.

4. Instruire. Cf. Lesage, *Turcaret* : « Un bel esprit n'est pas nécessaire pour faire son chemin. Hors moi et deux ou trois autres, il n'y a que des génies assez communs. Il suffit d'un certain usage, d'une routine qu'on ne manque guère d'attraper. Nous voyons tant de gens ! Nous nous étudions à prendre ce que le monde a de meilleur; voilà toute notre science. »

heure, et dès son adolescence, à se mettre dans les voies de la fortune : s'il trouve une barrière de front qui ferme son passage, il biaise naturellement, et va à droite[1] ou à gauche, selon qu'il y voit de jour et d'apparence ; et, si de nouveaux obstacles l'arrêtent, il rentre dans le sentier qu'il avait quitté. Il est déterminé par la nature des difficultés, tantôt à les surmonter, tantôt à les éviter, ou à prendre d'autres mesures : son intérêt, l'usage, les conjonctures, le dirigent. Faut-il de si grands talents et une si bonne tête à un voyageur pour suivre d'abord le grand chemin, et, s'il est plein et embarrassé, prendre la terre, et aller à travers champs, puis regagner sa première route, la continuer, arriver à son terme ? Faut-il tant d'esprit[2] pour aller à ses fins ? Est-ce donc un prodige qu'un sot riche et accrédité ?

Il y a même des stupides, et j'ose dire des imbéciles[3], qui se placent en de beaux postes, et qui savent mourir dans l'opulence, sans qu'on les doive soupçonner en nulle manière d'y avoir contribué de leur travail ou de la moindre industrie[4] : quelqu'un les a conduits à la source d'un fleuve, ou bien le hasard seul les y a fait rencontrer[5] ; on leur a dit : Voulez-vous de l'eau ? puisez ; et ils ont puisé.

Quand on est jeune, souvent on est pauvre : ou l'on n'a pas

---

1. A DROIT. Au dix-septième siècle, on disait indifféremment *à droit* ou *à droite*. Cf. Boileau. Satire IV :

L'un à droit, l'autre à gauche et courant
[vainement.

2. TANT D'ESPRIT. Voyez, sur les avantages d'un esprit médiocre la cent quarante-cinquième des *Lettres Persannes* :

« Un homme d'esprit est ordinairement difficile dans les sociétés. Il choisit peu de personnes ; il s'ennuie avec tout ce grand nombre de gens qu'il lui plaît appeler mauvaise compagnie ; il est impossible qu'il ne fasse un peu sentir son dégoût : autant d'ennemis.

» Sûr de plaire quand il voudra, il néglige très souvent de le faire.

» Il est porté à la critique parce qu'il voit plus de choses qu'un autre, et les sent mieux.

» Il ruine presque toujours sa fortune, parce que son esprit lui fournit pour cela un plus grand nombre de moyens.

» Il échoue dans ses entreprises, parce qu'il hasarde beaucoup. Sa vue, qui se porte toujours loin, lui fait voir des objets qui sont à de trop grandes distances. Sans compter que, dans la naissance d'un projet, il est moins frappé des difficultés qui viennent de la chose, que des remèdes qui sont de lui, et qu'il tire de son propre fonds.

» Il néglige les menus détails, dont dépend cependant la réussite de presque toutes les grandes affaires.

» L'homme médiocre, au contraire, cherche à tirer parti de tout : il sent bien qu'il n'a rien à perdre en négligences.

» L'approbation universelle est plus ordinairement pour l'homme médiocre. On est charmé de donner à celui-ci ; on est enchanté d'ôter à celui-là. Pendant que l'envie fond sur l'un, et qu'on ne lui pardonne rien, on supplée tout en faveur de l'autre : la vanité se déclare pour lui. »

3. DES IMBÉCILES. Il semble que la gradation serait plus exacte, si elle était renversée.

4. INDUSTRIE. Dans le sens du mot latin *industria*, activité, habileté, artifice.

5. RENCONTRER. Les y a conduits.

encore fait d'acquisitions, ou les successions ne sont pas échues. L'on devient riche et vieux en même temps : tant il est rare que les hommes puissent réunir tous leurs avantages ! et, si cela arrive à quelques-uns, il n'y a pas de quoi leur porter envie : ils ont assez à perdre par la mort pour mériter d'être plaints.

Il faut avoir trente ans pour songer à sa fortune ; elle n'est pas faite à cinquante : l'on bâtit dans sa vieillesse, et l'on meurt quand on en est aux peintres et aux vitriers.

Quel est le fruit d'une grande fortune, si ce n'est de jouir de la vanité, de l'industrie, du travail et de la dépense de ceux qui sont venus avant nous, et de travailler nous-mêmes, de planter, de bâtir, d'acquérir pour la postérité [1] ?

L'on ouvre et l'on étale [2] tous les matins, pour tromper son monde, et l'on ferme le soir, après avoir trompé tout le jour.

Le marchand fait des montres [3] pour donner de sa marchandise ce qu'il y a de pire ; il a le cati [4] et les faux jours afin d'en cacher les défauts et qu'elle paraisse bonne ; il la surfait pour la vendre plus cher qu'elle ne vaut ; il a des marques fausses et mystérieuses afin qu'on croie n'en donner que son prix, un mauvais aunage pour en livrer le moins qu'il se peut, et il a un trébuchet, afin que celui à qui il l'a livrée la lui paye en or qui soit de poids [5].

Dans toutes les conditions, le pauvre est bien proche de l'homme de bien, et l'opulent n'est guère éloigné de la friponnerie. Le savoir-faire et l'habileté ne mènent pas jusques aux énormes richesses [6].

L'on peut s'enrichir dans quelque art, ou dans quelque com-

---

1. POUR LA POSTÉRITÉ. Il y a plus d'amertume que de vérité dans cette réflexion : ce qui fait que le genre humain peut être considéré comme une grande famille, c'est que nous jouissons de l'industrie et du travail de ceux qui sont venus avant nous et que nous travaillons nous-mêmes pour la postérité. — La Fontaine a dit avec un sentiment plus humain :

Mes arrière-neveux me devront cet ombrage.
Hé bien ! défendez-vous au sage,
De se donner des soins pour le plaisir d'autrui.

2. L'ON ÉTALE. On fait des étalages. Cette pensée pourrait s'appliquer à d'autres qu'aux marchands : que de gens font tous les matins et tous les jours l'étalage de leurs fausses vertus et ferment le soir après avoir trompé leur monde!

3. DES MONTRES. « Se dit parmi les marchands de l'exposition de leurs marchandises, l'une après l'autre, aux acheteurs. — Se dit aussi des étoffes et des marques que les marchands mettent au devant de leurs boutiques pour enseigner aux passants les choses dont ils font trafic. » Furetière.

4. CATI. Apprêt qui donne du corps et du lustre aux étoffes.

5. DE POIDS. Cette satire paraît excessive, même pour le temps où vivait La Bruyère ; en tout cas, elle serait injuste aujourd'hui.

6. RICHESSES. La Bruyère veut dire que, pour parvenir aux énormes richesses, il faut encore autre chose que le savoir-faire et l'habileté.

merce que ce soit, par l'ostentation d'une certaine probité[1].

De tous les moyens de faire sa fortune, le plus court et le meilleur est de mettre les gens à voir[2] clairement leurs intérêts à vous faire du bien.

Les hommes pressés par les besoins de la vie, et quelquefois par le désir du gain ou de la gloire, cultivent des talents profanes, ou s'engagent dans des professions équivoques, et dont ils se cachent longtemps à eux-mêmes le péril et les conséquences; il les quitent ensuite[3] par une dévotion discrète, qui ne leur vient jamais qu'après qu'ils ont fait leur récolte et qu'ils jouissent d'une fortune bien établie.

Il y a des misères sur la terre qui saisissent le cœur[4]. Il manque à quelques-uns jusqu'aux aliments; ils redoutent l'hiver, ils appréhendent de vivre. L'on mange ailleurs des fruits précoces; l'on force la terre et les saisons pour fournir à sa délicatesse; de simples bourgeois, seulement à cause qu'ils étaient riches[5], ont eu l'audace d'avaler en un seul morceau la nourriture de cent familles. Tienne qui voudra contre de si grandes extrémités; je ne veux être, si je le puis, ni malheureux, ni heureux; je me jette et me réfugie dans la médiocrité.

On sait que les pauvres sont chagrins[6] de ce que tout leur manque, et que personne ne les soulage; mais s'il est vrai que les riches soient colères, c'est de ce que la moindre chose puisse leur manquer ou que quelqu'un veuille leur résister.

Celui-là est riche, qui reçoit plus qu'il ne consume[7]; celui-là est pauvre, dont la dépense excède la recette.

---

1. PROBITÉ. Cette réflexion est trop dans le goût de La Rochefoucauld. Pourquoi supposer que cette probité est nécessairement feinte? ne peut-il y avoir, dans quelque art et quelque commerce que ce soit, une probité sincère?

2. A VOIR. D'amener les gens à voir... — *Mettre à* ne se construit plus avec un verbe.

3. ENSUITE. La malignité publique voulut voir, dans ce paragraphe, une allusion à Racine qui avait quitté le théâtre pour la dévotion. Il est certain que La Bruyère qui était l'ami de Racine n'a point pensé à cette application.

4. LE CŒUR. Cf. Bossuet, 1er *sermon pour la fête de tous les Saints*. « Il semble que j'entends tout autour de moi un cri de misère: ne voulez-vous pas avoir pitié? Leur voix est lasse, parce qu'elle est infirme: moins je les entends, et plus ils me percent le cœur. Mais si leur voix n'est pas assez forte, écoutez J.-C. qui se joint à eux. Ingrat, déloyal, nous dit-il, tu manges et tu te reposes à ton aise; et tu ne songes pas que je suis souffrant en telle maison, que j'ai la fièvre en cette autre et que partout je meurs de faim, si tu ne m'assistes... »

5. A CAUSE QUE. Encore une locution proscrite par les grammairiens, mais employée par Pascal et Bossuet, sans compter La Bruyère.

6. CHAGRINS. Cf. Bossuet, dans le sermon cité plus haut: « Ne me dites point: Les pauvres sont de mauvaise humeur, on ne peut les contenter. C'est une suite nécessaire de la pauvreté. »

7. CONSUME. Au dix-septième siècle, on confondait encore les deux verbes *consumer* et *consommer*.

Tel, avec deux millions de rente, peut être pauvre chaque année de cinq cent mille livres [1].

Il n'y a rien qui se soutienne plus longtemps qu'une médiocre fortune; il n'y a rien dont on voie mieux la fin que d'une grande fortune.

L'occasion prochaine [2] de la pauvreté, c'est de grandes richesses.

S'il est vrai que l'on soit riche de tout ce dont on n'a pas besoin, un homme fort riche c'est un homme qui est sage [3].

S'il est vrai que l'on soit pauvre par toutes les choses que l'on désire [4], l'ambitieux et l'avare languissent dans une extrême pauvreté.

Les passions tyrannisent l'homme; et l'ambition suspend en lui les autres passions, et lui donne pour un temps les apparences de toutes les vertus. Ce *Triphon* qui a tous les vices, je l'ai cru sobre, chaste, libéral, humble et même dévot; je le croirais encore, s'il n'eût enfin fait sa fortune.

L'on ne se rend point sur le désir de posséder et de s'agrandir: la bile gagne et la mort approche, qu'avec un visage flétri, et des jambes déjà faibles, l'on dit: *Ma fortune, mon établissement*.

Il n'y a au monde que deux manières de s'élever, ou par sa propre industrie, ou par l'imbécillité des autres.

Les traits découvrent la complexion et les mœurs; mais la mine [5] désigne les biens de fortune: le plus ou moins de mille livres de rente se trouve écrit sur les visages.

Chrysante, homme opulent et impertinent, ne veut pas être vu avec *Eugène*, qui est homme de mérite, mais pauvre: il croirait en être déshonoré. Eugène est pour Chrysante dans les mêmes dispositions: ils ne courent pas risque de se heurter [6].

Quand je vois de certaines gens, qui me prévenaient autrefois

---

1. LIVRES. C'est-à-dire avoir dépensé 500,000 livres de plus que son revenu.
2. OCCASION PROCHAINE. Expression théologique, qu'on rencontre souvent dans les *Provinciales* de Pascal. « Les pêcheurs, dit Pascal, doivent être obligés à quitter les occasions prochaines, » c'est-à-dire les mauvaises compagnies, les tentations fréquentes et presque journalières qui les portent à pécher.
3. SAGE. Cf. Boileau. Ep. v. Qui vit content de rien, possède toute chose.
4. DÉSIRE. « Le bonheur et le désir, dit Epictète, ne peuvent se trouver ensemble. — Le bonheur ne consiste point à acquérir et à jouir, mais à ne pas désirer, car il consiste à être libre. »
5. LA MINE. Voir plus bas les portraits de Giton et de Phédon.
6. SE HEURTER. Cela est très-fier. Voir le chapitre du *Mérite personnel*, note 1. — Il y a entre les deux caractères de Chrysante et d'Eugène la même opposition que nous avons vue plus haut entre Clitiphon et le philosophe ou l'homme de lettres.

par leurs civilités, attendre au contraire que je les salue, et en être avec moi sur le plus ou sur le moins, je dis en moi-même : Fort bien, j'en suis ravi ; tant mieux pour eux : vous verrez que cet homme-ci est mieux logé, mieux meublé et mieux nourri qu'à l'ordinaire ; qu'il sera entré depuis quelques mois dans quelque affaire, où il aura déjà fait un gain raisonnable. Dieu veuille qu'il en vienne dans peu de temps jusqu'à me mépriser[1].

Si les pensées, les livres et leurs auteurs dépendaient des riches et de ceux qui ont fait une belle fortune, quelle proscription ! Il n'y aurait plus de rappel[2] : quel ton, quel ascendant, ne prennent-ils pas sur les savants ! quelle majesté n'observent-ils pas à l'égard de ces hommes *chétifs*[3] que leur mérite n'a ni placés ni enrichis, et qui en sont encore à penser et à écrire judicieusement ! Il faut l'avouer, le présent est pour les riches, et l'avenir[4] pour les vertueux et les habiles. HOMÈRE est encore et sera toujours ; les receveurs de droits, les publicains[5], ne sont plus : ont-ils été ? Leur patrie, leurs noms sont-ils connus ? y a-t-il eu dans la Grèce des partisans ? Que sont devenus ces importants personnages qui méprisaient Homère, qui ne songeaient dans la place qu'à l'éviter, qui ne lui rendaient pas le salut, ou qui le saluaient par son nom, qui ne daignaient pas l'associer à leur table, qui le regardaient comme un homme qui n'était pas riche et qui faisait un livre ? Que deviendront les *Fauconnets*[6] ? iront-ils aussi loin dans la postérité que DESCARTES, *né Français et mort en Suède*[7] ?

Du même fond d'orgueil dont l'on s'élève fièrement au-dessus de ses inférieurs, l'on rampe vilement devant ceux qui sont au-

---

1. ME MÉPRISER. Il y a, dans ce paragraphe, une ironie qui produit tout son effet, parce qu'elle est assaisonnée par une indulgence qui va presque jusqu'à la charité ; mais il faut avouer qu'il faut avoir été bien loin dans le mépris pour arriver à cette hauteur de charité.

2. DE RAPPEL. D'appel. On dit : *en appeler*, et non *en rappeler*.

3. CHÉTIFS. Vieux mot français tiré de *captivus*, par voie de dérivation populaire ; par voie d'imitation savante, *captivus* a donné *captif*.

4. L'AVENIR. Il ne s'agit pas ici de la vie future, comme plus haut, mais de la justice rendue par la postérité.

5. LES PUBLICAINS. Les partisans au temps de la naissance de J.-C., les chevaliers romains.

6. LES FAUCONNETS. Jean Fauconnet, bourgeois de Paris, avait réuni dans ses mains trois fermes jusque-là distinctes. Son bail dura de 1681 à 1687, et par conséquent durait encore quand La Bruyère inséra dans ce caractère le nom générique des Fauconnets, pour désigner les fermiers-généraux.

7. SUÈDE. La Bruyère avait souligné ces mots : *né Français et mort en Suède*, pour attirer l'attention du lecteur sur les persécutions qui obligèrent Descartes à se retirer d'abord en Hollande et à mourir enfin loin de sa patrie. — René Descartes, né à La Haye, en Touraine, en 1596, mourut à Stockholm en 1650 ; il avait publié le *Discours de la méthode* en 1637 ; ses cendres furent rapportées en France en 1667.

dessus de soi. C'est le propre de ce vice, qui n'est fondé ni sur le mérite personnel, ni sur la vertu, mais sur les richesses, les postes, le crédit et sur de vaines sciences, de nous porter également à mépriser ceux qui ont moins que nous de cette espèce de biens, et à estimer trop ceux qui en ont une mesure qui excède la nôtre.

Il y a des âmes sales, pétries de boue et d'ordure[1], éprises du gain et de l'intérêt, comme les belles âmes le sont de la gloire et de la vertu, capables d'une seule volupté, qui est celle d'acquérir ou de ne point perdre, curieuses et avides du denier dix[2], uniquement occupées de leurs débiteurs, toujours inquiètes sur le rabais ou sur le décri des monnaies[3], enfoncées et comme abîmées dans les contrats, les titres et les parchemins. De telles gens ne sont ni parents, ni amis, ni citoyens, ni chrétiens, ni peut-être des hommes : ils ont de l'argent.

Commençons par excepter ces âmes nobles et courageuses, s'il en reste encore[4] sur la terre, secourables, ingénieuses à faire du bien, que nuls besoins, nulle disproportion, nuls artifices, ne peuvent séparer de ceux qu'ils se sont une fois choisis pour amis[5] ; et, après cette précaution, disons hardiment une chose triste et douloureuse à imaginer : Il n'y a personne au monde si bien lié avec nous de société et de bienveillance, qui nous aime, qui nous goûte, qui nous fait mille offres de services, et

---

1. D'ORDURE. Ces expressions violentes rappellent celles dont le maître de rhétorique de Tibère se servait pour désigner le futur empereur : « Une âme pétrie de boue et de sang. »
2. DU DENIER DIX. Placer son argent au denier dix, c'est le placer à dix pour cent.
3. DÉCRI DES MONNAIES. Décrier une monnaie, c'est la mettre hors de cours par ordonnance, défendre d'en faire usage; la rabaisser, c'est en réduire la valeur nominale. — Les variations de la valeur numéraire des monnaies étaient fréquentes sous Louis XIV, et jetaient dans le commerce une effroyable perturbation. « On croit toujours être ici, écrit Racine en 1698, à la veille d'un décri, et cela cause le plus grand désordre du monde. » Voltaire dit dans le Siècle de Louis XIV : « Colbert avait peu changé la valeur numéraire des monnaies. Il vaut mieux ne la point changer du tout. L'argent et l'or, ces gages d'échange, doivent être des mesures invariables. Il n'avait poussé la valeur numéraire du marc d'argent de vingt-six francs où il l'avait trouvée, qu'à vingt-sept et à vingt-huit ; et après lui, dans les dernières années de Louis XIV, on étendit cette dénomination jusqu'à quarante livres idéales... Les diminutions qui suivirent dérangèrent le peu qui restait du commerce autant qu'avait fait l'augmentation. »
4. S'IL EN RESTE ENCORE. Montesquieu dit fort bien : « Horace et Aristote nous ont déjà parlé des vertus de leurs pères et des vices de leurs temps, et les auteurs de siècle en siècle nous en ont parlé de même. S'ils avaient dit vrai, les hommes seraient à présent des ours. »
5. POUR AMIS. Parmi ces âmes nobles et courageuses qui ne peuvent se séparer de ceux qu'ils se sont une fois choisis pour amis, il convient de citer Pellisson, La Fontaine, Mme de Sévigné, pour la fidélité qu'ils gardèrent à Fouquet disgracié et menacé de mort.

qui nous sert quelquefois, qui n'ait en soi, par l'attachement à son intérêt, des dispositions très proches à rompre avec nous, et à devenir notre ennemi.

Pendant qu'*Oronte* augmente avec ses années son fond et ses revenus, une fille naît dans quelque famille, s'élève, croît, s'embellit, et entre dans sa seizième année ; il se fait prier à cinquante ans pour l'épouser, jeune, belle, spirituelle : cet homme, sans naissance, sans esprit, et sans le moindre mérite, est préféré à tous ses rivaux.

Le mariage, qui devrait être à l'homme une source de tous les biens, lui est souvent, par la disposition de sa fortune, un lourd fardeau sous lequel il succombe [1] ; c'est alors qu'une femme et des enfants sont une violente tentation à la fraude, au mensonge, et aux gains illicites. Il se trouve entre la friponnerie et l'indigence : étrange situation !

Épouser une veuve, en bon français, signifie faire sa fortune : il n'opère pas toujours ce qu'il signifie.

Celui qui n'a de partage [2] avec ses frères que pour vivre à l'aise bon praticien [3], veut être officier ; le simple officier [4] se fait magistrat, et le magistrat veut présider [5] ; et ainsi de toutes les conditions où les hommes languissent serrés et indigents, après avoir tenté au delà de leur fortune et forcé, pour ainsi dire, leur destinée [6], incapables tout à la fois de ne pas vouloir être riches et de demeurer riches.

Dîne bien, *Cléarque*, soupe le soir, mets du bois au feu, achète un manteau, tapisse ta chambre : tu n'aimes point ton héritier ; tu ne le connais point ; tu n'en as point.

Jeune, on conserve pour sa vieillesse ; vieux, on épargne pour la mort. L'héritier prodigue paie de superbes funérailles, et dévore le reste.

---

1. IL SUCCOMBE. « Chose triste et dure à dire, mais qu'il faut dire : l'homme aujourd'hui n'est pas corrompu par le monde, il le connaît trop bien ; pas davantage par ses amis... qui a des amis ?... Non, ce qui le corrompt le plus souvent, c'est sa famille même. Une excellente femme, inquiète pour ses enfants, est capable de tout, pour faire avancer son mari, jusqu'à le pousser aux lâchetés. — Que fera l'homme, quand il trouve la tentation dans la famille même qui devrait l'en garder ? — Ce côté de nos mœurs est grave, je n'en connais pas de plus sombre. » (MICHELET.) — M. Hemardinquer dit fort justement : Le mot si connu du sergent des *Plaideurs* : « Frappez, j'ai quatre enfants à nourrir », est aussi triste qu'il est comique.

2. DE PARTAGE. Celui qui n'a dans sa part de patrimoine.

3. PRATICIENS. Avocat ou procureur.

4. OFFICIER. Celui qui a acheté un office, une charge dans une cour inférieure.

5. PRÉSIDEN. Devenir président.

6. FORCÉ LEUR DESTINÉE. Bossuet avait dit, avant La Bruyère, dans l'*Oraison funèbre de Louis de Bourbon* : « Condé semblait né pour entraîner la fortune dans ses desseins et forcer les destinées. »

L'avare dépense plus mort, en un seul jour[1], qu'il ne faisait vivant dix années ; et son héritier plus en dix mois, qu'il n'a su faire lui-même en toute sa vie.

Ce que l'on prodigue, on l'ôte à son héritier ; ce que l'on épargne sordidement, on se l'ôte à soi-même. Le milieu est justice pour soi et pour les autres.

Les enfants peut-être seraient plus chers à leurs pères et, réciproquement, les pères à leurs enfants, sans le titre d'héritiers.

Triste condition de l'homme, et qui dégoûte de la vie ! il faut suer, veiller, fléchir, dépendre[2], pour avoir un peu de fortune, ou la devoir à l'agonie de nos proches. Celui qui s'empêche de souhaiter que son père y passe bientôt, est homme de bien.

Le caractère de celui qui veut hériter de quelqu'un rentre dans celui du complaisant : nous ne sommes point mieux flattés, mieux obéis, plus suivis, plus entourés, plus cultivés, plus ménagés, plus caressés de personne pendant notre vie, que de celui qui croit gagner à notre mort et qui désire qu'elle arrive[3].

Tous les hommes, par les postes différents, par les titres et par les successions, se regardent comme héritiers les uns des autres, et cultivent par cet intérêt, pendant tout le cours de leur vie, un désir secret et enveloppé de la mort d'autrui : le plus heureux, dans chaque condition, est celui qui a plus de choses à perdre par sa mort et à laisser à son successeur.

L'on dit du jeu qu'il égale les conditions[4] ; mais elles se trou-

---

1. EN UN SEUL JOUR. Le jour où son héritier lui fait ces superbes funérailles dont il est parlé dans le paragraphe précédent.

2. DÉPENDRE. Vivre dans la dépendance d'autrui.

3. ARRIVE. Voir les *Dialogues des morts* de Lucien, V, VI, VII, VIII et IX.

4. ÉGALE LES CONDITIONS. Ainsi Langlée, « un homme de rien », dit Saint-Simon, et que nous avons vu plus haut sous le nom de Périandre, faisait la partie du roi. Mme de Sévigné écrit à Mme de Grignan en janvier 1672 : « Langlée est fier et familier au possible ; il jouait l'autre jour au brelan avec le comte de Grammont, qui lui dit sur quelques manières un peu libres : Monsieur de Langlée, gardez ces familiarités-là pour quand vous jouerez avec le roi. » — Gourville, qui avait été laquais, jouait avec les plus grands seigneurs. — Morin, de Béziers, joueur fameux, qu'il ne faut pas confondre avec Morin le Juif, beau-père du maréchal d'Estrée, du marquis de Dangeau et de M. de Montmort, voyait toutes les portes s'ouvrir devant lui ; forcé de quitter la France, il était allé jouer en Angleterre chez la duchesse de Mazarin, où il balança l'influence de Saint-Evremond ; celui-ci, jaloux du *tailleur de banques*, comme il appelait Morin, adressait à Hortense Mazarin l'épigramme suivante :

Vos yeux dont les mortelles armes
Coûtaient aux nôtres tant de larmes,
Eux qui mettaient tout sous vos lois,
S'usent aujourd'hui sur un trois ;
Et votre âme attentive à la carte qui passe,
Tremble secrètement du péril de la face.
Beaux yeux, quel est votre destin ?
Périrez-vous, beaux yeux, à regarder
[Morin ?

vent quelquefois si étrangement disproportionnées, et il y a entre telle et telle condition un abîme d'intervalle si immense et si profond, que les yeux souffrent de voir de telles extrémités se rapprocher ; c'est comme une musique qui détonne, ce sont comme des couleurs mal assorties, comme des paroles qui jurent et qui offensent l'oreille, comme de ces bruits ou de ces sons qui font frémir ; c'est, en un mot, un renversement de toutes les bienséances. Si l'on m'oppose que c'est la pratique de tout l'Occident[1], je réponds que c'est peut-être aussi l'une de ces choses qui nous rendent barbares à l'autre partie du monde et que les Orientaux[2] qui viennent jusqu'à nous remportent sur leurs tablettes ; je ne doute pas même que cet excès de familiarité ne les rebute davantage que nous ne sommes blessés de leur zombaye[3], et de leurs autres prosternations.

Une tenue d'états[4], ou les chambres[5] assemblées pour une affaire très capitale, n'offre point aux yeux rien[6] de si grave

---

1. TOUT L'OCCIDENT. Cf. Montesquieu (LVIe des *Lettres Persanes*) : « Le jeu est très en usage en Europe : c'est un état que d'être joueur ; ce seul titre tient lieu de naissance, de bien, de probité ; il met tout homme qui le porte au rang des honnêtes gens, sans examen, quoiqu'il n'y ait personne qui ne sache qu'en jugeant ainsi il s'est trompé très souvent ; mais on est convenu d'être incorrigible.

Les femmes y sont surtout très abandonnées.

J'ai vu souvent neuf ou dix femmes, ou plutôt neuf ou dix siècles, rangées autour d'une table ; je les ai vues dans leurs espérances, dans leurs craintes, dans leurs joies, surtout dans leurs fureurs ; tu aurois dit qu'elles n'auroient jamais le temps de s'apaiser, et que la vie alloit les quitter avant leur désespoir ; tu aurois été en doute si ceux qu'elles payoient étoient leurs créanciers ou leurs légataires. »

2. LES ORIENTAUX. On commençait alors à faire attention à l'extrême Orient. L'ambassade envoyée par le roi de Siam à Louis XIV en 1684 et la dispute entre les Dominicains et les Jésuites sur les cérémonies chinoises, qui dura de 1645 à 1724, avaient mis la Chine et le Tonkin à la mode.

3. ZOMBAYE. Voyez les relations du royaume de Siam (note de La Bruyère).
— « Les ambassadeurs qui paraissaient devant le roi de Siam s'approchaient de la salle d'audience en se traînant à genoux, au milieu des mandarins prosternés, et faisaient à une certaine distance une profonde inclination qui se nommait la *zombaye* ; s'avançant un peu plus près, toujours à genoux, ils frappaient trois fois la terre de leur front, s'avançaient encore, faisaient la zombaye, puis attendaient que le roi leur parlât. Ce cérémonial était un peu abrégé pour les ambassadeurs des souverains importants, mais encore ne s'avançaient-ils qu'en rampant sur leurs genoux. M. de Chaumont, envoyé en ambassade auprès du roi de Siam par Louis XIV en 1685, refusa de faire les prosternations habituelles, et fut le premier ambassadeur qui parut debout devant lui. » — Relation du voyage de Siam par le P. Tachard.

4. ÉTATS. — « *États* se dit des assemblées qui se font en quelques provinces, qui se sont conservées en la possession de ce droit, afin d'ordonner elles-mêmes les contributions qu'elles doivent faire pour soutenir les charges de l'État et les régler et faire payer ; comme sont les provinces de Bretagne, de Languedoc, de Bourgogne et de la Franche-Comté. » FURETIÈRE.

5. LES CHAMBRES. Les chambres du parlement.

6. POINT... RIEN. — Déjà Bélise avait appris à Martine que *pas* doit être supprimé devant rien : *ne servent pas de rien*.

O cervelle indocile,
. . . .

et de si sérieux qu'une table de gens qui jouent un grand jeu : une triste sévérité règne sur leur visage ; implacables l'un pour l'autre, et irréconciliables ennemis pendant que la séance dure, ils ne reconnaissent plus ni liaisons, ni alliance, ni naissance, ni distinctions. Le hasard seul, aveugle et farouche divinité, préside au cercle, et y décide souverainement : ils l'honorent tous par un silence profond, et par une attention dont ils sont partout ailleurs fort incapables ; toutes les passions, comme suspendues, cèdent à une seule : le courtisan alors n'est ni doux, ni flatteur, ni complaisant, ni même dévot.

L'on ne reconnaît plus en ceux que le jeu et le gain ont illustrés la moindre trace de leur première condition. Ils perdent de vue leurs égaux, et atteignent les plus grands seigneurs. Il est vrai que la fortune du dé ou du lansquenet les remet souvent où elle les a pris.

Je ne m'étonne pas qu'il y ait des brelans publics, comme autant de pièges tendus à l'avarice des hommes, comme des gouffres où l'argent des particuliers tombe et se précipite sans retour, comme d'affreux écueils où les joueurs viennent se briser et se perdre ; qu'il parte de ces lieux des émissaires pour savoir à heure marquée qui a descendu à terre avec un argent frais d'une nouvelle prise[1], qui a gagné un procès d'où on lui a compté une grosse somme, qui a reçu un don, qui a fait au jeu un gain considérable, quel fils de famille vient de recueillir une riche succession, ou quel commis imprudent veut hasarder sur une carte les deniers de sa caisse. C'est un sale et indigne métier, il est vrai, que de tromper ; mais c'est un métier qui est ancien, connu, pratiqué de tout temps par ce genre d'hommes que j'appelle des brelandiers. L'enseigne est à leur porte, on y lirait presque : *Ici l'on trompe de bonne foi* ; car se voudraient-ils donner pour irréprochables ? Qui ne sait pas qu'entrer et perdre dans ces maisons est une même chose ? Qu'ils trouvent donc sous leur main autant de dupes qu'il en faut pour leur subsistance, c'est ce qui me passe.

Mille gens se ruinent au jeu[2], et vous disent froidement qu'ils

---

De pas avec *rien* tu fais la récidive ;
Et c'est, comme on l'a dit, trop d'une né-
[gative,

Cependant Martine aurait pu répondre qu'elle avait pour elle l'autorité de Racine et celle de Molière lui-même, et aussi l'histoire de la langue, *rien* venant de *rem* et signifiant par conséquent *quelque chose*.

1. PRISE. Il s'agit de corsaires fraîchement débarqués après avoir enlevé la cargaison de quelque vaisseau anglais ou hollandais.

2. AU JEU. Cf. Boileau, satire X, le portrait de la joueuse :

C'est ainsi que souvent par une forcenée
Une triste famille à l'hôpital traînée

ne sauraient se passer de jouer : Quelle excuse ! Y a-t-il une passion, quelque violente ou honteuse qu'elle soit, qui ne pût tenir ce même langage ? Serait-on reçu à dire qu'on ne peut se passer de voler, d'assassiner, de se précipiter [1] ? Un jeu effroyable, continuel, sans retenue, sans bornes, où l'on n'a en vue que la ruine totale de son adversaire, où l'on est transporté du désir du gain, désespéré sur la perte, consumé par l'avarice, où l'on expose sur une carte ou à la fortune du dé la sienne propre, celle de sa femme et de ses enfants, est-ce une chose qui soit permise ou dont l'on doive se passer ? Ne faut-il pas quelquefois se faire une plus grande violence lorsque, poussé par le jeu jusques à une déroute universelle, il faut même que l'on se passe d'habits et de nourriture, et de les fournir à sa famille ?

Je ne permets à personne d'être fripon [2] ; mais je permets à un fripon de jouer un grand jeu : je le défends à un honnête homme. C'est une trop grande puérilité que de s'exposer à une grande perte.

Il n'y a qu'une affliction qui dure, qui est celle qui vient de la perte de biens : le temps, qui adoucit toutes les autres, aigrit celle-ci. Nous sentons à tous moments, pendant le cours de notre vie, où le bien que nous avons perdu nous manque.

Il fait bon [3] avec celui qui ne se sert pas de son bien à marier ses filles, à payer ses dettes, ou à faire des contrats, pourvu que l'on ne soit ni ses enfants, ni sa femme.

Ni les troubles [4], *Zénobie* [5], qui agitent votre empire, ni la

Voit ses biens en décret sur tous les murs écrits.
De sa déroute illustre effrayer tout Paris.

1. SE PRÉCIPITER. Expression peu correcte et peu claire ; il faudrait un complément : se précipiter dans tous les excès du vice.
2. FRIPON. « Personne, dit Saint-Simon, n'était plus au goût du roi que le duc de C. et n'avait usurpé plus d'autorité dans le monde. Il était splendide en tout, grand joueur et ne s'y piquait pas d'une fidélité fort exacte. Plusieurs grands seigneurs en usaient de même et on en riait. » Nous sommes aujourd'hui plus scrupuleux ; on ne rit plus de ceux qui trichent au jeu ; quand ils ne passent pas en police correctionnelle, ils sont mis au ban de la société. Les friponneries du chevalier de Grammont, racontées avec tant de verve et d'esprit par son beau-frère Hamilton, et qui passaient pour des espiègleries à la cour de Louis XIV et à la cour de Charles II, suffiraient aujourd'hui pour faire consigner leur auteur à la porte de tous les salons et de tous les cercles.
3. IL FAIT BON. Il est agréable de vivre avec.
4. NI LES TROUBLES. Il est peu de passages de La Bruyère qui aient été aussi admirés et aussi commentés que celui-ci. « Si l'on examine avec attention, dit Suard, tous les détails de ce beau tableau, on verra que tout y est préparé, disposé avec un art infini pour produire un grand effet. » — Sainte-Beuve reprend le commentaire de Suard pour le développer avec sa subtilité habituelle : « On croit au premier coup d'œil n'avoir affaire qu'à des fragments rangés les uns après les autres, et l'on marche dans un savant dédale où le fil ne casse pas. Chaque pensée se corrige, se développe, s'éclaire par les environnantes. Puis l'imprévu s'en mêle à tout moment et l'on est plus d'une fois enlevé à de soudaines hauteurs que le discours continu ne permettrait pas. »
5. ZÉNOBIE. Reine de Palmyre. Après la mort d'Odénat, son second mari, elle

guerre que vous soutenez virilement contre une nation puissante depuis la mort du roi votre époux, ne diminuent rien de votre magnificence : vous avez préféré à toute autre contrée les rives de l'Euphrate pour y élever un superbe édifice; l'air y est sain et tempéré, la situation en est riante ; un bois sacré l'ombrage du côté du couchant; les dieux de Syrie, qui habitent quelquefois la terre, n'y auraient pu choisir une plus belle demeure; la campagne autour est couverte d'hommes qui taillent et qui coupent, qui vont et qui viennent, qui roulent ou qui charrient le bois du Liban, l'airain et le porphyre; les grues et les machines gémissent dans l'air, et font espérer à ceux qui voyagent vers l'Arabie de revoir à leur retour en leurs foyers ce palais achevé, et dans cette splendeur où vous désirez de le porter avant de l'habiter, vous et les princes vos enfants. N'y épargnez rien, grande reine; employez-y tout l'or et tout l'art des plus excellents ouvriers; que les Phidias et les Zeuxis de votre siècle déploient toute leur science sur vos plafonds et sur vos lambris; tracez-y de vastes et de délicieux jardins, dont l'enchantement soit tel qu'ils ne paraissent pas faits de la main des hommes ; épuisez vos trésors et votre industrie sur cet ouvrage incomparable[1] ; et après que vous y aurez mis, Zénobie, la dernière main, quelqu'un de ces pâtres qui habitent les sables voisins de Palmyre, devenu riche par les péages de vos rivières, achètera un jour à deniers comptants cette royale maison[2], pour l'embellir et la rendre plus digne de lui et de sa fortune.

Ce palais, ces meubles, ces jardins, ces belles eaux, vous enchantent et vous font récrier d'une première vue sur une maison

---

prit le titre de reine de l'Orient et déclara la guerre aux Romains (267-272). Vaincue par Aurélien, elle fut conduite à Rome, et, moins heureuse ou moins brave que Cléopâtre, elle orna le triomphe du vainqueur.

1. INCOMPARABLE. On peut rapprocher du morceau de La Bruyère la *Méditation sur les ruines de Palmyre*, de Volney : « Tout à coup, au sortir de cette vallée, j'aperçus dans la plaine la scène de ruines la plus étonnante : c'était une multitude innombrable de superbes colonnes debout, qui, telles que les avenues de nos parcs, s'étendaient à perte de vue en files symétriques. Parmi les colonnes étaient de grands édifices, les uns entiers, les autres à demi écroulés. De toutes parts la terre était jonchée de semblables débris, de corniches, de chapiteaux, de fûts, d'entablements, de pilastres, tous de marbre blanc d'un travail exquis... »

2. ROYALE MAISON. Cf. Bossuet, *Sermon sur l'ambition*. « Voilà une grande fortune, un siècle n'en voit pas beaucoup de semblables; mais voyez sa ruine et sa décadence... Ces terres et ces seigneuries, qu'il avait ramassées comme une province, avec tant de soin et de travail, se partageront en plusieurs mains. Et tous ceux qui verront ce grand changement diront en levant les épaules, et regardant avec étonnement les restes de cette fortune ruinée : Est-ce là que devait aboutir toute cette grandeur formidable au monde?... O homme! Que penses-tu faire et pourquoi te travailles-tu vainement? »

si délicieuse et sur l'extrême bonheur du maître qui la possède. Il n'est plus ; il n'en a pas joui si agréablement ni si tranquillement que vous : il n'y a jamais eu un jour serein, ni une nuit tranquille ; il s'est noyé de dettes pour la porter à ce degré de beauté où elle vous ravit. Ses créanciers l'en ont chassé : il a tourné la tête[1], et il l'a regardée de loin une dernière fois ; et il est mort de saisissement.

L'on ne saurait s'empêcher de voir dans certaines familles ce qu'on appelle les caprices du hasard ou les jeux de la fortune. Il y a cent ans qu'on ne parlait point de ces familles, qu'elles n'étaient point : le ciel tout d'un coup s'ouvre en leur faveur ; les biens, les honneurs, les dignités fondent sur elles à plusieurs reprises ; elles nagent dans la prospérité. *Eumolpe*, l'un de ces hommes qui n'ont point de grands-pères, a eu un père du moins qui s'était élevé si haut, que tout ce qu'il a pu souhaiter pendant le cours d'une longue vie, c'a été de l'atteindre ; et il l'a atteint. Était-ce dans ces deux personnages éminence d'esprit, profonde capacité ? étaient-ce les conjonctures ? La fortune enfin ne leur rit plus[2] ; elle se joue ailleurs, et traite leur postérité comme leurs ancêtres.

La cause la plus immédiate de la ruine et de la déroute des personnes des deux conditions, de la robe et de l'épée, est que l'état[3] seul, et non le bien, règle la dépense.

Si vous n'avez rien oublié pour votre fortune, quel travail ! Si vous avez négligé la moindre chose, quel repentir !

Giton[4] a le teint frais, le visage plein et les joues pendantes, l'œil fixe et assuré, les épaules larges, l'estomac haut, la démarche ferme et délibérée. Il parle avec confiance ; il fait répéter celui qui l'entretient, et il ne goûte que médiocrement tout ce qu'il lui dit. Il déploie un ample mouchoir, et se mouche avec grand bruit ; il crache fort loin, et il éternue fort haut[5]. Il dort le jour, il dort

---

1. IL A TOURNÉ LA TÊTE. La Bruyère ne s'est-il pas souvenu des plaintes de Job : « Ma maison me regarde, et ne me connaît plus. »

2. NE LEUR RIT PLUS. Cf. la satire X de Juvénal, et en particulier le morceau sur la chute de Séjan.

3. L'ÉTAT. Le rang, la condition.

4. GITON. Les clefs s'accordent à désigner le marquis de Barbezieux, le fils de Louvois ; mais, bien que certains traits du caractère de Giton s'appliquent à ce personnage, il est évident que La Bruyère a voulu faire ici un caractère général.

5. FORT HAUT. Cf. Montesquieu (LXXIVe des *Lettres persanes*) : « Il y a quelques jours qu'un homme de ma connaissance me dit : « Je vous ai promis de vous produire dans les bonnes maisons de Paris ; je vous mène à présent chez un grand seigneur qui est un des hommes du royaume qui représentent le mieux. »
» — Que cela veut-il dire, monsieur ? est-ce qu'il est plus poli, plus affable qu'un autre ? — Ce n'est pas cela, me dit-il. — Ah ! j'entends : il fait sentir à tous les instants la supériorité qu'il a sur tous ceux qui l'approchent : si cela est, je n'ai que faire d'y aller ; je prends

la nuit, et profondément; il ronfle en compagnie. Il occupe à table et à la promenade plus de place¹ qu'un autre; il tient le milieu en se promenant avec ses égaux; il s'arrête, et l'on s'arrête; il continue de marcher, et l'on marche; tous se règlent sur lui : il interrompt, il redresse ceux qui ont la parole; on ne l'interrompt pas, on l'écoute aussi longtemps qu'il veut parler; on est de son avis, on croit les nouvelles qu'il débite. S'il s'assied, vous le voyez s'enfoncer dans un fauteuil, croiser les jambes l'une sur l'autre, froncer le sourcil, abaisser son chapeau sur ses yeux pour ne voir personne, ou le relever ensuite, et découvrir son front par fierté et par audace. Il est enjoué, grand rieur, impatient, présomptueux, colère, libertin², politique, mystérieux sur les affaires du temps; il se croit des talents et de l'esprit. Il est riche.

Phédon a les yeux creux, le teint échauffé, le corps sec, et le visage maigre : il dort peu, et d'un sommeil fort léger; il est abstrait, rêveur, et il a avec de l'esprit l'air d'un stupide; il oublie de dire ce qu'il sait, ou de parler d'événements qui lui sont connus : et, s'il le fait quelquefois, il s'en tire mal; il croit peser à ceux à qui il parle; il conte brièvement, mais froidement; il ne se fait pas écouter, il ne fait point rire : il applaudit, il sourit à ce que les autres lui disent, il est de leur avis; il court, il vole pour leur rendre de petits services : il est complaisant, flatteur, empressé; il est mystérieux sur ses affaires, quelquefois menteur; il est superstitieux, scrupuleux, timide : il marche doucement et légèrement; il semble craindre de fouler la terre; il marche les yeux baissés, et il n'ose les lever sur ceux qui passent : il n'est jamais du nombre de ceux qui forment un cercle pour discourir; il se met derrière celui qui parle, re-

---

déjà condamnation, et je la lui passe tout entière. »

» Il fallut pourtant marcher; et je vis un petit homme si fier, il prit une prise de tabac avec tant de hauteur, il se moucha si impitoyablement, il cracha avec tant de flegme, il caressa ses chiens d'une manière si offensante pour les hommes, que je ne pouvois me lasser de l'admirer : « Ah! bon Dieu! dis-je en moi-même, si, lorsque j'étois à la cour de Perse, je représentois ainsi, je représentois un grand sot! »

1. PLUS DE PLACE. Saint-Simon dit en parlant d'un personnage vaniteux : « Son moi était comme une machine pneumatique qui attirait l'air autour de lui et n'en laissait plus pour personne de ceux qui l'approchaient. »

2. LIBERTIN. Ce trait ne s'appliquerait-il pas au duc de Vendôme? *Libertin*, au temps de La Bruyère, était synonyme d'incrédule. Les libertins les plus connus du dix-septième siècle furent le médecin Guy-Patin et son fils Charles Patin, le voyageur Bernier, le chevalier de Méré, le conseiller au parlement des Barreaux, Saint-Évremond, l'historien Saint-Réal, le poète Hénault, traducteur de Lucrèce, les poètes Saint-Pavin, Lafare et Chaulieu. L'hôtel des Vendômes était, à la fin du siècle, leur lieu de réunion, ainsi que l'hôtel des Tournelles.

cueille furtivement ce qui se dit, et il se retire si on le regarde. Il n'occupe point de lieu, il ne tient point de place; il va les épaules serrées, le chapeau abaissé sur ses yeux pour n'être point vu; il se replie et se renferme dans son manteau : il n'y a point de rues ni de galeries si embarrassées et si remplies de monde, où il ne trouve moyen de passer sans effort, et de se couler sans être aperçu. Si on le prie de s'asseoir, il se met à peine sur le bord d'un siège; il parle bas dans la conversation, et il articule mal; libre néanmoins[1] sur les affaires publiques, chagrin contre le siècle, médiocrement prévenu des ministres[2] et du ministère. Il n'ouvre la bouche que pour répondre; il tousse, il se mouche sous son chapeau; il crache presque sur soi, et il attend qu'il soit seul pour éternuer, ou, si cela lui arrive, c'est à l'insu de la compagnie; il n'en coûte à personne ni salut ni compliment. Il est pauvre.

CHAPITRE VII

DE LA VILLE

L'on se donne à Paris, sans se parler, comme un rendez-vous public, mais fort exact, tous les soirs au Cours[3] ou aux Tuileries, pour se regarder au visage et se désapprouver les uns les autres.

L'on ne peut se passer de ce même monde que l'on n'aime point, et dont l'on se moque.

L'on s'attend au passage réciproquement dans une promenade[4] publique; l'on y passe en revue l'un devant l'autre : carrosse, chevaux, livrées, armoiries, rien n'échappe aux yeux, tout est curieusement ou malignement observé; et, selon le plus ou le

---

1. LIBRE NÉANMOINS. La sixième édition, la première qui contienne ce caractère, porte : *libre néanmoins avec ses amis*. Il est évident que c'est par une faute d'impression que les mots : *avec ses amis*, ont disparu des éditions suivantes.

2. DES MINISTRES. C'est-à-dire en faveur des ministres. Phédon est un mécontent.

3. AU COURS. Le Cours la Reine, promenade plantée d'arbres, le long de la Seine, comprise aujourd'hui dans les Champs-Elysées. « Cette promenade amène en été tout ce qu'il y a de beau monde à Paris : on y compte souvent jusqu'à sept ou huit cents carosses qui se promènent dans le plus bel ordre du monde, et sans s'embarrasser les uns dans les autres. » GERMAIN BRICE, *Description de Paris*.

4. UNE PROMENADE. Vincennes. « On est sûr, dit Brillon, en parlant des magistrats *petits-maîtres*, de les trouver au cours dans la saison, à Vincennes dans le mois de juin, aux Tuileries tous les jours.

moins de l'équipage[1], ou l'on respecte les personnes, ou on les dédaigne.

Tout le monde connaît cette longue levée[1] qui borne et qui resserre le lit de la Seine, du côté où elle entre à Paris avec la Marne qu'elle vient de recevoir[2] : les hommes s'y baignent au pied[3] pendant les chaleurs de la canicule ; on les voit de fort près se jeter dans l'eau, on les en voit sortir : c'est un amusement[4].

Dans ces lieux[5] d'un concours général, où les femmes se rassemblent pour montrer une belle étoffe, et pour recueillir le fruit de leur toilette[6], on ne se promène pas avec une compagne par la nécessité de la conversation ; on se joint ensemble pour se rassurer sur le théâtre[7], s'apprivoiser avec le public, et se raffermir contre la critique : c'est là précisément qu'on se parle sans se rien dire, ou plutôt qu'on parle pour les passants, pour ceux même en faveur de qui l'on hausse sa voix ; l'on gesticule et l'on badine, l'on penche négligemment la tête, l'on passe et l'on repasse.

La ville est partagée en diverses sociétés, qui sont comme autant de petites républiques, qui ont leurs lois, leurs usages, leur jargon et leurs mots pour rire : tant que cet assemblage est dans sa force, et que l'entêtement[8] subsiste, l'on ne trouve rien de bien dit ou de bien fait que ce qui part des siens, et l'on est incapable de goûter ce qui vient d'ailleurs ; cela va jusques au mépris pour les gens qui ne sont pas initiés dans leurs mystères[9]. L'homme du monde d'un meilleur esprit, que le hasard a porté au milieu d'eux, leur est étranger : il se trouve là comme dans un pays lointain, dont il ne connaît ni les routes, ni la langue, ni les mœurs, ni la coutume[10] : il voit un peuple qui cause, bour-

---

1. LEVÉE. Le quai Saint-Bernard sur la rive gauche de la Seine.
2. DE RECEVOIR. La Seine reçoit la Marne à une lieue de là en amont.
3. AU PIED. Cette phrase est presque incorrecte. Il faudrait : se baignent au pied de cette levée.
4. UN AMUSEMENT. On en fit une comédie, *les Bains de la porte Saint-Bernard*, qui fut représentée en 1696.
5. DANS CES LIEUX. Il s'agit surtout, dans ce paragraphe, du jardin des Tuileries.
6. TOILETTE. Expression qui rappelle, bien que l'ordre des idées soit très différent, l'expression de Tacite *fruitur fama sui*, et les vers de Racine :

Hélas ! du crime affreux dont la honte me [suit
Jamais mon triste cœur n'a recueilli le [fruit.

7. SUR LE THÉÂTRE. Pour se donner plus d'assurance sur ce théâtre où elles viennent jouer une sorte de rôle.
8. L'ENTÊTEMENT. L'engouement réciproque que les membres de ces petites sociétés ont l'un pour l'autre.
9. LEURS MYSTÈRES. Voir, dans *les Femmes savantes*, le plan que trace Philaminte de son Académie, et le mot d'Armande.

Nul n'aura de l'esprit, hors nous et nos [amis.

10. LA COUTUME. La législation que

donne, parle à l'oreille, éclate de rire, et qui retombe ensuite dans un morne silence; il y perd son maintien, ne trouve pas à placer un seul mot, et n'a pas même de quoi écouter. Il ne manque jamais là un mauvais plaisant qui domine, et qui est comme le héros de la société : celui-ci s'est chargé de la joie des autres, et fait toujours rire avant que d'avoir parlé. Si quelquefois une femme survient qui n'est point de leurs plaisirs, la bande joyeuse ne peut comprendre qu'elle ne sache point rire des choses qu'elle n'entend point, et paraisse insensible à des fadaises qu'ils n'entendent eux-mêmes que parce qu'ils les ont faites; ils ne lui pardonnent ni son ton de voix, ni son silence, ni sa taille, ni son visage, ni son habillement, ni son entrée, ni la manière dont elle est sortie. Deux années cependant ne passent point sur une même *coterie*[1]. Il y a toujours, dès la première année, des semences de division pour rompre dans celle qui doit suivre. L'intérêt de la beauté, les incidents du jeu, l'extravagance des repas, qui, modestes au commencement, dégénèrent bientôt en pyramides de viandes et en banquets somptueux, dérangent la république, et lui portent enfin le coup mortel : il n'est en fort peu de temps non plus parlé de cette nation que des mouches de l'année passée.

Il y a dans la ville la grande et la petite robe[2]; et la première se venge sur l'autre des dédains de la cour et des petites humiliations qu'elle y essuie : de savoir quelles sont leurs limites, où la grande finit et où la petite commence, ce n'est pas une chose facile. Il se trouve même un corps considérable qui refuse d'être du second ordre, et à qui l'on conteste le premier ; il ne se rend pas néanmoins; il cherche au contraire, par la gravité et par la dépense, à s'égaler à la magistrature, ou ne lui cède qu'avec peine : on l'entend dire que la noblesse de son emploi, l'indépendance de sa profession, le talent de la parole et le mérite personnel, balancent au moins les sacs de mille francs que le fils du partisan ou du banquier a su payer pour son office[3].

l'usage a introduite dans la province. Il y avait *la coutume de Paris, la coutume de Normandie*. En jurisprudence, on distinguait la coutume du droit écrit, du droit romain ou canonique.

1. COTERIE. Ce mot désignait originairement un certain nombre de paysans qui tenaient en commun les terres d'un seigneur. On disait en ce sens *tenir des terres en coterie*. La Bruyère le prend ici dans le sens que nous lui donnons aujourd'hui.

2. ROBE. *La grande robe* désigne les magistrats, *la petite robe* désigne les procureurs, aujourd'hui les avoués. Le corps considérable dont il est parlé plus bas, est celui des avocats.

3. OFFICE. Il y a ici une attaque indirecte contre la vénalité des charges « cette gangrène qui ronge depuis

Vous moquez-vous de rêver en carrosse, ou peut-être de vous y reposer? Vite, prenez un livre ou vos papiers; lisez, ne saluez qu'à peine ces gens qui passent dans leur équipage; ils vous en croiront plus occupé; ils diront: « Cet homme est laborieux, infatigable; il lit, il travaille jusque dans les rues ou sur la route. » Apprenez du moindre avocat, qu'il faut paraître accablé d'affaires, froncer le sourcil et rêver à rien très profondément; savoir à propos perdre le boire et le manger, ne faire qu'apparoir[1] dans sa maison, s'évanouir et se perdre comme un fantôme dans le sombre de son cabinet[2], se cacher au public, éviter le théâtre, le laisser à ceux qui ne courent aucun risque à s'y montrer[3], qui en ont à peine le loisir, aux Gomons, aux Duhamels[4].

Il y a un certain nombre de jeunes magistrats[5] que les grands biens et les plaisirs ont associés à quelques-uns de ceux qu'on nomme à la cour de *petits-maîtres*; ils les imitent, ils se tiennent fort au-dessus de la gravité de la robe, et se croient dispensés par leur âge et par leur fortune d'être sages et modérés. Ils prennent de la cour ce qu'elle a de pire: ils s'approprient la vanité, la mollesse, l'intempérance, le libertinage, comme si tous ces vices leur étaient dus[6]; et, affectant ainsi un caractère

---

longtemps toutes les parties de l'État » dit Saint-Simon. Cependant, dans le chapitre du Souverain, La Bruyère paraît se résigner à cet abus.
Boileau avait déjà dit:

L'argent seul au palais peut faire un [magistrat.

Une charge de président à mortier au parlement de Paris se vendait alors 750,000 livres, sans compter 20,000 livres de pot-de-vin. (Saint-Simon, ch. CLXX.)

1. Apparoir. Terme de palais, pour *apparaître*.
2. Cabinet. C'est à dessein que La Bruyère emploie cette locution, *le sombre de son cabinet*, qui est prétentieuse et guindée et qui rappelle le style de Madelon dans les *Précieuses*: « Nous n'avons garde de donner de notre sérieux dans le doux de votre flatterie. »
3. S'y montrer. Qui peuvent aller au théâtre, sans qu'on les croie pour cela moins occupés.
4. Gomon, Duhamel. Célèbres avocats.
5. Jeunes magistrats. Toutes les clefs nomment Jean-Antoine de Mesmes,

président à la chambre des vacations en 1689, premier président au Parlement en 1712, et qui joua un grand rôle sous la régence. Saint-Simon trace de lui le portrait suivant: « Toute son étude fut celle du grand monde, à qui il plut, et fut mêlé dans les meilleures compagnies de la cour et dans les plus gaillardes. D'ailleurs il n'apprit rien. Cette vie libertine le lia avec la jeunesse la plus distinguée, qu'il recherchait avec soin, et ne voyait que le moins qu'il pouvait de Palais et de gens de robe. Devenu président à mortier à la mort de son père, il ne changea guère de vie, mais il se persuada qu'il était un seigneur et vécut à la grande... C'en est assez sur ce magistrat, qui à toute force voulait être un homme de qualité et de cour, et qui se faisait souvent moquer de lui par ceux qui l'étaient en effet, et avec qui il vivait tant qu'il pouvait. »
6. Dus. Il y a là une épigramme bien cruelle. La Bruyère semble dire que ces vices sont dus aux gens de qualité, qui les ont de naissance, tandis que les magistrats petits-maîtres ne les ont que d'emprunt et par usurpation.

éloigné de celui qu'ils ont à soutenir, ils deviennent enfin, selon leurs souhaits, des copies fidèles de très méchants originaux[1].

Un homme de robe à la ville, et le même à la cour, ce sont deux hommes. Revenu chez soi, il reprend ses mœurs, sa taille et son visage, qu'il y avait laissés : il n'est plus ni si embarrassé, ni si honnête[2].

Les *Crispins* se cotisent et rassemblent dans leur famille jusqu'à six chevaux pour allonger un équipage qui, avec un essaim de gens de livrée où ils ont fourni chacun leur part, les fait triompher au Cours ou à Vincennes, et aller de pair avec les nouvelles mariées, avec *Jason*, qui se ruine, et avec *Thrason*, qui veut se marier et qui a consigné[3].

J'entends dire des *Sannions* : « Même nom, mêmes armes; la branche aînée, la branche cadette, les cadets de la seconde branche; » ceux-là portent les armes pleines[4], ceux-ci brisent d'un lambel, et les autres d'une bordure dentelée[5]. Ils ont avec les Bourbons, sur une même couleur, un même métal[6]; ils portent, comme eux, deux et une[7] : ce ne sont pas des fleurs de lis, mais ils s'en consolent; peut-être dans leur cœur trouvent-ils leurs pièces aussi honorables, et ils les ont communes avec de grands seigneurs qui en sont contents. On les voit sur les litres[8] et sur les vitrages, sur la porte de leur château, sur le pilier[9] de leur haute justice, où ils viennent de faire pendre un

---

1. ORIGINAUX. Rapprocher de ce caractère les reproches adressés par Perrin Dandin à son fils Léandre :
Ma robe vous fait honte! un fils de juge!
Tu fais le gentilhomme.. [ah ! h !]
2. HONNÊTE. Ni si poli.
3. CONSIGNÉ. Déposé son argent au trésor public pour une grande charge (note de La Bruyère). C'est-à-dire pour acheter un office de judicature.
4. ARMES PLEINES. Les aînés portent les armes pleines de leur maison. « Ce sont, dit Furetière, celles qui sont entières, nettes et nues, d'une pièce et d'un tenant, qui n'ont aucune brisure, divisions, altérations, ni mélanges. »
5. DENTELÉE. — Toute pièce d'armoiries que les cadets ajoutent à l'écu est une brisure. « Le lambel, dit Furetière, est la plus noble de toutes les brisures qui se forme par un fil et, qui se met ordinairement au milieu et le long du chef de l'écu, sans qu'il touche ses extrémités. Il est garni de pendants qui ressemblent au fer d'une coignée. » La *bordure* est une brisure « faite comme un passement posé de plat au bord de l'écu et qui l'environne tout autour. »
6. MÉTAL. Ce mot, en terme de blason, se dit de l'or et de l'argent, représentés par le jaune et le blanc. Les couleurs du blason, ou émaux, sont au nombre de cinq : gueule ou le rouge, azur ou le bleu, sinople ou le vert, sable ou le noir, et enfin le pourpre.
7. DEUX ET UNE. C'est-à-dire; leur écu est chargé de trois pièces d'armoiries, dont deux sont vers le chef et une vers la pointe, comme les trois fleurs de lis de France.
8. LITRES. Bande noire tendue aux obsèques d'un grand personnage soit en dedans soit en dehors de l'église, et sur laquelle les seigneurs patrons ou fondateurs d'une église et les seigneurs haut-justiciers avaient le droit de faire peindre leurs écussons.
9. PILIER. « Poteau qu'un haut seigneur justicier fait élever au carrefour pour marque de sa seigneurie, où sont ses armes et quelquefois un carcan. » FURETIÈRE.

homme qui méritait le bannissement : elles s'offrent aux yeux de toutes parts ; elles sont sur les meubles et sur les serrures ; elles sont semées sur les carrosses : leurs livrées ne déshonorent point leurs armoiries. Je dirais volontiers aux Sannions : Votre folie est prématurée, attendez du moins que le siècle s'achève sur votre race ; ceux qui ont vu votre grand-père, qui lui ont parlé, sont vieux, et ne sauraient plus vivre longtemps ; qui pourra dire comme eux : Là il étalait, et vendait très cher [1] ?

Les Sannions et les Crispins [2] veulent encore davantage que l'on dise d'eux qu'ils font une grande dépense, qu'ils n'aiment à la faire : ils font un récit long et ennuyeux d'une fête ou d'un repas qu'ils ont donné ; ils disent l'argent qu'ils ont perdu au jeu, et ils plaignent [3] fort haut celui qu'ils n'ont pas songé à perdre. Ils parlent jargon et mystère sur de certaines femmes ; *ils ont réciproquement cent choses plaisantes à se conter ; ils ont fait depuis peu des découvertes* ; ils se passent les uns aux autres qu'ils sont gens à belles aventures. L'un d'eux, qui s'est couché tard à la campagne, et qui voudrait dormir, se lève matin, chausse des guêtres, endosse un habit de toile, passe un cordon où pend le fourniment, renoue ses cheveux, prend un fusil ; le voilà chasseur, s'il tirait bien : il revient de nuit, mouillé et recru [4], sans avoir tué ; il retourne à la chasse le lendemain, et il passe tout le jour à manquer des grives ou des perdrix.

Un autre, avec quelques mauvais chiens, aurait envie de dire : *Ma meute* [5]. Il sait un rendez-vous de chasse, il s'y trouve ; il est au laisser-courre [6] ; il entre dans le fort [7], se mêle avec les piqueurs ; il a un cor. Il ne dit pas, comme *Ménalippe* : *Ai-je du plaisir* [8] ? Il croit en avoir. Il oublie lois et procédure : c'est un

---

1. TRÈS CHER. La Bruyère s'est souvenu ici du *Bourgeois gentilhomme*.

2. CRISPINS. Les Sannions et les Crispins sont les Pelletier et les Leclerc de Lesserville qui étaient dans presque toutes les cours du parlement et dont les pères avaient été tanneurs. Ils avaient acheté tout récemment leurs lettres de noblesse.

3. ILS PLAIGNENT. Ils regrettent. Cf. Corneille, *Horace* :

J'aime ce qu'il me donne et je plains ce
                            [qu'il m'ôte.

et Boileau, épitre v :

Que mon âme en ce jour de joie et d'espé-
                            [rance
D'un superbe convoi plaindrait peu l'opu-
                            [lence.

4. RECRU. Rendu, excédé de fatigue.

5. MA MEUTE. Cf. Molière, les *Fâcheux* :

Dieu préserve, en chassant, toute sage
                            [personne
D'un porteur de huchet, qui mal à propos
                            [sonne ;
De ces gens qui suivis de dix houret
                            [galeux
Disent : *ma meute*, et font les chasseurs
                            [merveilleux.

6. LAISSER-COURRE. Lieu où l'on découple les chiens. *Courre* est un ancien infinitif du verbe *courir*.

7. LE FORT. Le plus épais du bois, où les bêtes sauvages se retirent. *Fort* a été employé dans les termes de chasse bien avant de l'être en termes de fortification.

8. DU PLAISIR. Jérôme de Nouveau, surintendant des postes, qui venait d'acheter un équipage de chasse, cou-

Hippolyte. *Ménandre*, qui le vit hier sur un procès qui est en ses mains, ne reconnaîtrait pas aujourd'hui son rapporteur. Le voyez-vous le lendemain à sa chambre, où l'on va juger une cause grave et capitale? il se fait entourer de ses confrères, il leur raconte comme il n'a point perdu le cerf de meute, comme il s'est étouffé de crier après les chiens qui étaient en défaut, ou après ceux des chasseurs qui prenaient le change; qu'il a vu donner les six chiens. L'heure presse; il achève de leur parler des abois et de la curée, et il court s'asseoir avec les autres pour juger.

Quel est l'égarement de certains particuliers qui, riches du négoce de leurs pères[1], dont ils viennent de recueillir la succession, se moulent sur les princes pour leur garde-robe et pour leur équipage, excitent, par une dépense excessive et par un faste ridicule, les traits et la raillerie de toute une ville qu'ils croient éblouir, et se ruinent ainsi à se faire moquer de soi!

Quelques-uns n'ont pas même le triste avantage de répandre leurs folies[2] plus loin que le quartier où ils habitent; c'est le seul théâtre de leur vanité. L'on ne sait point dans l'Ile[3] qu'*André* brille au Marais, et qu'il y dissipe son patrimoine : du moins, s'il était connu dans toute la ville et dans ses faubourgs, il serait difficile qu'entre un si grand nombre de citoyens qui ne savent pas tous juger sainement de toutes choses, il ne s'en trouvât quelqu'un qui dirait de lui : *Il est magnifique*, et qui lui tiendrait compte des régals qu'il fait à *Xante* et à *Ariston*, et des fêtes qu'il donne à *Élamire*; mais il se ruine obscurément. Ce n'est qu'en faveur de deux ou trois personnes qui ne l'estiment point, qu'il court à l'indigence, et qu'aujourd'hui en carrosse, il n'aura pas dans six mois le moyen d'aller à pied[4].

Narcisse se lève le matin pour se coucher le soir; il a ses heures de toilette comme une femme; il va tous les jours fort régulièrement à la belle messe aux Feuillants ou aux Minimes[5] : il est homme d'un bon commerce, et l'on compte sur lui au

---

rait un jour le cerf, et demandait à son veneur : « Ai-je bien du plaisir. » Cette anecdote, qui se trouve dans Tallemant des Réaux, a été rappelée par Mᵐᵉ de Sévigné et par Nicole dans un de ses traités de morale.

1. DE LEURS PÈRES. Cf. Boileau, Épître V :

Quelque fils de meunier, encore blanc du moulin.

2. LEURS FOLIES. Le bruit, la renommée de leurs folies.

3. DANS L'ILE. L'Ile Saint-Louis.

4. A PIED. Nous dirions aujourd'hui : d'aller en omnibus; et cela vaudrait mieux, car on a toujours le moyen d'aller à pied.

5. MINIMES. Le couvent des Feuillants était situé rue Saint-Honoré et celui des Minimes près de la place Royale.

quartier de ** pour un tiers ou pour un cinquième à l'ombre ou au reversi[1]; là il tient le fauteuil quatre heures de suite chez *Aricie*, où il risque chaque soir cinq pistoles d'or[2]. Il lit exactement la *Gazette de Hollande*[3] et le *Mercure galant*: il a lu Bergerac[4], Desmarets[5], Lesclache[6], les historiettes de Barbin[7], et quelques recueils de poésies. Il se promène avec des femmes à la Plaine[8] ou au Cours, et il est d'une ponctualité religieuse sur les visites. Il fera demain ce qu'il fait aujourd'hui et ce qu'il fit hier; il meurt ainsi après avoir vécu.

Voilà un homme[9], dites-vous, que j'ai vu quelque part: de savoir où, il est difficile; mais son visage m'est familier. — Il l'est à bien d'autres; et je vais, s'il se peut, aider votre mémoire. Est-ce au boulevard[10] sur un strapontin[11]; ou aux Tuileries dans la grande allée, ou dans le balcon à la comédie? Est-ce au sermon, au bal, à Rambouillet[12]? Où pourriez-vous ne l'avoir point vu? où n'est-il point? S'il y a dans la place une fameuse exécution, ou un feu de joie, il paraît à une fenêtre de l'Hôtel de Ville; si l'on attend une magnifique entrée, il a sa place sur un échafaud; s'il se fait un carrousel, le voilà entré, et placé sur l'am-

1. REVERSI. L'ombre ou plutôt l'hombre et le reversi sont deux jeux de cartes.
2. D'OR. La pistole d'or valait d'ordinaire onze livres.
3. LA GAZETTE DE HOLLANDE. Il y a eu, dans tous les temps, de ces journaux plus lus qu'estimés, quoiqu'il soit de bon ton de les lire, et qui se sont donné pour mission de satisfaire la curiosité des oisifs en rapportant les scandales vrais ou faux de la cour, de la ville et du théâtre.
4. BERGERAC. Cyrano de Bergerac, l'auteur de l'*Histoire comique des états de la lune et du soleil*, de la tragédie d'*Agrippine*, de la comédie du *Pédant joué*; mort en 1655.
5. DESMAREST. Desmarest de Saint-Sorlin. Nous avons déjà parlé de ce personnage, peu estimable comme écrivain et comme homme, dans une des notes du Discours à l'Académie.
6. LESCLACHE, mort en 1671, un de ceux qui eurent la fantaisie de réformer l'orthographe qu'il écrivait *ortografe*. Il avait composé une sorte de manuel de philosophie à l'usage des gens du monde.
7. BARBIN. Célèbre libraire chez lequel se vendaient des historiettes que le public nommait des *Barbinades*.

8. LA PLAINE. La plaine des Sablons.
9. UN HOMME. S'il est un caractère qui s'applique à tout le monde, c'est bien celui-ci. Cependant toutes les clefs s'accordent à désigner Louis-Christian, duc de Mecklenbourg-Schwerein, qui passa la plus grande partie de sa vie à Paris, épousa la sœur du maréchal de Luxembourg, fut enfermé quelques mois à la Bastille en 1684, par ordre du roi, pour inexécution d'un traité, et mourut à la Haye en 1692.
10. AU BOULEVARD. — Au boulevard de la Porte-Saint-Antoine, qu'on appelait aussi le Nouveau-Cours.
11. SUR UN STRAPONTIN. Petit siège garni qu'on met sur le devant dans les carrosses coupés, ou aux portières dans les grands carrosses, et qui peut se lever et s'abaisser.
12. RAMBOUILLET. Il ne s'agit pas de la forêt de Rambouillet, mais d'un vaste jardin, situé dans le faubourg Saint-Antoine, qu'on nommait aussi Jardin de Reuilly ou Jardin des Quatre-Pavillons. Le financier Nicolas de Rambouillet, père de Rambouillet de La Sablière, l'auteur des madrigaux, l'avait fait planter et dessiner à grands frais. « On y vient en foule pour s'y divertir », dit Sauval, dans ses *Antiquités de Paris*.

phithéâtre; si le roi reçoit des ambassadeurs, il voit leur marche, il assiste à leur audience, il est en haie quand ils reviennent de leur audience. Sa présence est aussi essentielle aux serments des Ligues suisses[1], que celle du chancelier et des Ligues mêmes. C'est son visage que l'on voit aux almanachs[2] représenter le peuple ou l'assistance. Il y a une chasse publique, une Saint-Hubert[3], le voilà à cheval; on parle d'un camp et d'une revue, il est à Ouilles, il est à Achères[4]. Il aime les troupes, la milice, la guerre; il la voit de près, et jusques au fort de Bernardi[5]. CHANLEY[6] sait les marches, JACQUIER[7] les vivres, DU METZ[8] l'artillerie : celui-ci voit, il a vieilli *sous le harnois* en voyant, il est spectateur de profession; il ne fait rien de ce qu'un homme doit faire, il ne sait rien de ce qu'il doit savoir; mais il a vu, dit-il, tout ce qu'on peut voir, et il n'aura point regret de mourir. Quelle perte alors pour toute la ville! Qui dira après lui : « Le Cours est fermé, on ne s'y promène point; le bourbier de

---

1. LIGUES SUISSES. Il s'agit de la cérémonie où était renouvelée l'alliance de la France avec les Suisses. Le chancelier répondait à la harangue des ambassadeurs des cantons et lisait la formule du serment que prêtait chacun d'eux et que répétait le roi. — Voir le tableau de Lebrun qui est à Versailles.

2. ALMANACHS. « Sous Louis XIV, on publiait chaque année pour almanach de très belles et de très grandes estampes, dessinées et gravées par les meilleurs artistes. Là se trouvent représentés, par allégorie, les événements de l'année passée. Les rois, les princes, les généraux, les grands dignitaires figurent ordinairement dans le champ principal de ces estampes et sont très ressemblants. Plus bas sont des portraits d'échevins ou de personnages du tiers état, qui regardent le roi; c'est le *peuple ou l'assistance*. Sur les côtés, des médaillons représentent les batailles, les fêtes, les événements de l'année; et plus bas encore est un espace blanc où l'on collait un calendrier imprimé de l'année. » (WALCKENAER.)

3. UNE SAINT-HUBERT. — Tous les ans, le 5 novembre, à la Saint-Hubert, le roi et la cour prenaient part à une grande chasse dans les forêts voisines de Versailles.

4. ACHÈRES. — Houilles, près d'Argenteuil; Achères, près de Saint-Germain; Louis XIV passait fréquemment des revues à Houilles; les troupes campaient à Achères.

5. BERNARDI. C'était le directeur d'une académie où les jeunes gentilshommes apprenaient le métier des armes. Il faisait, tous les ans, construire, près du Luxembourg, un fort qu'une partie de ses élèves devait défendre et qu'une autre partie devait attaquer.

6. CHAMLAY. Jules-Louis Bolé, marquis de Chamlay. Le maréchal de Luxembourg disait de lui : « C'est une carte vivante. » Et Saint-Simon : « Il avait longtemps servi de maréchal des logis des armées, où il fut toujours estimé des généraux et fut toujours aimé de tout le monde. Un grand éloge pour lui, est que M. de Turenne ne put et ne voulut jamais s'en séparer qu'à sa mort, et que malgré l'attachement que Chamlay conserva pour sa mémoire, M. de Louvois le mit dans toute sa confiance. Le ministre ne lui cacha rien et y trouva un grand soulagement pour la disposition et la marche des troupes. »

7. JACQUIER. Munitionnaire général et secrétaire du roi, fils d'un marchand de Châlons-sur-Marne. L'abbé Legendre, dans ses mémoires, dit : « Jacquier était unique pour les vivres », et il cite le mot de Turenne : « Qu'on me donne Chamlay, Jacquier, Saint-Hilaire et trente mille hommes de vieilles troupes, il n'y a point de puissance que je ne force à se soumettre. » Mort en 1681.

8. DU METZ. Berbier du Metz, lieutenant général d'artillerie, tué à Fleurus, le 1er juillet 1690.

Vincennes est desséché et relevé, on n'y versera plus? » Qui annoncera un concert, un beau salut, un prestige de la foire? Qui vous avertira que Beaumavielle mourut hier, que Rochois est enrhumée[1] et ne chantera de huit jours? Qui connaîtra comme lui un bourgeois à ses armes et à ses livrées? Qui dira : « Scapin porte des fleurs de lis, » et qui en sera plus édifié? Qui prononcera avec plus de vanité et d'emphase le nom d'une simple bourgeoise? Qui sera mieux fourni de vaudevilles? Qui saura comme lui chanter à table tout un dialogue de l'*Opéra*, et les fureurs de Roland[2] dans une ruelle! Enfin, puisqu'il y a à la ville comme ailleurs de fort sottes gens, des gens fades, oisifs, désoccupés, qui pourra aussi parfaitement leur convenir?

Théramène était riche et avait du mérite; il a hérité, il est donc très riche et d'un très grand mérite : voilà toutes les femmes en campagne pour l'avoir pour galant, et toutes les filles pour *épouseur*[3]. Il va de maisons en maisons faire espérer aux mères qu'il épousera : est-il assis, elles se retirent pour laisser à leurs filles toute la liberté d'être aimables, et à Théramène de faire ses déclarations. Il tient ici contre le mortier[4]; là il efface le cavalier[5] ou le gentilhomme : un jeune homme fleuri, vif, enjoué, spirituel, n'est pas souhaité plus ardemment ni mieux reçu; on se l'arrache des mains, on a à peine le loisir de sourire à qui se trouve avec lui dans une même visite : combien de galants va-t-il mettre en déroute! quels bons partis ne fera-t-il pas manquer! pourra-t-il suffire à tant d'héritières qui le recherchent? Ce n'est pas seulement la terreur des maris, c'est l'épouvantail de tous ceux qui ont envie de l'être, et qui attendent d'un mariage à remplir le vide de leur consignation[6]. On devrait proscrire de tels personnages si heureux, si pécunieux[7], d'une ville bien policée; ou condamner le sexe, sous peine de folie ou d'indi-

---

1. ROCHOIS. Marthe Le Rochois débuta en 1678 à l'Opéra et se retira en 1697. — Beaumavielle, célèbre basse-taille de l'Opéra, débuta en 1672 et mourut en 1688.
2. ROLAND. Opéra de Quinault et Lulli, 1685. — En 1690, Mlle Le Rochois y chantait le rôle d'Angélique.
3. EPOUSEUR. La Bruyère a souligné ce mot qui était encore nouveau. Cependant on trouve dans le *Don Juan* de Molière : « Un épouseur à toutes mains. — C'est l'épouseur du genre humain. »
4. LE MORTIER. Contre un président à mortier. Le mortier était la toque de velours que portaient le chancelier de France et les grands présidents du parlement. Il y avait à Paris huit présidents à mortier.
5. LE CAVALIER. L'homme d'épée.
6. CONSIGNATION. Qui attendent qu'un riche mariage vienne réparer la brèche faite à leur fortune par l'acquisition d'une charge.
7. PÉCUNIEUX. Qui a beaucoup d'argent. — Il est regrettable qu'on ait laissé vieillir ce mot. Cependant de Bonald l'a encore employé très heureusement en 1819 : « L'Angleterre, la plus riche ou du moins la plus pécunieuse de toutes les nations. »

gnité[1], à ne les traiter pas mieux que s'ils n'avaient que du mérite.

Paris, pour l'ordinaire le singe de la cour, ne sait pas toujours la contrefaire ; il ne l'imite en aucune manière dans ces dehors agréables et caressants que quelques courtisans, et surtout les femmes[2], y ont naturellement pour un homme de mérite, et qui n'a même que du mérite : elles ne s'informent ni de ses contrats[3], ni de ses ancêtres; elles le trouvent à la cour, cela leur suffit; elles le souffrent, elles l'estiment; elles ne demandent pas s'il est venu en chaise ou à pied, s'il a une charge, une terre, ou un équipage : comme elles regorgent de train, de splendeur, et de dignité, elles se délassent volontiers avec la philosophie ou la vertu. Une femme de ville entend-elle le bruissement[4] d'un carrosse qui s'arrête à sa porte, elle pétille de goût et de complaisance pour quiconque est dedans, sans le connaître : mais si elle a vu de sa fenêtre un bel attelage, beaucoup de livrées, et que plusieurs rangs de clous parfaitement dorés l'aient éblouie, quelle impatience n'a-t-elle pas de voir déjà dans sa chambre le cavalier ou le magistrat! quelle charmante réception ne lui fera-t-elle point? ôtera-t-elle les yeux de dessus lui[5]? Il ne perd rien auprès d'elle; on lui tient compte des doubles soupentes et des ressorts qui le font rouler plus mollement; elle l'en estime davantage, elle l'en aime mieux.

Cette fatuité de quelques femmes de la ville qui cause en elles une mauvaise imitation de celles de la cour, est quelque chose de pire que la grossièreté des femmes du peuple et que la rusticité des villageoises : elle a sur toutes deux l'affectation de plus.

La subtile invention, de faire de magnifiques présents de noces qui ne coûtent rien, et qui doivent être rendus en espèces[6].

1. INDIGNITÉ. Sous peine d'être taxé de folie et déclaré indigne de toute considération.
2. LES FEMMES. Ce sont en effet les femmes qui, à l'hôtel de Rambouillet, ont admis pour la première fois les gens de lettres sur le pied d'une apparente égalité avec les plus grands seigneurs. — Toutefois il ne faut pas oublier qu'un siècle avant les réunions du salon bleu d'Arthénice, Marguerite d'Angoulême, la sœur de François I*er*, la *Marguerite des Marguerites*, avait admis dans sa familiarité Marot, Bonaventure des Périers, Rabelais, Étienne Dolet, les Estienne, etc.
3. CONTRATS. De l'état de sa fortune, qui doit être prouvée par des contrats en bonne forme.
4. BRUISSEMENT. Le seizième siècle disait plus correctement *bruiement*, puisque ce substantif vient de *bruire*.
5. DE DESSUS LUI. *Dessus* et *dessous*, dès la fin du dix-septième siècle, n'étaient déjà plus employés que comme adverbes; La Bruyère fait donc ici un archaïsme, d'ailleurs parfaitement conforme aux traditions de la langue. — L'Académie autorise encore des emplois comme : *de dessus le buffet, de dessous la table*.
6. ESPÈCES. Il s'agit des présents que le futur envoie à sa fiancée et que nous appelons aujourd'hui la corbeille. — Ce paragraphe contient une allusion à certaines habitudes de friponnerie, que Brillon, dans le *Théophraste moderne*, explique tout au long : « Les présents

L'utile et la louable pratique, de perdre en frais de noces le tiers de la dot qu'une femme apporte! de commencer par s'appauvrir de concert par l'amas et l'entassement de choses superflues, et de prendre déjà sur son fonds de quoi payer Gaultier[1], les meubles et la toilette!

Pénible coutume, asservissement incommode! se chercher incessamment les unes les autres avec l'impatience de ne se point rencontrer, ne se rencontrer que pour se dire des riens, que pour s'apprendre réciproquement des choses dont on est également instruite, et dont il importe peu que l'on soit instruite; n'entrer dans une chambre précisément que pour en sortir; ne sortir de chez soi l'après-dînée que pour y rentrer le soir, fort satisfaite d'avoir vu en cinq petites heures trois suisses, une femme que l'on connaît à peine, et une autre que l'on n'aime guère! Qui considérerait bien le prix du temps, et combien sa perte est irréparable, pleurerait amèrement sur de si grandes misères.

On s'élève[2] à la ville dans une indifférence grossière des choses rurales et champêtres; on distingue à peine la plante qui porte le chanvre d'avec celle qui produit le lin, et le blé froment d'avec les seigles, et l'un ou l'autre d'avec le méteil[3] : on se contente de se nourrir et de s'habiller. Ne parlez à un grand nombre de bourgeois, ni de guérets[4], ni de baliveaux[5], ni de provins[6], ni de regains[7], si vous voulez être entendu; ces termes pour eux ne sont pas français : parlez aux uns d'aunage, de tarif, ou de sou pour livre[8], et aux autres, de

---

de noces sont jugés beaux, le galant est appelé magnifique : il le serait en effet s'il avait eu le cœur de ne point offrir de bijoux qu'il ne fût en état de payer; quelques jours après son mariage, il les rend en espèces au joaillier; il s'y était engagé et il tient exactement sa parole. La nouvelle épouse, à qui le secret est confié, aime mieux dire qu'elle a perdu au jeu ses diamants, que de s'avouer la dupe de son mari. » On comprend que les espèces étaient prises sur la dot de la femme.

1. GAULTIER. Célèbre marchand d'étoffes de soie, d'or et d'argent, rue de la Bourdonnais. Mme de Sévigné dit dans une de ses lettres : « Gaultier ne peut plus se plaindre : il aura touché cette année en noces plus d'un million. »

2. ON S'ÉLÈVE. On est élevé.

3. MÉTEIL. Mélange de froment et de seigle.

4. GUÉRETS. Terres labourées et non ensemencées.

5. BALIVEAUX. Arbres qu'on réserve lors de la coupe d'un bois et qui sont destinés à devenir des arbres de haute futaie. Réservés lors d'une seconde coupe, ils deviennent des *modernes;* après une troisième coupe, on les nomme des *anciens*.

6. PROVINS. Rejetons d'un cep de vigne dont les bois ont été couchés en terre pour qu'ils y prennent racine et y forment de nouveaux ceps.

7. REGAINS. La seconde coupe des prairies naturelles et les secondes coupes des prairies artificielles.

8. SOU POUR LIVRE. Imposition d'un vingtième sur la valeur de toutes les marchandises.

voie d'appel [1], de requête civile [2], d'appointement [3], d'évocation [4]. Ils connaissent le monde, et encore par ce qu'il a de moins beau et de moins spécieux [5]; ils ignorent la nature [6], ses commencements, ses progrès, ses dons et ses largesses : leur ignorance souvent est volontaire, et fondée sur l'estime qu'ils ont pour leur profession et pour leurs talents. Il n'y a si vil praticien qui, au fond de son étude sombre et enfumée, et l'esprit occupé d'une plus noire chicane, ne se préfère au laboureur [7] qui jouit du ciel, qui cultive la terre, qui sème à propos, et qui fait de riches moissons; et s'il entend quelquefois parler des premiers hommes ou des patriarches, de leur vie champêtre et de leur économie, il s'étonne qu'on ait pu vivre en de tels temps, où il n'y avait encore ni offices, ni commissions, ni présidents, ni procureurs; il ne comprend pas qu'on ait jamais pu se passer du greffe, du parquet et de la buvette [8].

Les empereurs [9] n'ont jamais triomphé à Rome si mollement, si commodément, ni si sûrement même, contre le vent, la pluie, la poudre et le soleil, que le bourgeois sait à Paris se faire mener par toute la ville : quelle distance de cet usage à la mule de leurs ancêtres! ils ne savaient point encore se priver du nécessaire pour avoir le superflu, ni préférer le faste aux choses utiles. On ne les voyait point s'éclairer avec des bougies [10], et se chauffer à un petit feu : la cire était pour l'autel et pour le Louvre. Ils ne sortaient point d'un mauvais dîner pour monter dans leur

---

1. D'APPEL. Cf. le récit de Chicaneau, acte I, scène VII des *Plaideurs*.
2. REQUÊTE CIVILE. C'est-à-dire requête polie : voie extraordinaire par laquelle on peut, dans certains cas déterminés par la loi, faire réformer par les juges mêmes qui l'ont prononcé un arrêt rendu en dernier ressort.
3. APPOINTEMENTS. Jugement préparatoire par lequel le juge, pour mieux s'instruire d'une affaire, ordonne que les parties la discuteront par écrit devant lui.
4. ÉVOCATION. L'action d'ôter au juge ordinaire la connaissance d'une contestation et de conférer à d'autres juges le pouvoir de la décider.
5. SPÉCIEUX. Pris en bonne part, dans le sens du mot latin *speciosus*.
6. LA NATURE. Nous avons déjà remarqué que La Bruyère, La Fontaine et Fénelon sont les seuls écrivains du dix-septième siècle qui se soient avisés qu'il y avait quelque part des bois, des champs et des moissons. Les autres ne voient que l'homme.

7. LABOUREUR. Tout ce développement est tout à fait dans le goût et dans l'esprit de Fénelon et fait pressentir J.-J. Rousseau.
8. LA BUVETTE. Cf. Racine, *les Plaideurs*.
Et qui vous nourrira? — Le buvetier, je (pense.
— Mais où dormirez-vous, mon père? — [A l'audience.
9. LES EMPEREURS. Nous avouons que ce morceau nous paraît déclamatoire et chimérique d'un bout à l'autre. — M. Hemardinquer dit fort bien : « Remarquons les deux traits principaux qui font croire à La Bruyère que son siècle a dégénéré de l'âge précédent et qui pourraient tout aussi bien faire penser le contraire : le luxe augmente et les distinctions entre les classes s'effacent. »
10. BOUGIES. Au temps de La Bruyère, l'usage de la bougie, c'est-à-dire de la chandelle de cire qui se fabriquait à Bougie, en Afrique, était encore un grand luxe.

carrosse; ils se persuadaient que l'homme avait des jambes pour marcher, et ils marchaient. Ils se conservaient propres quand il faisait sec, et dans un temps humide ils gâtaient[1] leur chaussure, aussi peu embarrassés de franchir les rues et les carrefours, que le chasseur de traverser un guéret, ou le soldat de se mouiller dans une tranchée : on n'avait pas encore imaginé d'atteler deux hommes à une litière[2]; il y avait même plusieurs magistrats qui allaient à pied à la chambre, ou aux enquêtes[3] d'aussi bonne grâce qu'Auguste autrefois allait de son pied au Capitole. L'étain dans ce temps brillait sur les tables et sur les buffets, comme le fer et le cuivre dans les foyers; l'argent et l'or étaient dans les coffres. Les femmes se faisaient servir par des femmes; on mettait celles-ci jusqu'à la cuisine. Les beaux noms de gouverneurs et de gouvernantes n'étaient pas inconnus à nos pères; ils savaient à qui l'on confiait les enfants des rois et des plus grands princes; mais ils partageaient le service de leurs domestiques avec leurs enfants[4], contents de veiller eux-mêmes immédiatement à leur éducation. Ils comptaient en toutes choses avec eux-mêmes : leur dépense était proportionnée à leur recette; leurs livrées, leurs équipages, leurs meubles, leur table, leurs maisons de la ville et de la campagne, tout était mesuré sur leurs rentes et sur leur condition. Il y avait entre eux des distinctions extérieures[5] qui empêchaient qu'on ne prît la femme du praticien[6] pour celle du magistrat, et le roturier ou le simple valet pour le gentilhomme. Moins appliqués à dissiper ou à grossir leur patrimoine qu'à le maintenir, ils le laissaient entier à leurs héritiers, et passaient ainsi d'une vie modérée à une mort tranquille. Ils ne disaient point : *Le siècle est dur, la misère est grande, l'argent est rare;* ils en

---

1. LEUR CHAUSSURE. Cf. *Les précieuses ridicules* : MASCARILLE. « Voudriez-vous, faquins, que j'exposasse l'embonpoint de mes plumes aux inclémences de la saison pluvieuse, et que j'allasse imprimer mes souliers en boue ? »

2. UNE LITIÈRE. Une chaise à porteurs.

3. AUX ENQUÊTES. Dans la première institution du Parlement, il n'y avait que deux chambres, *la grand'chambre et la chambre des enquêtes.*

4. LEURS ENFANTS. Leurs enfants n'avaient d'autres domestiques que les leurs.

5. DISTINCTIONS EXTÉRIEURES. Cf. Fénelon, *Télémaque*, livre X : « Les personnes du premier rang seront vêtues de blanc; celles du second rang seront vêtues de bleu; les troisièmes, de vert... Tous les esclaves seront vêtus de gris-brun. Ainsi, sans aucune dépense, chacun sera distingué suivant sa condition, et on bannira de Salente tous les arts qui ne servent qu'à entretenir le faste. » Toutes ces conceptions chimériques de la société, depuis la *République* de Platon, ont été également entachées de deux vices essentiels, le régime des castes et le communisme, combinés dans différentes proportions.

6. PRATICIEN. Un procureur, un avoué, un avocat.

avaient moins que nous et en avaient assez, plus riches par leur économie et par leur modestie, que de leurs revenus et de leurs domaines. Enfin l'on était alors pénétré de cette maxime, que ce qui est dans les grands splendeur, somptuosité, magnificence, est dissipation, folie, ineptie dans le particulier[1].

CHAPTRE VIII

DE LA COUR.

Le reproche, en un sens, le plus honorable que l'on puisse faire à un homme, c'est de lui dire qu'il ne sait pas la cour[2] : il n'y a sorte de vertus qu'on ne rassemble en lui par ce seul mot.

Un homme qui sait la cour est maître de son geste, de ses yeux et de son visage; il est profond, impénétrable; il dissimule les mauvais offices, sourit à ses ennemis, contraint son humeur[3], déguise ses passions, dément son cœur, parle, agit contre ses sentiments[4]. Tout ce grand raffinement n'est qu'un vice, que l'on appelle fausseté; quelquefois aussi inutile au courtisan pour sa fortune que la franchise, la sincérité et la vertu.

Qui peut nommer de certaines couleurs changeantes, et qui sont diverses selon les divers jours dont[5] on les regarde? de même qui peut définir la cour?

---

1. DANS LE PARTICULIER. Chez les personnes d'une condition privée.

2. LA COUR. La vivacité de ce début annonce les hardiesses de tout le chapitre.

3. HUMEUR. Le régent disait d'un grand seigneur : « C'est un parfait courtisan; il n'a ni honneur ni humeur. »

4. CONTRE SES SENTIMENTS. Cf. Malherbe :

En vain, pour satisfaire à nos lâches en-
  [vies,
Nous passons près des rois tout le temps
  [de nos vies,
A souffrir des mépris et ployer les ge-
  [noux.

Et Massillon, Sermon pour le premier dimanche de Carême : « Que de bassesses pour parvenir! Il faut paraître non tel qu'on est, mais tel qu'on nous souhaite. Bassesse d'adulation, on encense et on adore l'idole qu'on méprise; bassesse de lâcheté, il faut savoir es- suyer des dégoûts, dévorer des rebuts et les recevoir presque comme des grâces; bassesse de dissimulation, point de sentiments à soi et ne penser que d'après les autres; bassesse de dérèglement, devenir les complices, et peut-être les ministres des passions de ceux de qui nous dépendons, et entrer en part de leurs désordres pour participer plus sûrement à leurs grâces; enfin bassesse même d'hypocrisie, emprunter quelquefois les apparences de la piété, jouer l'homme de bien pour parvenir, et faire servir à l'ambition la religion même qui la condamne. Ce n'est point là une peinture imaginée; ce sont les mœurs des cours, et l'histoire de la plupart de ceux qui y vivent. »

5. DONT. D'où. Les meilleurs écrivains emploient *dont* dans ce sens : Cf. Racine, *Bajazet*.

Rentre dans le néant dont je t'ai fait sor-
  [tir.

Se dérober à la cour un seul moment, c'est y renoncer : le courtisan qui l'a vue le matin la voit le soir, pour la reconnaître le lendemain, ou afin que lui-même y soit connu.

L'on est petit[1] à la cour, et, quelque vanité que l'on ait, on s'y trouve tel ; mais le mal est commun, et les grands mêmes y sont petits.

La province est l'endroit d'où la cour, comme dans son point de vue, paraît une chose admirable : si l'on s'en approche, ses agréments diminuent comme ceux d'une perspective que l'on voit de trop près[2].

L'on s'accoutume difficilement à une vie qui se passe dans une antichambre, dans des cours, ou sur l'escalier.

La cour ne rend pas content ; elle empêche qu'on ne le soit ailleurs.

Il faut qu'un honnête homme ait tâté de la cour : il découvre, en y entrant, comme un nouveau monde qui lui était inconnu, où il voit régner également le vice et la politesse, et où tout lui est utile[3], le bon et le mauvais.

La cour est comme un édifice bâti de marbre ; je veux dire qu'elle est composée d'hommes fort durs, mais fort polis.

L'on va quelquefois à la cour pour en revenir[4], et se faire par là respecter du noble de sa province, ou de son diocésain[5].

Le brodeur et le confiseur seraient superflus, et ne feraient qu'une montre inutile[6], si l'on était modeste et sobre : les cours seraient désertes, et les rois presque seuls, si l'on était guéri de la vanité et de l'intérêt. Les hommes veulent être esclaves quelque part, et puiser là de quoi dominer ailleurs[7]. Il semble qu'on livre en gros aux premiers de la cour l'air de hauteur, de fierté et de commandement, afin qu'ils le distribuent en détail dans les provinces : ils font précisément comme on leur fait, vrais singes de la royauté.

Il n'y a rien qui enlaidisse certains courtisans comme la pré-

---

1. PETIT. Cf. Montesquieu : « Je hais Versailles, parce que tout le monde y est petit ; j'aime Paris, parce que tout le monde y est grand. »

2. DE TROP PRÈS. Cf. Montesquieu : « J'ai eu d'abord pour la plupart des grands une crainte puérile ; dès que j'ai eu fait connaissance, j'ai passé presque sans milieu jusqu'au mépris. »

3. UTILE. La Bruyère parle de lui-même ; tout lui est utile, à la cour, pour la composition de ses *Caractères*.

4. EN REVENIR. Voltaire a dit :

Vont en poste à Versailles essuyer des
(mépris
Qu'ils reviennent soudain rendre en poste
(à Paris

5. SON DIOCÉSAIN. L'évêque de son diocèse.

6. MONTRE INUTILE. Ouvriraient inutilement leur boutique.

7. AILLEURS. Cf. Tacite : *Histoires*, l. Ier, ch. XXXVI : « *Omnia serviliter pro dominatione.* »

sence du prince : à peine les puis-je reconnaître à leurs visages ; leurs traits sont altérés, et leur contenance est avilie. Les gens fiers et superbes sont les plus défaits, car ils perdent plus du leur ; celui qui est honnête et modeste s'y soutient mieux[1] : il n'a rien à réformer.

L'air de cour est contagieux : il se prend à V****[2], comme l'accent normand à Rouen ou à Falaise ; on l'entrevoit en des fourriers, en de petits contrôleurs, et en des chefs de fruiterie[3] : l'on peut, avec une portée d'esprit fort médiocre, y faire de grands progrès. Un homme d'un génie élevé et d'un mérite solide ne fait pas assez de cas de cette espèce de talent pour faire son capital[4] de l'étudier et se le rendre propre ; il l'acquiert sans réflexion, et il ne pense point à s'en défaire.

N*** arrive avec grand bruit : il écarte le monde, se fait faire place ; il gratte[5], il heurte presque, il se nomme : on respire[6], et il n'entre qu'avec la foule.

Il y a dans les cours des apparitions de gens aventuriers[7] et hardis, d'un caractère libre et familier, qui se produisent eux-mêmes, protestent qu'ils ont dans leur art toute l'habileté qui manque aux autres, et qui sont crus sur leur parole. Ils profitent cependant de l'erreur publique, ou de l'amour qu'ont les hommes pour la nouveauté ; ils percent la foule, et parviennent jusqu'à l'oreille du prince, à qui le courtisan les voit parler, pendant qu'il se trouve heureux d'en être vu. Ils ont cela de commode pour les grands, qu'ils en sont soufferts sans conséquence, et congédiés de même : alors ils disparaissent tout à la fois riches et discrédités ; et le monde qu'ils viennent de tromper est encore prêt d'être trompé[8] par d'autres.

1. Mieux. Soutient mieux son caractère.
2. V**, à Versailles. Dans les cinq premières éditions, il n'y avait même pas cette initiale, mais seulement deux étoiles.
3. Fruiterie. Les fourriers, placés sous les ordres des maréchaux des logis, marquaient les logis pour le roi et la cour, quand le roi voyageait. — Les contrôleurs ordonnaient, surveillaient et vérifiaient les dépenses de bouche de la maison du roi. — Les chefs de fruiterie préparaient les fruits, disposaient le dessert, fournissaient les bougies pour les lustres et girandoles.
4. Faire son capital. Faire d'une chose son affaire principale.
5. Il gratte. « Gratter se dit chez les princes de ceux qui font un petit bruit avec les ongles à la porte, afin que l'huissier leur ouvre. Il n'est pas permis de heurter à la porte du roi, mais seulement de gratter. » Furetière. — Mme de Genlis dit spirituellement : « Il fallait, pour ce genre de respect, que l'oreille du prince fût très fine, et que les ongles des courtisans fussent bien aiguisés. »
6. On respire. Parce que le nom de ce courtisan si bruyant n'a rien qui impose.
7. Aventuriers. Il s'agit d'un charlatan italien, qui s'intitulait le marquis de Caretti ; il s'était acquis un grand crédit à la cour, en guérissant Cade-rousse et La Feuillade. Nous retrouverons, dans le chapitre, De quelques usages, ce fameux empirique.
8. Prêt d'être trompé. A la veille

Vous voyez des gens qui entrent sans saluer que légèrement[1], qui marchent des épaules, et qui se rengorgent comme une femme : ils vous interrogent sans vous regarder ; ils parlent d'un ton élevé, et qui marque qu'ils se sentent au-dessus de ceux qui se trouvent présents ; ils s'arrêtent, et on les entoure ; ils ont la parole, président au cercle, et persistent dans cette hauteur ridicule et contrefaite, jusqu'à ce qu'il survienne un grand, qui, la faisant tomber tout d'un coup par sa présence, les réduise à leur naturel, qui est moins mauvais.

Les cours ne sauraient se passer d'une certaine espèce de courtisans[2], hommes flatteurs, complaisants, insinuants, dévoués aux femmes, dont ils ménagent les plaisirs, étudient les faibles et flattent toutes les passions : ils leur soufflent à l'oreille des grossièretés, leur parlent de leurs maris dans les termes convenables, devinent leurs chagrins et leurs maladies ; ils font les modes, raffinent sur le luxe et sur la dépense, et apprennent à ce sexe de prompts moyens de consumer de grandes sommes en habits, en meubles et en équipages ; ils ont eux-mêmes des habits où brillent l'invention et la richesse, et ils n'habitent d'anciens palais qu'après les avoir renouvelés et embellis. Ils mangent délicatement et avec réflexion ; il n'y a sorte de volupté qu'ils n'essayent, et dont ils ne puissent rendre compte. Ils doivent à eux-mêmes leur fortune, et ils la soutiennent avec la même adresse qu'ils l'ont élevée : dédaigneux et fiers, ils n'abordent plus leurs pareils, ils ne les saluent plus ; ils parlent où tous les autres se taisent ; entrent, pénètrent en des endroits et à des heures où les grands n'osent se faire voir : ceux-ci, avec de longs services, bien des plaies sur le corps, de beaux emplois, ou de grandes dignités, ne montrent pas un visage si assuré, ni une contenance si libre. Ces gens ont l'oreille des plus grands

---

d'être trompé ; nous dirions aujourd'hui près de.

1. Que légèrement. Si ce n'est légèrement. Molière dit de même : « Descendons-nous tous deux *que* de bonne bourgeoisie ? » Racine :

Que vois-je autour de moi *que* des amis
[vendus.

2. Courtisans. C'est le portrait de Langlée que nous avons déjà rencontré sous le nom de Périandre, et dont nous avons déjà parlé à propos du jeu du roi. Il était fils d'une femme de chambre d'Anne d'Autriche. Saint-Simon dit de lui : « Avec très peu ou point d'esprit, mais avec une grande connaissance du monde, il sut prêter de bonne grâce, attendre de meilleure grâce encore, se faire beaucoup d'amis et de la réputation à force de bons procédés. Il se trouva insensiblement de tout à la cour, de tout ce qui n'en était qu'agréments et futile, et qui n'en est pas une des moindres parties à qui sait bien en profiter. Il fut de tous les voyages du roi, de toutes les parties, de toutes les fêtes de la cour, ensuite de tous les Marlys, et lié avec toutes les filles du roi, et tellement familier avec elles qu'il leur disait souvent leurs vérités... »

princes, sont de tous leurs plaisirs et de toutes leurs fêtes, ne sortent pas du Louvre ou du château [1], où ils marchent et agissent comme chez eux et dans leur domestique [2], semblent se multiplier en mille endroits, et sont toujours les premiers visages qui frappent les nouveaux venus à une cour : ils embrassent, ils sont embrassés ; ils rient, ils éclatent, ils sont plaisants, ils font des contes : personnes commodes, agréables, riches, qui prêtent [3], et qui sont sans conséquence.

Ne croirait-on pas de *Cimon* et de *Clitandre* qu'ils sont seuls chargés des détails de tout l'État, et que seuls aussi ils en doivent répondre ? L'un a du moins [4] les affaires de terre, et l'autre les maritimes. Qui pourrait les représenter exprimerait l'empressement, l'inquiétude, la curiosité, l'activité, saurait peindre le mouvement. On ne les a jamais vus assis, jamais fixes et arrêtés : qui même les a vus marcher ? On les voit courir, parler en courant, et vous interroger sans attendre de réponse. Ils ne viennent d'aucun endroit, ils ne vont nulle part ; ils passent et ils repassent. Ne les retardez pas dans leur course précipitée, vous démonteriez leur machine ; ne leur faites pas de questions, ou donnez-leur du moins le temps de respirer et de se ressouvenir qu'ils n'ont nulle affaire, qu'ils peuvent demeurer avec vous et longtemps, vous suivre même où il vous plaira de les emmener. Ils ne sont pas les *satellites de Jupiter*, je veux dire ceux qui pressent et qui entourent le prince ; mais ils [7] l'annoncent et le précèdent ; ils se lancent impétueusement dans la foule des courtisans ; tout ce qui se trouve sur leur passage est en péril [5]. Leur profession est d'être vus et revus, et ils ne se couchent jamais sans s'être acquittés d'un emploi si sérieux et si utile à la république. Ils sont, au reste, instruits à fond de toutes les nouvelles indifférentes, et ils savent à la cour tout ce que l'on peut y ignorer [6], il ne leur manque aucun des talents nécessaires pour s'avancer médiocrement. Gens néanmoins éveillés et alertes sur tout ce qu'ils croient leur convenir, un peu entreprenants, légers et précipités ; le dirai-je ? ils portent au vent [7], attelés tous

---

1. Du château. De Versailles.
2. Leur domestique. Dans leur intérieur.
3. Qui prêtent. Qui prêtent de l'argent. Voir plus haut le portrait de Langléo par Saint-Simon.
4. Du moins. C'est-à-dire : vous diriez que l'un a du moins...

5. En péril. En danger d'être renversés.
6. Y ignorer. Hiatus désagréable.
7. Ils portent au vent. Se dit d'un cheval qui porte le nez aussi haut que les oreilles. Cf. Destouches, *le Glorieux* :

Toujours portant au vent, fier comme un
  [Ecossais.

deux au char de la fortune, et tous deux fort éloignés de s'y voir assis.

Un homme de la cour qui n'a pas un assez beau nom, doit l'ensevelir sous un meilleur[1] ; mais s'il l'a tel qu'il ose le porter, il doit alors insinuer qu'il est[2] de tous les noms le plus illustre, comme sa maison de toutes les maisons la plus ancienne : il doit tenir aux PRINCES LORRAINS, aux ROHANS, aux CHATILLONS, aux MONTMORENCYS, et, s'il se peut, aux PRINCES DU SANG ; ne parler que de ducs, de cardinaux, et de ministres ; faire entrer dans toutes les conversations ses aïeux paternels et maternels, et y trouver place pour l'oriflamme et pour les croisades ; avoir des salles parées d'arbres généalogiques, d'écussons chargés de seize quartiers[3], et de tableaux de ses ancêtres et des alliés de ses ancêtres ; se piquer d'avoir un ancien château à tourelles, à créneaux et à mâchecoulis ; dire en toute rencontre *ma race, ma branche, mon nom,* et *mes armes* ; dire de celui-ci qu'il n'est pas homme de qualité, de celle-là qu'elle n'est pas demoiselle[4] ; ou, si on lui dit qu'*Hyacinthe* a eu le gros lot[5], demander s'il est gentilhomme. Quelques-uns riront de ces contre-temps[6] ; mais il les laissera rire : d'autres en feront des contes, et il leur permettra de conter ; il dira toujours qu'il marche après la maison régnante ; et, à force de le dire, il sera cru.

1. MEILLEUR. C'est ainsi que les fils des ministres de Louis XIV, de Fouquet, Le Tellier, Colbert, Louvois, Phelippeaux, Desmarest, portèrent les noms de comte de Belle-Isle, marquis de Louvois, marquis de Seignelay, marquis de Barbezieux, comte de Maurepas, comte de Maillebois.

2. QU'IL EST. Que ce nom est, *Il*, dans cette phrase, se rapporte à deux sujets différents. Malgré des exemples de cette négligence qu'on rencontre dans Pascal et dans Molière, il faut avouer que cette incorrection ne se peut justifier, puisqu'elle nuit à la clarté.

3. QUARTIERS. « Ce mot, dit Furetière, vient de ce qu'autrefois on mettait sur les quatre coins d'un tombeau les écus du père et de la mère, de l'aïeul et de l'aïeule du défunt. » — Seize quartiers prouvent la noblesse de quatre races.

4. DEMOISELLE. Signifiait autrefois la femme ou la fille d'un gentilhomme. Georges Dandin s'écrie dans Molière :

« Ah ! qu'une femme demoiselle est une étrange affaire ! » — Cependant déjà, au temps de La Bruyère, presque toutes les bourgeoises prenaient le titre de *demoiselles*. Et bientôt ce mot n'allait plus avoir d'autre sens que celui que nous y attachons aujourd'hui : « *Demoiselle*, dit Furetière, se dit aujourd'hui de toutes les filles qui ne sont point mariées, pourvu qu'elles ne soient pas de la lie du peuple ou nées d'artisans. — Les femmes d'avocats tenaient autrefois à grand honneur d'être appelées *demoiselles* ; maintenant elles se font appeler *madame*. »

5. LOT. La loterie royale ne fut instituée qu'en 1700 ; mais Louis XIV fit de grandes loteries publiques avant cette époque. En 1687, le 5 mars, une loterie fut tirée à Marly ; ce fut un épicier de Paris, qui gagna le gros lot, qui était de 50,000 livres. Il alla à Marly le retirer, et le roi, dit le *Mercure galant*, voulut le voir et le reçut parfaitement bien.

6. CONTRE-TEMPS. De ces distractions.

C'est une grande simplicité que d'apporter à la cour la moindre roture, et de n'y être pas gentilhomme [1].

L'on se couche à la cour, et l'on se lève sur l'intérêt [2] : c'est ce que l'on digère le matin et le soir, le jour et la nuit; c'est ce qui fait que l'on pense, que l'on parle, que l'on se tait, que l'on agit; c'est dans cet esprit qu'on aborde les uns et qu'on néglige les autres, que l'on monte et que l'on descend; c'est sur cette règle que l'on mesure ses soins, ses complaisances, son estime, son indifférence, son mépris. Quelques pas que quelques-uns fassent par vertu vers la modération et la sagesse, un premier mobile d'ambition les emmène avec les plus avares, les plus violents dans leurs désirs, et les plus ambitieux : quel moyen de demeurer immobile où tout marche, où tout se remue, et de ne pas courir où les autres courent? On croit même être responsable à soi-même de son élévation et de sa fortune : celui qui ne l'a point faite à la cour est censé ne l'avoir pas dû faire [3]; on n'en appelle pas [4]. Cependant s'en éloignera-t-on avant d'en avoir tiré le moindre fruit, ou persistera-t-on à y demeurer sans grâces et sans récompenses? question si épineuse, si embarrassée, et d'une si pénible décision qu'un nombre infini de courtisans vieillissent sur le oui et sur le non [5], et meurent dans le doute.

Il n'y a rien à la cour de si méprisable et de si indigne qu'un homme qui ne peut contribuer en rien à notre fortune : je m'étonne qu'il ose se montrer [6].

Celui qui voit loin derrière soi un homme de son temps et de sa condition, avec qui il est venu à la cour la première fois, s'il croit avoir une raison solide d'être prévenu [7] de son propre mé-

---

1. GENTILHOMME. De ne pas se défaire de sa roture avant d'arriver à la cour et de ne s'y point faire passer pour gentilhomme.

2. SUR L'INTÉRÊT. C'est pour cela que La Rochefoucauld, qui a peint les hommes tels qu'ils les a vus à la cour, a écrit : « Les vertus se perdent dans l'intérêt, comme les fleuves se perdent dans la mer. »

3. PAS DU FAIRE. Cf. Bossuet, sermon sur l'ambition : « Mais écoutons ce que nous opposent les ambitieux. Il faut, disent-ils, se distinguer; c'est une marque de faiblesse de demeurer dans le commun : les génies extraordinaires se démêlent toujours de la troupe, et forcent les destinées. Les exemples de ceux qui s'avancent semblent reprocher aux autres leur peu de mérite. »

4. ON N'EN APPELLE PAS. C'est un arrêt irrévocable. *On n'en appelle pas* est une locution familière à La Bruyère.

5. ET SUR LE NON. Vieillissent avant de l'avoir résolue.

6. SE MONTRER. Cf. Bossuet : « A quel usage peut-on mettre cet homme si droit, qui ne parle que de son devoir? Il n'y a rien de si sec ni de moins flexible, et il y a tant de choses qu'il ne peut pas faire, qu'à la fin il est regardé comme un homme qui n'est bon à rien, entièrement inutile. Ainsi, étant inutile, on se résout facilement à le mépriser. »

7. D'ÊTRE PRÉVENU. D'avoir de son propre mérite une opinion avantageuse.

rite et de s'estimer davantage que[1] cet autre qui est demeuré en chemin, ne se souvient plus de ce qu'avant sa faveur il pensait de soi-même et de ceux qui l'avaient devancé[2].

C'est beaucoup tirer de notre ami, si, ayant monté à une grande faveur, il est encore un homme de notre connaissance[3].

Si celui qui est en faveur ose s'en prévaloir avant qu'elle lui échappe, s'il se sert d'un bon vent[4] qui souffle pour faire son chemin, s'il a les yeux ouverts sur tout ce qui vaque, poste, abbaye, pour les demander et les obtenir, et qu'il soit muni de pensions, de brevets[5] et de survivances[6], vous lui reprochez son avidité et son ambition; vous dites que tout le tente, que tout lui est propre, aux siens, à ses créatures[7], et que, par le nombre et la diversité des grâces dont il se trouve comblé, lui seul a fait plusieurs fortunes. Cependant qu'a-t-il dû faire? Si j'en juge moins par vos discours que par le parti que vous auriez pris vous-même en pareille situation, c'est précisément ce qu'il a fait.

L'on blâme les gens qui font une grande fortune pendant qu'ils en ont les occasions, parce que l'on désespère, par la médiocrité de la sienne, d'être jamais en état de faire comme eux, et de s'attirer ce reproche. Si l'on était à portée de leur succéder, l'on commencerait à sentir qu'ils ont moins de tort, et l'on serait plus retenu, de peur de prononcer d'avance sa condamnation.

Il ne faut rien exagérer ni dire des cours le mal qui n'y est

---

1. DAVANTAGE QUE. Nous avons déjà dit, dans une note du chap. v, que tous les grands écrivains du dix-septième siècle employaient cette locution, condamnée aujourd'hui par les grammairiens.

2. DEVANCÉ. Cette phrase présente une certaine obscurité; elle signifie : Il ne se souvient plus de ce qu'il pensait, au temps où il n'était pas encore en faveur, de ceux qui l'avaient devancé dans la carrière des honneurs et dont il jugeait le mérite fort au-dessous du sien : — « La haine pour les favoris, dit La Rochefoucauld, n'est autre chose que l'amour de la faveur. Le dépit de ne la pas posséder se console et s'adoucit par le mépris que l'on témoigne de ceux qui la possèdent. »

3. NOTRE CONNAISSANCE. C'est-à-dire : s'il daigne encore nous reconnaître.

4. UN BON VENT. Cf. La Fontaine. *Élégie*, VI.

Lorsque sur cette mer où vogue à pleines
[voiles,
Qu'on croit avoir pour soi les vents et les
[étoiles,
Il est bien malaisé de régler ses désirs;
Le plus sage s'endort sur la foi des zé-
[phirs.

5. BREVETS. Un brevet était jadis un acte qu'expédiait un ministre d'état et par lequel le roi accordait un don, une pension, un bénéfice, une grâce ou un titre de dignité. (Littré.)

6. SURVIVANCES. C'était le droit qu'accordait le roi d'exercer une charge, après la mort du titulaire.

7. CRÉATURES. Que tout lui semblait bon à prendre, pour lui, pour les siens, pour ses créatures.

point[1]; l'on y attente rien de pis contre le vrai mérite, que de le laisser quelquefois sans récompense : on ne l'y méprise pas toujours, quand on a pu une fois le discerner[2] : on l'oublie ; et c'est là où[3] l'on sait parfaitement ne faire rien, ou faire très peu de chose, pour ceux que l'on estime beaucoup.

Il est difficile à la cour que, de toutes les pièces que l'on emploie à l'édifice de sa fortune, il n'y en ait quelqu'une qui porte à faux : l'un de mes amis qui a promis de parler[4] ne parle point ; l'autre parle mollement : il échappe[5] à un troisième de parler contre mes intérêts et contre ses intentions ; à celui-là manque la bonne volonté, à celui-ci l'habileté et la prudence ; tous n'ont pas assez de plaisir à me voir heureux pour contribuer de tout leur pouvoir à me rendre tel. Chacun se souvient assez de tout ce que son établissement lui a coûté à faire[6], ainsi que des secours qui lui ont frayé le chemin : on serait même assez porté à justifier les services[7] qu'on a reçus des uns par ceux qu'en de pareils besoins on rendrait aux autres, si le premier et l'unique soin qu'on a, après sa fortune faite, n'était pas de songer à soi[8].

Les courtisans n'emploient pas ce qu'ils ont d'esprit, d'adresse et de finesse, pour trouver les expédients[9] d'obliger ceux de leurs amis qui implorent leur secours, mais seulement pour leur trouver des raisons apparentes, de spécieux prétextes, ou ce qu'ils appellent une impossibilité de le pouvoir faire ; et ils se persuadent d'être quittes par là en leur endroit[10] de tous les devoirs de l'amitié ou de la reconnaissance.

Personne à la cour ne veut entamer[11] : on s'offre d'appuyer, parce que, jugeant des autres par soi-même, on espère que nul

---

1. N'Y EST POINT. Ce début ironique accroît la vivacité de la satire qui va suivre.
2. LE DISCERNER. Chaque mot ajoute quelque chose à l'amertume de l'ironie. — Il arrive une fois par hasard qu'on est assez intelligent pour discerner le mérite, et, quand on l'a discerné, il peut se faire qu'on ne le méprise point.
3. C'EST LA OU.. C'est à la cour que l'on sait.
4. DE PARLER. C'est-à-dire de parler en ma faveur au roi ou au ministre.
5. IL ÉCHAPPE. Ce troisième a aussi promis de parler pour moi ; par mégarde il parle contre ; il ne sait vraiment comment cela lui a échappé ; mais enfin la chose est faite, et le coup est porté, bien qu'il proteste de la pureté de ses intentions.
6. A FAIRE. De toute l'industrie qu'il a été obligé d'employer pour s'établir à la cour.
7. A JUSTIFIER LES SERVICES. A montrer qu'on était digne des services...
8. A SOI. Tant qu'on n'avait pas sa fortune faite, on ne songeait encore qu'à soi, parce qu'il fallait la faire ; après la fortune faite, on ne songe encore qu'à soi, parce qu'il faut la conserver et l'agrandir.
9. LES EXPÉDIENTS. Les moyens.
10. EN LEUR ENDROIT. A leur égard. On dit, en ce sens, à leur endroit plutôt qu'en leur endroit.
11. ENTAMER. Solliciter le premier.

n'entamera, et qu'on sera ainsi dispensé d'appuyer. C'est une manière douce et polie de refuser son crédit, ses offices et sa médiation à qui en a besoin.

Combien de gens vous étouffent de caresses[1] dans le particulier, vous aiment et vous estiment, qui sont embarrassés de vous dans le public, et qui, au lever ou à la messe[2], évitent vos yeux et votre rencontre ! Il n'y a qu'un petit nombre de courtisans qui, par grandeur ou par une confiance qu'ils ont d'euxmêmes, osent honorer devant le monde le mérite qui est seul et dénué de grands établissements.

Je vois un homme entouré et suivi ; mais il est en place. J'en vois un autre que tout le monde aborde ; mais il est en faveur. Celui-ci est embrassé et caressé même des grands ; mais il est riche. Celui-là est regardé de tous avec curiosité, on le montre du doigt[3] ; mais il est savant et éloquent. J'en découvre un que personne n'oublie de saluer ; mais il est méchant : je veux un homme qui soit bon[4], qui ne soit rien davantage, et qui soit recherché.

Vient-on de placer quelqu'un dans un nouveau poste[5], c'est un débordement de louanges en sa faveur qui inonde les cours et la chapelle[6], qui gagne l'escalier, les salles, la galerie, tout l'appartement[7] : on en a au-dessus des yeux ; on n'y tient pas. Il n'y a pas deux voix différentes sur ce personnage ; l'envie, la jalousie, parlent comme l'adulation : tous se laissent entraîner au torrent qui les emporte, qui les force de dire d'un homme ce qu'ils en pensent ou ce qu'ils n'en pensent pas, comme de louer souvent celui qu'ils ne connaissent point. L'homme d'esprit, de

---

1. CARESSES. Cf. Molière.
Je vous vois accabler un homme de
(caresses,
Et témoigner pour lui les dernières tendresses.

2. MESSE. Au lever du roi, à la messe de la chapelle du roi.

3. DU DOIGT. Il faut bien observer ici les différentes nuances d'estime marquées par la différence des expressions ; on entoure l'homme en place ; on aborde celui qui est en faveur ; on embrasse et on caresse le riche ; on salue le méchant ; quant au savant, on le regarde comme un animal curieux, et on le montre du doigt.

4. BON. La Bruyère estime fort la bonté, et c'est encore un trait commun entre lui et Fénelon. Bossuet lui-même a dit dans son magnifique langage : « Lorsque Dieu forma le cœur et les entrailles de l'homme, il y mit premièrement la bonté, comme le propre caractère de la nature divine et pour être comme la marque de cette main bienfaisante dont nous sortons. » Et Victor Hugo :

La bonté, c'est le fond des natures au(gustes.
D'une seule vertu Dieu fit le cœur des
(justes,
Comme d'un seul saphir la coupole du
(ciel.

5. POSTE. « Cela est arrivé à M. de Luxembourg, disent les clefs du dixhuitième siècle, quand il entra dans le commandement des armées. » (1675.)

6. LA CHAPELLE. Les cours, la chapelle du palais de Versailles.

7. L'APPARTEMENT. Cette expression désignait particulièrement à la cour l'appartement du roi.

mérite ou de valeur, devient en un instant un génie de premier ordre, un héros, un demi-dieu. Il est si prodigieusement flatté dans toutes les peintures que l'on fait de lui, qu'il paraît difforme près de ses portraits : il lui est impossible d'arriver jamais jusqu'où la bassesse et la complaisance viennent de le porter; il rougit de sa propre réputation. Commence-t-il à chanceler[1] dans ce poste où on l'avait mis, tout le monde passe facilement à un autre avis. En est-il entièrement déchu, les machines[2] qui l'avaient guindé si haut, par l'applaudissement et les éloges, sont encore toutes dressées pour le faire tomber dans le dernier mépris; je veux dire qu'il n'y en a point qui le dédaignent mieux, qui le blâment plus aigrement, et qui en disent plus de mal, que ceux qui s'étaient comme dévoués à la fureur d'en dire du bien[3].

Je crois pouvoir dire d'un poste éminent et délicat qu'on y monte plus aisément qu'on ne s'y conserve.

L'on voit des hommes tomber d'une haute fortune par les mêmes défauts[4] qui les y avaient fait monter.

Il y a dans les cours deux manières de ce que l'on appelle congédier son monde ou se défaire des gens : se fâcher contre eux, ou faire si bien qu'ils se fâchent contre vous et s'en dégoûtent[5].

1. CHANCELER. Le maréchal de Luxembourg tomba subitement en disgrâce en 1679, à la suite de l'affaire des poisons où il fut impliqué par la haine de Louvois. Absous, il n'en fut pas moins exilé en 1680; il revint en 1681; il gagna la bataille de Fleurus, l'année même où parut ce caractère. (1690.)

2. MACHINES. On a remarqué que chaque pays et chaque siècle a ses métaphores empruntées à certaines occupations où à certains goûts dominants. Les métaphores des Romains étaient empruntées à l'art de la guerre (comme in aliena castra transire) ou à la politique (pedibus ire in sententiam alicujus.) Les Athéniens tiraient leurs figures de la vie maritime, par exemple : ὑπηρετεῖν, servir sous les ordres de quelqu'un, mot à mot ramer sous les ordres de quelqu'un. — Au temps de La Bruyère, les grandes constructions de Louis XIV avaient mis à la mode les expressions tirées du bâtiment. De là ces *machines qui ont guindé* le favori si haut; de là, dans un des paragraphes précédents ces *pièces que l'on emploie à l'édifice de sa fortune* et dont *quelqu'une porte à faux*.

3. DU BIEN. Cf. Montaigne, *Essais*, III, 8 : « Il ne faut que voir un homme élevé en dignité; quand nous l'aurions connu, trois jours devant, homme de peu, il coule insensiblement en nos opinions une image de grandeur et de suffisance, et nous persuadons que, croissant de train et de crédit, il est crû de mérite; nous jugeons de lui, non selon sa valeur, mais à la mode des jetons, selon la prérogation de son rang. Que la chance tourne aussi, qu'il retombe et se mêle à la presse, chacun s'enquiert avec admiration de la cause qui l'avait guindé si haut : Est-ce lui? fait-on. N'y savait-il autre chose quand il y était? Les princes se content-ils de si peu? Nous étions vraiment en bonnes mains! — C'est chose que j'ai vu souvent de mon temps. »

4. LES MÊMES DÉFAUTS. Ceci peut s'appliquer au surintendant Fouquet. « La chute de ce ministre, à qui on avait bien moins de reproches à faire qu'au cardinal Mazarin, fit voir qu'il n'appartient pas à tout le monde de faire les mêmes fautes. » VOLTAIRE.

5. S'EN DÉGOÛTENT. Se dégoûtent de vous.

DE LA COUR.

L'on dit à la cour du bien de quelqu'un pour deux raisons : la première, afin qu'il apprenne que nous disons du bien de lui; la seconde, afin qu'il en dise de nous.

Il est aussi dangereux à la cour de faire les avances qu'il est embarrassant de ne les point faire.

Il y a des gens à qui ne connaître point le nom et le visage d'un homme est un titre pour[1] en rire et le mépriser. Ils demandent qui est cet homme; ce n'est ni *Rousseau*[2], ni *Fabry*[3], ni *La Couture*[4]; ils ne pourraient le méconnaître[5].

L'on me dit tant de mal de cet homme, et j'y en vois si peu, que je commence à soupçonner qu'il n'ait un mérite importun, qui éteigne[6] celui des autres.

Vous êtes homme de bien, vous ne songez ni à plaire ni à déplaire aux favoris, uniquement attaché à votre maître et à votre devoir : vous êtes perdu.

On n'est point effronté par choix, mais par complexion; c'est un vice de l'être, mais naturel. Celui qui n'est pas né tel est modeste, et ne passe pas aisément de cette extrémité à l'autre. C'est une leçon assez inutile que de lui dire : Soyez effronté, et vous réussirez. Une mauvaise imitation ne lui profiterait pas, et le ferait échouer. Il ne faut rien de moins dans les cours qu'une vraie et naïve impudence pour réussir.

On cherche, on s'empresse, on brigue, on se tourmente, on demande, on est refusé[7], on demande et on obtient; mais, dit-on, sans l'avoir demandé, et dans le temps que l'on n'y pensait pas, et que l'on songeait même à toute autre chose : vieux style, menterie innocente, et qui ne trompe personne.

---

1. Un titre. Une raison suffisante.

2. Rousseau, cabaretier fameux; son cabaret, fréquenté par les courtisans, était situé rue d'Avignon, près la Porte Saint-Denis. — Il y avait un autre Rousseau, fort connu alors; c'était l'huissier de la chambre du roi, dont l'insolence était odieuse à Racine.

3. Fabry. Brûlé, il y a vingt ans (note de La Bruyère). Le Châtelet l'avait condamné à mort à la suite d'un procès scandaleux.

4. La Couture. Les clefs disent : « Tailleur d'habits de Mme la Dauphine, lequel était devenu fou, et qui sur ce pied demeurait à la cour, où il faisait des contes fort extravagants. Il allait souvent à la toilette de Mme la Dauphine. »

5. Le méconnaître. Cet homme est obscur, il peut être honnête, ils le méprisent; si c'était un scélérat ou un fou, ils auraient pour lui ce genre de considération qui s'attache à la scélératesse ou à la folie.

6. Eteigne. Cf. Boileau, *Epître à Racine* :

Ses rivaux *obscurcis* autour de lui croassent;
Et son trop de lumière importunant les yeux
De ses propres amis lui fait des envieux.

et Horace, épître 1re du deuxième livre :

Urit enim fulgore suo qui, prægravat artes
Infra se positas. . . . .

7. Refusé. C'est le sens de l'expression latine *repulsam referre*.

On fait sa brigue pour parvenir à un grand poste, on prépare toutes ses machines, toutes les mesures sont bien prises, et l'on doit être servi selon ses souhaits : les uns doivent entamer, les autres appuyer : l'amorce est déjà conduite, et la mine prête à jouer : alors on s'éloigne de la cour[1]. Qui oserait soupçonner d'*Artemon* qu'il ait pensé à se mettre dans une si belle place, lorsqu'on le tire de sa terre ou de son gouvernement pour l'y faire asseoir? Artifice grossier, finesses usées, et dont le courtisan s'est servi tant de fois, que, si je voulais donner le change à tout le public, et lui dérober mon ambition, je me trouverais sous l'œil et sous la main du prince, pour recevoir de lui la grâce que j'aurais recherchée avec le plus d'emportement.

Les hommes ne veulent pas que l'on découvre les vues qu'ils ont sur leur fortune[2], ni que l'on pénètre qu'ils pensent à une telle dignité, parce que, s'ils ne l'obtiennent point, il y a de la honte, se persuadent-ils, à être refusés; et, s'ils y parviennent, il y a plus de gloire pour eux d'en être crus dignes par celui qui la leur accorde, que de s'en juger dignes eux-mêmes par leurs brigues et par leurs cabales : ils se trouvent parés tout à la fois de leur dignité[3] et de leur modestie.

Quelle plus grande honte y a-t-il d'être refusé d'un poste[4] que l'on mérite, ou d'y être placé sans le mériter?

Quelques grandes difficultés qu'il y ait à se placer à la cour, il est encore plus âpre et plus difficile de se rendre digne d'être placé.

Il coûte moins à[5] faire dire de soi : Pourquoi a-t-il obtenu ce poste? qu'à faire demander : Pourquoi ne l'a-t-il pas obtenu[6]?

L'on se présente encore pour les charges de ville[7], l'on postule une place dans l'Académie française, l'on demandait le consulat : quelle moindre raison y aurait-il de travailler les premières an-

---

1. DE LA COUR. Comme on s'éloigne d'une mine qui est près de jouer.

2. LEUR FORTUNE. Cf. Saint-Evremond : « Un habile homme emploie toute son industrie à se faire donner ce qu'il ne demande pas. »

3. DE LEUR DIGNITÉ. De la nouvelle dignité dont ils sont revêtus.

4. D'UN POSTE. *Être refusé de* est une locution très fréquente au seizième siècle et dans la première partie du dix-septième. Cf. Corneille, le *Cid* :

En être refusé, n'en est pas un bon
[signe.

5. IL COUTE MOINS A. La Bruyère emploie plus loin la forme *il coûte de* qui est plus usitée; cependant *coûter à* exprime une nuance plus forte; à est ici la préposition latine *ad*, et exprime l'effort pour tendre vers un but.

6. OBTENU. On peut rapprocher de cette réflexion la phrase de Caton le censeur : « J'aime mieux que l'on demande pourquoi l'on n'a pas élevé de statue à Caton, que pourquoi on lui en a élevé une. »

7. LES CHARGES DE VILLE. Les charges municipales de prévôt des marchands, d'échevins se donnaient encore à l'élection.

nées de sa vie à se rendre capable d'un grand emploi, et de demander ensuite, sans nul mystère et sans nulle intrigue, mais ouvertement et avec confiance, d'y servir sa patrie, son prince, la république [1] ?

Je ne vois aucun courtisan à qui le prince vienne d'accorder un bon gouvernement [2], une place éminente ou une forte pension, qui n'assure, par vanité ou pour marquer son désintéressement, qu'il est bien moins content du don que de la manière dont il lui a été fait. Ce qu'il y a en cela de sûr et d'indubitable, c'est qu'il le dit ainsi [3].

C'est rusticité que de donner de mauvaise grâce : le plus fort et le plus pénible est de donner : que coûte-t-il d'y ajouter un sourire [4] ?

Il faut avouer néanmoins qu'il s'est trouvé des hommes qui refusaient plus honnêtement que d'autres ne savaient donner [5]; qu'on a dit de quelques-uns qu'ils se faisaient si longtemps prier, qu'ils donnaient si sèchement et chargeaient une grâce qu'on leur arrachait de conditions si désagréables, qu'une plus grande grâce était d'obtenir d'eux d'être dispensé de rien recevoir.

L'on remarque dans les cours des hommes avides [6] qui se re-

---

1. LA RÉPUBLIQUE. La Bruyère voudrait voir les intrigues et les mystères de la cour faire place à la brigue ouverte et loyale des charges et des dignités, telle qu'elle se pratiquait à Athènes et à Rome.

2. GOUVERNEMENT. Le gouvernement d'une province.

3. AINSI. Cette réflexion est de tous les temps, dit M. Servois, mais elle était de mise sous Louis XIV. Mᵐᵉ de Sévigné écrit en 1671 : « Mᵐᵉ de La Fayette vous aura mandé comme M. de La Rochefoucauld a fait duc le prince son fils, et de quelle façon le roi a donné une nouvelle pension : enfin la manière vaut mieux que la chose, n'est-il pas vrai? nous avons quelquefois ri de ce discours commun à tous les courtisans. » Bussy-Rabutin, tout homme d'esprit qu'il fût, n'en tiendra pas moins le même discours, lorsqu'il racontera, quelques années plus tard, une visite qu'il fit au roi, et dans laquelle il prit le change sur les sentiments de Louis XIV.

4. UN SOURIRE. La Bruyère imite Sénèque, de Beneficiis, II, 3 : « Quelques-uns gâtent de grands bienfaits par le silence ou par des paroles tardives qui tiennent de la morgue et de l'humeur; ils promettent de l'air dont on refuse. Combien n'est-il pas mieux d'ajouter de bonnes paroles aux bons effets, de faire valoir un service par quelques mots de politesse et de bienveillance ! Plaignez-vous même doucement et d'amitié : C'est mal à vous, quand vous avez un désir à former de n'avoir pas eu plutôt recours à moi; pour cette fois je vous pardonne; dorénavant moins de timidité. »

5. DONNER. Cf. Corneille, le Menteur :

Tel donne à pleines mains qui n'oblige [personne;
La façon de donner vaut mieux que ce [qu'on donne

6. DES HOMMES AVIDES. D'après les clefs, de Villeroy, archevêque de Lyon, lieutenant-général au gouvernement du Lyonnais, de Forez et de Beaujolais; ou encore le bailli de Hautefeuilles, chevalier de Saint-Jean de Jérusalem, grand prieur d'Aquitaine, lieutenant-général des armées du roi, etc.

vêtent de toutes les conditions pour en avoir les avantages : gouvernement[1], charge, bénéfice[2], tout leur convient ; ils se sont si bien ajustés que, par leur état, ils deviennent capables de toutes les grâces : ils sont *amphibies*[3], ils vivent de l'Église et de l'épée, et auront le secret d'y joindre la robe. Si vous demandez : Que font ces gens à la cour ? ils reçoivent, et envient tous ceux à qui l'on donne.

Mille gens à la cour y traînent leur vie à embrasser, serrer et congratuler ceux qui reçoivent, jusqu'à ce qu'ils y meurent sans rien avoir.

Ménophile[4] emprunte ses mœurs d'une profession, et d'une autre son habit ; il masque[5] toute l'année, quoique à visage découvert ; il paraît à la cour, à la ville, ailleurs, toujours sous un certain nom et sous le même déguisement. On le reconnaît, et on sait quel il est à son visage[6].

Il y a, pour arriver aux dignités, ce qu'on appelle ou la grande voie, ou le chemin battu ; il y a le chemin détourné ou de traverse, qui est le plus court[7].

L'on court les malheureux pour les envisager ; l'on se range en haie, ou l'on se place aux fenêtres, pour observer les traits et la contenance d'un homme qui est condamné, et qui sait qu'il va mourir : vaine, maligne, inhumaine curiosité ? Si les hommes étaient sages, la place publique serait abandonnée, et il serait établi qu'il y aurait de l'ignominie seulement à voir de tels spectacles[8]. Si vous êtes si touchés de curiosité, exercez-la

---

1. GOUVERNEMENT. D'une province.

2. BÉNÉFICE. Charge ecclésiastique, telle que prieuré, chanoinie, abbaye, etc.

3. AMPHIBIES. Saint-Simon a répété ce mot : « Saint-Romain, amphibie de beaucoup de mérite... conseiller d'État sans être d'épée, avec des abbayes sans être d'Église. » — Ces sortes de gens, dit La Bruyère, sont capables de toutes les grâces, c'est-à-dire ont assez de capacité, dans le sens latin de ce mot, dans le sens où on l'emploie en parlant des *mesures de capacité*, pour recevoir toutes les grâces qu'il plaît au roi ou aux ministres de répandre sur eux. « Que font-ils à la cour ? *Ils reçoivent.* »

4. MÉNOPHILE. Les éditeurs de Hollande désignent le P. la Chaise, confesseur de Louis XIV ; mais cette désignation est inexacte : les proscrits de la révocation en voulaient fort au P. la Chaise, ainsi qu'à Louvois et à Mme de Maintenon, et voyaient, contre ces personnages, des allusions partout.

5. IL MASQUE. Tandis que *se masquer* signifiait mettre un masque sur son visage, *masquer* voulait dire s'habiller en masque, se costumer pour le bal.

6. VISAGE. Cf. Molière :

Au travers de son masque, on voit à plein
[le traître

7. LE PLUS COURT. Cette épigramme paraît encore aujourd'hui bien moderne ; c'est comme si l'on disait : d'une dignité à une autre, la ligne droite est la plus longue.

8. DE TELS SPECTACLES. La Bruyère avait le cœur aussi bon que l'esprit ; tout ce qu'il dit contre l'inhumaine curiosité qui fait courir aux exécutions capitales, lui fait honneur. Pourquoi Mme de Sévigné elle même a-t-elle obéi

du moins en un sujet noble : voyez un heureux[1], contemplez-le dans le jour même où il a été nommé à un nouveau poste, et qu'il en reçoit les compliments ; lisez dans ses yeux, et au travers d'un calme étudié et d'une feinte modestie, combien il est content et pénétré de soi-même : voyez quelle sérénité cet accomplissement de ses désirs répand dans son cœur et sur son visage ; comme il ne songe plus qu'à vivre et à avoir de la santé ; comme ensuite sa joie lui échappe, et ne peut plus se dissimuler ; comme il plie sous le poids de son bonheur ; quel air froid et sérieux il conserve pour ceux qui ne sont plus ses égaux ; il ne leur répond pas, il ne les voit pas : les embrassements et les caresses des grands, qu'il ne voit plus de si loin, achèvent de lui nuire : il se déconcerte, il s'étourdit : c'est une courte aliénation[2]. Vous voulez être heureux, vous désirez des grâces : que de choses pour vous à éviter !

Un homme qui vient d'être placé ne se sert plus de sa raison et de son esprit pour régler sa conduite et ses dehors à l'égard des autres ; il emprunte sa règle de son poste et de son état. De là l'oubli, la fierté, l'arrogance, la dureté, l'ingratitude[3].

Théonas, abbé depuis trente ans, se lassait de l'être : on a moins d'ardeur et d'impatience de se voir habillé de pourpre, qu'il en avait[4] de porter une croix d'or[5] sur sa poitrine ; et parce que les grandes fêtes se passaient toujours sans rien changer à sa fortune, il murmurait contre le temps présent, trouvait l'État

à cette curiosité en allant voir, sur le pont Notre-Dame « avec la bonne d'Escare, » passer la Brinvilliers à qui l'on allait couper le cou, dont on allait brûler le corps et jeter les cendres au vent ? » Je l'ai vue, jetée à reculons sur de la paille, avec une cornette basse et sa chemise, un docteur auprès d'elle, le bourreau de l'autre côté : en vérité cela m'a fait frémir. » Sénèque dit fort bien en parlant des condamnés qu'on massacrait dans le cirque : « Ces gens ont peut être mérité leur sort ? Mais toi, quel crime as-tu commis pour te condamner toi-même à un tel spectacle ? » La Brinvilliers était une empoisonneuse ; mais quel crime avaient donc commis les honnêtes gens qui se condamnaient eux-mêmes à assister à son agonie ?

1. VOYEZ UN HEUREUX. Il y a, en effet, pour le moraliste, beaucoup plus à apprendre dans le spectacle divertissant de l'homme « qui vient d'être nommé à un nouveau poste, » que dans celui d'un corps dont l'âme est à demi envolée et qui se tord dans l'attente du coup fatal.

2. ALIÉNATION. Une courte folie. — Tout ce caractère est du meilleur comique, mais d'un comique qui rappelle plus encore les mémoires de Saint-Simon que les comédies de Molière.

3. L'INGRATITUDE. Remarquez l'exactitude de cette gradation : l'homme en place commence par *oublier* « ceux qui ne sont plus ses égaux ; » ce n'est encore que distraction, légèreté, étourderie ; aussitôt après il devient *fier*, puis *arrogant*, puis il arrive à la *dureté*, le voilà déjà impitoyable ; enfin il devient *ingrat*, c'est-à-dire malfaisant.

4. QU'IL EN AVAIT. On dirait aujourd'hui : *qu'il n'en avait*. — Nous avons déjà remarqué l'omission de la particule négative *ne* dans beaucoup de cas où l'usage nous obligerait aujourd'hui à l'employer.

5. DE PORTER UNE CROIX D'OR. De devenir évêque.

mal gouverné, et n'en prédisait rien que de sinistre. Convenant en son cœur que le mérite est dangereux dans les cours à qui veut s'avancer, il avait enfin pris son parti, et renoncé à la prélature, lorsque quelqu'un accourt lui dire qu'il est nommé à un évêché. Rempli de joie et de confiance sur une nouvelle si peu attendue : Vous verrez, dit-il, que je n'en demeurerai pas là, et qu'ils me feront archevêque.

Il faut des fripons à la cour[1] auprès des grands et des ministres même les mieux intentionnés; mais l'usage en est délicat, et il faut savoir les mettre en œuvre : il y a des temps et des occasions où ils ne peuvent être suppléés par d'autres. Honneur, vertu, conscience, qualités toujours respectables, souvent inutiles : que voulez-vous quelquefois que l'on fasse d'un homme de bien?

Un vieil auteur[2], et dont j'ose ici rapporter les propres termes, de peur d'en affaiblir le sens par ma traduction, dit que « s'es-
» longner des petits, voire[3] de ses pareils, et iceulx vilainer et
» despriser[4], s'accointer[5] de grands et puissants en tous biens
» et chevances[6], et en cette leur cointise[7] et privauté estre de
» tous esbats, gabs[8], mommeries[9], et vilaines besoignes; estre
» eshonté, saffrannier[10], et sans point de vergogne[11]; endurer

1. A LA COUR. Cf. Montesquieu, *Esprit des lois*. « Comme il faut de la vertu dans une république, et dans une monarchie de l'honneur, il faut de la crainte dans un gouvernement despotique; pour la vertu, elle n'y est point nécessaire, et l'honneur y serait dangereux. »
2. UN VIEIL AUTEUR. Faut-il voir ici un pastiche du vieux style, comme celui que nous avons rencontré au chap. V, ou bien une citation vraie? En tout cas, on ne sait quel est le vieil auteur à qui La Bruyère aurait fait cet emprunt.
3. VOIRE. Même.
4. DESPRISER. Les mépriser et les rabaisser. — *Vilainer*, traiter comme un vilain, comme un manant ou roturier. — *Despriser*, tiré directement de prix (*prix* de *pretium* par voie d'altération populaire); on dit aujourd'hui *déprécier* de *pretium* par voie d'imitation savante.
5. S'ACCOINTER. Entrer dans la familiarité des grands, de *ad* et *cognitus*. — Ce mot est formé de la même manière que le mot *acoquiner*, qui se trouve dans Molière.
6. CHEVANCES. De chef : les chevances sont les choses dont on est le chef, dont on est le maître. Dans le *Don Juan* de Molière, M. Dimanche ne peut chevir de son petit chien Brusquet, c'est-à-dire en être le maître, l'empêcher de gronder et de mordre aux jambes les gens qui vont chez lui.
7. COINTISE. De l'adjectif *coint*, *cognitus*, quelqu'un qui est de notre connaissance.
8. GABS. Railleries, plaisanteries, tromperies (du scandinave *gable*). Ce mot se trouvait dans la première édition du dictionnaire de l'Académie. On disait aussi *gaber*, se jouer de quelqu'un en se moquant de lui.
9. MOMMERIES. Ce mot se disait des mascarades faites dans le but de mystifier quelqu'un. Les farces de Molière, comme *Monsieur de Pourceaugnac*, et certaines parties du *Bourgeois gentilhomme* et du *Malade imaginaire* sont « des mommeries. »
10. SAFFRANIER. Banqueroutier; soit parce que celui qui vient de faire banqueroute est jaune comme le safran, soit plutôt parce qu'on peignait en jaune les maisons des banqueroutiers et de tous ceux dont les biens étaient confisqués avec notes d'infamie.
11. ET SANS POINT DE VERGOGNE. Et sans vergogne, *sine verecundia*.

» brocards et gausseries [1] de tous chacuns, sans pour ce feindre
» de cheminer en avant [2], et à tout son entregent [3], engendre
» heur et fortune [4]. »

Jeunesse du prince, source des belles fortunes.

Timante [5], toujours le même, et sans rien perdre de ce mérite qui lui a attiré la première fois de la réputation et des récompenses, ne laissait pas de dégénérer dans l'esprit des courtisans : ils étaient las de l'estimer, ils le saluaient froidement; ils ne lui souriaient plus, ils commençaient à ne le plus joindre, ils ne l'embrassaient plus, ils ne le tiraient plus à l'écart pour lui parler mystérieusement d'une chose indifférente, ils n'avaient plus rien à lui dire. Il lui fallait cette pension ou ce nouveau poste dont il vient d'être honoré pour faire revivre ses vertus à demi effacées de leur mémoire, et en rafraîchir l'idée : ils lui font comme dans les commencements, et encore mieux.

Que d'amis, que de parents naissent en une nuit au nouveau ministre! Les uns font valoir leurs anciennes liaisons, leur société d'études [6], les droits du voisinage; les autres feuillettent leur généalogie, remontent jusqu'à un trisaïeul, rappellent le côté paternel et le maternel : l'on veut tenir à cet homme par quelque endroit, et l'on dit plusieurs fois le jour que l'on y tient; on l'imprimerait volontiers : *C'est mon ami, et je suis fort aise de son élévation; j'y dois prendre part, il m'est assez proche* [7].

---

1. GAUSSERIES. Du verbe *gausser*, s'amuser de quelqu'un; du bas-latin *gavisare*, dérivé de *gavisus*, participe de *gaudere*.

2. EN AVANT. Sans pour cela craindre d'aller en avant.

3. ET À TOUT SON ENTREGENT. Et avec son entregent (son esprit d'intrigue). — *A tout* voulait dire avec; on retrouve ce mot dans le mot patois *itout*.

4. ENGENDRE HEUR ET FORTUNE. Tout cela engendre bonheur et fortune. — *Heur* vient de *augurium*; le *bonheur*, c'est *bonum augurium*.

5. TIMANTE. Tous les commentateurs ont vu dans Timante M. de Pomponne, disgracié après la paix de Nimègue, en 1679, par les intrigues de Louvois; il est cependant à noter qu'il ne rentra aux affaires qu'en 1691, à la mort de Louvois, et que ce caractère est de 1689. — Voltaire dit de lui : « Homme savant et de beaucoup d'esprit, ainsi que tous les Arnauld; chéri dans la société et préférant quelquefois les agréments de cette société aux affaires. » Saint-Simon écrit : « Poli, obligeant, et jamais ministre qu'en traitant, il se fit adorer de la cour, où il mena une vie également unie et toujours éloignée du luxe et de l'épargne : ne connaissant de délassement de son grand travail qu'avec sa famille, ses amis et ses livres. » — Voir, sur ce véritable honnête homme, les lettres de M⁰ᵉ de Sévigné.

6. SOCIÉTÉ D'ÉTUDES. Leur camaraderie de collège.

7. ASSEZ PROCHE. En 1683, Claude Le Pelletier, président aux requêtes et prévôt des marchands, fut élevé au poste de contrôleur général des finances. Le duc de Villeroi (maréchal en 1693), dit qu'il en était ravi, parce que M. Le Pelletier était son parent, « bien que ce ne fût pas vrai ». — Si cette anecdote est exacte, Villeroy n'aurait fait que se conformer à la souplesse de son père, le maréchal de Villeroy, gouverneur de Louis XIV, qui disait « qu'il fallait toujours tenir le pot aux ministres tant qu'ils l'étaient, et quand

Hommes vains et dévoués à la fortune, fades courtisans, parliez-vous ainsi il y a huit jours? Est-il devenu, depuis ce temps, plus homme de bien, plus digne du choix que le prince en vient de faire? Attendiez-vous cette circonstance pour le mieux connaître[1]?

Ce qui me soutient et me rassure contre les petits dédains que j'essuie quelquefois des grands et de mes égaux, c'est que je me dis à moi-même : Ces gens n'en veulent peut-être qu'à ma fortune[2], et ils ont raison : elle est bien petite. Ils m'adoreraient sans doute si j'étais ministre.

Dois-je bientôt être en place? le sait-il? est-ce en lui un pressentiment? il me prévient, il me salue[3].

Celui qui dit, *Je dînai hier à Tibur*, ou *J'y soupe ce soir*, qui le répète, qui fait entrer dix fois le nom de *Plancus*[4] dans les moindres conversations; qui dit : *Plancus me demandait... Je disais à Plancus...*, celui-là même apprend dans ce moment que son héros vient d'être enlevé par une mort extraordinaire. Il part de la main[5], il rassemble le peuple dans les places ou sous les portiques, accuse le mort[6], décrie sa conduite, dénigre son consulat, lui ôte jusqu'à la science des détails que la voix publique lui accorde, ne lui passe point une mémoire heureuse, lui refuse l'éloge d'un homme sévère et laborieux, ne lui fait pas l'honneur de lui croire, parmi les ennemis de l'empire, un ennemi[7].

Un homme de mérite se donne, je crois, un joli spectacle

---

le pied venait à leur glisser, le leur verser sur la tête. » Voyez les mémoires de Dangeau.

1. LE MIEUX CONNAITRE. Cf. Bossuet, *Sermon sur l'honneur :* « Il est admiré et il devient un magnifique spectacle à d'autres hommes aussi vains et autant trompés que lui. Mais ce qui le relève, c'est ce qui l'abaisse. Car ne voit-il pas, dans toute cette pompe qui l'environne et au milieu de tous ces regards qu'il attire, que ce que l'on admire le moins, c'est lui-même? Tant l'homme est pauvre et nécessiteux, qui n'est pas capable de soutenir par ses qualités personnelles les honneurs dont il se repaît. » — Cf. les discours de Pascal sur la *Condition des grands*, et ce qu'il dit des « rois de concupiscence. »

2. FORTUNE. C'est-à-dire : leurs dédains s'adressent non à ma personne, mais à ma fortune.

3. SALUE. Il m'a salué, il a prévenu mon salut, il sait que je dois être en place ce soir ou demain.

4. PLANCUS. Louvois, mort subitement en 1691. — *Tibur* est ici pour Meudon.

5. DE LA MAIN. En terme de manège, partir de la main se dit d'un cheval auquel on donne la main et qui part au galop en ligne droite.

6. ACCUSE LE MORT. On peut comparer ce morceau avec l'admirable tableau de la chute de Séjan (Juvénal, *Sat.*, IX), et notre auteur ne souffrira pas trop d'un si redoutable parallèle : « Quelle bouche! Quelle tête il avait! Jamais, non, tu peux m'en croire, je n'ai pu souffrir cet homme? Mais de quoi l'accusait-on?... » V. les *satiriques latins*, traduits par Eugène Despois.

7. UN ENNEMI. Le mort est lui-même le seul ennemi de l'empire, puisqu'il est mort. *Calcemus Cæsaris hostem*, dit Juvénal.

lorsque la même place à une assemblée ou à un spectacle, dont il est refusé[1], il la voit accorder à un homme qui n'a point d'yeux pour voir, ni d'oreilles pour entendre, ni d'esprit pour connaître et pour juger; qui n'est recommandable que par de certaines livrées, que même il ne porte plus[2].

Théodote[3], avec un habit austère, a un visage comique, et d'un homme qui entre sur la scène : sa voix, sa démarche, son geste, son attitude, accompagnent son visage; il est fin, *cauteleux*, doucereux, mystérieux; il s'approche de vous, et il vous dit à l'oreille : *Voilà un beau temps, voilà un grand dégel*[4]. S'il n'a pas les grandes manières, il a du moins toutes les petites, et celles mêmes qui ne conviennent guère qu'à une jeune précieuse. Imaginez-vous l'application d'un enfant à élever un château de cartes, ou à se saisir d'un papillon; c'est celle de Théodote pour une affaire de rien, et qui ne mérite pas qu'on s'en remue : il la traite sérieusement, et comme quelque chose qui est capital; il agit, il s'empresse, il la fait réussir : le voilà qui respire et qui se repose, et il a raison ; elle lui a coûté beaucoup de peine. L'on voit des gens enivrés, ensorcelés de la faveur : ils y pensent le jour, ils y rêvent la nuit; ils montent l'escalier d'un ministre, et ils en descendent[5]; ils sortent de son antichambre, et ils y rentrent; ils n'ont rien à lui dire, et ils lui parlent; ils lui parlent une seconde fois : les voilà contents, ils lui ont parlé. Pressez-les, tordez-les, ils dégouttent l'orgueil[6], l'arrogance, la présomption. Vous leur adressez la parole, ils ne vous répondent point, ils ne vous connaissent point, ils ont les yeux égarés et l'esprit aliéné[7] : c'est à leurs parents à en prendre soin et à les

---

1. DONT IL EST REFUSÉ. Nous avons déjà remarqué cet archaïsme, fréquent au dix-septième siècle, et cité le vers de Corneille :
En être refusé n'en est pas un bon signe.

2. IL NE PORTE PLUS. Encore une allusion aux laquais, devenus commis, c'est-à-dire sous-secrétaires d'État. Cf. Boileau :
Alidor, dit un fourbe, il est de mes amis,
Je l'ai connu laquais, avant qu'il fût
[commis.

3. THÉODOTE. Plusieurs traits de ce caractère conviennent à l'abbé de Choisy (1644-1724). Mais cet abbé académicien était des amis de La Bruyère, qui a fait de lui un éloge (Voyez le *Discours à l'Académie*). Il faut chercher ailleurs l'original de ce portrait.

4. DÉGEL. Cf. Molière, le *Misanthrope* :

C'est de la tête aux pieds un homme tout
[mystère,
Qui vous jette, en passant, un coup d'œil
[égaré,
Et, sans aucune affaire, est toujours
[affairé.
.. De la moindre vétille il fait une merveille,
Et, jusques au bonjour, il dit tout à
[l'oreille.

5. EN DESCENDENT. On dirait plus correctement : *ils le descendent*. On descend *du* cabinet d'un ministre, mais on descend *un* escalier.

6. DÉGOUTTENT L'ORGUEIL. Ce tour actif est correct, étant dans la tradition. Joachim du Bellay a dit : « un vase qui dégoutte son eau », c'est-à-dire qui laisse tomber son eau goutte à goutte.

7. ALIÉNÉ. Ils ont l'esprit ailleurs.

renfermer, de peur que leur folie ne devienne fureur, et que le monde n'en souffre. Théodote a une plus douce manie : il aime la faveur éperdument; mais sa passion a moins d'éclat; il lui fait des vœux[1] en secret, il la cultive, il la sert mystérieusement; il est au guet et à la découverte sur tout ce qui paraît de nouveau avec les livrées de la faveur : ont-ils[2] une prétention, il s'offre à eux, il s'intrigue pour eux, il leur sacrifie sourdement mérite, alliance, amitié, engagement, reconnaissance. Si la place d'un Cassini[3] devenait vacante, et que le suisse ou le postillon du favori s'avisât de la demander, il appuierait sa demande, il le jugerait digne de cette place, il le trouverait capable d'observer et de calculer[4], de parler de parhélies[5] et de parallaxes[6]. Si vous demandiez de Théodote s'il est auteur ou plagiaire, original ou copiste, je vous donnerais ses ouvrages, et je vous dirais : lisez et jugez; mais s'il est dévot ou courtisan, qui pourrait le décider sur le portrait que j'en viens de faire? Je prononcerais plus hardiment sur son étoile. Oui, Théodote, j'ai observé le point[7] de votre naissance; vous serez placé, et bientôt. Ne veillez plus, n'imprimez plus; le public vous demande quartier.

N'espérez plus de candeur, de franchise, d'équité, de bons offices, de services, de bienveillance, de générosité, de fermeté, dans un homme qui s'est depuis quelque temps livré à la cour, et qui secrètement[8] veut sa fortune. Le reconnaissez-vous à son visage, à ses entretiens? Il ne nomme plus chaque chose par son nom[9] : il n'y a plus pour lui de fripons, de fourbes, de sots et d'impertinents; celui dont il lui échapperait de dire ce qu'il

---

1. DES VŒUX. La faveur est pour lui une idole à qui il promet en secret des sacrifices, le sacrifice de ses amitiés, de ses engagements, de sa reconnaissance.

2. ONT-ILS. *Ils* s'applique à ceux qui portent les livrées de la faveur.

3. CASSINI. Jean-Dominique Cassini, né dans le comté de Nice en 1625, mort en 1712, premier directeur de l'Observatoire, fondé par Colbert en 1666.

4. CALCULER. Cf. Beaumarchais, *Mariage de Figaro* : « On pense à moi pour une place, mais par malheur j'y étais propre; il fallait un calculateur, ce fut un danseur qui l'obtint. »

5. PARHÉLIES. Image du soleil réfléchie dans une nuée.

6. PARALLAXE. Angle formé dans le centre d'un astre par deux lignes qui se tirent l'une du centre de la Terre, l'autre du point de la surface terrestre où se fait l'observation.

7. LE POINT. Expression empruntée à l'astrologie.

8. SECRÈTEMENT. Faites bien attention à cet adverbe. Dans ce portrait du courtisan, la faculté maîtresse, le trait dominant, c'est l'hypocrisie.

9. PAR SON NOM. Opposez à ce caractère le portrait que Boileau fait de lui-même :

Je suis rustique et fier, et j'ai l'âme grossière.
Je ne puis rien nommer si ce n'est par son nom,
J'appelle un chat un chat et Rolet un fripon.

en pense est celui-là même qui, venant à le savoir, l'empêcherait de *cheminer*[1]. Pensant mal de tout le monde, il n'en dit de personne[2]; ne voulant du bien qu'à lui seul, il veut persuader qu'il en veut à tous, afin que tous lui en fassent, ou que nul du moins lui soit contraire[3]. Non content de n'être pas sincère, il ne souffre pas que personne le soit; la vérité blesse son oreille; il est froid et indifférent sur les observations que l'on fait sur la cour et sur le courtisan; et parce qu'il les a entendues, il s'en croit complice et responsable. Tyran de la société et martyr[4] de son ambition, il a une triste circonspection dans sa conduite et dans ses discours, une raillerie innocente, mais froide et contrainte, un ris forcé, des caresses contrefaites, une conversation interrompue, et des distractions fréquentes[5] : il a une profusion, le dirai-je? des torrents de louanges pour ce qu'a fait ou ce qu'a dit un homme placé et qui est en faveur, et pour tout autre une sécheresse de pulmonique[6]; il a des formules de compliments différents pour l'entrée et pour la sortie à l'égard de ceux qu'il visite ou dont il est visité; et il n'y a personne de ceux qui se payent de mines et de façons de parler qui ne sorte d'avec lui fort satisfait. Il vise également à se faire des patrons et des créatures : il est médiateur, confident, entremetteur; il veut gouverner; il a une ferveur de novice pour toutes les petites pratiques de cour; il sait où il faut se placer pour être vu ; il sait vous embrasser, prendre part à votre joie, vous faire coup sur coup des questions empressées sur votre santé, sur vos affaires; et, pendant que vous lui répondez, il perd le fil[7] de sa curiosité, vous interrompt, entame un autre

1. CHEMINER. Expression que La Bruyère souligne, parce qu'elle était alors nouvelle dans la langue des courtisans. Perrault écrivait dans son *Parallèle des anciens et des modernes* : « Ulysse était un homme au poil ou à la plume, un homme qui sait *cheminer*, pour parler à la mode. » Et Saint-Simon : « Medina-Sidonia était un de ces hommes à qui il ne manque rien pour *cheminer* et arriver dans les cours. »

2. DE PERSONNE. N'est-ce pas là tout le secret de l'indulgence de Philinte :

Et mon esprit enfin n'est pas plus offensé
De voir un homme fourbe, injuste, intéressé,
Que de voir des vautours affamés de carnage,
Des singes malfaisants et des loups pleins de rage.

3. CONTRAIRE. La suppression de la négative *ne* est une faute de français, malgré l'autorité de Montaigne et de Rabelais. Il est vrai que *nul* exprime à lui seul une négation, mais, dès les siècles du moyen âge, *nul* a toujours été accompagné de *ne* (sauf au seizième siècle).

4. TYRAN ET MARTYR. C'est toujours la pensée de Tacite : *Omnia serviliter pro dominatione*, et de Bossuet : « Que de bassesses pour parvenir ! »

5. DISTRACTIONS FRÉQUENTES et volontaires. C'est l'artifice ordinaire de ceux qui veulent écouter beaucoup répondre peu et ne point s'engager.

6. PULMONIQUE. Cette comparaison manque de précision et de grâce.

7. IL PERD LE FIL. Il le fait exprès, pour ne point trop s'engager et n'être pas obligé à parler, si vos réponses sont

sujet; ou, s'il survient quelqu'un à qui il doive un discours tout différent, il sait, en achevant de vous congratuler, lui faire un compliment de condoléance; il pleure d'un œil, et il rit de l'autre. Se formant quelquefois sur les ministres ou sur le favori[1], il parle en public de choses frivoles, du vent, de la gelée; il se tait au contraire, et fait le mystérieux, sur ce qu'il sait de plus important, et plus volontiers encore sur ce qu'il ne sait point.

Il y a un pays[2] où les joies sont visibles, mais fausses, et les chagrins cachés, mais réels. Qui croirait que l'empressement pour les spectacles, que les éclats et les applaudissements aux théâtres de *Molière*[3] et d'*Arlequin*[4], les repas, la chasse, les ballets, les carrousels, couvrissent tant d'inquiétudes, de soins et de divers intérêts, tant de craintes et d'espérances, des passions si vives et des affaires si sérieuses[5]?

La vie de la cour est un jeu sérieux, mélancolique[6], qui applique. Il faut arranger ses pièces et ses batteries, avoir un dessein, le suivre, parer celui de son adversaire, hasarder quelquefois, et jouer de caprice[7]; et, après toutes ses rêveries[8] et toutes ses mesures, on est échec, quelquefois mat. Souvent, avec des pions qu'on ménage bien, on va à dame, et l'on gagne la partie: le plus habile l'emporte, où le plus heureux[9].

Les roues, les ressorts, les mouvements sont cachés, rien ne

---

de nature à provoquer de sa part une réplique qui puisse le compromettre.

1. LE FAVORI. Cf. Lafontaine. *Les obsèques de la Lionne* :

Je définis la cour un pays où les gens,
Tristes, gais, prêts à tout, à tout indifférents,
Sont ce qu'il plaît au prince, ou, s'ils ne peuvent l'être,
Tâchent au moins de le paraître.
Peuple caméléon, peuple singe du maître;
On dirait qu'un esprit anime mille corps:
C'est bien là que les gens sont de simples ressorts.

2. UN PAYS. La cour.

3. MOLIÈRE. Il ne faut pas oublier que notre grand Molière était à la fois auteur, acteur et directeur.

4. ARLEQUIN. Le théâtre d'Arlequin, c'était la comédie Italienne.

5. SI SÉRIEUSE. Cf. Bossuet, *Oraison funèbre d'Anne de Gonzague* : « La cour veut toujours unir les plaisirs avec les affaires. Par un mélange étonnant, il n'y a rien de plus sérieux, ni ensemble de plus enjoué. Enfoncez: Vous trouverez partout des intérêts cachés, des jalousies délicates qui causent une extrême sensibilité, et dans une ardente ambition, des soins, et un sérieux aussi triste qu'il est vain. Tout est couvert d'un air gai et vous diriez qu'on ne songe qu'à s'y divertir. »

6. MÉLANCOLIQUE. Sombre et froid. Furetière cite ces exemples: « Cette maison est sombre et *mélancolique*. — On appelle un petit feu ou qui brûle malaisément, un feu *mélancolique*. — Quand le ciel est couvert, on dit: ce temps est bien *mélancolique*. — Cet homme est froid: il a un entretien bien *mélancolique*. »

7. DE CAPRICE. Jouer d'inspiration; cela est opposé à jouer de finesse.

8. RÊVERIES. Ce mot a changé de sens. La rêverie, au dix-septième siècle, est une des formes de l'attention: c'est la réflexion, la méditation. Aujourd'hui la rêverie est un des modes de l'imagination, c'est une courte aliénation, quelque chose comme une hallucination volontaire.

9. HEUREUX. Variante: « *le plus fou* l'emporte, ou le plus heureux. »

paraît d'une montre que son aiguille, qui insensiblement s'avance et achève son tour : image du courtisan, d'autant plus parfaite, qu'après avoir fait assez de chemin, il revient souvent au même point d'où il est parti.

Les deux tiers de ma vie sont écoulés; pourquoi tant m'inquiéter sur ce qui m'en reste? La plus brillante fortune ne mérite point[1] ni le tourment que je me donne, ni les petitesses où je me surprends, ni les humiliations, ni les hontes que j'essuie. Trente années détruiront ces colosses de puissance qu'on ne voyait bien qu'à force de lever la tête; nous disparaîtrons, moi qui suis si peu de chose, et ceux que je contemplais si avidement et de qui j'espérais toute ma grandeur[2]. Le meilleur de tous les biens, s'il y a des biens, c'est le repos, la retraite et un endroit qui soit son[3] domaine, N*** a pensé cela dans sa disgrâce, et l'a oublié dans sa prospérité[4].

Un noble, s'il vit chez lui dans sa province, il[5] vit libre, mais sans appui; s'il vit à la cour, il est protégé, mais il est esclave : cela se compense.

Xantippe, au fond de sa province, sous un vieux toit et dans un mauvais lit, a rêvé pendant la nuit qu'il voyait le prince, qu'il lui parlait et qu'il en ressentait une extrême joie. Il a été triste à son réveil; il a conté son songe, et il a dit : Quelles chimères ne tombent point dans l'esprit des hommes pendant qu'ils dorment! Xantippe a continué de vivre : il est venu à la cour, il a vu le prince, il lui a parlé; et il a été plus loin que son songe : il est favori[6].

1. POINT. Cette négative forme ici un pléonasme, *ni* étant deux fois exprimé.

2. MA GRANDEUR. Cf. les admirables strophes de Malherbe « paraphrase du psaume CXLV) :

En vain, pour satisfaire à nos lâches
　　　　　　　　　　　　[envies,
Nous passons près des rois tout le temps
　　　　　　　　　　　　[de nos vies,
A souffrir des mépris et ployer les ge-
　　　　　　　　　　　　[noux;
Ce qu'ils peuvent n'est rien, ils sont,
　　　　　　　　　　　[comme nous sommes,
　　Véritablement hommes
　　Et meurent comme nous.

Ont-ils rendu l'esprit, ce n'est plus que
　　　　　　　　　　　　[poussière
Que cette majesté si pompeuse et si fière,
Dont l'éclat orgueilleux étonnait l'univers;
Et, dans ces grands tombeaux où leurs
　　　　　　　　　　　　[âmes hautaines
　　Font encore les vaines,
　　Ils sont mangés des vers.

Là se perdent ces noms de maîtres de la
　　　　　　　　　　　　[terre,
D'arbitres de la paix, de foudres de la
　　　　　　　　　　　　[guerre;
Comme ils n'ont plus de sceptre, ils n'ont
　　　　　　　　　　　[plus de flatteurs;
Et tombent avec eux, d'une chute com-
　　　　　　　　　　　　[mune,
　　Tous ceux que leur fortune
　　A faits leurs serviteurs.

3. SON. Se rapporte à un régime sous-entendu : « Le meilleur des biens pour un homme, pour un sage, c'est un endroit qui soit son domaine. »

4. PROSPÉRITÉ. Cf. Horace, le dialogue entre le poète et son esclave, satire VII du second livre, vers 29 à 35.

. . . . . Si nusquam es forte vocatus
Ad cœnam, etc.

5. IL. Ce pronom est explétif, mais il donne plus de force et de piquant à la phrase.

6. FAVORI. Si nous en croyons les clefs, Xantippe serait Bontemps, le valet de chambre de Louis XIV.

Qui est plus esclave qu'un courtisan assidu, si ce n'est un courtisan plus assidu?

L'esclave n'a qu'un maître; l'ambitieux en a autant qu'il y a de gens utiles à sa fortune[1].

Mille gens à peine connus font la foule au lever pour être vus du prince, qui n'en saurait voir mille à la fois; et, s'il ne voit aujourd'hui que ceux qu'il vit hier et qu'il verra demain, combien de malheureux!

De tous ceux qui s'empressent auprès des grands et qui leur font la cour, un petit nombre les honorent dans le cœur, un grand nombre les recherche par des vues d'ambition et d'intérêt, un plus grand nombre par une ridicule vanité, ou par une sotte impatience de se faire voir.

Il y a de certaines familles qui, par les lois du monde, ou ce qu'on appelle de la bienséance, doivent être irréconciliables : les voilà réunies; et où la religion a échoué quand elle a voulu l'entreprendre, l'intérêt s'en joue[2], et le fait sans peine.

L'on parle d'une région[3] où les vieillards sont galants, polis et civils ; les jeunes gens au contraire durs, féroces, sans mœurs ni politesse. Celui-là chez eux est sobre et modéré, qui ne s'enivre que de vin; l'usage trop fréquent qu'ils en ont fait le leur a rendu insipide. Ils cherchent à réveiller leur goût déjà éteint par des eaux-de-vie, et par toutes les liqueurs les plus violentes : il ne manque à leur débauche[4] que de boire de l'eau-forte. Les femmes du pays précipitent le déclin de leur beauté par des artifices qu'elles croient servir à les rendre belles : leur coutume est de peindre leurs lèvres, leurs joues, leurs sourcils, et leurs épaules. Ceux qui habitent cette contrée ont une physionomie qui n'est pas nette, mais confuse, embarrassée dans une épaisseur de cheveux étrangers qu'ils préfèrent aux naturels,

---

1. SA FORTUNE. Cf. Bourdaloue, *sermon sur l'Ambition* : « Examinons bien sur quels fondements sont appuyées les plus hautes fortunes, et nous verrons qu'elles n'ont point eu d'autres principes et qu'elles n'ont point encore d'autre soutien que les flatteries les plus basses, que les complaisances les plus serviles, que l'esclavage et la dépendance. Tellement qu'un homme n'est jamais plus petit que lorsqu'il paraît plus grand, et qu'il a par exemple, dans une cour, autant de maîtres dont il dépend, qu'il y a de gens de toutes conditions dont il espère d'être secondé ou dont il craint d'être desservi. »

2. S'EN JOUE. Se fait un jeu de cette réconciliation réputée si difficile.

3. UNE RÉGION. La cour de Versailles. La Bruyère en parle comme s'il s'agissait de celle du Grand-Mongol ou du roi de Siam.

4. A LEUR DÉBAUCHE. Tout cela est très dur, mais d'une exactitude terrible. Les Condés, les Contis, et surtout Monsieur, l'indigne époux d'Henriette d'Angleterre, donnèrent dans tous les désordres. Et que dire du duc de Vendôme?

et dont ils font un long tissu [1] pour couvrir leur tête : il descend à la moitié du corps, change les traits et empêche qu'on ne connaisse les hommes à leur visage. Ces peuples d'ailleurs ont leur dieu et leur roi. Les grands de la nation s'assemblent tous les jours, à une certaine heure, dans un temple qu'ils nomment église [2]. Il y a au fond de ce temple un autel consacré à leur dieu, où un prêtre célèbre des mystères qu'ils appellent saints, sacrés et redoutables. Les grands forment un vaste cercle au pied de cet autel, et paraissent debout, le dos tourné directement au prêtre et aux saints mystères, et les faces [3] élevées vers leur roi, que l'on voit à genoux sur une tribune, et à qui ils semblent avoir tout l'esprit et tout le cœur appliqués. On ne laisse pas de voir dans cet usage une espèce de subordination ; car ce peuple paraît adorer le prince, et le prince adorer Dieu. Les gens du pays le nomment ***, il est à quelque quarante-huit degrés d'élévation du pôle, et à plus de douze cents lieues de mer des Iroquois et des Hurons.

Qui considérera que le visage du prince fait toute la félicité du courtisan, qu'il s'occupe et se remplit pendant toute sa vie de le voir et d'en être vu, comprendra un peu comment voir Dieu peut faire toute la gloire et tout le bonheur des saints [4].

Les grands seigneurs sont pleins d'égards pour les princes ; c'est leur affaire, ils ont des inférieurs. Les petits courtisans se relâchent sur ces devoirs, font les familiers, et vivent comme gens qui n'ont d'exemples à donner à personne.

Que manque-t-il de nos jours à la jeunesse ? elle peut, et elle sait ; ou du moins, quand elle saurait autant qu'elle peut, elle ne serait pas plus décisive [5].

1. Tissus. Il s'agit des fastueuses perruques, auxquelles on reconnaît tout d'abord les portraits du grand siècle.
2. Église. Louis XIV entendait tous les jours la messe dans la chapelle du château (la chapelle actuelle ne date que de 1699). Sur Versailles, voir les descriptions de La Fontaine dans *Psyché* (1669), de Mlle de Scudéry dans *Cléanire* (1671) et de Félibien des Avaux, historiographe des bâtiments du roi qui est de 1674.
3. Les faces. Ce pluriel est un latinisme ; il vaudrait mieux dire *la face*.
4. Des saints. Le meilleur commentaire que l'on ait pu faire de cette réflexion est la citation d'un certain nombre de phrases empruntées à la correspondance des contemporains (note de M. Servois, d'après M. Destailleurs). Mme de Sévigné écrit, en mars 1684, à Mme de Grignan : « Ce qui me plaît souverainement, c'est de vivre quatre heures entières avec le roi, être dans ses plaisirs et lui dans les nôtres : c'est assez pour contenter tout un royaume qui aime passionnément à voir son maître. — Le maréchal de Villeroy écrit à Mme de Maintenon, 27 février 1712 : « Je commence à voir les cieux ouverts; le roi m'a accordé une audience. » Le duc de Richelieu, 13 septembre 1715. « J'aime autant mourir que d'être deux ou trois mois sans voir le roi. » — Il faut se borner dans ces citations qui seraient innombrables.
5. Plus décisive. Plus prompte à décider de tout, à prendre parti.

Faibles hommes! un grand dit de *Timagène*, votre ami, qu'il est un sot, et il se trompe; je ne demande pas que vous répliquiez qu'il est homme d'esprit : osez seulement penser qu'il n'est pas un sot[1].

De même il prononce d'*Iphicrate* qu'il manque de cœur : vous lui avez vu faire une belle action, rassurez-vous; je vous dispense de la raconter, pourvu qu'après ce que vous venez d'entendre, vous vous souveniez encore de la lui avoir vu faire.

Qui sait parler aux rois, c'est[2] peut-être où se termine[3] toute la prudence et toute la souplesse du courtisan. Une parole échappe, et elle tombe de l'oreille du prince bien avant dans sa mémoire, et quelquefois jusque dans son cœur : il est impossible de la ravoir; tous les soins que l'on prend et toute l'adresse dont on use pour l'expliquer ou pour l'affaiblir, servent à la graver plus profondément, et à l'enfoncer davantage : si ce n'est que contre nous-mêmes que nous ayons parlé, outre que ce malheur n'est pas ordinaire, il y a encore un prompt remède, qui est de nous instruire par notre faute, et de souffrir la peine de notre légèreté; mais si c'est contre quelque autre, quel abattement! quel repentir! Y a-t-il une règle plus utile contre un si dangereux inconvénient que de parler des autres au souverain, de leurs personnes, de leurs ouvrages, de leurs actions, de leurs mœurs, ou de leur conduite, du moins avec l'attention, les précautions et les mesures dont on parle de soi[4].

Diseur de bons mots, mauvais caractère, je le dirais s'il n'avait été dit[5]. Ceux qui nuisent à la réputation ou à la fortune

---

1. Un sot. Observation qui est d'une application bien fréquente. Combien peu d'hommes osent juger par eux-mêmes du mérite d'autrui, et, quand ils ont jugé, s'en tenir à leur jugement s'il est contredit : il n'est pas même nécessaire que celui qui contredit, soit un grand. Rien de plus rare que d'avoir une opinion à soi, si ce n'est d'avoir un caractère. « Un caractère bien fade, a dit notre auteur, est celui de n'en avoir aucun. »

2. C'est. Tour elliptique et un peu forcé. Corneille a dit de même dans la *galerie du Palais* :

Qui pourrait toutefois en détourner Lysan-
[dre,
Ce serait le plus sûr...

Et Fontenelle, dans la préface de son livre sur *les oracles :* « Voilà ce qu'il faut aux gens doctes : qui leur égayerait tout cela par des réflexions, par des traits ou de morale ou même de plaisanterie, ce serait un soin dont ils n'auraient pas grande reconnaissance. »

3. Où se termine. C'est le terme, la perfection même de l'art du courtisan.

4. De soi. On retrouve, dans cette réflexion, cette probité, cette délicatesse qui respire dans tout le livre de La Bruyère.

5. Eté dit. Cela avait été dit par Pascal. Les clefs nomment comme les diseurs de bons mots de ce temps, les ducs de Roquelaure et de Lauzun, le comte de Gramont, Bussy-Rabutin, Mᵐᵉ Cornuel. — Publius Syrus avait dit, avant Pascal :

Lingua est mahiloquax indicium male
[mentis.

des autres plutôt que de perdre un bon mot, méritent une peine infamante. Cela n'a pas été dit, et je l'ose dire.

Il y a un certain nombre de phrases toutes faites que l'on prend comme dans un magasin, et dont on se sert pour se féliciter les uns les autres sur les événements. Bien qu'elles se disent souvent sans affection, et qu'elles soient reçues sans reconnaissance, il n'est pas permis avec cela de les omettre, parce que du moins elles sont l'image de ce qu'il y a au monde de meilleur, qui est l'amitié, et que les hommes, ne pouvant guère compter les uns sur les autres pour la réalité, semblent être convenus entre eux de se contenter des apparences.

Avec cinq ou six termes de l'art[1], et rien de plus, l'on se donne pour connaisseur en musique, en tableaux, en bâtiments et en bonne chère : l'on croit avoir plus de plaisir qu'un autre à entendre, à voir et à manger; l'on impose à ses semblables et l'on se trompe soi-même.

La cour n'est jamais dénuée[2] d'un certain nombre de gens en qui l'usage du monde, la politesse ou la fortune tiennent lieu d'esprit et suppléent au mérite[3]. Ils savent entrer et sortir; ils se tirent de la conversation en ne s'y mêlant point; ils plaisent à force de se taire, et se rendent importants par un silence longtemps soutenu, ou tout au plus par quelques monosyllabes[4]; ils payent de mines, d'une inflexion de voix, d'un geste et d'un sourire : ils n'ont pas, si je l'ose dire, deux pouces de profondeur; si vous les enfoncez, vous rencontrez le tuf[5].

Il y a des gens à qui la faveur arrive comme un accident; ils en sont les premiers surpris et consternés : ils se reconnaissent enfin et se trouvent dignes de leur étoile; et comme si la stu-

---

1. DE L'ART. La Bruyère attaque ici un travers qui est peut-être plus commun aujourd'hui qu'il ne l'était au dix-septième siècle. On peut dire qu'avec cinq ou six termes de l'art, on passe pour connaisseur auprès des gens qui ne s'y connaissent point, et, auprès des gens du métier, on passe pour un sot.

2. DÉNUÉE. Expression peu exacte. On n'est dénué que de ce qui est nécessaire. La Bruyère avait dit plus exactement : « Il faut être bien dénué d'esprit... »

3. AU MÉRITE. Les clefs désignent Bontemps, le valet de chambre du roi, et le marquis de Dangeau, à tort, dit le baron Walckenaër.

4. MONOSYLLABES. Ici encore nous rencontrons Publius Syrus :

Taciturnitas stulto homini pro sapientia [est.
— Stultus tacebit, pro sapiente habebitur.

Montaigne dit au livre III, ch. VIII : « A ceux qui nous régissent et commandent... est le silence, non seulement contenance de respect et de gravité, mais encore souvent de profit et de ménage... A combien de sottes âmes, en mon temps, a servi une mine froide et taciturne, de titre de prudence et de capacité! »

5. LE TUF. Terre sèche et qui commence à se pétrifier, que la pioche rencontre aussitôt au-dessous de la bonne terre, quand celle-ci n'a que peu de profondeur.

pidité et la fortune étaient deux choses incompatibles, ou qu'il fût impossible d'être heureux et sot tout à la fois, ils se croient de l'esprit, ils hasardent, que dis-je? ils ont la confiance de parler en toute rencontre, et sur quelque matière qui puisse s'offrir, et sans nul discernement des personnes qui les écoutent : ajouterai-je qu'ils épouvantent ou qu'ils donnent le dernier dégoût par leur fatuité et par leurs fadaises? il est vrai du moins qu'ils déshonorent sans ressource ceux qui ont quelque part au hasard de leur élévation.

Comment nommerai-je cette sorte de gens qui ne sont fins que pour les sots? je sais du moins que les habiles les confondent avec ceux qu'ils savent tromper.

C'est avoir fait un grand pas dans la finesse, que de faire penser de soi que l'on n'est que médiocrement fin[1].

La finesse n'est ni une trop bonne ni une trop mauvaise qualité; elle flotte entre le vice et la vertu : il n'y a point de rencontre où elle ne puisse et peut-être où elle ne doive être suppléée par la prudence[2].

La finesse est l'occasion prochaine de la fourberie[3] ; de l'une à l'autre le pas est glissant : le mensonge seul en fait la différence; si on l'ajoute à la finesse, c'est fourberie.

Avec les gens qui par finesse écoutent tout et parlent peu, parlez encore moins; ou si vous parlez beaucoup, dites peu de chose[4].

Vous dépendez, dans une affaire qui est juste et importante, du consentement de deux personnes. L'un vous dit : J'y donne les mains, pourvu qu'un tel y condescende; et ce tel y condescend, et ne désire plus que d'être assuré des intentions de l'autre. Cependant rien n'avance : les mois, les années, s'écoulent inutilement. Je m'y perds, dites-vous, et je n'y comprends rien : il ne s'agit que de faire qu'ils s'abouchent, et qu'ils se

---

1. MÉDIOCREMENT FIN. Cf. Larochefoucauld : « C'est une grande habileté que de savoir cacher son habileté. »

2. PRUDENCE. Cf. Fénelon dans son ch. IX de l'*Éducation des filles* si plein d'excellentes maximes : « La principale prudence consiste à parler peu, à se défier bien plus de soi que des autres, mais point à faire des discours faux et des personnages brouillons. La droiture de conduite et la réputation universelle de probité attirent plus de confiance et d'estime, et par conséquent à la longue plus d'avantages, même temporels, que les voies détournées. »

3. FOURBERIE. « Une personne dissimulée est toujours dans l'agitation, dans les remords, dans le danger, dans la déplorable nécessité de couvrir une finesse par cent autres... la finesse vient toujours d'un cœur bas et d'un petit esprit. » FÉNELON.

4. PEU DE CHOSE. « Dites à l'enfant que Dieu est la vérité même; que c'est se jouer de Dieu que de se jouer de la vérité dans ses paroles; qu'on doit les rendre précises et exactes, et parler peu pour ne rien dire que de juste, afin de respecter la vérité. » FÉNELON.

parlent. — Je vous dis, moi, que j'y vois clair et que j'y comprends tout : ils se sont parlé¹.

Il me semble que qui sollicite pour les autres a la confiance d'un homme qui demande justice, et qu'en parlant ou en agissant pour soi-même, on a l'embarras et la pudeur de celui qui demande grâce².

Si l'on ne se précautionne à la cour contre les pièges que l'on y tend sans cesse pour faire tomber dans le ridicule, l'on est étonné, avec tout son esprit, de se trouver la dupe de plus sots que soi.

Il y a quelques rencontres dans la vie où la vérité et la simplicité sont le meilleur manège du monde³.

Êtes-vous en faveur, tout manège est bon⁴, vous ne faites point de fautes, tous les chemins vous mènent au terme; autrement, tout est faute, rien n'est utile, il n'y a point de sentier qui ne vous égare.

Un homme qui a vécu dans l'intrigue un certain temps ne peut plus s'en passer : toute autre vie pour lui est languissante.

Il faut avoir de l'esprit pour être homme de cabale; l'on peut cependant en avoir à un certain point⁵ que l'on est au-dessus de l'intrigue et de la cabale, et que l'on ne saurait s'y assujettir; l'on va alors à une grande fortune ou à une haute réputation par d'autres chemins.

Avec un esprit sublime, une doctrine universelle, une probité à toutes épreuves⁶ et un mérite très accompli, n'appréhendez pas, ô *Aristide*⁷, de tomber à la cour ou de perdre la faveur des grands, pendant tout le temps qu'ils auront besoin de vous.

Qu'un favori s'observe de fort près; car s'il me fait moins attendre dans son antichambre qu'à l'ordinaire, s'il a le visage

---

1. PARLÉ. Ceci est bien un peu misanthropique, mais si finement observé!
2. GRACE. Quiconque a l'âme bien faite, doit sentir ce qu'il y a de délicat dans cette pensée, et surtout dans ce mot de *pudeur* si bien mis en sa place.
3. DU MONDE. Cf. La Rochefoucauld. « Il est difficile de juger si un procédé net, sincère et honnête est un effet de probité ou d'habileté. » C'est qu'en toute rencontre, et non pas seulement en quelques rencontres, l'exacte probité est en même temps la parfaite habileté, peut-être parce qu'on ne l'attend point.
4. EST BON. Cf. Sévigné, lettre du 6 décembre 1679 : « Tout est bon à ceux qui sont heureux », et La Rochefoucauld : « La fortune tourne tout à l'avantage de ceux qu'elle favorise. » Publius Syrus avait déjà dit :

Fortuna quo se, eodem et inclinat favor.

et Théocrite, dans les *Syracusaines* :

Ἐν ὀλβίω ὀλβία πάντα.

5. A UN CERTAIN POINT. A tel point que l'on soit au-dessus...
6. A TOUTES ÉPREUVES. Le singulier serait plus correct.
7. ARISTIDE. Les clefs désignent M. de Pomponne qui fut disgracié de 1679 à 1691.

plus ouvert, s'il fronce moins le sourcil, s'il m'écoute plus volontiers et s'il me reconduit un peu plus loin, je penserai qu'il commence à tomber, et je penserai vrai.

L'homme a bien peu de ressources dans soi-même, puisqu'il lui faut une disgrâce ou une mortification pour le rendre plus humain, plus traitable, moins féroce [1], plus honnête homme [2].

L'on contemple dans les cours de certaines gens, et l'on voit bien à leurs discours et à toute leur conduite qu'ils ne songent ni à leurs grands-pères, ni à leurs petits-fils [3] : le présent est pour eux ; ils n'en jouissent pas, ils en abusent.

Straton [4] est né sous deux étoiles : malheureux, heureux dans le même degré. Sa vie est un roman : non, il lui manque le vraisemblable. Il n'a point eu d'aventures; il a eu de beaux songes, il en a eu de mauvais ; que dis-je ? on ne rêve point comme il a vécu. Personne n'a tiré d'une destinée plus qu'il a fait; l'extrême et le médiocre lui sont connus : il a brillé, il a souffert,

---

1. Moins féroce. Moins fier, moins superbe.
2. Plus honnête homme. C'est quand il commence à tomber, que le favori commence à ressembler à un homme bien élevé.
3. Petits-fils. Ils ne songent ni à leurs grands-pères qui étaient de petites gens, ni à leurs petits-fils qui seront peut-être ce qu'étaient leurs grands-pères, grâce à l'abus que ces heureux du jour font du présent.
4. Straton. Ceci n'est point un caractère, mais très certainement un portrait, celui du duc de Lauzun : Saint-Simon, son beau-frère, dit de lui dans ses mémoires : « Il a été un personnage si extraordinaire et si unique en tout genre que c'est avec beaucoup de raison que La Bruyère a dit de lui, dans ses *Caractères*, qu'il n'était pas permis de rêver comme il a vécu. A qui l'a vu de près, même dans sa vieillesse, ce mot semble avoir encore plus de justesse. » Et plus loin : « Le duc de Lauzun était un petit homme, blondasse, bien fait dans sa taille, de physionomie haute, pleine d'expression, qui imposait, mais sans agrément dans le visage, plein d'ambitions, de caprices, de fantaisies; jaloux de tout, voulant toujours passer le but, jamais content de rien, sans lettres, sans aucun ornement ni agrément dans l'esprit, naturellement chagrin, solitaire, sauvage, fort noble dans toutes ses façons; méchant et malin par nature; encore plus par jalousie et par ambition ; toutefois bon ami, quand il l'était, ce qui était rare, et bon parent volontiers; ennemi même des indifférents, et cruel aux défauts et à trouver et donner des ridicules; extrêmement brave, et aussi dangereusement hardi. Courtisan également insolent, moqueur et bas jusqu'au valetage, et plein de recherches, d'industries, de bassesse pour arriver à ses fins ; avec cela dangereux aux ministres, à la cour redouté de tous. » A Pignerol, où il fut enfermé pendant dix ans, Lauzun rencontra Fouquet et lui raconta sa fortune et ses malheurs : « Le malheureux surintendant ouvrait les oreilles et de grands yeux, quand il entendit dire à ce cadet de Gascogne, trop heureux d'être recueilli et hébergé chez le maréchal de Gramont, qu'il avait été général des dragons, capitaine des gardes, et en la patente et en la fonction de général d'armée. Fouquet ne savait plus où il en était, le crut fou, et qu'il lui racontait des visions, quand il lui expliqua comment il avait manqué l'artillerie, ce qui s'était passé après là-dessus, mais il ne douta plus de la folie arrivée à son comble, jusqu'à avoir peur de se trouver avec lui, quand il lui raconta son mariage consenti par le roi avec Mademoiselle, comment rompu, et tous les biens qu'elle lui avait assurés. » — Voyez la correspondance de Mme de Sévigné, passim, et surtout les lettres de décembre 1670 : « ...M. de Lauzun épouse dimanche au Louvre, devinez qui?... »

il a mené une vie commune ; rien ne lui est échappé. Il s'est fait valoir par des vertus qu'il assurait fort sérieusement qui étaient en lui ; il a dit de soi[1] : *J'ai de l'esprit, j'ai du courage ;* et tous ont dit après lui : *Il a de l'esprit, il a du courage.* Il a exercé dans l'une et l'autre fortune le génie du courtisan, qui a dit de lui plus de bien peut-être et plus de mal qu'il n'y en avait. Le joli, l'aimable, le rare, le merveilleux, l'héroïque, ont été employés à son éloge ; et tout le contraire a servi depuis pour le ravaler : caractère équivoque, mêlé, enveloppé ; une énigme, une question presque indécise.

La faveur met l'homme au-dessus de ses égaux ; et sa chute au-dessous.

Celui qui, un beau jour, sait renoncer[2] fermement ou à un grand nom, ou à une grande autorité, ou à une grande fortune, se délivre en un moment de bien des peines, de bien des veilles, et quelquefois de bien des crimes.

Dans cent ans[3] le monde subsistera encore en son entier : ce sera le même théâtre et les mêmes décorations ; ce ne seront plus les mêmes acteurs. Tout ce qui se réjouit sur une grâce reçue, ou ce qui s'attriste et se désespère sur un refus, tous auront disparu de dessus la scène. Il s'avance déjà sur le théâtre d'autres hommes qui vont jouer dans une même pièce les mêmes rôles : ils s'évanouiront à leur tour ; et ceux qui ne sont pas encore, un jour ne seront plus ; de nouveaux acteurs ont pris leur place : quel fond à faire sur un personnage de comédie[4] !

Qui a vu la cour, a vu du monde ce qui est le plus beau, le plus spécieux, et le plus orné : qui méprise la cour, après l'avoir vue, méprise le monde.

La ville dégoûte de la province : la cour détrompe de la ville, et guérit de la cour.

Un esprit sain puise à la cour le goût de la solitude et de la retraite[5].

---

1. DE SOI. Les grands écrivains du dix-septième siècle emploient *soi* dans tous les cas où le latin emploie *sui, sibi, se,* et *lui* dans les cas contraires.

2. RENONCER. Ces renoncements n'étaient point rares : on connaît les retraites fameuses de Pascal, à qui sa sœur Jacqueline en avait donné l'exemple, de Mlle de La Vallière, de Mme de Longueville, de Racine, etc.

3. DANS CENT ANS. La Bruyère écrivait ceci en 1690. Cent ans après « les décorations » du théâtre avaient bien changé.

4. COMÉDIE. Sénèque et Épictète ont souvent développé cette comparaison des Grands qui occupent la scène du monde avec les rois de théâtre. (Voyez *les Épîtres à Lucilius,* et, entre autres, l'épître 76.)

5. RETRAITE. Suard rapproche avec raison cette phrase, la dernière du chapitre, de la première phrase : « Le reproche en un sens le plus honorable que l'on puisse faire à un homme, c'est de lui dire qu'il ne sait pas la cour; » et il ajoute : « Tous les paragraphes entre ces deux phrases amènent la

CHAPITRE IX

DES GRANDS

La prévention du peuple en faveur des grands est si aveugle, et l'entêtement pour leur geste, leur visage, leur ton de voix et leurs manières, si général, que s'ils s'avisaient d'être bons, cela irait à l'idolâtrie.

Si vous êtes né vicieux, ô *Théagène*[1], je vous plains; si vous le devenez par faiblesse pour ceux qui ont intérêt que vous le soyez, qui ont juré entre eux de vous corrompre, et qui se vantent déjà de pouvoir y réussir, souffrez que je vous méprise[2]. Mais si vous êtes sage, tempérant, modeste, civil, généreux, reconnaissant, laborieux, d'un rang d'ailleurs et d'une naissance à donner des exemples plutôt qu'à les prendre d'autrui, et à faire les règles plutôt qu'à les recevoir, convenez avec cette sorte de gens de suivre par complaisance leurs déréglements, leurs vices et leur folie, quand ils auront, par la déférence qu'ils vous doivent, exercé toutes les vertus que vous chérissez; ironie forte, mais utile, très propre à mettre vos mœurs en sûreté, à renverser tous leurs projets, et à les jeter dans le parti de continuer d'être ce qu'ils sont, et de vous laisser tel que vous êtes[3].

L'avantage des grands sur les autres hommes est immense par un endroit. Je leur cède[4] leur bonne chère, leurs riches ameublements, leurs chiens, leurs chevaux, leurs singes, leurs nains, leurs fous et leurs flatteurs; mais je leur envie le bonheur

---

dernière et sont des preuves de la première. »

1. THÉAGÈNE. Les clefs désignent le grand prieur de Vendôme, l'amphitryon de la société du Temple, l'hôte de la rue des Tournelles, qui eut La Fontaine pour ami, Chaulieu pour secrétaire et Voltaire pour protégé. — Ses scandales le firent tomber plus d'une fois dans la disgrâce du roi. — D'autres commentateurs veulent qu'il s'agisse de Monsieur le duc, Louis de Bourbon, petit-fils du grand Condé, l'élève de La Bruyère.

2. QUE JE VOUS MÉPRISE. Cf. Pascal, deuxième discours *sur la condition des Grands* : « Si vous étiez duc sans être honnête homme, je vous ferais encore justice; car en vous rendant les devoirs extérieurs que l'ordre des hommes a attachés à votre naissance, je ne manquerais pas d'avoir pour vous le mépris intérieur que mériterait la bassesse de votre esprit. »

3. TEL QUE VOUS ÊTES. Il faut avouer que les dernières lignes de ce paragraphe sont mal écrites : c'est qu'il y a de l'indécision dans la pensée, d'où l'irrégularité dans le style. Boileau a dit :

Ce que l'on conçoit bien, s'énonce claire-
[ment.

Donc, s'il arrive même à un grand écrivain de ne pas bien concevoir ce qu'il veut dire, il l'exprime d'une façon obscure et incorrecte.

4. JE LEUR CÈDE. C'est-à-dire je ne leur envie point.

d'avoir à leur service des gens qui les égalent par le cœur et par l'esprit, et qui les passent quelquefois[1].

Les grands se piquent d'ouvrir une allée dans une forêt, de soutenir des terres par de longues murailles, de dorer des plafonds, de faire venir dix pouces d'eau, de meubler une orangerie; mais de rendre un cœur content, de combler une âme de joie, de prévenir d'extrêmes besoins ou d'y remédier, leur curiosité ne s'étend point jusque-là[2].

On demande si, en comparant ensemble les différentes conditions des hommes, leurs peines, leurs avantages, on n'y remarquerait pas un mélange ou une espèce de compensation[3] de bien et de mal qui établirait entre elles l'égalité, ou qui ferait du moins que l'une ne serait guère plus désirable que l'autre. Celui qui est puissant, riche, et à qui il ne manque rien, peut former cette question; mais il faut que ce soit un homme pauvre qui la décide.

Il ne laisse pas d'y avoir comme un charme attaché à chacune des différentes conditions, et qui y demeure jusqu'à ce que la misère[4] l'en ait ôté. Ainsi les grands se plaisent dans l'excès, et les petits aiment la modération; ceux-là ont le goût de dominer et de commander, et ceux-ci sentent du plaisir et même de

---

1. QUELQUEFOIS. Ménage remarque que Cervantes dit à peu près la même chose dans le 31ᵉ chapitre de la seconde partie du *Don Quichotte*. Mais il est certain que La Bruyère n'a point pensé à imiter Cervantes; il a fait seulement un retour sur lui-même, sur sa vie passée auprès du fils et du petit-fils du grand Condé, qui étaient si loin de l'égaler par le cœur et par l'esprit.

2. JUSQUE-LA. Cf. J.-J. Rousseau : la *Nouvelle Héloïse*, lettre de mylord Édouard à Saint-Preux : « Viens que je t'apprenne à aimer la vie. Chaque fois que tu seras tenté d'en sortir, dis en toi-même : « Que je fasse encore une bonne action avant de mourir. » Puis va chercher quelque indigent à secourir, quelque infortuné à consoler, quelque opprimé à défendre. Rapproche de moi les malheureux que mon abord intimide : ne crains d'abuser ni de ma bourse, ni de mon crédit; prends, épuise mes biens, fais-moi riche. »

3. COMPENSATION. Cf. La Rochefoucauld : « Quelque différence qui paraisse entre les fortunes, il y a néanmoins une certaine compensation de biens et de maux qui les rend égales. » Et Bossuet, sermon sur l'*éminente dignité des pauvres dans l'Église* : « Les pauvres ont leur fardeau, et les riches aussi ont le leur. Les pauvres ont leur fardeau; qui ne le sait pas? Quand nous les voyons suer et gémir, pouvons-nous ne pas reconnaître que tant de misères pressantes sont un fardeau très pesant dont leurs épaules sont accablées? Mais encore que les riches marchent à leur aise, et semblent n'avoir rien qui leur pèse, sachez qu'ils ont aussi leur fardeau. Et quel est ce fardeau des riches? Chrétiens, le pourrez-vous croire? ce sont leurs propres richesses. Quel est le fardeau des pauvres? c'est le besoin; quel est le fardeau des riches? c'est l'abondance. » Bossuet pose fort bien la question, mais, comme le dit La Bruyère, il n'appartient qu'à un homme pauvre de la décider.

4. LA MISÈRE. Parole qui est d'un vrai philosophe et qu'un déclamateur n'eût jamais trouvé. En effet, on peut rencontrer des hommes qui préfèrent sincèrement la médiocrité à la grandeur; mais la misère n'admet aucune compensation, elle est un mal sans le mélange d'aucun bien.

la vanité à les servir et à leur obéir : les grands sont entourés, salués, respectés ; les petits entourent, saluent, se prosternent, et tous sont contents[1].

Il coûte si peu aux grands à ne donner que des paroles, et leur condition les dispense si fort de tenir les belles promesses qu'ils vous ont faites, que c'est modestie[2] à eux de ne promettre pas encore plus largement.

Il est vieux et usé, dit un grand ; il s'est crevé[3] à me suivre : qu'en faire ? Un autre, plus jeune, enlève ses espérances, et obtient le poste qu'on ne refuse à ce malheureux que parce qu'il l'a trop mérité.

Je ne sais, dites-vous avec un air froid et dédaigneux, *Philante* a du mérite, de l'esprit, de l'agrément, de l'exactitude sur son devoir, de la fidélité et de l'attachement pour son maître, et il en est médiocrement considéré ; il ne plaît pas, il n'est pas goûté : expliquez-vous ; est-ce Philante, ou le grand qu'il sert, que vous condamnez ?

Il est souvent plus utile[4] de quitter les grands que de s'en plaindre.

Qui peut dire pourquoi quelques-uns ont le gros lot[5], ou quelques autres la faveur des grands.

Les grands sont si heureux qu'ils n'essuient pas même, dans toute leur vie, l'inconvénient de regretter la perte de leurs meilleurs serviteurs[6], ou des personnes illustres dans leur genre, et

---

1. CONTENTS. Il y a beaucoup d'amertume au fond de tout cela. La Bruyère pense, comme Pascal : « Le peuple qui vous admire croit que la noblesse est une grandeur réelle, et il considère presque les grands comme étant d'une autre nature que les autres. Ne leur découvrez pas cette erreur, si vous voulez ; mais n'abusez pas de cette élévation avec insolence, et surtout ne vous méconnaissez pas vous-mêmes en croyant que votre être a quelque chose de plus élevé que celui des autres. »

2. MODESTIE. Modération ; en ne promettant pas plus largement, ils font preuve d'une certaine retenue.

3. CREVÉ. Cf. Fénelon, *Télémaque* : « Des rois ont cru que le reste des hommes était à l'égard des rois ce que les chevaux et les autres bêtes de charge sont à l'égard des hommes, c'est-à-dire des animaux dont on ne fait cas qu'autant qu'ils rendent de services et qu'ils donnent de commodités. »

4. PLUS UTILE. Et plus digne.

5. LE GROS LOT. A la loterie.

6. LEURS MEILLEURS SERVITEURS. Ce caractère est de 1689. La Bruyère n'a donc pu songer à Louvois, mort le 16 juillet 1691, si peu regretté du roi. Cependant il est impossible de ne pas remarquer avec M. Hemardinquer, que les faits postérieurs au caractère de La Bruyère, en ont été l'éclatante démonstration : Louvois remplacé par son fils Barbezieux, âgé seulement de vingt-quatre ans, et à qui Louis XIV disait : « J'ai formé votre père, je vous formerai de même. » Turenne, Condé, Luxembourg, à qui le roi donne pour remplaçants Marsin, Tallard et Villeroy, croyant, dit Saint-Simon, « leur donner la capacité avec la patente » ; Chamillard, chargé à la fois des finances et de la guerre, refusant et alléguant lui-même son incapacité notoire, et le roi et Mme de Maintenon l'obligeant à accepter ce double fardeau et s'applaudissant d'avoir imposé cette

dont ils ont tiré le plus de plaisir et le plus d'utilité. La première chose que la flatterie sait faire, après la mort de ces hommes uniques, et qui ne se réparent point [1], est de leur supposer des endroits faibles, dont elle prétend que ceux qui leur succèdent sont très exempts [2] : elle assure que l'un, avec toute la capacité et toutes les lumières de l'autre, dont il prend la place, n'en a point les défauts ; et ce style [3] sert aux princes à se consoler du grand et de l'excellent par le médiocre.

Les grands dédaignent les gens d'esprit qui n'ont que de l'esprit ; les gens d'esprit méprisent les grands qui n'ont que de la grandeur. Les gens de bien plaignent [4] les uns et les autres, qui ont ou de la grandeur ou de l'esprit, sans nulle vertu.

Quand je vois, d'une part, auprès des grands, à leur table, et quelquefois dans leur familiarité, de ces hommes alertes, empressés, intrigants [5], aventuriers, esprits dangereux et nuisibles, et que je considère, d'autre part, quelle peine ont les personnes de mérite à en approcher, je ne suis pas toujours disposé à croire que les méchants soient soufferts par intérêt, ou que les gens de bien soient regardés comme inutiles ; je trouve plus mon compte à me confirmer dans cette pensée, que grandeur et discernement sont deux choses différentes, et l'amour pour la vertu et pour les vertueux une troisième chose.

Lucile aime mieux user sa vie à se faire supporter de quelques grands, que d'être réduit à vivre familièrement avec ses égaux.

---

tâche à un serviteur qui serait d'autant plus docile qu'il était plus insuffisant. — Michelet a dit, au tome xvi de son *Histoire de France :* « Colbert, Louvois, malmenés par le roi et minés par la ligue des courtisans, meurent à la peine, et avec eux l'ordre même. Au gouvernement personnel, ils avaient prêté le beau masque et la couverture secourable d'une certaine régularité administrative qui faisait illusion. Ces commis-rois faisaient obstacle au roi, empêchaient ce gouvernement d'apparaître dans sa vérité. » — Louis XIV, dit fort bien M. Hemardinquer, n'avait jamais regardé Louvois, Colbert, Lionne, que comme de bons commis qui s'éclairaient de ses lumières et lui devaient tout ce qu'ils étaient.

1. QUI NE SE RÉPARENT POINT. Dont la perte est irréparable.

2. TRÈS EXEMPTS. Expression peu correcte, il faudrait : *tout à fait exempts.*

3. CE STYLE. Molière, dans le *Don Juan*, emploie ce mot dans un sens analogue ; Sganarelle dit à don Juan : « Monsieur, quel diable de style prenez-vous là ? ceci est bien pis que le reste, et je vous aimerais bien mieux encore comme vous étiez auparavant. »

4. PLAIGNENT. Remarquons l'heureux choix de ces trois verbes, *dédaigner* qui exprime la fatuité des grands qui n'ont que de la grandeur, *mépriser* qui rend l'humeur misanthropique des gens d'esprit qui n'ont que de l'esprit, et *plaindre* qui convient à l'indulgence du véritable honnête homme.

5. INTRIGANTS. Les grands de La Bruyère, qui vivent avec ces intrigants et ces aventuriers, ressemblent bien à ceux dont parle Montesquieu : « Sur ceux qui vivent avec leurs laquais, j'ai dit : les vices ont bien leur pénitence. »

La règle de voir de plus grands que soi doit avoir ses restrictions[1]. Il faut quelquefois d'étranges[2] talents pour la réduire en pratique.

Quelle est l'incurable maladie de *Théophile*[3] ? elle lui dure depuis plus de trente années : il ne guérit point : il a voulu, il veut et il voudra gouverner les grands; la mort seule lui ôtera avec la vie cette soif d'empire et d'ascendant sur les esprits : est-ce en lui zèle du prochain ? est-ce habitude ? est-ce une excessive opinion de soi-même ? Il n'y a point de palais où il ne s'insinue ; ce n'est pas au milieu d'une chambre qu'il s'arrête ; il passe à une embrasure, ou au cabinet : on attend qu'il ait parlé, et longtemps, et avec action, pour avoir audience, pour être vu. Il entre dans le secret des familles ; il est de quelque chose dans tout ce qui leur arrive de triste ou d'avantageux : il prévient, il s'offre, il se fait de fête[4] ; il faut l'admettre. Ce n'est pas assez, pour remplir son temps ou son ambition, que le soin de dix mille âmes dont il répond à Dieu comme de la sienne propre; il en a d'un plus haut rang et d'une plus grande distinction, dont il ne doit aucun compte, et dont il se charge plus volontiers. Il écoute, il veille sur tout ce qui peut servir de pâture à son esprit d'intrigue, de médiation, ou de manège : à peine un grand est-il débarqué[5], qu'il l'empoigne et s'en saisit; on entend plutôt dire à Théophile qu'il le gouverne, qu'on n'a pu soupçonner qu'il pensait à le gouverner.

Une froideur ou une incivilité qui vient de ceux qui sont au-dessus de nous nous les fait haïr ; mais un salut ou un sourire nous les réconcilie[6].

---

1. RESTRICTIONS. Les anciens avaient donné la règle contraire. On connaît le *contentus nostris si fuisses sedibus* de Phèdre. Voyez le traité de Lucien sur les *Gens de lettres à la solde des grands*.

2. ETRANGES. Cette épithète est prise ici en mauvaise part et sous-entend beaucoup de choses.

3. THÉOPHILE. Voici le portrait que Saint-Simon trace de M. Roquette, évêque d'Autun, en 1707 :

« Il mourut alors un vieux évêque, qui toute sa vie n'avait rien oublié pour faire fortune et être un personnage. C'était Roquette, homme de fort peu, qui avait attrapé l'évêché d'Autun, et qui à la fin, ne pouvant mieux, gouvernait les États de Bourgogne à force de souplesse et de manège autour de Monsieur le Prince. Il avait été de toutes les couleurs : à Mme de Longueville, à M. le prince de Conti son frère, au cardinal Mazarin, surtout abandonné aux Jésuites. Tout sucre et tout miel, lié aux femmes importantes de ces temps-là et entrant dans toutes les intrigues, toutefois grand béat. C'est sur lui que Molière prit son Tartuffe, et personne ne s'y méprit. Tout lui était bon à espérer, à se fourrer, à se tortiller. »

4. DE FÊTE. Il se fait inviter à toutes les fêtes; il s'impose.

5. DÉBARQUÉ. Il s'agit du débarquement de Jacques II, le roi dépossédé d'Angleterre. — La Bruyère écrit ce caractère deux ans après, en 1691.

6. NOUS LES RÉCONCILIE. Les réconcilie avec nous. — Nous les haïssons pour tout ce que leur froideur nous fait redouter, et nous les aimons pour tout ce qu'un salut ou un sourire nous font concevoir d'espérance.

Il y a des hommes superbes que l'élévation de leurs rivaux humilie et apprivoise [1]; ils en viennent, par cette disgrâce, jusqu'à rendre le salut; mais le temps, qui adoucit [2] toutes choses, les remet enfin dans leur naturel [3].

Le mépris que les grands ont pour le peuple les rend indifférents sur les flatteries ou sur les louanges qu'ils en reçoivent et tempère leur vanité. De même les princes, loués sans fin et sans relâche des grands ou des courtisans, en seraient plus vains, s'ils estimaient davantage [4] ceux qui les louent.

Les grands croient être seuls parfaits, n'admettent qu'à peine dans les autres hommes la droiture d'esprit, l'habileté, la délicatesse, et s'emparent de ces riches talents, comme de choses dues à leur naissance. C'est cependant en eux une erreur grossière de se nourrir de si fausses préventions [5]: ce qu'il y a jamais eu de mieux pensé, de mieux dit, de mieux écrit, et peut-être d'une conduite plus délicate, ne nous est pas toujours venu de leur fond [6]. Ils ont de grands domaines et une longue suite d'ancêtres; cela ne leur peut être contesté.

Avez-vous de l'esprit, de la grandeur, de l'habileté, du goût, du discernement? en croirai-je la prévention et la flatterie, qui publient hardiment votre mérite? elles me sont suspectes, et je les récuse. Me laisserai-je éblouir par un air de capacité ou de hauteur qui vous met au-dessus de tout ce qui se fait, de ce qui se dit et de ce qui s'écrit, qui vous rend sec sur les louanges, et empêche qu'on ne puisse arracher de vous la moindre approbation? Je conclus de là plus naturellement que vous avez de la faveur, du crédit et de grandes richesses. Quel moyen de vous définir, *Téléphon* [7]? On n'approche de vous que comme du feu, et

---

1. APPRIVOISE. C'est le latin *mitescere* (s'apprivoiser, s'adoucir, devenir poli de fier et de féroce qu'on était auparavant).

2. QUI ADOUCIT. Qui efface peu à peu toutes les impressions.

3. LEUR NATUREL. Les rend à leur fierté, à la *superbe* qui leur est naturelle.

4. S'ILS ESTIMAIENT DAVANTAGE. Il semble que La Bruyère établisse une hiérarchie du mépris, qui descend des princes aux grands, et des grands au peuple. L'Alceste de Molière ne pousse pas plus loin la satire.

5. SI FAUSSES PRÉVENTIONS. Cf. Pascal : « On ne choisit pas pour gouverner un vaisseau celui des voyageurs qui est de meilleure maison. »

6. DE LEUR FOND. Cela est très hardi. La Bruyère va beaucoup plus loin que Boileau, dans sa satire sur la Noblesse, aussi loin que Juvénal; il atteint le fond même de la question, à l'égal de Pascal.

7. TÉLÉPHON. Il s'agit certainement d'un duc de la Feuillade. Mais s'agit-il du père, mort en 1691, ou du fils mort en 1725. — Voici le portrait que Saint-Simon trace du premier : « De l'esprit, une grande valeur, une plus grande audace, une pointe de folie gouvernée toutefois par l'ambition, et la probité et son contraire fort à la main, avec une flatterie et une bassesse insignes pour le roi, firent sa fortune et le rendirent un personnage à la cour, craint des ministres et surtout aux couteaux

dans une certaine distance; il faudrait vous développer[1], vous manier, vous confronter avec vos pareils, pour porter de vous un jugement sain et raisonnable. Votre homme de confiance, qui est dans votre familiarité, dont vous prenez conseil, pour qui vous quittez *Socrate* et *Aristide*, avec qui vous riez, et qui rit plus haut que vous, *Dave* enfin[2], m'est très connu : serait-ce assez pour vous bien connaître ?

Il y en a de tels que, s'ils pouvaient connaître leurs subalternes et se connaître eux-mêmes, ils auraient honte de primer[3].

S'il y a peu d'excellents orateurs, y a-t-il bien des gens qui puissent les entendre? s'il n'y a pas assez de bons écrivains, où sont ceux qui savent lire? De même on s'est toujours plaint du petit nombre de personnes capables de conseiller les rois, et de les aider dans l'administration de leurs affaires. Mais s'ils naissent enfin ces hommes habiles et intelligents, s'ils agissent selon leurs vues et leurs lumières, sont-ils aimés, sont-ils estimés autant qu'ils le méritent ? sont-ils loués de ce qu'ils pensent et de ce qu'ils font pour la patrie[4] ? Ils vivent, il suffit : on les censure s'ils échouent, et on les envie s'ils réussissent. Blâmons le peuple où il serait ridicule de vouloir l'excuser[5] : son cha-

---

continuels avec M. de Louvois... Il a renouvelé les anciennes apothéoses fort au-delà de ce que la religion chrétienne pouvait souffrir ; mais il n'attendit pas que le roi fût mort pour faire la sienne, dont il n'aurait pas recueilli le fruit... » Quant au fils, Saint-Simon parle de lui comme d'un ennemi personnel. « C'était un cœur corrompu à fond, une âme de boue, le plus solidement malhonnête homme qui eût paru depuis longtemps. » Voltaire appelle le même Louis de la Feuillade « l'homme le plus brillant et le plus aimable du royaume. »

1. VOUS DÉVELOPPER. Il faut enlever l'enveloppe qui vous couvre. » Lucrèce, III, 58 :
   Eripitur persona, manet res.

2. DAVE ENFIN. S'il s'agit du maréchal François de la Feuillade, favori de Louis XIV, Dave est Prudhomme le baigneur, « chez qui M. de la Feuillade logeait avant sa fortune et qui lui avait été souvent de beaucoup de secours. » DANGEAU.

3. DE PRIMER. Cf. Beaumarchais : « Aux vertus qu'on exige dans un domestique, Votre Excellence connaît-elle beaucoup de maîtres qui fussent dignes d'être valets ? »

4. POUR LA PATRIE. Le mémoire de Vauban, la *Dîme royale*, fut présenté au roi en 1707 et condamné au pilori. Louis XIV l'appelait « un insensé pour l'amour du public. » Fénelon fut exilé dans son archevêché de Cambray... Du reste le peuple s'est toujours montré aussi ingrat que les rois; on détesta Sully, on voulut déterrer le cadavre de Colbert. Henri IV lui-même « le seul roi dont le peuple ait gardé la mémoire », ne fut pas populaire de son vivant; il disait à Sully : « Je mourrai un de ces jours; et, quand vous m'aurez perdu, vous connaîtrez tout ce que je valais et la différence qu'il y a de moi aux autres hommes. »

5. L'EXCUSER. Tout cela est excellent. Voyez tous les récits de la mort de Caïus Gracchus : « Caïus s'enfuit par le pont Sublicius. Deux de ses amis s'y firent tuer pour retarder sa poursuite. S'il eût trouvé un cheval, il eût échappé. Il en demandait un avec instance ; mais dans ce peuple qui l'avait tant aimé, il n'y eut plus un homme qui voulût lui porter secours; seulement on l'encourageait dans sa fuite, comme s'il se fût agi de gagner aux jeux le prix de la course. » Duruy, *Histoire des Romains*, tome II.

grin et sa jalousie, regardés des grands ou des puissants comme inévitables, les ont conduits insensiblement à le compter pour rien [1]; et à négliger ses suffrages dans toutes leurs entreprises, à s'en faire même une règle de politique.

Les petits se haïssent les uns les autres lorsqu'ils se nuisent réciproquement. Les grands sont odieux aux petits par le mal qu'ils leur font, et par tout le bien qu'ils ne leur font pas [2] : ils leur sont responsables de leur obscurité, de leur pauvreté et de leur infortune ; ou du moins ils leur paraissent tels.

C'est déjà trop d'avoir avec le peuple [3] une même religion et un même Dieu : quel moyen encore de s'appeler Pierre, Jean, Jacques, comme le marchand ou le laboureur? Évitons d'avoir rien de commun avec la multitude ; affectons au contraire toutes les distinctions qui nous en séparent : qu'elle s'approprie les douze apôtres, leurs disciples, les premiers martyrs (telles gens, tels patrons) [4]; qu'elle voie avec plaisir revenir, toutes les années, ce jour particulier que chacun célèbre comme sa fête. Pour nous autres grands, ayons recours aux noms profanes : faisons-nous baptiser sous ceux d'*Annibal*, de *César*, et de *Pompée*, c'étaient des grands hommes ; sous celui de *Lucrèce*, c'était une illustre Romaine ; sous ceux de *Renaud*, de *Roger*, d'*Olivier* et de *Tancrède* [5], c'étaient des paladins, et le roman n'a point de héros plus merveilleux ; sous ceux d'*Hector*, d'*Achille*, d'*Hercule*, tous demi-dieux ; sous ceux même de *Phébus* et de *Diane* [6]. Et qui nous empêchera de nous faire nommer *Jupiter*, ou *Mercure*, ou *Vénus*, ou *Adonis*?

---

1. A LES COMPTER POUR RIEN. Cf. Montesquieu, *Dialogue de Sylla et d'Eucrate :* « Je ne me suis jamais piqué d'être l'esclave ni l'idolâtre de la société de mes semblables; et cet amour si vanté est une passion trop populaire pour être compatible avec la hauteur de mon âme. Je me suis uniquement conduit par mes réflexions et surtout par le mépris que j'ai eu pour les hommes. On peut juger, par la manière dont j'ai traité le seul grand peuple de l'univers, de l'excès de ce mépris pour tous les autres. »

2. NE LEUR FONT PAS. Le Figaro de Beaumarchais est plus philosophe, quand il dit : « Je me crus trop heureux d'en être oublié, persuadé qu'un grand nous fait assez de bien quand il ne nous fait pas de mal. »

3. AVEC LE PEUPLE. Cf. Tite Live, IV, discours du Tribun Canuleius : « Ecquid sentitis in quanto contemptu vivatis? Lucis vobis hujus partem, si liceat, adimant; quod spiratis, quod vocem mittitis; quod formas hominum habetis, indignantur. »

4. TELS PATRONS. Les douze apôtres, leurs disciples, les premiers martyrs étaient des gens d'humble condition; les humbles les choisissent pour patrons.

5. TANCRÈDE. Renaud, Roger, Ollivier, Tancrède, sont les héros des poëmes héroïques ou héroï-comiques, des italiens Boïardo, Berni, l'Arioste, le Tasse.

6. DIANE. Les clefs donnent les noms de César de Vendôme, Annibal d'Estrée, Hercule de Rohan, Achille de Harlay, Phébus de Foix, Diane de Chastignier. — L'une des grand'mères de La Bruyère s'appelait Diane.

Pendant que les grands négligent de rien connaître, je ne dis pas seulement aux intérêts des princes et aux affaires publiques, mais à leurs propres affaires ; qu'ils ignorent l'économie [1] et la science d'un père de famille, et qu'ils se louent eux-mêmes de cette ignorance ; qu'ils se laissent appauvrir et maîtriser par des intendants ; qu'ils se contentent d'être gourmets ou *coteaux* [2], d'aller chez *Thaïs* ou chez *Phryné*, de parler de la meute et de la vieille meute [3], de dire combien il y a de postes de Paris à Besançon ou à Philisbourg, des citoyens [4] s'instruisent du dedans et du dehors d'un royaume, étudient le gouvernement, deviennent fins et politiques, savent le fort et le faible de tout un État, songent à se mieux placer, se placent, s'élèvent, deviennent puissants, soulagent le prince d'une partie des soins publics. Les grands qui les dédaignaient les révèrent : heureux s'ils deviennent leurs gendres [5] !

Si je compare ensemble les deux conditions des hommes les plus opposées, je veux dire les grands avec le peuple [6], ce dernier me paraît content du nécessaire, et les autres sont inquiets et pauvres avec le superflu. Un homme du peuple ne saurait faire aucun mal ; un grand ne veut faire aucun bien, et est capable de grands maux : l'un ne se forme et ne s'exerce que dans les choses qui sont utiles ; l'autre y joint les pernicieuses : là se montrent ingénument la grossièreté et la franchise ; ici se cache une sève maligne et corrompue sous l'écorce de la politesse :

1. L'ÉCONOMIE. Ce mot est pris ici dans le sens d'économie domestique, d'administration de la maison, ainsi que dans le chef-d'œuvre de Xénophon, l'*Économique*.

2. COTEAUX. Boileau dit dans la satire du *repas ridicule*.

Surtout certain hableur, à la gueule affa-
[mée,
Qui vint à ce festin conduit par la fumée,
Et qui s'est dit profès dans l'ordre des
[coteaux.

Profès, en latin *professus*, est opposé à novice ; *profès* se dit de celui qui a prononcé ses vœux dans un ordre monastique et qui par conséquent a été jugé digne d'y entrer. — L'ordre des coteaux se composait de quelques seigneurs, gourmets raffinés, qui ne buvaient de vins que s'ils venaient des coteaux d'Aï, d'Hautvillers ou d'Avenay. Ils ne mangeaient, suivant Saint-Évremond, que du veau de rivière, des lapins de Versigny et des perdreaux d'Auvergne. On cite, parmi les principaux dignitaires de cet ordre, le duc de Mortemar, le commandeur de Souvré, le marquis de Sillery, le comte d'Olonne, le comte de Broussain (sur ce dernier, voir Boileau, Ep. VI.

3. MEUTE. Cf. Furetière : « On appelle chiens de meute les premiers chiens qu'on donne au laisser-courre ; vieille meute, les seconds chiens qu'on donne après les premiers. »

4. DES CITOYENS. Des bourgeois.

5. LEURS GENDRES. Colbert, fils d'un marchand de laines, maria ses trois filles aux ducs de Chevreuse, de Beauvilliers et de Mortemart ; son fils Seignelay, épousa Mlle d'Alègre, qui tenait à la maison de France, sa grand'mère étant d'Orléans-Longueville, fille d'un Bourbon ; le duc de la Feuillade rechercha et obtint la main de la fille de Chamillard, laquelle était fort laide.

6. LE PEUPLE. Ce paragraphe pourrait aussi bien être attribué à J.-J. Rousseau qu'à La Bruyère, si l'on n'était assuré de son authenticité.

le peuple n'a guère d'esprit, et les grands n'ont point d'âme : celui-là a un bon fond, et n'a point de dehors; ceux-ci n'ont que des dehors et qu'une simple superficie. Faut-il opter? je ne balance pas, je veux être peuple[1].

Quelque profonds que soient les grands de la cour, et quelque art qu'ils aient pour paraître ce qu'ils ne sont pas, et pour ne point paraître ce qu'ils sont, ils ne peuvent cacher leur malignité, leur extrême pente à rire aux dépens d'autrui, et à jeter un ridicule souvent où il n'y en peut avoir; ces beaux talents se découvrent en eux du premier coup d'œil : admirables sans doute pour envelopper une dupe[2] et rendre sot celui qui l'est déjà, mais encore plus propres à leur ôter tout le plaisir qu'ils pourraient tirer d'un homme d'esprit, qui saurait se tourner et se plier en mille manières agréables et réjouissantes, si le dangereux caractère du courtisan ne l'engageait pas à une fort grande retenue[3]. Il lui oppose un caractère sérieux, dans lequel il se retranche; et il fait si bien que les railleurs, avec des intentions si mauvaises, manquent d'occasions de se jouer de lui.

Les aises de la vie, l'abondance, le calme d'une grande prospérité, font que les princes ont de la joie de reste pour rire d'un nain, d'un singe, d'un imbécile, et d'un mauvais conte. Les gens moins heureux ne rient qu'à propos[4].

Un grand aime la Champagne, abhorre la Brie[5]; il s'enivre de meilleur vin que l'homme du peuple : seule différence que la crapule laisse entre les conditions les plus disproportionnées, entre le seigneur et l'estafier.

Il semble d'abord qu'il entre dans les plaisirs des princes un peu de celui[6] d'incommoder les autres : mais non, les princes

1. ÊTRE PEUPLE. Le dix-huitième siècle tout entier est dans ce cri de La Bruyère. Montesquieu n'osera pas davantage, quand il écrira : « Je disais à un homme : fi donc! vous avez les sentiments aussi bas qu'un homme de qualité! »

2. UNE DUPE. « C'est, dit Duclos, immoler quelqu'un sans qu'il s'en doute, à la malignité d'une assemblée, en le rendant à la fois instrument et victime de la plaisanterie commune, par les choses qu'on lui suggère et les aveux ingénus qu'on en tire. »

3. GRANDE RETENUE. Cf. Duclos : « La crainte du ridicule étouffe les idées, retient les esprits et les forme sur le même modèle, suggère les mêmes propos peu intéressants de leur nature et fastidieux par la répétition. Il semble qu'un seul ressort imprime à différentes machines un mouvement égal et dans la même direction. Je ne vois que les sots qui puissent gagner à un travers, qui les met de niveau avec les hommes supérieurs, puisqu'ils sont tous également assujettis à une mesure commune où les plus bornés peuvent atteindre. »

4. A PROPOS. Ceci est à rapprocher de cette pensée de Montesquieu : « Les grands seigneurs ont des plaisirs, le peuple a de la joie. »

5. LA BRIE. Le vin de Champagne, le vin de Brie.

6. DE CELUI. C'est-à-dire : un peu de plaisir.

ressemblent aux hommes ; ils songent à eux-mêmes, suivent leur goût, leurs passions, leur commodité : cela est naturel [1].

Il semble que la première règle des compagnies, des gens en place ou des puissants, est de donner à ceux qui dépendent d'eux, pour le besoin de leurs affaires toutes les traverses qu'ils en peuvent craindre [2].

Si un grand a quelque degré de bonheur sur les autres hommes, je ne devine pas lequel, si ce n'est peut-être de se trouver souvent dans le pouvoir et dans l'occasion de faire plaisir [3] ; et, si elle naît, cette conjoncture, il semble qu'il doive s'en servir : si c'est en faveur d'un homme de bien, il doit appréhender qu'elle ne lui échappe. Mais, comme c'est en une chose juste, il doit prévenir la sollicitation, et n'être vu que pour être remercié ; et, si elle est facile, il ne doit pas même la lui faire valoir. S'il la lui refuse, je les plains tous deux.

Il y a des hommes nés inaccessibles ; et ce sont précisément ceux de qui les autres ont besoin, de qui ils dépendent. Ils ne sont jamais que sur un pied ; mobiles comme le mercure, ils pirouettent, ils gesticulent, ils crient, ils s'agitent : semblables à ces figures de carton [4] qui servent de montre à une fête publique, ils jettent feu et flamme, tonnent et foudroient ; on n'en approche pas ; jusqu'à ce que, venant à s'éteindre, ils tombent [5], et par leur chute deviennent traitables, mais inutiles.

Le suisse, le valet de chambre, l'homme de livrée, s'ils n'ont plus d'esprit que ne porte leur condition, ne jugent plus d'eux-mêmes par leur première bassesse ; mais par l'élévation et la

---

1. NATUREL. Ils n'incommodent point les autres par calcul, mais le plus naïvement du monde, parce qu'ainsi le veut leur commodité.

2. CRAINDRE. C'est-à-dire : que ceux-ci en peuvent craindre. Le tour de cette phrase est pénible.

3. FAIRE PLAISIR. Le meilleur commentaire de cette pensée de La Bruyère est dans un admirable développement de Massillon, *Sermon pour le quatrième dimanche de Carême* : « Et qu'y a-t-il dans votre état de plus digne d'envie que le pouvoir de faire des heureux ?... Quiconque n'est pas sensible à un plaisir si vrai, si touchant, si digne du cœur, il n'est pas né grand, il ne mérite pas même d'être homme. » Bossuet exprime une pensée analogue dans l'*Oraison funèbre de Condé* : « Loin de nous les héros sans humanité !... La bonté devait faire comme le fond de notre cœur... La grandeur qui vient par dessus, loin d'affaiblir la bonté, n'est faite que pour l'aider à se communiquer davantage, comme une fontaine publique qu'on élève pour la répandre. Les cœurs sont à ce prix ; et les grands dont la bonté n'est pas le partage, par une juste punition de leur dédaigneuse insensibilité, demeureront éternellement privés du plus grand bien de la vie humaine, c'est-à-dire des douceurs de la société. »

4. FIGURES DE CARTON. Il s'agit de pièces d'artifice.

5. ILS TOMBENT. Il semble qu'il y ait ici un souvenir des vers de Juvénal sur la chute de Séjan : « Déjà les soufflets haletants ont fait siffler le feu dans la fournaise, déjà dans l'âtre fond cette tête devant laquelle se prosternait le peuple romain, déjà l'on entend craquer la statue qui fut le grand Séjan. »

fortune des gens qu'ils servent, et mettent tous ceux qui entrent par leur porte et montent leur escalier indifféremment, au-dessous d'eux et de leurs maîtres : tant il est vrai qu'on est destiné à souffrir des grands et de ce qui[1] leur appartient !

Un homme en place doit aimer son prince, sa femme, ses enfants[2], et après eux les gens d'esprit ; il les doit adopter, il doit s'en fournir[3] et n'en jamais manquer. Il ne saurait payer, je ne dis pas de trop de pensions et de bienfaits, mais de trop de familiarité et de caresses, les secours et les services qu'il en tire, même sans le savoir[4]. Quels petits bruits ne dissipent-ils pas ! quelles histoires ne réduisent-ils pas à la fable et à la fiction ! ne savent-ils pas justifier les mauvais succès par les bonnes intentions, prouver la bonté d'un dessein et la justesse des mesures par le bonheur des événements, s'élever contre la malignité et l'envie pour accorder à de bonnes entreprises de meilleurs motifs, donner des explications favorables à des apparences qui étaient mauvaises, détourner les petits défauts, ne montrer que les vertus, et les mettre dans leur jour, semer en mille occasions des faits et des détails qui soient avantageux, et tourner le ris et la moquerie contre ceux qui oseraient en douter, ou avancer des faits contraires[5] ? Je sais que les grands ont pour maxime de laisser parler, et de continuer d'agir ; mais je sais aussi qu'il leur arrive, en plusieurs rencontres, que laisser dire les empêche de faire.

Sentir le mérite, et, quand il est une fois connu, le bien traiter : deux grandes démarches[6] à faire tout de suite, et dont la plupart des grands sont fort incapables.

Tu es grand, tu es puissant ; ce n'est pas assez : fais que je

---

1. DE CE QUI. Et non pas : *de ceux qui*. Il faut remarquer ce qu'il y a de mépris dans ce neutre : *ce qui*, s'appliquant à la valetaille des grands, qui a tous les vices de ses maîtres sans aucune de leurs vertus.

2. SES ENFANTS. La Bruyère avait d'abord écrit : *Sa femme, ses enfants, son prince*.

3. S'EN FOURNIR. S'en pourvoir, et pour ainsi dire en faire provision.

4. MÊME SANS LE SAVOIR. La Bruyère avait peut-être rendu plus d'un service de ce genre au fils et au petit-fils du grand Condé, sans que ceux-ci daignassent s'en douter.

5. DES FAITS CONTRAIRES. Cf. Pascal, *Pensées* : « Un vrai ami est une chose si avantageuse, même pour les plus grands seigneurs, afin qu'il dise du bien d'eux et qu'il les soutienne en leur absence même, qu'ils doivent tout faire pour en avoir. Mais qu'ils choisissent bien, car s'ils font tous leurs efforts pour des sots, cela leur sera inutile, quelque bien qu'ils disent d'eux ; et même ils n'en diront pas du bien, s'ils se trouvent les plus faibles, car ils n'ont pas d'autorité ; et ainsi ils médiront par compagnie. »

6. DÉMARCHES. Cette expression est prise dans le sens d'*initiative*. C'est une démarche hardie que d'oser le premier reconnaître le mérite de quelqu'un qui n'est pas en renom et d'avouer qu'on le reconnaît.

l'estime, afin que je sois triste d'être déchu de tes bonnes grâces, ou de n'avoir pu les acquérir.

Vous dites d'un grand ou d'un homme en place qu'il est prévenant, officieux; qu'il aime à faire plaisir : et vous le confirmez par un long détail de ce qu'il a fait en une affaire où il a su que vous preniez intérêt. Je vous entends; on va pour vous au-devant de la sollicitation, vous avez du crédit, vous êtes connu du ministre, vous êtes bien avec les puissances : désiriez-vous que je susse autre chose?

Quelqu'un vous dit : « Je me plains d'un tel; il est fier depuis son élévation, il me dédaigne, il ne me connaît plus. » — « Je n'ai pas, pour moi, lui répondez-vous, sujet de m'en plaindre; au contraire, je m'en loue fort, et il me semble même qu'il est assez civil. » Je crois encore vous entendre : vous voulez qu'on sache qu'un homme en place a de l'attention pour vous, et qu'il vous démêle dans l'antichambre entre mille honnêtes gens de qui il détourne ses yeux, de peur de tomber dans l'inconvénient de leur rendre le salut ou de leur sourire.

Se louer de quelqu'un, se louer d'un grand, phrase délicate dans son origine, et qui signifie sans doute se louer soi-même[1], en disant d'un grand tout le bien qu'il nous a fait ou qu'il n'a pas songé à nous faire.

On loue les grands pour marquer qu'on les voit de près, rarement par estime ou par gratitude. On ne connaît pas souvent ceux que l'on loue[2]. La vanité ou la légèreté l'emporte quelquefois sur le ressentiment : on est mal content[3] d'eux, et on les loue.

S'il est périlleux de tremper dans une affaire suspecte, il l'est encore davantage de s'y trouver complice d'un grand : il s'en tire, et vous laisse payer doublement pour lui et pour vous[4].

---

1. SE LOUER SOI-MÊME. Cette remarque est d'une grande finesse : « J'ai fort à me louer du ministre », signifie en effet : « Ayez pour moi beaucoup d'estime, car le ministre témoigne, en me faisant du bien, qu'il m'estime un peu. »

2. QUE L'ON LOUE. Cela est très vrai, mais il serait également vrai de dire que souvent l'on ne connaît pas ceux dont on se plaint. On loue ou on se plaint, par vanité, pour faire croire qu'on est assez près des hommes en place, pour en avoir reçu un bienfait ou une injure.

3. MAL CONTENT. On disait alors *mal content*; l'adjectif *mécontent* avait un autre sens, il désignait un factieux. Cf. La Fontaine, le *Renard et le Coq* :

...Le galant aussitôt,
Tire ses grègues, gagne au haut,
Mal content de son stratagème.

On employait de même *mal propre*, là où nous employons *peu propre* :

Monsieur, je suis mal propre à décider la
[chose.
MOLIÈRE, le *Misanthrope*.
Dans un lieu si mal propre à notre confi-
[dence.
CORNEILLE, *Cinna*.

4. POUR VOUS. Il est impossible de ne pas appliquer cette réflexion aux

DES GRANDS.

Le prince n'a point assez de toute sa fortune pour payer une basse complaisance, si l'on en juge par tout ce que celui qu'il veut récompenser y a mis du sien ; et il n'a pas trop de toute sa puissance pour le punir, s'il mesure sa vengeance au tort qu'il en a reçu [1].

La noblesse expose sa vie pour le salut de l'État, et pour la gloire du souverain ; le magistrat décharge le prince d'une partie du soin de juger les peuples : voilà de part et d'autre des fonctions bien sublimes, et d'une merveilleuse utilité. Les hommes ne sont guère capables de plus grandes choses ; et je ne sais d'où la robe et l'épée ont puisé de quoi se mépriser réciproquement [2].

S'il est vrai qu'un grand donne plus à la fortune, lorsqu'il hasarde une vie destinée à couler dans les ris, le plaisir et l'abondance, qu'un particulier qui ne risque que des jours qui sont misérables, il faut avouer aussi qu'il a un tout autre dédommagement, qui est la gloire et la haute réputation. Le soldat ne sent pas qu'il soit connu ; il meurt obscur [3] et dans la foule : il vivait de même à la vérité, mais il vivait ; et c'est l'une des sources du défaut de courage dans les conditions basses et serviles. Ceux au contraire que la naissance démêle d'avec le peuple, et expose aux yeux des hommes, à leur censure et à leurs éloges, sont même capables de sortir par effort de leur tempérament, s'il ne les portait pas à la vertu [4] ; et cette disposition de cœur et d'esprit, qui passe des aïeuls par les pères dans leurs descendants [5], est cette bravoure si familière aux personnes nobles, et peut-être la noblesse même.

Jetez-moi dans les troupes comme un simple soldat, je suis Thersite ; mettez-moi à la tête d'une armée dont j'aie à répondre à toute l'Europe, je suis Achille.

---

amis et aux complices de Gaston d'Orléans, disgraciés, exilés, emprisonnés, exécutés, tandis que le frère de Louis XIII, toujours conspirant, se tirait toujours d'affaire.

1. QU'IL EN A REÇU. Cette pensée est très juste et respire la plus pure morale, il est fâcheux que la forme en soit contournée et obscure. — Tacite a dit des complaisants et des flatteurs : *Pessimum inimicorum genus laudantes.*

2. RÉCIPROQUEMENT. Cette épigramme est d'autant plus piquante que, venant après l'éloge de la robe et de l'épée, elle n'est point attendue.

3. IL MEURT OBSCUR. On sent que le cœur de La Bruyère s'émeut, quand il songe à ces milliers de héros obscurs et inconnus qui tombent sur un champ de bataille et passent brusquement de la mêlée à la fosse commune, sans qu'un de leurs noms reste dans la mémoire du peuple ou du roi pour qui ils donnent leur vie.

4. A LA VERTU. *Ad virtutem,* au courage.

5. A LEURS DESCENDANTS. Cf. Virgile, *Énéide,* III.

Ecquid in antiquam virtutem animosque
(viriles
Et pater Æneas et avunculus excitat
(Hector.

Les princes, sans autre science ni autre règle, ont un goût de comparaison [1] : ils sont nés et élevés au milieu et comme dans le centre des meilleures choses, à quoi ils rapportent ce qu'ils lisent, ce qu'ils voient et ce qu'ils entendent. Tout ce qui s'éloigne trop de LULLI, de RACINE et de LE BRUN [2], est condamné.

Ne parler aux jeunes princes que du soin de leur rang est un excès de précaution, lorsque toute une cour met son devoir et une partie de sa politesse à les respecter, et qu'ils sont bien moins sujets à ignorer aucun des égards dus à leur naissance qu'à confondre les personnes et les traiter indifféremment et sans distinction des conditions et des titres. Ils ont une fierté naturelle, qu'ils retrouvent dans les occasions ; il ne leur faut des leçons que pour la régler, que pour leur inspirer la bonté, l'honnêteté et l'esprit de discernement.

C'est une pure hypocrisie à un homme d'une certaine élévation [3], de ne pas prendre d'abord le rang qui lui est dû, et que tout le monde lui cède. Il ne lui coûte rien d'être modeste, de se mêler dans la multitude qui va s'ouvrir pour lui, de prendre dans une assemblée une dernière place, afin que tous l'y voient et s'empressent de l'en ôter. La modestie est d'une pratique plus amère aux hommes d'une condition ordinaire : s'ils se jettent dans la foule, on les écrase ; s'ils choisissent un poste incommode, il leur demeure.

Aristarque [4] se transporte dans la place avec un héraut et un trompette ; celui-ci commence : toute la multitude accourt et se rassemble. « Écoutez, peuple, dit le héraut, soyez attentif ; silence, silence ! *Aristarque, que vous voyez présent, doit faire*

---

1. GOÛT DE COMPARAISON. Louis XIV, qui avait une instruction peu solide, avait cependant le goût excellent ; il devait ce discernement à l'habitude de voir et d'entendre les chefs-d'œuvre qui parurent en si grand nombre pendant sa minorité et pendant les premières années de son règne.

2. LE BRUN. Nous avons parlé ailleurs (chapitre premier) de Lulli ; Charles le Brun, né à Paris en 1619, mort en 1690, le peintre des batailles d'Alexandre, est, avec le Poussin, Eustache le Sueur, et Mignard, un des chefs de l'École française.

3. D'UNE CERTAINE ÉLÉVATION. D'après les clefs, il s'agirait du premier président de Harlay. Saint-Simon (qui est son ennemi personnel) le représente ainsi : « Il se tenait et marchait un peu courbé, avec un faux air plus humble que modeste, et rasait toujours les murailles pour se faire faire place avec plus de bruit, et n'avançait qu'à force de révérences respectueuses, et comme honteuses, à droite et à gauche, à Versailles. »

4. ARISTARQUE. Il s'agirait encore du président de Harlay. La clef dit à ce sujet : « On vint lui apporter à Beaumont, pendant les vacations, vingt-cinq mille livres que le président de la Barois lui avait léguées ; il se transporta à Fontainebleau, où la cour était alors, et par devant un notaire royal il déclara cette somme au profit des pauvres. »

demain une bonne action. » Je dirai plus simplement et sans figure : Quelqu'un fait bien ; veut-il faire mieux ? que je ne sache pas qu'il fait bien, ou que je ne le soupçonne pas du moins de me l'avoir appris.

Les meilleures actions s'altèrent et s'affaiblissent[1] par la manière dont on les fait, et laissent même douter des intentions. Celui qui protège ou qui loue la vertu pour la vertu, qui corrige ou qui blâme le vice à cause du vice, agit simplement, naturellement, sans aucun tour, sans nulle singularité, sans faste, sans affectation ; il n'use point de réponses graves et sentencieuses, encore moins de traits piquants et satiriques[2] ; ce n'est jamais une scène qu'il joue pour le public, c'est un bon exemple qu'il donne et un devoir dont il s'acquitte ; il ne fournit rien aux visites des femmes, ni au cabinet[3], ni aux nouvellistes ; il ne donne point à un homme agréable la matière d'un joli conte. Le bien qu'il vient de faire est un peu moins su, à la vérité ; mais il a fait ce bien : que voudrait-il davantage ?

Les grands ne doivent point aimer les premiers temps ; ils ne leur sont point favorables : il est triste pour eux d'y voir que nous

---

1. S'AFFAIBLISSENT. Perdent de leur mérite.
2. SATIRIQUES. Saint-Simon dit du président de Harlay : « Une austérité pharisaïque le rendait redoutable, par la licence qu'il donnait à ses répréhensions publiques, et aux parties, et aux avocats et aux magistrats, en sorte qu'il n'y avait personne qui ne tremblât d'avoir affaire à lui. ...Les sentences et les maximes étaient son langage ordinaire, même dans les propos communs ; toujours laconique, jamais à son aise, ni personne avec lui. Les jésuites et les Pères de l'Oratoire étaient sur le point de plaider ensemble ; le premier président les manda et les voulut accommoder. Il travaille un peu avec eux, puis les conduisant : « Mes pères, dit-il aux jésuites, c'est un plaisir de vivre avec vous ; et se tournant tout court aux Pères de l'Oratoire : et un bonheur de mourir avec vous. » La duchesse de la Ferté alla lui demander audience, et, comme tout le monde, essuya son humeur. En s'en allant elle s'en plaignit à son homme d'affaires, et traita le premier président de vieux singe. Il la suivait et ne dit mot. A la fin elle s'en aperçut, mais elle espéra qu'il ne l'avait pas entendue ; et lui, sans faire aucun semblant, la mit dans son carrosse. A peu de temps de là, sa cause fut appelée et tout de suite gagnée. Elle accourt chez le premier président et lui fait toutes sortes de remerciements. Lui humble et modeste se plonge en révérences, puis la regardant entre deux yeux : « Madame, lui répond-il tout haut devant le monde, je suis bien aise qu'un vieux singe ait pu faire quelque plaisir à une vieille guenon. » Et là-dessus, tout humblement, sans plus dire un mot, il se met à la conduire. La duchesse de la Ferté eût voulu le tuer ou être morte. »
3. AU CABINET. « Rendez-vous à Paris de quelques honnêtes gens pour la conversation. » Note de La Bruyère. — *Le cabinet* fut d'abord le nom donné à une réunion de savants, de magistrats et de gens de lettres qui se tenait autour des frères du Puy, dans la bibliothèque de M. de Thou. Plus tard, Ménage, le marquis et l'abbé de Dangeau, l'abbé de Choisy et d'autres eurent leur *cabinet*. — On connaît la phrase de Fléchier dans l'*Oraison funèbre de M*[me] *de Montausier* : « Souvenez-vous de ces *cabinets* que l'on regarde encore avec tant de vénération, où l'esprit se purifiait, où la vertu était révérée sous le nom de l'incomparable

sortions tous du frère et de la sœur[1]. Les hommes composent ensemble une même famille : il n'y a que le plus ou le moins dans le degré de parenté.

Théognis[2] est recherché dans son ajustement, et il sort paré comme une femme : il n'est pas hors de sa maison qu'il a déjà ajusté ses yeux et son visage, afin que ce soit une chose faite quand il sera dans le public, qu'il y paraisse tout concerté, que ceux qui passent le trouvent déjà gracieux et leur souriant, et que nul ne lui échappe. Marche-t-il dans les salles, il se tourne à droite où il y a un grand monde, et à gauche où il n'y a personne ; il salue ceux qui y sont et ceux qui n'y sont pas. Il embrasse un homme qu'il trouve sous sa main ; il lui presse la tête contre sa poitrine : il demande ensuite qui est celui qu'il a embrassé[3]. Quelqu'un a besoin de lui dans une affaire qui est facile, il va le trouver, lui fait sa prière : Théognis l'écoute favorablement ; il est ravi de lui être bon à quelque chose, il le conjure de faire naître des occasions de lui rendre service ; et comme celui-ci insiste sur son affaire, il lui dit qu'il ne la fera point ; il le prie de se mettre en sa place, il l'en fait juge. Le client sort, reconduit, caressé, confus, presque content d'être refusé.

C'est avoir une très mauvaise opinion des hommes, et néanmoins les bien connaître, que de croire, dans un grand poste, leur imposer par des caresses étudiées, par de longs et stériles embrassements.

Pamphile[4] ne s'entretient pas avec les gens qu'il rencontre

---

Arthénice, où se rendaient tant de personnes de qualité et de mérite qui composaient une cour choisie, nombreuse sans confusion, modeste sans contrainte, savante sans orgueil, polie sans affectation. » — C'est une réunion de ce genre, la réunion présidée par Conrard, qui donna à Richelieu la première idée de l'Académie française. (Voyez Pellisson, *Histoire de l'Académie*.)

1. DU FRÈRE ET DE LA SŒUR. Les paysans du comté de Kent, soulevés en 1381, sous la conduite de Wat Tyler, chantaient : « Quand Adam bêchait, quand Ève filait, où donc était le gentilhomme? »

2. THÉOGNIS. Si nous en croyons les clefs, il s'agirait de l'archevêque de Paris, de Harlay, mort en 1695 ; ce prélat, dit Saint-Simon, était « un grand évêque, un grand seigneur fort aimable, et un courtisan parfait quoique fort noblement. » Bien que courtisan parfait, il déplut à Mᵐᵉ de Maintenon et au roi, qui lui préférait le Père la Chaise. — L'archevêque de Harlay était, comme son successeur l'archevêque de Noailles, un honnête homme ; il n'est nullement certain que La Bruyère ait voulu le désigner.

3. QU'IL A EMBRASSÉ. Cf. Molière, le *Misanthrope* :

Et quand je vous demande après quel est [cet homme,
A peine pouvez-vous dire comme il se [nomme.

4. PAMPHILE. Ici le doute est impossible ; il s'agit évidemment du marquis de Dangeau, dont Saint-Simon, qui le reconnaît dans le portrait tracé par La Bruyère, dit : « C'était le meilleur homme du monde, mais à qui la tête avait tourné d'être seigneur ; cela l'avait chamarré de ridicules ; et Mᵐᵉ de Montespan disait fort plaisamment, mais très véritablement de lui, qu'on ne pouvait s'empêcher de l'aimer et de

DES GRANDS.

dans les salles ou dans les cours ; si l'on en croit sa gravité et l'élévation de sa voix, il les reçoit, leur donne audience, les congédie. Il a des termes tout à la fois civils et hautains, une honnêteté impérieuse [1] et qu'il emploie sans discernement ; il a une fausse grandeur qui l'abaisse, et qui embarrasse fort ceux qui sont ses amis, et qui ne veulent pas le mépriser.

Un Pamphile est plein de lui-même, ne se perd pas de vue, ne sort point de l'idée de sa grandeur, de ses alliances, de sa charge, de sa dignité ; il ramasse, pour ainsi dire, toutes ses pièces [2], s'en enveloppe pour se faire valoir : il dit : *Mon ordre, mon cordon bleu* [3] ; il l'étale ou il le cache par ostentation ; un Pamphile, en un mot, veut être grand : il croit l'être, il ne l'est pas, il est d'après un grand [4]. Si quelquefois il sourit à un homme du dernier ordre, à un homme d'esprit [5], il choisit son temps si juste qu'il n'est jamais pris sur le fait : aussi la rougeur lui monterait-elle au visage, s'il était malheureusement surpris dans la moindre familiarité avec quelqu'un qui n'est ni opulent, ni puissant, ni ami d'un ministre, ni son allié, ni son domestique [6]. Il est sévère et inexorable à qui n'a point encore fait sa fortune. Il vous aperçoit un jour dans une galerie, et il vous fuit ; et le lendemain s'il vous trouve dans un endroit moins public, ou, s'il est en public, en la compagnie d'un grand, il prend courage, il vient à vous, et il vous dit : *Vous ne faisiez pas hier semblant de nous voir.* Tantôt il vous quitte brusquement pour joindre un seigneur ou un premier commis [7] ; et tantôt, s'il les trouve

s'en moquer. Ce fut bien pis après sa charge (de chevalier d'honneur de la Dauphine) et ce mariage (avec Mlle de Lowenstein). Sa fadeur naturelle, entée sur la bassesse du courtisan et sur l'orgueil du seigneur postiche, fit un composé que combla la grande-maitrise de l'ordre de Saint-Lazare, que le roi lui donna... Il se fit le singe du roi dans les promotions qu'il fit de son ordre : toute la cour accourait pour rire avec scandale, tandis qu'il s'en croyait admiré. Il fut de l'Académie française, et conseiller d'État d'épée. »

1. UNE HONNÊTETÉ IMPÉRIEUSE. Nous dirions aujourd'hui : *une politesse hautaine ;* les termes de La Bruyère sont plus expressifs.

2. TOUTES SES PIÈCES. Toutes les pièces de ses armoiries, de son blason.

3. MON CORDON BLEU. Dangeau était chevalier de l'ordre du Saint-Esprit depuis 1689. Les chevaliers de cet ordre portaient un large ruban bleu au bout duquel pendait la croix du Saint-Esprit ; ce ruban et cette croix figuraient autour de leurs armoiries.

4. D'APRÈS UN GRAND. Cf. Saint-Simon : « Ses charges et son argent en avaient fait non pas un seigneur, mais, comme l'a si plaisamment dit La Bruyère, un homme d'après un seigneur. »

5. D'ESPRIT. Il y avait trois ordres dans l'État : la noblesse, le clergé et le tiers. La Bruyère en crée ici un quatrième, *le dernier ordre,* qui est celui des gens d'esprit.

6. DOMESTIQUE. Tous ceux qui avaient un emploi auprès d'un grand, fussent-ils gentilshommes, étaient appelés *ses domestiques,* comme faisant partie de *sa maison.*

7. UN PREMIER COMMIS. Le premier commis était le principal personnage après le ministre.

avec vous en conversation, il vous coupe [1] et vous les enlève. Vous l'abordez une autre fois, et il ne s'arrête pas ; il se fait suivre, vous parle si haut que c'est une scène pour ceux qui passent. Aussi les Pamphiles sont-ils toujours comme sur un théâtre ; gens nourris dans le faux, et qui ne haïssent rien tant que d'être naturels ; vrais personnages de comédie, des Floridors, des Mondoris [2].

On ne tarit point sur les Pamphiles [3] : ils sont bas et timides devant les princes et les ministres, pleins de hauteur et de confiance avec ceux qui n'ont que de la vertu, muets et embarrassés avec les savants ; vifs, hardis, et décisifs [4], avec ceux qui ne savent rien. Ils parlent de guerre à un homme de robe, et de politique à un financier ; ils savent l'histoire avec les femmes ; ils sont poètes avec un docteur, et géomètres avec un poète [5]. De maximes, ils ne s'en chargent pas [6] ; de principes, encore moins : ils vivent à l'aventure, poussés et entraînés par le vent de la faveur, et par l'attrait des richesses. Ils n'ont point d'opinion qui soit à eux, qui leur soit propre : ils en empruntent à mesure qu'ils en ont besoin : et celui à qui ils ont recours n'est guère un homme sage, ou habile, ou vertueux ; c'est un homme à la mode [7].

Nous avons pour les grands et pour les gens en place une jalousie stérile, ou une haine impuissante qui ne nous venge point [8] de leur splendeur et de leur élévation, et qui ne fait qu'ajouter à notre propre misère le poids insupportable du bonheur d'autrui : que faire contre une maladie de l'âme si invétérée et si contagieuse ? Contentons-nous de peu, et de moins encore [9], s'il

---

1. Vous coupe. Il se place entre vous et lui.
2. Mondoris. Les Floridor, les Mondori sont deux comédiens célèbres. Le premier, dont le véritable nom était Josias Soulas de Frinefosse, mourut en 1672 ; le second était mort en 1651.
3. Sur les Pamphiles. La Bruyère y met évidemment de l'acharnement ; M. Hemardinquer remarque fort bien que l'auteur a eu raison de dire ailleurs : « J'éviterai avec soin d'offenser personne, si je suis équitable, mais sur toutes choses un homme d'esprit, si j'aime le moins du monde mes intérêts. »
4. Décisifs. Cf. Boileau : « Un pédant est un homme plein de lui-même qui, avec un médiocre savoir, *décide hardiment de toutes choses.* »
5. Géomètres avec un poète. Cf. Molière : « Entendez-vous le latin ? — En aucune façon. — Vous n'entendez point le latin ? — Non. — Cabricias, arci thuram, catalamus, etc.
6. Ils ne s'en chargent pas. Des maximes, des principes invariables et inflexibles seraient pour eux un fardeau incommode qui les empêcherait de se pousser dans le monde.
7. A la mode. Ils se fournissent de maximes chez les gens à la mode, comme la Madelon des *Précieuses ridicules* se fournit de chaussettes « chez la bonne faiseuse. »
8. Ne nous vengent point. Il y a ici une allusion au mot de Montaigne sur la grandeur : « Puisque nous ne la pouvons atteindre, vengeons-nous à en médire. »
9. Et de moins encore. Nous avons déjà remarqué que la morale de La

est possible ; sachons perdre dans l'occasion ; la recette est infaillible, et je consens à l'éprouver : j'évite par là d'apprivoiser un suisse ou de fléchir un commis, d'être repoussé à une porte par la foule innombrable de clients ou de courtisans dont la maison d'un ministre [1] se dégorge [2] plusieurs fois le jour ; de languir dans sa salle d'audience ; de lui demander, en tremblant et en balbutiant, une chose juste ; d'essuyer sa gravité, son ris amer et son *laconisme*. Alors je ne le hais plus, je ne lui porte plus d'envie ; il ne me fait aucune prière, je ne lui en fais pas ; nous sommes égaux [3], si ce n'est peut-être qu'il n'est pas tranquille, et que je le suis.

Si les grands ont les occasions de nous faire du bien, ils en ont rarement la volonté ; et s'ils désirent de nous faire du mal, ils n'en trouvent pas toujours les occasions. Ainsi, l'on peut être trompé dans l'espèce de culte qu'on leur rend, s'il n'est fondé que sur l'espérance ou sur la crainte ; et une longue vie se termine quelquefois sans qu'il arrive de dépendre d'eux pour le moindre intérêt, ou qu'on leur doive sa bonne ou sa mauvaise fortune. Nous devons les honorer, parce qu'ils sont grands et que nous sommes petits, et qu'il y en a d'autres plus petits que nous qui nous honorent.

A la cour [4], à la ville, mêmes passions, mêmes faiblesses, mêmes petitesses, mêmes travers d'esprit, mêmes brouilleries dans les familles et entre les proches, mêmes envies, mêmes antipathies. Partout des brus et des belles-mères, des maris et des femmes, des divorces, des ruptures, et de mauvais raccom-

---

Bruyère ne diffère point de celle des stoïciens. Tout ce morceau aurait pu se rencontrer dans *le Manuel* d'Épictète ou *les Dissertations* d'Arrien.

1. D'UN MINISTRE. Les clefs nomment Louvois. Il y a beaucoup de mal et beaucoup de bien à dire de ce ministre, qui fut si dur et si habile, si infatigable, si dévoué à l'État, malgré la haine effroyable des courtisans.

2. SE DÉGORGE. Expression dont la hardiesse un peu brutale se justifie par l'exemple de Virgile :

Mane salutantum totis vomit ædibus
[undam.

3. NOUS SOMMES ÉGAUX. On est toujours l'égal de celui de qui l'on n'attend rien.

4. A LA COUR. La Bruyère s'est évidemment inspiré d'un fragment de Pascal : « Les grands et les petits ont mêmes accidents, mêmes fâcheries et mêmes passions ; mais les uns sont au haut de la roue, et les autres près du centre, mais aussi moins agités par les mêmes mouvements. On croit n'être pas tout à fait dans les vices du commun des hommes quand on se voit dans les vices des grands hommes, et on ne prend pas garde qu'ils sont en cela du commun des hommes. On tient à eux par le bout par où ils tiennent au peuple. Quelque élevés qu'ils soient, ils sont unis au reste des hommes par le même endroit. Ils ne sont pas suspendus en l'air, et séparés de notre société. S'ils sont plus grands que nous, c'est qu'ils ont la tête plus élevée, mais ils ont les pieds aussi bas que les nôtres. Ils sont tous au même niveau et s'appuient sur la même terre ; et, par cette extrémité, ils sont autant abaissés que nous, que les enfants, que les bêtes. »

modements; partout des humeurs, des colères, des partialités, des rapports, et ce qu'on appelle de mauvais discours. Avec de bons yeux on voit sans peine la petite ville, la rue Saint-Denis, comme transportées à V*** ou à F*** [1]. Ici l'on croit se haïr avec plus de fierté et de hauteur, et peut-être avec plus de dignité : on se nuit réciproquement avec plus d'habileté et de finesse ; les colères sont plus éloquentes, et l'on se dit des injures plus poliment et en meilleurs termes; l'on n'y blesse point la pureté de la langue [2]; l'on n'y offense que les hommes ou que leur réputation : tous les dehors du vice y sont spécieux, mais le fond, encore une fois, y est le même que dans les conditions les plus ravalées; tout le bas, tout le faible et tout l'indigne s'y trouvent. Ces hommes, si grands ou par leur grandeur ou par leur naissance, ou par leur faveur, ou par leurs dignités, ces têtes si fortes et si habiles, ces femmes si polies et si spirituelles, tous méprisent le peuple ; et ils sont peuple.

Qui dit le peuple dit plus d'une chose : c'est une vaste expression ; et l'on s'étonnerait de voir ce qu'elle embrasse, et jusques où elle s'étend. Il y a le peuple qui est opposé aux grands : c'est la populace et la multitude; il y a le peuple qui est opposé aux sages, aux habiles et aux vertueux : ce sont les grands comme les petits [3].

Les grands se gouvernent par sentiment : âmes oisives sur lesquelles tout fait d'abord une vive impression. Une chose arrive, ils en parlent trop, bientôt ils en parlent peu, ensuite ils n'en parlent plus, et ils n'en parleront plus : action, conduite, ouvrage, événement, tout est oublié; ne leur demandez ni correction, ni prévoyance, ni réflexion, ni reconnaissance, ni récompense.

L'on se porte aux extrémités opposées à l'égard de certains personnages. La satire, après leur mort, court parmi le peuple, pendant que les voûtes des temples retentissent de leurs éloges. Ils ne méritent quelquefois ni libelles, ni discours

---

1. A V... OU A F... A Versailles ou à Fontainebleau.

2. DE LA LANGUE. Cf. Molière :
Le moindre solécisme en parlant vous [irrite;
Mais vous en faites, vous, d'étranges en [conduite.

3. COMME LES PETITS. Encore une maxime stoïcienne : « Quiconque n'est point sage, est insensé » ; et, quiconque est insensé, est peuple, c'est-à-dire est de la vile multitude, qu'il joue ici-bas le rôle d'un prince ou celui d'un mendiant. « Que dois-je le plus éviter ? dit Sénèque, — la foule. » Et, par la foule, Sénèque entend aussi bien les chevaliers qui sont assis aux places d'honneur dans l'amphithéâtre, que la tourbe de Rémus qui s'entasse sur les derniers gradins. (Voir Sénèque, Ep. VII à Lucilius. — Cicéron, les Paradoxes, IV. Épictète, Manuel, XXII et XXIII.)

funèbres[1]; quelquefois aussi ils sont dignes de tous les deux.

L'on doit se taire sur les puissants : il y a presque toujours de la flatterie à en dire du bien ; il y a du péril à en dire du mal pendant qu'ils vivent, et de la lâcheté, quand ils sont morts[2]

CHAPITRE X

DU SOUVERAIN OU DE LA RÉPUBLIQUE[3].

Quand l'on parcourt sans la prévention de son pays toutes les formes de gouvernement, l'on ne sait à laquelle se tenir ; il y a dans toutes le moins bon et le moins mauvais. Ce qu'il y a de plus raisonnable et de plus sûr, c'est d'estimer celle où l'on est né la meilleure de toutes, et de s'y soumettre[4].

Il ne faut ni art ni science pour exercer la tyrannie[5]; et la politique qui ne consiste qu'à répandre le sang est fort bornée et de nul raffinement ; elle inspire de tuer ceux dont la vie est un obstacle à notre ambition : un homme né cruel fait cela

---

1. NI DISCOURS FUNÈBRES. Cf. Racine, *Britannicus* :

J'ose dire pourtant que je n'ai mérité
Ni cet excès d'honneur ni cette indignité.

2. QUAND ILS SONT MORTS. Voltaire a dit, dans un sentiment opposé à celui-ci : « On doit des égards aux vivants; on ne doit aux morts que la vérité. » Tacite a exprimé une pensée fort analogue à celle de La Bruyère, quand il a écrit au 1er chap. des *Annales* : « Tiberii, Caiique, et Claudii, ac Neronis res, florentibus ipsis, ob metum falsæ ; postquam occiderant, recentibus odiis compositæ sunt. »

3. DE LA RÉPUBLIQUE. La chose publique, *res publica*, l'État, le gouvernement.

4. S'Y SOUMETTRE. Le meilleur commentaire de La Bruyère se trouve dans ce portrait que Montaigne nous trace d'Etienne de la Boétie, l'auteur de *la Servitude volontaire*, ou *Tous contre un* : « Je ne fais nul doute qu'il ne crût ce qu'il écrivait ; car il était assez consciencieux pour ne mentir pas même en se louant ; et sais davantage que, s'il eût eu à choisir, il eût mieux aimé être né à Venise qu'à Sarlat ; et avec raison. Mais il avait une autre maxime, souverainement empreinte en son âme, d'obéir et de se soumettre très religieusement aux lois sous lesquelles il était né. »

5. LA TYRANNIE. Cependant Machiavel a donné, dans le livre du *Prince*, les formules de cet art et les principes de cette science. Un chapitre tout entier est consacré à « ceux qui sont devenus princes par des scélératesses. » On y lit par exemple : « Celui qui usurpe un Etat doit déterminer et exécuter tout d'un coup toutes les cruautés qu'il doit commettre, pour qu'il n'ait pas à y revenir tous les jours, et qu'il puisse, en évitant de les renouveler, rassurer les esprits et les gagner par des bienfaits... Les cruautés doivent être commises toutes à la fois, pour que, leur amertume se faisant moins sentir, elles irritent moins ; les bienfaits au contraire doivent se succéder lentement, pour qu'ils soient savourés davantage. » La tyrannie comporte bien d'autres *raffinements*, si nous en croyons Machiavel, et Gabriel Naudé (1590-1653), dans son *Traité des Coups d'Etat*, que La Bruyère devait connaître.

sans peine ; c'est la manière la plus horrible et la plus grossière¹ de se maintenir ou de s'agrandir.

C'est une politique sûre et ancienne dans les républiques² que d'y laisser le peuple s'endormir dans les fêtes, dans les spectacles, dans le luxe, dans le faste, dans les plaisirs, dans la vanité et la mollesse ; le laisser se remplir du vide, et savourer la bagatelle³ : quelles grandes démarches ne fait-on pas au despotique⁴ par cette indulgence !

Il n'y a point de patrie⁵ dans le despotique : d'autres choses y suppléent, l'intérêt, la gloire, le service du prince.

Quand on veut changer et innover⁶ dans une république, c'est moins les choses que le temps que l'on considère. Il y a des conjonctures où l'on sent bien qu'on ne saurait trop attenter contre

---

1. LA PLUS GROSSIÈRE. Cf. Montesquieu, *Esprit des lois*, V, 13 : « *Idée du despotisme*. — Quand les sauvages de la Louisiane veulent avoir du fruit, ils coupent l'arbre au pied, et cueillent le fruit. Voilà le gouvernement despotique. »

2. DANS LES RÉPUBLIQUES. Dans les États. — La Boétie a exprimé la même pensée avec des développements trop étendus pour être reproduits ici. Nous en citerons seulement quelques lignes : « Les théâtres, les jeux, les farces, les spectacles, les gladiateurs, les bêtes étranges, les médailles, les tableaux et autres telles drogueries, étaient aux peuples anciens, les appâts de la servitude, le prix de leur liberté, les outils de la tyrannie. Ce moyen, cette pratique, ces allèchements, avaient les anciens tyrans pour endormir leurs anciens sujets sous le joug. Ainsi les peuples assotis, trouvant beaux ces passe-temps, amusés d'un vain plaisir qui leur passait devant les yeux, s'accoutumaient à servir aussi niaisement, mais plus mal que les petits enfants, qui, pour voir les luisantes images des livres illustrés, apprennent à lire. »

3. LA BAGATELLE. Cf. Bourdaloue : « L'enchantement de la bagatelle dissipe tellement nos pensées, que nous oublions le seul bien digne de notre souvenir. »

4. AU DESPOTIQUE. C'est-à-dire : Quels grands pas ne fait-on pas vers l'établissement du gouvernement despotique. — Cf. Montesquieu, VII, 4 : « Dans le sénat de Rome, on proposa, sous Auguste, la correction des mœurs et du luxe des femmes. Il est curieux de voir, dans Dion, avec quel art il éluda les demandes importunes de ces sénateurs. C'est qu'il fondait une monarchie, et dissolvait une république. — Le luxe est nécessaire dans les États monarchiques, il l'est encore dans les États despotiques. Dans les premiers, c'est un usage que l'on fait de ce que l'on possède de liberté, dans les autres, c'est un abus qu'on fait des avantages de sa servitude, lorsqu'un esclave, choisi par ses maîtres pour tyranniser les autres esclaves, incertain pour le lendemain de la fortune de chaque jour, n'a d'autre félicité que celle d'assouvir l'orgueil, les désirs et les voluptés de chaque jour. »

5. POINT DE PATRIE. Cf. Montesquieu, III, 5 et 6 : « Dans les monarchies, la politique fait faire les grandes choses avec le moins de vertu qu'elle peut... L'État subsiste indépendamment de l'amour pour la patrie, du désir de la vraie gloire, du renoncement à soi-même, du sacrifice de ses plus chers intérêts, et de toutes ces vertus héroïques que nous trouvons dans les anciens et dont nous avons seulement entendu parler... Si le gouvernement monarchique manque d'un ressort, il en a un autre. *L'honneur*, c'est-à-dire le préjugé de chaque personne et de chaque condition, prend la place de la vertu politique dont j'ai parlé, et la représente partout. »

6. INNOVER. Il y a tout un chapitre de Machiavel sur ce sujet : *Discours sur Tite-Live*, III, 8 ; il a pour titre : « Quiconque veut introduire des changements dans une république, doit bien considérer à qui il a affaire. »

le peuple ; et il y en a d'autres où il est clair qu'on ne peut trop le ménager. Vous pouvez aujourd'hui ôter à cette ville ses franchises, ses droits, ses privilèges, mais demain ne songez pas même à réformer ses enseignes.

Quand le peuple est en mouvement, on ne comprend pas par où le calme peut y rentrer ; et quand il est paisible, on ne voit par où le calme peut en sortir.

Il y a de certains maux dans la république qui y sont soufferts, parce qu'ils préviennent ou empêchent de plus grands maux[1]. Il y a d'autres maux qui sont tels seulement par leur établissement[2], et qui, étant dans leur origine un abus ou un mauvais usage, sont moins pernicieux[3] dans leurs suites et dans la pratique qu'une loi plus juste ou une coutume plus raisonnable. L'on voit une espèce de maux que l'on peut corriger par le changement ou la nouveauté, qui est un mal, et fort dangereux. Il y en a d'autres cachés et enfoncés comme des ordures dans un cloaque, je veux dire ensevelis sous la honte, sous le secret et dans l'obscurité : on ne peut les fouiller et les remuer qu'ils n'exhalent le poison et l'infamie : les plus sages doutent quelquefois s'il est mieux de connaître ces maux que de les ignorer. L'on tolère quelquefois dans un État un assez grand mal, mais qui détourne un million de petits maux ou d'inconvénients, qui tous seraient inévitables et irrémédiables. Il se trouve des maux dont chaque particulier gémit, et qui deviennent néanmoins un bien public[4], quoique le public ne soit autre chose que tous les particuliers. Il y a des maux personnels qui concourent au bien et à l'avantage de chaque famille. Il y en a qui affligent, ruinent ou déshonorent les familles, mais qui tendent au bien et à la conservation de la machine de l'État et du gouvernement. D'autres maux renversent des États, et sur leurs ruines en élèvent de nouveaux. On en a vu enfin qui ont sapé par les fondements de grands empires, et qui les ont fait évanouir de dessus la terre, pour varier et renouveler la face de l'univers[5].

1. DE PLUS GRANDS MAUX. « Cf. Pascal : « Le plus grand des maux est les guerres civiles. Elles sont sûres si on veut récompenser les mérites ; car tous diront qu'ils méritent. Le mal à craindre d'un sot, qui succède par droit de naissance, n'est ni si grand, ni si sûr. »

2. PAR LEUR ÉTABLISSEMENT. Qui ont été des maux seulement par la manière dont ils ont été établis.

3. MOINS PERNICIEUX. Cf. Montaigne, I, 22 : « Il y a grand doute s'il se peut trouver si évident profit au changement d'une loi reçue, telle qu'elle soit, qu'il y a du mal à la remuer. »

4. UN BIEN PUBLIC. Il s'agit des impôts.

5. DE L'UNIVERS. Il faut avouer que tout ce paragraphe est vague, indéterminé dans la pensée, confus dans la forme, et obscur. C'est qu'il a été impossible à La Bruyère de s'exprimer plus clairement, pour la raison qu'il a

Qu'importe à l'État qu'*Ergaste* soit riche, qu'il ait des chiens qui arrêtent bien, qu'il crée les modes sur les équipages et sur les habits, qu'il abonde en superfluités? Où il s'agit de l'intérêt et des commodités de tout le public, le particulier est-il compté [1]? La consolation des peuples dans les choses qui leur pèsent un peu, est de savoir qu'ils soulagent le prince, ou qu'ils n'enrichissent que lui [2] : ils ne se croient point redevables à Ergaste [3] de l'embellissement de sa fortune.

La guerre [4] a pour elle l'antiquité; elle a été dans tous les siècles : on l'a toujours vue remplir le monde de veuves et d'orphelins, épuiser les familles d'héritiers [5], et faire périr les frères à une même bataille. Jeune SOYECOUR [6], je regrette ta vertu, ta pudeur, ton esprit déjà mûr, pénétrant, élevé, sociable; je plains cette mort prématurée, qui te joint à ton intrépide frère, et t'enlève à une cour où tu n'as fait que te montrer [7] : malheur déplorable, mais ordinaire! De tout temps les hommes, pour quelque morceau de terre de plus ou de moins, sont convenus entre eux de se dépouiller [8], se brûler, se tuer, s'égorger les uns les autres; et, pour le faire plus ingénieusement et avec plus de sûreté, ils ont inventé de belles règles qu'on appelle l'art militaire : ils ont attaché à la pratique de ces règles la gloire [9], ou

dite plus haut : « Un homme né chrétien et Français se trouve contraint dans la satire; les grands sujets lui sont défendus. »

1. EST-IL COMPTÉ. Doit-on faire entrer en compte l'intérêt et la commodité d'Ergaste?

2. QUE LUI. C'est qu'enrichir le prince, dans une monarchie, c'est enrichir l'État, le prince et l'État ne faisant qu'un; il n'en est pas de même des favoris ou des traitants, qui ne sont que des particuliers, et qui s'enrichissent aux dépens du prince et du public.

3. REDEVABLES A ERGASTE. Ils ne se croient pas obligés de contribuer à l'embellissement de la fortune d'Ergaste.

4. LA GUERRE. Voyez, sur la guerre, notre édition des morceaux choisis de Buffon, pages 27, 28, 31, 39; — l'article *Guerre* du *Dictionnaire philosophique*, et l'œuvre tout entière de Voltaire; le *Télémaque* de Fénelon, etc.

5. D'HÉRITIERS. *Bellaque matribus detestata.* HORACE.

6. SOYECOUR. — Cette prosopopée est absolument dans le goût du dix-huitième siècle. — Il s'agit d'Adolphe de Belleforière, chevalier de Soyecourt, capitaine-lieutenant des gendarmes. — Dauphin, blessé à la bataille de Fleurus, le 1er juillet 1690, mort trois jours après. Son frère, le marquis, colonel du régiment de Vermandois, avait été tué sur le champ de bataille.

7. QUE TE MONTRER. Il faut avouer que La Bruyère reste ici au-dessous de son modèle, mais de quel modèle! car il a imité Virgile disant du jeune Marcellus :

Ostendent terris hunc tantum fata,
[neque ultra.
Esse sinent. . . . .

8. SE DÉPOUILLER. Voyez, dans les *Sophismes économiques* de Fréd. Bastiat, les excellents chapitres sur la philosophie de la spoliation.

9. LA GLOIRE. Cf. Pascal : « Pourquoi me tuez-vous? Eh quoi! ne demeurez-vous pas de l'autre côté de l'eau? Mon ami, si vous demeuriez de ce côté, je serais un assassin, cela serait injuste de vous tuer de la sorte; mais puisque vous demeurez de l'autre côté, je suis un brave, et cela est juste. » — Voyez aussi, sur cette gloire « toujours souillée de sang », le *Petit Carême* de Massillon, et en particulier la péro-

la plus solide réputation; et ils ont depuis enchéri de siècle en siècle sur la manière de se détruire réciproquement. De l'injustice [1] des premiers hommes, comme de son unique source [2], est venue la guerre, ainsi que la nécessité où ils se sont trouvés de se donner des maîtres [3] qui fixassent leurs droits et leurs prétentions [4]. Si, content du sien, on eût pu s'abstenir du bien de ses voisins, on avait pour toujours la paix et la liberté.

Le peuple, paisible dans ses foyers [5], au milieu des siens et dans le sein d'une grande ville où il n'a rien à craindre [6] ni pour

raison du sermon sur *les Exemples des grands*.

1. DE L'INJUSTICE. Cf. Fénelon, *Télémaque*, XVII : « Si vous entriez dans une république où il n'y eut ni magistrats, ni juges, et où chaque famille se crût en droit de se faire justice à elle-même, par violence, sur toutes ses prétentions contre ses voisins, vous déploreriez le malheur d'une telle nation, et vous auriez horreur de cet affreux désordre où toutes les familles s'armeraient les unes contre les autres. Croyez-vous que les Dieux regardent avec moins d'horreur le monde entier, qui est la république universelle, si chaque peuple, qui n'y est que comme une grande famille, se croit en plein droit de se faire, par violence, justice à soi-même sur toutes ses prétentions contre les aures peuples voisins ? Un particulier qui possède un champ, comme l'héritage de ses ancêtres, ne peut s'y maintenir que par l'autorité des lois et par les jugements des magistrats. Il serait très sévèrement puni comme un séditieux s'il voulait conserver par la force ce que la justice lui a donné. Croyez-vous que les rois puissent employer d'abord la violence pour soutenir leurs prétentions, sans avoir tenté toutes les voies de douceur et d'humanité ? La justice n'est-elle pas encore plus sacrée et plus inviolable pour les rois, par rapport à des pays entiers, que pour les familles, par rapport à quelques champs labourés ? Sera-t-on injuste et ravisseur, quand on ne prend que quelques arpents de terre ? Sera-t-on juste, sera-t-on héros, quand on prend des provinces. »

2. SOURCE. Cf. Pascal : « Ce chien est à moi, disaient ces pauvres enfants, c'est là ma place au soleil. Voilà le commencement et l'image de l'usurpation de toute la terre. »

3. DES MAITRES. Cf. Pascal : « Quand il est question de juger si on doit faire la guerre et tuer tant d'hommes, condamner tant d'Espagnols à la mort, c'est un homme seul qui en juge, et encore intéressé : ce devrait être un tiers indifférent. »

4. LEURS PRÉTENTIONS. Cf. Voltaire : « Un généalogiste prouve à un prince qu'il descend en droite ligne d'un comte dont les parents avaient fait un pacte de famille, il y a trois ou quatre cents ans, avec une maison dont la mémoire ne subsiste plus. Cette maison avait des prétentions éloignées sur une province dont le dernier possesseur est mort d'apoplexie : le prince et son conseil voient son droit évident. Cette province qui est à quelques centaines de lieues de lui, a beau protester qu'elle ne le connait pas, qu'elle n'a nulle envie d'être gouvernée par lui, que, pour donner des lois aux gens, il faut au moins avoir leur consentement. Ces discours ne parviennent pas seulement aux oreilles du prince, dont le droit est incontestable. Il trouve incontinent un grand nombre d'hommes qui n'ont rien à perdre ; il les habille d'un gros drap bleu à cent dix sous l'aune, borde leurs chapeaux avec du gros fil blanc, les fait tourner à droite et à gauche, et marche à la gloire. »

5. DANS SES FOYERS. Cf. Gœthe, le *Faust*, première partie. Un bourgeois : « Je ne connais rien de mieux, aux jours de dimanche et de fête, que de parler guerres et batailles. Tandis que là-bas, bien loin, dans la Turquie, les peuples s'échinent d'importance, on se tient à la fenêtre, on boit son petit verre, on voit passer sur la rivière les bateaux peints ; ensuite on rentre le soir chez soi, l'âme contente, et on bénit la paix et les temps de paix. »

6. RIEN A CRAINDRE. « A la bataille de Fontenoy, dit Voltaire, les jeunes garçons et les petites filles montaient sur les arbres d'alentour pour voir tuer tant de monde. Les dames se firent

ses biens ni pour sa vie, respire le feu et le sang, s'occupe de guerres, de ruines, d'embrasements et de massacres, souffre impatiemment que des armées qui tiennent la campagne ne viennent point à se rencontrer, ou si elles sont une fois en présence, qu'elles ne combattent point, ou si elles se mêlent, que le combat ne soit pas sanglant et qu'il y ait moins de dix mille hommes sur la place. Il va même souvent jusques à oublier ses intérêts les plus chers, le repos et la sûreté, par l'amour qu'il a pour le changement, et par le goût de la nouveauté ou des choses extraordinaires. Quelques-uns consentiraient à voir une autre fois les ennemis aux portes de Dijon[1] ou de Corbie[2], à voir tendre des chaînes[3], et faire des barricades, pour le seul plaisir d'en dire ou d'en apprendre la nouvelle.

Démophile[4], à ma droite, se lamente et s'écrie : « Tout est perdu, c'est fait de l'État ; il est du moins sur le penchant de sa ruine. Comment résister à une si forte et si générale conjuration[5] ? Quel moyen, je ne dis pas d'être supérieur, mais de suffire seul à tant et de si puissants ennemis ? Cela est sans exemple dans la monarchie. Un héros, un ACHILLE y succomberait. On a fait, ajoute-t-il, de lourdes fautes : je sais bien ce que je dis, je suis du métier, j'ai vu la guerre, et l'histoire m'en a beaucoup appris. » Il parle là-dessus avec admiration d'Olivier le Daim et de Jacques Cœur[6] : « C'étaient là des hommes, dit-il, c'étaient des ministres. » Il débite ses nouvelles, qui sont toutes les plus tristes et les plus désavantageuses que l'on pourrait feindre : tantôt un parti des nôtres a été attiré dans une embuscade et taillé en pièces ; tantôt quelques troupes renfermées dans un

---

apporter des sièges sur un bastion de la ville de Liège pour jouir du spectacle à la bataille de Rocoux.

1. DIJON. Cette ville fut assiégée sous le règne de Louis XII, en 1513, par les Allemands et les Suisses.

2. CORBIE. Il s'agit de la prise de cette ville par les Espagnols et les Impériaux en 1636. Richelieu la reprit peu de temps après. Voyez la belle lettre de Voiture, qui est son chef-d'œuvre, « à un ennemi de Richelieu. »

3. DES CHAÎNES. Les chaînes qui fermaient les rues, et dont on se servait en temps de guerre civile (pendant la Ligue, pendant la Fronde), plus souvent que contre l'ennemi étranger.

4. DÉMOPHILE. Ces deux portraits de Démophile et de Basilide, de l'ennemi et de l'ami du gouvernement établi, sont aussi vrais aujourd'hui qu'ils l'étaient alors. Il serait bien curieux de les rapprocher d'un chapitre du *Livre des Orateurs*, de M. de Cormenin (ch. VII). En tenant compte des différences qui existent entre 1690 et 1840, au point de vue du régime politique, on voit que de tout temps, on a dit de ses adversaires toujours du mal, et de ses amis toujours du bien !

5. CONJURATION. Coalition : il s'agit de la ligue d'Augsbourg. Ce paragraphe date de 1691.

6. JACQUES CŒUR. Aujourd'hui on ne rapprocherait plus le nom de l'argentier du roi Charles VII, qui fut un grand patriote, sacrifié à des cabales de cour, du nom d'Olivier le Daim, le barbier de Louis XI, instrument d'un despotisme peut-être nécessaire, mais instrument vil et sanglant.

château se sont rendues aux ennemis à discrétion, et ont passé par le fil de l'épée[1]. Et si vous lui dites que ce bruit est faux, et qu'il ne se confirme point, il ne vous écoute pas : il ajoute qu'un tel général a été tué ; et bien qu'il soit vrai qu'il n'a reçu qu'une légère blessure, et que vous l'en assuriez, il déplore sa mort, il plaint sa veuve, ses enfants, l'État : il se plaint lui-même[2] : *il a perdu un bon ami et une grande protection.* Il dit que la cavalerie allemande est invincible : il pâlit au seul nom des cuirassiers de l'empereur. Si l'on attaque cette place, continue-t-il, on lèvera le siège, ou l'on demeurera sur la défensive sans livrer de combat ; ou, si on le livre, on le doit perdre ; et, si on le perd, voilà l'ennemi sur la frontière. Et, comme Démophile le fait voler, le voilà dans le cœur du royaume : il entend déjà sonner le beffroi des villes, et crier à l'alarme ; il songe à son bien et à ses terres : où conduira-t-il son argent, ses meubles, sa famille ? où se réfugiera-t-il ? en Suisse, ou à Venise ?

Mais à ma gauche *Basilide* met tout d'un coup sur pied une armée de trois cent mille hommes ; il n'en rabattrait pas une seule brigade : il a la liste des escadrons et des bataillons, des généraux et des officiers ; il n'oublie pas l'artillerie ni le bagage. Il dispose absolument de toutes ces troupes : il en envoie tant en Allemagne et tant en Flandre ; il réserve un certain nombre pour les Alpes, un peu moins pour les Pyrénées, et il fait passer la mer à ce qui lui reste. Il connaît les marches de ces armées, il sait ce qu'elles feront et ce qu'elles ne feront pas ; vous diriez qu'il ait[3] l'oreille du prince ou le secret du ministre. Si les ennemis viennent de perdre une bataille[4] où il soit demeuré sur la place quelque neuf à dix mille hommes des leurs, il en compte jusqu'à trente mille, ni plus ni moins ; car ses nombres sont toujours fixes et certains, comme de celui[5] qui est bien

---

1. DE L'ÉPÉE. Aujourd'hui on dirait : « ont été passées au fil de l'épée. » On lit dans les *Mémoires* de Richelieu : « Ceux qui sortirent de la ville passèrent au fil de l'épée » ; et dans l'*Histoire de Malte*, de Verlot : « Tout ce qu'ils rencontraient passait au fil de l'épée. »

2. LUI-MÊME. Ce trait est plein de vérité. Celui qui déplore d'avance la ruine de l'État, croit de bonne foi qu'il va être écrasé par cette ruine. Il met de la vanité à penser qu'il aura sa part dans le désastre public. — C'est ainsi que le petit chien de Florian (fable VIII du livre V) s'enfuit en entendant publier l'édit qui proscrit les lions, et dit au barbet qui lui demande quel motif l'oblige à fuir : « Eh ! ne suis-je pas lion ? »

3. QU'IL AIT. On dirait aujourd'hui : qu'il a. Corneille a dit de même dans *Cinna* :

Tous présument qu'il ait un grand sujet
[d'ennui,
Et qu'il mande Cinna pour prendre avis
[de lui.

4. UNE BATAILLE. Il s'agit peut-être de la bataille de Fleurus, gagnée le 1ᵉʳ juillet 1690, par le maréchal de Luxembourg.

5. DE CELUI. Comme le seraient les nombres de celui...

informé. S'il apprend le matin que nous avons perdu une bicoque, non seulement il envoie s'excuser à ses amis qu'il a la veille conviés à dîner, mais même ce jour-là il ne dîne point, et s'il soupe, c'est sans appétit. Si les nôtres assiègent une place très forte, très régulière, pourvue de vivres et de munitions, qui a une bonne garnison, commandée par un homme de grand courage, il dit que la ville a des endroits faibles et mal fortifiés, qu'elle manque de poudre, que son gouverneur manque d'expérience, et qu'elle capitulera après huit jours de tranchée ouverte. Une autre fois il accourt tout hors d'haleine, et, après avoir respiré un peu : « Voilà, s'écrie-t-il, une grande nouvelle ! ils sont défaits, et à plate couture ; le général, les chefs, du moins une bonne partie, tout est tué, tout a péri. Voilà, continue-t-il, un grand massacre, et il faut convenir que nous jouons d'un grand bonheur. » Il s'assied, il souffle, après avoir débité sa nouvelle, à laquelle il ne manque qu'une circonstance, qui est qu'il est certain qu'il n'y a point eu de bataille. Il assure d'ailleurs qu'un tel prince renonce à la ligue, et quitte ses confédérés, qu'un autre se dispose à prendre le même parti ; il croit fermement, avec la populace, qu'un troisième est mort[1] ; il nomme le lieu où il est enterré ; et quand on est détrompé aux halles et aux faubourgs, il parie encore pour l'affirmative. Il sait, par une voie indubitable, que T. K. L.[2] fait de grands progrès contre l'empereur ; que le Grand Seigneur arme *puissamment*, ne veut point de paix, et que son visir va se montrer une autre fois aux portes de Vienne. Il frappe des mains, et il tressaille sur cet événement, dont il ne doute plus. La triple alliance[3] chez lui est un Cerbère, et les ennemis autant de monstres à assommer. Il ne parle que de lauriers, que de palmes, que de triomphes et que de trophées. Il dit dans le discours familier : *Notre auguste héros,*

---

1. Qu'un troisième est mort. Le 2 août 1690, le bruit de la mort de Guillaume III s'était répandu à Paris. On fit des feux de joie, on dressa des tables dans les rues, on arrêtait les passants et on les forçait à boire, « les plus grands seigneurs, dit Saint-Simon, subissaient, comme les autres, cette folie qui était tournée en fureur et que la police eut grand'peine à faire cesser. » On apprit le lendemain que la nouvelle était fausse. — L'année précédente, on avait fait courir le bruit que Guillaume avait été pris dans Londonderry. C'est à ce flux et ce reflux de nouvelles incertaines que La Fontaine fait allusion dans sa lettre au prince de Conti :

Londonderry s'en va se rendre ;
Voilà ce qu'on vient de m'apprendre.
Mais dans deux jours je m'attends bien
Qu'un bruit viendra qu'il n'en est rien.

2. T. K. L. La patriote hongrois Tékély, qui lutta contre l'empereur autrichien Léopold I*er*, de 1681 à 1695, avec l'appui des Turcs. Il avait battu les Impériaux le 21 août 1690. Les poésies magyares le célèbrent encore aujourd'hui, ainsi que sa femme, l'héroïque Hélène Zringi.

3. La triple alliance. L'Angleterre, la Hollande et l'Empire.

notre grand potentat, notre invincible monarque[1]. Réduisez-le, si vous pouvez, à dire simplement : *Le roi a beaucoup d'ennemis, ils sont puissants, ils sont unis, ils sont aigris, il les a vaincus, j'espère toujours qu'il pourra les vaincre.* Ce style, trop ferme et trop décisif pour Démophile, n'est pour Basilide ni assez pompeux ni assez exagéré : il a bien d'autres expressions en tête; il travaille aux inscriptions des arcs et des pyramides qui doivent orner la ville capitale un jour d'entrée : et, dès qu'il entend dire que les armées sont en présence, ou qu'une place est investie, il fait déplier sa robe et la mettre à l'air, afin qu'elle soit toute prête pour la cérémonie de la cathédrale.

Il faut que le capital d'une affaire qui assemble dans une ville les plénipotentiaires ou les agents des couronnes et des républiques soit d'une longue et extraordinaire discussion, si elle leur coûte plus de temps, je ne dis pas que les seuls préliminaires, mais que le simple règlement des rangs, des préséances et des autres cérémonies[2].

Le ministre ou le plénipotentiaire[3] est un caméléon, est un protée : semblable quelquefois à un joueur habile, il ne montre ni humeur, ni complexion[4], soit pour ne pas donner lieu aux conjectures, ou se laisser pénétrer, soit pour ne rien laisser échapper de son secret par passion ou par faiblesse. Quelquefois aussi il sait feindre le caractère le plus conforme aux vues qu'il a et aux besoins où il se trouve, et paraître tel qu'il a intérêt

---

1. INVINCIBLE MONARQUE. Cf. Pascal : « Masquer la nature et la déguiser. Point de roi, de pape, d'évêques; mais *auguste monarque*, etc.; point de Paris; *capitale du royaume.* Il y a des lieux où il faut appeler Paris Paris, et d'autres où il le faut appeler capitale du royaume. » La même pensée se trouve développée dans une lettre de Milon au chevalier de Méré : « Je viens d'examiner un auteur qui loue Charles-Quint de ce qu'en cette grande bataille, où il s'agissait d'assujettir l'Allemagne, malgré les douleurs de la goutte, dont il était ce jour-là si cruellement tourmenté, il se fit lier sur son cheval, sans sortir de la bataille qu'il ne l'eût gagnée. Et l'auteur, pensant relever cette action, appelle Charles-Quint *ce grand empereur.* Mais il me semble qu'il eût été beaucoup mieux de le nommer simplement Charles, parce que *grand empereur* le cache sous ce nom et amuse ainsi l'imagination, au lieu que *Charles* le montre à découvert, et fait voir plus clairement que c'est lui. »

2. CÉRÉMONIES. Les Congrès, si l'on en ôte les préliminaires, les disputes sur les rangs et les préséances et les autres cérémonies, ressemblent souvent à ces livres dont notre auteur a dit dans son chapitre *des ouvrages de l'esprit :* « Si l'on ôte de beaucoup d'ouvrages de morale l'avertissement au lecteur, l'épître dédicatoire, la préface, la table, les approbations, il reste à peine assez de pages pour mériter le nom de livre. »

3. LE PLÉNIPOTENTIAIRE. La Bruyère était bien placé pour étudier ce caractère. Ce que la diplomatie des ambassadeurs vénitiens avait été au quinzième siècle et au seizième, la diplomatie française le fut sous Henri IV, sous Richelieu et Mazarin, sous Louis XIV, d'Antonio Perez et du Père Joseph, aux Lionne et aux Torcy.

4. COMPLEXION. Ce mot, dit Furetière, « se prend en mauvaise part

que les autres croient qu'il est en effet. Ainsi dans une grande puissance, ou dans une grande faiblesse qu'il veut dissimuler, il est ferme et inflexible, pour ôter l'envie de beaucoup obtenir; ou il est facile, pour fournir aux autres les occasions de lui demander, et se donner la même licence. Une autre fois, ou il est profond et dissimulé, pour cacher une vérité en l'annonçant, parce qu'il lui importe qu'il l'ait dite, et qu'elle ne soit pas crue; ou il est franc et ouvert, afin que, lorsqu'il dissimule ce qui ne doit pas être su, l'on croie néanmoins qu'on n'ignore rien de ce que l'on veut savoir, et que l'on se persuade qu'il a tout dit. De même, ou il est vif et grand parleur, pour faire parler les autres, pour empêcher qu'on ne lui parle de ce qu'il ne veut pas ou de ce qu'il ne doit pas savoir, pour dire plusieurs choses différentes qui se modifient ou se détruisent les unes les autres, qui confondent dans les esprits la crainte et la confiance, pour se défendre d'une ouverture qui lui est échappée par une autre qu'il aura faite; ou il est froid et taciturne, pour jeter les autres dans l'engagement de parler[1], pour écouter longtemps, pour être écouté quand il parle, pour parler avec ascendant et avec poids, pour faire des promesses ou des menaces qui portent un grand coup et qui ébranlent. Il s'ouvre et parle le premier, pour, en découvrant[2] les oppositions, les contradictions, les brigues et les cabales des ministres étrangers sur les propositions qu'il aura avancées, prendre ses mesures et avoir la réplique; et, dans une autre rencontre, il parle le dernier, pour ne point parler en vain, pour être précis, pour connaître parfaitement les choses sur quoi[3] il est permis de faire fond pour lui ou pour ses alliés, pour savoir ce qu'il doit demander et ce qu'il peut obtenir. Il sait parler en termes clairs et formels; il sait encore mieux parler ambigument, d'une manière enveloppée, user de tours ou de mots équivoques, qu'il peut faire valoir ou diminuer[4]

pour une humeur bourrue et fantasque. »

1. DANS L'ENGAGEMENT DE PARLER. Dans l'obligation de parler. Cf. Domat, *Traité des lois*: « L'état de ceux qui se trouvent dans la société, et sans biens, et dans l'impuissance de travailler pour y subsister, fait un *engagement* à tous les autres d'exercer envers eux l'amour mutuel, en leur faisant part d'un bien où ils ont droit. »

2. POUR, EN DÉCOUVRANT. Bossuet et les autres écrivains du dix-septième siècle détachent souvent la préposition *pour* de l'infinitif auquel elle se rapporte.

3. SUR QUOI. Vaugelas recommandait comme fort élégant et fort commode l'usage du pronom *quoi* à la place de *lequel, laquelle, lesquels*. Vaugelas avait raison et ses successeurs ont eu tort de proscrire ce tour vif et concis pour le remplacer par une circonlocution.

4. DIMINUER. C'est ainsi que Gorgias, l'inventeur de la rhétorique, prétendait enseigner l'art de faire paraître les choses petites, grandes, et les choses grandes, petites; les finesses de la

dans les occasions et selon ses intérêts. Il demande peu quand il ne veut pas donner beaucoup ; il demande beaucoup pour avoir peu, et l'avoir plus sûrement. Il exige d'abord de petites choses, qu'il prétend ensuite lui devoir être comptées pour rien, et qui ne l'excluent pas [1] d'en demander une plus grande, et il évite au contraire de commencer par obtenir un point important, s'il l'empêche d'en gagner plusieurs autres de moindre conséquence, mais qui tous ensemble l'emportent sur le premier. Il demande trop, pour être refusé, mais dans le dessein de se faire un droit ou une bienséance [2] de refuser lui-même ce qu'il sait bien qu'il lui sera demandé, et qu'il ne veut pas octroyer : aussi soigneux alors d'exagérer l'énormité de la demande, et de faire convenir, s'il se peut, des raisons qu'il a de n'y pas entendre [3], que d'affaiblir celles qu'on prétend avoir de ne lui pas accorder ce qu'il sollicite avec instance ; également appliqué à faire sonner haut et à grossir dans l'idée des autres le peu qu'il offre, et à mépriser ouvertement le peu que l'on consent de lui donner. Il fait de fausses offres, mais extraordinaires, qui donnent de la défiance, et obligent de rejeter ce que l'on accepterait inutilement, qui lui sont cependant une occasion de faire des demandes exorbitantes, et mettent dans leur tort ceux qui les lui refusent. Il accorde plus qu'on ne lui demande, pour avoir encore plus qu'il ne doit donner. Il se fait longtemps prier, presser, importuner, sur une chose médiocre, pour éteindre les espérances et ôter la pensée d'exiger de lui rien de plus fort ; ou, s'il se laisse fléchir jusques à l'abandonner, c'est toujours avec des conditions qui lui font partager le gain et les avantages avec ceux qui reçoivent. Il prend directement ou indirectement l'intérêt d'un allié, s'il y trouve son utilité et l'avancement [4] de ses prétentions. Il ne parle que de paix, que d'alliances, que de tranquillité publique, que d'intérêt public ; et en effet il ne songe qu'aux siens [5], c'est-à-dire à ceux de son maître ou de sa république. Tantôt il réunit

---

diplomatie ont plus d'un point de ressemblance avec les artifices de la rhétorique et de la sophistique, telles que les définissent Platon et Cicéron.

1. NE L'EXCLUENT PAS. Ne l'empêchent pas. — *Exclure de*, suivi d'un infinitif, n'est pas français, malgré l'autorité de La Bruyère.

2. UNE BIENSÉANCE. Une raison de convenance, de dignité.

3. DE N'Y PAS ENTENDRE. *Entendre*, dit Furetière, « signifie quelquefois prêter l'oreille, consentir à quelque proposition. On lui a offert un emploi, il y veut bien entendre. Il ne veut entendre à aucun accommodement. »

4. L'AVANCEMENT. Le succès. — Cf. Lettres de Henri IV : « A quoi je vous prie, mon cousin, de vous employer autant que vous m'aimez et que vous désirez l'avancement de mes affaires. »

5. QU'AUX SIENS. Qu'à ses intérêts.

quelques-uns qui étaient contraires les uns aux autres, et tantôt il divise quelques autres qui étaient unis. Il intimide les forts et les puissants, il encourage les faibles. Il unit d'abord d'intérêt plusieurs faibles contre un plus puissant, pour rendre la balance égale; il se joint ensuite aux premiers pour la faire pencher, et il leur vend cher sa protection et son alliance. Il sait intéresser[1] ceux avec qui il traite; et par un adroit manège, par de fins et de subtils détours, il leur fait sentir leurs avantages particuliers, les biens et les honneurs qu'ils peuvent espérer par une certaine facilité[2], qui ne choque point leur commission[3], ni les intentions de leurs maîtres : il ne veut pas aussi être cru imprenable par cet endroit; il laisse voir en lui quelque peu de sensibilité pour sa fortune : il s'attire par là des propositions qui lui découvrent les vues des autres les plus secrètes, leurs desseins les plus profonds, et leur dernière ressource; et il en profite. Si quelquefois il est lésé dans quelques chefs[4] qui ont enfin été réglés, il crie haut; si c'est le contraire, il crie plus haut, et jette ceux qui perdent sur la justification et la défensive. Il a son fait digéré par la cour, toutes ses démarches sont mesurées, les moindres avances qu'il fait lui sont prescrites, et il agit néanmoins dans les points difficiles, et dans les articles contestés, comme s'il se relâchait de lui-même sur-le-champ, et comme par un esprit d'accommodement : il ose même promettre à l'assemblée qu'il fera goûter la proposition, et qu'il n'en sera pas désavoué. Il fait courir un bruit faux des choses seulement dont il est chargé[5], muni d'ailleurs de pouvoirs particuliers, qu'il ne découvre jamais qu'à l'extrémité, et dans les moments où il lui serait pernicieux de ne les pas mettre en usage. Il tend surtout par ses intrigues au solide et à l'essentiel, toujours prêt de[6] leur sacrifier les minuties et les points d'honneur imaginaires. Il a du flegme, il s'arme de courage et de patience, il ne se lasse point, il fatigue

1. INTÉRESSER. On dit encore aujourd'hui dans le même sens : « Intéresser quelqu'un dans une affaire. »

2. FACILITÉ. C'est-à-dire une certaine facilité à écouter des propositions, malhonnêtes au fond, et qui, bien que voilées sous des dehors spécieux, ne vont à rien moins qu'à leur faire trahir les intérêts qu'ils ont commission de défendre.

3. LEUR COMMISSION. Les instructions qui leur ont été données par leur maître ou leur république.

4. QUELQUES CHEFS. Sur quelques points.

5. DONT IL EST CHARGÉ. Il fait courir de faux bruits sur l'étendue de ses pouvoirs, qu'il représente comme très limités.

6. PRÊT DE. Nous avons déjà remarqué que la distinction entre *prêt à* et *près de* était inconnue au dix-septième siècle, comme au seizième. Les grammairiens ont eu raison, en établissant définitivement cette distinction.

les autres, et les pousse jusqu'au découragement : il se précautionne et s'endurcit contre les lenteurs et les remises, contre les reproches, les soupçons, les défiances, contre les difficultés et les obstacles, persuadé que le temps seul et les conjonctures amènent les choses et conduisent les esprits au point où on les souhaite. Il va jusqu'à feindre un intérêt secret à la rupture de la négociation, lorsqu'il désire le plus ardemment qu'elle soit continuée ; et, si au contraire il a des ordres précis de faire les derniers efforts pour la rompre, il croit devoir, pour y réussir, en presser la continuation et la fin. S'il survient un grand événement, il se roidit ou il se relâche selon qu'il lui est utile ou préjudiciable ; et si, par une grande prudence, il sait le prévoir, il presse et il temporise, selon que l'État pour qui il travaille en doit craindre ou espérer ; et il règle sur ses besoins [1] ses conditions. Il prend conseil du temps, du lieu, des occasions, de sa puissance ou de sa faiblesse, du génie des nations avec qui il traite, du tempérament et du caractère des personnes avec qui il négocie. Toutes ses vues, toutes ses maximes, tous les raffinements de sa politique, tendent à une seule fin, qui est de n'être point trompé et de tromper les autres [2].

Le caractère des Français demande du sérieux dans le souverain [3].

L'un des malheurs du prince est d'être souvent trop plein de son secret, par le péril qu'il y a à le répandre [4] : son bonheur est de rencontrer une personne sûre qui l'en décharge [5].

1. SES BESOINS. Les besoins de l'État.

2. LES AUTRES. Cette dernière phrase finit très heureusement un morceau trop long et écrit avec une certaine négligence, qui étonne chez un auteur aussi soigneux et dont le style est d'ordinaire si curieusement et si heureusement travaillé.

3. LE SOUVERAIN. Allusion à Louis XIV, dont Racine a dit dans *Bérénice* :

Parle ; peut-on le voir sans penser comme
[moi,
Qu'en quelque obscurité que le sort l'eût
[fait naître,
Le monde, en le voyant, eût reconnu son
[maître.

— Et Mlle de Scudéry : « Il avait l'air du maître du monde, même en jouant au billard. »

4. LE RÉPANDRE. Cf. Bossuet, *Oraison funèbre de Madame* : « L'appât d'une douce conversation, qui souvent, épanchant le cœur, en fait échapper le secret.

5. L'EN DÉCHARGE. Allusion à Mme de Maintenon : son mariage avec Louis XIV avait eu lieu dans les derniers jours de 1684... « Chez elle, avec le roi, dit Saint-Simon, ils étaient chacun dans leur fauteuil, une table devant chacun d'eux, aux deux coins de la cheminée ; elle du côté du lit, le roi le dos tourné du côté de la porte de l'antichambre, et deux tabourets devant la table, un pour le ministre qui venait travailler, l'autre pour son sac. Pendant le travail, la dame lisait ou travaillait en tapisserie. Elle entendait tout ce qui se passait entre le roi et le ministre, qui parlaient tout haut. Rarement elle y mêlait son mot ; plus rarement ce mot était de quelque conséquence. Souvent le roi lui demandait son avis. Alors elle répondait avec de grandes mesures. Jamais, ou comme jamais, elle ne

Il ne manque rien à un roi que les douceurs d'une vie privée ; il ne peut être consolé d'une si grande perte que par le charme de l'amitié et par la fidélité de ses amis.

Le plaisir d'un roi qui mérite de l'être est de l'être moins quelquefois, de sortir du théâtre, de quitter le bas de saye [1] et les brodequins [2], et de jouer avec une personne de confiance un rôle plus familier [3].

Rien ne fait plus d'honneur au prince que la modestie de son favori.

Le favori n'a point de suite, il est sans engagement [4] et sans liaisons : il peut être entouré de parents et de créatures, mais il n'y tient pas ; il est détaché de tout, et comme isolé [5].

Je ne doute point qu'un favori, s'il a quelque force et quelque élévation, ne se trouve souvent confus et déconcerté des bassesses, des petitesses, de la flatterie, des soins superflus et des attentions frivoles de ceux qui le courent, qui le suivent, et qui s'attachent à lui comme ses créatures; et qu'il ne se dédommage dans le particulier d'une si grande servitude [6] par le ris et la moquerie [7].

Une belle ressource [8] pour celui qui est tombé dans la dis-

---

paraissait affectionner rien, et moins encore s'intéresser pour personne ; mais toujours d'accord avec le ministre, qui ne mettait autre chose sur le tapis qu'il n'eût reçu ses ordres. Quelquefois le roi, soupçonnant cet accord, prenait le parti opposé et lui faisait des sorties terribles, jusqu'à la faire pleurer ; puis, content d'avoir montré qu'il était le maître, et se repaissant de son indépendance, il redevenait souple et flexible, toujours en garde pour ne pas être gouverné, et persuadé qu'il réussissait pleinement à ne point l'être. Il l'était ainsi plus que personne. »

1. LE BAS DE SAYE. La partie inférieure du *saye*, du *sagum*, vêtement des soldats romains ; les acteurs tragiques s'affublaient du *saye* dans les pièces grecques et romaines. — La Bruyère veut dire que le plaisir du roi est de quitter le costume de son rôle.

2. LES BRODEQUINS. Ou plutôt les cothurnes, puisqu'il s'agit d'un rôle de tragédie ; le brodequin est la chaussure de l'acteur comique... — Cependant Boileau lui-même a fait la confusion que fait ici La Bruyère, quand il dit, en parlant d'Eschyle :

Sur les ais d'un théâtre en public exhaussé

Fit paraître l'acteur d'un brodequin chaussé.

3. PLUS FAMILIER. Cf. Montaigne, *Essais*, 1, 42. « Ce sont délices aux princes, c'est leur fête de se pouvoir quelquefois travestir et démettre à la façon de vivre basse et populaire. » Et Pascal : « Les princes et les rois se jouent quelquefois ; ils ne sont pas toujours sur leur trône ; ils s'y ennuient. La grandeur a besoin d'être quittée pour être sentie. »

4. SANS ENGAGEMENT. Nul n'est engagé envers lui, comme il n'est engagé envers personne ; il n'appartient à aucune cabale, appartenant tout entier au roi.

5. ISOLÉ. Il est pour ainsi dire en l'air, suspendu à la faveur royale, comme à un fil qui peut se rompre à chaque instant et le laisser retomber dans le néant.

6. SI GRANDE SERVITUDE. Ici *servitude* est pour *servilité*. Le favori est las de la servilité de ses parents et de ses créatures, et s'en dédommage par la moquerie.

7. MOQUERIE. Cf. Racine, *Britannicus* :

Leur prompte servitude a fatigué Tibère.

8. RESSOURCE. Il y a dans ce para-

grâce du prince, c'est la retraite. Il lui est avantageux de disparaître, plutôt que de traîner dans le monde le débris d'une faveur qu'il a perdue, et d'y faire un nouveau personnage si différent du premier qu'il a soutenu. Il conserve, au contraire, le merveilleux de sa vie dans la solitude ; et, mourant pour ainsi dire avant la caducité, il ne laisse de soi qu'une brillante idée et une mémoire agréable.

Une plus belle ressource pour le favori disgracié que de se perdre dans la solitude et ne faire plus parler de soi, c'est d'en faire parler magnifiquement, et de se jeter, s'il se peut, dans quelque haute et généreuse entreprise, qui relève ou confirme du moins son caractère, et rende raison de son ancienne faveur ; qui fasse qu'on le plaigne dans sa chute, et qu'on en rejette une partie sur son étoile [1].

Hommes en place, ministres, favoris, me permettrez-vous de le dire, ne vous reposez point sur vos descendants pour le soin [2] de votre mémoire et pour la durée de votre nom : les titres passent, la faveur s'évanouit, les dignités se perdent, les richesses se dissipent, et le mérite dégénère. Vous avez des enfants, il est vrai, dignes de vous [3] ; j'ajoute même capables de soutenir toute votre fortune : mais qui peut vous en promettre autant de vos petits-fils ? Ne m'en croyez pas ; regardez, cette unique fois, de certains hommes que vous ne regardez jamais, que vous dédaignez ; ils ont des aïeux, à qui, tout grands que vous êtes, vous ne faites que succéder. Ayez de la vertu et de l'humanité ; et si vous me dites, Qu'aurons-nous de plus ? je vous répondrai, De l'humanité et de la vertu : maîtres alors de l'avenir, et indépendants d'une postérité, vous êtes sûrs de durer autant que la monarchie ; et dans le temps que l'on montrera les ruines de vos châteaux, et peut-être la seule place où ils étaient construits, l'idée de vos louables actions sera encore fraîche dans l'esprit des peuples ; ils considéreront avidement vos portraits et vos médailles ; ils diront : Cet homme [4], dont vous regardez la peinture, a parlé à son maître avec force

---

graphe, des allusions à Lauzun et à Bussy-Rabutin. Comme ces allusions pouvaient déplaire à ces anciens favoris, sinon rentrés en grâce, du moins sortis de la disgrâce, ou au roi lui-même, La Bruyère avait supprimé ce caractère dans l'édition de 1691 et dans les suivantes.

1. SON ÉTOILE. La Bruyère ne pouvait pas dire : « Sur un caprice du souverain. »

2. POUR LE SOIN. Il vaut mieux dire : « se reposer *du* soin. »

3. DIGNES DE VOUS. Concession habile, et propre à adoucir ce qu'il y a d'amer pour les hommes en place, dans ces réflexions.

4. CET HOMME. Georges d'Amboise, né en 1460, archevêque de Rouen en 1493, cardinal, ministre de Louis XII pendant vingt-sept ans.

et avec liberté, et n'a plus craint de lui nuire que de lui déplaire; il lui a permis d'être bon et bienfaisant, de dire de ses villes, *ma bonne ville*, et de son peuple, *mon peuple*. Cet autre[1] dont vous voyez l'image, et en qui l'on remarque une physionomie forte, jointe à un air grave, austère et majestueux, augmente d'année à autre[2] de réputation; les plus grands politiques souffrent de lui être comparés. Son grand dessein a été d'affermir l'autorité du prince et la sûreté des peuples[3] par l'abaissement des grands : ni les partis, ni les conjurations, ni les trahisons, ni le péril de la mort, ni ses infirmités, n'ont pu l'en détourner. Il a eu du temps de reste pour entamer un ouvrage, continué ensuite et achevé par l'un de nos plus grands et de nos meilleurs princes, l'extinction de l'hérésie[4].

Le panneau le plus délié et le plus spécieux qui, dans tous les temps, ait été tendu aux grands par leurs gens d'affaires et aux rois par leurs ministres, est la leçon qu'ils leur font de s'acquitter et de s'enrichir[5]. Excellent conseil, maxime utile, fructueuse, une mine d'or, un Pérou, du moins pour ceux qui ont su jusqu'à présent l'inspirer à leurs maîtres[6] !

C'est un extrême bonheur pour les peuples quand le prince admet dans sa confiance et choisit pour le ministère ceux mêmes

---

1. CET AUTRE. Le cardinal de Richelieu. — On ne saurait trop faire l'éloge de celui qui a dit : « Tout ce qui fut Gaule, doit être France. »
2. D'ANNÉE A AUTRE. C'est-à-dire : d'une année à l'autre.
3. DU PRINCE... DES PEUPLES. — On connaît le mot de Richelieu à son lit de mort : « Je n'ai jamais eu d'ennemis que ceux de la France et du Roi. »
4. L'EXTINCTION DE L'HÉRÉSIE. Il s'agit de la révocation de l'édit de Nantes, dont Bossuet a dit : « Ne laissons pas de publier ce miracle de nos jours; faisons-en passer le récit aux siècles futurs. Prenez vos plumes sacrées, vous qui composez les annales de l'Église; hâtez-vous de mettre Louis avec les Constantins et les Théodoses. » Il faut pardonner à La Bruyère d'avoir loué la révocation en compagnie de tant de grands esprits de son pays et de son temps. — La révocation de l'édit de Nantes n'en est pas moins un crime, et la plus grande faute, non seulement du règne de Louis XIV, mais de tous les règnes de la monarchie française; un mot suffit pour condamner cet acte impie : c'est la révocation qui a créé la Prusse. — Richelieu s'est bien gardé de commettre ce crime et cette faute : il a brisé le parti huguenot, qui faisait échec à l'unité nationale, et respecté la conscience des protestants, fidèle, en cela comme en toutes choses, à la grande politique, si française et si humaine, d'Henri IV.
5. S'ACQUITTER ET S'ENRICHIR. Les rois s'acquittaient et s'enrichissaient par la refonte des monnaies, par la réduction des rentes, etc. On connaît les vers de Boileau :

Et ce visage enfin plus pâle qu'un rentier,
A l'aspect d'un arrêt qui retranche un
[quartier.

Ces vers font allusion à une ordonnance royale de 1664, qui supprimait un quartier des rentes de l'hôtel de ville, c'est-à-dire un trimestre de revenu. — Cf. Montesquieu : « Le roi de France est un grand magicien : il exerce son empire sur l'esprit même de ses sujets; il les fait penser comme il veut. S'il n'a qu'un million d'écus dans son trésor, et qu'il en ait besoin de deux, il n'a qu'à leur persuader qu'un écu en vaut deux, et ils le croient. »
6. A LEURS MAITRES. — La Bruyère entend que ces conseils profitent surtout aux ministres qui les donnent.

qu'ils auraient voulu lui donner, s'ils en avaient été les maîtres[1].

La science des détails [2], ou une diligente attention aux moindres besoins de la république, est une partie essentielle au bon gouvernement, trop négligée, à la vérité, dans les derniers temps, par les rois ou par les ministres, mais qu'on ne peut trop souhaiter dans le souverain qui l'ignore, ni assez estimer dans celui qui la possède. Que sert en effet au bien des peuples et à la douceur de leurs jours, que le prince place les bornes de son empire au delà des terres de ses ennemis; qu'il fasse de leurs souverainetés des provinces de son royaume; qu'il leur soit également supérieur par les sièges et par les batailles, et qu'ils ne soient devant lui en sûreté ni dans les plaines ni dans les plus forts bastions; que les nations s'appellent les unes les autres, se liguent ensemble pour se défendre et pour l'arrêter; qu'elles se liguent en vain; qu'il marche toujours, et qu'il triomphe toujours; que leurs dernières espérances soient tombées par le raffermissement d'une santé [3] qui donnera au monarque le plaisir de voir les princes ses petits-fils soutenir ou accroître ses destinées, se mettre en campagne, s'emparer de redoutables forteresses, et conquérir de nouveaux États, commander de vieux et expérimentés capitaines, moins par leur rang et leur naissance que par leur génie et leur sagesse, suivre les traces augustes de leur victorieux père[4], imiter sa bonté, sa docilité, son équité, sa vigilance, son intrépidité? Que me servirait, en un mot, comme à tout le peuple, que le prince fût heureux et comblé de gloire par lui-même et par les siens, que ma patrie fût puissante et formidable, si, triste et inquiet, j'y vivais dans l'oppression ou dans l'indigence; si, à couvert des courses de l'ennemi, je me trouvais exposé dans les places ou dans les rues d'une ville au fer d'un assassin, et que je craignisse moins dans l'horreur de la nuit d'être pillé ou massacré dans d'épaisses forêts que dans ses carrefours; si la

---

1. LES MAITRES. Cf. Montesquieu, *Esprit des Lois*, II, 2 : « Le peuple est admirable pour choisir ceux à qui il doit confier quelque partie de son autorité, etc... »

2. LA SCIENCE DES DÉTAILS. Flatterie ingénieuse et délicate : La Bruyère a raison de louer, dans Louis XIV, cette science des détails dont Saint-Simon et Fénelon font un sujet de critiques : « Son esprit, naturellement porté au petit, dit Saint-Simon, se plut en toutes sortes de détails... Il voulait régner par lui-même. Sa jalousie là-dessus alla sans cesse jusqu'à la faiblesse. Il régna en effet dans le petit; dans le grand il ne put y atteindre; et jusque dans le petit, il fut souvent gouverné. » Et Fénelon, dans le *Télémaque* : « Idoménée est sage et éclairé, mais il s'applique trop au détail, et ne médite pas assez le gros de ses affaires pour former des plans, etc... »

3. D'UNE SANTÉ. Le roi avait été opéré de la fistule en 1686.

4. LEUR VICTORIEUX PÈRE. Le Grand Dauphin.

sûreté, l'ordre et la propreté ne rendaient pas le séjour des villes si délicieux, et n'y avaient pas amené, avec l'abondance, la douceur de la société; si, faible et seul de mon parti, j'avais à souffrir dans ma métairie du voisinage d'un grand, et si l'on avait moins pourvu à me faire justice de ses entreprises; si je n'avais pas sous ma main autant de maîtres, et d'excellents maîtres, pour élever mes enfants dans les sciences ou dans les arts qui feront un jour leur établissement; si, par la facilité du commerce, il m'était moins ordinaire de m'habiller de bonnes étoffes, et de me nourrir de viandes saines, et de les acheter peu; si enfin, par les soins du prince, je n'étais pas aussi content de ma fortune qu'il doit lui-même par ses vertus l'être de la sienne [1]?

Les huit ou les dix mille hommes [2] sont au souverain comme une monnaie dont il achète une place ou une victoire : s'il fait qu'il lui en coûte moins, s'il épargne les hommes [3], il ressemble à celui qui marchande et qui connaît mieux qu'un autre le prix de l'argent.

Tout prospère dans une monarchie où l'on confond les intérêts de l'État avec ceux du prince [4].

Nommer un roi PÈRE DU PEUPLE est moins faire son éloge que l'appeler par son nom, ou faire sa définition [5].

Il y a un commerce ou un retour de devoirs [6] du souverain à ses sujets, et de ceux-ci au souverain : quels sont les plus assujettissants et les plus pénibles, je ne le déciderai pas. Il s'agit de juger, d'un côté, entre les étroits engagements du respect, des secours, des services, de l'obéissance, de la dépendance; et d'un autre, les obligations indispensables de bonté, de justice, de soins, de défense, de protection. Dire qu'un prince est arbitre de la vie des hommes, c'est dire seulement que les hommes, par leurs crimes, deviennent naturellement soumis aux lois et à la justice, dont le prince est le dépositaire [7] : ajouter qu'il est

---

1. LA SIENNE. Parmi ces louanges adressées à Louis XIV, il en est qui sont excessives; elles se font excuser par les sages conseils que l'auteur y a mêlés.

2. DIX MILLE HOMMES. Qui doivent être tués dans un siège ou dans une bataille.

3. S'IL ÉPARGNE LES HOMMES. Depuis le commencement de notre siècle, c'est un genre d'épargne qu'on ne connaît plus; le sang n'a plus de prix.

4. CEUX DU PRINCE. C'est une paraphrase du mot fameux : « L'État c'est moi. »

5. SA DÉFINITION. C'est-à-dire définir ce qu'il doit être. — Louis XII avait reçu ce titre de Père du peuple des états généraux de 1506. Henri IV l'avait également mérité, en délivrant la France des Ligueurs et des Espagnols.

6. RETOUR DE DEVOIRS. Il y a des devoirs réciproques.

7. LE DÉPOSITAIRE. Cette doctrine est irréprochable. Le souverain n'a d'autres droits que ceux dont la Loi le fait dépositaire.

maître absolu de tous les biens de ses sujets, sans égards, sans compte ni discussion, c'est le langage de la flatterie, c'est l'opinion d'un favori qui se dédira à l'agonie [1].

Quand vous voyez quelquefois un nombreux troupeau qui, répandu sur une colline vers le déclin d'un beau jour, paît tranquillement le thym et le serpolet [2], ou qui broute dans une prairie une herbe menue et tendre qui a échappé à la faux du moissonneur, le berger, soigneux et attentif, est debout auprès de ses brebis; il ne les perd pas de vue, il les suit, il les conduit, il les change de pâturage; si elles se dispersent, il les rassemble; si un loup avide paraît, il lâche son chien, qui le met en fuite; il les nourrit, il les défend; l'aurore le trouve déjà en pleine campagne, d'où il ne se retire qu'avec le soleil : quels soins! quelle vigilance! quelle servitude! Quelle condition vous paraît la plus délicieuse et la plus libre, ou du berger ou des brebis [3]? Le troupeau est-il fait pour le berger, ou le berger pour le troupeau? image naïve des peuples et du prince qui les gouverne, s'il est bon prince.

Le faste et le luxe dans un souverain, c'est le berger habillé d'or et de pierreries, la houlette d'or en ses mains; son chien a un collier d'or, il est attaché avec une laisse d'or et de soie. Que sert tant d'or à son troupeau ou contre les loups?

Quelle heureuse place que celle qui fournit dans tous les instants l'occasion à un homme de faire du bien à tant de milliers d'hommes! Quel dangereux poste [4] que celui qui expose à tous moments un homme à nuire à un million d'hommes!

Si les hommes ne sont point capables sur la terre d'une joie plus naturelle, plus flatteuse et plus sensible que de connaître qu'ils sont aimés; et si les rois sont hommes, peuvent-ils jamais trop acheter le cœur de leurs peuples?

---

1. A L'AGONIE. Louis XIV dit lui-même, dans ses *mémoires* : « Les rois sont seigneurs absolus, et ont naturellement la disposition pleine et entière de tous les biens, qui sont possédés aussi bien par les gens d'église que par les séculiers. » — Il faut excuser, chez Louis XIV, des notions aussi erronées sur le droit de propriété; son éducation première avait été détestable. Il existe, à la bibliothèque impériale de Saint-Pétersbourg, des cahiers d'écriture où Louis XIV enfant a copié vingt fois de sa main, la phrase suivante qui lui était donnée comme modèle de calligraphie : « *Les rois peuvent faire tout ce qu'ils veulent.* » — C'est ainsi que le vieux Villeroy disait au jeune Louis XV, en lui montrant, des fenêtres de Versailles, les campagnes et le peuple : « Sire, tout cela est à vous. »

2. LE SERPOLET. Il faut avouer que cette bergerie est d'un goût assez faux.

3. DES BREBIS. Le berger a au moins sur les brebis cet avantage qu'il n'est pas destiné à la boucherie.

4. DANGEREUX POSTE. Cf. Bossuet : « Cette terrible pensée de ne voir rien sur sa tête. »

Il y a peu de règles générales et de mesures certaines pour bien gouverner : l'on suit le temps et les conjonctures, et cela roule sur la prudence et sur les vues de ceux qui règnent : aussi le chef-d'œuvre de l'esprit, c'est le parfait gouvernement ; et ce ne serait peut-être pas une chose possible, si les peuples, par l'habitude où ils sont de la dépendance et de la soumission, ne faisaient la moitié de l'ouvrage[1].

Sous un très grand roi, ceux qui tiennent les premières places n'ont que des devoirs faciles, et que l'on remplit sans nulle peine : tout coule de source ; l'autorité et le génie du prince leur aplanissent les chemins, leur épargnent les difficultés, et font tout prospérer au delà de leur attente : ils ont le mérite de subalternes[2].

Si c'est trop de se trouver chargé d'une seule famille, si c'est assez d'avoir à répondre de soi seul, quel poids, quel accablement que celui de tout un royaume ! Un souverain est-il payé de ses peines par le plaisir que semble donner une puissance absolue, par toutes les prosternations des courtisans ? Je songe aux pénibles, douteux et dangereux chemins qu'il est quelquefois obligé de suivre pour arriver à la tranquillité publique ; je repasse les moyens extrêmes[3], mais nécessaires, dont il use souvent pour une bonne fin : je sais qu'il doit répondre à Dieu même de la félicité de ses peuples, que le bien et le mal est en ses mains, et que toute ignorance ne l'excuse pas ; et je me dis à moi-même, Voudrais-je régner ? Un homme un peu heureux dans une condition privée, devrait-il y renoncer pour une monarchie ? N'est-ce pas beaucoup, pour celui qui se trouve en place par un droit héréditaire, de supporter[4] d'être né roi ?

Que de dons du ciel[5] ne faut-il pas pour bien régner ? Une

---

1. LA MOITIÉ DE L'OUVRAGE. Cf. Pascal : « La puissance des rois est fondée sur la raison et sur la folie du peuple, et bien plus sur la folie. La plus grande et la plus importante chose du monde a pour fondement la faiblesse, et ce fondement-là est admirablement sûr ; car il n'y a rien de plus sûr que cela, que le peuple sera faible. »

2. SUBALTERNES. Ces lignes, écrites après la mort de Colbert et de Louvois, sont indignes de La Bruyère. — Colbert et Louvois n'étaient pas des subalternes. On ne l'a que trop vu quand Louis XIV vieilli gouverna vraiment par lui-même, et que, l'ordre administratif s'écroulant, tout fut livré au caprice royal et alla à la dérive, c'est alors que se creusa ce gouffre de la banqueroute où devait s'abîmer la monarchie.

3. LES MOYENS EXTRÊMES. La Bastille, les lettres de cachet, la révocation de l'Édit de Nantes, les Dragonnades, la destruction de Port-Royal, etc., sans parler à l'extérieur de l'incendie du Palatinat. C'est en repassant tous ces moyens extrêmes, que La Bruyère se dit à lui-même : « Voudrais-je régner ? »

4. SUPPORTER. De puiser, dans le sentiment de ses droits héréditaires, assez de force pour supporter le fardeau de la royauté.

5. QUE DE DONS DU CIEL. « Magnifique portrait de Louis XIV, qui a servi

naissance auguste, un air d'empire et d'autorité, un visage [1] qui remplisse la curiosité des peuples [2] empressés de voir le prince, et qui conserve le respect [3] dans le courtisan. Une parfaite égalité d'humeur, un grand éloignement pour la raillerie piquante, ou assez de raison pour ne se la permettre point; ne faire jamais ni menaces, ni reproches; ne point céder à la colère, et être toujours obéi. L'esprit facile, insinuant; le cœur ouvert, sincère, et dont on croit voir le fond, et ainsi très propre à se faire des amis, des créatures et des alliés; être secret toutefois, profond et impénétrable dans ses motifs et dans ses projets. Du sérieux et de la gravité dans le public; de la brièveté, jointe à beaucoup de justesse et de dignité, soit dans les réponses aux ambassadeurs des princes, soit dans les conseils : une manière de faire des grâces qui est comme un second bienfait; le choix des personnes que l'on gratifie; le discernement des esprits, des talents et des complexions, pour la distribution des postes et des emplois; le choix des généraux et des ministres; un jugement ferme, solide, décisif dans les affaires, qui fait que l'on connaît le meilleur parti et le plus juste; un esprit de droiture et d'équité qui fait qu'on le suit jusques à prononcer quelquefois contre soi-même en faveur du peuple, des alliés, des ennemis;

à faire passer bien des hardiesses que l'auteur s'est permises contre la cour, les courtisans et le monarque lui-même. Ce portrait est bien celui de Louis XIV avant ses désastres et ses fautes. Montesquieu a peint, avec des couleurs différentes, mais aussi exagérées, le Louis XIV déclinant, celui des vingt dernières années du règne. » Walkenaer. — Sainte-Beuve dit fort bien, quoique dans un style un peu précieux : « Un livre composé sous Louis XIV ne serait pas complet, et, j'ajouterai, ne serait pas assuré contre le tonnerre, s'il n'y avait au milieu une image du roi. La Bruyère n'a manqué ni à la précaution ni à la règle, et, en grand artiste, il a disposé les choses de telle façon qu'on arrive à cette image par des degrés successifs, et comme par une longue avenue. L'autel est au centre, au cœur de l'Œuvre, un peu plus près de la fin que du commencement et à un endroit élevé, d'où il est en vue de toutes parts. »

1. SON VISAGE. Nous avons déjà cité les vers de la Bérénice de Racine : « Ce port majestueux, cette douce présence... » Il faut aussi rappeler les vers d'Esther :

Seigneur, je n'ai jamais contemplé qu'avec
[crainte,
L'auguste majesté sur votre front em-
[preinte.

2. DES PEUPLES. Les peuples sont curieux de voir un roi. En contemplant Louis XIV, ils s'en allaient contents, ayant rempli leur curiosité : celui-là était un roi.

3. LE RESPECT. Pascal qui écrit avant l'avènement réel de Louis XIV, avant le lever du roi-soleil, parle avec irrévérence de ce respect imprimé par la face royale : « La coutume de voir les rois accompagnés de gardes, de tambours, d'officiers, et de toutes les choses qui plient la machine vers le respect et la terreur, fait que leur visage, quand il est quelquefois seul et sans ces accompagnements, inspire dans leurs sujets le respect et la terreur parce qu'on ne sépare pas dans la pensée leur personne d'avec leur suite, qu'on y voit d'ordinaire jointe. Et le monde qui ne sait pas que cet effet a son origine dans cette coutume, croit qu'il vient d'une force naturelle, et de là ces mots : Le caractère de la divinité est empreint sur son visage, etc. »

une mémoire heureuse et très présente, qui rappelle les besoins des sujets, leurs visages, leurs noms, leurs requêtes ; une vaste capacité, qui s'étende non seulement aux affaires de dehors, au commerce, aux maximes d'État, aux vues de la politique, au réculement des frontières par la conquête de nouvelles provinces, et à leur sûreté par un grand nombre de forteresses inaccessibles, mais qui sache aussi se renfermer au dedans et comme dans les détails de tout un royaume, qui en bannisse un culte[1] faux, suspect et ennemi de la souveraineté, s'il s'y rencontre; qui abolisse des usages cruels et impies, s'ils y règnent[2], qui réforme les lois et les coutumes[3], si elles étaient remplies d'abus, qui donne aux villes plus de sûreté et plus de commodités par le renouvellement d'une exacte police, plus d'éclat et plus de majesté par des édifices somptueux ; punir sévèrement les vices scandaleux; donner, par son autorité et par son exemple[4], du crédit à la piété et à la vertu ; protéger l'Église, ses ministres, ses droits, ses libertés[5]; ménager ses peuples comme ses enfants ; être toujours occupé de la pensée de les soulager, de rendre les subsides légers, et tels qu'ils se lèvent sur les provinces sans les appauvrir[6] ; de grands talents pour la guerre ; être vigilant, appliqué, laborieux ; avoir des armées nombreuses, les commander en personne; être froid dans le péril, ne ménager sa vie que pour le bien de son État, aimer le bien de son son État et sa gloire plus que sa vie ; une puissance très absolue, qui ne laisse point d'occasion aux brigues, à l'intrigue et à la cabale, qui ôte cette distance infinie[7] qui est quelquefois entre les grands et les petits, qui les rapproche, et sous laquelle

---

1. UN CULTE. « Encore le malheureux éloge de la révocation de l'édit de Nantes ? Est-ce bien la même plume, qui, dans les chapitres suivants, fera une guerre si franche, si vive, si active aux faux dévots ? » (Note de Walkenaer.)

2. S'ILS Y RÈGNENT Allusion aux ordonnances de Louis XIV contre le duel.

3. LES LOIS ET LES COUTUMES. Six Codes avaient paru de 1667 à 1685 : l'ordonnance civile, celle des eaux et forêts, l'ordonnance d'instruction criminelle, celle du commerce, celle de la marine et des colonies, et enfin le code noir, réglant l'esclavage des nègres.

4. PAR SON EXEMPLE. Voilà, comme le dit M. Hemardinquer, une louange bien maladroite.

5. SES LIBERTÉS. Allusion à la déclaration du clergé de France du 19 mars 1682, rédigée par Bossuet, sur les libertés de l'église gallicane, déclaration approuvée par un édit du roi enregistré au Parlement le 23 mars.

6. APPAUVRIR. Jamais la France ne s'est trouvée plus appauvrie que dans les derniers temps de ce règne, dont les premières années furent peut-être les plus éclatantes de notre histoire et qui finit au milieu de la misère et des malédictions du royaume et de l'Europe.

7. DISTANCE INFINIE. Louange très juste; les ministres de Louis XIV furent pour la plupart de souche bourgeoise; sous son règne, la bourgeoisie prit conscience de sa force et commença à se préparer pour ses nouvelles destinées.

tous plient également ; une étendue de connaissances qui fait que le prince voit tout par ses yeux, qu'il agit immédiatement et par lui-même, que ses généraux ne sont, quoique éloignés de lui, que ses lieutenants, et les ministres que ses ministres ; une profonde sagesse, qui sait déclarer la guerre, qui sait vaincre et user de la victoire, qui sait faire la paix, qui sait la rompre, qui sait quelquefois, et selon les divers intérêts, contraindre les ennemis à la recevoir, qui donne des règles à une vaste ambition, et sait jusques où l'on doit conquérir ; au milieu d'ennemis couverts ou déclarés, se procurer le loisir des jeux, des fêtes, des spectacles ; cultiver les arts et les sciences ; former et exécuter des projets d'édifices surprenants ; un génie enfin supérieur et puissant, qui se fait aimer et révérer des siens, craindre des étrangers, qui fait d'une cour, et même de tout un royaume, comme une seule famille, unie parfaitement sous un même chef, dont l'union et la bonne intelligence est redoutable au reste du monde [1]. Ces admirables vertus me semblent renfermées dans l'idée du souverain. Il est vrai qu'il est rare de les voir réunies dans un même sujet ; il faut que trop de choses concourent à la fois : l'esprit, le cœur, les dehors, le tempérament ; et il me paraît qu'un monarque qui les rassemble toutes en sa personne est bien digne du nom de GRAND.

CHAPITRE XI

DE L'HOMME.

Ne nous emportons point [2] contre les hommes, en voyant leur

---

1. AU RESTE DU MONDE. Il est certain que, pendant les années qui s'écoulèrent de la mort de Mazarin jusqu'à la révocation de l'édit de Nantes, la France tout entière n'eut vraiment qu'un cœur et qu'une âme, et qu'alors le reste du monde la redouta en l'admirant et en la copiant. Louis XIV pouvait dire alors : *l'État, c'est moi*, en n'exprimant rien autre chose que la vérité. Après 1685, tout s'assombrit, tout déclina, tout se déchira. Mais, si l'idole du grand roi gît aujourd'hui à demi brisée, il ne faut pas oublier qu'il y eut un moment (c'était vers 1670), où le monde entier le salua du nom de grand : quand on disait alors : *le Roi*, quel que fût le pays où ce nom fût prononcé, on savait que cela voulait dire : *le roi de France*.

2. NE NOUS EMPORTONS POINT. Cf. Molière, rôle de Philinte, dans le *Misanthrope*:

Oui, je vois ces défauts dont votre âme
  [murmure,
Comme vices unis à l'humaine nature,
Et mon esprit enfin n'est pas plus offensé
De voir un homme fourbe, injuste, inté-
  [ressé,
Que de voir des vautours affamés de car-
  [nage,
Des singes malfaisants et des loups pleins
  [de rage.

dureté, leur ingratitude, leur injustice, leur fierté, l'amour d'eux-mêmes, et l'oubli des autres; ils sont ainsi faits, c'est leur nature : c'est ne pouvoir supporter que la pierre tombe, ou que le feu s'élève.

Les hommes, en un sens, ne sont point légers, ou ne le sont que dans les petites choses : ils changent leurs habits, leur langage, les dehors, les bienséances; ils changent de goûts quelquefois; ils gardent leurs mœurs toujours mauvaises; fermes et constants dans le mal, ou dans l'indifférence pour la vertu.

Le stoïcisme est un jeu d'esprit et une idée [1] semblable à la république de Platon. Les stoïques [2] ont feint qu'on pouvait rire dans la pauvreté, être insensible aux injures, à l'ingratitude, aux pertes de biens, comme à celles des parents et des amis; regarder froidement la mort, et comme une chose indifférente, qui ne devait ni réjouir, ni rendre triste; n'être vaincu ni par le plaisir, ni par la douleur; sentir le fer ou le feu dans quelque partie de son corps, sans pousser le moindre soupir, ni jeter une seule larme; et ce fantôme de vertu et de constance ainsi imaginé, il leur a plu de l'appeler un sage. Ils ont laissé à l'homme tous les défauts qu'ils lui ont trouvés, et n'ont presque relevé aucun de ses faibles : au lieu de faire de ses vices des peintures affreuses ou ridicules qui servissent à l'en corriger, ils lui ont tracé l'idée d'une perfection et d'un héroïsme dont il n'est pas capable, et l'ont exhorté à l'impossible. Ainsi le sage, qui n'est pas, ou qui n'est qu'imaginaire [3], se trouve naturellement et par lui-même au-dessus de tous les événements et de tous les maux : ni la goutte la plus douloureuse, ni la colique la plus aiguë, ne sauraient lui arracher une plainte; le ciel et la terre peuvent être renversés sans l'entraîner dans leur chute, et il demeurerait ferme sur les ruines de l'univers [4]; pendant que l'homme qui est en effet, sort de son sens [5], crie, se désespère, étincelle des yeux

---

1. UNE IDÉE. Une fiction, un roman philosophique.

2. LES STOÏQUES. Les stoïciens, dirait-on aujourd'hui. *Stoïque* ne s'emploie plus que comme adjectif. A la fin du dix-huitième siècle, André Chénier disait encore :

Qu'un stoïque aux yeux secs vole embrasser la mort.

3. QU'IMAGINAIRE. La Bruyère a fait ici, non le portrait, mais la caricature du stoïcisme. Il ne connaît cette philosophie, qui est peut-être, de toutes les spéculations de l'esprit humain, celle qui fait le plus d'honneur à l'humanité, que par le côté anecdotique. Pascal lui a rendu meilleure justice, lui qui disait d'Épictète : « Voilà les lumières de ce grand esprit qui a si bien connu les devoirs de l'homme. J'ose dire qu'il méritait d'être adoré, s'il avait aussi bien connu son impuissance, puisqu'il fallait être Dieu pour apprendre l'un et l'autre aux hommes. »

4. RUINES DE L'UNIVERS. Réminiscence d'Horace :

Si fractus illabatur orbis,
Impavidum ferient ruinæ.

5. SORT DE SON SENS. Cf. Pascal.

et perd la respiration pour un chien perdu ou pour une porcelaine qui est en pièces[1].

Inquiétude d'esprit, inégalité d'humeur, inconstance de cœur, incertitude de conduite, tous vices de l'âme, mais différents, et qui, avec[2] tout le rapport qui paraît entre eux, ne se supposent pas toujours l'un l'autre dans un même sujet.

Il est difficile de décider si l'irrésolution rend l'homme plus malheureux que méprisable ; de même, s'il y a toujours plus d'inconvénient à prendre un mauvais parti qu'à n'en prendre aucun[3].

Un homme inégal n'est pas un seul homme, ce sont plusieurs : il se multiplie autant de fois qu'il a de nouveaux goûts et de manières différentes ; il est à chaque moment ce qu'il n'était point, et il va être bientôt ce qu'il n'a jamais été : il se succède à lui-même. Ne demandez pas de quelle complexion il est, mais quelles sont ses complexions ; ni de quelle humeur, mais combien il a de sortes d'humeurs. Ne vous trompez-vous point ? est-ce *Eutycrate* que vous abordez ? Aujourd'hui quelle glace pour vous ! hier il vous recherchait, il vous caressait, vous donniez de la jalousie à ses amis. Vous reconnaît-il bien ? Dites-lui votre nom.

Ménalque[4] descend son escalier, ouvre sa porte pour sortir ;

« Plaisante raison, qu'un vent manie, et à tous sens ! » Et encore : « Qui ne sait que la vue de chats, de rats, l'écrasement d'un charbon, etc., emportent la raison hors des gonds ! » — Pascal parle ici d'après Montaigne, et non d'après Épictète : car on sait qu'il suit tour à tour l'un ou l'autre. — Malebranche, qui a fort mal traité le stoïcisme, dit dans la *Recherche de la vérité* : « Il n'y a personne présentement qui ne soit uni et assujetti tout entier à son corps, et par son corps à ses parents, à ses amis, à sa ville, à son prince, à sa patrie, à son habit, à sa maison, à sa terre, à son cheval, à son chien... »

1. EN PIÈCES. La Bruyère, comme le fait remarquer M. Servois, put être souvent le témoin de pareils transports de colère : on en avait fréquemment le spectacle à l'hôtel Condé.

2. AVEC. C'est-à-dire malgré tout le rapport... — Cf. Molière, *le Médecin malgré lui* : « Ce n'est pas qu'avec tout cela votre fille ne puisse mourir. » — Et Voiture : « Je vous supplie de croire qu'avec tout le silence que je garde si hardiment, je conserve toujours pour vous dans mon cœur toute sorte de respect. »

3. AUCUN. Descartes assure qu'il vaut mieux prendre un mauvais parti et s'y tenir que de n'en prendre aucun : « Ma seconde maxime était d'être le plus ferme et le plus résolu en mes actions que je pourrais, et de ne suivre pas moins constamment les opinions les plus douteuses, lorsque je m'y serais une fois déterminé que si elles eussent été très assurées, imitant en ceci les voyageurs qui, se trouvant égarés en quelque forêt, ne doivent pas errer en tournoyant tantôt d'un côté, tantôt d'un autre, mais marcher toujours le plus droit qu'ils peuvent vers un même côté, et ne le changer point pour de faibles raisons, encore que ce n'ait peut-être été au commencement que le hasard seul qui les ait déterminés à le choisir ; car, par ce moyen, s'ils ne vont justement où ils désirent, ils arriveront au moins à la fin quelque part où vraisemblablement ils seront mieux que dans le milieu d'une forêt. »

4. MÉNALQUE. « Ceci est moins un caractère particulier qu'un recueil de faits de distractions. Ils ne sauraient

il la referme. Il s'aperçoit qu'il est en bonnet de nuit; et, venant à mieux s'examiner, il se trouve rasé à moitié; il voit que son épée est mise du côté droit, que ses bas sont rabattus sur ses talons, et que sa chemise est par-dessus ses chausses. S'il marche dans les places, il se sent tout d'un coup rudement frapper à l'estomac ou au visage; il ne soupçonne point ce que ce peut être, jusqu'à ce qu'ouvrant les yeux et se réveillant, il se trouve ou devant un limon de charrette, ou derrière un long ais de menuiserie que porte un ouvrier sur ses épaules. On l'a vu une fois heurter du front contre celui d'un aveugle, s'embarrasser dans ses jambes, et tomber avec lui, chacun de son côté, à la renverse. Il lui est arrivé plusieurs fois de se trouver tête pour tête[1] à la rencontre d'un prince et sur son passage, se reconnaître à peine, et n'avoir que le loisir de se coller à un mur pour lui faire place. Il cherche, il brouille[2], il crie, il s'échauffe, il appelle ses valets l'un après l'autre; *on lui perd tout, on lui égare tout* : il demande ses gants qu'il a dans ses mains, semblable à cette femme qui prenait le temps de demander son masque lorsqu'elle l'avait sur son visage. Il entre à l'appartement[3], et passe sous un lustre où sa perruque s'accroche et demeure suspendue : tous les courtisans regardent, et rient; Ménalque regarde aussi, et rit plus haut que les autres : il cherche des yeux, dans toute l'assemblée, où est celui qui montre ses oreilles, et à qui il manque une perruque. S'il va par la ville, après avoir fait quelque chemin, il se croit égaré, il s'émeut, et il demande où il est à des passants, qui lui disent précisément le nom de sa rue : il entre ensuite dans sa maison, d'où il sort précipitamment, croyant qu'il s'est trompé. Il descend du Palais[4]; et, trouvant au bas du grand degré[5] un carrosse qu'il prend pour le sien, il se met dedans; le cocher touche[6],

être en trop grand nombre, s'ils sont agréables; car les goûts étant différents, on a à choisir. » (Note de La Bruyère). — La plupart de ces traits doivent être attribués au comte de Brancas; d'autres sont empruntés à l'abbé de Mauroy, aumônier de Mlle de Montpensier, d'autres encore au prince de la Roche-sur-Yon, qui fut plus tard duc de Conti.

1. TÊTE POUR TÊTE. On dirait aujourd'hui : *nez-à-nez*.
2. IL BROUILLE. Dans la sixième édition, La Bruyère avait écrit : Il cherche, il *fourrage*. — Le verbe *brouiller* demande un complément qui le détermine; cependant La Fontaine l'a également employé d'une manière absolue :

Elles filaient si bien que les sœurs filan-
  [dières
Ne faisaient que brouiller auprès de celles-
  [ci.

3. A L'APPARTEMENT. L'appartement du roi, au château de Versailles.
4. PALAIS. Il s'agit du Palais de justice.
5. DU GRAND DEGRÉ. Du grand escalier.
6. TOUCHE. Touche ses chevaux du fouet pour les faire partir.

et croit ramener son maître dans sa maison. Ménalque se jette hors de la portière, traverse la cour, monte l'escalier, parcourt l'antichambre, la chambre, le cabinet : tout lui est familier, rien ne lui est nouveau ; il s'assit [1], il se repose, il est chez soi [2]. Le maître arrive ; celui-ci se lève pour le recevoir, il le traite fort civilement, le prie de s'asseoir, et croit faire les honneurs de sa chambre ; il parle, il rêve, il reprend la parole : le maître de la maison s'ennuie, et demeure étonné ; Ménalque ne l'est pas moins, et ne dit pas ce qu'il en pense : il a affaire à un fâcheux [3], à un homme oisif, qui se retirera à la fin, il l'espère ; et il prend patience : la nuit arrive, qu'il est à peine détrompé. Une autre fois, il rend visite à une femme ; et se persuadant bientôt que c'est lui qui la reçoit, il s'établit dans son fauteuil, et ne songe nullement à l'abandonner : il trouve ensuite que cette dame fait ses visites longues ; il attend à tous moments qu'elle se lève et le laisse en liberté ; mais comme cela tire en longueur, qu'il a faim, et que la nuit est déjà avancée, il la prie à souper ; elle rit, et si haut, qu'elle le réveille. Lui-même se marie le matin, l'oublie le soir, et découche la nuit de ses noces ; et quelques années après, il perd sa femme, elle meurt entre ses bras, il assiste à ses obsèques ; et le lendemain, quand on lui vient dire qu'on a servi, il demande si sa femme est prête, et si elle est avertie. C'est lui encore qui entre dans une église, et prenant l'aveugle qui est collé à la porte pour un pilier, et sa tasse pour le bénitier, y plonge la main, la porte à son front, lorsqu'il entend tout d'un coup le pilier qui parle et qui lui offre des oraisons [4]. Il s'avance dans la nef, il croit voir un prie-Dieu, il se jette lourdement dessus ; la machine plie, s'enfonce, et fait des efforts pour crier ; Ménalque est surpris de se voir à genoux sur les jambes d'un fort petit homme, appuyé sur son dos, les deux bras passés sur ses épaules, et ses deux mains jointes et étendues qui lui prennent le nez et lui ferment la bouche ; il se retire confus, et va s'agenouiller ailleurs : il tire un livre pour faire sa prière, et c'est sa pantoufle qu'il a prise pour ses Heures, et qu'il a mise dans sa poche avant que de sortir. Il n'est pas hors de l'église qu'un homme de livrée court après lui, le joint, lui de-

---

1. IL S'ASSIT. Tel est le texte de toutes les éditions publiées du vivant de La Bruyère.

2. CHEZ SOI. On dirait aujourd'hui : *chez lui.* — Au dix-septième siècle, on employait *soi* partout où le latin employait *sui, sibi, se.*

3. A UN FACHEUX. Un sot importun et qui s'impose. La comédie de Molière explique bien le sens de ce mot.

4. DES ORAISONS. « Les aveugles disent l'antienne et l'oraison d'un saint à l'intention de ceux qui leur donnent l'aumône. » (*Dictionnaire de Trévoux.*)

mande en riant s'il n'a point la pantoufle de monseigneur; Ménalque lui montre la sienne, et lui dit : *Voilà toutes les pantoufles que j'ai sur moi.* Il se fouille néanmoins, et tire celle de l'évêque de *** qu'il vient de quitter, qu'il a trouvé malade auprès de son feu, et dont, avant de prendre congé de lui, il a ramassé la pantoufle, comme l'un de ses gants qui était à terre : ainsi Ménalque s'en retourne chez soi avec une pantoufle de moins. Il a une fois perdu au jeu tout l'argent qui est dans sa bourse; et, voulant continuer de jouer, il entre dans son cabinet, ouvre une armoire, y prend sa cassette, en tire ce qu'il lui plaît, croit la remettre où il l'a prise : il entend aboyer dans son armoire qu'il vient de fermer; étonné de ce prodige, il l'ouvre une seconde fois, et il éclate de rire d'y voir son chien, qu'il a serré pour sa cassette. Il joue au trictrac, il demande à boire, on lui en apporte; c'est à lui à jouer : il tient le cornet d'une main et un verre de l'autre; et comme il a une grande soif, il avale les dés et presque le cornet, jette le verre d'eau dans le trictrac, et inonde celui contre qui il joue. Et dans une chambre où il est familier, il crache sur le lit et jette son chapeau à terre, en croyant faire tout le contraire[1]. Il se promène sur l'eau, et il demande quelle heure il est : on lui présente une montre, à peine l'a-t-il reçue, que, ne songeant plus ni à l'heure ni à la montre, il la jette dans la rivière, comme une chose qui l'embarrasse Lui-même écrit une longue lettre, met de la poudre dessus à plusieurs reprises, et jette toujours la poudre dans l'encrier. Ce n'est pas tout : il écrit une seconde lettre; et, après les avoir cachetées toutes deux, il se trompe à l'adresse; un duc et pair reçoit l'une de ces deux lettres, et, en l'ouvrant, y lit ces mots : *Maître Olivier, ne manquez, sitôt la présente reçue, de m'envoyer ma provision de foin...* Son fermier reçoit l'autre, il l'ouvre, et se la fait lire; on y trouve : *Monseigneur, j'ai reçu avec une soumission aveugle les ordres qu'il a plu à Votre Grandeur...* Lui-même encore écrit une lettre pendant la nuit, et, après l'avoir cachetée, il éteint sa bougie; il ne laisse pas d'être surpris de ne *voir goutte*, et il sait à peine comment cela est arrivé. Ménalque descend l'escalier du Louvre; un autre le monte, à qui il dit : *C'est vous que je cherche*; il le prend par la main, le fait descendre avec lui, traverse plusieurs cours, entre dans les salles, en sort; il va, il

---

1. Tout le contraire. Aujourd'hui on ne ferait pas non plus le contraire; mais alors ce n'était pas blesser les convenances que de cracher à terre, non plus que de jeter à terre le fond de son verre. Voyez quelques lignes plus bas.

revient sur ses pas ; il regarde enfin celui qu'il traîne après soi depuis un quart d'heure ; il est étonné que ce soit lui ; il n'a rien à lui dire ; il lui quitte la main, et tourne d'un autre côté. Souvent il vous interroge, et il est déjà bien loin de vous quand vous songez à lui répondre ; ou bien il vous demande en courant comment se porte votre père, et, comme vous lui dites qu'il est fort mal, il vous crie qu'il en est bien aise. Il vous trouve quelque autre fois sur son chemin : *Il est ravi de vous rencontrer ; il sort de chez vous pour vous entretenir d'une certaine chose.* Il contemple votre main : *Vous avez là, dit-il, un beau rubis ; est-il balais*[1] ? Il vous quitte et continue sa route : voilà l'affaire importante dont il avait à vous parler. Se trouve-t-il en campagne[2], il dit à quelqu'un qu'il le trouve heureux d'avoir pu se dérober à la cour pendant l'automne[3], et d'avoir passé dans ses terres tout le temps de Fontainebleau ; il tient à d'autres d'autres discours ; puis revenant à celui-ci : Vous avez eu, lui dit-il, de beaux jours à Fontainebleau ; vous y avez sans doute beaucoup chassé. Il commence ensuite un conte qu'il oublie d'achever ; il rit en lui-même, il éclate d'une chose qui lui passe par l'esprit, il répond à sa pensée, il chante entre ses dents, il siffle, il se renverse dans une chaise, il pousse un cri plaintif, il bâille, il se croit seul. S'il se trouve à un repas, on voit le pain se multiplier insensiblement sur son assiette ; il est vrai que ses voisins en manquent, aussi bien que de couteaux et de fourchettes, dont il ne les laisse pas jouir longtemps. On a inventé aux tables une grande cuiller[4] pour la commodité du service ; il la prend, la plonge dans le plat, l'emplit, la porte à sa bouche, et il ne sort pas d'étonnement de voir répandu sur son linge et sur ses habits le potage qu'il vient d'avaler. Il oublie de boire pendant tout le dîner ; ou, s'il s'en souvient, et qu'il trouve qu'on lui donne trop de vin, il en *flaque*[5] plus de la moitié au visage de celui qui est à sa droite ; il boit le reste tranquillement, et ne comprend pas pourquoi tout le

---

1. BALAIS. « Rubis balais, variété de rubis, couleur de vin paillet, ainsi dit de Balakschan, Balaschan, dans le voisinage de Samarcande. » (*Dictionnaire de Littré*.)

2. EN CAMPAGNE. Cela signifierait aujourd'hui : *à la guerre.* Cela signifiait alors : *à la campagne.* On lit dans les mémoires du chevalier de Grammont : « Une petite maison qu'il avait en campagne. »

3. L'AUTOMNE. La cour, à cette époque, passait ordinairement le mois d'octobre à Fontainebleau.

4. CUILLER. Dès le temps de La Bruyère, on écrivait indifféremment : *cuiller* et *cuillère*.

5. FLAQUE. La Bruyère a souligné ce mot qui ne se trouve pas dans la première édition du dictionnaire de l'Académie et qui est encore peu usité.

monde éclate de rire de ce qu'il a jeté à terre ce qu'on lui a versé de trop[1]. Il est un jour retenu au lit pour quelque incommodité ; on lui rend visite, il y a un cercle d'hommes et de femmes dans sa ruelle qui l'entretiennent, et en leur présence il soulève sa couverture et crache dans ses draps[2]. On le mène aux Chartreux ; on lui fait voir un cloître orné d'ouvrages, tous de la main d'un excellent peintre[3] ; le religieux qui les lui explique parle de saint Bruno, du chanoine et de son aventure, en fait une longue histoire[4], et la montre dans l'un de ces tableaux : Ménalque, qui pendant la narration est hors du cloître, et bien loin au delà, y revient enfin, et demande au père si c'est le chanoine ou saint Bruno qui est damné. Il se trouve par hasard avec une jeune veuve ; il lui parle de son défunt mari, lui demande comment il est mort. Cette femme, à qui ce discours renouvelle ses douleurs, pleure, sanglote, et ne laisse pas de reprendre tous les détails de la maladie de son époux, qu'elle conduit depuis la veille de sa fièvre, qu'il se portait bien, jusqu'à l'agonie. « *Madame*, lui demande Ménalque, qui l'avait apparemment écoutée avec attention, *n'aviez-vous que celui-là ?* » Il s'avise un matin de faire tout hâter dans sa cuisine ; il se lève avant le fruit, et prend congé de la

---

1. DE TROP. Nous avons eu déjà par deux fois, l'occasion de remarquer que les plus honnêtes gens du grand siècle avaient, en matière de convenances, des idées et des habitudes fort différentes des nôtres : nous avons gagné en politesse, en délicatesse, presque autant qu'en lumières et en humanité.

2. DANS SES DRAPS. Ce trait est de trop, ainsi que quelques-uns du même genre. Ce n'est plus le portrait du distrait, mais le portrait d'un fou, et d'un fou dont la société serait fort incommode.

3. PEINTRE. Il s'agit des vingt-deux peintures, représentant la vie de saint Bruno, qu'Eustache Lesueur avait faites pour le cloître des Chartreux (situé près du Luxembourg). La plus grande partie de ces tableaux se trouve aujourd'hui au Louvre.

4. UNE LONGUE HISTOIRE. Saint Bruno, né à Cologne, 1030, mort en 1101. Il était sur le point d'être promu à l'archevêché de Reims, lorsqu'un miracle le détermina à se retirer dans la solitude : il y fonda l'ordre des Chartreux, ainsi appelé du village de Chartreuse, à un kilomètre de Grenoble. Voici comment la vie de saint Bruno raconte ce miracle auquel notre auteur fait allusion : « Assistant à l'enterrement d'un théologien fameux, nommé Raymond Diocrès, comme on disait ces mots de la quatrième leçon : *Responde mihi*, le mort releva la tête hors du cercueil, qui était ouvert selon la coutume, et répondit d'une voix épouvantable : « Je suis accusé par un » juste jugement de Dieu. » On remit la sépulture au lendemain, soit par effroi, soit pour s'assurer de la réalité de la mort. Mais le lendemain, et aux mêmes paroles de l'office, il répondit encore : « Je suis jugé par un juste jugement de Dieu. » Enfin le troisième jour, au milieu d'une foule immense attirée par le miracle funèbre, il dit : « Je suis condamné par un juste jugement de Dieu. » Saint Bruno, alors chanoine de la cathédrale de Reims, avait fait vœu de renoncer au monde pour prendre l'habit religieux. Le prodige dont il fut témoin le détermina à ne pas différer l'exécution de la promesse qu'il avait faite au Saint-Esprit. » — Cette aventure est reproduite dans le troisième tableau de Lesueur.

compagnie : on le voit ce jour-là en tous les endroits de la ville, hormis en celui où il a donné un rendez-vous précis pour cette affaire qui l'a empêché de dîner, et l'a fait sortir à pied, de peur que son carrosse ne le fît attendre. L'entendez-vous crier, gronder, s'emporter contre l'un de ses domestiques ? il est étonné de ne le point voir : « Où peut-il être ? dit-il ; que fait-il ? qu'est-il devenu ? qu'il ne se présente plus devant moi, je le chasse dès à cette heure. » Le valet arrive, à qui il demande fièrement d'où il vient ; il lui répond qu'il vient de l'endroit où il l'a envoyé, et il lui rend un fidèle compte de sa commission. Vous le prendriez souvent pour tout ce qu'il n'est pas : pour un stupide, car il n'écoute point, et il parle encore moins ; pour un fou, car, outre qu'il parle tout seul, il est sujet à de certaines grimaces et à des mouvements de tête involontaires ; pour un homme fier et incivil, car vous le saluez, et il passe sans vous regarder, ou il vous regarde sans vous rendre le salut ; pour un inconsidéré, car il parle de banqueroute au milieu d'une famille où il y a cette tache ; d'exécution et d'échafaud devant un homme dont le père y a monté ; de roture [1] devant des roturiers qui sont riches et qui se donnent pour nobles. De même, il a pris la résolution de marier son fils à la fille d'un homme d'affaires, et il ne laisse pas de dire de temps en temps, en parlant de sa maison et de ses ancêtres, que les Ménalque ne se sont jamais mésalliés [2]. Enfin, il n'est ni présent ni attentif dans une compagnie à ce qui fait le sujet de la conversation. Il pense et il parle tout à la fois ; mais la chose dont il parle est rarement celle à laquelle il pense ; aussi ne parle-t-il guère conséquemment et avec suite : où il dit *non*, souvent il faut dire *oui*, et où il dit *oui*, croyez qu'il veut dire *non*. Il a, en vous répondant si juste, les yeux fort ouverts, mais il ne s'en sert point : il ne regarde ni vous ni personne, ni rien qui soit au monde ; tout ce que vous pouvez tirer de lui, et encore dans le temps qu'il est le plus appliqué et d'un meilleur commerce, ce sont ces mots : *Oui vraiment ; C'est vrai ; Bon ! Tout de bon ? Oui-da ! Je pense qu'oui ; Assurément ; Ah ! ciel !* et quelques autres monosyllabes qui ne sont pas même placés à propos. Jamais aussi il n'est avec ceux avec qui il paraît être : il appelle sérieusement son laquais *monsieur*, et son ami, il l'appelle *la Verdure* : il dit *Votre Révérence* à un prince du sang, et

---

1. DE ROTURE. Il faut remarquer cette gradation dans la maladresse : il parle de banqueroute, d'échafaud et même de roture !

2. MÉSALLIÉS. Le comte de Brancas s'était mésallié, en épousant Suzanne Garnier, fille d'un homme d'affaires, de Mathurin Garnier, trésorier aux parties casuelles.

Votre Altesse à un jésuite. Il entend la messe : le prêtre vient à éternuer ; il lui dit : *Dieu vous assiste.* Il se trouve avec un magistrat : cet homme, grave par son caractère, vénérable par son âge et par sa dignité, l'interroge sur un événement, et lui demande si cela est ainsi ; Ménalque lui répond : *Oui, mademoiselle*[1]. Il revient une fois de la campagne : ses laquais en livrée entreprennent de le voler et y réussissent ; ils descendent de son carrosse, lui portent un bout de flambeau sous la gorge, lui demandent la bourse, et il la rend. Arrivé chez soi, il raconte son aventure à ses amis, qui ne manquent pas de l'interroger sur les circonstances, et il leur dit : *Demandez à mes gens, ils y étaient.*

L'incivilité n'est pas un vice de l'âme, elle est l'effet de plusieurs vices : de la sotte vanité, de l'ignorance de ses devoirs, de la paresse, de la stupidité, de la distraction, du mépris des autres, de la jalousie. Pour ne se répandre que sur les dehors, elle n'en est que plus haïssable[2], parce que c'est toujours un défaut visible et manifeste. Il est vrai cependant qu'il offense plus ou moins, selon la cause qui le produit.

Dire d'un homme colère, inégal, querelleux[3], chagrin, pointilleux, capricieux, C'est son humeur, n'est pas l'excuser, comme on le croit, mais avouer, sans y penser, que de si grands défauts sont irrémédiables[4].

Ce qu'on appelle humeur est une chose trop négligée parmi les hommes ; ils devraient comprendre qu'il ne leur suffit pas d'être bons, mais qu'ils doivent encore paraître tels, du moins s'ils tendent à être sociables, capables d'union et de commerce, c'est-à-dire à être des hommes. L'on n'exige[5] pas des âmes ma-

---

1. MADEMOISELLE. On raconte que l'abbé de Mauroy, aumônier de Mlle de Montpensier, étant allé, de la part de Mademoiselle, parler de quelque affaire au Père la Chaise, le traita d'*altesse royale*, et en rendant réponse à la cousine du roi, il l'appela : *votre Révérence* (c'est-à-dire mon Révérend Père).

2. HAÏSSABLE. L'incivilité est haïssable, parce qu'au fond elle n'est que l'effet le plus visible et le plus manifeste de l'amour exagéré du moi : or, comme l'a dit Pascal, « le moi est haïssable », et il l'est d'autant plus qu'il est plus incommode aux autres. Pascal dit encore : « Le respect est : incommodez-vous. » L'incivilité qui est le contraire du respect, consiste donc à ne pas vouloir s'incommoder pour les autres.

3. QUERELLEUX. La Bruyère écrit ce mot, comme on le prononçait alors. Les gens de qualité ne faisaient jamais sonner l'*r* final dans les substantifs terminés en *eur*.

4. IRRÉMÉDIABLES. Ou plutôt c'est avouer qu'il n'a rien fait pour s'en guérir : car il n'y a pas de défauts irrémédiables ; s'il existait des défauts dont on ne pût se guérir, nous n'en serions pas responsables ; or, nous sommes responsables de toutes nos qualités, mauvaises ou bonnes, parce qu'en vertu de notre libre-arbitre, nous en sommes véritablement les auteurs.

5. PAS. On n'a pas besoin d'exiger.

lignes qu'elles aient de la douceur et de la souplesse : elle ne leur manque jamais, et elle leur sert de piège pour surprendre les simples, et pour faire valoir leurs artifices ; l'on désirerait de ceux qui ont un bon cœur qu'ils fussent toujours pliants, faciles, complaisants[1], et qu'il fût moins vrai quelquefois que ce sont les méchants qui nuisent, et les bons qui font souffrir[2].

Le commun des hommes va de la colère à l'injure : quelques-uns en usent autrement, ils offensent, et puis ils se fâchent ; la surprise où l'on est toujours de ce procédé[3] ne laisse pas de place au ressentiment.

Les hommes ne s'attachent pas assez à ne point manquer les occasions de faire plaisir : il semble que l'on n'entre dans un emploi que pour pouvoir obliger et n'en rien faire ; la chose la plus prompte et qui se présente d'abord, c'est le refus, et l'on n'accorde que par réflexion.

Sachez précisément ce que vous pouvez attendre des hommes en général, et de chacun d'eux en particulier, et jetez-vous ensuite dans le commerce du monde.

Si la pauvreté est la mère des crimes, le défaut d'esprit en est le père[4].

Il est difficile qu'un fort malhonnête homme ait assez d'esprit[5] : un génie qui est droit et perçant conduit enfin à la règle, à la probité, à la vertu. Il manque du sens et de la pénétration à celui qui s'opiniâtre dans le mauvais comme dans le faux :

---

1. COMPLAISANTS. Ces conseils sont excellents, à condition toutefois que le désir de se plier aux mœurs du temps, la facilité à s'accommoder à toutes sortes de gens, la complaisance pour les faiblesses d'autrui, n'aille pas jusque dans l'excès et ne détruise pas chez nous
..... ces haines vigoureuses
Que doit donner le vice aux âmes vertueuses.

2. SOUFFRIR. Cette antithèse est-elle bien juste ? Celui-là est-il bon qui fait souffrir habituellement les gens dans la société desquels il vit ? Il nous semble que les bons sont nécessairement sociables.

3. CE PROCÉDÉ. Il semble que ce procédé demande beaucoup de réflexion : cette colère qui suit l'injure au lieu de la précéder, a bien l'air d'être une colère feinte, un mensonge inventé pour faire oublier l'offense.

4. LE PÈRE. Cette mère et ce père appartiennent au langage des précieuses : cela est fâcheux, car la pensée est bien juste : on n'est vicieux, criminel, etc., que par défaut d'esprit. En effet, comme le dit Descartes : « Notre volonté ne se portant à suivre ni à fuir aucune chose que selon que notre entendement la lui représente bonne ou mauvaise, il suffit de bien juger pour bien faire et de juger le mieux qu'on puisse pour faire aussi tout son mieux. » Malebranche a été jusqu'à dire : « Le péché est une erreur. » Et Pascal : « Travaillons donc à bien penser, voilà le principe de la morale. » — Victor Hugo a dit dans le même sens : « Bien raisonner mène à bien agir ; la justesse dans l'esprit devient la justice dans le cœur. »

5. ASSEZ D'ESPRIT. La note précédente éclaircit assez cette pensée ; rapprochons-la en outre de cette maxime de La Rochefoucauld : « Les finesses et les trahisons ne viennent que du manque d'habileté. »

l'on cherche en vain à le corriger par des traits de satire[1] qui le désignent aux autres, et où il ne se reconnaît pas lui-même : ce sont des injures dites à un sourd. Il serait désirable, pour le plaisir des honnêtes gens et pour la vengeance publique, qu'un coquin ne le fût pas au point d'être privé de tout sentiment.

Il y a des vices que nous ne devons à personne, que nous apportons en naissant, et que nous fortifions par l'habitude ; il y en a d'autres que l'on contracte, et qui nous sont étrangers. L'on est né quelquefois avec des mœurs faciles, de la complaisance, tout le désir de plaire ; mais, par les traitements que l'on reçoit de ceux avec qui l'on vit ou de qui l'on dépend, l'on est bientôt jeté hors de ses mesures[2] et même de son naturel ; l'on a des chagrins[3] et une bile que l'on ne se connaissait point, l'on se voit une autre complexion, l'on est enfin étonné[4] de se trouver dur et épineux.

L'on demande pourquoi tous les hommes ensemble ne composent pas comme une seule nation et n'ont point voulu parler une même langue, vivre sous les mêmes lois, convenir entre eux des mêmes usages et d'un même culte ; et moi, pensant à la contrariété des esprits, des goûts et des sentiments, je suis étonné de voir jusqu'à sept ou huit personnes se rassembler sous un même toit, dans une même enceinte, et composer une seule famille[5].

Il y a d'étranges pères[6], et dont toute la vie ne semble occu-

1. DE SATIRE. La seconde partie de ce paragraphe n'est point la suite et le développement de la première : selon la remarque très judicieuse de M. Hemardinquer, elle renferme une pensée tout à fait distincte et qu'il aurait fallu exprimer à part.
2. SES MESURES. Hors des mesures qu'on avait prises pour régler sa vie et son humeur, hors du plan de conduite qu'on s'était tracé.
3. DES CHAGRINS. Ce substantif est pris ici dans le sens où nous employons encore l'adjectif : « Un esprit chagrin. » Il signifie des humeurs noires, des accès de misanthropie.
4. ETONNÉ. Expression d'une grande propriété : on *s'étonne*, étant né pliant, facile et complaisant, de se sentir tout à coup dur et épineux, seulement pour avoir été trop longtemps dans la société des hommes. *Crudelior et inhumanior redeo, quia inter homines fui*, dit Sénèque.

5. UNE SEULE FAMILLE. Cette pensée est un commentaire ingénieux et plein de verve satirique du célèbre paradoxe de Hobbes : *homo homini lupus*.
6. D'ÉTRANGES PÈRES. Parmi les noms cités dans les clefs, le plus remarquable est celui du duc de Gesvres : « Ce vieux Gesvres, dit Saint-Simon, était le mari le plus cruel d'une femme de beaucoup d'esprit, de vertu et de biens, qui se sépara de lui, et le père le plus dénaturé d'enfants très honnêtes gens qui fut jamais. L'abbé de Gesvres était depuis quelques années camérier d'honneur d'Innocent XI, et tellement à son gré qu'il l'allait faire cardinal, lorsque l'éclat entre lui et le roi fit appeler tous les Français. L'abbé de Gesvres y perdit tout, mais revint de bonne grâce. Le roi, qui en fut touché, lui donna en arrivant l'archevêché de Bourges, qui venait de vaquer. Le duc de Gesvres en furie alla trouver le roi lui dit rage de son fils, et fit tout ce

pée qu'à préparer à leurs enfants des raisons de se consoler de leur mort.

Tout est étranger[1] dans l'humeur, les mœurs et les manières de la plupart des hommes. Tel a vécu pendant toute sa vie chagrin, emporté, avare, rampant, soumis, laborieux, intéressé, qui était né gai, paisible, paresseux, magnifique, d'un courage fier[2], et éloigné de toute bassesse : les besoins de la vie[3], la situation où l'on se trouve, la loi de la nécessité, forcent la nature et y causent ces grands changements. Ainsi tel homme au fond et en lui-même ne se peut définir : trop de choses qui sont hors de lui l'altèrent, le changent, le bouleversent; il n'est point précisément ce qu'il est ou ce qu'il paraît être.

La vie est courte et ennuyeuse; elle se passe toute à désirer : l'on remet à l'avenir son repos et ses joies, à cet âge souvent où les meilleurs biens ont déjà disparu, la santé et la jeunesse. Ce temps arrive, qui nous surprend encore dans les désirs : on en est là, quand la fièvre nous saisit et nous éteint; si l'on eût guéri, ce n'était que pour désirer plus longtemps[4].

---

qui lui fut possible pour empêcher cette grâce. Le marquis de Gesvres, il l'a traité, lui et sa femme, toute sa vie, au point que le roi, y est souvent entré par bonté: Quand on lui parlait de ses grands revenus, du mauvais état de ses affaires malgré sa richesse, du désordre de sa maison, et de l'inutilité et de la folie de ses dépenses, il se mettait à rire et répondait qu'il ne le faisait que pour ruiner ses enfants. Il disait vrai, et il y réussit complètement. »

1. ETRANGER. C'est-à-dire : Tout nous vient du dehors. Cette réflexion reproduit sous une forme nouvelle ce que l'auteur a dit quelques lignes plus haut : « Il y a des vices que l'on contracte et qui nous sont étrangers. »

2. D'UN COURAGE FIN. D'un caractère, d'un cœur... *animus*.

3. LES BESOINS DE LA VIE. Cf. Aristote, deuxième livre de la *Rhétorique*: « Les jeunes gens préfèrent l'honneur à l'argent; et si l'argent les touche peu, c'est qu'ils n'ont pas encore été éprouvés par le besoin. Ils ne sont point malicieux, mais pleins de bonhomie, parce qu'ils n'ont pas encore vu beaucoup de lâchetés. Ils sont confiants parce qu'ils n'ont pas encore été souvent trompés.... Ils ont l'âme grande, parce que la vie ne les a pas encore ravalés et qu'ils en ignorent les dures nécessités. »

4. PLUS LONGTEMPS. Cf. Manilius : *Victurosque agimus semper nec vivimus unquam*. Et Sénèque : *Dum differtur vita, transcurrit*. — Montaigne, *Essais*, I, 3 : « Nous ne sommes jamais chez nous, nous sommes toujours au delà : la crainte, le désir, l'espérance, nous élancent vers l'avenir, et nous dérobent le sentiment et la considération de ce qui est, pour nous amuser à ce qui sera voire quand nous ne serons plus. » — Pascal : « Nous ne tenons jamais au temps présent... c'est que le présent d'ordinaire nous blesse. Nous le cachons à notre vue, parce qu'il nous afflige, et s'il nous est agréable, nous regrettons de le voir échapper. Nous tâchons de le soutenir par l'avenir, et pensons à disposer les choses qui ne sont pas en notre puissance, pour un temps où nous n'avons aucune assurance d'arriver... Ainsi nous ne vivons jamais, mais nous espérons de vivre; et, nous disposant toujours à être heureux, il est inévitable que nous ne le soyons jamais. » Et ailleurs : « Le présent ne nous satisfaisant jamais, l'espérance nous pipe, et de malheur en malheur nous mène jusqu'à la mort qui en est un comble éternel. » Voyez aussi la septième lettre de Pascal à Mlle de Roannez.

Lorsqu'on désire, on se rend à discrétion à celui de qui l'on espère : est-on sûr d'avoir, on temporise, on parlemente, on capitule.

Il est si ordinaire à l'homme de n'être pas heureux, et si essentiel à tout ce qui est un bien d'être acheté par mille peines, qu'une affaire qui se rend facile devient suspecte[1]. L'on comprend à peine, ou que ce qui coûte si peu puisse nous être fort avantageux, ou qu'avec des mesures justes l'on doive si aisément parvenir à la fin que l'on se propose. L'on croit mériter les bons succès, mais n'y devoir compter que fort rarement.

L'homme qui dit qu'il n'est pas né heureux, pourrait du moins le devenir par le bonheur de ses amis ou de ses proches. L'envie lui ôte cette dernière ressource.

Quoi que j'aie pu dire ailleurs[2], peut-être que les affligés ont tort : les hommes semblent être nés[3] pour l'infortune, la douleur et la pauvreté, peu en échappent ; et comme toute disgrâce peut leur arriver, ils devraient être préparés à toute disgrâce.

Les hommes ont tant de peine à s'approcher[4] sur les affaires, sont si épineux sur les moindres intérêts, si hérissés de difficultés, veulent si fort tromper et si peu être trompés, mettent si haut ce qui leur appartient, et si bas ce qui appartient aux autres, que j'avoue que je ne sais par où et comment se peuvent conclure les mariages, les contrats, les acquisitions, la paix, la trêve, les traités, les alliances[5].

A quelques-uns l'arrogance tient lieu de grandeur ; l'inhumanité, de fermeté ; et la fourberie, d'esprit.

Les fourbes croient aisément que les autres le sont[6] ; ils ne peuvent guère être trompés, et ils ne trompent pas longtemps.

Je me rachèterai toujours fort volontiers d'être fourbe par être[7] stupide et passer pour tel.

---

1. DEVIENT SUSPECTE. Mme de Sévigné écrit, en parlant d'une affaire : « Elle est si bonne que nous ne croyons pas possible qu'elle puisse réussir. »

2. AILLEURS. Voyez ailleurs : « Combien de belles et inutiles raisons... »

3. ÊTRE NÉS. Cf. Pascal : « Condition de l'homme : inconstance, ennui, inquiétude... »

4. A S'APPROCHER. A s'entendre.

5. LES ALLIANCES. Toute cette misanthropie, qui se rapproche fort de celle de Pascal, ne supporte pas un examen sérieux et approfondi. Sans doute il y a des divisions, des querelles, des guerres, mais cela n'empêche pas l'homme d'être un animal essentiellement fait pour la société, et, comme le dit Aristote, « naturellement ami de l'homme. »

6. LE SONT. Sont fourbes. Le mot fourbes, employé comme substantif dans la première proposition, est sous-entendu comme adjectif dans la seconde. — J.-J. Rousseau a dit de même : « Pourquoi les riches sont-ils si durs envers les pauvres ? — C'est qu'ils n'ont pas peur de le devenir. »

7. PAR ÊTRE. Bussy emploie la même tournure, dans une lettre qu'il écrit au retour d'un voyage à la cour : « Je suis venu chez moi remplacer par être mon maître le bien que je n'ai pu attraper en faisant le valet. »

On ne trompe point en bien : la fourberie ajoute la malice au mensonge.

S'il y avait moins de dupes, il y aurait moins de ce qu'on appelle des hommes fins ou entendus, et de ceux qui tirent autant de vanité que de distinction d'avoir su, pendant tout le cours de leur vie, tromper les autres. Comment voulez-vous qu'*Érophile*, à qui le manque de parole, les mauvais offices, la fourberie, bien loin de nuire, ont mérité des grâces et des bienfaits de ceux mêmes qu'il a ou manqué de servir ou désobligés, ne présume pas infiniment de soi et de son industrie ?

L'on n'entend[1], dans les places et dans les rues des grandes villes, et de la bouche de ceux qui passent, que les mots d'*exploit*, de *saisie*, d'*interrogatoire*, de *promesse*, et de *plaider contre sa promesse*. Est-ce qu'il n'y aurait pas dans le monde la plus petite équité ? Serait-il, au contraire, rempli de gens qui demandent froidement ce qui ne leur est pas dû, ou qui refusent nettement de rendre ce qu'ils doivent ?

Parchemins inventés pour faire souvenir ou pour convaincre les hommes de leur parole : honte de l'humanité[2] !

Otez les passions, l'intérêt, l'injustice, quel calme dans les plus grandes villes ! Les besoins et la subsistance n'y font pas le tiers de l'embarras.

Rien n'engage tant un esprit raisonnable à supporter tranquillement des parents et des amis les torts qu'ils ont à son égard, que la réflexion qu'il fait sur les vices de l'humanité, et combien il est pénible aux hommes d'être constants, généreux, fidèles, d'être touchés[3] d'une amitié plus forte que leur intérêt. Comme il connaît leur portée[4], il n'exige point d'eux qu'ils pénètrent les corps, qu'ils volent dans l'air, qu'ils aient de l'équité : il peut haïr les hommes en général, où il y a si peu de vertu ; mais il excuse les particuliers, il les aime même par des

---

1. L'ON N'ENTEND. L'esprit de chicane était plus développé au dix-septième siècle qu'il ne l'est aujourd'hui. On allait alors au Palais, comme on va à la Bourse aujourd'hui. Lequel vaut le mieux ? nous n'avons pas à nous prononcer là-dessus.

2. DE L'HUMANITÉ. Nous avons lu dans le chapitre *de la Société* : « Un honnête homme qui dit oui et non, mérite d'être cru : son caractère jure pour lui. » — Ce que La Bruyère disait, dans ce chapitre, des serments, il le dit ici des parchemins.

3. D'ÊTRE TOUCHÉS. On disait alors : *être touché d'un sentiment*, pour éprouver un sentiment. Fénelon écrit : « Je suis touché d'un sentiment de joie, quand je vois... » Il semble que cette expression soit empruntée au langage de la théologie : « être touché de la grâce... »

4. LEUR PORTÉE. Ce dont leur nature est capable.

motifs plus relevés, et il s'étudie à mériter le moins qu'il se peut une pareille indulgence [1].

Il y a certains biens que l'on désire avec emportement, et dont l'idée seule nous enlève et nous transporte : s'il nous arrive de les obtenir, on les sent plus tranquillement qu'on ne l'eût pensé, on en jouit moins que l'on n'aspire encore à de plus grands [2].

Il y a des maux effroyables et d'horribles malheurs où l'on n'ose penser, et dont la seule vue fait frémir : s'il arrive que l'on y tombe, l'on se trouve des ressources que l'on ne connaissait point, l'on se roidit contre son infortune, et l'on fait mieux qu'on ne l'espérait [3].

Il ne faut quelquefois qu'une jolie maison dont on hérite, qu'un beau cheval ou un joli chien dont on se trouve le maître, qu'une tapisserie, qu'une pendule, pour adoucir une grande douleur, et pour faire moins sentir une grande perte [4].

Je suppose que les hommes soient éternels sur la terre, et je médite ensuite sur ce qui pourrait me faire connaître qu'ils se feraient alors une plus grande affaire de leur établissement, qu'ils ne s'en font dans l'état où sont les choses.

Si la vie est misérable, elle est pénible à supporter; si elle est heureuse, il est horrible de la perdre : l'un revient à l'autre [5].

Il n'y a rien que les hommes aiment mieux à conserver et qu'ils ménagent moins, que leur propre vie [6].

1. INDULGENCE. Il est certain que, dans cette indulgence, il entre une forte dose de mépris.
2. DE PLUS GRANDS. Cf. Montaigne, *Essais*, I, 53 : « Quoi que ce soit qui tombe en notre connaissance et jouissance, nous sentons qu'il ne nous satisfait pas, et allons béant après les choses advenir et inconnues, d'autant que les présentes ne nous saoulent point; non pas, à mon avis, qu'elles n'aient assez de quoi nous saouler; mais c'est que nous les saisissons d'une prise malade et déréglée. » Et Jouffroy, *Du problème de la destinée humaine* : « Là où vous aviez cru sentir une satisfaction complète, vous n'éprouvez plus qu'une satisfaction moindre, à laquelle succède une satisfaction moindre encore... Le cœur de l'homme et toutes les félicités de la vie mises en présence, le cœur de l'homme n'est point satisfait. »
3. QU'ON NE L'ESPÉRAIT. Cf. La Rochefoucauld : « On n'est jamais si heureux ni si malheureux qu'on s'imagine. »
4. D'UNE GRANDE PERTE. Cf. Pascal : « D'où vient que cet homme, qui a perdu son fils unique, ...n'y pense plus maintenant? Ne vous en étonnez pas : il est tout occupé à voir par où passera ce sanglier que les chiens poursuivent avec tant d'ardeur depuis six heures. »
5. A L'AUTRE. Cf. Pascal : « Le dernier acte est sanglant, quelque belle que soit la comédie en tout le reste. On jette enfin de la terre sur la tête, et en voilà pour jamais. »
6. LEUR PROPRE VIE. La Bruyère n'entend point que l'homme expose volontiers sa vie, mais qu'il ne sait pas en faire un bon emploi, qu'il la perd et la dissipe en bagatelles. « Réfléchissez, écrit Sénèque à Lucilius, et vous verrez qu'une grande partie de la vie se passe à mal faire, la plus grande à ne rien faire, toute la vie à faire autre chose

Irène se transporte à grands frais en[1] Epidaure, voit Esculape dans son temple, et le consulte sur tous ses maux. D'abord elle se plaint qu'elle est lasse et recrue de fatigue; et le dieu prononce que cela lui arrive par la longueur du chemin qu'elle vient de faire. Elle dit qu'elle est le soir sans appétit; l'oracle lui ordonne de dîner peu. Elle ajoute qu'elle est sujette à des insomnies; et il lui prescrit de n'être au lit que pendant la nuit. Elle lui demande pourquoi elle devient pesante, et quel remède; l'oracle répond qu'elle doit se lever avant midi, et quelquefois se servir de ses jambes pour marcher. Elle lui déclare que le vin lui est nuisible : l'oracle lui dit de boire de l'eau; qu'elle a des indigestions, et il ajoute qu'elle fasse diète. « Ma vue s'affaiblit, dit Irène. — Prenez des lunettes, dit Esculape. — Je m'affaiblis moi-même, continue-t-elle, et je ne suis ni si forte ni si saine que j'ai été. — C'est, dit le dieu, que vous vieillissez. — Mais quel moyen de guérir de cette langueur? — Le plus court, Irène, c'est de mourir, comme ont fait votre mère et votre aïeule. — Fils d'Apollon, s'écrie Irène, quel conseil me donnez-vous? Est-ce là toute cette science que les hommes publient, et qui vous fait révérer de toute la terre? Que m'apprenez-vous de rare et de mystérieux? Et ne savais-je pas tous ces remèdes que vous m'enseignez? — Que n'en usiez-vous donc, répond le dieu, sans venir me chercher de si loin, et abréger vos jours par un long voyage[2]? »

La mort n'arrive qu'une fois, et se fait sentir[3] à tous les mo-

que ce qu'on devrait. Où est l'homme qui mette quelque prix au temps, qui sache estimer un jour et comprendre qu' eurt à chaque instant? »

1. EN. Bossuet, Corneille, Molière, Racine, emploient de même *en* devant un nom de ville : « en Jérusalem, en Alger, en Argos. »

2. UN LONG VOYAGE. « On tint ce discours à Mme de Montespan, suivant les clefs, aux eaux de Bourbon, où elle allait souvent pour des maladies imaginaires. » Saint-Simon dit : « Elle aimait à voyager par inquiétude et mésaise partout, et allait aux terres d'Antin, à Fontevrault, à Bourbon, sans besoin des eaux. » Nous trouvons Mme de Montespan à Bourbon en 1676, en 1689; c'est dans cette ville qu'elle mourut le 27 mai 1707, âgée de soixante-six ans.

3. SE FAIT SENTIR. Cf. Montaigne, *Essais*, I, 19 : « Nos parlements envoient souvent exécuter les criminels au lieu où le crime est commis : durant le chemin, promenez-les par de belles maisons, faites-leur tant de bonne chère qu'il leur plaira. » Pensez-vous qu'ils s'en puissent réjouir? et que la finale intention de leur voyage leur étant ordinairement devant les yeux, ne leur ait altéré et affadi le goût à toutes ces commodités? Le but de notre carrière, c'est la mort; c'est l'objet nécessaire de notre visée : si elle nous effraie, comment est-il possible d'aller en avant sans fièvre. » Et Pascal : « Qu'on s'imagine un nombre d'hommes dans les chaînes, et tous condamnés à la mort, dont les uns, étant chaque jour égorgés à la vue des autres, ceux qui restent voient leur propre condition dans celle de leurs semblables, et, se regardant les uns les autres avec douleur et sans espérance attendent leur tour : c'est l'image de la condition des hommes. »

ments de la vie : il est plus dur de l'appréhender que de la souffrir[1] ?

L'inquiétude, la crainte, l'abattement, n'éloignent pas la mort, au contraire : je doute seulement que le ris excessif convienne aux hommes, qui sont mortels.

Ce qu'il y a de certain dans la mort est un peu adouci par ce qui est incertain ; c'est un indéfini dans le temps, qui tient quelque chose de l'infini et de ce qu'on appelle éternité[2].

Pensons que, comme nous soupirons présentement pour la florissante jeunesse qui n'est plus, et ne reviendra point, la caducité suivra, qui nous fera regretter l'âge viril où nous sommes encore, et que nous n'estimons pas assez.

L'on craint la vieillesse, que l'on n'est pas sûr de pouvoir atteindre.

L'on espère de vieillir, et l'on craint la vieillesse ; c'est-à-dire l'on aime la vie, et l'on fuit la mort.

C'est plus tôt fait de céder à la nature et de craindre la mort, que de faire de continuels efforts, s'armer de raisons et de réflexions, et être continuellement aux prises avec soi-même, pour ne la pas craindre[3].

Si de tous les hommes les uns mouraient, les autres non, ce serait une désolante affliction que de mourir.

Une longue maladie semble être placée entre la vie et la mort, afin que la mort même devienne un soulagement et à ceux qui meurent et à ceux qui restent[4].

---

1. LA SOUFFRIR. Cf. Publius Syrus : *Mortem timere crudelius est quam mori*. Et Pascal : « La mort est plus aisée à supporter sans y penser que la pensée de la mort sans péril. »

2. ÉTERNITÉ. On distingue, dans la philosophie et dans la langue, *l'infini* et *l'indéfini*. Ainsi l'espace et le temps sont indéfinis, l'immensité, l'éternité sont infinies. Il y a une quantité indéfinie d'étoiles, Dieu seul est infini.

3. PAS CRAINDRE. Cf. Montaigne, III, 12 : « Nous troublons la vie par le soin de la mort, et la mort par le soin de la vie : l'une nous ennuie et l'autre nous effraye. Ce n'est pas contre la mort que nous nous préparons ; c'est chose trop momentanée : un quart d'heure de passion, sans conséquence, sans nuisance, ne mérite pas de préceptes particuliers ; à dire vrai, nous nous préparons contre les préparations de la mort. La philosophie nous ordonne d'avoir la mort toujours devant les yeux, de la prévoir et considérer avant le temps, et nous donne après les règles et les précautions pour pourvoir à ce que cette prévoyance et cette pensée ne nous blesse : ainsi font les médecins qui nous jettent aux maladies, afin qu'ils aient à employer leurs drogues et leur art. » — On voit que Montaigne et après lui La Bruyère pensent que le seul remède contre la crainte de la mort est de n'y point penser. « Les hommes, dit Pascal, n'ayant pu guérir la mort, la misère, l'ignorance, se sont avisés pour se rendre heureux de n'y point penser. »

4. QUI RESTENT. La mort est un soulagement pour celui qui meurt, parce qu'elle le délivre de la maladie, et pour ceux qui restent, parce qu'elle les débarrasse du malade. Cette pensée est bien amère.

A parler humainement, la mort a un bel endroit, qui est de mettre fin à la vieillesse.

La mort qui prévient la caducité arrive plus à propos que celle qui la termine.

Le regret qu'ont les hommes du mauvais emploi du temps qu'ils ont déjà vécu, ne les conduit pas toujours à faire de celui qui leur reste à vivre un meilleur usage.

La vie est un sommeil [1]. Les vieillards sont ceux dont le sommeil a été plus long : ils ne commencent à se réveiller que quand il faut mourir. S'ils repassent alors sur tout le cours de leurs années, ils ne trouvent souvent ni vertus, ni actions louables qui les distinguent les unes des autres : ils confondent leurs différents âges, ils n'y voient rien qui marque assez pour mesurer le temps qu'ils ont vécu. Ils ont eu un songe confus, uniforme, et sans aucune suite : ils sentent néanmoins, comme ceux qui s'éveillent, qu'ils ont dormi longtemps.

Il n'y a pour l'homme que trois événements : naître, vivre et mourir ; il ne se sent pas naître, il souffre à mourir [2], et il oublie de vivre.

Il y a un temps où la raison [3] n'est pas encore, où l'on ne vit que par instinct, à la manière des animaux, et dont il ne reste dans la mémoire aucun vestige. Il y a un second temps où la raison se développe, où elle est formée, et où elle pourrait agir, si elle n'était pas obscurcie et comme éteinte par les vices de la complexion, et par un enchaînement de passions qui se succèdent les unes aux autres, et conduisent jusques au troisième et dernier âge. La raison, alors dans sa force, devrait produire ; mais elle est refroidie et ralentie par les années, par la maladie et la douleur, déconcertée ensuite par le désordre de la ma-

---

1. Un sommeil. Aucune comparaison n'a été plus souvent renouvelée que celle de la vie et du rêve. Qu'on lise Montaigne. *Apologie de Raymond Sebonde* : « Ceux qui ont apparié notre vie à un songe, ont eu de la raison, à l'aventure, plus qu'ils ne pensaient... » Et Pascal, *Pensées*, art. 3, tout le développement qui commence par « Si nous rêvions toutes les nuits la même chose... », et finit par : « La vie est un songe plus ou moins inconstant. »

2. Il souffre a mourir. Cela n'est pas toujours vrai ; la plupart des hommes, comme le dit Buffon, meurent sans le savoir : « La mort et la vie nous arrivent de la même façon, sans que nous le sentions, sans que nous puissions nous en apercevoir. »

3. La raison. La Bruyère parle de la raison, comme Pascal et comme Montaigne ; il se plaît à la ravaler. Nous préférons à ce scepticisme désolant le rationalisme de Bossuet et de Fénelon, affirmant le caractère impersonnel et divin de cette raison qui est en même temps la raison de chacun et la raison de tous, *et omnibus communis, et singulis casta*, selon l'expression de saint Augustin, lumière qui éclaire tout homme venant en ce monde, qui a son foyer en Dieu et ses rayons en chacun de nous.

chine, qui est dans son déclin : et ces temps néanmoins sont la vie de l'homme!

Les enfants[1] sont hautains, dédaigneux, colères, envieux, curieux, intéressés, paresseux, volages, timides, intempérants, menteurs, dissimulés; ils rient et pleurent facilement; ils ont des joies immodérées et des afflictions amères sur de très petits sujets; ils ne veulent point souffrir de mal, et aiment à en faire : ils sont déjà des hommes.

Les enfants n'ont ni passé ni avenir, et, ce qui ne nous arrive guère, ils jouissent du présent[2].

Le caractère de l'enfance paraît unique[3]; les mœurs, dans cet âge, sont assez les mêmes, et ce n'est qu'avec une curieuse attention qu'on en pénètre la différence : elle augmente avec la raison, parce qu'avec celle-ci[4] croissent les passions et les vices, qui seuls rendent les hommes si dissemblables entre eux, et si contraires à eux-mêmes.

Les enfants ont déjà de leur âme l'imagination et la mémoire, c'est-à-dire ce que les vieillards n'ont plus, et ils en tirent un merveilleux usage[5] pour leurs petits jeux et pour tous leurs amusements : c'est par elles qu'ils répètent ce qu'ils ont entendu dire, qu'ils contrefont ce qu'ils ont vu faire; qu'ils sont de tous

---

1. LES ENFANTS. Il ne faut pas oublier, en lisant ce jugement si âpre sur l'enfant, que La Bruyère a été précepteur dans la famille hautaine et colère des Condé et des Conti, et qu'il n'était point père. Il est vrai que le bon La Fontaine, qui était père et n'était point précepteur, n'est pas moins sévère pour l'enfance. Boileau, dans son imitation d'Horace, n'a pas daigné parler de cet âge. L'enfant ne tient aucune place dans la littérature du dix-septième siècle; le petit Joas seul fait exception, mais le petit Joas est-il bien un enfant?

2. DU PRÉSENT. Cf. Sophocle, les Trachiniennes. « Tu es encore dans l'âge où l'on ignore. La jeunesse naît à la vie dans de riantes retraites, et ni les rayons du Dieu dont la flamme dévore, ni l'onde des orages, ni le souffle des vents ne la flétrit. Elle passe dans la joie une vie exempte de peines... » — Ajax, sur le point de se tuer, dit à son fils : « En ce moment même, tu me parais digne d'envie, puisque tu ne sens aucun de ces maux, car l'âge où l'on ne sent rien est le plus doux instant de la vie; trop tôt tu connaîtras la joie et la souffrance. » — Et Victor Hugo :
Naître et ne pas savoir que l'enfance éphé-[mère,
Ruisseau de lait qui fuit sans une goutte [amère,
Est l'âge du bonheur et le seul doux mo-[ment
Que l'homme, ombre qui passe, ait sous [le firmament.

3. UNIQUE. C'est-à-dire uniforme. Tous les enfants, à quelque condition, à quelque race qu'ils appartiennent, ont à peu près les mêmes mœurs. A six mois, le fils du pauvre et celui du riche, le petit Chinois et le petit Français, sont identiques; à deux ans, ils sont encore très semblables; puis les différences paraissent; à vingt ans, on doute si l'un et l'autre sont de la même espèce.

4. AVEC CELLE-CI. Cela est absolument faux. Les vices ne croissent pas avec la raison, mais avec les préjugés que l'enfant reçoit par l'éducation. La raison est égale chez tous les hommes, et, bien loin d'être le principe de la différence qui existe entre eux, c'est elle qui fait que tous sont également des hommes, malgré la diversité des vices et des passions.

5. USAGE. Tout ce morceau est d'une observation très exacte et très ingénieuse.

métiers, soit qu'ils s'occupent en effet à mille petits ouvrages, soit qu'ils imitent les divers artisans par le mouvement et par le geste; qu'ils se trouvent à un grand festin, et y font bonne chère; qu'ils se transportent dans des palais et dans des lieux enchantés; que, bien que seuls, ils se voient un riche équipage et un grand cortège; qu'ils conduisent des armées, livrent bataille, et jouissent du plaisir de la victoire; qu'ils parlent aux rois et aux plus grands princes; qu'ils sont rois eux-mêmes, ont des sujets, possèdent des trésors qu'ils peuvent faire de feuilles d'arbres ou de grains de sable; et, ce qu'ils ignorent dans la suite de leur vie, savent, à cet âge, être les arbitres de leur fortune, et les maîtres de leur propre félicité.

Il n'y a nuls vices extérieurs et nuls défauts du corps qui ne soient aperçus par les enfants; ils les saisissent d'une première vue, et ils savent les exprimer par des mots convenables[1]: on ne nomme point plus heureusement. Devenus hommes, ils sont chargés, à leur tour[2], de toutes les imperfections dont ils se sont moqués.

L'unique soin des enfants est de trouver l'endroit faible de leurs maîtres, comme de tous ceux à qui ils sont soumis: dès qu'ils ont pu les entamer, ils gagnent le dessus, et prennent sur eux un ascendant qu'ils ne perdent plus. Ce qui nous fait déchoir une première fois de cette supériorité à leur égard, est toujours ce qui nous empêche de la recouvrer[3].

La paresse, l'indolence et l'oisiveté, vices si naturels[4] aux

---

1. CONVENABLE. Par le mot le plus propre, le plus énergique, par celui qui peint le mieux.

2. À LEUR TOUR. Parce que l'âge leur a imprimé son pli, les a déformés, leur a enlevé cette mobilité d'attitude et de physionomie qui fait que l'enfant, fût-il laid, n'est jamais ridicule.

3. LA RECOUVRER. Cf. Fénelon, *Éducation des filles*, ch. v: « Quoique vous veillez sur vous-même pour n'y laisser rien voir que de bon, n'attendez pas que l'enfant ne trouve aucun défaut en vous; souvent il aperçoit jusqu'à vos fautes les plus légères... D'ordinaire, ceux qui gouvernent les enfants ne leur pardonnent rien et se pardonnent tout à eux-mêmes. Cela excite dans les enfants un esprit de critique et de malignité; de façon que, quand ils ont vu faire quelque faute à une personne qui les gouverne, ils en sont ravis et ne cherchent qu'à la mépriser. »

4. VICES SI NATURELS. Fénelon croit que ces vices viennent plutôt de l'éducation que de la nature: « Remarquez un grand défaut des éducations ordinaires: on met tout le plaisir d'un côté et tout l'ennui de l'autre; tout l'ennui dans l'étude, tout le plaisir dans les divertissements. Que peut faire un enfant, sinon supporter impatiemment cette règle, et courir ardemment après les jeux? ». Et encore: « On fait une dangereuse impression d'ennui et de tristesse sur leur tempérament, en leur parlant toujours des mots et des choses qu'ils n'entendent point: nulle liberté, nul enjouement, toujours leçons, silence, posture gênée, corrections et menaces. Les anciens l'entendaient bien mieux: c'est par le plaisir des vers et de la musique que les principales sciences, les maximes des vertus et la politesse des mœurs s'introduisirent chez les Hébreux, chez les Égyptiens, chez les Grecs. »

enfants, disparaissent dans leurs jeux, où ils sont vifs, appliqués, exacts, amoureux des règles et de la symétrie, où ils ne se pardonnent nulle faute les uns aux autres, et recommencent eux-mêmes plusieurs fois une seule chose qu'ils ont manquée : présages certains qu'ils pourront un jour négliger leurs devoirs, mais qu'ils n'oublieront rien pour leurs plaisirs.

Aux enfants tout paraît grand, les cours, les jardins, les édifices, les meubles, les hommes, les animaux : aux hommes les choses du monde paraissent ainsi, et j'ose dire par la même raison, parce qu'ils sont petits.

Les enfants commencent entre eux par l'état populaire, chacun y est le maître; et, ce qui est bien naturel, ils ne s'en accommodent pas longtemps, et passent au monarchique. Quelqu'un se distingue, ou par une plus grande vivacité, ou par une meilleure disposition du corps, ou par une connaissance plus exacte des jeux différents et des petites lois qui les composent; les autres lui défèrent, et il se forme alors un gouvernement absolu qui ne roule que sur le plaisir.

Qui doute que les enfants ne conçoivent, qu'ils ne jugent, qu'ils ne raisonnent conséquemment? Si c'est seulement sur de petites choses, c'est qu'ils sont enfants, et sans une longue expérience; et si c'est en mauvais termes, c'est moins leur faute que celle de leurs parents ou de leurs maîtres.

C'est perdre toute confiance dans l'esprit des enfants, et leur devenir inutile, que de les punir des fautes qu'ils n'ont point faites, ou même sévèrement de celles qui sont légères[1]. Ils savent précisément et mieux que personne ce qu'ils méritent, et ils ne méritent guère que ce qu'ils craignent : ils connaissent si c'est à tort ou avec raison qu'on les châtie, et ne se gâtent pas moins par des peines mal ordonnées que par l'impunité.

On ne vit point assez pour profiter de ses fautes : on en commet pendant tout le cours de sa vie; et tout ce que l'on peut faire à force de faillir, c'est de mourir corrigé.

Il n'y a rien qui rafraîchisse le sang comme d'avoir su éviter de faire une sottise[2].

---

1. LÉGÈRES. On voudrait pouvoir citer tout le ch. v de l'*Éducation des filles*, où éclatent à la fois l'étonnante pénétration et l'exquise bonté de Fénelon : il veut que, dans l'éducation l'autorité ne trouve sa place que si la confiance et la persuasion ne sont pas assez fortes, qu'on n'emploie la correction que quand on ne saurait faire autrement, etc. Il va jusqu'à dire : « Quand même vous réduiriez les enfants par l'autorité à observer toutes vos règles, vous n'iriez pas à votre but; tout se tournerait en formalités gênantes, et peut-être en hypocrisie; vous les dégoûteriez du bien, dont vous devez chercher uniquement à leur inspirer l'amour. »

2. UNE SOTTISE. « C'est une figure bien heureuse, dit Suard, que celle qui

Le récit de ses fautes est pénible ; on veut les couvrir,[1] et en charger quelque autre. C'est ce qui donne le pas au directeur sur le confesseur.

Les fautes des sots sont quelquefois si lourdes et si difficiles à prévoir, qu'elles mettent les sages en défaut et ne sont utiles qu'à ceux qui les font[2].

L'esprit de parti abaisse les plus grands hommes jusques aux petitesses du peuple.

Nous faisons par vanité ou par bienséance les mêmes choses et avec les mêmes dehors que nous les ferions par inclination ou par devoir[3] : tel vient de mourir à Paris de la fièvre qu'il a gagnée à veiller sa femme qu'il n'aimait point[4].

Les hommes dans le cœur veulent être estimés, et ils cachent avec soin l'envie qu'ils ont d'être estimés ; parce que les hommes veulent passer pour vertueux, et que vouloir tirer de la vertu tout autre avantage que la même vertu[5], je veux dire l'estime et les louanges, ce ne serait plus être vertueux, mais aimer l'estime et les louanges, ou être vain : les hommes sont très vains, et ils ne haïssent rien tant que de passer pour tels[6].

Un homme vain trouve son compte à dire du bien ou du mal de soi[7] : un homme modeste ne parle point de soi.

On ne voit point mieux le ridicule de la vanité, et combien elle est un vice honteux, qu'en ce qu'elle n'ose se montrer, et qu'elle se cache souvent sous les apparences de son contraire[8].

---

transforme ainsi en sensation le sentiment qu'on veut exprimer. »

1. LES COUVRIR. Les cacher, les pallier.

2. LES FONT. Pensée originale et pleine de justesse : les sages ne savent point profiter des fautes des sots parce qu'ils ne peuvent imaginer que les sots le seront assez pour les commettre.

3. PAR DEVOIR. « On ne connaît point assez, dit Malebranche, que c'est la vanité qui donne le branle à la plupart de nos actions. » Et La Rochefoucauld : « La vertu n'irait pas loin si la vanité ne lui tenait compagnie. »

4. QU'IL N'AIMAIT POINT. La princesse de Conti, qui était Mlle de Blois, fille de Louis XIV, tomba malade de la petite vérole. Son mari, neveu du grand Condé, s'enferma avec elle, et lui donna tous ses soins. Elle guérit et il en mourut, 1685.

5. LA MÊME VERTU. La Bruyère avait d'abord écrit : la vertu même, et c'est la construction que nous emploierions aujourd'hui ; dans les deux dernières éditions, il a placé même avant le substantif, à l'exemple de Corneille et de Molière. On connaît le vers du Cid :

Sais-tu que ce vieillard fut la même
[vertu.

6. POUR TELS. Il faut avouer que tout ce paragraphe est écrit dans un style pénible et difficile ; notre auteur aurait pu exprimer une observation d'ailleurs fine et judicieuse avec moins de recherche et d'affectation.

7. DE SOI. Cf. La Rochefoucauld : « On aime mieux dire du mal de soi que de n'en point parler. »

8. SON CONTRAIRE. Cf. La Rochefoucauld : « L'humilité n'est souvent qu'une feinte soumission, dont on se sert pour soumettre les autres. C'est un artifice de l'orgueil qui s'abaisse pour s'élever, et bien qu'il se transforme en mille manières, il n'est jamais mieux déguisé et plus capable de tromper que lorsqu'il se cache sous la figure de l'humilité. »

La fausse modestie est le dernier raffinement de la vanité : elle fait que l'homme vain ne paraît point tel, et se fait valoir au contraire par la vertu opposée au vice qui fait son caractère : c'est un mensonge. La fausse gloire est l'écueil de la vanité ; elle nous conduit à vouloir être estimé par des choses qui, à la vérité, se trouvent en nous, mais qui sont frivoles et indignes qu'on les relève : c'est une erreur.

Les hommes parlent de manière, sur ce qui les regarde, qu'ils n'avouent d'eux-mêmes que de petits défauts[1], et encore ceux qui supposent en leurs personnes de beaux talents, ou de grandes qualités. Ainsi l'on se plaint de son peu de mémoire, content d'ailleurs de son grand sens et de son bon jugement[2] : l'on reçoit[3] le reproche de la distraction et de la rêverie, comme s'il nous accordait le bel esprit : l'on dit de soi qu'on est maladroit, et qu'on ne peut rien faire de ses mains, fort consolé de la perte de ces petits talents par ceux de l'esprit, ou par les dons de l'âme que tout le monde nous connaît : l'on fait l'aveu de sa paresse en des termes qui signifient toujours son désintéressement, et que l'on est guéri de l'ambition : l'on ne rougit point de sa malpropreté, qui n'est qu'une négligence pour les petites choses, et qui semble supposer qu'on n'a d'application que pour les solides et les essentielles. Un homme de guerre aime à dire que c'était par trop d'empressement ou par curiosité qu'il se trouva un certain jour à la tranchée, ou en quelque autre poste très périlleux, sans être de garde ni commandé, et il ajoute qu'il en fut repris par son général. De même une bonne tête, ou un ferme génie[4] qui se trouve né avec cette prudence que les autres hommes cherchent vainement à acquérir ; qui a fortifié la trempe de son esprit par une grande expérience ; que le nombre, le poids, la diversité, la difficulté, et l'importance des affaires, occupent seulement, et n'accablent point ; qui, par l'étendue de ses vues et de sa pénétration, se rend maître de tous les événements ; qui, bien loin de consulter toutes les réflexions qui sont écrites sur le gouvernement et la politique, est peut-être de ces âmes sublimes nées pour régir les autres, et sur qui ces premières règles ont été faites ; qui est détourné, par les grandes

---

1. DE PETITS DÉFAUTS. Cf. La Rochefoucauld : « Nous n'avouons de petits défauts que pour persuader que nous n'en avons pas de grands. »

2. JUGEMENT. « Tout le monde se plaint de sa mémoire, et personne ne se plaint de son jugement. »

3. L'ON REÇOIT. On accepte volontiers. Cf. Molière, *École des femmes*.

Ne voulant point céder et recevoir l'ennui
Qu'il me pût estimer moins civile que lui.

4. UN FERME GÉNIE. Il s'agit, dans ce caractère, de Louvois, si nous en croyons les clefs.

DE L'HOMME.

choses qu'il sait, des belles ou des agréables qu'il pourrait lire, et qui au contraire ne perd rien à retracer et à feuilleter[1], pour ainsi dire, sa vie et ses actions : un homme ainsi fait peut dire aisément, et sans se commettre, qu'il ne connaît aucun livre, et qu'il ne lit jamais.

On veut quelquefois cacher ses faibles, ou en diminuer l'opinion[2], par l'aveu libre que l'on en fait[3]. Tel dit : « Je suis ignorant, » qui ne sait rien. Un homme dit : « Je suis vieux, » il passe soixante ans ; un autre encore : « Je ne suis pas riche, » et il est pauvre.

La modestie n'est point, ou est confondue avec une chose toute différente de soi, si on la prend pour un sentiment intérieur qui avilit[4] l'homme à ses propres yeux, et qui est une vertu surnaturelle qu'on appelle humilité. L'homme, de sa nature, pense hautement et superbement de lui-même, et ne pense ainsi que de lui-même : la modestie ne tend qu'à faire que personne n'en souffre[5] : elle est une vertu du dehors, qui règle ses yeux, sa démarche, ses paroles, son ton de voix, et qui le fait agir extérieurement avec les autres comme s'il n'était pas vrai qu'il les compte pour rien.

Le monde est plein de gens qui, faisant intérieurement[6] et par habitude la comparaison d'eux-mêmes avec les autres, décident toujours en faveur de leur propre mérite, et agissent conséquemment.

Vous dites qu'il faut être modeste ; les gens bien nés ne demandent pas mieux : faites seulement que les hommes n'em-

---

1. FEUILLETER. Boileau a dit de même :

Feuilletez à loisir tous les siècles passés.

2. L'OPINION, qu'en ont les autres.

3. EN FAIT. Cf. Pascal : « Les discours d'humilité sont matières d'orgueil aux gens glorieux. »

4. AVILIT. Qui fait que l'homme se considère comme chose vile, en se comparant à l'immensité et à l'éternité divine.

5. N'EN SOUFFRE. Cf. Pascal : « Le moi est haïssable : Vous, Miton, le couvrez, vous ne l'ôtez pas pour cela ; vous êtes donc toujours haïssable. — Point, car en agissant, comme nous faisons, obligeamment pour tout le monde, on n'a plus sujet de nous haïr. — Cela est vrai, si on ne haïssait dans le moi que le déplaisir qui nous en revient. Mais si je le hais parce qu'il est injuste, qu'il se fait centre de tout, je le haïrai toujours. En un mot, le moi a deux qualités : il est injuste en soi, en ce qu'il se fait centre de tout ; il est incommode aux autres, en ce qu'il les veut asservir : car chaque moi est l'ennemi et voudrait être le tyran de tous les autres. Vous en ôtez l'incommodité, mais non pas l'injustice ; et ainsi vous ne le rendez pas aimable à ceux qui en haïssent l'injustice : vous ne le rendez aimable qu'aux injustes, qui n'y trouvent plus leur ennemi ; et ainsi vous demeurez injuste, et ne pouvez plaire qu'aux injustes. »

6. INTÉRIEUREMENT et non pas *extérieurement*, comme le portent certaines éditions ; *extérieurement* est une faute d'impression et n'a aucun sens. Il s'agit d'un retour sur soi-même, qui n'a le plus souvent pour objet que de satisfaire la vanité.

piétent pas sur ceux qui cèdent par modestie, et ne brisent pas ceux qui plient[1].

De même l'on dit : Il faut avoir des habits modestes ; les personnes de mérite ne désirent rien davantage. Mais le monde veut de la parure, on lui en donne ; il est avide de la superfluité, on lui en montre. Quelques-uns n'estiment les autres que par de beau linge ou par une riche étoffe ; l'on ne refuse pas toujours d'être estimé à ce prix. Il y a des endroits où il faut se faire voir : un galon d'or plus large ou plus étroit vous fait entrer ou refuser[2].

Notre vanité et la trop grande estime que nous avons de nous-mêmes nous fait soupçonner dans les autres une fierté à notre égard qui y est quelquefois, et qui souvent n'y est pas : une personne modeste n'a point cette délicatesse[3].

Comme il faut se défendre de cette vanité qui nous fait penser que les autres nous regardent avec curiosité et avec estime, et ne parlent ensemble que pour s'entretenir de notre mérite et faire notre éloge : aussi devons-nous avoir une certaine confiance qui nous empêche de croire qu'on ne se parle à l'oreille que pour dire du mal de nous, ou que l'on ne rit que pour s'en moquer[4].

D'où vient qu'*Alcippe* me salue aujourd'hui, me sourit, et se jette hors d'une portière de peur de me manquer ? Je ne suis pas riche, et je suis à pied : il doit, dans les règles, ne me pas voir. N'est-ce point pour être vu lui-même dans un même fond[5] avec un grand ?

---

1. CEUX QUI PLIENT. Cela est bien vrai. La Bruyère a déjà dit au chapitre des Grands : « Il ne coûte rien à un homme d'une certaine élévation d'être modeste. — La modestie est d'une pratique plus amère aux hommes d'une condition ordinaire : s'ils se jettent dans la foule, on les écrase... »

2. REFUSER. Cf. Montaigne, *Essais*, I, 42 : « Pourquoi, estimant un homme, l'estimez-vous tout enveloppé et empaqueté ? C'est le prix de l'épée que vous cherchez, non de la gaine : vous n'en donnerez à l'aventure pas un quatrain, si vous l'avez dépouillé. Il le faut juger par lui-même, non par ses atours ; et, comme le dit très plaisamment un ancien : savez-vous pourquoi vous l'estimez grand ? vous y comptez la hauteur de ses patins ? » Cet ancien est Sénèque qui dit dans la soixante-seizième *Épître* à Lucilius : *Nemo istorum, quos divitiæ honoresque in altiore fastigio ponunt, magnus est. Quare ergo magnus videtur ? Cum basi illum sua metiris... Hoc laboramus errore : sic nobis imponitur quod neminem æstimamus eo quod est, sed adjicimus illi et ea, quibus adornatus est. Atqui, quum voles veram hominis æstimationem inire, et scire qualis sit, nudum inspice.*

3. CETTE DÉLICATESSE. Cf. La Rochefoucauld. « Si nous n'avions point d'orgueil, nous ne nous plaindrions pas de celui des autres. »

4. S'EN MOQUER. Ces deux défauts, de croire que les autres ne sont occupés qu'à dire du bien de nous ou de croire qu'ils ne sont occupés qu'à en dire du mal, viennent de la même source, de notre vanité qui nous persuade que notre moi est le centre du tout. La vérité est que le plus souvent les autres ne pensent qu'à eux et non à nous.

5. FOND. Dans le fond d'une même voiture.

L'on est si rempli de soi-même, que tout s'y rapporte; l'on aime à être vu, à être montré, à être salué, même des inconnus : ils sont fiers s'ils l'oublient; l'on veut qu'ils nous devinent [1].

Nous cherchons notre bonheur hors de nous-mêmes [2], et dans l'opinion des hommes, que nous connaissons flatteurs, peu sincères, sans équité, pleins d'envie, de caprices et de préventions. Quelle bizarrerie [3] !

Il semble que l'on ne puisse rire que des choses ridicules : l'on voit néanmoins de certaines gens qui rient également des choses ridicules et de celles qui ne le sont pas. Si vous êtes sot et inconsidéré, et qu'il vous échappe devant eux quelque impertinence, ils rient de vous : si vous êtes sage, et que vous ne disiez que des choses raisonnables, et du ton qu'il les faut dire, ils rient de même [4].

Ceux qui nous ravissent les biens par la violence ou par l'injustice, et qui nous ôtent l'honneur par la calomnie, nous marquent assez leur haine pour nous; mais ils ne nous prouvent pas également qu'ils aient perdu à notre égard toute sorte d'estime : aussi ne sommes-nous pas incapables de quelque retour pour eux, et de leur rendre un jour notre amitié. La moquerie, au contraire, est de toutes les injures celle qui se pardonne le moins; elle est le langage du mépris, et l'une des manières dont il se fait le mieux entendre; elle attaque l'homme dans son dernier retranchement, qui est l'opinion qu'il a de soi-même; elle veut le rendre ridicule à ses propres yeux; et ainsi elle le convainc de la plus mauvaise disposition où l'on puisse être pour lui, et le rend irréconciliable.

C'est une chose monstrueuse que le goût et la facilité qui est en nous de railler, d'improuver et de mépriser les autres; et tout

---

1. Nous devinent. Qu'ils devinent qui nous sommes. Pascal a dit dans un sentiment analogue : « Nous sommes si présomptueux, que nous voudrions être connus de toute la terre, et même des gens qui viendront quand nous ne serons plus; et nous sommes si vains, que l'estime de cinq ou six personnes qui nous environnent, nous amuse et nous contente. »

2. Hors de nous-mêmes. Pascal dit: « Le bonheur n'est ni hors de nous ni dans nous; il est en Dieu, et hors et dans nous. »

3. Quelle bizarrerie! Cela n'est nullement bizarre. Si nous attachons un si grand prix à l'opinion des hommes, ce n'est pas parce que nous les connaissons flatteurs, peu sincères, sans équité, etc., mais parce qu'ils sont nos semblables et que nous ne pouvons chercher d'autres juges. Pascal dit fort bien : « L'homme estime si grande la raison de l'homme que, quelque avantage qu'il ait sur la terre, s'il n'est placé avantageusement ainsi dans la raison de l'homme, il n'est pas content. C'est la plus belle place du monde : rien ne peut le détourner de ce désir, et c'est la qualité la plus ineffaçable du cœur de l'homme. »

4. De même. Ils rient des choses ridicules parce qu'ils les comprennent, et des choses raisonnables parce qu'ils ne les comprennent pas.

ensemble la colère que nous ressentons contre ceux qui nous raillent, nous improuvent, et nous méprisent.

La santé et les richesses, ôtant aux hommes l'expérience du mal, leur inspirent la dureté pour leurs semblables; et les gens déjà chargés de leur propre misère sont ceux qui entrent davantage par la compassion dans celle d'autrui [1].

Il semble qu'aux âmes bien nées les fêtes, les spectacles, la symphonie [2], rapprochent et font mieux sentir l'infortune de nos proches ou de nos amis.

Une grande âme est au-dessus de l'injure, de l'injustice, de la douleur, de la moquerie; et elle serait invulnérable, si elle ne souffrait par la compassion [3].

Il y a une espèce de honte d'être heureux à la vue de certaines misères [4].

On est prompt à connaître ses plus petits avantages, et lent à pénétrer ses défauts : on n'ignore point qu'on a de beaux sourcils, les ongles bien faits; on sait à peine que l'on est borgne; on ne sait point du tout que l'on manque d'esprit [5].

Argyre tire son gant pour montrer une belle main, et elle ne néglige pas de découvrir un petit soulier qui suppose qu'elle a le pied petit : elle rit des choses plaisantes ou sérieuses pour faire voir de belles dents : si elle montre son oreille, c'est qu'elle l'a bien faite; et si elle ne danse jamais, c'est qu'elle est peu contente de sa taille, qu'elle a épaisse : elle entend tous ses intérêts, à l'exception d'un seul; elle parle toujours, et n'a point d'esprit.

Les hommes comptent presque pour rien toutes les vertus du cœur, et idolâtrent les talents du corps et de l'esprit : celui qui dit froidement de soi, et sans croire blesser la modestie, qu'il est bon, qu'il est constant, fidèle, sincère, équitable, reconnaissant,

---

1. CELLES D'AUTRUI. Cf. Virgile :
Non ignara mali; miseris succurrere disco.
... Sunt lacrimæ rerum, et mentem mortalia tangunt.

2. FONT MIEUX SENTIR. Pensée profonde et humaine. C'est surtout au milieu des fêtes, quand les âmes se mêlent et se confondent, que nous nous sentons véritablement hommes, et que, goûtant le seul bonheur qu'on puisse goûter sur la terre, celui de vivre en harmonie avec nos semblables, nous sommes pris de pitié pour ceux qui n'y participent point.

3. LA COMPASSION. Une âme est grande d'autant qu'elle souffre moins de ses propres maux, et davantage des maux d'autrui. — L'insensibilité d'un Caton qui dit au père de famille de vendre les vieux bœufs, les vieux fers, les vieux esclaves, n'est pas grandeur, mais brutalité.

4. CERTAINES MISÈRES. L'auteur des *Caractères*, si sévère, si impitoyable pour les vices et même pour les ridicules, est plein de compassion pour les misères qui viennent de l'indigence. Voir au chapitre des *biens de fortune* : « Il y a des misères sur la terre qui saisissent le cœur... »

5. MANQUE D'ESPRIT. Ce dernier trait est fort plaisant, parce qu'on ne l'attend point.

n'ose dire qu'il est vif, qu'il a les dents belles et la peau douce : cela est trop fort[1].

Il est vrai qu'il y a deux vertus que les hommes admirent, la bravoure et la libéralité, parce qu'il y a deux choses qu'ils estiment beaucoup, et que ces vertus font négliger, la vie et l'argent : aussi personne n'avance de soi qu'il est brave ou libéral.

Personne ne dit de soi, et surtout sans fondement, qu'il est beau, qu'il est généreux, qu'il est sublime : on a mis ces qualités à un trop haut prix ; on se contente de le penser.

Quelque rapport qu'il paraisse de la jalousie à l'émulation[2], il y a entre elles le même éloignement que celui qui se trouve entre le vice et la vertu.

La jalousie et l'émulation s'exercent sur le même objet, qui est le bien ou le mérite des autres ; avec cette différence que celle-ci est un sentiment volontaire, courageux, sincère, qui rend l'âme féconde, qui la fait profiter des grands exemples, et la porte souvent au-dessus de ce qu'elle admire ; et que celle-là au contraire est un mouvement violent et comme un aveu contraint du mérite qui est hors d'elle ; qu'elle va même jusques à nier la vertu dans les sujets où elle existe, ou qui, forcée de la reconnaître, lui refuse les éloges ou lui envie les récompenses ; une passion stérile qui laisse l'homme dans l'état où elle le trouve, qui le remplit de lui-même, de l'idée de sa réputation, qui le rend froid et sec sur les actions ou sur les ouvrages d'autrui, qui fait qu'il s'étonne de voir dans le monde d'autres talents que les siens, ou d'autres hommes avec les mêmes talents dont il se pique : vice honteux, et qui, par son excès, rentre toujours dans la vanité et dans la présomption, et ne persuade pas tant à celui qui en est blessé[3], qu'il a plus d'esprit et de mérite que les autres, qu'il lui fait croire qu'il a lui seul de l'esprit et du mérite.

L'émulation et la jalousie ne se rencontrent guère que dans les personnes de même art, de mêmes talents et de même condition[4]. Les plus vils artisans sont les plus sujets à la jalousie.

---

1. TROP FORT. Cf. La Rochefoucauld : « Chacun dit du bien de son cœur et personne n'en ose dire de son esprit. »

2. ÉMULATION. La jalousie est un désir secret de ravaler les autres à notre niveau ; l'émulation est l'ambition hautement avouée de nous relever au niveau d'autrui.

3. BLESSÉ. Cette expression : être blessé d'une passion, est très fréquente au dix-septième siècle. Cf. Racine, *Phèdre*.

Ariane, ma sœur ! de quel amour blessée,
Vous mourûtes aux bords où vous fûtes
(laissée !

4. MÊME CONDITION. Hésiode a dit : « Le potier porte envie au potier, l'artisan à l'artisan, le poëte au poëte. »

Ceux qui font profession des arts libéraux ou des belles-lettres, les peintres, les musiciens, les orateurs, les poètes, tous ceux qui se mêlent d'écrire, ne devraient être capables que d'émulation [1].

Toute jalousie n'est point exempte de quelque sorte d'envie, et souvent même ces deux passions se confondent. L'envie, au contraire, est quelquefois séparée de la jalousie, comme est celle qu'excitent dans notre âme les conditions fort élevées au-dessus de la nôtre, les grandes fortunes, la faveur, le ministère.

L'envie et la haine s'unissent toujours et se fortifient l'une l'autre dans un même sujet; et elles ne sont reconnaissables entre elles qu'en ce que l'une s'attache à la personne, l'autre à l'état et à la condition.

Un homme d'esprit n'est point jaloux d'un ouvrier qui a travaillé une bonne épée, ou d'un statuaire qui vient d'achever une belle figure. Il sait qu'il y a dans ces arts des règles et une méthode qu'on ne devine point, qu'il y a des outils à manier dont il ne connaît ni l'usage, ni le nom, ni la figure [2], et il lui suffit de penser qu'il n'a point fait l'apprentissage d'un certain métier, pour se consoler de n'y être point maître. Il peut, au contraire, être susceptible d'envie et même de jalousie contre un ministre et contre ceux qui gouvernent, comme si la raison et le bon sens, qui lui sont communs avec eux, étaient les seuls instruments qui servent à régir un État et à présider aux affaires publiques, et qu'ils dussent suppléer aux règles, aux préceptes, à l'expérience.

L'on voit peu d'esprits entièrement lourds et stupides; l'on en voit encore moins qui soient sublimes et transcendants. Le commun des hommes nage entre ces deux extrémités: l'intervalle est rempli par un grand nombre de talents ordinaires, mais qui sont d'un grand usage, servent à la république, et renferment en soi l'utile et l'agréable; comme le commerce, les finances, le détail des armées, la navigation, les arts [3], les métiers, l'heureuse mémoire, l'esprit du jeu [4], celui de la société et de la conversation.

---

1. ÉMULATION. Cf. Boileau, *Art poétique*, chant IV :

Fuyez, fuyez surtout ces basses jalousies,
Des vulgaires esprits malignes frénésies.
Un sublime écrivain n'en peut être infecté;
C'est un vice qui suit la médiocrité.

2. NI LA FIGURE. Ni la forme.

3. LES ARTS. Le génie d'un Phidias, d'un Raphaël, d'un Beethoven n'est pas un talent ordinaire.

4. DU JEU. On est étonné de trouver l'esprit du jeu parmi les talents qui sont d'un grand usage et renferment en soi l'utile et l'agréable. C'est que cet esprit, qui nous paraît aujourd'hui, et avec raison, si méprisable, était beaucoup trop estimé au dix-septième

Tout l'esprit qui est au monde est inutile à celui qui n'en a point : il n'a nulles vues, et il est incapable de profiter de celles d'autrui [1].

Le premier degré dans l'homme après la raison, ce serait de sentir qu'il l'a perdue ; la folie même est incompatible avec cette connaissance. De même, ce qu'il y aurait en nous de meilleur après l'esprit, ce serait de connaître qu'il nous manque : par là on ferait l'impossible, on saurait, sans esprit, n'être pas un sot, ni un fat, ni un impertinent [2].

Un homme qui n'a de l'esprit que dans une certaine médiocrité est sérieux [3] et tout d'une pièce : il ne rit point, il ne badine jamais, il ne tire aucun fruit de la bagatelle ; aussi incapable de s'élever aux grandes choses que de s'accommoder même par relâchement des plus petites, il sait à peine jouer avec ses enfants.

Tout le monde dit d'un fat qu'il est un fat, personne n'ose le lui dire à lui même : il meurt sans le savoir, et sans que personne se soit vengé.

Quelle mésintelligence entre l'esprit et le cœur ! Le philosophe vit mal avec tous ses préceptes ; et le politique rempli de vues et de réflexions ne sait pas se gouverner.

L'esprit s'use comme toutes choses ; les sciences sont ses aliments, elles le nourrissent et le consument.

Les petits sont quelquefois chargés [4] de mille vertus inutiles ; ils n'ont pas de quoi les mettre en œuvre.

Il se trouve des hommes qui soutiennent facilement le poids de la faveur et de l'autorité, qui se familiarisent avec leur

---

siècle et surtout à la cour du grand roi. « Le marquis de Dangeau, dit M. Servois, lui devait en grande partie la situation qu'il avait acquise, et le mathématicien Sauveur, membre de l'Académie des sciences, se détourna de ses travaux pour faire, devant le roi et les courtisans, de scientifiques dissertations sur les combinaisons des jeux à la mode. »

1. D'AUTRUI. Il ne peut en profiter, parce qu'il ne les comprend point : « Les sots, dit Vauvenargues, ne comprennent pas les gens d'esprit. »

2. NI UN IMPERTINENT. Un homme, dans la société, se fait autant estimer en n'essayant point d'avoir l'esprit qui lui manque qu'en montrant l'esprit qu'il a.

3. SÉRIEUX. Cf. Montaigne, Essais, III, v : « J'aime une sagesse gaie et civile, et fuis l'âpreté des mœurs et l'austérité, ayant pour suspecte toute mine rébarbative, tristemque vultus tetrici arrogantiam. Je crois Platon de bon cœur, qui dit les humeurs faciles ou difficiles être un grand préjudice à la bonté ou mauvaisité de l'âme. Socrate eut un visage constant, mais serein et riant, non lâcheusement constant comme le vieil Crassus qu'on ne vit jamais rire. La vertu est qualité plaisante et gaie. » Pascal dit fort bien : « On ne s'imagine Platon et Aristote qu'avec de grandes robes de pédants. C'étaient des gens honnêtes et, comme les autres, riant avec leurs amis. »

4. CHARGÉS. Les vertus sont comme un bagage inutile qui les accable de son poids, parce qu'ils ne trouvent pas où les employer.

propre grandeur, et à qui la tête ne tourne point dans les postes les plus élevés. Ceux au contraire que la fortune, aveugle, sans choix et sans discernement, a comme accablés de ses bienfaits, en jouissent avec orgueil et sans modération : leurs yeux, leur démarche, leur ton de voix et leur accès[1] marquent longtemps en eux l'admiration où ils sont d'eux-mêmes et de se voir si éminents ; et ils deviennent si farouches, que leur chute seule peut les apprivoiser.

Un homme haut et robuste, qui a une poitrine large et de larges épaules, porte légèrement et de bonne grâce un lourd fardeau : il lui reste encore un bras de libre ; un nain serait écrasé de la moitié de sa charge : ainsi les postes éminents rendent les grands hommes encore plus grands, et les petits beaucoup plus petits.

Il y a des gens qui gagnent à être extraordinaires[2] : ils voguent, ils cinglent[3] dans une mer où les autres échouent et se brisent ; ils parviennent, en blessant toutes les règles de parvenir : ils tirent de leur irrégularité et de leur folie tous les fruits d'une sagesse la plus consommée : hommes dévoués à d'autres hommes, aux grands à qui ils ont sacrifié[4], en qui ils ont placé leurs dernières espérances, ils ne les servent point, mais ils les amusent : les personnes de mérite et de service sont utiles aux grands, ceux-ci leur sont nécessaires ; ils blanchissent auprès d'eux dans la pratique des bons mots, qui leur tiennent lieu d'exploits dont ils attendent la récompense ; ils s'attirent, à force d'être plaisants, des emplois graves[5], et s'élèvent par un continuel enjouement jusqu'au sérieux des dignités ; ils finissent enfin, et rencontrent inopinément un avenir qu'ils n'ont ni

---

1. LEUR ACCÈS. Ils sont, comme le cyclope de Virgile :

Nec visu facilis, nec dictu affabilis ulli.

2. EXTRAORDINAIRE. Allusion soit au duc de Lauzun, soit plutôt au maréchal de la Feuillade. — La Feuillade avait fait ériger à ses frais en 1686 sur la place des Victoires, une statue de Louis XIV tenant sous ses pieds quatre esclaves enchaînés, avec cette inscription : *Viro immortali*. C'est lui qui conduisit les secours que le Roi envoya à l'empereur contre les Turcs, et il prit la plus grande part à la victoire de Saint-Gothard, 1664. Il fit à Candie une expédition, à ses frais, à la tête de deux cents gentilshommes volontaires ; ayant appris qu'en Espagne un M. de Saint-Aunay avait dit du mal du roi, il alla lui porter une provocation. C'était, dit Mᵐᵉ de Sévigné, « un courtisan passant tous les courtisans passés », et, selon la Farfe, « un fou de beaucoup d'esprit continuellement occupé à faire sa cour, et qui fit sa fortune par ses extravagances. »

3. CINGLENT. Ce verbe devrait s'écrire *singler*, car il vient de l'allemand *segeln*. Il ne faut pas le confondre avec *cingler*, frapper au moyen du cingulum, de la cravache.

4. SACRIFIÉ. Comme on sacrifie aux idoles.

5. GRAVES. Cf. Beaumarchais : « Il fallait un calculateur ; ce fut un danseur qui l'obtint. »

craint, ni espéré : ce qui reste d'eux sur la terre, c'est l'exemple de leur fortune, fatal à ceux qui voudraient le suivre.

L'on exigerait de certains personnages [1] qui ont une fois été capables d'une action noble, héroïque, et qui a été sue de toute la terre, que, sans paraître comme épuisés par un si grand effort [2], ils eussent du moins, dans le reste de leur vie, cette conduite sage et judicieuse qui se remarque même dans les hommes ordinaires; qu'ils ne tombassent point dans des petitesses indignes de la haute réputation qu'ils avaient acquise; que, se mêlant moins dans le peuple, et ne lui laissant pas le loisir de les voir de près, ils ne le fissent point passer de la curiosité et de l'admiration à l'indifférence, et peut-être au mépris.

Il coûte moins à certains hommes de s'enrichir de mille vertus que de se corriger d'un seul défaut; ils sont même si malheureux que ce vice est souvent celui qui convenait le moins à leur état, et qui pouvait leur donner dans le monde plus [3] de ridicule : il affaiblit l'éclat de leurs grandes qualités, empêche qu'ils ne soient hommes parfaits, et que leur réputation ne soit entière [4].

Quelques hommes, dans le cours de leur vie, sont si différents d'eux-mêmes par le cœur et par l'esprit, qu'on est sûr de se méprendre, si l'on en juge seulement par ce qui a paru d'eux dans la première jeunesse. Tels étaient pieux, sages, savants, qui, par cette mollesse inséparable d'une trop riante fortune, ne le sont plus. L'on en sait d'autres [5] qui ont commencé leur vie par les plaisirs, et qui ont mis ce qu'ils avaient d'esprit à les connaître, que les disgrâces [6] ensuite ont rendus religieux, sages,

---

1. CERTAINS PERSONNAGES. Les clefs nomment ici le duc d'Orléans, le vainqueur de Cassel.
2. EFFORT. Cf. Pascal : « Ce que peut la vertu d'un homme ne se doit pas mesurer par ses efforts, mais par son ordinaire. »
3. PLUS. Grammaticalement, il faudrait : le plus.
4. ENTIÈRE. Dans le sens de l'adjectif latin : integer.
5. D'AUTRES. Les clefs nomment M. de Rancé, l'illustre fondateur de la Trappe. — La Bruyère a peut-être songé à M. de Rancé, bien que certains traits de ce caractère ne puissent lui être appliqués; mais il a pu penser à beaucoup d'autres. Les conversions éclatantes n'étaient pas rares à cette époque; presque tous les grands personnages et toutes les héroïnes de la Fronde ont fini dans une retraite religieuse une vie commencée dans des pratiques bien différentes.
6. LES DISGRACES. Cf. Bossuet, Oraison funèbre de Henriette de France : « Les mauvais succès sont les seuls maîtres qui peuvent nous reprendre utilement et nous arracher cet aveu d'avoir failli qui coûte tant à notre orgueil. Alors, quand les malheurs nous ouvrent les yeux, nous repassons avec amertume sur tous nos faux pas : nous nous trouvons également accablés de ce que nous avons fait et de ce que nous avons manqué de faire : et nous ne savons plus par où excuser cette prudence présomptueuse qui se croyait infaillible. Nous voyons que Dieu seul est sage; et en déplorant vainement les fautes qui ont ruiné nos affaires, une meilleure réflexion nous apprend à déplorer celles

tempérants. Ces derniers sont, pour l'ordinaire, de grands sujets, et sur qui l'on peut faire beaucoup de fond : ils ont une probité éprouvée par la patience et par l'adversité ; ils entent sur cette extrême politesse que le commerce des femmes leur a donnée, et dont ils ne se défont jamais, un esprit de règle, de réflexion, et quelquefois une haute capacité qu'ils doivent à la chambre [1] et au loisir [2] d'une mauvaise fortune.

Tout notre mal vient de ne pouvoir être seuls [3] : de là le jeu, le luxe, la dissipation, le vin, les femmes, l'ignorance, la médisance, l'envie, l'oubli de soi-même et de Dieu.

L'homme semble quelquefois ne se suffire pas à soi-même : les ténèbres, la solitude [4] le troublent, le jettent dans des craintes frivoles et dans de vaines terreurs : le moindre mal alors qui puisse lui arriver est de s'ennuyer.

L'ennui est entré dans le monde par la paresse ; elle a beaucoup de part dans la recherche que font les hommes des plaisirs, du jeu, de la société. Celui qui aime le travail a assez de soi-même [5].

qui ont perdu notre éternité, avec cette singulière consolation qu'on les sépare quand on les pleure. » — Si l'on veut entrer dans le sentiment qui a inspiré ce morceau et le pénétrer complètement, il faut lire le sermon de Bossuet pour la profession de Mᵐᵉ de La Vallière.

1. A LA CHAMBRE. A la retraite, à la solitude. Cette chambre fait songer au *poêle* de cette petite ville d'Allemagne où Descartes conçut sa méthode.

2. LOISIR. *Deus nobis hæc otia fecit.* Tel fut le loisir que fit à Cicéron la défaite de Pharsale.

3. ÊTRE SEULS. Cf. Pascal : « J'ai dit souvent que tout le malheur des hommes vient d'une seule chose, qui est de ne savoir pas demeurer en repos dans une chambre... On ne recherche la conversation et les divertissements des jeux que parce qu'on ne peut demeurer chez soi avec plaisir... De là vient que le jeu et la conversation des femmes, la guerre, les grands emplois sont si recherchés... De là vient que les hommes aiment tant le bruit et le remuement ; de là vient que la prison est un supplice si horrible ; de là vient que le plaisir de la solitude est une chose incompréhensible. » Et ailleurs : « Rien n'est si insupportable à l'homme que d'être dans un plein repos, sans passion, sans affaire, sans divertissement, sans application. Il sent alors son néant, son abandon, son insuffisance, sa dépendance, son impuissance, son vide. Incontinent, il sortira du fond de son âme l'ennui, la noirceur, la tristesse, le chagrin, le dépit, le désespoir. »

4. LES TÉNÈBRES, LA SOLITUDE. Cf. Pascal : « En regardant tout l'univers muet, et l'homme sans lumière, abandonné à lui-même, et comme égaré dans ce recoin de l'univers, j'entre en effroi... et j'admire comment on n'entre point en désespoir d'un si misérable état. » Et ailleurs : « Le silence éternel de ces espaces infinis m'effraye. » — Il faut avouer que La Bruyère, qui a certainement imité Pascal, est resté bien loin de cette farouche éloquence.

5. DE SOI-MÊME. Ici La Bruyère a vu plus juste que Pascal, parce qu'il ne se contente pas de décrire cette maladie dont souffrent tous les hommes, c'est-à-dire l'ennui, il en indique le remède qui est le travail. Cf. Aug. Thierry : « Je voudrais que mon exemple servît à combattre l'espèce d'affaissement moral qui est la maladie de la génération nouvelle, qu'il pût ramener dans le droit chemin de la vie quelqu'une de ces âmes énervées qui se plaignent de manquer de foi, qui ne savent où se prendre... Pourquoi se dire avec tant d'amertume que, dans le monde constitué comme il est, il n'y a

La plupart des hommes emploient la meilleure partie[1] de leur vie à rendre l'autre misérable.

Il y a des ouvrages[2] qui commencent par A et finissent par Z; le bon, le mauvais, le pire, tout y entre; rien, en un certain genre, n'est oublié : quelle recherche, quelle affectation dans ces ouvrages! on les appelle des jeux d'esprit. De même, il y a un jeu dans la conduite; on a commencé, il faut finir, on veut fournir toute la carrière. Il serait mieux ou de changer ou de suspendre, mais il est plus rare et plus difficile de poursuivre : on poursuit, on s'anime par les contradictions; la vanité soutient, supplée à la raison, qui cède et qui se désiste : on porte ce raffinement jusque dans les actions les plus vertueuses, dans celles mêmes où il entre de la religion.

Il n'y a que nos devoirs qui nous coûtent[3], parce que leur pratique ne regarde que les choses que nous sommes étroitement obligés de faire, elle n'est pas suivie de grands éloges, qui est tout ce qui nous excite aux actions louables, et qui nous soutient dans nos entreprises. N... aime une piété fastueuse qui lui attire l'intendance des besoins des pauvres, le rend dépositaire de leur patrimoine, et fait de sa maison un dépôt public où se font les distributions; les gens à petits collets[4] et les *sœurs grises*[5] y ont une libre entrée; toute une ville voit ses aumônes, et les publie : qui pourrait douter qu'il soit[6] homme de bien, si ce n'est peut-être ses créanciers?

Géronte meurt de caducité, et sans avoir fait ce testament qu'il projetait depuis trente années : dix têtes viennent *ab intestat*

pas d'air pour toutes les poitrines, pas d'emploi pour toutes les intelligences? L'étude sérieuse et calme n'est-elle pas là? Et n'y a-t-il pas en elle un refuge, une espérance, une carrière à la portée de chacun de nous?... »

1. LA MEILLEURE PARTIE. Les huit premières éditions portaient : *la première partie...*

2. DES OUVRAGES. « On a cru à tort, dit Walkenaër, que ces mots désignaient le *Dictionnaire de l'Académie*. Cela ne se peut point, puisque ce caractère a été imprimé pour la première fois dans la cinquième édition en 1690, et que la première édition du Dictionnaire de l'Académie a paru en 1694. La Bruyère fait ici allusion à ces espèces de petites encyclopédies contenant des *traités sur toutes les sciences*, très abrégés, à l'usage de la noblesse, aux livres d'anecdotes, aux recueils intitulés : *Bibliothèque des gens de cour*, dont plusieurs sont rangés par ordre alphabétique. »

3. QUI NOUS COUTENT. Cela est très vrai. Que de gens se croient quittes de leurs devoirs, qu'ils ne remplissent point, en pratiquant certaines vertus fastueuses et propres à attirer les regards, auxquelles ils ne sont point obligés? — Cf. J.-J. Rousseau : « Les vertus privées sont souvent d'autant plus sublimes, qu'elles n'aspirent point à l'approbation d'autrui, mais seulement au bon témoignage de soi-même : La conscience du juste lui tient lieu des louanges de l'univers. »

4. LES GENS A PETITS COLLETS. Les ecclésiastiques.

5. LES SŒURS GRISES. Nom populaire des filles de la charité.

6. QU'IL SOIT. Nous dirions aujourd'hui : *qu'il ne soit*. Cependant Fénelon a dit : « Peut-on craindre que la terre manque aux hommes? »

partager sa succession. Il ne vivait depuis longtemps que par les soins d'*Astérie*, sa femme, qui, jeune encore, s'était dévouée à sa personne, ne le perdait pas de vue, secourait sa vieillesse, et lui a enfin fermé les yeux. Il ne lui laisse pas assez de bien pour pouvoir se passer, pour vivre, d'un autre vieillard.

Laisser perdre charges et bénéfices plutôt que de vendre ou de résigner[1], même dans son extrême vieillesse, c'est se persuader qu'on n'est pas du nombre de ceux qui meurent; ou si l'on croit que l'on peut mourir, c'est s'aimer soi-même, et n'aimer que soi.

Fauste est un dissolu, un prodigue, un libertin, un ingrat, un emporté, qu'*Aurèle*, son oncle, n'a pu haïr ni déshériter.

Frontin, neveu d'Aurèle, après vingt années d'une probité connue et d'une complaisance aveugle pour ce vieillard, ne l'a pu fléchir en sa faveur, et ne tire de sa dépouille qu'une légère pension que Fauste, unique légataire, lui doit payer.

Les haines sont si longues et si opiniâtres que le plus grand signe de mort, dans un homme malade, c'est la réconciliation.

L'on s'insinue auprès de tous les hommes, ou en les flattant dans les passions qui occupent leur âme, ou en compatissant aux infirmités qui affligent leur corps. En cela seul consistent les soins que l'on peut leur rendre; de là vient que celui qui se porte bien, et qui désire peu de chose, est moins facile à gouverner.

La mollesse et la volupté naissent avec l'homme, et ne finissent qu'avec lui; ni les heureux ni les tristes événements ne l'en peuvent séparer; c'est pour lui ou le fruit de la bonne fortune, ou un dédommagement de la mauvaise.

C'est une grande difformité dans la nature qu'un vieillard amoureux.

Peu de gens se souviennent d'avoir été jeunes, et combien il leur était difficile d'être chastes et tempérants. La première chose qui arrive aux hommes après avoir renoncé aux plaisirs, ou par bienséance, ou par lassitude, ou par régime, c'est de les condamner dans les autres[2]. Il entre dans cette conduite une sorte d'attachement pour les choses mêmes que l'on vient de quitter; l'on aimerait qu'un bien qui n'est plus pour nous ne

---

1. VENDRE OU RÉSIGNER. Vendre ses charges (les charges étaient alors vénales), et résigner ses bénéfices, c'est-à-dire s'en démettre en faveur d'un autre.

2. DANS LES AUTRES. Cf. La Rochefoucauld : « Les vieillards aiment à donner de bons préceptes, pour se consoler de n'être plus en état de donner de mauvais exemples. »

fût plus aussi pour le reste du monde : c'est un sentiment de jalousie.

Ce n'est pas le besoin d'argent où les vieillards peuvent appréhender de tomber un jour qui les rend avares; car il y en a de tels qui ont de si grands fonds, qu'ils ne peuvent guère avoir cette inquiétude[1]; et d'ailleurs comment pourraient-ils craindre de manquer dans leur caducité des commodités de la vie, puisqu'ils s'en privent eux-mêmes volontairement pour satisfaire à leur avarice? Ce n'est point aussi l'envie de laisser de plus grandes richesses à leurs enfants, car il n'est pas naturel d'aimer quelque autre chose plus que soi-même, outre qu'il se trouve des avares qui n'ont point d'héritiers. Ce vice est plutôt l'effet de l'âge et de la complexion des vieillards, qui s'y abandonnent aussi naturellement qu'ils suivaient leurs plaisirs dans leur jeunesse, ou leur ambition dans l'âge viril. Il ne faut ni vigueur, ni jeunesse, ni santé, pour être avare; l'on n'a aussi nul besoin de s'empresser ou de se donner le moindre mouvement pour épargner ses revenus : il faut laisser seulement son bien dans ses coffres, et se priver de tout. Cela est commode aux vieillards, à qui il faut une passion, parce qu'ils sont hommes[2].

Il y a des gens qui sont mal logés, mal couchés, mal habillés et plus mal nourris, qui essuient les rigueurs des saisons, qui se privent eux-mêmes de la société des hommes, et passent leurs jours dans la solitude, qui souffrent du présent, du passé et de l'avenir, dont la vie est comme une pénitence continuelle, et qui ont ainsi trouvé le secret d'aller à leur perte par le chemin le plus pénible[3]; ce sont les avares.

Le souvenir de la jeunesse est tendre[4] dans les vieillards; ils

---

1. INQUIÉTUDE. Et cependant c'est cette inquiétude qui est le fond même du caractère de l'avare. Vauvenargues a admirablement défini l'avarice « une extrême défiance des événements qui cherche à s'assurer contre les instabilités de la fortune par une excessive prévoyance. »

2. HOMMES. Cf. La Rochefoucauld : « Il y a dans le cœur humain une génération perpétuelle de passions: en sorte que la ruine de l'une est presque toujours l'établissement d'une autre. »

3. PÉNIBLE. C'est-à-dire de perdre leur âme, de se damner par les moyens les plus pénibles. — Cette phrase de La Bruyère fait songer à un passage du troisième discours de Pascal sur la condition des grands : « Ce que je vous dis ne va pas bien loin; et si vous en demeurez là, vous ne laisserez pas de vous perdre; mais au moins vous vous perdrez en honnête homme. Il y a des gens qui se damnent si sottement par l'avarice, par la brutalité, par les débauches, par la violence, par les emportements, par les blasphèmes!... »

4. TENDRE. L'expression est bien juste. Il n'est guère de vieillard qui ne s'attendrisse quand il revient sur ses jeunes années. — Cf. Montaigne, III, 5 : « Les ans m'entraînent s'ils veulent, mais à reculons : autant que mes yeux peuvent reconnaître cette belle saison expirée, je les y détourne à secousse; si elle échappe de mon sang et de mes veines, au moins n'en veux-je déraciner l'image de la mémoire. »

aiment les lieux où ils l'ont passée ; les personnes qu'ils ont commencé de connaître dans ce temps leur sont chères ; ils affectent quelques mots du premier langage qu'ils ont parlé ; ils tiennent pour l'ancienne manière de chanter, et pour la vieille danse ; ils vantent les modes qui régnaient alors dans les habits, les meubles et les équipages ; ils ne peuvent encore désapprouver des choses qui servaient à leurs passions, qui étaient si utiles à leurs plaisirs, et qui en rappellent la mémoire. Comment pourraient-ils leur préférer de nouveaux usages et des modes toutes récentes, où ils n'ont nulle part, dont ils n'espèrent rien, que les jeunes gens ont faites, et dont ils tirent à leur tour de si grands avantages contre la vieillesse ?

Une trop grande négligence comme une excessive parure dans les vieillards multiplient leurs rides, et font mieux voir leur caducité.

Un vieillard est fier, dédaigneux, et d'un commerce difficile[1], s'il n'a beaucoup d'esprit.

Un vieillard qui a vécu à la cour, qui a un grand sens et une mémoire fidèle, est un trésor inestimable : il est plein de faits et de maximes ; l'on y trouve l'histoire du siècle, revêtue de circonstances très curieuses, et qui ne se lisent nulle part ; l'on y apprend des règles pour la conduite et pour les mœurs, qui sont toujours sûres, parce qu'elles sont fondées sur l'expérience.

Les jeunes gens, à cause des passions qui les amusent, s'accommodent mieux de la solitude que les vieillards[2].

Phidippe, déjà vieux, raffine sur la propreté et sur la mollesse ; il passe aux petites délicatesses ; il s'est fait un art du boire, du manger, du repos, et de l'exercice : les petites règles qu'il s'est prescrites, et qui tendent toutes aux aises de sa personne, il les observe avec scrupule. Il s'est accablé de superfluités, que l'habitude enfin lui rend nécessaires. Il double ainsi et renforce les liens qui l'attachent à la vie, et il veut employer ce qui lui en reste à en rendre la perte plus douloureuse : n'appréhendait-il pas assez de mourir ?

Gnathon ne vit que pour soi, et tous les hommes ensemble sont à son égard comme s'ils n'étaient point[3]. Non content de rem-

---

1. DIFFICILE. La Bruyère, en parlant de la vieillesse, s'est souvenu d'Horace plus que de Cicéron. Après avoir lu ces observations où la sympathie et le respect font également défaut, il faut relire le *De senectute* et relever nos regards vers les vieillards de Corneille.

2. LES VIEILLARDS. N'est-ce pas aussi parce qu'on goûte mieux les douceurs de l'amitié dans la vieillesse, comme on apprécie davantage le charme d'une société, quand on est à la veille de la quitter pour un long voyage ?

3. N'ÉTAIENT POINT. Cf. Racine, *Esther* :

plir à une table la première place, il occupe lui seul celle de deux autres ; il oublie que le repas est pour lui et pour toute la compagnie ; il se rend maître du plat, et fait son propre de chaque service ; il ne s'attache à aucun des mets, qu'il n'ait achevé d'essayer de tous ; il voudrait pouvoir les savourer tous tout à la fois. Il ne se sert à table que de ses mains ; il manie les viandes, les remanie, démembre, déchire, et en use de manière qu'il faut que les conviés, s'ils veulent manger, mangent ses restes. Il ne leur épargne aucune de ces malpropretés dégoûtantes, capables d'ôter l'appétit aux plus affamés ; le jus et les sauces lui dégouttent du menton et de la barbe ; s'il enlève un ragoût de dessus un plat, il le répand en chemin dans un autre plat et sur la nappe : on le suit à la trace ; il mange haut et avec grand bruit ; il roule les yeux en mangeant ; la table est pour lui un râtelier ; il écure ses dents, et il continue à manger [1]. Il se fait, quelque part où il se trouve, une manière d'établissement, et ne souffre pas d'être plus pressé au sermon ou au théâtre que dans sa chambre. Il n'y a dans un carrosse que les places du fond qui lui conviennent : dans toute autre, si on veut l'en croire, il pâlit et tombe en faiblesse. S'il fait un voyage avec plusieurs, il les prévient dans les hôtelleries, et il sait toujours se conserver dans la meilleure chambre le meilleur lit. Il tourne tout à son usage ; ses valets, ceux d'autrui, courent dans le même temps pour son service ; tout ce qu'il trouve sous sa main lui est propre, hardes, équipages. Il embarrasse tout le monde, ne se contraint pour personne, ne plaint personne, ne connaît de maux que les siens, que sa réplétion et sa bile, ne pleure point la mort des autres, n'appréhende que la sienne, qu'il rachèterait volontiers de l'extinction du genre humain.

Cliton n'a jamais eu en toute sa vie que deux affaires, qui est [2] de dîner le matin et de souper le soir : il ne semble né que pour la digestion. Il n'a de même qu'un entretien : il dit les entrées qui ont été servies au dernier repas où il s'est trouvé ; il dit combien il y a eu de potages, et quels potages ; il place ensuite le rôt et les entremets ; il se souvient exactement de quels plats on a relevé le premier service ; il n'oublie pas les *hors-d'œuvre*, le fruit et les assiettes ; il nomme tous les vins et toutes les liqueurs dont il a bu : il possède le langage des cuisines autant qu'il peut

---

Et les faibles mortels, vain jouet du trépas,
Sont tous devant ses yeux comme s'ils n'étaient pas.

1. A MANGER. Ce caractère renferme des détails qui répugnent à la délicatesse de nos mœurs et de notre goût.

2. QUI EST. C'est un latinisme : *quod est...*

s'étendre, et il me fait envie de manger à une bonne table où il ne soit point[1]. Il a surtout un palais sûr, qui ne prend point le change, et il ne s'est jamais vu exposé à l'horrible inconvénient de manger un mauvais ragoût ou de boire d'un vin médiocre. C'est un personnage illustre dans son genre, et qui a porté le talent de se bien nourrir jusques où il pouvait aller. On ne reverra plus un homme qui mange tant et qui mange si bien ; aussi est-il l'arbitre des bons morceaux, et il n'est guère permis d'avoir du goût pour ce qu'il désapprouve. Mais il n'est plus : il s'est fait du moins porter à table jusqu'au dernier soupir. Il donnait à manger le jour qu'il est mort. Quelque part où il soit, il mange ; et, s'il revient au monde, c'est pour manger[2].

Ruffin commence à grisonner ; mais il est sain, il a un visage frais et un œil vif qui lui promettent encore vingt années de vie ; il est gai, *jovial*, familier, indifférent[3] ; il rit de tout son cœur, et il rit tout seul et sans sujet, il est content de soi, des siens, de sa petite fortune ; il dit qu'il est heureux. Il perd son fils unique, jeune homme de grande espérance, et qui pouvait un jour être l'honneur de sa famille ; il remet sur d'autres le soin de le pleurer ; il dit : *Mon fils est mort, cela fera mourir sa mère* ; et il est consolé. Il n'a point de passions ; il n'a ni amis ni ennemis ; personne ne l'embarrasse, tout le monde lui convient, tout lui est propre ; il parle à celui qu'il voit une première fois avec la même liberté et la même confiance qu'à ceux qu'il appelle de vieux amis, et il lui fait part bientôt de ses *quolibets* et de ses historiettes. On l'aborde, on le quitte sans qu'il y fasse attention, et

---

1. NE SOIT POINT. Cf. Molière, le *Misanthrope* :

Mais le jeune Cléon chez qui vont aujour-
[d'hui
Nos plus honnêtes gens, que dites-vous de
[lui ?
— Que de son cuisinier il s'est fait un mé-
[rite,
Et que c'est à sa table à qui l'on rend vi-
[site.
— Il prend soin d'y servir des mets fort
[délicats.
— Oui, mais je voudrais bien qu'il ne s'y
[servît pas.
C'est un fort méchant plat que sa sotte
[personne,
Et qui gâte à mon goût tous les repas qu'il
[donne.

2. MANGER. Ce caractère et le précédent sont peu intéressants, ou du moins trop longuement développés. Ils auraient pu être supprimés, sans rien ôter à la gloire de notre auteur.

3. INDIFFÉRENT. Ce portrait de l'égoïste aimable et jovial est tracé de main de maître, avec une indulgence qui n'exclut point l'ironie. Il est curieux de le rapprocher des traits bien différents qu'emploie J.-J. Rousseau pour peindre le même caractère, tel qu'il croit le retrouver dans le *Philinte* de Molière : « Ce Philinte est un de ces honnêtes gens du grand monde dont les maximes ressemblent beaucoup à celles des fripons ; de ces gens si doux, si modérés, qui trouvent toujours que tout va bien, parce qu'ils ont intérêt que rien n'aille mieux ; qui sont toujours contents de tout le monde parce qu'ils ne se soucient de personne.... qui, de leur maison bien fermée, verraient voler, piller, égorger, massacrer tout le genre humain sans se plaindre, attendu que Dieu les a doués d'une douceur très méritoire à supporter les malheurs d'autrui... »

le même conte qu'il a commencé de faire à quelqu'un, il l'achève à celui qui prend sa place.

N** est moins affaibli par l'âge que par la maladie, car il ne passe point soixante-huit ans; mais il a la goutte, et il est sujet à une colique néphrétique; il a le visage décharné, le teint verdâtre, et qui menace ruine : il fait marner sa terre, et il compte que de quinze ans entiers il ne sera obligé de la fumer; il plante un jeune bois, et il espère qu'en moins de vingt années il lui donnera un beau couvert. Il fait bâtir dans la rue** une maison de pierre de taille, raffermie dans les encoignures par des mains de fer, et dont il assure, en toussant et avec une voix frêle et débile, qu'on ne verra jamais la fin : il se promène tous les jours dans ses ateliers sur le bras d'un valet qui le soulage, il montre à ses amis ce qu'il a fait, et il leur dit ce qu'il a dessein de faire. Ce n'est pas pour ses enfants qu'il bâtit, car il n'en a point, ni pour ses héritiers, personnes viles, et qui se sont brouillées avec lui : c'est pour lui seul [1], et il mourra demain.

Antagoras a un visage trivial [2] et populaire; un suisse de paroisse ou le saint de pierre qui orne le grand autel n'est pas mieux connu que lui de toute la multitude. Il parcourt le matin toutes les chambres et tous les greffes d'un parlement, et le soir les rues et les carrefours d'une ville : il plaide depuis quarante ans [3], plus proche de sortir de la vie que de sortir d'affaires. Il n'y a point eu au Palais, depuis tout ce temps, de causes célèbres ou de procédures longues et embrouillées où il n'ait du moins intervenu : aussi a-t-il un nom fait pour remplir la bouche de l'avocat, et qui s'accorde avec le demandeur ou le défendeur [4] comme le substantif et l'adjectif. Parent de tous, et haï de tous, il n'y a guère de familles dont il ne se plaigne et qui ne se plaignent de lui : appliqué successivement à saisir une terre, à s'opposer au sceau [5], à se servir d'un *committimus* [6], ou à mettre

---

1. C'EST POUR LUI SEUL. Si en effet N... plante et bâtit pour lui seul, il ne fait qu'obéir à cette illusion qui nous montre toujours la mort comme éloignée, même lorsqu'elle est le plus proche de nous. Mais ne peut-il pas répondre à la satire de La Bruyère par les vers de La Fontaine :

Mes arrière-neveux me devront cet ombrage :
Eh bien! défendez-vous au sage
De se donner des soins pour le plaisir d'autrui?
Cela même est un fruit que je goûte aujourd'hui :
J'en puis jouir demain, et quelques jours encore.

2. TRIVIAL. Connu de tous. — Le portrait est celui du plaideur. Cf. les *Plaideurs* de Racine.

3. QUARANTE ANS. Cf. Racine :

Depuis quand plaidez-vous? — Je ne m'en
(souviens pas.
Depuis trente ans au plus. . . . . . .

4. DÉFENDEUR. Le demandeur est celui qui fait le procès, le défendeur est celui à qui on le fait.

5. AU SCEAU. Mettre opposition à la vente d'une charge ou d'une rente sur l'État.

6. COMMITTIMUS. On appelait *lettres de committimus* ou simplement

un arrêt à exécution. Outre qu'il assiste chaque jour à quelques assemblées de créanciers, partout syndic de directions[1], et perdant à toutes les banqueroutes, il a des heures de reste pour ses visites : vieil[2] meuble de ruelle, où il parle procès et dit des nouvelles. Vous l'avez laissé dans une maison au Marais, vous le retrouverez au grand faubourg[3], où il vous a prévenu; et où déjà il redit ses nouvelles et son procès. Si vous plaidez vous-même, et que vous alliez le lendemain à la pointe du jour chez l'un de vos juges pour le solliciter, le juge attend pour vous donner audience qu'Antagoras soit expédié.

Tels hommes passent une longue vie à se défendre des uns et à nuire aux autres[4], et ils meurent consumés de vieillesse, après avoir causé autant de maux qu'ils en ont souffert.

Il faut des saisies de terre et des enlèvements de meubles, des prisons et des supplices, je l'avoue : mais justice, lois et besoins à part, ce m'est une chose toujours nouvelle[5] de contempler avec quelle férocité les hommes traitent d'autres hommes.

L'on voit[6] certains animaux farouches, des mâles et des fe-

---

committimus les lettres par lesquelles le roi accordait aux officiers de sa maison ou à d'autres privilégiés, le droit de plaider en première instance devant la chambre des requêtes, au Parlement de Paris, et d'y évoquer toutes leurs affaires.

1. SYNDIC DE DIRECTIONS. Celui qui était chargé de régir, dans l'intérêt des créanciers, les biens abandonnés par le débiteur.

2. VIEIL. Vieux. Aujourd'hui *vieil* ne s'emploie plus que devant une voyelle.

3. GRAND FAUBOURG. Le faubourg Saint-Germain.

4. AUX AUTRES. Ce trait fait penser au vieux Caton, dont Tite Live nous dit : « Non solum accusando, sed etiam causam dicendo, fatigavit inimicos Simultates nimio plures et exercuerunt eum, et ipse exercuit eas. »

5. TOUJOURS NOUVELLE. « Que de réformes poursuivies depuis lors et non menées à fin contient cette parole : « Le cœur d'un Fénelon y palpite sous un accent plus contenu. La Bruyère s'étonne, comme d'une chose toujours nouvelle, de ce que Mme de Sévigné trouvait tout simple, ou seulement un peu singulier; le dix-huitième siècle, qui s'étonnera de tant de choses, s'avance. » SAINTE-BEUVE.

6. L'ON VOIT. Ce morceau, qui est peut-être ce que La Bruyère a écrit de plus éloquent est de 1689. — Dès 1661, le médecin Gui Patin écrivait : « On minute de nouveaux impôts; et les pauvres gens meurent par toute la France de maladie, de misère, d'oppression, de pauvreté et de désespoir. » — A la fin du règne Racine est disgracié pour avoir remis au roi un mémoire sur la réforme des finances; Vauban, en 1707, voit sa *Dîme royale* condamnée au pilori; la même année, Boisguillebert écrit : « En 1698, il y avait encore de l'huile dans la lampe. Aujourd'hui tout à pris fin faute de matière... » Fénelon dit : « Les peuples ne vivent plus en hommes, il n'est plus permis de compter sur leur patience. La vieille machine achèvera de se briser au premier choc... On n'oserait envisager le bout de ses forces auquel on touche; tout se réduit à fermer les yeux et ouvrir la main pour prendre toujours. » Le soldat était aussi malheureux que le paysan : « Plusieurs fois, écrit le maréchal de Villars, nous avons cru que le pain manquerait absolument, et puis par des efforts on en a fait arriver pour un demi-jour. On gagna le lendemain en jeûnant. Quand M. d'Artagnan a marché, il a fallu que les brigades qui ne marchaient pas jeûnassent... C'est un miracle que nos subsistances, et une merveille que la vertu et la fermeté de nos soldats... *Panem nostrum quotidianum da nobis*

melles : répandus par la campagne, noirs, livides, et tout brûlés du soleil, attachés à la terre qu'ils fouillent et qu'ils remuent avec une opiniâtreté invincible: ils ont comme une voix articulée, et quand ils se lèvent sur leurs pieds, ils montrent une face humaine, et en effet ils sont des hommes. Ils se retirent la nuit dans des tanières, où ils vivent de pain noir, d'eau et de racines : ils épargnent aux autres hommes la peine de semer, de labourer et de recueillir pour vivre, et méritent ainsi de ne pas manquer de ce pain qu'ils ont semé [1].

Don Fernand. dans sa province [2], est oisif, ignorant, médisant, querelleux, fourbe, intempérant, impertinent; mais il tire l'épée contre ses voisins, et pour un rien il expose sa vie; il a tué des hommes, il sera tué [3].

Le noble de province, inutile à sa patrie, à sa famille et à lui-même, souvent sans toit, sans habit et sans aucun mérite, répète dix fois le jour qu'il est gentilhomme, traite les fourrures et les mortiers de bourgeoisie [4], occupé toute sa vie de ses parchemins et de ses titres, qu'il ne changerait pas contre les masses [5] d'un chancelier.

Il se fait généralement dans tous les hommes des combinaisons infinies de la puissance, de la faveur, du génie, des richesses, des dignités, de la noblesse, de la force, de l'industrie, de la capacité, de la vertu, du vice, de la faiblesse, de la stupidité, de la pauvreté, de l'impuissance, de la roture et de la bassesse. Ces

---

hodie, me disent-ils, quand je parcours les rangs, après qu'ils n'ont plus que le quart et la demi-ration. Je les encourage, je leur fais des promesses; ils se contentent de plier les épaules, et me regardent d'un air de résignation qui m'attendrit : « Monsieur le Maréchal a raison, disent-ils, il faut savoir souffrir quelquefois. »

1. ONT SEMÉ. Comparez, dans Buffon, un morceau analogue sur le paysan, (page 143-144 de notre édition des morceaux choisis). Buffon est resté bien au-dessous de La Bruyère. — Relire, aussi, dans La Fontaine, la fable *La mort et le bucheron*, qui, par sa douloureuse simplicité, mérite, beaucoup mieux que la déclamation de Buffon, d'être rapprochée du morceau de La Bruyère :

Point de pain quelquefois, et jamais de [repos;
Sa femme, ses enfants, les soldats, les [impôts,
Le créancier et la corvée
Lui font d'un malheureux la peinture [achevée.

2. DANS SA PROVINCE. Au caractère du laboureur qui sème le pain et n'en mange point, La Bruyère oppose celui du hobereau qui est inutile et nuisible, et qui sera tué, parce qu'il a tué. Il a déjà dit, au chap. *des grands* : « Un homme du peuple ne saurait faire aucun mal; un grand ne veut faire aucun bien et est capable de grands maux : l'un ne se forme et ne s'exerce que dans les choses qui sont utiles; l'autre y joint les pernicieuses... Faut-il opter? Je ne balance pas, je veux être peuple. »

3. TUÉ. Voir, pour l'intelligence complète de ce morceau, les *mémoires de Fléchier sur les Grands jours d'Auvergne* (1665-1666).

4. DE BOURGEOISIE. Les fourrures désignent l'université, et les mortiers la magistrature.

5. LES MASSES. Bâton à tête garnie d'argent qu'on portait par honneur dans les cérémonies devant le chancelier de France.

choses, mêlées ensemble en mille manières différentes, et compensées l'une par l'autre en divers sujets, forment aussi les divers états et les différentes conditions. Les hommes d'ailleurs, qui tous savent le fort et le faible les uns des autres, agissent aussi réciproquement comme ils croient le devoir faire, connaissent ceux qui leur sont égaux, sentent la supériorité que quelques-uns ont sur eux, et celle qu'ils ont sur quelques autres; et de là naissent entre eux ou la familiarité, ou le respect et la déférence, ou la fierté et le mépris. De cette source vient que, dans les endroits publics et où le monde se rassemble, on se trouve à tous moments entre celui que l'on cherche à aborder ou à saluer, et cet autre que l'on feint de ne pas connaître, et dont l'on veut encore moins se laisser joindre; que l'on se fait honneur de l'un, et qu'on a honte de l'autre; qu'il arrive même que celui dont vous vous faites honneur, et que vous voulez retenir, est celui aussi qui est embarrassé de vous, et qui vous quitte; et que le même est souvent celui qui rougit d'autrui et dont on rougit, qui dédaigne ici et qui là est dédaigné: il est encore assez ordinaire de mépriser qui nous méprise. Quelle misère! et, puisqu'il est vrai que, dans un si étrange commerce, ce que l'on pense gagner d'un côté on le perd de l'autre, ne reviendrait-il pas au même de renoncer à toute hauteur et à toute fierté, qui convient si peu aux faibles hommes, et de composer ensemble, de se traiter tous avec une mutuelle bonté, qui, avec l'avantage de n'être jamais mortifiés, nous procurerait un aussi grand bien que celui de ne mortifier personne [1]?

Bien loin de s'effrayer ou de rougir même du nom de philosophe, il n'y a personne au monde qui ne dût avoir une forte teinture de philosophie [2]. Elle convient à tout le monde; la pratique en est utile à tous les âges, à tous les sexes et à toutes les

---

1. MORTIFIER PERSONNE. Tout ce morceau dénote un esprit très fin et un très grand cœur: il fallait être bien exempt de préjugés pour s'écrier: « quelle misère! » à une époque où les querelles pour le rang et la préséance étaient la grande affaire. Et que de vraie charité dans ce vœu « se traiter tous avec une mutuelle bonté... et ne mortifier personne. »

2. PHILOSOPHIE. « L'on ne peut plus entendre que celle qui est dépendante de la religion chrétienne. » note de La Bruyère. — Les grands chrétiens du dix-septième siècle (sauf Pascal), les Arnauld, les Nicole, les Bossuet, les Fénelon étaient tous philosophes et philosophes Cartésiens. Cependant la philosophie restait suspecte ou commençait à le devenir. « Je vois, écrivait Bossuet, un grand combat se préparer contre l'Eglise sous le nom de philosophie Cartésienne. Je vois naître de son sein et de ses principes, à mon avis mal entendus, plus d'une hérésie; et je prévois que les conséquences qu'on en tire contre les dogmes qu'ont tenus nos pères... la vont rendre odieuse et feront perdre à l'Eglise tout le fruit qu'elle en pouvait espérer. » Celui qui inspirait ces inquiétudes à Bossuet n'était autre que le Père Malebranche de l'Oratoire.

conditions; elle nous console du bonheur d'autrui, des indignes préférences, des mauvais succès, du déclin de nos forces ou de notre beauté; elle nous arme contre la pauvreté, la vieillesse, la maladie et la mort, contre les sots et les mauvais railleurs; elle nous fait vivre sans une femme, ou nous fait supporter celle avec qui nous vivons [1].

Les hommes, en un même jour, ouvrent leur âme à de petites joies, et se laissent dominer par de petits chagrins : rien n'est plus inégal et moins suivi que ce qui se passe en si peu de temps dans leur cœur et dans leur esprit. Le remède à ce mal est de n'estimer les choses du monde précisément que ce qu'elles valent.

Il est aussi difficile de trouver un homme vain qui se croie assez heureux, qu'un homme modeste qui se croie trop malheureux.

Le destin du vigneron, du soldat et du tailleur de pierre m'empêche de m'estimer malheureux par la fortune des princes ou des ministres, qui me manque [2].

Il n'y a pour l'homme qu'un vrai malheur, qui est de se trouver en faute, et d'avoir quelque chose à se reprocher [3].

La plupart des hommes, pour arriver à leurs fins, sont plus capables d'un grand effort que d'une longue persévérance. Leur paresse ou leur inconstance leur fait perdre le fruit des meilleurs commencements. Ils se laissent souvent devancer par d'autres qui sont partis après eux, et qui marchent lentement, mais constamment [4].

J'ose presque assurer que les hommes savent encore mieux prendre des mesures que les suivre, résoudre ce qu'il faut faire et ce qu'il faut dire, que de faire ou de dire ce qu'il faut. On se propose fermement, dans une affaire qu'on négocie, de taire une certaine chose; et ensuite, ou par passion, ou par une intempérance de langue, ou dans la chaleur de l'entretien, c'est la première qui échappe.

Les hommes agissent mollement dans les choses qui sont de leur devoir, pendant qu'ils se font un mérite, ou plutôt une vanité, de s'empresser pour celles qui leur sont étrangères, et qui ne conviennent ni à leur état, ni à leur caractère [5].

---

1. Nous vivons. Cette plaisanterie un peu vulgaire termine mal un paragraphe si plein de vérités. Il ne faut pas oublier que La Bruyère n'était point marié.

2. Qui me manque. On s'estime toujours malheureux, si l'on regarde au-dessus de soi, et toujours heureux, si l'on regarde plus bas que soi.

3. A se reprocher. C'est que le malheur, comme le bonheur, est en nous et non hors de nous. Si l'honnête homme est en butte aux coups de la fortune, il se réfugie en lui-même; mais l'homme qui est son propre ennemi et qui se reproche quelque chose, où se réfugiera-t-il?

4. Constamment. La Bruyère avait lu la fable du *Lièvre et de la Tortue*.

5. Caractère. C'est à peu près ce

La différence d'un homme qui se revêt d'un caractère étranger à lui-même, quand il rentre dans le sien, est celle d'un masque à un visage.

Téléphe a de l'esprit, mais dix fois moins, de compte fait, qu'il ne présume d'en avoir : il est donc, dans ce qu'il dit, dans ce qu'il fait, dans ce qu'il médite et ce qu'il projette, dix fois au delà de ce qu'il a d'esprit ; il n'est donc jamais dans ce qu'il a de force et d'étendue : ce raisonnement est juste. Il a comme une barrière qui le ferme, et qui devrait l'avertir de s'arrêter en deçà ; mais il passe outre, il se jette hors de sa sphère, il trouve lui-même son endroit faible, et se montre par cet endroit : il parle de ce qu'il ne sait point, ou de ce qu'il sait mal ; il entreprend au-dessus de son pouvoir, il désire au delà de sa portée ; il s'égale à ce qu'il y a de meilleur en tout genre ; il a du bon et du louable, qu'il offusque[1] par l'affectation du grand ou du merveilleux : on voit clairement ce qu'il n'est pas, et il faut deviner ce qu'il est en effet. C'est un homme qui ne se mesure point, qui ne se connaît point : son caractère est de ne savoir pas se renfermer dans celui qui lui est propre, et qui est le sien.

L'homme du meilleur esprit est inégal, il souffre des accroissements et des diminutions ; il entre en verve, mais il en sort : alors, s'il est sage[2], il parle peu, il n'écrit point, il ne cherche point à imaginer ni à plaire. Chante-t-on avec un rhume? ne faut-il pas attendre que la voix revienne ?

Le sot est *automate*, il est machine[3], il est ressort ; le poids

---

que nous avons lu plus haut. « Il n'y a que nos devoirs qui nous coûtent... » Bourdaloue dit fort bien. « C'est pour cela, dit saint Chrysostome, que nous avons beaucoup moins de peine à faire plus que nous ne devons, qu'à faire ce que nous devons ; et qu'une des erreurs les plus communes parmi les personnes mêmes qui cherchent Dieu est de laisser le précepte et ce qui est d'obligation, pour s'attacher au conseil et à ce qui est de surérogation. Pourquoi? parce qu'à faire plus qu'on ne doit, il y a une certaine gloire que l'on ambitionne, et qui rend tout aisé ; au lieu qu'à faire ce que l'on doit, il n'y a point d'autre louange à espérer que celle des serviteurs inutiles : *servi inutiles sumus, quod debuimus facere fecimus.* »

1. QU'IL OFFUSQUE. Qu'il met dans l'ombre, qu'il couvre, qu'il dérobe aux yeux.

2. SAGE. « La Bruyère est cet homme sage. Il ne chante pas avec un rhume :

c'est-à-dire qu'il n'écrit jamais que dans ces moments d'inspiration où l'âme vivement frappée des objets les reçoit et les réfléchit dans le discours comme une glace fidèle. La forme seule de son livre pouvait lui permettre d'attendre toujours, et de toujours saisir les moments plus ou moins rares. Dans une composition où tout marche et se suit, on est quelquefois entraîné par la suite du raisonnement ou la liaison des idées : on développe un vaste plan, on tient la chaîne de ses créations, on craint qu'elle ne vienne à se rompre, on est tourmenté du besoin de continuer sa course, quand il faudrait se reposer. La Bruyère n'éprouve jamais ni le besoin, ni la crainte. » Victorin Fabre, *Éloge de La Bruyère.*

3. MACHINE. On connaît la théorie de l'animal-machine, un des paradoxes les plus singuliers de Descartes (voir la réfutation qu'en fait La Fontaine dans la fable, *Les deux rats, le re-*

l'emporte, le fait mouvoir, le fait tourner, et toujours, et dans le même sens, et avec la même égalité : il est uniforme, il ne se dément point ; qui l'a vu une fois, l'a vu dans tous les instants et dans toutes les périodes de sa vie ; c'est tout au plus le bœuf qui meugle, ou le merle qui siffle : il est fixé et déterminé par sa nature, et j'ose dire par son espèce. Ce qui paraît le moins en lui, c'est son âme ; elle n'agit point, elle ne s'exerce point, elle se repose.

Le sot ne meurt point [1] ; ou, si cela lui arrive, selon notre manière de parler, il est vrai de dire qu'il gagne à mourir, et que, dans ce moment où les autres meurent, il commence à vivre : son âme alors pense, raisonne, infère, conclut, juge, prévoit, fait précisément tout ce qu'elle ne faisait point ; elle se trouve dégagée d'une masse de chair, où elle était comme ensevelie sans fonction, sans mouvement, sans aucun du moins qui fût digne d'elle : je dirais presque qu'elle rougit [2] de son propre corps et des organes bruts et imparfaits auxquels elle s'est vue attachée si longtemps, et dont elle n'a pu faire qu'un sot ou qu'un stupide : elle va d'égal avec les grandes âmes, avec celles qui font les bonnes têtes ou les hommes d'esprit. L'âme d'*Alain* [3] ne se démêle plus d'avec celle du grand CONDÉ, de RICHELIEU, de PASCAL, et de LINGENDES [4].

La fausse délicatesse dans les actions libres, dans les mœurs ou dans la conduite, n'est pas ainsi nommée parce qu'elle est feinte, mais parce qu'en effet elle s'exerce sur des choses et en des occasions qui n'en méritent point. La fausse délicatesse de goût et de complexion n'est telle, au contraire, que parce qu'elle est feinte ou affectée. C'est *Emilie* qui crie de toute sa force sur un petit péril qui ne lui fait pas de peur ; c'est une autre qui par mignardise pâlit à la vue d'une souris, ou qui veut aimer les violettes, et s'évanouir aux tubéreuses [5].

Qui oserait se promettre de contenter les hommes ? Un prince,

---

nard et l'œuf). — La Bruyère s'empare de cette théorie pour en faire une application ingénieuse et vraiment plaisante.

1. POINT. Ce paragraphe est d'un style affecté, et l'on ne conçoit pas bien clairement ce que l'auteur veut dire.

2. ROUGIT. Une âme qui rougit du corps auquel elle s'est vue attachée... Cela est du style des précieuses et du plus mauvais.

3. ALAIN. Nom de valet ou de paysan dans les comédies ; par exemple, l'Alain de *l'École des Femmes*.

4. LINGENDES. Soit qu'il s'agisse du Jésuite Claude de Lingendes, célèbre prédicateur (1591-1660) ou de son frère Jean de Lingendes, évêque de Mâcon (né en 1595), député du clergé en 1655, on est un peu étonné de voir ce nom aujourd'hui obscur à côté de celui de Pascal.

5. AUX TUBÉREUSES. C'est-à-dire s'évanouir à l'odeur des tubéreuses. Ces ellipses hardies sont fréquentes dans La Bruyère.

quelque bon et quelque puissant qu'il fût, voudrait-il l'entreprendre? Qu'il l'essaye : qu'il se fasse lui-même une affaire de leurs plaisirs [1]; qu'il ouvre son palais à ses courtisans, qu'il les admette jusque dans son domestique ; que, dans des lieux dont la vue seule est un spectacle [2], il leur fasse voir d'autres spectacles ; qu'il leur donne le choix des jeux, des concerts et de tous les rafraîchissements ; qu'il y ajoute une chère splendide et une entière liberté ; qu'il entre avec eux en société des mêmes amusements ; que le grand homme devienne aimable, et que le héros soit humain et familier : il n'aura pas assez fait. Les hommes s'ennuient enfin des mêmes choses qui les ont charmés dans leurs commencements : ils déserteraient la *table des dieux*; et le *nectar*, avec le temps, leur devient insipide. Ils n'hésitent pas de critiquer [3] des choses qui sont parfaites ; il y entre de la vanité et une mauvaise délicatesse : leur goût, si on les en croit, est encore au delà de toute l'affectation [4] qu'on aurait à les satisfaire, et d'une dépense toute royale que l'on ferait pour y réussir ; il s'y mêle de la malignité, qui va jusques à vouloir affaiblir dans les autres la joie qu'ils auraient de les rendre contents. Ces mêmes gens, pour l'ordinaire si flatteurs et si complaisants, peuvent se démentir : quelquefois on ne les reconnaît plus, et l'on voit l'homme jusque dans le courtisan [5].

L'affectation dans le geste, dans le parler et dans les manières, est souvent une suite de l'oisiveté ou de l'indifférence ; et il semble qu'un grand attachement ou de sérieuses affaires jettent l'homme dans son naturel.

Les hommes n'ont point de caractère [6], ou, s'ils en ont, c'est celui de n'en avoir aucun qui soit suivi, qui ne se démente point, et où ils soient reconnaissables. Ils souffrent beaucoup à être toujours les mêmes, à persévérer dans la règle ou dans le

---

1. LEURS PLAISIRS. Il s'agit des fêtes que Louis XIV donnait à sa cour.

2. SPECTACLE. Versailles, Marly, Fontainebleau.

3. DE CRITIQUER. On employait alors la préposition *de* entre deux verbes dans beaucoup de cas où nous employons *à*.

4. L'AFFECTATION. L'empressement, le zèle.

5. COURTISAN. Ils étaient courtisans par la flatterie et la complaisance ; ils sont hommes par la malignité. — Cette réflexion est bien amère.

6. CARACTÈRE. La Harpe cherche à La Bruyère une bien sotte querelle ; il s'étonne que l'auteur des *Caractères* ait pu écrire que « les hommes n'ont point de caractère. » La pensée de l'auteur est cependant assez claire : elle ne signifie pas autre chose que ce que dit Montaigne : « Ceux qui s'exercent à contrôler les actions humaines ne se trouvent en aucune partie si empêchés qu'à les rapiécer et mettre à même lustre : car elles se contredisent communément de si étrange façon, qu'il semble impossible qu'elles soient parties de même boutique... » Voir tout le chapitre 1ᵉʳ du livre II, *de l'inconstance de nos actions.*

désordre ; et, s'ils se délassent quelquefois d'une vertu par une autre vertu, ils se dégoûtent plus souvent d'un vice par un autre vice ; ils ont des passions contraires et des faibles qui se contredisent ; il leur coûte moins de joindre des extrémités que d'avoir une conduite dont une partie naisse de l'autre. Ennemis de la modération, ils outrent toutes choses, les bonnes et les mauvaises, dont ne pouvant ensuite supporter l'excès, ils l'adoucissent[1] par le changement. *Adraste* était si corrompu et si libertin, qu'il lui a été moins difficile de suivre la mode et de se faire dévot : il lui eût coûté davantage d'être homme de bien.

D'où vient que les mêmes hommes qui ont un flegme tout prêt pour recevoir indifféremment les plus grands désastres, s'échappent, et ont une bile intarissable sur les plus petits inconvénients? Ce n'est pas sagesse en eux qu'une telle conduite, car la vertu est égale et ne se dément point : c'est donc un vice ; et quel autre que la vanité, qui ne se réveille et ne se recherche que dans les événements où il y a de quoi faire parler le monde, et beaucoup à gagner pour elle, mais qui se néglige sur tout le reste ?

L'on se repent rarement de parler peu, très souvent de trop parler : maxime usée et triviale, que tout le monde sait, et que tout le monde ne pratique pas.

C'est se venger contre soi-même, et donner un trop grand avantage à ses ennemis, que de leur imputer des choses qui ne sont pas vraies, et de mentir pour les décrier.

Si l'homme savait rougir de soi, quels crimes non seulement cachés, mais publics et connus, ne s'épargnerait il pas!

Si certains hommes ne vont pas dans le bien jusqu'où ils pourraient aller, c'est par le vice de leur première instruction.

Il y a dans quelques hommes une certaine médiocrité d'esprit qui contribue à les rendre sages[2].

Il faut aux enfants les verges et la férule[3] : il faut aux hommes faits une couronne, un sceptre, un mortier, des fourrures, des faisceaux, des timbales, des hoquetons[4]. La raison et la justice, dénuées de tous leurs ornements, ni ne persuadent, ni n'inti-

---

1. L'ADOUCISSENT. Cette construction : *dont... ils l'adoucissent*, est un véritable solécisme.
2. SAGES. Cf. Vauvenargues : « La médiocrité d'esprit et la paresse font plus de philosophes que les réflexions. »
3. LA FÉRULE. On a vu plus haut que ce n'était pas l'avis de Fénelon, dans *l'Éducation des filles*. Ce n'était pas non plus celui de Montaigne (voir l. I, c. XXV, *De l'Institution des enfants*, et l. II, c. VIII, *De l'affection des pères aux enfants*).
4. HOQUETONS. Casaques d'archers.

mident. L'homme, qui est esprit, se mène par les yeux et les oreilles [1].

Timon [2] ou le misanthrope peut avoir l'âme austère et farouche, mais extérieurement il est civil et *cérémonieux* : il ne s'échappe pas, il ne s'apprivoise pas avec les hommes ; au contraire, il les traite honnêtement et sérieusement ; il emploie à leur égard tout ce qui peut éloigner leur familiarité ; il ne veut pas les mieux connaître ni s'en faire des amis, semblable en ce sens à une femme qui est en visite chez une autre femme.

La raison tient de la vérité, elle est une : l'on n'y arrive que par un chemin, et l'on s'en écarte par mille. L'étude de la sagesse a moins d'étendue que celle que l'on ferait des sots et des impertinents. Celui qui n'a vu que des hommes polis et raisonnables, ou ne connaît pas l'homme, ou ne le connaît qu'à demi : quelque diversité qui se trouve dans les complexions ou dans les mœurs, le commerce du monde et la politesse donnent les mêmes apparences, font qu'on se ressemble les uns aux autres par des dehors qui plaisent réciproquement, qui semblent communs à tous, et qui font croire qu'il n'y a rien ailleurs qui ne s'y rapporte. Celui, au contraire, qui se jette dans le peuple ou dans la province, y fait bientôt, s'il a des yeux, d'étranges découvertes, y voit des choses qui lui sont nouvelles, dont il ne se doutait pas, dont il ne pouvait avoir le moindre soupçon ; il avance, par des expériences continuelles, dans la connaissance de l'humanité : il calcule presque en combien de manières différentes l'homme peut être insupportable.

Après avoir mûrement approfondi les hommes, et connu le faux de leurs pensées, de leurs sentiments, de leurs goûts et de leurs affections, l'on est réduit à dire qu'il y a moins à perdre pour eux par l'inconstance que par l'opiniâtreté.

Combien d'âmes faibles, molles [3] et indifférentes, sans de grands défauts, et qui puissent fournir à la satire ! Combien de

---

1. LES OREILLES. Cf. Pascal : « Nos magistrats ont bien connu ce mystère. Leurs robes rouges, leurs hermines dont ils s'emmaillottent en chats fourrés, les palais où ils jugent, les fleurs de lis, tout cet appareil auguste était fort nécessaire... C'est ainsi que nos rois se sont accompagnés de gardes, de hallebardes : ces trognes armées qui n'ont de main et de force que pour eux, les trompettes et les tambours qui marchent au-devant, et ces légions qui les environnent, ils ont la force. Il faudrait avoir une raison bien épurée pour regarder comme un autre homme le Grand-Seigneur, environné, dans son superbe sérail, de quarante mille janissaires. »

2. TIMON. Il est hors de doute que ce caractère renferme une critique du *Misanthrope* de Molière ; on peut la rapprocher de celle que Rousseau en a faite avec beaucoup plus de développements dans *la Lettre sur les spectacles*.

3. MOLLES. C'est le *cereus ad vitium flecti* d'Horace.

sortes de ridicules répandus parmi les hommes, mais qui, par leur singularité, ne tirent point à conséquence, et ne sont d'aucune ressource pour l'instruction et pour la morale ! Ce sont des vices uniques qui ne sont pas contagieux, et qui sont moins de l'humanité que de la personne [1].

CHAPITRE XII

DES JUGEMENTS

Rien ne ressemble plus à la vive persuasion que le mauvais entêtement : de là les partis, les cabales, les hérésies.

L'on ne pense pas toujours constamment [2] d'un même sujet : l'entêtement et le dégoût se suivent de près [3].

Les grandes choses étonnent, et les petites rebutent : nous nous apprivoisons avec les unes et les autres par l'habitude [4].

Deux choses toutes contraires nous préviennent également, — l'habitude et la nouveauté [5].

Il n'y a rien de plus bas, et qui convienne mieux au peuple, que de parler en des termes magnifiques de ceux-mêmes dont l'on pen... très modestement avant leur élévation.

La faveur des princes n'exclut pas le mérite, et ne le suppose pas aussi [6].

Il est étonnant qu'avec tout l'orgueil dont nous sommes gonflés, et la haute opinion que nous avons de nous-mêmes et de la bonté de notre jugement, nous négligions de nous en servir pour prononcer sur le mérite des autres [7]. La vogue, la faveur

1. LA PERSONNE. Il y a des ridicules et même des vices qui sont uniques et personnels ; le moraliste et aussi l'auteur comique et le romancier ne doivent point en faire l'objet de leurs études et de leurs peintures ; ils ne doivent décrire que les vices généraux, que les ridicules qui appartiennent à l'humanité.

2. CONSTAMMENT. Toujours de la même manière.

3. DE PRÈS. « Plus on aime, a dit La Rochefoucauld, plus on est près de haïr. »

4. L'HABITUDE. C'est que l'habitude rend plus facile l'exécution des actes qui nous étonnaient d'abord, et émousse peu à peu l'impression de dégoût que nous recevions des choses mesquines ou vulgaires. « Tout ce qui est action se fortifie en se répétant ; tout ce qui est passion, s'émousse en se répétant. »

5. LA NOUVEAUTÉ. Cf. Pascal : « Les impressions anciennes ne sont pas seules capables de nous abuser : les charmes de la nouveauté ont le même pouvoir. » Tacite dit : *Omne ignotum pro magnifico est ;* et Cicéron : *Consuetudo fit altera natura... Consuetudinis magna vis est.*

6. AUSSI. C'est-à-dire *non plus.*

7. AUTRES. C'est que nous faisons une telle dépense de notre orgueil, quand il s'agit de prononcer sur notre propre mérite, qu'il ne nous en reste plus, quand il s'agit de nous en servir pour prononcer sur le mérite des autres.

12.

populaire, celle du prince, nous entraînent comme un torrent : nous louons ce qui est loué bien plus que ce qui est louable [1].

Je ne sais s'il y a rien au monde qui coûte davantage à approuver et à louer que ce qui est plus digne [2] d'approbation et de louange, et si la vertu, le mérite, la beauté, les bonnes actions, les beaux ouvrages, ont un effet plus naturel et plus sûr que l'envie, la jalousie et l'antipathie. Ce n'est pas d'un saint dont un dévot [3] sait dire du bien, mais d'un autre dévot [4]. Si une belle femme approuve la beauté d'une autre femme, on peut conclure qu'elle a mieux que ce qu'elle approuve. Si un poëte loue les vers d'un autre poëte, il y a à parier qu'ils sont mauvais et sans conséquence [5].

Les hommes ne se goûtent qu'à peine les uns les autres, n'ont qu'une faible pente à s'approuver réciproquement : action, conduite, pensée, expression, rien ne plaît, rien ne contente. Ils substituent à la place de ce qu'on leur récite, de ce qu'on leur dit ou de ce qu'on leur lit, ce qu'ils auraient fait eux-mêmes en pareille conjoncture, ce qu'ils penseraient ou ce qu'ils écriraient sur un tel sujet; et ils sont si pleins de leurs idées, qu'il n'y a plus de place pour celles d'autrui [6].

Le commun des hommes est si enclin au déréglement et à la bagatelle, et le monde est si plein d'exemples ou pernicieux ou ridicules, que je croirais assez que l'esprit de singularité, s'il pouvait avoir ses bornes et ne pas aller trop loin, approcherait fort de la droite raison et d'une conduite régulière.

Il faut faire comme les autres : maxime suspecte, qui signifie presque toujours, Il faut mal faire, dès qu'on l'étend au delà de

---

1. LOUABLE. Ce n'est pas seulement par complaisance pour la faveur du prince ou pour la faveur populaire qu'on juge ainsi : c'est surtout par paresse d'esprit; nous aimons les jugements tout faits, et où nous n'avons plus qu'à opiner du bonnet.

2. PLUS DIGNE. C'est-à-dire *le plus digne*.

3. DONT UN DÉVOT. On dirait aujourd'hui : « Ce n'est pas d'un saint qu'un dévot... » Fénelon a dit, en employant les deux compléments indirects : « Ce n'est point de ma captivité, ni de ma blessure dont je suis en peine. » Et Boileau :

C'est à vous, mon esprit, à qui je veux [parler.

4. DÉVOT. Faux dévot (note de La Bruyère).

5. CONSÉQUENCE. La sottise et le talent ont cela de fâcheux qu'ils ameutent contre eux les gens d'esprit et les sots. La médiocrité a tout le monde pour elle, les sots parce qu'ils y atteignent et les gens d'esprit parce qu'elle ne court pas le risque de les offusquer.

6. D'AUTRUI. Cela est vrai, mais il n'y a pas grand mal à cela. Quand nous lisons, c'est assurément pour savoir ce que les autres ont pensé, mais c'est aussi pour que nos lectures nous suggèrent des pensées nouvelles. M. de Saci avait vu dans saint Augustin tout ce que Pascal lui disait d'Épictète et de Montaigne; c'est qu'il y découvrait également ses propres pensées, comme Pascal trouvait les siennes dans Épictète et dans Montaigne. — Montesquieu disait de Voltaire qui avait critiqué *l'Esprit des lois* : « Je ne puis m'en rapporter à lui; cet homme refait tous les livres qu'il lit. »

ces choses purement extérieures qui n'ont point de suite, qui dépendent de l'usage, de la mode ou des bienséances[1].

Si les hommes[2] sont hommes plutôt qu'ours ou panthères, s'ils sont équitables, s'ils se font justice à eux-mêmes et qu'ils la rendent aux autres, que deviennent les lois, leur texte et le prodigieux accablement de leurs commentaires? que devient le *pétitoire* et le *possessoire*[3], et tout ce qu'on appelle jurisprudence? où se réduisent même ceux qui doivent tout leur relief et toute leur enflure à l'autorité où ils sont établis de faire valoir ces mêmes lois? Si ces mêmes hommes ont de la droiture et de la sincérité, s'ils sont guéris de la prévention, où sont évanouies les disputes de l'école, la scolastique et les controverses? S'ils sont tempérants, chastes et modérés, que leur sert le mystérieux jargon de la médecine, et qui est une mine d'or pour ceux qui s'avisent de le parler? Légistes, docteurs, médecins, quelle chute pour vous, si nous pouvions tous nous donner le mot de devenir sages!

De combien de grands hommes dans les différents exercices de la paix et de la guerre[4] aurait-on dû se passer! A quel point de perfection et de raffinement n'a-t-on pas porté de certains arts et de certaines sciences qui ne devaient point être nécessaires, et qui sont dans le monde comme des remèdes à tous les maux dont notre malice est l'unique source!

Que de choses depuis VARRON[5], que Varron a ignorées! Ne

---

1. BIENSÉANCES. Cf. Sénèque. *Ep. ad Luc.*, v. « Illud te admoneo ne eorum more, qui non proficere sed conspici cupiunt, facias aliqua quæ in habitu tuo aut genere vitæ notabilia sint. Intus omnia dissimilia sint : frons nostra populo conveniat... Id agamus, ut meliorem vitam sequamur, quam vulgus, non ut contrariam : alioqui quos emendari volumus, fugamus, et a nobis avertimus. » — Montaigne, I, 22 : « Il me semble que toutes façons écartées et particulières partent plutôt de folie ou d'affectation ambitieuse que de vraie raison; et que le sage doit au dedans retirer son âme de la presse et la tenir en liberté et puissance de juger librement des choses; mais, quant au dehors, qu'il doit suivre entièrement les façons et formes reçues. »

2. SI LES HOMMES. La Bruyère veut dire que si les hommes étaient équitables, il ne leur faudrait point de lois, que s'ils étaient toujours de bonne foi, ils ne perdraient pas le temps en faines disputes; qu'enfin s'ils n'étaient jamais malades, ils n'auraient pas besoin de médecins. « N'est-ce pas, dit la Harpe, une belle découverte que de nous apprendre tout cela? » Nous sommes un peu de l'avis de La Harpe.

3. POSSESSOIRE. On appelle *pétitoire* l'acte par lequel on demande le fond ou la propriété d'une chose : le *possessoire* au contraire a pour effet de se faire maintenir ou réintégrer dans la possession du fait, en laissant de côté la question de propriété.

4. DE LA GUERRE. Il est certain que le genre humain aurait pu se passer des conquérants; mais quels sont ces grands hommes dans les différents exercices de la paix et de la guerre dont on aurait dû se passer? Quels sont ces arts et ces sciences qui ne devaient point être nécessaires? cela ne s'entend point, et l'on sent que l'auteur s'est laissé aller à une boutade chagrine et déclamatoire.

5. VARRON. M. Terentius Varron, né en 116, mort en 26 av. J. C.; on l'avait surnommé le plus savant des Romains;

nous suffirait-il pas même de n'être savants[1] que comme PLATON ou comme SOCRATE?

Tel, à un sermon, à une musique[2], ou dans une galerie de peintures, a entendu à sa droite et à sa gauche, sur une chose précisément la même, des sentiments précisément opposés. Cela me ferait dire volontiers que l'on peut hasarder, dans tout genre d'ouvrages, d'y mettre le bon et le mauvais : le bon plaît aux uns, et le mauvais aux autres; l'on ne risque guère davantage d'y mettre le pire, il a ses partisans[3].

Le phénix de la poésie *chantante* renaît de ses cendres; il a vu mourir et revivre sa réputation en un même jour. Ce juge même si infaillible et si ferme dans ses jugements, le public, a varié sur son sujet; ou il se trompe, ou il s'est trompé : celui qui prononcerait aujourd'hui que Quinault, en un certain genre, est un mauvais poète, parlerait presque aussi mal que s'il eût dit il y a quelque temps, *Il est bon poète*[4].

CHAPELAIN[5] était riche, et CORNEILLE[6] ne l'était pas : la *Pucelle* et *Rodogune* méritaient chacune une autre aventure. Ainsi l'on a toujours demandé pourquoi, dans telle ou telle profession, celui-ci avait fait sa fortune, et cet autre l'avait manquée; et en

---

l'auteur des traités *de re rustica*, *de lingua latina*.

1. SAVANTS. Cela n'est point raisonnable. Il ne s'agit pas de savoir si nous sommes plus sages que Socrate, si nous avons plus de génie que Platon. Mais nous sommes, en effet, plus savants que l'un et que l'autre, par la raison que donne Pascal : « Les hommes sont aujourd'hui en quelque sorte dans le même état où se trouveraient ces anciens philosophes, s'ils pouvaient avoir vieilli jusques à présent, en ajoutant aux connaissances qu'ils avaient celles que leurs études auraient pu leur acquérir à la faveur de tant de siècles. »

2. MUSIQUE. A un concert ou à un opéra.

3. SES PARTISANS. Cela n'est que trop vrai : cela ne veut pas dire qu'il n'y ait pas un goût conforme à la droite raison et un autre qui lui est contraire; mais il est vrai que quelques-uns, dans le public, s'accommodent surtout du second.

4. BON POÈTE. C'est l'avis de Voltaire; l'avis de Boileau était que Quinault est un mauvais poète. Pour nos contemporains, Quinault n'est ni bon ni mauvais, il est inconnu.

5. CHAPELAIN. Cf. Boileau, sat. IX :

Qu'il soit le mieux renté de tous les beaux
[esprits.

« Chapelain, dit Boileau, avait de divers endroits 8,000 livres de pension. » 3,000 du roi, 4,000 du duc de Longueville, 1,500 livres de l'abbaye de Corbie assignées par Mazarin. Lorsqu'il mourut on trouva chez lui plus de 150,000 livres en espèces (1674).

6. CORNEILLE. Ayant à pourvoir aux besoins d'une famille nombreuse, il était pauvre. Ses pièces lui rapportaient peu, et il lui échappa un jour de dire à Boileau qui lui parlait de sa gloire : « Oui, je suis saoul de gloire et affamé d'argent. » — En 1663, Colbert lui accorda une pension de 2,000 livres. Cette pension lui fut payée peu régulièrement comme on le voit, par une lettre de Corneille, de 1678. — En 1684, Corneille était malade et mourant (il mourut le 17 février). Boileau alla se jeter aux pieds du roi, et lui offrit l'abandon de sa propre pension, pour qu'on ne laissât pas mourir l'auteur du *Cid* dans la misère; le roi lui envoya deux cents louis, qu'il reçut deux jours avant sa mort.

cela les hommes cherchent la raison de leurs propres caprices, qui, dans les conjonctures pressantes de leurs affaires, de leurs plaisirs, de leur santé et de leur vie, leur font souvent laisser les meilleures et prendre les pires[1].

La condition des comédiens était infâme chez les Romains, et honorable chez les Grecs : qu'est-elle chez nous? On pense d'eux comme les Romains, on vit avec eux comme les Grecs.

Rien ne découvre mieux dans quelle disposition sont les hommes à l'égard des sciences et des belles-lettres, et de quelle utilité ils les croient dans la république, que le prix[2] qu'ils y ont mis, et l'idée qu'ils se forment de ceux qui ont pris le parti de les cultiver. Il n'y a point d'art si mécanique ni de si vile condition où les avantages ne soient plus sûrs, plus prompts et plus solides. Le comédien[3], couché dans son carrosse, jette de la boue au visage de CORNEILLE, qui est à pied. Chez plusieurs, savant et pédant[4] sont synonymes.

Souvent où le riche parle, et parle de doctrine[5] c'est aux doctes à se taire, à écouter, à applaudir, s'ils veulent du moins ne passer que pour doctes[6].

Il y a une sorte de hardiesse à soutenir[7] devant certains esprits la honte de l'érudition : l'on trouve chez eux une prévention tout établie contre les savants, à qui ils ôtent[8] les manières du monde, le savoir-vivre, l'esprit de société, et qu'ils renvoient ainsi dépouillés à leur cabinet et à leurs livres. Comme

---

1. LES PIRES. Phrase un peu obscure qui signifie que les hommes, et surtout les grands, ne s'inquiétant que de découvrir des gens qui puissent les servir dans leurs affaires ou dans leurs plaisirs, choisissent les pires et négligent les meilleurs, parce que les premiers sont plus dociles que les seconds et plus propres à toutes sortes d'emplois.

2. LE PRIX. Le peu de prix.

3. LE COMÉDIEN. D'après les clefs, il s'agit de Champmeslé, le mari de la célèbre actrice, ou plutôt encore de Baron, qui avait en effet carrosse et laquais.

4. PÉDANT. Cf. Boileau : « Selon certaines gens un pédant est un savant nourri dans les collèges, et rempli de grec et de latin... ils seraient bien surpris si on leur disait qu'un pédant est presque tout le contraire de ce tableau, qu'un pédant est un homme plein de lui-même, qui, avec un médiocre savoir décide hardiment de toutes choses, qui traite de haut en bas Aristote, Epicure, Hippocrate, qui trouve à la vérité quelques endroits passables dans Virgile, mais qui y trouve aussi beaucoup d'endroits dignes d'être sifflés; qui croit à peine Térence digne du nom de joli; qui au milieu de cela *se pique surtout de politesse.* »

5. DE DOCTRINE. De science.

6. QUE POUR DOCTES. Ne pas passer pour pédants.

7. A SOUTENIR. C'est-à-dire à accepter la honte qui s'attache à la qualité de savant.

8. ILS ÔTENT. Tout ce paragraphe, ainsi que les deux qui précèdent, et les deux qui suivent, ne seraient-ils pas une réfutation de la thèse soutenue par Molière dans les *Femmes savantes* et surtout dans la scène III de l'acte IV? On sait que notre grand Molière a eu le tort dans cette pièce, qui contredit à la fois l'*École des femmes* et le *Misanthrope*, de prendre un peu trop le parti de l'ignorance et celui de la cour.

l'ignorance est un état paisible, et qui ne coûte aucune peine, l'on s'y range en foule, et elle forme à la cour et à la ville un nombreux parti qui l'emporte sur celui des savants. S'ils allèguent en leur faveur[1] les noms d'ESTRÉES[2], de HARLAY[3], BOSSUET, SÉGUIER[4], MONTAUSIER[5], VARDES[6], CHEVREUSE[7], NOVION[8], LAMOIGNON, SCUDÉRY[9], PELLISSON[10], et de tant d'autres personnages également doctes et polis; s'ils osent même citer les grands noms de CHARTRES[11], de CONDÉ[12], de CONTI[13], de BOURBON[14], du MAINE[15], de VENDÔME[16], comme de princes qui ont su joindre aux plus belles et aux plus hautes connaissances et

---

1. EN LEUR FAVEUR. La Bruyère, qui prend parti pour la science contre l'ignorance, met très habilement de son côté ceux des courtisans qui pouvaient avoir quelque intérêt à soutenir qu'on pouvait être à la fois savant et poli.

2. D'ESTRÉES. Le cardinal César d'Estrées, membre de l'Académie française, savant prélat, habile négociateur, mort en 1714; ou le duc Victor-Marie d'Estrées, vice-amiral, puis maréchal de France, mort en 1737 (mais celui-ci était bien jeune, à l'époque où écrivait La Bruyère), il s'agit plutôt du cardinal.

3. HARLAY. L'archevêque de Harlay, membre de l'Académie française, ou le procureur-général au Parlement, Achille de Harlay, premier président en 1689.

4. SÉGUIER. Pierre Séguier, né en 1588, mort en 1672, grand chancelier de France. Voltaire dit de lui : « Il fut toujours fidèle dans un temps où c'était un mérite de ne l'être pas (pendant la Fronde)... Homme équitable, savant, aimant les gens de lettres, il fut le protecteur de l'Académie française. »

5. MONTAUSIER. Le plus honnête homme de la cour, l'époux de Julie d'Angennes, gouverneur du Grand-Dauphin en 1668, dont Boileau a dit :

Et plût au ciel, pour couronner l'ouvrage,
Que Montausier voulût leur donner son
[suffrage!

— Il était né en 1610, mort le 17 mai 1690. — Tout le monde sait qu'il passe pour avoir eu quelques traits de ressemblance avec l'Alceste de Molière.

6. VARDES. Le nom du marquis de Vardes avait été prononcé, quand il s'agit de donner au duc de Bourgogne un gouverneur.

7. CHEVREUSE. Le duc de Chevreuse, fils du duc de Luynes, élevé à Port-Royal, l'ami du duc de Beauvilliers et de Fénelon : il corrigea pour celui-ci les épreuves des *Maximes des saints.*

8. NOVION. Premier président du Parlement et membre de l'Académie française, mort en 1693.

9. SCUDÉRY. « Mlle de Scudéry, » note de La Bruyère. Madeleine de Scudéry, née en 1607, morte en 1701, l'auteur de la *Clélie* et du *Grand Cyrus.* Ce fut elle qui remporta le premier prix d'éloquence fondé par l'Académie.

10. PELLISSON. Né en 1624, mort en 1693, l'historien de l'Académie française, célèbre surtout par ses courageuses défenses pour Fouquet, où se rencontre cette phrase, si souvent répétée depuis : « Condamné non par justice, mais par commissaires. » Phrase qui restera toujours comme la flétrissure des tribunaux exceptionnels.

11. CHARTRES. Il s'agit de Philippe d'Orléans, qui fut régent de France de 1715 à 1723.

12. CONDÉ. Le grand Condé.

13. CONTI. François-Louis de Bourbon, « qui fut élu roi de Pologne en 1697; prince dont la mémoire a été longtemps chère à la France, ressemblant au grand Condé par l'esprit et le courage, et toujours animé du désir de plaire, qualité qui manqua quelquefois au grand Condé, mort en 1709. » Voltaire.

14. BOURBON. Fils du grand Condé, et l'élève de la Bruyère, mort en 1710.

15. MAINE. Le duc du Maine, 1670-1736, fils de Mme de Montespan, élève de Mme de Maintenon.

16. VENDÔME. Il s'agit du prieur de Vendôme (1685-1727) qui tenait au Temple une petite cour fort libre et suspecte de *libertinage.* (On appelait au dix-septième siècle *libertins* ceux que La Bruyère désigne plus loin par le nom d'*esprits forts.*)

l'atticisme des Grecs et l'urbanité des Romains, l'on ne feint point[1] de leur dire que ce sont des exemples singuliers; et s'ils ont recours à de solides raisons, elles sont faibles contre la voix de la multitude. Il semble néanmoins que l'on devrait décider sur cela avec plus de précaution, et se donner seulement la peine de douter si ce même esprit qui fait faire de si grands progrès dans les sciences, qui fait bien penser, bien juger, bien parler et bien écrire, ne pourrait point encore servir à être poli.

Il faut très peu de fond pour la politesse dans les manières; il en faut beaucoup pour celle de l'esprit.

« Il est savant, dit un politique, il est donc incapable d'affaires; je ne lui confierais pas l'état de ma garde-robe; » et il a raison. Ossat[2], Ximénès[3], Richelieu, étaient savants: étaient-ils habiles? ont-ils passé pour de bons ministres? « Il sait le grec, continue l'homme d'État, c'est un grimaud, c'est un philosophe. » Et en effet, une fruitière à Athènes, selon les apparences, parlait grec, et, par cette raison, était philosophe. Les Bignon[4], les Lamoignon[5], étaient de purs grimauds: qui en peut douter? ils savaient le grec. Quelle vision, quel délire au grand, au sage, au judicieux Antonin[6], de dire qu'*alors les peuples seraient heureux, si l'empereur philosophait, ou si le philosophe ou le grimaud venait à l'empire!*

Les langues sont la clef ou l'entrée des sciences, et rien davantage; le mépris des unes tombe sur les autres. Il ne s'agit point si les langues sont anciennes ou nouvelles, mortes ou vivantes; mais si elles sont grossières ou polies, si les livres qu'elles ont formés sont d'un bon ou d'un mauvais goût. Supposons que notre langue pût un jour avoir le sort de la grecque et de la latine, serait-on pédant, quelques siècles après qu'on ne la parlerait plus, pour lire Molière ou La Fontaine?

---

1. L'on ne feint point. On n'hésite point à leur dire.

2. Ossat. Le cardinal d'Ossat (1536-1604) celui qui obtint pour Henri IV l'absolution pontificale. Dans sa jeunesse, il avait professé la rhétorique et la philosophie dans l'université de Paris. Ses lettres diplomatiques ont longtemps passé pour classiques. Fénelon a dit: « Le vieux langage se fait regretter, quand nous le retrouvons dans Marot, dans Amyot, dans le cardinal d'Ossat... »

3. Ximénès. Cardinal régent pendant la minorité de Charles Quint, fondateur de l'Université d'Alcala, éditeur de la Bible polyglotte d'Alcala, né en 1437, mort en 1517.

4. Bignon. Jérôme Bignon (1580-1666) avocat général au parlement, grand-maître de la bibliothèque du roi.

5. Lamoignon. Guillaume de Lamoignon (1617-1677) premier président au parlement de Paris. — ou plutôt son fils, Chrétien-François de Lamoignon (1644-1707), avocat général, puis président à mortier, à qui Boileau a dédié sa sixième épître.

6. Antonin. L'empereur Marc-Aurèle.

Je nomme *Euripile*, et vous dites : » C'est un bel esprit. » Vous dites aussi de celui qui travaille une poutre : « Il est charpentier; » et de celui qui refait un mur : « Il est maçon. » Je vous demande quel est l'atelier où travaille cet homme de métier, ce bel esprit, quelle est son enseigne[1], à quel habit le reconnaît-on, quels sont ses outils : est-ce le coin? sont-ce le marteau ou l'enclume? où fend-il, où cogne-t-il son ouvrage? où l'expose-t-il en vente? Un ouvrier se pique d'être ouvrier; Euripile se pique-t-il d'être bel esprit? S'il est tel, vous me peignez un fat qui met l'esprit en roture[2], une âme vile et mécanique à qui ni ce qui est beau ni ce qui est esprit ne sauraient s'appliquer sérieusement; et s'il est vrai qu'il ne se pique de rien, je vous entends, c'est un homme sage et qui a de l'esprit. Ne dites-vous pas encore du savantasse, Il est bel esprit, et ainsi du mauvais poète? Mais vous-même vous croyez-vous sans aucun esprit? et si vous en avez, c'est sans doute de celui qui est beau et convenable; vous voilà donc un bel esprit : ou s'il s'en faut peu que vous ne preniez ce nom pour une injure, continuez, j'y consens, de le donner à Euripile, et d'employer cette ironie, comme les sots, sans le moindre discernement, ou comme les ignorants qu'elle console d'une certaine culture qui leur manque, et qu'ils ne voient que dans les autres.

Qu'on ne me parle jamais d'encre, de papier, de plume, de style, d'imprimeur, d'imprimerie; qu'on ne se hasarde plus de me dire : Vous écrivez si bien, *Antisthène*[3] ! continuez d'écrire, ne verrons-nous point de vous un *in-folio*? traitez de toutes les vertus et de tous les vices dans un ouvrage suivi, méthodique, qui n'ait point de fin; ils devraient ajouter, Et nul cours[4]. Je renonce à tout ce qui a été, qui est et qui sera livre. *Bérylle* tombe en syncope à la vue d'un chat, et moi à la vue d'un livre. Suis-je mieux nourri et plus lourdement vêtu, suis-je dans ma

---

1. ENSEIGNE. Il faut rapprocher le caractère d'Euripile de celui de Cydias dans le chapitre de la *Société et de la conversation :* « Cydias est bel esprit; c'est une profession; il a une enseigne, un atelier, des ouvrages de commande, etc. » Cf. Pascal : « On ne passe point dans le monde pour se connaître en vers, si l'on n'a mis l'enseigne de poète, mathématicien, etc. Mais les gens universels ne veulent point d'enseigne, et ne mettent guère de différence entre le métier de poète et celui de brodeur... »

2. EN ROTURE. L'esprit est une noblesse. Celui qui en fait métier et marchandise, le fait tomber en roture, le dégrade, l'avilit.

3. ANTISTHÈNE. L'auteur lui-même.

4. NUL COURS. Il est à remarquer qu'on lit et qu'on lira toujours les *Essais*, les *Maximes*, les *Pensées*, les *Caractères* qui ne sont point des ouvrages suivis et méthodiques, et que personne ne lit plus les livres où Charron, Nicole, et tant d'autres ont traité méthodiquement des vertus et des vices.

chambre à l'abri du nord, ai-je un lit de plume, après vingt ans entiers qu'on me débite dans la place? J'ai un grand nom, dites-vous, et beaucoup de gloire; dites que j'ai beaucoup de vent qui ne sert à rien : ai-je un grain de ce métal qui procure toutes choses? Le vil praticien[1] grossit son mémoire, se fait rembourser de frais qu'il n'avance pas, et il a pour gendre un comte ou un magistrat. Un homme *rouge* ou *feuille-morte*[2] devient commis, et bientôt plus riche que son maître, il le laisse dans la roture, et, avec de l'argent, il devient noble. B***[3] s'enrichit à montrer dans un cercle des marionnettes; BB***[4] à vendre en bouteille l'eau de la rivière. Un autre charlatan[5] arrive ici même de delà les monts avec une malle; il n'est pas déchargé que les pensions courent; et il est près de retourner d'où il arrive avec des mulets et des fourgons. *Mercure*[6] est *Mercure*, et rien davantage, et l'or ne peut payer ses médiations et ses intrigues; on y ajoute la faveur et les distinctions. Et, sans parler que des gains licites, on paie au tuilier sa tuile, et à l'ouvrier son temps et son ouvrage. Paye-t-on à un auteur ce qu'il pense et ce qu'il écrit? et s'il pense très bien, le paye-t-on très largement? Se meuble-t-il, s'anoblit-il à force de penser et d'écrire juste? Il faut que les hommes soient habillés, qu'ils soient rasés; il faut que, retirés dans leurs maisons, ils aient une porte qui ferme bien : est-il nécessaire qu'ils soient instruits? Folie, simplicité, imbécilité, continue Antisthène, de mettre l'enseigne d'auteur ou de philosophe! Avoir, s'il se peut, un *office lucratif*, qui rende la vie aimable, qui fasse prêter à ses amis et donner à ceux qui ne peuvent rendre; écrire alors par jeu, par oisiveté, et comme *Tityre* siffle ou joue de la flûte : cela ou rien : j'écris à ces conditions, et je cède ainsi à la violence de ceux qui me prennent à la gorge, et me disent : « Vous écrirez. » Ils liront pour titre

---

1. Praticien. Le procureur habile dans l'art d'instruire et de conduire les procès.

2. Feuille morte. Un laquais, un homme qui porte une livrée rouge ou feuille morte.

3. B. Benoît, qui s'enrichit en montrant des figures de cire; son salon, situé rue des Saints-Pères, s'appelait *le Cercle royal*, parce qu'on y voyait les portraits des plus grands personnages. — Mme de Sévigné écrit à sa fille : « Si par un miracle que je n'espère, ni ne veux, vous étiez hors de ma pensée, je serais vide de tout comme une figure de Benoît. » — D'autres clefs nomment Brioché, qui montrait des marionnettes près du Pont-Neuf au bout de la rue Guénégaud.

4. BB. Barbereau, qui fit fortune en vendant de l'eau de Seine pour des eaux minérales.

5. Un autre charlatan. Il s'agit de l'Italien Caretti, que nous avons déjà rencontré au chap. *de la cour*; nous le retrouverons encore au chap. *de quelques usages*.

6. Mercure. D'après certaines clefs, Bontemps, premier valet de chambre du Roi.

de mon nouveau livre : DU BEAU, DU BON, DU VRAI, DES IDÉES, DU PREMIER PRINCIPE, *par Antisthène, vendeur de marée*[1].

Si les ambassadeurs des princes étrangers[2] étaient des singes instruits à marcher sur leurs pieds de derrière, et à se faire entendre par interprète, nous ne pourrions pas marquer un plus grand étonnement que celui que nous donnent la justesse de leurs réponses, et le bon sens qui paraît quelquefois dans leurs discours. La prévention du pays, jointe à l'orgueil de la nation, nous fait oublier que la raison est de tous les climats, et que l'on pense juste partout où il y a des hommes. Nous n'aimerions pas à être traités ainsi de ceux que nous appelons barbares; et s'il y a en nous quelque barbarie, elle consiste à être épouvantés de voir d'autres peuples raisonner comme nous[3].

Tous les étrangers ne sont pas barbares, et tous nos compatriotes ne sont pas civilisés : de même, toute campagne n'est pas agreste[4] et toute ville n'est pas polie. Il y a dans l'Europe un endroit d'une province maritime d'un grand royaume où le villageois est doux et insinuant, le bourgeois au contraire et le magistrat grossiers, et dont la rusticité est héréditaire[5].

Avec un langage si pur, une si grande recherche dans nos ha-

---

1. MARÉE. Il y a beaucoup de vérité dans cette boutade, dont la Harpe a fait une critique fort pédante. — La Bruyère avait fait à son libraire l'abandon du manuscrit des *Caractères*, et vraisemblablement il ne tira aucun profit des neuf éditions qui enrichirent la famille Michalet. La Harpe est donc assez mal venu de lui attribuer une âme vénale. Notre auteur n'a fait que soulever, sous la forme d'une satire originale et piquante, la question de la propriété littéraire sur laquelle on a tant discuté depuis vingt-cinq ans.

2. ÉTRANGERS. Il s'agit de l'ambassade envoyée par le roi de Siam à Louis XIV, en 1686. Ils excitèrent la plus vive curiosité; le *Mercure Galant* enregistrait dans le plus grand détail chacun de leurs faits et gestes.

3. COMME NOUS. Montaigne, I, 30, parlant de quelques usages des peuplades lointaines, dit : « Tout cela ne va pas trop mal; mais quoi! ils ne portent pas de haut de chausses! » Voyez aussi, *Essais*, II, l'*apologie de Raimond Sebonde*. — Cf. Montesquieu : « Je demeurais quelquefois une heure dans une compagnie, sans qu'on m'eût regardé et qu'on m'eût mis en occasion d'ouvrir la bouche; mais si quelqu'un par hasard apprenait à la compagnie que j'étais Persan, j'entendais autour de moi un bourdonnement. Ah! ah! monsieur est Persan? c'est une chose bien extraordinaire. Comment peut-on être Persan? »

4. AGRESTE. « Ce terme s'entend ici métaphoriquement. » Note de La Bruyère.

5. HÉRÉDITAIRE. Ce passage est fort obscur; M. Servois a essayé de deviner l'énigme : « Les auteurs des clefs ont ici gardé le silence, ne sachant vers quelle ville de province La Bruyère envoyait cette phrase de mauvaise humeur. Il ne connaissait vraisemblablement d'autre province maritime que la Normandie; il y avait séjourné quelque temps, un mois peut-être, soit à Rouen, soit à Caen. Avait-il eu à se plaindre des gens de la chambre des comptes de Rouen ou de ses collègues de Caen? Il est à noter que La Bruyère n'opposa d'abord que le magistrat au paysan : « Le magistrat, au contraire, grossier, et dont la rusticité peut passer en proverbe : » telle est la leçon des trois premières éditions. A la quatrième, le bourgeois prit place à côté du magistrat. »

bits, des mœurs si cultivées, de si belles lois et un visage blanc, nous sommes barbares pour quelques peuples.

Si nous entendions dire des Orientaux qu'ils boivent ordinairement d'une liqueur qui leur monte à la tête, leur fait perdre la raison et les fait vomir, nous dirions : Cela est bien barbare [1].

Ce prélat se montre peu à la cour ; il n'est de nul commerce [2], on ne le voit point avec des femmes ; il ne joue ni à grande ni à petite prime [3] ; il n'assiste ni aux fêtes, ni aux spectacles ; il n'est point homme de cabale, et il n'a point l'esprit d'intrigue ; toujours dans son évêché, où il fait une résidence continuelle, il ne songe qu'à instruire son peuple par la parole, et à l'édifier par son exemple ; il consume son bien en des aumônes, et son corps par la pénitence ; il n'a que l'esprit de régularité, et il est imitateur du zèle et de la piété des apôtres. Les temps sont changés, et il est menacé sous ce règne d'un titre plus éminent.

Ne pourrait-on point faire comprendre aux personnes d'un certain caractère et d'une profession sérieuse, pour ne rien dire de plus, qu'ils ne sont point obligés à faire dire d'eux qu'ils jouent, qu'ils chantent et qu'ils badinent comme les autres hommes, et qu'à les voir si plaisants et si agréables, on ne croirait point qu'ils fussent d'ailleurs si réguliers et si sévères [4]. Oserait-on même leur insinuer qu'ils s'éloignent par de telles manières de la politesse dont ils se piquent, qu'elle assortit au contraire et conforme les dehors aux conditions, qu'elle évite le contraste, et de montrer le même homme sous des figures différentes, et qui font de lui un composé bizarre, ou un grotesque ?

Il ne faut pas juger des hommes comme d'un tableau ou d'une figure, sur une seule et première vue ; il y a un intérieur et un cœur qu'il faut approfondir : le voile de la modestie couvre le mérite, et le masque [5] de l'hypocrisie cache la malignité. Il n'y a

---

1. BARBARE. Cf. Malebranche, *recherche de la vérité* : « Il n'est pas nécessaire de passer deux fois la ligne pour voir observer religieusement des lois et des coutumes déraisonnables ou pour trouver des gens qui suivent des modes incommodes et bizarres : il ne faut pas sortir de la France pour cela... en vérité (dit-il en opposant certaine méthode d'Éthiopie aux modes de France) je ne sais si les Français ont tout à fait droit de se moquer des Éthiopiens et des sauvages. »

2. COMMERCE. Il ne fréquente pas le monde.

3. PRIME. Espèce de jeu de cartes.

4. SÉVÈRES. Ceci est une allusion à certains magistrats si graves et si sévères, quand ils avaient revêtu leur robe rouge, et qui en dehors de leurs fonctions, prenaient un faux air de cour, qui, dit Saint Évremond, les faisait réussir à la ville, et les rendait ridicules aux courtisans.

5. LE MASQUE. Remarquez la propriété de ces expressions : la modestie

qu'un très petit nombre de connaisseurs qui discerne[1], et qui soit en droit de prononcer. Ce n'est que peu à peu, et forcés même par le temps et les occasions, que la vertu parfaite et le vice consommé viennent enfin à se déclarer.

FRAGMENT[2].

« ..... Il disait[3] que l'esprit dans cette belle personne était un
» diamant bien mis en œuvre. Et, continuant de parler d'elle :
» C'est, ajouta-t-il, comme une nuance de raison et d'agré-
» ment qui occupe les yeux et le cœur de ceux qui lui parlent ;
» on ne sait si on l'aime ou si on l'admire ; il y a en elle de quoi
» faire une parfaite amie, il y a aussi de quoi vous mener plus
» loin que l'amitié : trop jeune et trop fleurie pour ne pas plaire,
» mais trop modeste pour songer à plaire, elle ne tient compte
» aux hommes que de leur mérite, et ne croit avoir que des
» amis. Pleine de vivacité et capable de sentiments, elle sur-
» prend et elle intéresse ; et, sans rien ignorer de ce qui peut
» entrer de plus délicat et de plus fin dans les conversations,
» elle a encore ces saillies heureuses qui, entre autres plaisirs
» qu'elles font, dispensent toujours de la réplique : elle vous
» parle comme celle qui n'est pas savante, qui doute et qui
» cherche à s'éclaircir ; et elle vous écoute comme celle qui
» sait beaucoup, qui connaît le prix de ce que vous lui dites, et
» auprès de qui vous ne perdez rien de ce qui vous échappe.
» Loin de s'appliquer à vous contredire avec esprit, et d'imiter
» Elvire[4], qui aime mieux passer pour une femme vive que

se dérobe derrière un voile ; l'hypocrisie se cache sous un masque.

1. DISCERNE. Il serait plus correct d'écrire : qui discernent.

2. FRAGMENT. La Bruyère use ici d'un artifice analogue à celui qu'il a employé dans le chap. de la société : « Montaigne dirait, etc... » Il rompt ainsi la monotonie qui résulte d'un retour trop régulier des caractères et des maximes, monotonie qui rend si pénible la lecture du petit livre de La Rochefoucauld, si l'on veut la poursuivre d'un seul trait : il y a bien de l'esprit dans les Maximes, et plus que de l'esprit, et assez de malignité pour tenir le lecteur en haleine, mais toujours des maximes! La Bruyère a su éviter ce défaut. — Le fragment est d'ailleurs fort joli, il semble avoir été écrit au dix-huitième siècle : c'est déjà un pastel de Latour.

3. PERSONNE. « Ce portrait, dit Aimé Martin, est celui de Catherine Turgot, femme de Gilles d'Aligre, seigneur de Boislandry, conseiller au parlement. Catherine Turgot épousa en secondes noces M. de Chevilly, capitaine au régiment des Gardes françaises, et fut aimée de Chaulieu qui lui adressa plusieurs pièces de vers sous les noms d'Iris, etc. C'est Chaulieu lui-même qui nous apprend que La Bruyère fit son portrait sous le nom d'Arténice : c'était, dit-il, la plus jolie femme que j'ai connue, qui joignait à une figure très aimable la douceur de l'humeur et tout le brillant de l'esprit ; personne n'a mieux écrit qu'elle et peu aussi bien. » Il semble que La Bruyère ait vu Mme de Boislandry des mêmes yeux dont Alceste voyait Célimène.

4. ELVIRE. On assure que cette Elvire est Mlle de la Force. Ce qui est certain

» marquer du bon sens et de la justesse, elle s'approprie vos
» sentiments, elle les croit siens, elle les étend, elle les em-
» bellit; vous êtes content de vous d'avoir pensé si bien, et
» d'avoir mieux dit encore que vous n'aviez cru. Elle est tou-
» jours au-dessus de la vanité, soit qu'elle parle, soit qu'elle
» écrive : elle oublie les traits où il faut des raisons; elle a déjà
» compris que la simplicité est éloquente. S'il s'agit de servir
» quelqu'un et de vous jeter dans les mêmes intérêts, laissant
» à Elvire les jolis discours et les belles-lettres, qu'elle met à
» tous usages, *Arténice* n'emploie auprès de vous que la sincé-
» rité, l'ardeur, l'empressement et la persuasion. Ce qui do-
» mine en elle, c'est le plaisir de la lecture, avec le goût des
» personnes de nom et de réputation, moins pour en être con-
» nue que pour les connaître. On peut la louer d'avance de
» toute la sagesse qu'elle aura un jour, et de tout le mérite
» qu'elle se prépare par les années, puisque avec une bonne
» conduite elle a de meilleures intentions, des principes sûrs,
» utiles à celles qui sont comme elle exposées aux soins et à la
» flatterie; et qu'étant assez particulière[1] sans pourtant être
» farouche, ayant même un peu de penchant pour la retraite,
» il ne lui saurait peut-être manquer que les occasions, ou ce
» qu'on appelle un grand théâtre, pour y faire briller toutes ses
» vertus. »

Une belle femme est aimable dans son naturel; elle ne perd rien à être négligée, et sans autre parure que celle qu'elle tire de sa beauté et de sa jeunesse; une grâce naïve éclate sur son visage, anime ses moindres actions : il y aurait moins de péril à la voir avec tout l'attirail de l'ajustement et de la mode. De même un homme de bien est respectable par lui-même, et indépendamment de tous les dehors dont il voudrait s'aider pour rendre sa personne plus grave et sa vertu plus spécieuse. Un air réformé[2], une modestie outrée, la singularité de l'habit[3], une ample calotte, n'ajoutent rien à la probité, ne relèvent pas le

---

c'est que notre auteur adresse ici à Arténice la plus sensible de toutes les flatteries : il dit du mal d'une autre femme.

1. PARTICULIÈRE. « On dit qu'un homme est particulier, lorsqu'il fuit le commerce et la fréquentation des autres hommes, qu'il n'aime pas à visiter et à être visité, soit qu'il le fasse pas un esprit sauvage, fantastique et bourru, soit qu'il le fasse par un esprit de retraite et pour vaquer à la contemplation. » FURETIÈRE.

2. RÉFORMÉ. Un extérieur de Puritain ou de Quaker, une redingote longue, une ample calotte ou un chapeau à larges bords.

3. DE L'HABIT. Cf. Lucien, *Dialogues des morts*, dans ses nombreux passages où il se moque de la grande barbe, du manteau et du bâton des philosophes.

mérite; ils le fardent, et font peut-être qu'il est moins pur et moins ingénu.

Une gravité trop étudiée devient comique : ce sont comme des extrémités qui se touchent et dont le milieu est dignité : cela ne s'appelle pas être grave, mais en jouer le personnage : celui qui songe à le devenir ne le sera jamais. Ou la gravité n'est point, ou elle est naturelle; et il est moins difficile d'en descendre que d'y monter.

Un homme de talent et de réputation, s'il est chagrin et austère, il effarouche[1] les jeunes gens, les fait penser mal de la vertu, et la leur rend suspecte d'une trop grande réforme et d'une pratique trop ennuyeuse : s'il est au contraire d'un bon commerce, il leur est une leçon utile, il leur apprend qu'on peut vivre gaiement et laborieusement, avoir des vues sérieuses sans renoncer aux plaisirs honnêtes; il leur devient un exemple qu'on peut suivre.

La physionomie n'est pas une règle qui nous soit donnée pour juger des hommes : elle nous peut servir de conjecture.

L'air spirituel est dans les hommes ce que la régularité des traits est dans les femmes : c'est le genre de beauté où les plus vains puissent aspirer.

Un homme qui a beaucoup de mérite et d'esprit, et qui est connu pour tel, n'est pas laid, même avec des traits qui sont difformes; ou s'il a de la laideur, elle ne fait pas son impression[2].

Combien d'art pour rentrer dans la nature! combien de temps, de règles, d'attention et de travail pour danser avec la même liberté et la même grâce que l'on sait marcher; pour chanter comme on parle[3]; parler et s'exprimer comme l'on pense; jeter autant de force, de vivacité, de passion et de persuasion dans un discours étudié et que l'on prononce dans le public, qu'on en a quelquefois naturellement et sans préparation dans les entretiens les plus familiers!

Ceux qui, sans nous connaître assez, pensent mal de nous,

---

1. IL EFFAROUCHE. Cf. Sénèque, Ep. V ad Lucil. « Id agamus ut meliorem vitam sequamur quam vulgus, non ut contrariam : alioqui quos emendari volumus, fugamus, et a nobis avertimus. »

2. SON IMPRESSION. Il y a ici une allusion à Pellisson, dont on disait « qu'il abusait de la permission qu'ont les hommes d'être laids. » Cf. l'abbé d'Olivet, *Histoire de l'Académie* : « Une petite vérole lui déchiqueta les joues et lui déplaça les yeux; mais avec toute sa laideur, il n'avait pour plaire qu'à parler. »

3. COMME ON PARLE. Beaucoup de justesse dans cette réflexion. Que d'art il faut pour lire comme on parle, pour rentrer dans la nature, pour ne pas chanter ou déclamer en lisant? — Voir le livre de M. Ernest Legouvé *sur l'art de la lecture*.

ne nous font pas de tort : ce n'est pas nous qu'ils attaquent, c'est le fantôme de leur imagination.

Il y a de petites règles, des devoirs, des bienséances attachés aux lieux, aux temps, aux personnes, qui ne se devinent point à force d'esprit, et que l'usage apprend sans nulle peine : juger des hommes par les fautes qui leur échappent en ce genre, avant qu'ils soient assez instruits, c'est en juger par leurs ongles ou par la pointe de leurs cheveux ; c'est vouloir un jour être détrompé [1].

Je ne sais s'il est permis de juger des hommes par une faute qui est unique, et si un besoin extrême, ou une violente passion, ou un premier mouvement, tirent à conséquence.

Le contraire des bruits qui courent des affaires ou des personnes, est souvent la vérité.

Sans une grande roideur et une continuelle attention à toutes ses paroles, on est exposé à dire en moins d'une heure le oui et le non sur une même chose ou sur une même personne, déterminé seulement par un esprit de société et de commerce [2], qui entraîne naturellement à ne pas contredire celui-ci et celui-là qui en parlent différemment.

Un homme partial est exposé à de petites mortifications : car, comme il est également impossible que ceux qu'il favorise soient toujours heureux ou sages, et que ceux contre qui se déclare soient toujours en faute ou malheureux, il naît de là qu'il lui arrive souvent de perdre contenance dans le public, ou par le mauvais succès de ses amis, ou par une nouvelle gloire qu'acquièrent ceux qu'il n'aime point.

Un homme sujet à se laisser prévenir [3], s'il ose remplir une dignité ou séculière ou ecclésiastique, est un aveugle qui veut peindre, un muet qui s'est chargé d'une harangue, un sourd qui juge d'une symphonie : faibles images, et qui n'expriment qu'imparfaitement la misère de la prévention. Il faut ajouter qu'elle est un mal désespéré, incurable, qui infecte tous ceux qui s'approchent du malade, qui fait déserter les égaux, les inférieurs, les parents, les amis, jusqu'aux médecins [4] : ils sont

---

1. DÉTROMPÉ. C'est-à-dire : c'est vouloir se tromper soi-même, jusqu'à ce qu'on soit détrompé en apprenant à le connaître mieux.

2. COMMERCE. Esprit de commerce et esprit de société étaient alors synonymes. *Commerce* signifiait fréquentation habituelle et s'employait même au figuré : « le commerce des muses, » expression analogue à celle que Tacite emploie dans le *Dialogue des Orateurs :* « *Illud felix contubernium...* »

3. PRÉVENIR. A concevoir des préventions.

4. MÉDECINS. Ce mot est pris ici au figuré ; il s'agit ici des sages personnes qui pourraient le guérir de ses préventions en lui ouvrant les yeux, en l'éclairant.

bien éloignés de le guérir, s'ils ne peuvent le faire convenir de sa maladie, ni des remèdes, qui seraient d'écouter, de douter, de s'informer, et de s'éclaircir. Les flatteurs, les fourbes, les calomniateurs, ceux qui ne délient leur langue que pour le mensonge et l'intérêt, sont les charlatans[1] en qui il se confie, et qui lui font avaler tout ce qui leur plaît: ce sont eux aussi qui l'empoisonnent et qui le tuent.

La règle[2] de Descartes, qui ne veut pas qu'on décide sur les moindres vérités avant qu'elles soient connues clairement et distinctement, est assez belle et assez juste pour devoir s'étendre au jugement que l'on fait des personnes.

Rien ne nous venge mieux des mauvais jugements que les hommes font de notre esprit, de nos mœurs et de nos manières, que l'indignité et le mauvais caractère de ceux qu'ils approuvent[3].

Du même fond dont on néglige un homme de mérite, l'on sait encore admirer un sot.

Un sot est celui qui n'a pas même ce qu'il faut d'esprit pour être fat.

Un fat est celui que les sots croient un homme de mérite[4].

L'impertinent est un fat outré. Le fat lasse, ennuie, dégoûte, rebute; l'impertinent rebute, aigrit, irrite, offense; il commence où l'autre finit[5].

Le fat est entre l'impertinent et le sot: il est composé de l'un et de l'autre[6].

Les vices partent d'une dépravation du cœur; les défauts, d'un vice de tempérament; le ridicule, d'un défaut d'esprit.

L'homme ridicule est celui qui, tant qu'il demeure tel, a les apparences du sot.

Le sot ne se tire jamais du ridicule, c'est son caractère: l'on y entre quelquefois avec de l'esprit, mais l'on en sort.

1. Charlatans. L'auteur oppose le charlatan qui empoisonne par ses drogues au médecin qui guérit par ses remèdes, c'est-à-dire le flatteur au sage conseiller.

2. La règle. « Le premier précepte était de ne recevoir jamais aucune chose pour vraie que je ne la connusse évidemment être telle; c'est-à-dire d'éviter soigneusement la précipitation et la prévention, et de ne comprendre rien de plus en mes jugements que ce qui se présenterait si clairement et si distinctement à mon esprit que je n'eusse aucune occasion de le mettre en doute. » (Descartes.)

3. Qu'ils approuvent. C'est ce qui fait dire à Alceste « qu'il serait fâché d'être sage aux yeux des hommes. »

4. De mérite. Tout le monde connaît le vers de Boileau :

Un sot trouve toujours un plus sot qui l'admire.

5. Finit. C'est que le fat cherche seulement à se faire admirer, tandis que, chez l'impertinent, la fatuité va jusqu'au mépris des autres et jusqu'à l'offense.

6. De l'un et de l'autre. Le fat tient du sot par la sottise de son esprit et de l'impertinent par l'impertinence de ses manières.

DES JUGEMENTS.

Une erreur de fait jette un homme sage dans le ridicule.

La sottise est dans le sot, la fatuité dans le fat, et l'impertinence dans l'impertinent : il semble que le ridicule réside tantôt dans celui qui en effet est ridicule, et tantôt dans l'imagination de ceux qui croient voir le ridicule où il n'est point et ne peut être [1].

La grossièreté, la rusticité, la brutalité peuvent être les vices d'un homme d'esprit.

Le stupide est un sot qui ne parle point, en cela plus supportable que le sot qui parle [2].

La même chose souvent est, dans la bouche d'un homme d'esprit, une naïveté ou un bon mot, et, dans celle du sot, une sottise [3].

Si le fat pouvait craindre de mal parler, il sortirait de son caractère.

L'une des marques de la médiocrité de l'esprit est de toujours conter [4].

Le sot est embarrassé de sa personne ; le fat a l'air libre et assuré ; l'impertinent passe à l'effronterie : le mérite a de la pudeur.

Le suffisant est celui en qui la pratique de certains détails, que l'on honore du nom d'affaires, se trouve jointe à une très grande médiocrité d'esprit.

Un grain d'esprit et une once d'affaires plus qu'il n'en entre dans la composition du suffisant, font l'important.

Pendant qu'on ne fait que rire de l'important, il n'a pas un autre nom ; dès qu'on s'en plaint, c'est l'arrogant.

L'honnête homme [5] tient le milieu entre l'habile homme et

---

1. PEUT-ÊTRE. Cette réflexion et celles qui précèdent, renferment une analyse singulièrement fine et délicate. On peut les résumer ainsi : un sot est toujours ridicule ; il peut arriver à un homme d'esprit de tomber dans le ridicule, mais alors il en sort ; d'ailleurs le ridicule qui s'attache à un homme d'esprit n'est pas toujours de son fait, il est souvent dans l'imagination des sots qui jugent ridicule tout ce qui est trop différent d'eux-mêmes.

2. QUI PARLE. Cela est bien joli et bien vrai.

3. SOTTISE. C'est pour cela que, lorsqu'il échappe à un sot quelque trait qui pourrait passer pour spirituel, on s'écrie tout d'une voix qu'il ne l'a pas fait exprès.

4. CONTER. Cf. Vauvenargues : « La ressource de ceux qui n'imaginent pas est de conter »

5. L'HONNÊTE HOMME. Dans ce passage, La Bruyère ne donne pas à ce mot le sens qu'on lui attribuait d'ordinaire au dix-septième siècle : « L'honnête homme, dit Bussy, est un homme poli et qui sait vivre ; l'homme de bien regarde la religion ; le galant homme est une qualité particulière qui regarde la franchise et la générosité ; l'homme d'honneur est un homme de parole et cela regarde la probité. » — Ici La Bruyère entend par l'honnête homme celui qui a pour vertu capitale, et même unique, la probité ; et en rapprochant l'honnête homme de l'habile homme, il fait supposer que le premier n'est honnête que par calcul, par intérêt, tandis que l'homme de bien est

l'homme de bien, quoique dans une distance inégale de ces deux extrêmes.

La distance qu'il y a de l'honnête homme à l'habile homme s'affaiblit de jour à autre, et est sur le point de disparaître.

L'habile homme est celui qui cache ses passions, qui entend ses intérêts, qui y sacrifie beaucoup de choses, qui a su acquérir du bien ou en conserver.

L'honnête homme est celui qui ne vole pas sur les grands chemins, et qui ne tue personne, dont les vices enfin ne sont pas scandaleux.

On connaît assez qu'un homme de bien est honnête homme ; mais il est plaisant d'imaginer que tout honnête homme n'est pas homme de bien.

L'homme de bien est celui qui n'est ni un saint, ni un dévot[1], et qui s'est borné à n'avoir que de la vertu.

Talent, goût, esprit, bon sens, choses différentes[2], non incompatibles.

Entre le bon sens et le bon goût il y a la différence de la cause à son effet.

Entre esprit et talent, il y a la proportion du tout à sa partie.

Appellerai-je homme d'esprit celui qui, borné et renfermé dans quelque art, ou même dans une certaine science qu'il exerce dans une grande perfection, ne montre hors de là ni jugement, ni mémoire, ni vivacité, ni mœurs, ni conduite ; qui ne m'entend pas, qui ne pense point, qui s'énonce mal ; un musicien, par exemple[3], qui, après m'avoir comme enchanté par ses accords, semble s'être remis avec son luth dans un même étui, ou n'être plus, sans cet instrument, qu'une machine démontée, à qui il manque quelque chose, et dont il n'est plus permis de rien attendre ?

Que dirai-je encore de l'esprit du jeu[4] ? pourrait-on me le défi-

---

celui qui pratique la vertu par un amour désintéressé du bien.

1. DÉVOT. « Faux dévot. » Note de La Bruyère.

2. CHOSES DIFFÉRENTES. Le goût et le génie ne se rencontrent pas toujours dans le même homme. Boileau disait de Corneille :

Tel s'est fait par ses vers distinguer dans
(la ville,
Qui jamais de Lucain n'a distingué Vir-
[gile.

Le talent, qui est au génie ce que l'agrément est à la beauté, ne suppose pas non plus nécessairement le goût. Ovide avait beaucoup de talent, mais il était, selon l'expression de Quintilien, *nimium amator ingenii sui*, et, dans tout ce qui tombait de sa plume, il ne savait pas distinguer entre le bon, le médiocre et le pire.

3. PAR EXEMPLE. L'exemple est bien choisi, et l'image de l'étui qui vient un peu après est juste et du meilleur comique.

4. JEU. Nous avons déjà remarqué que La Bruyère et tout le dix-septième siècle faisaient au jeu beaucoup trop d'honneur.

nir? ne faut-il ni prévoyance, ni finesse, ni habileté, pour jouer l'hombre où les échecs? et s'il en faut, pourquoi voit-on des imbéciles qui y excellent, et de très beaux génies qui n'ont pu même atteindre la médiocrité, à qui une pièce ou une carte dans les mains trouble la vue, et fait perdre contenance [1]?

Il y a dans le monde quelque chose, s'il se peut, de plus incompréhensible. Un homme [2] paraît grossier, lourd, stupide; il ne sait pas parler, ni raconter ce qu'il vient de voir : s'il se met à écrire, c'est le modèle des bons contes; il fait parler les animaux, les arbres, les pierres, tout ce qui ne parle point : ce n'est que légèreté, qu'élégance, que beau naturel, et que délicatesse dans ses ouvrages.

Un autre [3] est simple, timide, d'une ennuyeuse conversation; il prend un mot pour un autre, et il ne juge de la bonté de sa pièce que par l'argent qui lui en revient [4]; il ne sait pas la réciter, ni lire son écriture. Laissez-le s'élever par la composition : il n'est pas au-dessous d'AUGUSTE, de POMPÉE, de NICOMÈDE, d'HÉRACLIUS; il est roi, et un grand roi; il est politique, il est philosophe; il entreprend de faire parler des héros, de les faire agir; il peint les Romains : ils sont plus grands et plus Romains dans ses vers que dans leur histoire [5].

Voulez-vous quelque autre prodige? Concevez un homme [6] facile, doux, complaisant, traitable; et tout d'un coup violent, colère, fougueux, capricieux : imaginez-vous un homme simple, ingénu, crédule, badin, volage, un enfant en cheveux gris; mais permettez-lui de se recueillir, ou plutôt de se livrer à un génie qui agit en lui, j'ose dire, sans qu'il y prenne part, et comme à son insu : quelle verve! quelle élévation! quelles images! quelle

---

1. CONTENANCE. Parce que cette vue les ennuie.
2. UN HOMME. Portrait de la Fontaine, qui vivait encore à cette époque.
3. UN AUTRE. Portrait du grand Corneille.
4. EN REVIENT. Épigramme de mauvais goût, s'adressant à un si grand homme. Ce qui excuse La Bruyère, c'est que Corneille était mort depuis plusieurs années.
5. HISTOIRE. Cf. Lettre de Balzac à Corneille : « Vous nous faites voir Rome tout ce qu'elle peut être à Paris... c'est la Rome de Tite Live et aussi pompeuse qu'elle l'était au temps des premiers Césars. Vous avez même trouvé ce qu'elle avait perdu dans les ruines de la république, cette noble et magnanime fierté... Aux endroits où Rome est de brique, vous la rebâtissez de marbre; quand vous trouvez du vide, vous le remplissez d'un chef-d'œuvre, et je prends garde que ce que vous prêtez à l'histoire est toujours meilleur que ce que vous empruntez d'elle. »
6. UN HOMME. J.-B. Santeuil (1630-1697), chanoine de Saint-Victor, l'auteur des Hymnes et le plus élégant des poètes latins modernes, commensal des Condés et ami de l'auteur des Caractères, dont il a fait l'éloge dans ses vers; le bon Santeuil, à l'âge de 67 ans, mourut victime d'une plaisanterie atroce de M. le Duc, l'élève de La Bruyère.

latinité! Parlez-vous d'une même personne? Me direz-vous.
— Oui, du même, de *Théodas*, et de lui seul. Il crie, il s'agite, il se roule à terre, il se relève, il tonne, il éclate; et du milieu de cette tempête il sort une lumière qui brille et qui réjouit. Disons-le sans figure : il parle comme un fou, et pense comme un homme sage; il dit ridiculement des choses vraies, et follement des choses sensées et raisonnables : on est surpris de voir naître et éclore le bon sens du sein de la bouffonnerie, parmi les grimaces et les contorsions. Qu'ajouterai-je davantage? Il dit et il fait mieux qu'il ne sait : ce sont en lui comme deux âmes qui ne se connaissent point, qui ne dépendent point l'une de l'autre, qui ont chacune leur tour ou leurs fonctions toutes séparées. Il manquerait un trait à cette peinture si surprenante, si j'oubliais de dire qu'il est tout à la fois avide et insatiable de louanges, près de se jeter aux yeux de ses critiques, et dans le fond assez docile pour profiter de leur censure. Je commence à me persuader moi-même que j'ai fait le portrait de deux personnages tout différents[1] : il ne serait pas même impossible d'en trouver un troisième dans Théodas; car il est bon homme, il est plaisant homme, et il est excellent homme.

Après l'esprit de discernement, ce qu'il y a au monde de plus rare, ce sont les diamants et les perles.

Tel, connu dans le monde par de grands talents, honoré et chéri partout où il se trouve, est petit dans son domestique et aux yeux de ses proches, qu'il n'a pu réduire à l'estimer : tel autre au contraire, prophète dans son pays, jouit d'une vogue qu'il a parmi les siens et qui est resserrée dans l'enceinte de sa maison; s'applaudit d'un mérite rare et singulier qui lui est accordé par sa famille, dont il est l'idole, mais qu'il laisse chez soi toutes les fois qu'il sort, et qu'il ne porte nulle part.

Tout le monde s'élève[2] contre un homme qui entre en réputation : à peine ceux qu'il croit ses amis lui pardonnent-ils un mérite naissant et une première vogue qui semblent l'associer à la gloire dont ils sont déjà en possession. L'on ne se rend qu'à l'extrémité, et après que le prince s'est déclaré par les récom-

---

1. TOUT DIFFÉRENTS. Cf. La Rochefoucauld : « On est quelquefois aussi différent de soi-même que des autres. » Et Pascal : « Il n'y a point d'homme plus différent d'un autre que de soi-même dans les divers temps. »
2. S'ÉLÈVE. Cf. Boileau, ÉPITRE A RACINE.

Sitôt que d'Apollon un génie inspiré
Trouve loin du vulgaire un chemin
[ignoré,
En cent lieux contre lui les cabales s'amas-
[sent,
Ses rivaux obscurcis autour de lui crois-
[sent;
Et son trop de lumière, importunant les
[yeux,
De ses propres amis lui fait des envieux,

penses : tous alors se rapprochent de lui ; et de ce jour-là seulement il prend son rang d'homme de mérite.

Nous affectons souvent de louer avec exagération des hommes assez médiocres, et de les élever, s'il se pouvait, jusqu'à la hauteur de ceux qui excellent[1], ou parce que nous sommes las d'admirer toujours les mêmes personnes, ou parce que leur gloire ainsi partagée offense moins notre vue, et nous devient plus douce et plus supportable[2].

L'on voit des hommes que le vent de la faveur pousse d'abord à pleines voiles ; ils perdent en un moment la terre de vue, et font leur route : tout leur rit, tout leur succède[3] ; action, ouvrage, tout est comblé d'éloges et de récompenses ; ils ne se montrent que pour être embrassés et félicités. Il y a un rocher immobile qui s'élève sur une côte ; les flots se brisent au pied ; la puissance, les richesses, la violence, la flatterie, l'autorité, la faveur, tous les vents ne l'ébranlent pas : c'est le public, où ces gens échouent.

Il est ordinaire comme naturel de juger du travail d'autrui seulement par rapport à celui qui nous occupe. Ainsi le poète rempli de grandes et sublimes idées estime peu le discours de l'orateur, qui ne s'exerce souvent que sur de simples faits ; et celui qui écrit l'histoire de son pays ne peut comprendre qu'un esprit raisonnable emploie sa vie à imaginer des fictions et à trouver une rime : de même le bachelier, plongé dans les quatre premiers siècles[4], traite toute autre doctrine de science triste, vaine et inutile, pendant qu'il est peut-être méprisé du géomètre[5].

---

1. EXCELLENT. Ce verbe est ici employé d'une manière absolue, pour dire sortir de la foule, s'élever au-dessus de la médiocrité.

2. PLUS SUPPORTABLE. Cf. La Rochefoucauld. « Nous élevons la gloire des uns pour abaisser celle des autres, et quelquefois on louerait moins Monsieur le Prince et M. de Turenne, si on ne les voulait point blâmer tous deux. »

3. SUCCÈDE. Tout leur réussit. Bossuet a dit dans l'histoire universelle (9e époque) : « Tout lui succédait. » Et Molière :

Ces maximes un temps leur peuvent
(succéder.

4. SIÈCLES. Le bachelier en théologie ou en droit-canon, plongé dans l'étude des quatre premiers siècles de l'Église chrétienne.

5. GÉOMÈTRE. Cf. Vauvenargues : « C'est un malheur que les hommes ne puissent d'ordinaire posséder aucun talent sans avoir quelque envie d'abaisser les autres. S'ils ont la finesse, ils décrient la force ; s'ils sont géomètres ou physiciens, ils écrivent contre la poésie et l'éloquence ; et les gens du monde qui ne pensent pas que ceux qui ont excellé dans quelque genre jugent mal d'un autre talent, se laissent prévenir par leurs décisions. Ainsi, quand la métaphysique ou l'algèbre sont à la mode, ce sont des métaphysiciens ou des algébristes qui font la réputation des poètes et des musiciens ; ou tout au contraire : l'esprit dominant assujettit les autres à son tribunal, et la plupart du temps à ses erreurs. »

Tel a assez d'esprit pour exceller dans une certaine matière et en faire des leçons, qui en manque pour voir qu'il doit se taire sur quelque autre dont il n'a qu'une faible connaissance : il sort hardiment des limites de son génie ; mais il s'égare, et fait que l'homme illustre parle comme un sot.

Hérille, soit qu'il parle, qu'il harangue ou qu'il écrive, veut citer ; il fait dire au prince des philosophes [1] que le vin enivre, et à l'orateur romain [2] que l'eau le tempère. S'il se jette dans la morale, ce n'est pas lui, c'est le divin Platon qui assure que la vertu est aimable, le vice odieux, ou que l'un et l'autre se tournent en habitude. Les choses les plus communes, les plus triviales, et qu'il est même capable de penser, il veut les devoir aux anciens, aux Latins, aux Grecs ; ce n'est ni pour donner plus d'autorité à ce qu'il dit, ni peut-être pour se faire honneur de ce qu'il sait : il veut citer.

C'est souvent hasarder un bon mot [3] et vouloir le perdre que de le donner pour sien : il n'est pas relevé, il tombe avec des gens d'esprit, ou qui se croient tels, qui ne l'ont pas dit, et qui devaient le dire. C'est au contraire le faire valoir que de le rapporter comme d'un autre : ce n'est qu'un fait, et qu'on ne se croit pas obligé de savoir ; il est dit avec plus d'insinuation et reçu avec moins de jalousie ; personne n'en souffre : on rit s'il faut rire, et s'il faut admirer, on admire.

On a dit de Socrate qu'il était en délire, et que c'était un fou tout plein d'esprit [4], mais ceux des Grecs qui parlaient ainsi d'un homme si sage passaient pour fous. Ils disaient : « Quels bizarres portraits nous fait ce philosophe ! quelles mœurs étranges et particulières ne décrit-il point ! où a-t-il rêvé, creusé, rassemblé des idées si extraordinaires ? quelles couleurs ! quel pinceau ! ce sont des chimères. » Ils se trompaient : c'étaient des monstres, c'étaient des vices, mais peints au naturel ; on croyait les voir, ils faisaient peur. Socrate s'éloignait du cynique [5] ; il

---

1. Prince des philosophes. Aristote. « Puis ayant levé un peu plus les yeux, je vis le maître de ceux qui savent, assis au milieu de la famille phliosophique. Tous l'admiraient, tous lui rendaient honneur. Là je vis Socrate et Platon qui se tiennent plus près de lui que les autres. » Dante, l'Enfer.

2. L'orateur romain. Cicéron.

3. Mot. Hasarder le succès d'un bon mot, s'exposer à ce qu'il ne soit ni relevé, ni peut-être même entendu.

4. D'esprit. Ce n'est pas à Socrate, mais à l'auteur lui-même que ce singulier compliment avait été quelquefois adressé. « Socrate ici n'est pas Socrate, écrit La Bruyère à Ménage ; c'est un nom qui en cache un autre. » Et cet autre, c'est l'auteur même des Caractères.

5. Cynique. La Bruyère excuse ici ce qu'il peut y avoir d'âpre et de mordant dans ses satires : elles s'adressent non aux personnes, comme les invectives du Cynique, mais aux vices, aux mœurs, aux caractères.

épargnait les personnes, et blâmait les mœurs qui étaient mauvaises.

Celui qui est riche par son savoir-faire connaît un philosophe, ses préceptes, sa morale et sa conduite ; et, n'imaginant pas dans tous les hommes une autre fin de toutes leurs actions que celle qu'il s'est proposée lui-même toute sa vie, dit en son cœur : « Je le plains, je le tiens échoué, ce rigide censeur ; il s'égare, et il est hors de route ; ce n'est pas ainsi que l'on prend vent, et que l'on arrive au délicieux port de la fortune ; » et, selon ses principes, il raisonne juste.

Je pardonne, dit *Antisthius*[1], à ceux que j'ai loués dans mon ouvrage, s'ils m'oublient : qu'ai-je fait pour eux ? ils étaient louables. Je le pardonnerais moins à tous ceux dont j'ai attaqué les vices sans toucher à leurs personnes, s'ils me devaient un aussi grand bien que celui d'être corrigés ; mais comme c'est un événement qu'on ne voit point, il suit de là que ni les uns ni les autres ne sont tenus de me faire du bien.

L'on peut, ajoute ce philosophe, envier ou refuser à mes écrits leur récompense ; on ne saurait en diminuer la réputation ; et, si on le fait, qui m'empêchera de le mépriser ?

Il est bon d'être philosophe, il n'est guère utile de passer pour tel[2]. Il n'est pas permis de traiter quelqu'un de philosophe : ce sera toujours lui dire une injure, jusqu'à ce qu'il ait plu aux hommes d'en ordonner autrement, et, en restituant à un si beau nom son idée propre et convenable, de lui concilier toute l'estime qui lui est due[3].

Il y a une philosophie qui nous élève au-dessus de l'ambition et de la fortune, qui nous égale, que dis-je ? qui nous place plus haut que les riches, que les grands et que les puissants ; qui nous fait négliger les postes et ceux qui les procurent ; qui nous exempte de désirer, de demander, de prier, de solliciter, d'importuner, et qui nous sauve même l'émotion et l'excessive joie d'être exaucés. Il y a une autre philosophie qui nous soumet et nous assujettit à toutes ces choses en faveur de nos proches ou de nos amis : c'est la meilleure.

C'est abréger, et s'épargner mille discussions, que de penser de certaines gens qu'ils sont incapables de parler juste, et de

---

1. ANTISTHIUS. Ce nom désigne encore La Bruyère, comme plus haut celui d'Antisthène.
2. POUR TEL. Ce fut la cause qui maintint presque toujours Catinat en disgrâce. (Note de M. Hemardinquer.)
3. DUE. Ici, comme dans beaucoup d'autres passages, La Bruyère semble annoncer le dix-huitième siècle.

condamner ce qu'ils disent, ce qu'ils ont dit, et ce qu'ils diront.

Nous n'approuvons les autres que par les rapports que nous sentons qu'ils ont avec nous-mêmes; et il semble qu'estimer quelqu'un, c'est l'égaler à soi [1].

Les mêmes défauts qui dans les autres sont lourds et insupportables sont chez nous comme dans leur centre : ils ne pèsent plus; on ne les sent pas. Tel parle d'un autre, et en fait un portrait affreux, qui ne voit pas qu'il se peint lui-même.

Rien ne nous corrigerait plus promptement de nos défauts que si nous étions capables de les avouer, et de les reconnaître dans les autres : c'est dans cette juste distance [2] que, nous paraissant tels qu'ils sont, ils se feraient haïr autant qu'ils le méritent.

La sage conduite roule sur deux pivots, le passé et l'avenir. Celui qui a la mémoire fidèle et une grande prévoyance est hors du péril de censurer dans les autres ce qu'il a peut-être fait lui-même, ou de condamner une action dans un pareil cas, et dans toutes les circonstances où elle lui sera un jour inévitable.

Le guerrier et le politique, non plus que le joueur habile, ne font pas le hasard; mais ils le préparent, ils l'attirent, et semblent presque le déterminer : non seulement ils savent ce que le sot et le poltron ignorent, je veux dire, se servir du hasard quand il arrive; ils savent même profiter par leurs précautions et leurs mesures d'un tel ou d'un tel hasard, ou de plusieurs à la fois : si ce point arrive, ils gagnent; si c'est cet autre, ils gagnent encore : un même point souvent les fait gagner de plusieurs manières. Ces hommes sages peuvent être loués de leur bonne fortune comme de leur bonne conduite, et le hasard doit être récompensé en eux comme la vertu [3].

Je ne mets au-dessus d'un grand politique que celui qui néglige de le devenir, et qui se persuade de plus en plus que le monde ne mérite point qu'on s'en occupe.

---

1. A soi. Cf. La Rochefoucauld : « Il n'y a point d'homme qui ne se croie, en chacune de ses qualités, au-dessus de l'homme du monde qu'il estime le plus. »
2. Cette juste distance. « Il n'y a qu'un point indivisible qui soit le véritable lieu : les autres sont trop près, trop loin, trop haut ou trop bas. La perspective l'assigne dans la peinture... » Pascal. — Nos propres défauts sont trop près pour nous paraître tels qu'ils sont; chez les autres, ils sont à la juste distance où nous pouvons reconnaître combien ils sont haïssables.
3. Comme la vertu. Il serait plus juste de dire qu'il n'y a pas de hasard. Nous attribuons à la fortune, bonne ou mauvaise, tous les événements dont nous n'apercevons pas les causes. En réalité, c'est nous qui sommes les artisans de notre destinée, et c'est pour cela qu'on peut louer un Turenne ou un Condé de leurs bons succès et rendre un Villeroy responsable de ses échecs : ils en sont tous les auteurs, et non la fortune, mot vide de sens, bon à consoler les sots et à excuser les lâches.

Il y a dans les meilleurs conseils de quoi déplaire : ils ne viennent d'ailleurs que de notre esprit ; c'est assez pour être rejetés d'abord[1] par présomption et par humeur, et suivis seulement par nécessité ou par réflexion.

Quel bonheur surprenant a accompagné ce favori pendant tout le cours de sa vie ! quelle autre fortune mieux soutenue, sans interruption, sans la moindre disgrâce ? les premiers postes, l'oreille du prince, d'immenses trésors, une santé parfaite, et une mort douce. Mais quel étrange compte à rendre d'une vie passée dans la faveur, des conseils que l'on a donnés, de ceux qu'on a négligé de donner ou de suivre, des biens que l'on n'a point faits, des maux au contraire que l'on a faits ou par soi-même ou par les autres, en un mot de toute sa prospérité !

L'on gagne à mourir d'être loué de ceux qui nous survivent, souvent sans autre mérite que celui de n'être plus : le même éloge sert alors pour *Caton* et pour *Pison*[2].

Le bruit court que Pison est mort ; c'est une grande perte, c'était un homme de bien, et qui méritait une plus longue vie : il avait de l'esprit et de l'agrément, de la fermeté et du courage ; il était sûr, généreux, fidèle : ajoutez, pourvu qu'il soit mort[3].

La manière dont on se récrie sur quelques-uns qui se distinguent par la bonne foi, le désintéressement et la probité, n'est pas tant leur éloge que le décréditement du genre humain[4].

Tel soulage les misérables, qui néglige sa famille et laisse son fils dans l'indigence : un autre élève un nouvel édifice, qui n'a pas encore payé les plombs d'une maison qui est achevée depuis dix années ; un troisième fait des présents et des largesses, et ruine ses créanciers. Je demande : la pitié, la libéralité, la magnificence, sont-ce les vertus d'un homme injuste ? ou plutôt si la bizarrerie[5] et la vanité ne sont pas les causes de l'injustice.

---

1. REJETÉS D'ABORD. Cf. Pascal : « On se persuade mieux pour l'ordinaire par les raisons qu'on a soi-même trouvées, que par celles qui sont venues dans l'esprit des autres. » Plus un conseil, qui nous vient d'ailleurs, est sage, plus il blesse notre amour-propre ; nous sommes fâchés qu'il ne vienne pas de notre propre fond.

2. PISON. Ici Caton représente l'homme vertueux, Pison personnifie le contraire de la vertu. La Bruyère a sans doute pensé au beau-père de César, Lucius Calpurnius Piso, que Cicéron traite de furie, de monstre, de glouton, d'âne et de pourceau dans sa harangue *in Pisonem*.

3. QU'IL SOIT MORT. On loue le méchant, après sa mort, pour toutes les vertus qu'il n'avait point, parce qu'il a eu enfin le mérite de mourir. Et on loue l'homme vertueux, l'homme de génie, parce que n'étant plus, il n'excite plus l'envie et n'offusque plus les regards des vivants de son trop de lumière. Voyez l'Épître VII de Boileau, à Racine.

4. GENRE HUMAIN. On s'étonne de voir un homme qui ne soit ni fourbe, ni injuste, ni intéressé, pour employer les expressions du Philinte de Molière.

5. LA BIZARRERIE. La Bruyère a indiqué plus haut, avec beaucoup de sagacité, les mobiles de cette bizarrerie

Une circonstance essentielle à la justice que l'on doit aux autres, c'est de la faire promptement et sans différer : la faire attendre, c'est injustice.

Ceux-là font bien, ou font ce qu'ils doivent, qui font[1] ce qu'ils doivent. Celui qui, dans toute sa conduite, laisse longtemps dire de soi qu'il fera bien, fait très mal.

L'on dit d'un grand qui tient table deux fois le jour, et qui passe sa vie à faire digestion, qu'il meurt de faim, pour exprimer qu'il n'est pas riche, ou que ses affaires sont fort mauvaises : c'est une figure ; on le dirait plus à la lettre de ses créanciers.

L'honnêteté, les égards et la politesse des personnes avancées en âge, de l'un et de l'autre sexe, me donnent bonne opinion de ce qu'on appelle le vieux temps.

C'est un excès de confiance dans les parents d'espérer tout de la bonne éducation de leurs enfants, et une grande erreur de n'en attendre rien et de la négliger.

Quand il serait vrai, ce que plusieurs disent, que l'éducation ne donne point à l'homme un autre cœur ni une autre complexion, qu'elle ne change rien dans son fond et ne touche qu'aux superficies, je ne laisserais pas de dire qu'elle ne lui est pas inutile[2].

Il n'y a que de l'avantage pour celui qui parle peu, la présomption est qu'il a de l'esprit ; et, s'il est vrai qu'il n'en manque pas, la présomption est qu'il l'a excellent.

Ne songer qu'à soi et au présent, source d'erreur dans la politique[3].

Le plus grand malheur, après celui d'être convaincu d'un crime, est souvent d'avoir eu à s'en justifier. Tels arrêts nous déchargent et nous renvoient absous, qui sont infirmés par la voix du peuple[4].

---

qui nous pousse à faire le bien auquel nous ne sommes pas obligés et à négliger nos devoirs impérieux : « Il n'y a que nos devoirs qui nous coûtent... » et : « Les hommes agissent mollement dans les choses qui sont de leur devoir, etc... »

1. Qui font. Qui le font réellement, et ne promettent pas toujours de le faire.

2. Inutile. Non seulement l'éducation n'est pas inutile, mais elle peut tout, même donner à l'homme un autre cœur et une autre complexion. Les Grecs le savaient bien, eux qui réduisaient toute la politique à la science ou à l'art de l'éducation.

3. Politique. Un politique médiocre ne songe qu'au présent, dit : « après moi, le déluge ! » Et souvent le déluge le surprend et le submerge. Le véritable homme d'Etat pense surtout à ses successeurs, et, en sauvegardant l'avenir, il se sauve lui-même.

4. La voix du peuple. Toutes les clefs s'accordent à désigner Reich de Penautier, receveur général du clergé de France, compromis dans l'affaire des poisons (procès de la marquise de Brinvilliers). — Voir sur cette affaire Michelet, *Histoire de France*, tome XV, ch. XVI. Mme de Sévigné écrit en 1676 : « Penautier sortira un peu plus blanc que la neige : le public n'est point

Un homme est fidèle à de certaines pratiques de religion, on le voit s'en acquitter avec exactitude : personne ne le loue ni ne le désapprouve, on n'y pense pas. Tel autre y revient après les avoir négligées dix années entières : on se récrie, on l'exalte; cela est libre[1]; moi, je le blâme d'un si long oubli de ses devoirs, et je le trouve heureux d'y être rentré[2].

Le flatteur n'a pas assez bonne opinion de soi ni des autres[3].

Tels sont oubliés dans la distribution des grâces, et font dire d'eux : *Pourquoi les oublier ?* qui, si l'on s'en était souvenu, auraient fait dire : *Pourquoi s'en souvenir ?* D'où vient cette contrariété. Est-ce du caractère de ces personnes, ou de l'incertitude de nos jugements, ou même de tous les deux?

L'on dit communément : « Après un tel, qui sera chancelier ? qui sera primat des Gaules[4] ? qui sera pape ? » On va plus loin : chacun, selon ses souhaits ou son caprice, fait sa promotion[5], qui est souvent de gens plus vieux et plus caducs que celui qui est en place ; et comme il n'y a pas de raison qu'une[6] dignité tue celui qui s'en trouve revêtu, qu'elle sert au contraire à le rajeunir, et à donner au corps et à l'esprit de nouvelles ressources, ce n'est pas un événement fort rare à un titulaire d'enterrer son successeur.

La disgrâce éteint les haines et les jalousies. Celui-là peut bien faire, qui ne nous aigrit plus par une grande faveur : il n'y a aucun mérite, il n'y a sorte de vertus qu'on ne lui pardonne ; il serait un héros impunément.

Rien n'est bien d'un homme disgracié; vertus, mérite, tout est dédaigné, ou mal expliqué, ou imputé à vice : qu'il ait un grand cœur, qu'il ne craigne ni le fer ni le feu, qu'il aille d'aussi bonne grâce à l'ennemi que Bayard et Montrevel[7] ; c'est une

content, on dit que tout cela est trouble. ...Penautier est heureux ; jamais il n'y eut un homme si bien protégé ; vous le verrez sortir, mais sans être justifié dans l'esprit de tout le monde... Je suppose que vous savez qu'on croit qu'il y a cent mille écus répandus pour faciliter toutes choses : l'innocence ne fait guère de telles profusions. »

1. Libre. Cela est permis.
2. Rentré. On peut voir, dans ce paragraphe une allusion, à la conversion du grand Condé.
3. Des autres. De soi, puisqu'il adopte, sans examen, les opinions et les sentiments de ceux qu'il veut flatter, ni des autres, puisqu'il les croit assez sots pour être les dupes de ses flatteries.
4. Primat des Gaules. Un primat est un archevêque qui a supériorité de juridiction sur plusieurs archevêchés ou évêchés. L'archevêque de Lyon prenait le titre de primat des Gaules.
5. Sa promotion. Désigne d'avance celui qui doit remplir cette fonction, quand elle sera vacante.
6. Qu'une. *Il n'y a pas de raison que* n'est-il pas un tour plus vif et plus élégant que : *il n'y a pas de raison pour que*...
7. Montrevel. Nicolas-Auguste de la Baume, marquis de Montrevel, né en 1636, commissaire général de la

bravache[1], on en plaisante; il n'a plus de quoi être un héros.

Je me contredis[2], il est vrai: accusez-en les hommes, dont je ne fais que rapporter les jugements; je ne dis pas de différents hommes, je dis les mêmes, qui jugent si différemment.

Il ne faut pas vingt années accomplies pour voir changer les hommes d'opinion sur les choses les plus sérieuses, comme sur celles qui leur ont paru les plus sûres et les plus vraies. Je ne hasarderai pas d'avancer que le feu en soi, et indépendamment de nos sensations, n'a aucune chaleur[3], c'est-à-dire rien de semblable à ce que nous éprouvons en nous-mêmes à son approche, de peur que quelque jour il ne devienne aussi chaud qu'il a jamais été[4]. J'assurerai aussi peu qu'une ligne droite tombant sur une autre ligne droite fait deux angles droits, ou égaux à deux droits, de peur que, les hommes venant à y découvrir quelque chose de plus ou de moins, je ne sois raillé de ma proposition. Ainsi, dans un autre genre, je dirai à peine avec toute la France: VAUBAN est infaillible, on n'en appelle point: qui me garantirait que dans peu de temps on n'insinuera pas que, même sur le siège, qui est son fort, et où il se décide souverainement, il erre quelquefois, sujet aux fautes comme *Antiphile*[5]?

Si vous en croyez des personnes aigries l'une contre l'autre, et que la passion domine, l'homme docte est un *savantasse*, le magistrat un bourgeois ou un praticien, le financier un *maltôtier*[6], et le gentilhomme un *gentillâtre*; mais il est étrange que

cavalerie, lieutenant général, maréchal de France en 1703, mort en 1716. — Cet homme d'une bravoure héroïque, mourut, dit Saint-Simon, de l'effroi que lui causa une salière renversée.

1. BRAVACHE. Ne peut-on pas voir, dans ce paragraphe, une allusion à Lauzun et à son expédition en Irlande?

2. JE ME CONTREDIS. En effet La Bruyère se contredit formellement dans les deux réflexions qui précèdent, et cependant il y a, dans chacune d'elles une part de vérité.

3. CHALEUR. Descartes prétendait que le feu, en soi, n'avait aucune chaleur indépendamment de nos sensations.

4. ÉTÉ. C'est-à-dire de peur qu'une philosophie nouvelle, contredisant la physique de Descartes, ne vienne à considérer la chaleur, non plus comme une sensation se rapportant au sujet qui la perçoit, mais comme une propriété inhérente à l'objet qui la produit.

5. COMME ANTIPHILE. La clef dit : « Cela est arrivé à M. de Vauban après la reprise de Namur par le prince d'Orange en 1695, et l'on a prétendu qu'il avait fort mal fortifié cette place; mais il s'en est justifié en faisant voir que l'on n'avait point suivi le dessein qu'il en avait donné, pour épargner quelque dépense qu'il aurait fallu faire de plus, comme un cavalier qu'il avait marqué du côté de la rivière, à quoi l'on avait manqué, et par où la ville fut prise. »

6. MALTÔTIER. « Celui qui exige des droits qui ne sont pas dus, ou qui sont imposés sans nécessité légitime. Le peuple appelle abusivement de ce nom tous ceux qui lèvent les deniers publics, sans distinguer ceux qui sont bien ou mal imposés. » FURETIÈRE. — Le mot *maltôte* vient du bas-latin *mala tolta* (de *tollere*), mauvaise prise, mauvaise levée d'impôts.

de si mauvais noms, que la colère et la haine ont su inventer, deviennent familiers, et que le dédain, tout froid et tout paisible qu'il est, ose s'en servir.

Vous vous agitez, vous vous donnez un grand mouvement, surtout lorsque les ennemis commencent à fuir, et que la victoire n'est plus douteuse, ou devant une ville après qu'elle a capitulé ; vous aimez dans un combat ou pendant un siège à paraître en cent endroits pour n'être nulle part, à prévenir les ordres du général, de peur de les suivre, et à chercher les occasions plutôt que de les attendre et les recevoir : votre valeur serait-elle fausse ?

Faites garder aux hommes quelque poste où ils puissent être tués, et où néanmoins ils ne soient pas tués : ils aiment l'honneur et la vie [1].

A voir comme les hommes aiment la vie, pourrait-on soupçonner qu'ils aimassent quelque autre chose plus que la vie [2], et que la gloire qu'ils préfèrent à la vie ne fût souvent qu'une certaine opinion d'eux-mêmes établie dans l'esprit de mille gens ou qu'ils ne connaissent point ou qu'ils n'estiment point [3] ?

Ceux qui, ni guerriers ni courtisans, vont à la guerre et suivent la cour, qui ne font pas un siège, mais qui y assistent [4], ont bientôt épuisé leur curiosité sur une place de guerre, quelque surprenante qu'elle soit, sur la tranchée, sur l'effet des bombes et du canon, sur les coups de main, comme sur l'ordre et le succès d'une attaque qu'ils entrevoient : la résistance continue, les pluies surviennent ; les fatigues croissent, on plonge dans la fange, on a à combattre les saisons et l'ennemi, on peut être forcé dans ses lignes et enfermé entre une ville et une armée [5] : quelles extrémités ! On perd courage, on murmure. « Est-ce un si grand inconvénient que de lever un siège ? Le salut de l'État

---

1. LA VIE. Cf. La Rochefoucauld : « On ne veut point perdre la vie et on veut acquérir de la gloire. »

2. QUE LA VIE. Cf. Pascal : « La douceur de la gloire est si grande qu'à quelque chose qu'on l'attache, même à la mort, on l'aime. Nous perdons encore la vie avec joie pourvu qu'on en parle. »

3. N'ESTIMENT POINT. Cf. La Rochefoucauld : « Nous récusons des juges pour les plus petits intérêts et nous voulons bien que notre réputation et notre gloire dépendent du jugement des hommes qui nous sont tous contraires, ou par leur jalousie, ou par leur préoccupation ou par leur peu de lumière ; et ce n'est que pour les faire prononcer en notre faveur que nous exposons, en tant de manières, notre repos et notre vie. »

4. QU'Y ASSISTENT. Allusion à plusieurs magistrats et financiers qui, l'année précédente, avoient assisté, par curiosité, aux opérations du siège de Namur, conduites par Vauban sous les yeux du roi.

5. UNE ARMÉE. L'armée de Guillaume III, qui était à peu de distance de Namur, tenue en échec par le maréchal de Luxembourg.

dépend-il d'une citadelle de plus ou de moins? Ne faut-il pas, ajoutent-ils, fléchir sous les ordres du Ciel, qui semble se déclarer contre nous, et remettre la partie à un autre temps¹? » Alors ils ne comprennent plus la fermeté, et, s'ils osaient dire, l'opiniâtreté du général, qui se roidit contre les obstacles, qui s'anime par la difficulté de l'entreprise, qui veille la nuit et s'expose le jour pour la conduire à sa fin². A-t-on capitulé? ces hommes si découragés relèvent l'importance de cette conquête, en prédisent les suites, exagèrent la nécessité qu'il y avait de la faire, le péril et la honte qui suivaient de s'en désister³, prouvent que l'armée qui nous couvrait des ennemis était invincible. Ils reviennent avec la cour, passent par les villes et les bourgades, fiers d'être regardés de la bourgeoisie, qui est aux fenêtres, comme ceux mêmes qui ont pris la place; ils en triomphent par les chemins, ils se croient braves. Revenus chez eux, ils vous étourdissent de flancs, de redans, de ravelins, de faussebraie, de courtines et de chemin couvert; ils rendent compte des endroits où *l'envie de voir* les a portés, et où *il ne laissait pas d'y avoir du péril*, des hasards qu'ils ont courus, à leur retour, d'être pris ou tués par l'ennemi: ils taisent seulement qu'ils ont eu peur.

C'est le plus petit inconvénient du monde que de demeurer court dans un sermon ou dans une harangue; il laisse à l'orateur ce qu'il a d'esprit, de bon sens, d'imagination, de mœurs et de doctrine; il ne lui ôte rien: mais on ne laisse pas de s'étonner que les hommes, ayant voulu une fois y attacher une espèce de honte et de ridicule, s'exposent, par de longs et souvent d'inutiles discours, à en courir tout le risque.

Ceux qui emploient mal leur temps sont les premiers à se plaindre de sa brièveté. Comme ils le consument à s'habiller, à manger, à dormir, à de sots discours, à se résoudre sur ce qu'ils doivent faire, et souvent à ne rien faire⁴, ils en manquent pour leurs affaires ou pour leurs plaisirs: ceux au contraire qui en font un meilleur usage en ont de reste⁵.

---

1. A UN AUTRE TEMPS. Ce discours direct est bien dans le ton de ces gens qui, plus soucieux de leur vie et de leurs intérêts que de la patrie et de l'honneur, déguisent leur couardise sous des prétextes spécieux, et appellent résignation aux volontés du ciel leur manque de courage.

2. CAPITULÉ. Namur fut prise par le Roi, après trente jours de siège.

3. DE S'EN DÉSISTER. Qui auraient été la suite d'un désistement, d'une levée du siège.

4. NE RIEN FAIRE. Cf. Sénèque : « Magna vitæ pars elabitur male agentibus, maxima nihil agentibus, tota aliud agentibus. » *Aliud*, c'est-à-dire autre chose que ce que nous devrions faire.

5. DE RESTE. Cf. Diderot : « Les jour

Il n'y a point de ministre si occupé qui ne sache perdre chaque jour deux heures de temps; cela va loin à la fin d'une longue vie; et si le mal est encore plus grand dans les autres conditions des hommes, quelle perte infinie ne se fait pas dans le monde d'une chose si précieuse, et dont l'on se plaint qu'on n'a point assez!

Il y a des créatures de Dieu, qu'on appelle des hommes, qui ont une âme qui est esprit, dont toute la vie est occupée et toute l'attention est réunie à scier du marbre : cela est bien simple, c'est bien peu de chose. Il y en a d'autres qui s'en étonnent, mais qui sont entièrement inutiles, et qui passent les jours à ne rien faire : c'est encore moins que de scier du marbre[1].

La plupart des hommes oublient si fort qu'ils ont une âme, et se répandent en tant d'actions et d'exercices où il semble qu'elle est inutile, que l'on croit parler avantageusement de quelqu'un, en disant qu'il pense; cet éloge même est devenu vulgaire[2], qui pourtant ne met cet homme qu'au dessus du chien ou du cheval.

A quoi vous divertissez-vous? à quoi passez-vous le temps? vous demandent les sots et les gens d'esprit. Si je réplique que c'est à ouvrir les yeux et à voir, à prêter l'oreille et à entendre, à avoir la santé, le repos, la liberté, ce n'est rien dire. Les solides biens, les grands biens, les seuls biens, ne sont pas comptés, ne se font pas sentir. « Jouez-vous? masquez-vous? » Il faut répondre.[3]

Est-ce un bien pour l'homme que la liberté, si elle peut être trop grande et trop étendue, telle enfin qu'elle ne serve qu'à lui faire désirer quelque chose, qui est d'avoir moins de liberté?

nées sont longues et les années sont courtes pour l'homme oisif : il se traîne péniblement du moment de son lever jusqu'au moment de son coucher; l'ennui prolonge sans fin cet intervalle de douze à quinze heures dont il compte toutes les minutes. De jour d'ennui en jour d'ennui, est-il arrivé à la fin de l'année, il lui semble que le premier de janvier touche immédiatement au dernier de décembre, parce qu'il ne s'intercale dans cette durée aucune action qui la divise. Travaillons donc : le travail a entre autres avantages, celui de raccourcir les heures et d'étendre la vie.

1. DU MARBRE. La Bruyère n'a que du dédain pour l'oisiveté, et il est plein de pitié pour les hommes soumis à un labeur quotidien, qui use leur corps sans permettre à leur esprit de s'éveiller et de se développer. Ne serait-il pas juste en effet qu'un être qui a une âme ait au moins, chaque jour, quelques instants où il ait le loisir d'y songer?

2. VULGAIRE. Cela ne signifie pas que beaucoup le méritent, mais qu'on l'emploie communément, que c'est une manière ordinaire de parler.

3. IL FAUT RÉPONDRE. La Bruyère veut dire que la plupart des hommes comptent pour rien les biens véritables, la santé, la liberté, etc., et ne croient pas qu'un de leurs semblables puisse se divertir sans s'asseoir à une table de jeu ou courir au bal masqué.

La liberté n'est pas oisiveté ; c'est un usage libre du temps, c'est le choix du travail[1] et de l'exercice ; être libre, en un mot, n'est pas ne rien faire, c'est être seul arbitre de ce qu'on fait ou de ce qu'on ne fait point. Quel bien en ce sens que la liberté !

UN JEUNE PRINCE[2], D'UNE RACE AUGUSTE, L'AMOUR ET L'ESPÉRANCE DES PEUPLES, DONNÉ DU CIEL POUR PROLONGER LA FÉLICITÉ DE LA TERRE, PLUS GRAND QUE SES AIEUX, FILS D'UN HÉROS QUI EST SON MODÈLE, A DÉJA MONTRÉ A L'UNIVERS, PAR SES DIVINES QUALITÉS ET PAR UNE VERTU ANTICIPÉE, QUE LES ENFANTS DES HÉROS SONT PLUS PROCHES DE L'ÊTRE QUE LES AUTRES HOMMES[3].

Si le monde dure seulement cent millions d'années, il est encore dans toute sa fraîcheur, et ne fait presque que commencer ; nous-mêmes nous touchons aux premiers hommes et aux patriarches : et qui pourra ne pas nous confondre avec eux dans des siècles si reculés ? Mais si l'on juge par le passé de l'avenir, quelles choses nouvelles[4] nous sont inconnues dans les arts, dans les sciences, dans la nature, et j'ose dire dans l'histoire[5] ! quelles découvertes ne fera-t-on point ! quelles différentes révolutions ne doivent pas arriver sur toute la surface de la terre, dans les États et dans les empires[6] ! Quelle ignorance est la

---

1. LE CHOIX DU TRAVAIL. On n'a peut-être jamais donné une meilleure définition de la liberté : la liberté ne consiste pas à ne rien faire, car l'homme est né pour l'action, mais à faire ce que l'on veut.

2. UN JEUNE PRINCE. Il s'agit du grand Dauphin qui commandait, en 1688, l'armée du Rhin. — Cette flatterie fut imprimée dans la 1re édition en caractères ordinaires. A la 4e édition, l'auteur crut devoir la faire imprimer en capitales.

3. DES AUTRES HOMMES. Tout cela est tellement outré et écrit dans une langue si emphathique et si différente du style ordinaire de l'auteur, qu'on ne sait véritablement s'il ne faut pas y voir une ironie. Le grand Dauphin était un prince médiocre en tout, sauf dans ses vices. — La Bruyère ajouta cette note : « Contre la maxime latine et triviale. » Cette maxime est celle-ci : *Filii heroum noxæ;* c'est ainsi que Marc-Aurèle eut pour fils Commode.

4. QUELLES CHOSES NOUVELLES. Cf. Sénèque, *Questions naturelles*, liv. VII : « Un temps viendra où ce qui est aujourd'hui caché se révélera à l'expérience des siècles. Pour de telles découvertes qui doivent embrasser l'univers, il ne suffit pas d'une génération... La suite des âges soulèvera les voiles de la nature ; un temps viendra où nos neveux s'étonneront que nous ayons ignoré des choses si évidentes... Combien d'êtres vivants ne sont montrés pour la première fois à notre siècle ! que de choses nous ignorons encore, que les nations de l'avenir découvriront à leur tour ! Combien de conquêtes sont réservées aux âges futurs, quand notre mémoire sera pour toujours effacée ! etc. »

5. L'HISTOIRE. Ceci est très remarquable. La Bruyère est peut-être le seul des écrivains du dix-septième siècle qui s'aperçoive de cette ignorance où l'on était alors de l'histoire des siècles passés. Ce n'est qu'à la fin du siècle suivant qu'on devait commencer à soulever les voiles du vieil Orient, que Bossuet ne connait même pas, dont Voltaire soupçonne l'existence sans en savoir davantage.

6. LES EMPIRES. Il fallait une grande indépendance d'esprit pour prévoir, au temps de Louis XIV, qu'il pouvait survenir encore quelques révolutions dans les empires, et une certaine hardiesse pour le dire.

nôtre! et quelle légère expérience que celle de six ou sept mille ans!

Il n'y a point de chemin trop long à qui marche lentement et sans se presser : il n'y a point d'avantages trop éloignés à qui s'y prépare par la patience.

Ne faire sa cour à personne, ni attendre de quelqu'un qu'il vous fasse la sienne; douce situation, âge d'or, état de l'homme le plus naturel[1] !

Le monde est pour ceux qui suivent les cours ou qui peuplent les villes : la nature n'est que pour ceux qui habitent la campagne; eux seuls vivent[2], eux seuls du moins connaissent qu'ils vivent.

Pourquoi me faire froid, et vous plaindre de ce qui m'est échappé sur quelques jeunes gens qui peuplent les cours? êtes-vous vicieux, ô *Thrasille*? je ne le savais pas, et vous me l'apprenez[3] : ce que je sais est que vous n'êtes plus jeune.

Et vous qui voulez être offensé personnellement de ce que j'ai dit de quelques grands, ne criez-vous point de la blessure d'un autre? êtes-vous dédaigneux, malfaisant, mauvais plaisant, flatteur, hypocrite? Je l'ignorais, et ne pensais pas à vous : j'ai parlé des grands.

L'esprit de modération, et une certaine sagesse dans la conduite, laissent les hommes dans l'obscurité : il leur faut de grandes vertus pour être connus et admirés, ou peut-être de grands vices.

Les hommes, sur la conduite des grands et des petits indifféremment, sont prévenus, charmés, enlevés par la réussite : il s'en faut peu que le crime heureux[4] ne soit loué comme la vertu même, et que le bonheur ne tienne lieu de toutes les vertus. C'est un noir attentat, c'est une sale et odieuse entreprise que celle que le succès ne saurait justifier.

Les hommes, séduits par de belles apparences et de spécieux prétextes, goûtent aisément un projet d'ambition que quelques grands ont médité; ils en parlent avec intérêt, il leur plaît

---

1. LE PLUS NATUREL. N'est-ce pas déjà Rousseau qui parle ainsi par la bouche de La Bruyère?

2. VIVENT. Encore un rapprochement à faire entre l'auteur des *Caractères* et celui de l'*Émile*.

3. VOUS ME L'APPRENEZ. En vous trouvant offensé parce que j'attaque les vicieux.

4. UN CRIME HEUREUX. Il s'agit de la descente opérée en Angleterre, le 5 novembre 1688 par Guillaume de Nassau, prince d'Orange, qui obligea son beau-père, le roi Jacques II, à se réfugier en France, et devint roi sous le nom de Guillaume III (1688-1702). — Guillaume III était l'âme de la coalition qui faisait la guerre à la France au moment où La Bruyère écrivait ce caractère et les suivants.

même par la hardiesse ou par la nouveauté que l'on lui impute; ils y sont déjà accoutumés, et n'en attendent que le succès, lorsque, venant au contraire, à avorter [1], ils décident avec confiance, et sans nulle crainte de se tromper, qu'il était téméraire et ne pouvait réussir.

Il y a de tels projets, d'un si grand éclat et d'une conséquence si vaste, qui font parler les hommes si longtemps, qui font tant espérer ou tant craindre, selon les divers intérêts des peuples, que toute la gloire et toute la fortune d'un homme y sont commises. Il ne peut pas avoir paru sur la scène avec un si bel appareil pour se retirer sans rien dire; quelques affreux périls qu'il commence à prévoir dans la suite de son entreprise, il faut qu'il l'entame : le moindre mal pour lui est de la manquer.

Dans un méchant homme [2], il n'y a pas de quoi faire un grand homme. Louez ses vues et ses projets, admirez sa conduite, exagérez son habileté à se servir des moyens les plus propres et les plus courts pour parvenir à ses fins : si ses fins sont mauvaises, la prudence [3] n'y a aucune part; et où manque la prudence, trouvez la grandeur, si vous le pouvez.

Un ennemi est mort [4], qui était à la tête d'une armée formidable, destinée à passer le Rhin; il savait la guerre, et son expérience pouvait être secondée de la fortune : quels feux de joie a-t-on vus? quelle fête publique? Il y a des hommes, au contraire, naturellement odieux [5], et dont l'aversion devient populaire : ce n'est point précisément par les progrès qu'ils font, ni par la crainte de ceux qu'ils peuvent faire, que la voix du peuple éclate à leur mort [6], et que tout tressaille, jusqu'aux enfants, dès que l'on murmure dans les places que la terre enfin en est délivrée [7].

---

1. A AVORTER. Si ce projet vient au contraire à avorter. — Il s'agit de la descente opérée en Irlande en 1690, et qui aboutit à la défaite de la Boyne.

2. UN MÉCHANT HOMME. Guillaume d'Orange.

3. LA PRUDENCE. C'est-à-dire la sagesse; c'est le sens du mot latin *prudentia*.

4. EST MORT. Charles V, duc de Lorraine, beau-frère de l'empereur Léopold Ier, mort en 1690. — Louis XIV disait de lui : « J'ai perdu le plus grand, le plus sage et le plus généreux de mes ennemis. »

5. ODIEUX. Il est certain que La Bruyère, dans sa haine contre Guillaume III, manque de mesure. Mais il faut songer que le grand Arnauld lui-même se montrait encore moins modéré et traitait le roi d'Angleterre de nouvel Hérode et de nouveau Néron : d'ailleurs la haine de La Bruyère s'adresse à un homme qui a fait beaucoup de mal à la France, et c'est une question de savoir si l'on peut jamais trop haïr les ennemis de son pays.

6. A LEUR MORT. Allusion aux feux de joie allumés à Paris sur le faux bruit de la mort de Guillaume, qu'on avait cru tué à la bataille de la Boyne. Il en a été déjà question plus haut.

7. DÉLIVRÉE. Mme de Sévigné écrit, en parlant de la mort du duc de Lorraine : « Je demande en grâce à l'étoile du Roi de nous ôter encore le prince

O temps! ô mœurs! s'écrie *Héraclite*, ô malheureux siècle! siècle rempli de mauvais exemples, où la vertu souffre, où le crime domine, où il triomphe! Je veux être un *Lycaon* [1], un *Ægiste* [2], l'occasion ne peut être meilleure, ni les conjonctures plus favorables, si je désire du moins de fleurir et de prospérer. Un homme [3] dit : « Je passerai la mer, je dépouillerai mon père de son patrimoine, je le chasserai, lui, sa femme, son héritier, de ses terres et de ses États, » et, comme il l'a dit, il l'a fait. Ce qu'il devait appréhender, c'était le ressentiment de plusieurs rois qu'il outrage en la personne d'un seul roi ; mais ils tiennent tous pour lui ; ils lui ont presque dit : Passez la mer, dépouillez votre père, montrez à tout l'univers qu'on peut chasser un roi de son royaume, ainsi qu'un petit seigneur de son château, ou un fermier de sa métairie : qu'il n'y ait plus de différence entre de simples particuliers et nous ; nous sommes las de ces distinctions : apprenez au monde que ces peuples que Dieu a mis sous nos pieds peuvent nous abandonner, nous trahir, nous livrer, se livrer eux-mêmes à un étranger, et qu'ils ont moins à craindre de nous que nous d'eux et de leur puissance [4]. Qui pourrait voir des choses si tristes avec des yeux secs et une âme tranquille? Il n'y a point de charges qui n'aient leurs privilèges : il n'y a aucun titulaire qui ne parle, qui ne plaide, qui ne s'agite pour les défendre : la dignité royale seule n'a plus de privilèges ; les rois eux-mêmes y ont renoncé. Un seul [5], toujours bon et magnanime, ouvre ses bras à une famille malheureuse. Tous les autres se liguent comme pour se venger de lui, et de l'appui qu'il donne à une cause qui leur est commune : l'esprit de pique et de jalousie prévaut chez eux à l'intérêt de l'honneur, de la religion et de leur État ; est-ce assez? à leur intérêt personnel et domestique. Il y va, je ne dis pas de leur élection, mais de leur succession, de leurs droits comme héréditaires : enfin, dans tout, l'homme l'emporte sur le souverain.

d'Orange, et puis nous la laisserons en paix, mais celle-là est nécessaire. » Un mois après, en août 1690, elle exprime le regret que la nouvelle de la mort de Guillaume soit démentie.

1. Lycaon. Roi d'Arcadie, qui égorgeait ses hôtes, et que Jupiter changea en loup.

2. Ægiste. Fils de Thyeste et meurtrier d'Agamemnon.

3. Un homme. Toujours le prince d'Orange.

4. Leur puissance. Pascal disait :

« La plus grande et la plus importante chose du monde a pour fondement la faiblesse : et ce fondement là est admirablement sûr ; car il n'y a rien de plus sûr que cela que le peuple sera faible. » Et, moins de quarante ans après Pascal, La Bruyère parle déjà de la puissance des peuples ; 1688 lui fait pressentir 1789.

5. Un seul. Louis XIV qui reçut à sa cour Jacques II et sa famille, une première fois après l'usurpation de Guillaume et une seconde fois après la défaite de la Boyne.

Un prince délivrait l'Europe [1], se délivrait lui-même d'un fatal ennemi, allait jouir de la gloire d'avoir détruit un grand empire [2] : il la néglige pour une guerre douteuse [3]. Ceux qui sont nés arbitres et médiateurs [4] temporisent ; et lorsqu'ils pourraient avoir déjà employé utilement leur médiation, ils la promettent. O pâtres ! continue Héraclite ; ô rustres qui habitez sous le chaume et dans les cabanes ! si les événements ne vont point jusqu'à vous, si vous n'avez point le cœur percé par la malice des hommes, si on ne parle plus d'hommes dans vos contrées, mais seulement de renards et de loups cerviers, recevez-moi parmi vous à manger votre pain noir et à boire l'eau de vos citernes.

Petits hommes [5] hauts de six pieds, tout au plus de sept, qui vous enfermez aux foires comme géants et comme des pièces rares dont il faut acheter la vue, dès que vous allez jusques à huit pieds; qui vous donnez sans pudeur de la *hautesse* et de l'*éminence*, qui est tout ce que l'on pourrait accorder à ces montagnes voisines du ciel, et qui voient les nuages se former au-dessous d'elles; espèce d'animaux glorieux et superbes, qui méprisez toute autre espèce, qui ne faites pas même comparaison avec l'éléphant et la baleine, approchez, hommes, répondez un peu à *Démocrite*. Ne dites-vous pas en commun proverbe, *des loups ravissants, des lions furieux, malicieux comme un singe* ? Et vous autres, qui êtes-vous ? J'entends corner sans cesse à mes oreilles, *l'homme est un animal raisonnable* : qui vous a passé cette définition ? sont-ce les loups, les singes et les lions, ou si vous vous l'êtes accordée à vous-mêmes ? C'est déjà une chose plaisante que vous donniez aux animaux, vos confrères, ce qu'il y a de pire, pour prendre pour vous ce qu'il y a de meilleur : laissez-les un peu se définir eux-mêmes, et vous verrez comme ils s'oublieront, et comme vous serez traités. Je ne parle point, ô hommes, de vos légèretés, de vos folies et de vos caprices, qui vous mettent au-dessous de la taupe et de la tortue, qui vont sagement leur petit train, et qui suivent, sans varier, l'instinct

---

1. L'europe. L'empereur d'Allemagne Léopold Ier.

2. Empire. La Turquie.

3. Douteuse. L'empereur Léopold Ier accéda à la ligue d'Augsbourg, le 12 mai 1689.

4. Médiateurs. Il s'agit du pape Innocent XI. Il fut beaucoup moins hésitant que ne le représente La Bruyère et ouvertement favorable à Guillaume d'Orange qu'on appelait même à Rome « le vaillant et habile hérétique. » Les cardinaux disaient « qu'il fallait excommunier Jacques II, comme un homme qui allait perdre le peu de catholiques qui restaient en Angleterre. »

5. Petits hommes. Ce morceau est fort remarquable. La comparaison de l'homme et de l'animal fait songer à Montaigne ; l'horreur de la guerre qui éclate à chaque ligne fait songer à Voltaire.

de leur nature : mais écoutez-moi un moment. Vous dites d'un tiercelet[1] de faucon qui est fort léger, et qui fait une belle descente sur la perdrix : « Voilà un bon oiseau »; et d'un lévrier qui prend un lièvre corps à corps : « C'est un bon lévrier. » Je consens aussi que vous disiez d'un homme qui court le sanglier, qui le met aux abois, qui l'atteint et qui le perce : « Voilà un brave homme[2]. » Mais si vous voyez deux chiens qui s'aboient, qui s'affrontent, qui se mordent et se déchirent, vous dites : « Voilà de sots animaux »; et vous prenez un bâton pour les séparer. Que si l'on vous disait que tous les chats d'un grand pays se sont assemblés par milliers dans une plaine, et qu'après avoir miaulé tout leur soûl, ils se sont jetés avec fureur les uns sur les autres, et ont joué ensemble de la dent et de la griffe; que de cette mêlée il est demeuré de part et d'autre neuf à dix mille chats sur la place, qui ont infecté l'air à dix lieues de là par leur puanteur, ne diriez-vous pas : « Voilà le plus abominable *sabbat* dont on ait jamais ouï parler? » Et si les loups en faisaient de même, quels hurlements! quelle boucherie! Et si les uns ou les autres vous disaient qu'ils aiment la gloire, concluriez-vous de ce discours qu'ils la mettent à se trouver à ce beau rendez-vous, à détruire ainsi et à anéantir leur propre espèce? ou, après l'avoir conclu, ne ririez-vous pas de tout votre cœur de l'ingénuité de ces pauvres bêtes? Vous avez déjà, en animaux raisonnables, et pour vous distinguer de ceux qui ne se servent que de leurs dents et de leurs ongles, imaginé les lances, les piques, les dards, les sabres et les cimeterres, et à mon gré fort judicieusement : car, avec vos seules mains, que pouviez-vous vous faire les uns aux autres que vous arracher les cheveux, vous égratigner au visage, ou tout au plus vous arracher les yeux de la tête? au lieu que vous voilà munis d'instruments commodes, qui vous servent à vous faire réciproquement de larges plaies, d'où peut couler votre sang jusqu'à la dernière goutte, sans que vous puissiez craindre d'en échapper. Mais, comme vous devenez d'année à autre plus raisonnables[3], vous avez bien enchéri sur cette vieille manière de vous exterminer : vous avez de petits globes[4] qui vous tuent tout d'un coup, s'ils peuvent

---

1. TIERCELET. Mâle de certains oiseaux de proie, ainsi nommé parce qu'il est d'un tiers plus petit que la femelle.

2. UN BRAVE HOMME. Au dix-septième siècle *brave homme* avait le même sens que *homme brave*.

3. PLUS RAISONNABLES. Que dirait La Bruyère s'il vivait aujourd'hui et s'il contemplait les nouveaux engins de destruction que les peuples les plus policés de l'Europe inventent à l'envi pour s'exterminer les uns les autres?

4. GLOBES. Les balles de mousquet.

seulement vous atteindre à la tête ou à la poitrine ; vous en avez d'autres[1] plus pesants et plus massifs, qui vous coupent en deux parts ou qui vous éventrent, sans compter ceux qui, tombant sur vos toits[2], enfoncent les planchers, vont du grenier à la cave, en enlèvent les voûtes, et font sauter en l'air, avec vos maisons, vos femmes qui sont en couche, l'enfant et la nourrice : et c'est là encore où *gît la gloire* ; elle aime le *remue ménage*, et elle est personne d'un grand fracas. Vous avez d'ailleurs des armes défensives, et, dans les bonnes règles, vous devez en guerre être habillés de fer, ce qui est, sans mentir, une jolie parure, et qui me fait souvenir de ces quatre puces célèbres que montrait autrefois un charlatan, subtil ouvrier, dans une fiole où il avait trouvé le secret de les faire vivre : il leur avait mis à chacune une salade[3] en tête, leur avait passé un corps de cuirasse, mis des brassards, des genouillères, la lance sur la cuisse ; rien ne leur manquait, et en cet équipage elles allaient par sauts et par bonds dans leur bouteille. Feignez un homme de la taille du mont *Athos*[4] : pourquoi non ? une âme serait-elle embarrassée d'animer un tel corps[5] ? elle en serait plus au large : si cet homme avait la vue assez subtile pour vous découvrir quelque part sur la terre avec vos armes offensives et défensives, que croyez-vous qu'il penserait de petits marmousets ainsi équipés, et de ce que vous appelez guerre, cavalerie, infanterie, un mémorable siège, une fameuse journée ? N'entendrai-je donc plus bourdonner d'autre chose parmi vous ? le monde ne se divise-t-il plus qu'en régiments et en compagnies ? tout est-il devenu bataillon ou escadron ? *Il a pris une ville, il en a pris une seconde, puis une troisième ; il a gagné une bataille, deux batailles ; il chasse l'ennemi, il vainc sur mer, il vainc sur terre* : est-ce de quelqu'un de vous autres, est-ce d'un géant, d'un *Athos*, que vous parlez ? Vous avez surtout un homme pâle[6] et livide, qui n'a pas sur soi dix onces de chair, et que l'on croirait jeter à terre du moindre

---

1. D'AUTRES. Les boulets de canon.
2. SUR VOS TOITS. Les bombes.
3. UNE SALADE. Casque que portaient les chevau-légers au dix-septième siècle, et qui différait du casque proprement dit en ce qu'il n'avait point de crête et n'était presque qu'un simple pot.
4. ATHOS. La Bruyère se souvient ici de l'architecte Dinocrate, qui voulait tailler le mont Athos de manière à lui donner la figure d'Alexandre le Grand.
5. UN TEL CORPS. Cette fiction que suppose La Bruyère est le sujet d'un des romans philosophiques de Voltaire, *Micromégas*. Un des personnages de ce roman, qui a six mille pieds de haut, pose une baleine sur son ongle, et, après l'avoir examinée fort patiemment, il conclut « qu'il n'y avait pas moyen de croire qu'une âme fût logée là. »
6. PALE. Guillaume d'Orange était d'une pâleur extraordinaire. Boileau y fait allusion quand il dit en s'adressant à la ville de Namur :

Dans Bruxelles Nassau blême
Commence à trembler pour toi.

souffle. Il fait néanmoins plus de bruit que quatre autres, et met tout en combustion ; il vient de pêcher en eau trouble une île tout entière[1] ; ailleurs, à la vérité, il est battu et poursuivi[2], mais il se sauve par les *marais*, et ne veut écouter ni paix ni trêve. Il a montré de bonne heure ce qu'il savait faire, il a mordu le sein de sa nourrice[3] : elle en est morte, la pauvre femme ; je m'entends, il suffit. En un mot, il était né sujet, il ne l'est plus ; au contraire, il est le maître, et ceux qu'il a domptés[4] et mis sous le joug vont à la charrue et labourent de bon courage : ils semblent même appréhender, les bonnes gens, de pouvoir se délier un jour et de devenir libres, car ils ont étendu la courroie et allongé le fouet de celui qui les fait marcher ; ils n'oublient rien pour accroître leur servitude : il lui font passer l'eau pour se faire d'autres vassaux et s'acquérir de nouveaux domaines ; il s'agit, il est vrai, de prendre son père et sa mère par les épaules, et de les jeter hors de leur maison ; et ils l'aident dans une si honnête entreprise. Les gens de delà l'eau et ceux d'en deçà se cotisent et mettent chacun du leur pour se le rendre à eux tous de jour en jour plus redoutable : les *Pictes* et les *Saxons* imposent silence aux *Bataves*, et ceux-ci aux *Pictes* et aux *Saxons*[5] ; tous se peuvent vanter d'être ses humbles esclaves, et autant qu'ils le souhaitent. Mais qu'entends-je de certains personnages qui ont des couronnes, je ne dis pas des comtes ou des marquis, dont la terre fourmille, mais des princes et des souverains ? ils viennent trouver cet homme dès qu'il a sifflé[6], ils se découvrent dès son antichambre, et ils ne parlent que quand on les interroge. Sont-ce là ces mêmes princes si pointilleux, si formalistes sur leurs rangs et sur leurs préséances, et

---

1. TOUT ENTIÈRE. L'Angleterre.
2. POURSUIVI. En Hollande où Guillaume en 1672 avait rompu les digues, ouvert les écluses et arrêté l'armée française par l'envahissement des eaux.
3. SA NOURRICE. La Hollande. Guillaume d'Orange avait été adopté en 1666 par la République des Provinces-Unies, sur la proposition de Jean de Witt. Le 1er juillet 1672, il était proclamé stathouder ; le 20 août, la populace d'Amsterdam massacrait Jean et Corneille de Witt, deux des plus grands citoyens qui aient jamais honoré un État libre, aux cris de « vive le statouder ! »
4. DOMPTÉS. On disait en France que Guillaume était stathouder d'Angleterre et roi de Hollande. *Ceux qu'il a domptés* sont les Hollandais. C'est ce qui fait dire à Boileau :

. . . Il voit le Batave,
Désormais docile esclave,
Rangé sous ses étendards.

5. SAXONS. Cette politique a toujours été celle des usurpateurs : Tel, par exemple, qui a pris l'Alsace, cent ans après que son ancêtre a volé la Silésie, envoie les régiments Alsaciens en Silésie et les régiments Silésiens en Alsace.
6. DÈS QU'IL A SIFFLÉ. Lorsque Guillaume vint à la Haye en 1690, à son premier retour d'Angleterre, les princes ligués accoururent auprès de lui, et l'électeur de Bavière fut obligé d'attendre patiemment dans l'antichambre une audience du nouveau roi

qui consument, pour les régler, les mois entiers dans une diète? Que fera ce nouvel archonte pour payer une si aveugle soumission, et pour répondre à une si haute idée qu'on a de lui? S'il se livre une bataille, il doit la gagner, et en personne : si l'ennemi fait un siège, il doit le lui faire lever, et avec honte, à moins que tout l'Océan ne soit entre lui et l'ennemi : il ne saurait moins faire en faveur de ses courtisans. *César*[1] lui-même ne doit-il pas venir en grossir le nombre? il en attend du moins d'importants services; car, ou l'archonte échouera avec ses alliés, ce qui est plus difficile qu'impossible à concevoir, ou, s'il réussit et que rien ne lui résiste, le voilà tout porté, avec ses alliés jaloux de la religion et de la puissance de César, pour fondre sur lui, pour lui enlever l'*aigle*, et le réduire, lui ou son héritier, à la *fasce d'argent*[2] et aux pays héréditaires. Enfin, c'en est fait, ils se sont tous livrés à lui volontairement, à celui peut-être de qui ils devaient se défier davantage. *Ésope* ne leur dirait-il pas : *La gent volatile d'une certaine contrée prend l'alarme et s'effraie du voisinage du lion, dont le seul rugissement lui fait peur : elle se réfugie auprès de la bête, qui lui fait parler d'accommodement et la prend sous sa protection, qui se termine enfin à les croquer tous l'un après l'autre*[3].

CHAPITRE XIII

DE LA MODE

Une chose folle et qui découvre bien notre petitesse, c'est l'assujettissement aux modes, quand on l'étend à ce qui concerne le goût, le vivre, la santé et la conscience. La viande noire[4] est hors de mode, et, par cette raison, insipide; ce serait

---

1. CÉSAR. L'empereur d'Allemagne.
2. A LA FASCE D'ARGENT. Le réduire aux armes de la maison d'Autriche et lui enlever l'empire, qui était électif, en lui laissant seulement ses royaumes ou duchés héréditaires.
3. L'UN APRÈS L'AUTRE. Cf. La Fontaine. *Les Fables*, passim; et par exemple : *Le chat et les deux moineaux :*

. . . Vraiment dit maître chat,
Les moineaux ont un goût exquis et délicat.
Cette réflexion fit aussi croquer l'autre.

Relire aussi *Le cheval s'étant voulu* venger du cerf, *Le singe et le chat*, etc.

. . . Raton
N'était pas content, ce dit-on.
Aussi ne le sont pas la plupart de ces
(princes,
Qui flattés d'un pareil emploi,
Vont s'échauder en des provinces,
Pour le profit de quelque roi.

4. VIANDE NOIRE. La viande de cerf, chevreuil, lièvre, sanglier, bécasse, etc. Saint-Evremond recommande les viandes blanches dans une lettre au comte d'Olonne : «Du mouton tendre et succulent; du veau de bon lait, blanc et

pécher contre la mode que de guérir de la fièvre par la saignée. De même, l'on ne mourait plus depuis longtemps par *Théotime*[1]; ses tendres exhortations ne sauvaient plus que le peuple, et Théotime a vu son successeur.

La curiosité n'est pas un goût pour ce qui est bon ou ce qui est beau, mais pour ce qui est rare, unique, pour ce qu'on a et ce que les autres n'ont point. Ce n'est pas un attachement à ce qui est parfait, mais à ce qui est couru, à ce qui est à la mode. Ce n'est pas un amusement, mais une passion, et souvent si violente qu'elle ne cède à l'amour et à l'ambition que par la petitesse de son objet. Ce n'est pas une passion qu'on a généralement[2] pour les choses rares et qui ont cours, mais qu'on a seulement pour une certaine chose, qui est rare, et pourtant à la mode.

Le fleuriste[3] a un jardin dans un faubourg; il y court au lever du soleil, et il en revient à son coucher. Vous le voyez planté et qui a pris racine au milieu de ses tulipes et devant la *Solitaire*: il ouvre de grands yeux, il frotte ses mains, il se baisse, il la voit de plus près, il ne l'a jamais vue si belle, il a le cœur épanoui de joie : il la quitte pour l'*Orientale*; de là, il va à la *Veuve*; il passe au *Drap d'or*; de celle-ci à l'*Agathe*; d'où il revient enfin à la *Solitaire*, où il se fixe, où il se lasse, où il s'assied, où il oublie de dîner : aussi est-elle nuancée, bordée, huilée, à pièces emportées; elle a un beau vase ou un beau calice; il la contemple, il l'admire; Dieu et la nature sont en tout cela ce qu'il n'admire point : il ne va pas plus loin que l'oignon de sa tulipe, qu'il ne livrerait pas pour mille écus, et qu'il donnera pour rien, quand les tulipes seront négligées et que les œillets auront prévalu. Cet homme raisonnable qui a une âme, qui a un culte et une religion[4], revient chez soi fatigué, affamé, mais fort content de sa journée : il a vu des tulipes.

Parlez à cet autre de la richesse des moissons, d'une ample

---

délicat; la volaille de bon suc, moins engraissée que nourrie, la caille grasse prise à la campagne, un faisan, une perdrix, un lapin, qui sentent bien chacun dans son goût ce qu'ils doivent sentir, sont les véritables viandes qui pourront faire en différentes saisons les délices de votre repas. »

1. THÉOTIME. La clef dit : « M. Sachot, curé de Saint Gervais, qui exhortait toutes les personnes de qualité à la mort. Le père Bourdaloue lui a succédé dans cet emploi. »

2. GÉNÉRALEMENT. Qu'on a pour toutes les choses rares en général.

3. LE FLEURISTE. Vauvenargues a dit : « Il n'y a point de si petits caractères qu'on ne puisse rendre agréables par le coloris; le Fleuriste de La Bruyère en est la preuve. »

4. UNE RELIGION. Il nous semble que notre auteur le prend sur un ton trop tragique : on peut être un homme raisonnable, savoir qu'on a une âme, et même avoir une religion, et cependant aimer les tulipes.

récolte, d'une bonne vendange : il est curieux de fruits ; vous n'articulez pas, vous ne vous faites pas entendre. Parlez-lui de figues et de melons, dites que les poiriers rompent de fruits cette année, que les pêchers ont donné avec abondance : c'est pour lui un idiome inconnu ; il s'attache aux seuls pruniers, il ne vous répond pas. Ne l'entretenez pas même de vos pruniers, il n'a de l'amour que pour une certaine espèce ; toute autre que vous lui nommez le fait sourire et se moquer. Il vous mène à l'arbre, cueille artistement cette prune exquise, il l'ouvre, vous en donne une moitié, et prend l'autre. Quelle chair ! dit-il ; goûtez-vous cela[1] ? cela est-il divin ? voilà ce que vous ne trouverez pas ailleurs : et là-dessus ses narines s'enflent, il cache avec peine sa joie et sa vanité par quelques dehors de modestie. O l'homme divin en effet ! homme qu'on ne peut jamais assez louer et admirer ! homme dont il sera parlé dans plusieurs siècles ! que je voie sa taille et son visage pendant qu'il vit ; que j'observe les traits et la contenance d'un homme qui seul entre les mortels possède une telle prune.

Un troisième que vous allez voir vous parle des curieux ses confrères, et surtout de *Diognète*. Je l'admire, dit-il, et je le comprends moins que jamais : pensez-vous qu'il cherche à s'instruire par les médailles, et qu'il les regarde comme des preuves parlantes de certains faits, et des monuments fixes et indubitables de l'ancienne histoire ? rien moins : vous croyez peut-être que toute la peine qu'il se donne pour recouvrer une *tête* vient du plaisir qu'il se fait de ne voir pas une suite d'empereurs interrompue ? c'est encore moins : Diognète sait d'une médaille le *fruste*, le *flou*, et la *fleur de coin*[2] ; il a une tablette dont toutes les places sont garnies, à l'exception d'une seule : ce vide lui blesse la vue, et c'est précisément, et à la lettre, pour le remplir qu'il emploie son bien et sa vie.

Vous voulez, ajoute *Démocède*, voir mes estampes ? et bientôt il les étale et vous les montre. Vous en rencontrez une qui n'est ni noire, ni nette, ni dessinée, et d'ailleurs moins propre à être gardée dans un cabinet qu'à tapisser, un jour de fête, le Petit-Pont ou la rue Neuve[3] : il convient qu'elle est mal gravée, plus

---

1. GOÛTEZ-VOUS CELA ? Trouvez-vous cela de votre goût ?

2. COIN. Une médaille *fruste* est une médaille usée, sur laquelle le type et la légende sont effacés. — *Flou* (du latin *fluidus*) se dit des médailles dont les angles rentrants et saillants sont empâtés. — *Fleur de coin* désigne une médaille que le frottement n'a pas usée et qui semble avoir été frappée tout récemment par le coin.

3. NEUVE. Les jours de procession, on tapissait de tentures et d'images la rue Neuve-Notre-Dame, et le Petit-

mal dessinée ; mais il assure qu'elle est d'un Italien qui a travaillé peu, qu'elle n'a presque pas été tirée, que c'est la seule qui soit en France de ce dessin, qu'il l'a acheté très cher, et qu'il ne la changerait pas pour ce qu'il a de meilleur. J'ai, continue-t-il, une sensible affliction, et qui m'obligera à renoncer aux estampes pour le reste de mes jours : j'ai tout *Calot* [1], hormis une seule qui n'est pas, à la vérité, de ses bons ouvrages, au contraire c'est un des moindres, mais qui m'achèverait Calot ; je travaille depuis vingt ans à recouvrer cette estampe, et je désespère enfin d'y réussir : cela est bien rude !

Tel autre fait la satire de ces gens qui s'engagent par inquiétude ou par curiosité dans de longs voyages ; qui ne font ni mémoires, ni relations ; qui ne portent point de tablettes : qui vont pour voir, et qui ne voient pas, ou qui oublient ce qu'ils ont vu ; qui désirent seulement de connaître de nouvelles tours ou de nouveaux clochers, et de passer des rivières qu'on n'appelle ni la Seine, ni la Loire ; qui sortent de leur patrie pour y retourner, qui aiment à être absents, qui veulent un jour être revenus de loin [2] : et ce satirique parle juste, et se fait écouter.

Mais quand il ajoute que les livres en apprennent plus que les voyages, et qu'il m'a fait comprendre par ses discours qu'il a une bibliothèque, je souhaite de la voir ; je vais trouver cet homme, qui me reçoit dans une maison où dès l'escalier je tombe en faiblesse [3] d'une odeur de maroquin noir dont ses livres sont tous couverts. Il a beau me crier aux oreilles, pour me ranimer, qu'ils sont dorés sur tranche, ornés de filets d'or, et de la bonne édition, me nommer les meilleurs l'un après l'autre, dire que sa galerie est remplie, à quelques endroits près, qui sont peints de manière qu'on les prend pour de vrais livres arrangés sur des tablettes et que l'œil s'y trompe : ajouter qu'il ne lit jamais, qu'il ne met pas le pied dans cette galerie, qu'il y viendra pour me faire plaisir ; je le remercie de sa complaisance, et ne veux, non plus que lui, visiter sa tannerie, qu'il appelle bibliothèque.

Quelques-uns, par une intempérance de savoir, et par ne pouvoir [4] se résoudre à renoncer à aucune sorte de connaissance, les embrassent toutes et n'en possèdent aucune : ils aiment

---

Pont qui était alors couvert de maisons.

1. CALLOT. Jacques Callot, né à Nancy en 1593, mort en 1653, peintre, dessinateur et graveur. Ses œuvres sont encore aujourd'hui fort recherchées.

2. DE LOIN. On ne voyage pas pour voyager, mais pour raconter qu'on a voyagé.

3. EN FAIBLESSE. Cela est un peu forcé.

4. PAR NE POUVOIR. Parce qu'ils ne peuvent.

mieux savoir beaucoup que de savoir bien, et être faibles et superficiels dans diverses sciences que d'être sûrs et profonds dans une seule. Ils trouvent en toutes rencontres celui qui est leur maître et qui les redresse ; ils sont les dupes de leur vaine curiosité, et ne peuvent au plus, par de longs et pénibles efforts, que se tirer d'une ignorance crasse [1].

D'autres ont la clef des sciences [2], où ils n'entrent jamais : ils passent leur vie à déchiffrer les langues orientales et les langues du nord, celles des deux Indes, celle des deux pôles, et celle qui se parle dans la lune. Les idiomes les plus inutiles, avec les caractères les plus bizarres et les plus magiques, sont précisément ce qui réveille leur passion et qui excite leur travail ; ils plaignent ceux qui se bornent ingénument à savoir leur langue, ou tout au plus la grecque et la latine. Ces gens lisent toutes les histoires, et ignorent l'histoire [3] ; ils parcourent tous les livres et ne profitent d'aucun : c'est en eux une stérilité de faits et de principes qui ne peut être plus grande, mais, à la vérité, la meilleure récolte et la richesse la plus abondante de mots et de paroles qui puisse s'imaginer : ils plient sous le faix ; leur mémoire en est accablée, pendant que leur esprit demeure vide.

Un bourgeois aime les bâtiments ; il se fait bâtir un hôtel si beau, si riche et si orné, qu'il est inhabitable ; le maître, honteux de s'y loger, ne pouvant peut-être se résoudre à le louer à un prince ou à un homme d'affaires [4], se retire au galetas, où il achève sa vie, pendant que l'enfilade [5] et les planchers de rapport [6] sont en proie aux Anglais et aux Allemands qui voyagent, et qui viennent là du palais Royal, du palais L... G... [7] et du Luxembourg. On heurte sans fin à cette belle porte ; tous demandent à voir la maison et personne à voir Monsieur.

On en sait d'autres qui ont des filles devant leurs [8] yeux, à qui

1. CRASSE. Ce caractère est vrai. La Bruyère dit ailleurs en parlant de l'homme inutile : « Il est propre à tout, disent ses amis ; ce qui signifie toujours... qu'il n'est propre à rien. » Il en est ainsi de l'homme universel : « Je sais tout, » dites-vous, ce qui signifie qu'il ne sait rien.
2. LA CLEF DES SCIENCES. Expression très juste pour désigner les langues.
3. L'HISTOIRE. Saint-Evremond dit fort bien : « Dans les histoires ils ne connaissent ni les hommes ni les affaires ; ils rapportent tout à la chronologie ; et pour nous pouvoir dire quelle année est mort un consul, ils négligeront de connaître son génie et d'apprendre ce qui s'est fait sous son consulat. »
4. AFFAIRES. Ce rapprochement entre le prince et l'homme d'affaires est à lui seul une épigramme.
5. L'ENFILADE des chambres.
6. DE RAPPORT. Les planchers en marqueterie.
7. L. G. L'hôtel Lesdiguière ou l'hôtel de Lenglée.
8. LEURS. Avoir quelque chose de-

ils ne peuvent pas donner une dot; que dis-je; elles ne sont pas vêtues, à peine nourries; qui se refusent un tour de lit [1] et du linge blanc, qui sont pauvres; et la source de leur misère n'est pas fort loin : c'est un garde-meuble chargé et embarrassé de bustes rares, déjà poudreux et couverts d'ordures, dont la vente les mettrait au large, mais qu'ils ne peuvent se résoudre à mettre en vente.

Diphile[2] commence par un oiseau et finit par mille : sa maison n'en est pas égayée, mais empestée; la cour, la salle, l'escalier, le vestibule, les chambres, le cabinet, tout est volière. Ce n'est plus un ramage, c'est un vacarme; les vents d'automne et les eaux dans leurs plus grandes crues ne font pas un bruit si perçant et si aigu; on ne s'entend non plus parler les uns les autres que dans ces chambres où il faut attendre, pour faire le compliment d'entrée, que les petits chiens aient aboyé. Ce n'est plus pour Diphile un agréable amusement; c'est une affaire laborieuse, et à laquelle à peine il peut suffire. Il passe les jours, ces jours qui échappent et qui ne reviennent plus, à verser du grain et à nettoyer des ordures; il donne pension à un homme qui n'a point d'autre ministère que de siffler des serins au flageolet, et de faire couver des *canaries*[3]. Il est vrai que ce qu'il dépense d'un côté, il l'épargne de l'autre, car ses enfants sont sans maîtres et sans éducation. Il se renferme le soir, fatigué de son propre plaisir, sans pouvoir jouir du moindre repos que ses oiseaux ne reposent, et que ce petit peuple, qu'il n'aime que

---

vant les yeux indique une action purement accidentelle, *devant ses yeux* indique une action continue et habituelle.

1. UN TOUR DE LIT. Lit entouré de rideaux suspendus et fixés au ciel de lit.

2. DIPHILE. « Santeul, parmi ses nombreuses manies, poussait beaucoup trop loin l'amour de l'argent et des serins. Il avait sa maison pleine de ces oiseaux; et comme il lui fallait des œufs durs pour les nourrir, au lieu d'en acheter, il aimait mieux en demander au cellerier de son couvent. Celui-ci trouvant qu'il revenait trop souvent à la charge, lui refusa un jour sa demande. Santeul en colère et roulant des yeux, lui dit d'une voix menaçante :

Num quid Santollus non valet ova duo?
« Le poète Santeul ne vaut-il pas deux œufs? »

Le cellerier ne put l'apaiser qu'en lui accordant sa demande. La reine d'Angleterre étant venue visiter Santeul, une dame de sa suite lui déroba un serin et le cacha. Santeul s'en aperçut, et en présence de la reine, reprit avec humeur son serin, malgré les prières et les instances de la dame. Un des serins de Santeul chantait si bien et si souvent, qu'il prétendait que l'âme de Lulli avait passé dans le corps de cet oiseau. » (Note de Walckenaer.)

3. CANARIES. Nous écrivons moins correctement *Canaris*. L'orthographe suivie par La Bruyère est plus conforme à l'étymologie. — Ce qui est curieux, c'est que le nom même des îles Canaries vient, non pas des oiseaux qui en ont pris leur nom, mais des chiens qui s'y trouvaient en abondance. (*Canes* d'où *Insulæ Cunariæ*.)

parce qu'il chante, ne cesse de chanter. Il retrouve ses oiseaux dans son sommeil; lui-même il est oiseau, il est huppé, il gazouille, il perche, il rêve la nuit qu'il mue ou qu'il couve.

Qui pourrait épuiser tous les différents genres de curieux? Devineriez-vous, à entendre parler celui-ci de son *léopard*, de sa *plume*, de sa *musique*[1], les vanter comme ce qu'il y a sur la terre de plus singulier et de plus merveilleux, qu'il veut vendre ses coquilles? Pourquoi non, s'il les achète au poids de l'or?

Cet autre aime les insectes; il en fait tous les jours de nouvelles emplettes : c'est surtout le premier homme de l'Europe pour les papillons; il en a de toutes les tailles et de toutes les couleurs. Quel temps prenez-vous pour lui rendre visite? il est plongé dans une amère douleur; il a l'humeur noire, chagrine, et dont toute sa famille souffre : aussi a-t-il fait une perte irréparable. Approchez, regardez ce qu'il vous montre sur son doigt, qui n'a plus de vie et qui vient d'expirer : c'est une chenille, et quelle chenille!

Le duel est le triomphe de la mode, et l'endroit où elle a exercé sa tyrannie avec plus d'éclat[2]. Cet usage n'a pas laissé au poltron la liberté de vivre; il l'a mené se faire tuer par un plus brave que soi, et l'a confondu avec un homme de cœur; il a attaché de l'honneur et de la gloire à une action folle et extravagante; il a été approuvé par la présence des rois[3]; il y a eu quelquefois une espèce de religion à le pratiquer; il a décidé de l'innocence des hommes, des accusations fausses ou véritables sur des crimes capitaux; il s'était enfin si profondément enraciné dans l'opinion des peuples, et s'était si fort saisi de leur cœur et de leur esprit, qu'un des plus beaux endroits de la vie d'un très grand roi a été de les guérir de cette folie[4].

---

1. MUSIQUE. Nom de coquillage (note de La Bruyère).

2. PLUS D'ÉCLAT. On dirait aujourd'hui : *avec le plus d'éclat*. — Sur la tyrannie de la mode, c'est-à-dire de l'opinion, Cf. Pascal : « L'opinion est comme la reine du monde... L'imagination dispose de tout; elle fait la beauté, la justice et le bonheur, qui est le tout du monde. Je voudrais de bon cœur voir le livre italien, dont je ne connais que le titre, qui vaut lui seul bien des livres : *Della opinione, regina del Mondo*. J'y souscris sans le connaître, sauf le mal, s'il y en a. »

3. DES ROIS. Allusion au duel judiciaire. Le dernier duel judiciaire auquel un roi de France ait assisté, est celui de Jarnac et de la Châtaigneraye, le 10 juillet 1547 sous Henri II.

4. CETTE FOLIE. Cf. Voltaire, *Siècle de Louis XIV* : « L'abolition des duels fut un des plus grands services rendus à la patrie. Ces combats avaient été autorisés autrefois par les rois, par les parlements même et par l'Église; et quoiqu'ils fussent défendus depuis Henri IV, cette funeste coutume subsistait plus que jamais. Le fameux combat de La Férette, de quatre contre quatre, en 1663, fut ce qui détermina Louis XIV à ne plus pardonner. Son heureuse sévérité corrigea peu à peu notre nation, et même les nations voisines, qui se conformèrent à nos sages coutumes, après avoir pris nos mau-

Tel a été à la mode, ou pour le commandement des armées et la négociation[1], ou pour l'éloquence de la chaire, ou pour les vers, qui n'y est plus. Y a-t-il des hommes qui dégénèrent de ce qu'ils furent autrefois? est-ce leur mérite qui est usé, ou le goût qu'on avait pour eux?

Un homme à la mode dure peu, car les modes passent : s'il est par hasard homme de mérite, il n'est pas anéanti, et il subsiste encore par quelque endroit : également estimable, il est seulement moins estimé.

La vertu a cela d'heureux, qu'elle se suffit à elle-même, et qu'elle sait se passer d'admirateurs, de partisans et de protecteurs : le manque d'appui et d'approbation non seulement ne lui nuit pas, mais il la conserve, l'épure et la rend parfaite[2] : qu'elle soit à la mode, qu'elle n'y soit plus, elle demeure vertu.

Si vous dites aux hommes, et surtout aux grands, qu'un tel a de la vertu, ils vous disent : « Qu'il la garde; » qu'il a bien de l'esprit, de celui surtout qui plaît et qui amuse, ils vous répondent : « Tant mieux pour lui; » qu'il a l'esprit fort cultivé, qu'il sait beaucoup, ils vous demandent quelle heure il est ou quel temps il fait[3]. Mais si vous leur apprenez qu'il y a un *Tigillin*[4] qui *souffle* ou qui *jette en sable* un verre d'eau-de-vie[5], et, chose merveilleuse! qui y revient plusieurs fois en un repas, alors ils disent : Où est-il? amenez-le-moi demain, ce soir; me l'amènerez-vous? On le leur amène; et cet homme, propre à parer les avenues d'une foire et à être montré en chambre pour de l'argent, ils l'admettent dans leur familiarité[6].

Il n'y a rien qui mette plus subitement un homme à la mode, et qui le soulève davantage[7], que le grand jeu : cela va de pair avec la crapule[8]. Je voudrais bien voir un homme poli,

valsés. Il y a dans l'Europe cent fois moins de duels aujourd'hui que du temps de Louis XIII. »

1. LA NÉGOCIATION. Pour les négociations diplomatiques.
2. LA REND PARFAITE. Parce qu'elle est alors plus désintéressée.
3. IL FAIT. Remarquez la gradation : Il a de la vertu : qu'il la garde! Ce serait pour nous un fardeau trop pesant. — Il a de l'esprit : tant mieux pour lui! mais avoir de l'esprit, c'est pour nous une trop grosse affaire. Il a de la science : oh! ceci ne nous intéresse plus du tout, n'est-il pas l'heure d'aller au petit lever ou au petit coucher?

4. TIGILLIN. Ce nom est ici pour celui d'un débauché et d'un infâme. Tigellin, préfet du prétoire, fut le favori de Néron. Voyez Tacite.
5. EAU-DE-VIE. *Souffler, jeter en sable, sabler*, signifie *vider tout d'un trait*. On jette le verre d'eau-de-vie dans son gosier, comme on jette la matière fondue dans un moule de sable.
6. FAMILIARITÉ. Cela ne se ferait plus aujourd'hui dans aucun monde.
7. LE SOULÈVE. Qui le porte tout à coup bien au-dessus du niveau de la foule.
8. CRAPULE. Le jeu met son homme à la mode aussi bien que l'ivrognerie.

enjoué, spirituel, fût-il un CATULLE[1] ou son disciple, faire quelque comparaison avec celui qui vient de perdre huit cents pistoles en une séance.

Une personne à la mode ressemble à une *fleur bleue*[2] qui croît de soi-même dans les sillons, où elle étouffe les épis, diminue la moisson, et tient la place de quelque chose de meilleur[3]; qui n'a de prix et de beauté que ce qu'elle emprunte d'un caprice léger qui naît et qui tombe presque dans le même instant : aujourd'hui elle est courue, les femmes s'en parent; demain elle est négligée et rendue au peuple.

Une personne de mérite, au contraire, est une fleur qu'on ne désigne pas par sa couleur, mais que l'on nomme par son nom, que l'on cultive pour sa beauté ou pour son odeur; l'une des grâces de la nature, l'une de ces choses qui embellissent le monde[4], qui est de tous les temps, et d'une vogue ancienne et populaire; que nos pères ont estimée, et que nous estimons après nos pères; à qui le dégoût ou l'antipathie de quelques-uns ne saurait nuire : un lis, une rose.

L'on voit *Eustrate* assis dans sa nacelle, où il jouit d'un air pur et d'un ciel serein : il avance d'un bon vent[5], et qui a toutes les apparences de devoir durer; mais il tombe[6] tout d'un coup, le ciel se couvre, l'orage se déclare, un tourbillon enveloppe la nacelle, elle est submergée : on voit Eustrate revenir sur l'eau et faire quelques efforts; on espère qu'il pourra du moins se sauver et venir à bord; mais une vague l'enfonce, on le tient perdu : il paraît une seconde fois, et les espérances se réveillent, lorsqu'un flot survient et l'abîme; on ne le revoit plus, il est noyé[7].

VOITURE et SARRAZIN[8] étaient nés pour leur siècle, et ils ont

---

1. CATULLE. Allusion au poète latin, qui, d'après Fénelon, « est au comble de la perfection pour la simplicité passionnée. »

2. BLEUE. Il s'agit du bluet qu'on appelait alors le barbeau. « Ces barbeaux, disent les clefs, qui croissent parmi les blés et les seigles, furent un été à la mode dans Paris. Les dames en mettaient pour bouquet. »

3. DE MEILLEUR. Il est certain que le blé est plus utile que le bluet; mais La Bruyère est trop sévère pour ces pauvres fleurs qui croissent d'elles-mêmes dans les sillons. L'homme ne vit pas seulement de pain, mais il a aussi besoin de tout ce qui est beau ou simplement joli et qui l'aide à passer la vie.

4. LE MONDE. Cela est charmant, d'un style léger et délicat, et fait presque regretter la critique que nous avons faite sur la réflexion qui précède.

5. BON VENT. Il s'agit du vent de la faveur, de ce qu'on appelait, au temps de la république romaine, *populares auræ*; au dix-septième siècle, le vent soufflait de la cour et non du forum.

6. IL TOMBE. Le vent tombe. — *Il* se rapportait tout à l'heure à Eustrate; il y a là une incorrection.

7. NOYÉ. Il est noyé, et oublié : déjà on ne pense plus à lui.

8. SARRAZIN. Contemporain et imitateur de Voiture, né en 1603 près de Caen, mort en 1654, historien et poète,

paru dans un temps où il semble qu'ils étaient attendus. S'ils s'étaient moins pressés[1] de venir, ils arrivaient trop tard; et j'ose douter qu'ils fussent tels aujourd'hui qu'ils ont été alors : les conversations légères, les cercles, la fine plaisanterie, les lettres enjouées et familières, les petites parties où l'on était admis seulement avec de l'esprit[2], tout a disparu. Et qu'on ne dise point qu'ils les feraient revivre : ce que je puis faire en faveur de leur esprit, est de convenir que peut-être ils excelleraient dans un autre genre; mais les femmes sont, de nos jours, ou dévotes, ou coquettes, ou joueuses, ou ambitieuses, quelques-unes même tout cela à la fois; le goût de la faveur, le jeu, les galants, les directeurs, ont pris la place, et la défendent contre les gens d'esprit.

Un homme fat et ridicule porte un long chapeau, un pourpoint à ailerons[3], des chausses à aiguillettes[4] et des bottines : il rêve la veille par où et comment il pourra se faire remarquer le jour qui suit. Un philosophe se laisse habiller par son tailleur : il y a autant de faiblesse à fuir la mode qu'à l'affecter[5].

L'on blâme une mode qui, divisant la taille des hommes en deux parties égales, en prend une tout entière pour le buste, et laisse l'autre pour le reste du corps. L'on condamne celle qui fait de la tête des femmes la base d'un édifice à plusieurs étages, dont l'ordre[6] et la structure changent selon leurs caprices; qui éloigne les cheveux du visage, bien qu'ils ne croissent que pour

---

secrétaire du prince de Conti qui l'assomma à coups de bâtons.

1. MOINS PRESSÉS. La Bruyère se divertit à imiter le style précieux de Voiture et de Sarrazin.

2. SEULEMENT AVEC DE L'ESPRIT. Il s'agit de l'hôtel de Rambouillet, où l'esprit était un titre suffisant pour faire admettre le fils d'un marchand de vin d'Amiens (Voiture), dans la compagnie de Julie d'Angennes et de François de La Rochefoucauld.

3. AILERONS. Petit bord d'étoffe qu'on mettait aux pourpoints pour couvrir les coutures du haut des manches, ou gros nœud de rubans largement étalés qui avaient fait donner à l'ensemble de la garniture le nom de *petite oie*. — Les ailerons et la petite oie étaient du dernier galant en 1659. « Que vous semble de ma petite oie? la trouverez-vous congruente à l'habit? » dit Mascarille à Cathos, dans les *Précieuses ridicules*. Au temps où écrivait La Bruyère, la mode en était surannée.

4. A AIGUILLETTES. Les chausses descendaient jusqu'aux cuisses; on les attachait avec des aiguillettes, c'est-à-dire des cordons ferrés par les deux bouts.

5. S'AFFECTER. Cf. Molière, l'*École des Maris* :

Toujours au plus grand nombre on doit
[s'accommoder,
Et jamais il ne faut se faire regarder.
L'un et l'autre excès choque, et tout
[homme bien sage
Doit faire des habits ainsi que du lan-
[gage,
N'y rien trop affecter, et sans empresse-
[ment
Suivre ce que l'usage y fait de change-
[ment.

6. L'ORDRE. Allusion aux différents ordres d'architecture. — Cf. Boileau, satire X :

Et qu'une main savante avec tant d'arti-
[fice
Bâtit de ses cheveux l'élégant édifice.

l'accompagner; qui les relève et les hérisse à la manière des bacchantes, et semble avoir pourvu à ce que les femmes changent leur physionomie douce et modeste en une autre qui soit fière et audacieuse. On se récrie enfin contre une telle ou une telle mode, qui cependant, toute bizarre qu'elle est, pare et embellit pendant qu'elle dure, et dont l'on tire tout l'avantage qu'on en peut espérer, qui est de plaire. Il me paraît qu'on devrait seulement admirer l'inconstance et la légèreté des hommes, qui attachent successivement les agréments et la bienséance à des choses tout opposées; qui emploient pour le comique et pour la mascarade ce qui leur a servi de parure grave et d'ornements les plus sérieux; et que si peu de temps en fasse la différence [1].

N.... est riche, elle mange bien, elle dort bien : mais les coiffures changent; et lorsqu'elle y pense le moins, et qu'elle se croit heureuse, la sienne est hors de mode.

Iphis voit à l'église un soulier d'une nouvelle mode; il regarde le sien, et en rougit; il ne se croit plus habillé. Il était venu à la messe pour s'y montrer, et il se cache : le voilà retenu par le pied [2] dans sa chambre tout le reste du jour. Il a la main douce, et il l'entretient avec une pâte de senteur; il a soin de rire pour montrer ses dents [3]; il fait la petite bouche, et il n'y a guère de moments où il ne veuille sourire; il regarde ses jambes, il se voit au miroir : l'on ne peut être plus content de personne qu'il l'est de lui-même; il s'est acquis une voix claire et délicate, et heureusement il parle gras; il a un mouvement de tête, et je ne sais quel adoucissement dans les yeux, dont il

---

1. LA DIFFÉRENCE. Cf. Montaigne, *Essais*, I, 49 : « Je me plains de la particulière indiscrétion de notre peuple de se laisser si fort piper et aveugler à l'autorité de l'usage présent, qu'il soit capable de changer d'opinion et d'avis tous les mois, s'il plaît à la coutume, et qu'il juge si diversement de soi-même. Quand il portait le busc de son pourpoint entre les mamelles, il maintenait par vives raisons qu'il était en son vrai lieu; quelques années après, le voilà avalé jusques entre les cuisses; il se moque de son autre usage, le trouve inepte et insupportable. La façon de se vêtir présente lui fait incontinent condamner l'ancienne, d'une résolution si grande et d'un consentement si universel, que vous diriez que c'est quelqu'espèce de manie qui lui tourneboule ainsi l'entendement. »

2. PAR LE PIED. Comme s'il avait la goutte.

3. SES DENTS. Comparer le portrait du jeune fat dans la VIIIe satire de Régnier.

... Un jeune frisé, relevé de moustache,
De galoche, de botte, et d'un ample
                               [panache
Me vint prendre.
            Laissons-le discourir,
Dire cent et cent fois : il en faudrait
                                [mourir,
. . . .
Relever ses cheveux, dire : En ma con-
                                [science;
Faire la belle main; mordre un bout de
                                [ses gants.
Rire hors de propos; montrer ses belles
                                [dents;
Se carrer sur un pied; faire aller son
                                [épée,
Et s'adoucir les yeux ainsi qu'une poupée.

n'oublie pas de s'embellir ; il a une démarche molle et le plus joli maintien qu'il est capable de se procurer ; il met du rouge, mais rarement, il n'en fait pas habitude : il est vrai aussi qu'il porte des chausses et un chapeau, et qu'il n'a ni boucles d'oreilles ni collier de perles ; aussi ne l'ai-je pas mis dans le chapitre des femmes.

Ces mêmes modes que les hommes suivent si volontiers pour leurs personnes, ils affectent de les négliger dans leurs portraits, comme s'ils sentaient ou qu'ils prévissent l'indécence[1] et le ridicule où elles peuvent tomber dès qu'elles auront perdu ce qu'on appelle la fleur ou l'agrément de la nouveauté : ils leur préfèrent une parure arbitraire, une draperie[2] indifférente, fantaisies du peintre qui ne sont prises ni sur l'air ni sur le visage, qui ne rappellent ni les mœurs ni la personne. Ils aiment des attitudes forcées ou immodestes, une manière dure, sauvage, étrangère, qui font un capitan d'un jeune abbé, et un matamore d'un homme de robe ; une Diane d'une femme de ville, comme d'une femme simple et timide une amazone ou une Pallas ; une Laïs d'une honnête fille ; un Scythe, un Attila, d'un prince qui est bon et magnanime.

Une mode a à peine détruit une autre mode qu'elle est abolie par une plus nouvelle, qui cède elle-même à celle qui la suit, et qui ne sera pas la dernière : telle est notre légèreté. Pendant ces révolutions, un siècle s'est écoulé qui a mis toutes ces parures au rang des choses passées et qui ne sont plus. La mode alors la plus curieuse et qui fait plus de plaisir à voir, c'est la plus ancienne : aidée du temps et des années, elle a le même agrément dans les portraits qu'a la saye[3] ou l'habit romain sur les théâtres, qu'ont la mante, le voile et la tiare[4] dans nos tapisseries et dans nos peintures.

Nos pères nous ont transmis avec la connaissance de leurs personnes celle de leurs habits, de leurs coiffures, de leurs armes[5], et des autres ornements qu'ils ont aimés pendant leur vie : nous ne saurions bien reconnaître cette sorte de bienfait qu'en traitant de même nos descendants.

---

1. L'INDÉCENCE. *Quod non decet*, ce qui ne convient pas.

2. DRAPERIE. C'est qu'en effet la draperie antique convient beaucoup mieux à la peinture et surtout à la sculpture que les accoutrements bizarres dont s'affublent les peuples modernes, et qui sont un reste de la barbarie du moyen âge.

3. LA SAYE. Habit des Gaulois.

4. LA TIARE. Habits orientaux. (Note de La Bruyère, s'appliquant aux trois mots *mante*, *voile* et *tiare*.)

5. ARMES. Offensives et défensives. (Note de La Bruyère.)

Le courtisan autrefois avait ses cheveux, était en chausses et en pourpoint, portait de larges canons[1], et il était libertin[2] : cela ne sied plus ; il porte une perruque, l'habit serré, le bas uni, et il est dévot : tout se règle par la mode[3].

Celui qui depuis quelque temps à la cour était dévot, et par là, contre toute raison, peu éloigné du ridicule, pouvait-il espérer de devenir à la mode ?

De quoi n'est point capable un courtisan dans la vue de sa fortune, si, pour ne la pas manquer, il devient dévot ?

Les couleurs sont préparées, et la toile est toute prête : mais comment le fixer, cet homme inquiet, léger, inconstant, qui change de mille et mille figures ? Je le peins dévot, et je crois l'avoir attrapé[4] ; mais il m'échappe, et déjà il est libertin[5]. Qu'il demeure du moins dans cette mauvaise situation, et je saurai le prendre dans un point de déréglement de cœur et d'esprit où il sera reconnaissable ; mais la mode presse, il est dévot.

Celui qui a pénétré la cour connaît ce que c'est que vertu et ce que c'est que dévotion[6], et il ne peut plus s'y tromper[7].

Négliger vêpres comme une chose antique et hors de mode, garder sa place soi-même pour le salut, savoir les êtres de la chapelle, connaître le flanc[8], savoir où l'on est vu et où l'on n'est pas vu[9] ; rêver dans l'église à Dieu et à ses affaires, y recevoir des visites, y donner des ordres et des commissions, y attendre les réponses ; avoir un directeur[10] mieux écouté que l'Évangile ; tirer toute sa sainteté et tout son relief de la réputation de son directeur ; dédaigner ceux dont le directeur a moins

---

1. CANONS. Molière, dans l'*École des Maris*, a parlé :

De ces larges canons, où, comme en des [entraves,
On met, tous les matins, les deux jambes [esclaves.

2. LIBERTIN. Irréligieux. On dit aujourd'hui dans ce sens : *libre-penseur*. Nous entendons par *libertin*, un débauché.

3. LA MODE. Il a fallu à La Bruyère un véritable courage pour attaquer ainsi la fausse dévotion de la cour, deux ans après la révocation de l'édit de Nantes, un an après le mariage secret du roi avec M** de Maintenon.

4. ATTRAPÉ. L'avoir peint ressemblant.

5. LIBERTIN. Le courtisan, libertin au temps de la Fronde et pendant la jeunesse de Louis XIV, dévot sous le règne de M** de Maintenon, redeviendra libertin sous la régence du duc d'Orléans.

6. DÉVOTION. Fausse dévotion. (Noté de La Bruyère.)

7. S'Y TROMPER. Il ne peut plus confondre la vertu avec la fausse dévotion.

8. LE FLANC. Il s'agit de la chapelle du château de Versailles. *Le flanc* est ici la partie de la chapelle que flanque, que voit la tribune royale.

9. VU. C'est du roi qu'il s'agissait d'être vu. — Saint-Simon raconte comment il arriva que Louis XIV trouva la chapelle déserte, un jour qu'un officier des gardes, pour jouer un tour aux dames qui avaient pris leur place avant l'heure, annonça tout haut que le roi ne viendrait pas au salut.

10. UN DIRECTEUR. Un directeur de conscience.

de vogue, et convenir à peine de leur salut; n'aimer de la parole de Dieu que ce qui s'en prêche chez soi ou par son directeur; préférer sa messe aux autres messes, et les sacrements donnés de sa main à ceux qui ont moins de cette circonstance [1]; ne se repaître que de livres de spiritualité, comme s'il n'y avait ni Évangile, ni Épîtres des Apôtres, ni morale des Pères; lire ou parler un jargon inconnu aux premiers siècles; circonstancier à confesse les défauts d'autrui, y pallier les siens; s'accuser de ses souffrances, de sa patience; dire comme un péché son peu de progrès dans l'héroïsme; être en liaison secrète [2] avec de certaines gens contre certains autres; n'estimer que soi et sa cabale; avoir pour suspecte la vertu même; goûter, savourer la prospérité et la faveur, n'en vouloir que pour soi; ne point aider au mérite; faire servir la piété à son ambition; aller à son salut [3] par le chemin de la fortune et des dignités : c'est du moins jusqu'à ce jour le plus bel effort de la dévotion du temps.

Un dévot [4] est celui qui, sous un roi athée, serait athée.

Quand un courtisan [5] sera humble, guéri du faste et de l'ambition; qu'il n'établira point sa fortune sur la ruine de ses concurrents; qu'il sera équitable, soulagera ses vassaux, payera ses créanciers [6]; qu'il ne sera ni fourbe ni médisant; qu'il renoncera aux grands repas et aux amours illégitimes; qu'il priera autrement que des lèvres, et même hors de la présence du prince; quand d'ailleurs il ne sera point d'un abord farouche et difficile, qu'il n'aura point le visage austère et la mine triste; qu'il ne sera point paresseux et contemplatif; qu'il saura rendre, par une scrupuleuse attention, divers emplois très compatibles; qu'il pourra et qu'il voudra même tourner son esprit et ses soins aux grandes et laborieuses affaires, à celles surtout d'une suite la plus étendue pour les peuples et pour tout l'État; quand son caractère me fera craindre de le nommer en cet endroit, et que sa modestie l'empêchera, si je ne le nomme pas,

---

1. CIRCONSTANCE. A ceux qui n'ont point cet avantage d'être donnés de sa main.

2. LIAISON SECRÈTE. Cf. Molière, *Don Juan*, acte V : « On lie, à force de grimaces, une société étroite avec tous les gens du parti. Qui en choque un, se les attire tous sur les bras... »

3. A SON SALUT. Cf. Molière, *Tartufe*, acte Ier :

Ces gens, dis-je, qu'on voit, d'une ardeur [peu commune,
Par le chemin du ciel courir à la for-[tune,
Qui, brûlants et priants, demandent cha-[que jour
Et prêchent la retraite au milieu de la [cour.

4. DÉVOT. Faux dévot. (Note de La Bruyère.)

5. UN COURTISAN. On assure que ce portrait est celui du duc de Beauvilliers.

6. SES CRÉANCIERS. C'était un des péchés habituels des courtisans de ce temps-là de ne pas payer M. Dimanche et d'emprunter à M. Jourdain de l'argent qu'ils ne rendaient point.

de s'y reconnaître ; alors je dirai de ce personnage : Il est dévot ;
ou plutôt : c'est un homme donné à son siècle pour le modèle
d'une vertu sincère et pour le discernement de l'hypocrite [1].

Onuphre [2] n'a pour tout lit qu'une housse de serge grise, mais
il couche sur le coton et sur le duvet ; de même il est habillé
simplement, mais commodément, je veux dire d'une étoffe fort
légère en été, et d'une autre fort moelleuse pendant l'hiver ; il
porte des chemises très déliées [3], qu'il a un très grand soin de
bien cacher. Il ne dit point : *Ma haire et ma discipline* [4], au
contraire ; il passerait pour ce qu'il est, pour un hypocrite, et il
veut passer pour ce qu'il n'est pas, pour un homme dévot : il est
vrai qu'il fait en sorte que l'on croie, sans qu'il le dise, qu'il
porte une haire et qu'il se donne la discipline. Il y a quelques
livres répandus dans sa chambre indifféremment ; ouvrez-les :
c'est *le Combat spirituel*, *le Chrétien intérieur* et *l'Année sainte* ;
d'autres livres [5] sont sous la clef. S'il marche par la ville, et qu'il
découvre de loin un homme devant qui il est nécessaire qu'il
soit dévot, les yeux baissés, la démarche lente et modeste, l'air
recueilli lui sont familiers ; il joue son rôle. S'il entre dans une
église, il observe d'abord de qui il peut être vu, et selon la découverte qu'il vient de faire, il se met à genoux et prie, ou il ne
songe ni à se mettre à genoux ni à prier. Arrive-t-il vers lui un
homme de bien et d'autorité qui le verra et qui peut l'entendre,
non seulement il prie, mais il médite, il pousse des élans [6] et des
soupirs : si l'homme de bien se retire, celui-ci, qui le voit partir, s'apaise et ne souffle pas. Il entre une autre fois dans un lieu
saint, perce la foule, choisit un endroit pour se recueillir, et où
tout le monde voit qu'il s'humilie ; s'il entend des courtisans

---

1. DE L'HYPOCRITE. C'est-à-dire pour que le siècle puisse discerner l'homme vertueux de l'hypocrite.

2. ONUPHRE. C'est le Tartufe de Molière, refait par La Bruyère, ou plutôt c'est un fils de Tartufe, moins hardi que son père, instruit et corrigé par la catastrophe du cinquième acte, visant moins haut, et par cela même plus sûr de réussir et plus dangereux.

3. TRÈS DÉLIÉES. d'une étoffe très fine.

4. DISCIPLINE. Allusion aux premiers vers que prononce Tartufe en entrant en scène :

Laurent, serrez ma haire avec ma disci-
[pline,
Et priez que le ciel toujours vous illu-
[mine.

La haire est une chemise de crin ; la discipline est un instrument de cordes nouées avec lequel on se mortifie.

5. D'AUTRES LIVRES. Des livres moins édifiants.

6. DES ÉLANS. Cf. Molière, *le Tartufe* acte 1er :

Chaque jour à l'église il venait d'un air
[doux,
Tout vis-à-vis de moi se mettre à deux
[genoux ;
Il attirait les yeux de l'assemblée entière
Par l'ardeur dont au ciel il poussait sa
[prière ;
Il faisait des soupirs, de grands élance-
[ments,
Et baisait humblement la terre à tous
[moments.

qui parlent, qui rient, et qui sont à la chapelle avec moins de silence que dans l'antichambre, il fait plus de bruit qu'eux pour les faire taire ; il reprend sa méditation, qui est toujours la comparaison qu'il fait de ces personnes avec lui-même, et où il trouve son compte [1]. Il évite une église déserte et solitaire, où il pourrait entendre deux messes de suite, le sermon, vêpres et complies, tout cela entre Dieu et lui, et sans que personne lui en sût gré : il aime la paroisse, il fréquente les temples où se fait un grand concours ; on n'y manque point son coup, on y est vu. Il choisit deux ou trois jours dans toute l'année, où, à propos de rien, il jeûne ou fait abstinence ; mais à la fin de l'hiver il tousse, il a une mauvaise poitrine, il a des vapeurs, il a eu la fièvre : il se fait prier, presser, quereller, pour rompre le carême dès son commencement, et il en vient là par complaisance. Si Onuphre est nommé arbitre dans une querelle de parents ou dans un procès de famille, il est pour les plus forts, je veux dire pour les plus riches, et il ne se persuade point que celui ou celle qui a beaucoup de bien puisse avoir tort. S'il se trouve bien d'un homme opulent, à qui il a su imposer [2], dont il est le parasite, et dont il peut tirer de grands secours, il ne cajole point sa femme, il ne lui fait du moins ni avance ni déclaration [3] ; il est encore plus éloigné d'employer pour la flatter et pour la séduire le jargon de la dévotion [4] ; ce n'est point par habitude qu'il le parle, mais avec dessein, et selon qu'il lui est utile, et jamais quand il ne servirait qu'à le rendre très ridicule. Il sait où se trouvent des femmes plus sociables et plus dociles que celle de son ami ; il ne les abandonne pas pour longtemps, quand ce ne serait que pour faire dire de soi dans le public qu'il fait des retraites ? Les femmes d'ailleurs qui fleurissent et qui prospèrent à l'ombre de la dévotion [5] lui conviennent, seulement avec cette petite différence qu'il néglige celles qui ont vieilli, et qu'il cultive les jeunes, et entre celles-ci les plus belles et les mieux faites ; c'est son attrait : elles vont, et il va ; elles reviennent, et il revient ; elles demeurent, et il demeure ; c'est en tous lieux et à toutes les heures qu'il a la consolation de les voir : qui

---

1. Son compte. Le compte de sa vanité.

2. Imposer. Nous avons déjà remarqué que les écrivains du dix-septième siècle emploient *imposer* dans le sens où nous employons aujourd'hui *en imposer*.

3. Déclaration. Allusion à la déclaration que Tartufe adresse à Elmire, femme d'Orgon dont il est le parasite.

4. Dévotion. Fausse dévotion (note de La Bruyère).

5. Dévotion. La Bruyère répète encore ici la note : fausse dévotion. On voit quelles précautions notre auteur prenait, en osant s'attaquer, au vice alors dominant, l'hypocrisie.

pourrait n'en être pas édifié? elles sont dévotes, et il est dévot.
Il n'oublie pas de tirer avantage de l'aveuglement de son ami,
et de la prévention où il l'a jeté en sa faveur: tantôt il lui emprunte
de l'argent, tantôt il fait si bien que cet ami lui en offre :
il se fait reprocher de n'avoir pas recours à ses amis dans ses
besoins. Quelquefois il ne veut pas recevoir une obole sans donner
un billet, qu'il est bien sûr de ne jamais retirer[1]. Il dit une
autre fois, et d'une certaine manière, que rien ne lui manque,
et c'est lorsqu'il ne lui faut qu'une petite somme: il vante quelque
autre fois publiquement la générosité de cet homme, pour
le piquer d'honneur et le conduire à lui faire une grande largesse :
il ne pense point à profiter de toute sa succession, ni à
s'attirer une donation[2] générale de tous ses biens, s'il s'agit
surtout de les enlever à un fils, le légitime héritier. Un homme
dévot n'est ni avare, ni violent, ni injuste, ni même intéressé.
Onuphre n'est pas dévot, mais il veut être cru tel, et, par une
parfaite, quoique fausse imitation de la piété, ménager sourdement
ses intérêts[3] : aussi ne se joue-t-il pas à la ligne directe,
et il ne s'insinue jamais dans une famille où se trouvent tout à
la fois une fille à pourvoir et un fils à établir[4]; il y a là des droits
trop forts et trop inviolables; on ne les traverse point sans faire
de l'éclat, et il l'appréhende, sans qu'une pareille entreprise
vienne aux oreilles du prince[5], à qui il dérobe sa marche, par
la crainte qu'il a d'être découvert et de paraître ce qu'il est. Il
en veut à la ligne collatérale, on l'attaque plus impunément; il
est la terreur des cousins et des cousines, du neveu et de la
nièce, le flatteur et l'ami déclaré de tous les oncles qui ont fait
fortune; il se donne pour l'héritier légitime de tout vieillard qui
meurt riche et sans enfants ; et il faut que celui-ci le déshérite,
s'il veut que ses parents recueillent sa succession: si Onuphre
ne trouve pas jour à les en frustrer à fond, il leur en ôte du
moins une bonne partie; une petite calomnie, moins que cela,
une légère médisance lui suffit pour ce pieux dessein ; et c'est le
talent[6] qu'il possède à un plus haut degré de perfection; il se

1. RETIRER. De ne jamais payer.
2. DONATION, Voy. *le Tartufe*, acte III, scène vii.
3. SES INTÉRÊTS. Servir ses intérêts, mais non point d'une manière trop ouverte et trop visible.
4. A ÉTABLIR. Orgon a une fille à établir.
5. DU PRINCE. Allusion aux paroles que l'Exempt adresse à Orgon, au cinquième acte de *Tartufe* :

Remettez-vous, Monsieur, d'une alarme
[si chaude;
Nous vivons sous un prince ennemi de la
[fraude;
Un prince dont les yeux se font jour dans
[les cœurs,
Et que ne peut tromper tout l'art des imposteurs.

6. LE TALENT. Cf. Beaumarchais :
« La calomnie, Monsieur! vous ne
savez guère ce que vous dédaignez;
j'ai vu les plus honnêtes gens prêts d'en

fait même souvent un point de conduite de ne pas le laisser inutile : il y a des gens, selon lui, qu'on est obligé en conscience de décrier[1] ; et ces gens sont ceux qu'il n'aime point, à qui il veut nuire, et dont il désire la dépouille. Il vient à ses fins sans se donner même la peine d'ouvrir la bouche : on lui parle d'*Eudoxe*, il sourit ou il soupire ; on l'interroge, on insiste, il ne répond rien ; et il a raison : il en a assez dit[2].

Riez, *Zélie*[3], soyez badine et folâtre à votre ordinaire : qu'est devenue votre joie ? — Je suis riche, dites-vous, me voilà au large, et je commence à respirer. — Riez plus haut, Zélie, éclatez ; que sert une meilleure fortune, si elle amène avec soi le sérieux et la tristesse ? Imitez les grands qui sont nés dans le sein de l'opulence ; ils rient quelquefois, ils cèdent à leur tempérament, suivez le vôtre : ne faites pas dire de vous qu'une nouvelle place ou que quelques mille livres de rente de plus ou de moins vous font passer d'une extrémité à l'autre. — Je tiens, dites-vous, à la faveur par un endroit. — Je m'en doutais, Zélie ; mais, croyez-moi, ne laissez pas de rire, et même de me sourire en passant, comme autrefois : ne craignez rien, je n'en serai ni plus libre ni plus familier avec vous ; je n'aurai pas une moindre opinion de vous et de votre poste ; je croirai également que vous êtes riche et en faveur. — Je suis dévote, ajoutez-vous. — C'est assez, Zélie, et je dois me souvenir que ce n'est plus la sérénité

être accablés... » *Barbier de Séville*, acte II, scène VIII.

1. DE DÉCRIER. Cf. Molière, *Don Juan*, acte V : « Je m'érigerai en censeur des actions d'autrui, jugerai mal de tout le monde, et n'aurai bonne opinion que de moi-même. Dès qu'une fois on m'aura choqué tant soit peu, je ne pardonnerai jamais et garderai tout doucement une haine irréconciliable. Je me ferai le vengeur des intérêts du ciel ; et sous ce prétexte commode, je pousserai mes ennemis, je les accuserai d'impiété... »

2. ASSEZ DIT. A ce portrait du faux dévot, La Bruyère avait opposé dans les quatrième, cinquième, et sixième éditions le caractère du vrai dévot ; il le supprima dans la septième et les suivantes. On croit qu'il avait en vue le duc de Beauvilliers, et que c'est à la prière de celui-ci qu'il fit la suppression. Quoi qu'il en soit, voici ce paragraphe : « Un homme dévot entre dans un lieu saint, perce modestement la foule, choisit un coin pour se recueillir, et où personne ne voit qu'il s'humilie. S'il entend des courtisans qui parlent, qui rient, et qui sont à la chapelle avec moins de silence que dans l'antichambre, quelque comparaison qu'il fasse de ces personnes avec lui-même, il ne les méprise pas, il ne s'en plaint pas : il prie pour eux. »

3. RIEZ, ZÉLIE. On peut voir dans ce caractère une allusion à Mme de Maintenon, qui avait ri dans sa jeunesse, au temps où elle était Mme Scarron, et qui ne riait plus guère depuis le jour où, nouvelle Esther, elle avait remplacé l'altière Vasti, c'est-à-dire Mme de Montespan. Voici ce qu'elle écrivait à Mme de la Maisonfort : « Que ne puis-je vous donner mon expérience ! Que ne puis-je vous faire voir l'ennui qui dévore les grands, et la peine qu'ils ont à remplir leurs journées ! ne voyez-vous pas que je meurs de tristesse, dans une fortune qu'on aurait peine à imaginer... » Un jour elle disait à son frère, le comte d'Aubigné : « Je n'y puis plus tenir ; je voudrais être morte. » D'Aubigné, qui était un libertin, lui répondit en riant : « Vous avez donc parole d'épouser Dieu le père ? »

et la joie que le sentiment d'une bonne conscience étale sur le visage; les passions tristes et austères ont pris le dessus et se répandent sur les dehors : elles mènent plus loin[1], et l'on ne s'étonne plus de voir que la dévotion[2] sache encore mieux que la beauté et la jeunesse rendre une femme fière et dédaigneuse.

L'on a été loin depuis un siècle dans les arts et dans les sciences, qui toutes ont été poussées à un grand point de raffinement, jusques à celle du salut, que l'on a réduite en règle et en méthode, et augmentée de tout ce que l'esprit des hommes pouvait inventer de plus beau et de plus sublime.

La dévotion et la géométrie ont leurs façons de parler, ou ce qu'on appelle les termes de l'art[3] : celui qui ne les sait pas n'est ni dévot ni géomètre. Les premiers dévots, ceux même qui ont été dirigés par les apôtres, ignoraient ces termes : simples gens qui n'avaient que la foi et les œuvres, et qui se réduisaient à croire et à bien vivre!

C'est une chose délicate à un prince religieux[4] de réformer la cour, et de la rendre pieuse : instruit jusques où le courtisan veut lui plaire, et aux dépens de quoi il ferait sa fortune, il le ménage avec prudence, il tolère, il dissimule, de peur de le jeter dans l'hypocrisie ou le sacrilège; il attend plus de Dieu et du temps que de son zèle et de son industrie.

C'est une pratique ancienne dans les cours, de donner des pensions et de distribuer des grâces à un musicien, à un maître de danse, à un farceur, à un joueur de flûte, à un flatteur, à un complaisant; ils ont un mérite fixe et des talents sûrs et connus qui amusent les grands, et qui les délassent de leur grandeur. On sait que Favier[5] est beau danseur, et que Lorenzani[6] fait de beaux motets : qui sait, au contraire, si l'homme dévot a de la vertu? il n'y a rien pour lui sur la cassette ni à l'épargne[7], et avec raison; c'est un métier aisé à contrefaire, qui, s'il était ré-

---

1. PLUS LOIN. Un air triste et austère servait mieux alors l'ambition qu'une bonne conscience.
2. LA DÉVOTION. Fausse dévotion (note de La Bruyère).
3. L'ART. On peut voir par les *Provinciales*, que dès le commencement du siècle, on avait déjà fort raffiné sur l'art ou la science du salut.
4. UN PRINCE RELIGIEUX. Ces conseils hardis, adressés à Louis XIV en 1687, n'empêchèrent pas la fausse dévotion d'envahir la cour de plus en plus jusqu'à la mort du grand roi; on se jeta alors dans l'hypocrisie, et, moins de trente ans après, dans le sacrilège, aux soupers du régent.
5. FAVIER. Danseur de l'opéra, qui avait donné les leçons de danse au duc de Bourbon, élève de La Bruyère.
6. LORENZANI. Célèbre musicien italien, avait été maître de musique de la reine Anne d'Autriche; dans sa vieillesse, il composa des motets, c'est-à-dire de la musique d'Église.
7. L'ÉPARGNE. Les pensions aux artistes et aux gens de lettres étaient payées soit sur la cassette du roi, soit par le trésor royal qui s'appelait alors l'épargne.

compensé, exposerait le prince à mettre en honneur la dissimulation et la fourberie, et à payer pension à l'hypocrite.

L'on espère que la dévotion de la cour ne laissera pas d'inspirer la résidence [1].

Je ne doute pas que la vraie dévotion ne soit la source du repos ; elle fait supporter la vie et rend la mort douce : on n'en tire pas tant de l'hypocrisie.

Chaque heure en soi, comme à notre égard, est unique : est-elle écoulée une fois, elle a péri entièrement, les millions de siècles ne la ramèneront pas. Les jours, les mois, les années, s'enfoncent et se perdent sans retour dans l'abîme des temps. Le temps même sera détruit : ce n'est qu'un point dans les espaces immenses de l'éternité, et il sera effacé. Il y a de légères et frivoles circonstances du temps qui ne sont point stables, qui passent, et que j'appelle des modes, la grandeur, la faveur, les richesses, la puissance, l'autorité, l'indépendance, le plaisir, les joies, la superfluité. Que deviendront ces modes quand le temps même aura disparu ? la vertu seule, si peu à la mode, va au delà des temps.

CHAPITRE XIV

DE QUELQUES USAGES

Il y a des gens qui n'ont pas le moyen d'être nobles [2].

Il y en a de tels [3], que, s'ils eussent obtenu six mois de délai de leurs créanciers, ils étaient nobles.

Quelques autres se couchent roturiers [4] et se lèvent nobles.

Combien de nobles dont le père et les aînés sont roturiers !

Tel abandonne son père qui est connu, et dont l'on cite le

---

1. LA RÉSIDENCE. C'est-à-dire d'inspirer aux évêques la bonne résolution de résider désormais dans leurs diocèses.

2. NOBLES. Secrétaires du roi. (Note de la Bruyère.) Cette note, dit Walckenaer, était dans les quatre premières éditions et a été supprimée dans les suivantes. Tout le monde sait que ces charges de secrétaires du roi s'achetaient et donnaient la noblesse, et qu'on les nommait des savonnettes à vilains. — La Bruyère lui-même prit le titre d'écuyer, après avoir acheté une charge de trésorier des finances.

3. TELS. Vétérans. (Note de la Bruyère.) On appelait vétérans les conseillers au parlement, et les conseillers de la cour des aides, qui après vingt ans de charge obtenaient des lettres de noblesse.

4. ROTURIERS. Roture, vient du latin ruptura; les roturiers étaient ceux qui fendaient le sol, qui rumpebant terram, par le soc de la charrue.

greffe ou la boutique, pour se retrancher sur son aïeul, qui, mort depuis longtemps, est inconnu et hors de prise. Il montre ensuite un gros revenu [1], une grande charge, de belles alliances; et pour être noble, il ne lui manque que des titres.

Réhabilitations [2], mot en usage dans les tribunaux, qui a fait vieillir et rendu gothique celui des lettres de noblesse, autrefois si français et si usité. Se faire réhabiliter suppose qu'un homme devenu riche, originairement est noble, qu'il est d'une nécessité plus que morale qu'il le soit; qu'à la vérité son père a pu déroger ou par la charrue, ou par la houe, ou par la malle, ou par les livrées [3]; mais qu'il ne s'agit pour lui que de rentrer dans les premiers droits de ses ancêtres, et de continuer les armes de sa maison, les mêmes pourtant qu'il a fabriquées, et tout autres que celles de sa vaisselle d'étain; qu'en un mot les lettres de noblesse ne lui conviennent plus, qu'elles n'honorent que le roturier, c'est-à-dire celui qui cherche encore le secret de devenir riche.

Un homme du peuple, à force d'assurer qu'il a vu un prodige, se persuade faussement qu'il a vu un prodige. Celui qui continue de cacher son âge pense enfin lui-même être aussi jeune qu'il veut le faire croire aux autres. De même, le roturier qui dit par habitude qu'il tire son origine de quelque ancien baron ou de quelque châtelain, dont il est vrai qu'il ne descend pas, a le plaisir de croire qu'il en descend.

Quelle est la roture un peu heureuse et établie à qui il manque des armes, et dans ces armes une pièce honorable [4], des supports, un cimier, une devise, et peut-être le cri de guerre [5]?

---

1. GROS REVENU. Cf. Boileau. Satire V :

Mais quand un homme est riche, il vaut
               [toujours son prix,
Et l'eût-on vu porter la mandille à Paris,
N'eût-il de son vrai nom ni titre ni mé-
               [moire,
D'Hozier lui trouvera cent aïeux dans
               [l'histoire.

La mandille était un vêtement que portaient les laquais.

2. RÉHABILITATIONS. Ce mot n'était d'un usage légitime que dans le cas où une famille noble, après dérogeance, était rétablie dans sa noblesse; c'est au contraire par des *lettres de noblesse* que devaient être anoblis les roturiers. Mais les roturiers devenus riches n'en demandaient pas moins *des lettres de réhabilitation* et les obtenaient souvent.

3. LIVRÉES. C'est-à-dire que leur père était laboureur, ou vigneron, ou colporteur, ou domestique. (La malle désigne ici le colporteur.)

4. PIÈCE HONORABLE. Pièce des armoiries réservée à la haute noblesse. On divisait les figures héraldiques en pièces honorables ou de premier ordre et en pièces moins honorables ou de second ordre.

5. GUERRE. On appelait supports les supports ou figures d'anges, d'hommes et d'animaux peintes aux deux côtés de l'écu. Les supports de l'écu de France étaient deux anges. — Le cimier, était la partie supérieure du casque et reproduisait ordinairement une des figures de l'écu, comme un lion, un léopard, etc. — Le cri de guerre, encore plus que tout cela, prouvait l'ancienneté de la noblesse, puisqu'il remontait nécessairement jusqu'à l'époque féodale.

Qu'est devenue la distinction des casques et des *heaumes*[1]? Le nom et l'usage en sont abolis; il ne s'agit plus de les porter de front ou de côté, ouverts ou fermés, et ceux-ci de tant ou de tant de grilles; on n'aime pas les minuties, on passe droit aux couronnes; cela est plus simple : on s'en croit digne, on se les adjuge. Il reste encore aux meilleurs bourgeois une certaine pudeur qui les empêche de se parer d'une couronne de marquis, trop satisfaits de la comtale : quelques-uns même ne vont pas la chercher fort loin, et la font passer de leur enseigne à leur carrosse[2].

Il suffit de n'être point né dans une ville, mais sous une chaumière répandue dans la campagne, ou sous une ruine qui trempe dans un marécage et qu'on appelle château, pour être cru noble sur sa parole[3].

Un bon gentilhomme veut passer pour un petit seigneur, et il y parvient. Un grand seigneur affecte la principauté, et il use de tant de précautions qu'à force de beaux noms, de disputes sur le rang et les préséances, de nouvelles armes, et d'une généalogie que D'HOZIER ne lui a pas faite, il devient enfin un petit prince[4].

Les grands en toutes choses se forment et se moulent sur de plus grands[5], qui de leur part, pour n'avoir rien de commun avec leurs inférieurs, renoncent volontiers à toutes les rubriques d'honneurs et de distinctions dont leur condition se trouve chargée, et préfèrent à cette servitude une vie plus libre et plus commode; ceux qui suivent leur piste observent déjà par ému-

---

1. HEAUMES. Le heaume et le casque fermé ne laissant qu'une ouverture à l'endroit des yeux, garnie de grilles ou de treillis.

2. A LEUR CARROSSE. « Les armoiries des nouvelles maisons, dit Ménage sont pour la plus grande partie les enseignes de leurs anciennes boutiques. » Ainsi les petits-fils de Nicolas le Camus, marchand dans la rue Saint-Denis à l'enseigne du Pélican, étant devenus, l'un lieutenant civil, un autre président de la cour des aides, et un troisième cardinal, prirent le Pélican pour leurs armes. »

3. SUR SA PAROLE. Cf. Molière, *l'École des femmes*, acte Ier :

Qui diable vous a fait aussi vous aviser,
A quarante-deux ans de vous débaptiser,
Et d'un vieux tronc pourri de votre mé-
[tairie
Vous faire dans le monde un nom de sei-
[gneurie?...

Je sais un paysan qu'on appelait Gros-
[Pierre,
Qui n'ayant pour tout bien qu'un seul
[quartier de terre,
Y fit tout à l'entour faire un fossé bourbeux,
Et de monsieur de l'Isle en prit le nom
[pompeux.

4. PETIT PRINCE. Cf. La Fontaine, *La Grenouille et le Bœuf*:

Tout bourgeois veut bâtir comme les
[grands seigneurs,
Tout petit prince a des ambassadeurs,
Tout marquis veut avoir des pages.

5. PLUS GRANDS. « Allusion, disent les clefs, à ce que feu Monsieur, pour s'approcher de Monseigneur le Dauphin, ne voulait plus qu'on le traitât d'*Altesse Royale*, mais qu'on lui parlât par *vous*, comme l'on faisait à Monseigneur et aux petits princes (ses fils). Les autres princes, à son exemple, ne veulent plus être traités d'Altesse, mais simplement de vous. »

lation cette simplicité et cette modestie : tous ainsi se réduiront par hauteur à vivre naturellement et comme le peuple. Horrible inconvénient !

Certaines gens portent trois noms [1], de peur d'en manquer ; ils en ont pour la campagne et pour la ville, pour les lieux de leur service ou de leur emploi. D'autres ont un seul nom dissyllabe [2] qu'ils anoblissent par des particules, dès que leur fortune devient meilleure. Celui-ci, par la suppression d'une syllabe, fait de son nom obscur un nom illustre ; celui-là, par le changement d'une lettre en une autre, se travestit, et de *Syrus* devient *Cyrus*. Plusieurs suppriment leurs noms, qu'ils pourraient conserver sans honte, pour en adopter de plus beaux, où ils n'ont qu'à perdre, par la comparaison que l'on fait toujours d'eux qui les portent, avec les grands hommes qui les ont portés [3]. Il s'en trouve enfin qui, nés à l'ombre des clochers de Paris, veulent être Flamands [4] ou Italiens [5], comme si la roture n'était pas de tout pays, allongent leurs noms français d'une terminaison étrangère, et croient que venir de bon lieu, c'est venir de loin.

Le besoin d'argent a réconcilié la noblesse avec la roture, et a fait évanouir la preuve des quatre quartiers [6].

A combien d'enfants serait utile la loi qui déciderait que c'est le ventre qui anoblit ! mais à combien d'autres serait-elle contraire [7] !

Il y a peu de familles [8] dans le monde qui ne touchent aux plus

---

1. Trois noms. Les noms de famille, les noms de seigneurie et les surnoms formaient alors une grande diversité d'appellations, qui va même jusqu'à jeter une certaine obscurité dans les récits du temps.

2. Dissyllabe. Delrieux, homme d'affaire, maître d'hôtel ordinaire du Roi, se fit nommer de Rieux.

3. Portés. Un conseiller au parlement Louis de Vienne voulait descendre de l'amiral Jean de Vienne qui fut tué, en 1396, à la bataille de Nicopolis. — Un certain Laugeois, fermier général, fils d'un receveur aux confiscations du Châtelet, se faisait appeler d'Imbercourt. — Un petit gentilhomme du Vendômois, nommé Roton, grattait la queue de la lettre R dans ses papiers de famille, et se faisait appeler Poton afin de revendiquer pour un de ses ancêtres le fameux Poton de Xaintrailles.

4. Flamands. Sonin, fils d'un receveur général, se fit appeler de Souningen.

5. Italiens. L'abbé de Choisy dit dans ses mémoires : « Le roi Charles VIII en allant à la conquête du royaume de Naples, donna la charge de capitaine des chasses du pays de Beaumont à M. Nicolas qui, se trouvant en Italie, habilla son nom à l'italienne en changeant son *s* en *f*. »

6. Quartiers. Cf. Boileau, Satire V :

Alors le noble altier, pressé de l'indi-
[gence,
Humblement du faquin rechercha l'al-
[liance,
Avec lui trafiquant d'un nom si précieux
Par un lâche contrat vendit tous ses aïeux,
Et, corrigeant ainsi la fortune ennemie,
Rétablit son honneur à force d'infamie.

7. Contraire. Cette loi serait utile dans le cas où les nobles donnent leurs filles à des vilains, et contraire, quand les grands seigneurs épousent eux-mêmes des roturières.

8. Peu de familles. Cf. Sénèque. Ep. ad Lucil. XLIV : « Omnibus nobis totidem ante nos sunt ; nullius non

grands princes par une extrémité, et par l'autre au simple peuple.

Il n'y a rien à perdre à être noble : franchises, immunités, exemptions, privilèges, que manque-t-il à ceux qui ont un titre? Croyez-vous que ce soit pour la noblesse que des solitaires[1] se sont faits nobles? Ils ne sont pas si vains : c'est pour le profit qu'ils en reçoivent. Cela ne leur sied-il pas mieux que d'entrer dans les gabelles[2]? je ne dis pas à chacun en particulier, leurs vœux s'y opposent, je dis même à la communauté.

Je le déclare nettement, afin que l'on s'y prépare, et que personne un jour n'en soit surpris : s'il arrive jamais que quelque grand me trouve digne de ses soins, si je fais enfin une belle fortune, il y a un Geoffroy de la Bruyère[3] que toutes les chroniques rangent au nombre des plus grands seigneurs de France qui suivirent GODEFROY DE BOUILLON à la conquête de la Terre-Sainte : voilà alors de qui je descends en ligne directe.

Si la noblesse est vertu, elle se perd par tout ce qui n'est pas vertueux; et si elle n'est pas vertu, c'est peu de chose[4].

Il y a des choses qui, ramenées à leurs principes et à leur première institution, sont étonnantes et incompréhensibles. Qui peut concevoir, en effet, que certains abbés, à qui il ne manque rien de l'ajustement, de la mollesse et de la vanité des sexes et des conditions[5], qui entrent auprès des femmes en concurrence avec le marquis et le financier, et qui l'emportent sur tous les deux, qu'eux-mêmes soient originairement, et dans l'étymologie de leur nom[6], les pères et les chefs de saints moines et d'humbles solitaires, et qu'ils en devraient être l'exemple? Quelle force, quel empire, quelle tyrannie de l'usage! Et sans parler de plus grands désordres, ne doit-on pas craindre de voir un jour un jeune abbé en velours gris et à ramages comme une

---

origo ultra memoriam jacet. Plato ait : neminem regem non ex servis esse oriundum, neminem non servum ex regibus. Omnia ista longa varietas miscuit, et rursum deorsum fortuna versavit. »

1. DES SOLITAIRES. « Maison religieuse, secrétaire du Roi. » Note de La Bruyère. Il s'agit du couvent des Célestins, qui avait un office de secrétaire du Roi, sans qu'aucun religieux en remplît les fonctions, qui en touchait les revenus et jouissait, par suite, des immunités et privilèges attachés à la noblesse.

2. LES GABELLES. Une clef du temps place le nom des Jésuites en regard de ce mot. — Les Gabelles désignent l'impôt sur le sel.

3. LA BRUYÈRE. Il y a en effet un Geoffroy de La Bruyère dans l'histoire des Croisades, mais un siècle après Godefroy de Bouillon : il mourut en 1191 au siège de Saint-Jean-d'Acre.

4. PEU DE CHOSE. Ce dilemme est présenté avec une rare énergie.

5. DES SEXES ET DES CONDITIONS. Expression bizarre et contournée, qui signifie : d'un autre sexe et d'une autre condition.

6. DE LEUR NOM. Abbé vient d'un mot hébreu, syriaque ou chaldéen, qui signifie père.

éminence[1], ou avec des mouches et du rouge comme une femme?

Les belles choses le sont moins hors de leur place : les bienséances mettent la perfection, et la raison met les bienséances. Ainsi l'on n'entend point une *gigue*[2] à la chapelle, ni dans un sermon des tons de théâtre; l'on ne voit point d'images profanes[3] dans les temples, un Christ, par exemple, et le *Jugement de Pâris*, dans le même sanctuaire, ni à des personnes consacrées à l'Église le train et l'équipage d'un cavalier[4].

Déclarerai-je donc ce que je pense de ce qu'on appelle dans le monde un beau salut, la décoration souvent profane, les places retenues et payées, des livres[5] distribués comme au théâtre, les entrevues et les rendez-vous fréquents, le murmure et les causeries étourdissantes, quelqu'un monté sur une tribune qui y parle familièrement, sèchement, et sans autre zèle que de rassembler le peuple, l'amuser, jusqu'à ce qu'un orchestre, le dirai-je? et des voix qui concertent[6] depuis longtemps, se fassent entendre? Est-ce à moi à m'écrier que le zèle de la maison du Seigneur me consume, et à tirer le voile léger qui couvre les mystères, témoins d'une telle indécence? Quoi! parce qu'on ne danse pas encore aux TT***[7], me forcera-t-on d'appeler tout ce spectacle office d'Église?

L'on ne voit point faire de vœux ni de pèlerinages pour obtenir d'un saint d'avoir l'esprit plus doux, l'âme plus reconnaissante, d'être plus équitable et moins malfaisant, d'être guéri de la vanité, de l'inquiétude[8] et de la mauvaise raillerie.

Quelle idée plus bizarre que de se représenter une foule de chrétiens de l'un et de l'autre sexe, qui se rassemblent à certains

---

1. Eminence. Comme un cardinal.

2. Une gigue. Air de danse très vif et très gai.

3. Profanes. « Tapisseries, » note de La Bruyère.

4. Cavalier. D'un homme d'épée, d'un gentilhomme. — Toutes les assertions contenues dans ce paragraphe, sont ironiques. La Bruyère veut dire qu'on entend souvent des airs fort gais à la chapelle du Roi, qu'on voit souvent dans les églises des tapisseries qui représentent des sujets profanes, etc.

5. Des livres. « Le motet traduit en vers français par L. L. » note de La Bruyère. Nous ignorons absolument quel est le poète obscur auquel s'appliquent ces deux initiales.

6. Qui concertent. Qui font des répétitions.

7. TT***. Ces initiales désignent les Théatins, dont le couvent fondé par Mazarin en 1648, était situé sur le quai Malaquais. Les Théatins, grands amateurs de musique, avaient donné à leurs saluts une pompe toute mondaine qui blessait les esprits sévères. Il semble que « ces représentations théâtrales » aient été interdites par l'arch. de Paris à la suite d'une lettre de Seignelay, en date du 6 novembre 1685.

8. De l'inquiétude. De cette agitation d'esprit qui, selon l'expression de Pascal, nous empêche de demeurer en une chambre et nous fait chercher de tout côté quelque sujet de divertissement.

jours dans une salle, pour y applaudir à une troupe d'excommuniés, qui ne le sont que par le plaisir qu'ils leur donnent, et qui est déjà payé d'avance? Il me semble qu'il faudrait, ou fermer les théâtres, ou prononcer moins sévèrement sur l'état des comédiens [1].

Dans ces jours qu'on appelle saints, le moine confesse pendant que le curé tonne en chaire contre le moine et ses adhérents : telle femme pieuse sort de l'autel, qui entend au prône qu'elle vient de faire un sacrilège. N'y a-t-il point dans l'Église une puissance à qui il appartienne, ou de faire taire le pasteur, ou de suspendre pour un temps le pouvoir du *barnabite* [2]?

Il y a plus de rétribution dans les paroisses pour un mariage que pour un baptême, et plus pour un baptême que pour la confession : l'on dirait que ce soit un taux sur les sacrements qui semblent par là être appréciés. Ce n'est rien au fond que cet usage; et ceux qui reçoivent pour les choses saintes ne croient point les vendre, comme ceux qui donnent ne pensent point à les acheter : ce sont peut-être des apparences qu'on pourrait épargner aux simples et aux indévots.

Un pasteur frais et en parfaite santé, en linge fin et en point de Venise [3], a sa place dans l'œuvre [4], auprès les pourpres et les fourrures [5] : il y achève sa digestion, pendant que le Feuillant ou le Récollet [6] quitte sa cellule et son désert, où il est lié par

---

1. COMÉDIENS. C'est une longue et vieille querelle que celle qui, depuis Platon et Aristote, a divisé les esprits sur la moralité du théâtre et la condition des comédiens. Voyez contre la Comédie et les Comédiens, Platon, Bossuet, *Maximes et réflexions sur la Comédie*, J.-J. Rousseau, *Lettre sur les spectacles*, et, en faveur du théâtre, Aristote, le R. P. Caffaro et Voltaire. — On sait en quels termes Bossuet parle de Molière : « La postérité saura peut-être la fin de ce poète comédien, qui en jouant son *Malade imaginaire* ou son *Médecin par force*, reçut la dernière atteinte de la maladie dont il mourut peu d'heures après, et passa des plaisanteries du théâtre, parmi lesquelles il rendit presque le dernier soupir, au tribunal de Celui qui dit : Malheur à vous qui riez, car vous pleurerez »

2. BARNABITE. Clerc régulier de la congrégation de Saint-Paul, l'ordre des Barnabites institué à Milan au seizième siècle, avait pris son nom de l'église Saint-Barnabé dans laquelle s'étaient assemblés les fondateurs.

3. POINT DE VENISE. Les dentelles les plus renommées, les points de Venise, de Gênes et d'Angleterre.

4. L'ŒUVRE. Le banc-d'œuvre affecté aux marguilliers. Quand un Évêque ou un autre personnage important assiste au sermon, on le place dans l'œuvre au-dessus des marguilliers.

5. LES POURPRES ET LES FOURRURES. Les cardinaux et les docteurs en théologie, et non comme le veulent certains commentateurs, les membres du parlement et ceux de l'Université. — *Auprès les*, cette locution est un véritable solécisme, malgré l'autorité de La Bruyère.

6. LE FEUILLANT, LE RÉCOLLET. Ordres monastiques, les feuillants qui tiraient leur nom d'un village du Languedoc, étaient des moines vivant sous l'étroite observance de la règle de saint Bernard; les récollets appartenaient à l'ordre de Saint-François.

ses vœux et par la bienséance, pour venir le prêcher, lui et ses ouailles, et en recevoir le salaire, comme d'une pièce d'étoffe. — Vous m'interrompez, et vous dites : Quelle censure ! et combien elle est nouvelle et peu attendue ! Ne voudriez-vous point interdire à ce pasteur et à son troupeau la parole divine et le pain de l'Évangile ? — Au contraire, je voudrais qu'il le distribuât lui-même [1] le matin, le soir, dans les temples, dans les maisons, dans les places, sur les toits, et que nul ne prétendît à un emploi si grand, si laborieux, qu'avec des intentions, des talents et des poumons capables de lui mériter les belles offrandes et les riches rétributions qui y sont attachées. Je suis forcé, il est vrai, d'excuser un curé sur cette conduite, par un usage reçu, qu'il trouve établi, et qu'il laissera à son successeur ; mais c'est cet usage bizarre, et dénué de fondement et d'apparence, que je ne puis approuver, et que je goûte encore moins que celui de se faire payer quatre fois des mêmes obsèques, pour soi, pour ses droits, pour sa présence, pour son assistance.

Tite, par vingt années de service dans une seconde place, n'est pas encore digne de la première, qui est vacante : ni ses talents, ni sa doctrine [2], ni une vie exemplaire, ni les vœux des paroissiens, ne sauraient l'y faire asseoir. Il naît de dessous terre un autre clerc [3] pour la remplir. Tite est reculé ou congédié : il ne se plaint pas ; c'est l'usage.

« Moi, dit le chevecier [4], je suis maître du chœur : qui me forcera d'aller à matines ? mon prédécesseur n'y allait point ; suis-je de pire condition ? dois-je laisser avilir ma dignité entre mes mains, ou la laisser telle que je l'ai reçue ? Ce n'est point, dit l'écolâtre [5], mon intérêt qui me mène, mais celui de la pré-

---

1. LUI-MÊME. Cf. Fénelon, *Dialogues sur l'éloquence*, III : « Il serait à souhaiter qu'il n'y eût communément que les pasteurs qui donnassent la pâture aux troupeaux selon leurs besoins. Pour cela il ne faudrait d'ordinaire choisir pour pasteurs que des prêtres qui eussent le don de la parole. Il arrive au contraire deux maux : l'un, que les pasteurs muets ou qui parlent sans talent sont peu estimés ; l'autre que la fonction de prédicateur volontaire attire dans cet emploi je ne sais combien d'esprits vains et ambitieux.

2. DOCTRINE. Sa science, son savoir.

3. CLERC. Ecclésiastique, qui appartient au clergé au moins par la tonsure. C'est le sens primitif du mot. Comme au moyen âge le clergé seul, séculier ou régulier, possédait quelque intruction, *Clerc* devint synonyme de savant. On l'employa successivement pour désigner toutes les professions où on se sert de la plume : d'où le sens actuel du mot, clerc de notaire, clerc d'avoué, etc.

4. CHEVECIER OU CHEFECIER. Celui qui garde le chevet, c'est-à-dire le fond de l'Église. Il était en même temps trésorier du chapitre, c'est-à-dire gardien des reliques. Celui dont parle La Bruyère semble cumuler ces fonctions avec celles de chantre.

5. L'ÉCOLÂTRE. Chanoine qui originairement était chargé d'un enseignement public et gratuit et en particulier de celui de la philosophie et des humanités. Le titre d'écolâtre avait jeté un grand éclat dans les siècles du moyen

bende : il serait bien dur qu'un grand chanoine fût sujet au chœur, pendant que le trésorier, l'archidiacre, le pénitencier [1] et le grand vicaire s'en croient exempts. Je suis bien fondé, dit le prévôt [2], à demander la rétribution sans me trouver à l'office : il y a vingt années entières que je suis en possession de dormir les nuits ; je veux finir comme j'ai commencé, et l'on ne me verra point déroger à mon titre : que me servirait d'être à la tête d'un chapitre ? mon exemple ne tire point à conséquence. Enfin c'est entre eux tous à qui ne louera point Dieu [3], à qui fera voir par un long usage, qu'il n'est point obligé de le faire : l'émulation de ne se point rendre aux offices divins ne saurait être plus vive ni plus ardente. Les cloches sonnent dans une nuit tranquille ; et leur mélodie, qui réveille les chantres et les enfants de chœur, endort les chanoines [4], les plonge dans un sommeil doux et facile, et qui ne leur procure que de beaux songes : ils se lèvent tard, et vont à l'église se faire payer d'avoir dormi.

Qui pourrait s'imaginer, si l'expérience ne nous le mettait devant les yeux, quelle peine ont les hommes à se résoudre d'eux-mêmes à leur propre félicité, et qu'on ait besoin de gens d'un certain habit, qui par un discours préparé, tendre et pathétique, par de certaines inflexions de voix, par des larmes, par des mouvements qui les mettent en sueur et qui les jettent dans l'épuisement, fassent enfin consentir un homme chrétien et raisonnable, dont la maladie est sans ressource, à ne se point perdre et à faire son salut ?

âge, à Reims, à Angers, à l'abbaye du Bec, à Paris, etc. A l'époque où La Bruyère écrivait, ce n'était plus qu'une sinécure ; la fonction était tombée en désuétude, la prébende (c'est-à-dire le revenu affecté à la fonction) restait.

1. PÉNITENCIER. Chanoine qui avait mission d'entendre les confessions et le pouvoir d'absoudre dans les cas réservés à l'Évêque.

2. LE PRÉVÔT. Le chef du chapitre.

3. POINT DIEU. Cf. Boileau, *Le Lutrin*, chant Ier.

Parmi les doux plaisirs d'une paix frater-
[nelle
Paris voyait fleurir son antique chapelle :
Ses chanoines vermeils et brillants de
[santé
S'engraissaient d'une longue et sainte oisi-
[veté
Sans sortir de leurs lits, plus doux que
[leurs hermines,
Ces pieux fainéants faisaient chanter
[matines,

Veillaient à bien dîner, et laissaient en
[leur lieu
A des chantres gagés le soin de louer
[Dieu.

4. LES CHANOINES. Cf. Boileau, *Le Lutrin*, ch. IV.

Hé ! Seigneur, quand nos cris pourraient,
[du fond des rues,
De leurs appartements forcer les ave-
[nues,
Réveiller ces valets autour d'eux étendus,
De leur sacré repos ministres assidus,
Et pénétrer des lits au bruit inacces-
[sibles ;
Pensez-vous, au moment que les ombres
[paisibles
A ces lits enchanteurs ont su les atta-
[cher,
Que la voix d'un mortel les en puisse
[arracher ?
Deux chantres feront-ils, dans l'ardeur de
[vous plaire,
Ce que depuis trente ans six cloches n'ont
[pu faire ?

La fille d'*Aristippe* est malade et en péril ; elle envoie vers son père, veut se réconcilier avec lui et mourir dans ses bonnes grâces : cet homme si sage, le conseil de toute une ville, fera-t-il de lui-même cette démarche si raisonnable ? y entraînera-t-il sa femme ? ne faudra-t-il point, pour les remuer tous deux, la machine du directeur ?

Une mère, je ne dis pas qui cède et qui se rend à la vocation de sa fille, mais qui la fait religieuse, se charge d'une âme avec la sienne, en répond à Dieu même, en est la caution : afin qu'une telle mère ne se perde pas, il faut que sa fille se sauve.

Un homme joue et se ruine : il marie néanmoins l'aînée de ses deux filles de ce qu'il a pu sauver des mains d'un *Ambreville*[1]. La cadette est sur le point de faire ses vœux, qui n'a point d'autre vocation que le jeu de son père.

Il s'est trouvé des filles qui avaient de la vertu, de la santé, de la ferveur, et une bonne vocation, mais qui n'étaient pas assez riches pour faire dans une riche abbaye vœu de pauvreté[2].

Celui qui délibère sur le choix d'une abbaye ou d'un simple monastère, pour s'y renfermer, agite l'ancienne question de l'état populaire et du despotique[3].

Faire une folie et se marier *par amourette*, c'est épouser *Mélite*[4], qui est jeune, belle, sage, économe, qui plaît, qui vous aime, qui a moins de bien qu'*Ægine* qu'on vous propose, et qui, avec une riche dot, apporte de riches dispositions à la consumer, et tout votre fond avec sa dot[5].

Il était délicat autrefois de se marier ; c'était un long établissement, une affaire sérieuse, et qui méritait qu'on y pensât : l'on était pendant toute sa vie le mari de sa femme, bonne ou mau-

---

1. AMBREVILLE. C'est-à-dire d'un fripon. Ambreville ou Ambleville était un célèbre chef de bohémiens, c'est-à-dire de vagabonds et d'aventuriers qui, gracié pour plusieurs crimes, fut brûlé en 1686 « pour avoir dit des impiétés abominables. » *Journal de Dangeau*.

2. PAUVRETÉ. Ménage dit, au sujet de Camus, évêque de Belley : « Ce fut lui qui, prêchant un jour à Notre-Dame, dit avant que de commencer son sermon : Messieurs, on recommande à vos charités une jeune demoiselle qui n'a pas assez de bien pour faire vœu de pauvreté. »

3. DU DESPOTIQUE. Cette réflexion présente une certaine obscurité ; il semble cependant que l'auteur oppose les abbayes, où les abbesses étaient à la nomination du Roi, aux simples couvents où les religieuses élisaient leurs supérieures.

4. MÉLITE. Ce nom n'est-il pas une réminiscence de la première comédie du grand Corneille, *Mélite*, qui lui avait été inspirée par une « amourette. » La Mélite de Corneille était une demoiselle Millet, qui demeurait rue aux Juifs, à Rouen.

5. AVEC SA DOT. Michelet a dit, sous une forme qui n'est guère plus paradoxale que celle de La Bruyère : « Voulez-vous vous ruiner ? Epousez une femme riche ? »

vaise; même table, même demeure, même lit ; l'on n'en était point quitte pour une pension ; avec des enfants et un ménage complet, l'on n'avait pas les apparences et les délices du célibat.

Qu'on évite d'être vu seul avec une femme qui n'est point la sienne, voilà une pudeur qui est bien placée : qu'on sente quelque peine à se trouver dans le monde avec des personnes dont la réputation est attaquée, cela n'est pas incompréhensible. Mais quelle mauvaise honte fait rougir un homme de sa propre femme, et l'empêche de paraître dans le public avec celle qu'il s'est choisie pour sa compagne inséparable, qui doit faire sa joie, ses délices et toute sa société ; avec celle qu'il aime et qu'il estime, qui est son ornement, dont l'esprit, le mérite, la vertu, l'alliance, lui font honneur ? Que ne commence-t-il par rougir de son mariage.

Je connais la force de la coutume, et jusqu'où elle maîtrise les esprits et contraint les mœurs, dans les choses même les plus dénuées de raison et de fondement : je sens néanmoins que j'aurais l'impudence de me promener au Cours, et d'y passer en revue avec une personne qui serait ma femme.

Ce n'est pas une honte ni une faute à un jeune homme que d'épouser une femme avancée en âge ; c'est quelquefois prudence, c'est précaution [1]. L'infamie est de se jouer de sa bienfactrice [2] par des traitements indignes, et qui lui découvrent qu'elle est la dupe d'un hypocrite et d'un ingrat. Si la fiction [3] est excusable, c'est où il faut feindre de l'amitié ;

---

1. PRÉCAUTION. Il faut avouer que cette prudence ou cette précaution n'ont rien de noble, ni même d'honorable.

2. BIENFACTRICE. Walckenaër a fait sur cet archaïsme une étude complète et piquante, que nous croyons devoir reproduire. « Les éditeurs modernes, en mettant bienfaitrice, ont, sans s'en douter, fait déserter La Bruyère de son parti. En fait de langage il résistait aux usages nouveaux ; il aimait les archaïsmes. Ce mot était nouveau alors, et les grammairiens et les gens de lettres étaient divisés sur la forme à lui donner. Le père Bouhours, le grand puriste du temps, préférait, comme La Bruyère, bienfacteur à bienfaiteur. — L'avocat Patru tenait aussi pour bienfacteur ; mais Ménage prétendait que cette forme n'était en usage qu'aux prônes des curés, et voulait qu'on dît bienfaicteur. Voiture, consulté par Cottaz, prétendit que c'était de cette dernière manière qu'il fallait dire, et Pellisson était du même avis. Cependant depuis longtemps, Vaugelas, le grand maître du langage avait décidé que bienfaiteur était le meilleur, et il était suivi par d'Ablancourt. Balzac, embarrassé, écrivait : « Vous donnez, et je reçois : béni soit mon bienfacteur ou bienfaiteur, puisque M. Vaugelas le veut ainsi, et que, pour si peu de chose, il ne faut pas se brouiller avec ses amis. » Ce qui est curieux, c'est que l'Académie, comme La Bruyère, se décida contre Vaugelas, et pour la forme que l'usage, donnant raison à Vaugelas, devait bientôt proscrire. La première édition de ce dictionnaire porte bienfacteur ou bienfaiteur, bienfactrice ou bienfaictrice. »

3. LA FICTION. La feinte. — Tout ce paragraphe est d'une morale trop facile. Le mensonge n'est jamais excusable ; ou, s'il l'est quelquefois, le mieux est de ne pas se mettre dans le cas d'y avoir recours.

s'il est permis de tromper, c'est dans une occasion où il y aurait de la dureté à être sincère. — Mais elle vit longtemps. — Aviez-vous stipulé qu'elle mourût après avoir signé votre fortune et l'acquit de toutes vos dettes? N'a-t-elle plus, après ce grand ouvrage, qu'à retenir son haleine, qu'à prendre de l'opium ou de la ciguë? A-t-elle tort de vivre? Si même vous mourez avant celle dont vous aviez déjà réglé les funérailles, à qui vous destiniez la grosse sonnerie et les beaux ornements, en est-elle responsable?

Il y a depuis longtemps dans le monde une manière[1] de faire valoir son bien, qui continue toujours d'être pratiquée par d'honnêtes gens, et d'être condamnée par d'habiles docteurs.

On a toujours vu dans la république de certaines charges qui semblent n'avoir été imaginées la première fois que pour enrichir un seul aux dépens de plusieurs; les fonds ou l'argent des particuliers y coulent sans fin et sans interruption[2]. Dirai-je qu'il n'en revient plus, ou qu'il n'en revient que tard? C'est un gouffre, c'est une mer qui reçoit les eaux des fleuves, et qui ne les rend pas; ou, si elle les rend, c'est par des conduits secrets et souterrains, sans qu'il y paraisse, ou qu'elle en soit moins grosse et moins enflée; ce n'est qu'après en avoir joui longtemps, et qu'elle ne peut plus les retenir.

Le fond perdu, autrefois si sûr, si religieux et si inviolable, est devenu avec le temps, et par les soins de ceux qui en étaient chargés, un bien perdu[3]. Quel autre secret de doubler mes revenus et de thésauriser? Entrerai-je dans le huitième denier, ou dans les aides[4]? Serai-je avare, partisan ou administrateur[5]?

Vous avez une pièce d'argent, ou même une pièce d'or;

---

1. MANIÈRE. Billets et obligations. (Note de La Bruyère.) — Il faut savoir, pour comprendre cette réflexion, que tous les pères de l'église et les docteurs les plus autorisés du moyen âge ont toujours condamné le prêt à intérêt (si minime que fût l'intérêt) à l'égal de l'usure.

2. SANS INTERRUPTION. Greffe, consignation (note de La Bruyère). Il s'agit des sommes consignées par les parties entre les mains des greffiers jusqu'à la solution d'un procès.

3. UN BIEN PERDU. Cette réflexion parut en 1691. Les clefs donnent l'explication suivante : « Allusion à la banqueroute faite par les hôpitaux de Paris et les incurables en 1689. Cette banqueroute a fait perdre aux particuliers la plus grande partie de leurs biens, ce qui arriva par friponnerie de quelques-uns des administrateurs. »

4. AIDES. Nous avons déjà rencontré, au chapitre des *biens de fortune*, le droit du huitième denier, établi en 1672 sur les acquéreurs des biens ecclésiastiques. — Les aides sont à peu près nos contributions indirectes d'aujourd'hui et en particulier correspondent à l'impôt sur les boissons.

5. ADMINISTRATEUR. D'un hôpital.

ce n'est pas assez, c'est le nombre qui opère : faites-en, si vous pouvez, un amas considérable et qui s'élève en pyramide, et je me charge du reste. Vous n'avez ni naissance, ni esprit, ni talents, ni expérience, qu'importe ? ne diminuez rien de votre monceau, et je vous placerai si haut que vous vous couvrirez devant votre maître, si vous en avez ; il sera même fort éminent, si, avec votre métal, qui de jour à autre se multiplie, je ne fais en sorte qu'il se découvre devant vous [1].

Orante plaide depuis dix ans entiers en règlement de juges [2] pour une affaire juste, capitale, et où il y va de toute sa fortune : elle saura peut-être dans cinq années quels seront ses juges, et dans quel tribunal elle doit plaider le reste de sa vie.

L'on applaudit à la coutume qui s'est introduite dans les tribunaux d'interrompre les avocats au milieu de leur action [3], de les empêcher d'être éloquents et d'avoir de l'esprit, de les ramener au fait et aux preuves toutes sèches qui établissent leurs causes et le droit de leurs parties ; et cette pratique si sévère [4], qui laisse aux orateurs le regret de n'avoir pas prononcé les plus beaux traits de leurs discours, qui bannit l'éloquence du seul endroit où elle est en sa place, et va faire du parlement une muette juridiction [5], on l'autorise par une raison solide et sans réplique, qui est celle de l'expédition [6] : il est seulement à désirer qu'elle fût moins oubliée en toute autre rencontre, qu'elle réglât au contraire les bureaux comme les audiences, et qu'on cherchât une fin aux écritures [7], comme on a fait aux plaidoyers.

1. DEVANT VOUS. Cf. Boileau, Satire VIII.
Sache, quelle province enrichit les traitants ;
Combien le sel au roi peut fournir tous les ans.
Endurcis-toi le cœur, sois Arabe, corsaire, Injuste, violent, sans foi, double faussaire ;
Ne va point sottement faire le généreux ; Engraisse-toi, mon fils, du suc des malheureux.
Quiconque est riche est tout ; sans sagesse il est sage,
Il a, sans rien savoir, la science en partage ;
Il a l'esprit, le cœur, le mérite, le rang,
La vertu, la valeur, la dignité, le sang ;
Il est aimé des grands, il est chéri des belles, etc.

2. RÈGLEMENT DE JUGES. C'est-à-dire pour savoir devant quel tribunal ces affaires doivent être portées. — Tous nos plus grands écrivains, depuis Marot, et Rabelais, ont attaqué les lenteurs et les subtilités de la procédure.

3. ACTION. Pris dans le sens latin du mot, c.-à-d. de plaidoyer.

4. SÉVÈRE. Il est à remarquer que cette pratique si sévère avait été introduite par le premier président de Novion, qui fut obligé, en 1689, de se démettre de sa charge par suite d'abus d'autorité et de malversations.

5. MUETTE JURIDICTION. Expression énergique par laquelle l'auteur proteste contre les restrictions apportées à la parole et aux droits de la défense.

6. EXPÉDITION. La nécessité d'expédier promptement les affaires.

7. AUX ÉCRITURES. Procès par écrit (note de La Bruyère).

Le devoir des juges est de rendre la justice, leur métier[1] de la différer : quelques-uns savent leur devoir, et font leur métier.

Celui qui sollicite son juge ne lui fait pas honneur; car, ou il se défie de ses lumières et même de sa probité, ou il cherche à le prévenir, ou il lui demande une injustice[2].

Il se trouve des juges auprès de qui la faveur, l'autorité, les droits de l'amitié et de l'alliance nuisent à une bonne cause, et qu'une trop grande affectation de passer pour incorruptibles expose à être injustes[3].

Le magistrat coquet ou galant est pire dans les conséquences que le dissolu : celui-ci cache son commerce et ses liaisons, et l'on ne sait souvent par où aller jusqu'à lui ; celui-là est ouvert par mille faibles qui sont connus, et l'on y arrive par toutes les femmes à qui il veut plaire.

Il s'en faut peu que la religion et la justice n'aillent de pair dans la république, et que la magistrature ne consacre les hommes comme la prêtrise. L'homme de robe ne saurait guère danser au bal, paraître aux théâtres, renoncer aux habits simples et modestes, sans consentir à son propre avilissement; et il est étrange[4] qu'il ait fallu une loi pour régler son extérieur, et le contraindre ainsi à être grave et plus respecté.

Il n'y a aucun métier qui n'ait son apprentissage ; et en montant des moindres conditions jusques aux plus grandes, on remarque

---

1. Métier. Cette réflexion est très dure dans sa simplicité et sa concision.

2. Injustice. Cf. Molière, *Le Misanthrope*, acte 1er, scène 1re, et J.-J. Rousseau, *Lettre sur les spectacles* : « L'ami d'Alceste doit le connaître. Comment ose-t-il lui proposer de visiter les juges, c'est-à-dire en termes honnêtes, de chercher à les corrompre? Comment peut-il supposer qu'un homme capable de renoncer même aux bienséances par amour pour la vertu, soit capable de manquer à ses devoirs par intérêt? Solliciter un juge ! Il ne faut pas être misanthrope ; il suffit d'être honnête homme pour n'en rien faire. Car enfin, quelque tour qu'on donne à la chose, ou celui qui sollicite un juge l'exhorte à remplir son devoir, et alors il lui fait une insulte; ou il lui propose une acception de personnes, et alors il veut le séduire, puisque toute acception de personnes est un crime dans un juge, qui doit connaître l'affaire et non les parties, et ne voir que l'ordre et la loi. »

3. Injustes. Cf. Pascal : « L'affection ou la haine change la justice de face ; et combien un avocat bien payé par avance trouve-t-il plus juste la cause qu'il plaide !... Notre propre intérêt est encore un merveilleux instrument pour nous crever les yeux agréablement. Il n'est pas permis au plus équitable homme du monde d'être juge en sa cause. J'en sais qui, pour ne pas tomber dans cet amour-propre, ont été les plus injustes du monde à contre-biais. Le moyen sûr de perdre une affaire toute juste était de la leur faire recommander par leurs proches parents. »

4. Étrange. « Il y a, disent les clefs, un arrêt du Conseil qui oblige les conseillers à être en rabat. Avant ce temps-là ils étaient presque toujours en cravate. Cet arrêt fut rendu à la requête de M. de Harlay, alors procureur général. »

dans toutes un temps de pratique et d'exercice qui prépare aux emplois, où les fautes sont sans conséquence, et mènent au contraire à la perfection. La guerre même, qui ne semble naître et durer que par la confusion et le désordre, a ses préceptes : on ne se massacre pas par pelotons et par troupes, en rase campagne, sans l'avoir appris, et l'on s'y tue méthodiquement ; il y a l'école de la guerre : où est l'école du magistrat ? Il y a un usage, des lois, des coutumes : où est le temps [1], et le temps assez long que l'on emploie à les digérer et à s'en instruire ? L'essai et l'apprentissage d'un jeune adolescent [2] qui passe de la férule à la pourpre, et dont la consignation a fait un juge, est de décider souverainement des vies et des fortunes des hommes.

La principale partie de l'orateur, c'est la probité : sans elle, il dégénère en déclamateur, il déguise ou il exagère les faits, il cite faux, il calomnie, il épouse la passion et les haines de ceux pour qui il parle ; et il est de la classe de ces avocats dont le proverbe dit qu'ils sont payés pour dire des injures.

Il est vrai, dit-on, cette somme lui est due, et ce droit lui est acquis ; mais je l'attends à cette petite formalité ; s'il l'oublie, il n'y revient plus, et *conséquemment* il perd sa somme, ou il est *incontestablement* déchu de son droit : or, il oubliera cette formalité. — Voilà ce que j'appelle une conscience de praticien.

Une belle maxime pour le palais, utile au public, remplie de raison, de sagesse et d'équité, ce serait précisément la contradictoire de celle qui dit que la forme emporte le fond [3].

La question [4] est une invention merveilleuse et tout à fait

---

1. LE TEMPS. Cf. Voltaire : « Quoi ! Il n'y a que deux ans que vous étiez au collège, et vous voilà déjà conseiller de la cour de Naples ? — Oui ; c'est un arrangement de famille, il m'en a peu coûté. — Vous êtes donc devenu bien savant, depuis que je ne vous ai vu ? — Je me suis fait quelquefois inscrire dans l'école de droit, je ne sais presque rien des lois de Naples, et me voilà juge. »

2. ADOLESCENT. Cf. Mme de Sévigné, lettre à Mme de Grignan du 27 mai 1680. « Il faut que je vous conte ce que c'est que ce premier président ; vous croyez que c'est une barbe salée et un vieux fleuve comme votre Ragusse ; point du tout : c'est un jeune homme de vingt-sept ans, neveu de M. d'Harouis ; un petit la Bunelaire fort joli, qui a été élevé avec le petit de la Seilleraye, que j'ai vu mille fois, sans jamais imaginer que ce pût être un magistrat ; cependant il l'est devenu par son crédit, et, moyennant quarante mille francs, il a acheté toute l'expérience nécessaire pour être à la tête d'une compagnie souveraine, qui est la chambre des comptes de Nantes. »

3. LE FOND. La Bruyère a tort ; quoi qu'il en dise, et malgré les plaisanteries de Beaumarchais sur *la forme*, il n'est pas d'autre sauvegarde pour la justice que le respect des formes légales ; là où ce respect n'existe pas, il n'y a qu'arbitraire et tyrannie.

4. LA QUESTION. Il faut savoir gré à notre auteur d'avoir attaqué la torture, comme on admire Sénèque pour avoir médit des combats de gladiateurs. —

sûre pour perdre un innocent qui a la complexion faible, et sauver un coupable qui est né robuste.

Un coupable puni est un exemple pour la canaille : un innocent condamné est l'affaire de tous les honnêtes gens[1].

Je dirai presque de moi : « Je ne serai pas voleur ou meurtrier. » « Je ne serai pas un jour puni comme tel, » c'est parler bien hardiment.

Une condition lamentable est celle d'un homme innocent[2] à qui la précipitation et la procédure ont trouvé un crime ; celle même de son juge peut-elle l'être davantage[3] ?

Si l'on me racontait qu'il s'est trouvé autrefois un prévôt[4], ou l'un de ces magistrats créés pour poursuivre les voleurs et les exterminer, qui les connaissait tous depuis longtemps de nom et de visage, savait leurs vols, j'entends l'espèce, le nombre et la quantité, pénétrait si avant dans toutes ces profondeurs, et était si initié dans tous ces affreux mystères, qu'il sut rendre à un homme de crédit un bijou qu'on lui avait pris dans la foule au sortir d'une assemblée, et dont il était sur le point de faire de l'éclat ; que le Parlement intervint dans cette affaire, et fit le procès à cet officier ; je regarderais cet événement comme l'une de ces choses dont l'histoire se charge, et à qui le temps ôte la croyance : comment donc pourrais-je croire qu'on doive présumer, par des faits récents, connus et circonstanciés, qu'une connivence si pernicieuse dure encore, qu'elle ait même tourné en jeu et passé en coutume ?

Combien d'hommes qui sont forts contre les faibles, fermes et inflexibles aux sollicitations du simple peuple, sans nuls égards pour les petits, rigides et sévères dans les minuties, qui refusent

---

Montaigne avait déjà dit : « C'est une dangereuse invention que celle des gehennes, et semble que ce soit plutôt un essai de patience que de vérité... » Voyez *Essais*, II, 5.

1. HONNÊTES GENS. On sait qu'au siècle suivant, Voltaire adopta pour clients les innocents condamnés et fit son affaire de la revision des procès : c'est même à ce patronage que le défenseur des Calas, des Sirven, des La Barre et des Lally doit le meilleur de sa renommée.

2. INNOCENT. La clef dit : « M. le marquis de Langlade, innocent, condamné aux galères où il est mort ; Le Brun, appliqué à la question où il est mort. Le premier avait été accusé d'un vol fait à M. de Montgommery ; et le voleur, qui avait été son aumônier, fut trouvé depuis et pendu. Le second fut accusé d'avoir assassiné Madame Mazel, et pour cela mis à la question. L'assassin, nommé Berry, a paru depuis et a été puni. »

3. DAVANTAGE. Il y a beaucoup d'élévation dans ce parallèle établi entre le malheur d'un innocent qui est envoyé aux galères ou à l'échafaud et le malheur du juge qui l'a condamné.

4. UN PRÉVÔT. Il s'agit du marquis de Sourches, grand prévôt de l'hôtel, qui fit rendre à Mme de Saint-Pouange une boucle de diamant qui lui avait été dérobée à l'opéra.

les petits présents, qui n'écoutent ni leurs parents ni leurs amis, et que les femmes seules peuvent corrompre !

Il n'est pas absolument impossible qu'une personne qui se trouve dans une grande faveur perde un procès.

Les mourants qui parlent dans leurs testaments peuvent s'attendre à être écoutés comme des oracles : chacun les tire de son côté et les interprète à sa manière, je veux dire selon ses désirs ou ses intérêts.

Il est vrai qu'il y a des hommes dont on peut dire que la mort fixe moins la dernière volonté qu'elle ne leur ôte, avec la vie, l'irrésolution et l'inquiétude. Un dépit, pendant qu'ils vivent les fait tester ; ils s'apaisent et déchirent leur minute [1], la voilà en cendre. Ils n'ont pas moins de testaments dans leur cassette que d'almanachs sur leur table ; ils les comptent par les années : un second se trouve détruit par un troisième, qui est anéanti lui-même par un autre mieux digéré, et celui-ci encore par un cinquième *olographe* [2]. Mais si le moment, ou la malice, ou l'autorité, manque à celui qui a intérêt de le supprimer, il faut qu'il en essuie les clauses et les conditions [3] : car *appert*-il mieux des dispositions des hommes les plus inconstants que par un dernier acte, signé de leur main, et après lequel ils n'ont pas du moins eu le loisir de vouloir tout le contraire ?

S'il n'y avait point de testaments pour régler le droit des héritiers, je ne sais si l'on aurait besoin de tribunaux pour régler les différends des hommes. Les juges seraient presque réduits à la triste fonction d'envoyer au gibet les voleurs et les incendiaires. Qui voit-on dans les lanternes [4] des chambres, au parquet, à la porte ou dans la salle du magistrat ? des héritiers *ab intestat* [5] ? Non, les lois ont pourvu à leurs partages : on y voit les testamentaires [6] qui plaident en explication

---

1. MINUTE. Brouillon, original d'un acte. Du latin *minuta scriptura*, écriture menue, ces sortes de pièces s'écrivant en petits caractères.

2. OLOGRAPHE. Par un cinquième testament olographe, c'est-à-dire écrit entier, daté et signé de la main du testateur. — Il serait plus conforme à l'étymologie d'écrire *holographe*.

3. APPERT-IL MIEUX. *Apparoir* est un terme de droit, dérivé du latin *apparere*. « Il appert... » dit-on au palais. — La phrase signifie : Comment peut-on juger plus clairement des dispositions des hommes les plus inconstants que par un dernier acte...

4. LANTERNES. « Petit cabinet de menuiserie, qu'on élève dans quelques auditoires, pour placer quelques personnes qui veulent écouter sans être vues. Il s'était glissé dans la lanterne de la grand'chambre, quand on rapportait son procès. » FURETIÈRE.

5. AB INTESTAT. Héritiers naturels, qui héritent de plein droit, en l'absence de tout testament.

6. TESTAMENTAIRES. Ceux qui héritent en vertu d'un testament.

d'une clause ou d'un article; les personnes exhérédées ¹ ; ceux qui se plaignent d'un testament fait avec loisir, avec maturité, par un homme grave, habile, consciencieux, et qui a été aidé d'un bon conseil; d'un acte où le praticien n'a rien *obmis* ² de son jargon et de ses finesses ordinaires : il est signé du testateur et des témoins publics, il est paraphé; et c'est en cet état qu'il est cassé et déclaré nul.

Titius assiste à la lecture d'un testament avec des yeux rouges et humides, et le cœur serré de la perte de celui dont il espère recueillir la succession : un article lui donne la charge ³, un autre les rentes de la ville ⁴, un troisième le rend maître d'une terre à la campagne; il y a une clause qui, bien entendue, lui accorde une maison située au milieu de Paris, comme elle se trouve, et avec les meubles; son affliction augmente, les larmes lui coulent des yeux : le moyen de les contenir? il se voit officier ⁵, logé aux champs et à la ville, meublé de même ; il se voit une bonne table et un carrosse : *Y avait-il au monde un plus honnête homme que le défunt, un meilleur homme?* Il y a un codicile ⁶, il faut le lire ; il fait *Mævius* légataire universel, et il renvoie Titius dans son faubourg, sans rentes, sans titre, et le met à pied. Il essuie ses larmes : c'est à Mœvius à s'affliger.

La loi qui défend de tuer un homme n'embrasse-t-elle pas dans cette défense le fer, le poison, le feu, l'eau, les embûches, la force ouverte, tous les moyens enfin qui peuvent servir à l'homicide? La loi qui ôte aux maris et aux femmes le pouvoir de se donner ⁷ réciproquement n'a-t-elle connu que les voies directes et immédiates de donner? a-t-elle manqué de prévoir les indirectes? a-t-elle introduit les fidéicommis ⁸, ou si même elle les tolère? Avec une femme qui nous est chère et qui nous

---

1. EXHÉRÉDÉES. Déshéritées.
2. OBMIS. Jusqu'en 1718, l'Académie imprime *obmis*, *obmettre*, *obmission*, cependant dès 1680, Richelet et Ménage écrivaient *omis*, *omettre*... — Au palais, on préférait naturellement la forme archaïque.
3. LA CHARGE. L'office du défunt.
4. VILLE. Les rentes sur l'hôtel de ville.
5. OFFICIER. Pourvu d'une charge, d'un office.
6. CODICILLE. Écrit qui a pour objet de faire une addition ou un changement à un testament.
7. DE SE DONNER. « Le mari et la femme ne peuvent s'avantager l'un l'autre soit par donation entre vifs ou par testament, directement ou indirectement. « *Coutume de Paris*, art. 282. « Voilà, dit Argan, une coutume bien impertinente qu'un mari ne puisse rien laisser à sa femme dont il est aimé tendrement, et qui prend de lui tant de soin. » *Malade imaginaire*, acte Iᵉʳ, sc. VII. — Il faut lire toute cette scène qui peut servir presque mot pour mot de commentaire au paragraphe de La Bruyère.
8. FIDÉI-COMMIS. « Vous pouvez, dit le notaire, choisir doucement un ami intime de votre femme, auquel vous donnerez en bonne forme, par votre testament, tout ce que vous pourrez, et cet ami ensuite lui rendra tout. »

survit, lègue-t-on son bien à un ami fidèle par un sentiment de reconnaissance pour lui, ou plutôt par une extrême confiance, et par la certitude qu'on a du bon usage qu'il saura faire de ce qu'on lui lègue? Donne-t-on à celui que l'on peut soupçonner de ne devoir pas rendre à la personne à qui en effet l'on veut donner? faut-il se parler, faut-il s'écrire, est-il besoin de pacte ou de serments pour former cette collusion [1]? Les hommes ne sentent-ils pas en cette rencontre [2] ce qu'ils peuvent espérer les uns des autres? Et si au contraire la propriété d'un tel bien est dévolue au fidéicommissaire, pourquoi perd-il sa réputation à le retenir? sur quoi fonde-t-on la satire et les vaudevilles? Voudrait-on le comparer au dépositaire qui trahit le dépôt, à un domestique qui vole l'argent que son maître lui envoie porter? On aurait tort : y a-t-il de l'infamie à ne pas faire une libéralité, et à conserver pour soi ce qui est à soi? Étrange embarras, horrible poids que le fidéicommis! Si, par la révérence des lois, on se l'approprie, il ne faut plus passer pour un homme de bien; si, par le respect d'un ami mort, l'on suit ses intentions en le rendant à sa veuve, on est confidentiaire [3], on blesse la loi. Elle cadre donc bien mal avec l'opinion des hommes. Cela peut être; et il ne me convient pas de dire ici : La loi pèche, ni : Les hommes se trompent.

J'entends dire de quelques particuliers ou de quelques compagnies : « Tel et tel corps se contestent l'un à l'autre la préséance; le mortier et la pairie [4] se disputent le pas. » Il me paraît que celui des deux qui évite de se rencontrer aux assemblées est celui qui cède, et qui, sentant son faible, juge lui-même en faveur de son concurrent.

Typhon fournit un grand de chiens et de chevaux : que ne lui fournit-il point? Sa protection le rend audacieux; il est impunément dans sa province tout ce qui [5] lui plaît d'être, assas-

---

1. COLLUSION. « Cette entente secrète « en vue de passer doucement par dessus la loi, » selon l'expression de M. de Bonnefoi, le notaire d'Argan.

2. CETTE RENCONTRE. Toutes les éditions du temps de La Bruyère portent *ce rencontre*. — Au XVIIe siècle, rencontre était indifféremment masculin féminin.

3. CONFIDENTIAIRE. C'est, dit Furetière, celui « qui prête son nom pour posséder le titre d'un bénéfice et en laisse le revenu à un autre, ou la liberté d'en disposer toutes fois et quantes il voudra. »

4. LE MORTIER ET LA PAIRIE. Les présidents à mortier, et les pairs de France ou les princes du sang royal. Les *Mémoires* de Saint-Simon sont pleins de ces disputes de préséance, et il faut avouer que la répétition de ces querelles peu intéressantes va jusqu'à l'ennui et jusqu'au dégoût.

5. CE QUI. La Bruyère avait écrit dans les premières éditions : *Tout ce qu'il lui plaît d'être...* Cette rédaction était préférable.

sin, parjure : il brûle ses voisins, et il n'a pas besoin d'asile. Il faut enfin que le prince se mêle lui-même de sa punition [1].

Ragoûts, liqueurs, entrées, entremets, tous mots qui devraient être barbares et inintelligibles en notre langue; et, s'il est vrai qu'ils ne devraient pas être d'usage en pleine paix, où ils ne servent qu'à entretenir le luxe et la gourmandise, comment peuvent-ils être entendus dans le temps de la guerre [2] et d'une misère publique, à la vue de l'ennemi, à la veille d'un combat, pendant un siège [3]? Où est-il parlé de la table de *Scipion* ou de celle de *Marius?* Ai-je lu quelque part que *Miltiade,* qu'*Épaminondas*, qu'*Agésilas*, aient fait une chère délicate? Je voudrais qu'on ne fît mention de la délicatesse, de la propreté [4] et de la somptuosité des généraux, qu'après n'avoir plus rien à dire sur leur sujet, et s'être épuisé sur les circonstances d'une bataille gagnée et d'une ville prise; j'aimerais même qu'ils voulussent se priver de cet éloge [5].

Hermippe est l'esclave de ce qu'il appelle ses petites commodités; il leur sacrifie l'usage reçu, la coutume, les modes, la bienséance; il les cherche en toutes choses, il quitte une moindre pour une plus grande, il ne néglige aucune de celles qui sont praticables, il s'en fait une étude, et il ne se passe aucun jour qu'il ne fasse en ce genre une découverte. Il laisse aux

---

1. PUNITION. Les mémoires de Fléchier sur les *Grands jours* d'Auvergne nous apprennent ce qu'étaient ces coupe-jarrets au service des petits tyrans féodaux; les juges du roi faisaient de temps en temps justice et d'eux et de leurs maîtres; mais avant de marcher à la potence, ils avaient souvent désolé tout un canton et toute une province pendant un quart de siècle.

2. DE LA GUERRE. Cf. Voltaire, *Siècle de Louis XIV* : « Cette campagne (la campagne de Flandre), faite au milieu de la plus grande abondance, parmi des succès si faciles, parut le voyage d'une cour. La bonne chère, le luxe et les plaisirs s'introduisirent alors dans les armées... Le maréchal de Turenne n'avait eu longtemps que des assiettes de fer en campagne. Le marquis d'Humières fut le premier, au siège d'Arras, en 1658, qui se fit servir en vaisselle d'argent, à la tranchée, et qui fit manger des ragoûts et des entremets. Mais dans cette campagne de 1667, où un jeune roi, aimant la magnificence, étalait celle de sa cour dans les fatigues de la guerre, tout le monde se piqua de somptuosité et de goût dans la bonne chère, dans les habits, dans les équipages. Le luxe était cependant encore très peu de chose auprès de celui qu'on a vu depuis. « En effet, au temps de Voltaire, le luxe des armées avait fait de grands progrès. Ces progrès honteux n'éclatèrent que trop le jour où le Prussien Frédéric mit la main sur le camp de Soubise, après la triste journée de Rosbach, 1757.

3. SIÈGE. Il s'agit d'après les clefs, du siège de Philisbourg, en 1688, où le Dauphin avait sous lui le maréchal de Duras pour commander : celui-ci déploya, en présence de l'ennemi, un luxe de table qui effaça les magnificences du marquis d'Humières au siège d'Arras.

4. PROPRETÉ. La recherche, l'affectation de l'élégance.

5. ÉLOGE. Ce caractère vaut la peine d'être médité même aujourd'hui, et surtout après certains événements dont notre génération ne saurait oublier les sévères leçons.

autres hommes le dîner et le souper, à peine en admet-il les termes; il mange quand il a faim[1], et les mets seulement où son appétit le porte. Il voit faire son lit : quelle main assez adroite ou assez heureuse pourrait le faire dormir comme il veut dormir? Il sort rarement de chez soi; il aime la chambre où il n'est ni oisif ni laborieux, où il n'agit point, où il *tracasse*[2], et dans l'équipage d'un homme qui a pris médecine. On dépend servilement d'un serrurier et d'un menuisier, selon ses besoins; pour lui, s'il faut limer, il a une lime; une scie, s'il faut scier, et des tenailles, s'il faut arracher. Imaginez, s'il est possible, quelques outils qu'il n'ait pas, et meilleurs et plus commodes à son gré que ceux mêmes dont les ouvriers se servent : il en a de nouveaux et d'inconnus, qui n'ont point de nom, productions de son esprit, et dont il a presque oublié l'usage. Nul ne se peut comparer à lui pour faire en peu de temps et sans peine un travail fort inutile. Il faisait dix pas pour aller de son lit dans sa garde-robe, il n'en fait plus que neuf par la manière dont il a su tourner sa chambre : combien de pas épargnés dans le cours d'une vie! Ailleurs l'on tourne la clef, l'on pousse contre, ou l'on tire à soi, et une porte s'ouvre : quelle fatigue! voilà un mouvement de trop qu'il sait s'épargner; et comment? c'est un mystère qu'il ne révèle point : il est à la vérité un grand maître pour le ressort et pour la mécanique, pour celle du moins dont tout le monde se passe. Hermippe tire le jour de son appartement d'ailleurs que de la fenêtre; il a trouvé le secret de monter et de descendre autrement que par l'escalier, et il cherche celui d'entrer et de sortir plus commodément que par la porte.

Il y a déjà longtemps que l'on improuve les médecins, et que l'on s'en sert : le théâtre et la satire ne touchent point à leurs pensions; ils dotent leurs filles, placent leurs fils au parlement et dans la prélature, et les railleurs eux-mêmes fournissent l'argent. Ceux qui se portent bien deviennent malades; il leur faut des gens dont le métier soit de les assurer qu'ils ne mourront point[3] : tant que les hommes pourront

---

1. QUAND IL A FAIM. On devrait en effet manger lorsqu'on a faim, « *Vivere naturæ si convenienter oportet.* » Mais la coutume, les modes, la bienséance en ont décidé autrement.

2. TRACASSE. Où il piétine en vaquant à mille petites occupations toutes également inutiles. *Tracasser* est le fréquentatif de *traquer*, dont le sens primitif est fouiller un bois pour en faire sortir le gibier.

3. MOURRONT POINT. Quand même les médecins ne rendraient aux malades d'autre service que de leur faire concevoir l'espoir d'une guérison chimérique, on ne pourrait dire qu'ils soient inutiles à l'humanité.

mourir, et qu'ils aimeront à vivre, le médecin sera raillé et bien payé.

Un bon médecin est celui qui a des remèdes spécifiques[1], ou s'il en manque, qui permet à ceux qui les ont de guérir son malade.

La témérité des charlatans, et leurs tristes succès, qui en sont les suites, font valoir la médecine et les médecins : si ceux-ci laissent mourir, les autres tuent.

Carro Carri[2] débarque avec une recette qu'il appelle un prompt remède, et qui quelquefois est un poison lent : c'est un bien de famille, mais amélioré en ses mains; de spécifique qu'il était contre la colique, il guérit de la fièvre quarte, de la pleurésie, de l'hydropisie, de l'apoplexie, de l'épilepsie. Forcez un peu votre mémoire, nommez une maladie, la première qui vous viendra en l'esprit : l'hémorragie, dites-vous ? il la guérit : il ne ressuscite personne[3], il est vrai; il ne rend pas la vie aux hommes, mais il les conduit nécessairement jusqu'à la décrépitude; et ce n'est que par hasard que son père et son aïeul, qui avaient ce secret, sont morts fort jeunes. Les médecins reçoivent pour leurs visites ce qu'on leur donne, quelques-uns se contentent d'un remercîment : Carro Carri est si sûr de son remède, et de l'effet qui en doit suivre, qu'il n'hésite pas de s'en faire payer d'avance, et de recevoir avant que de donner : si le mal est incurable, tant mieux, il n'en est que plus digne[4] de

---

1. SPÉCIFIQUES. Le quinquina, par exemple, est un *spécifique* contre la fièvre. — Le médecin Blondel avait écrit que le bon effet du quinquina venait du pacte que les Américains avaient fait avec le diable. — Voyez l'*Arrêt burlesque* de Boileau : « Plus par un attentat et voie de fait énorme contre la faculté de médecine, la dite Raison se serait ingérée de guérir et aurait réellement et de fait guéri quantité de fièvres intermittentes, comme tierces, doubles-tierces, quartes, triples-quartes, et mêmes continues, avec vin pur, poudre, écorce de quinquina et autres drogues inconnues à Aristote et à Hippocrate son devancier, et ce sans saignée, purgation, ni évacuation précédentes; ce qui est non seulement irrégulier, tortionnaire et abusif... » — Cf. Molière, *Le malade imaginaire* :

Juras de non jamais te servire
De remediis aucunis,
Quamde de ceux seulement doctæ facultatis,

Malades dût-il crevare
Et mori de suo malo.

2. CARRO CARRI. Voyez sur ce charlatan Italien, nommé Carretti, le chapitre VIII *De la Cour* et le chapitre XII *Des Jugements*.

3. IL NE RESSUSCITE PERSONNE. C'est pure modestie de sa part.

4. PLUS DIGNE. Cf. Molière : « Je dédaigne de m'amuser à ce menu fatras de maladies ordinaires, à ces bagatelles de rhumatismes et fluxions, à ces fièvrotes, à ces vapeurs et à ces migraines. Je veux des maladies d'importance, de bonnes fièvres continues, avec des transports au cerveau, de bonnes fièvres pourprées, de bonnes pestes, de bonnes hydropisies formées, de bonnes pleurésies avec des inflammations de poitrine : c'est là que je me plais, c'est là que je triomphe; et je voudrais, Monsieur, que vous eussiez toutes les maladies que je viens de dire, que vous fussiez abandonné de tous les médecins,

son application et de son remède : commencez par lui livrer quelques sacs de mille francs, passez-lui un contrat de constitution[1], donnez-lui une de vos terres, la plus petite, et ne soyez pas ensuite plus inquiet que lui de votre guérison. L'émulation de cet homme a peuplé le monde de noms en O en en I, noms vénérables[2] qui imposent aux malades et aux maladies. Vos médecins, FAGON[3], et de toutes les facultés, avouez-le, ne guérissent pas toujours, ni sûrement ; ceux au contraire qui ont hérité de leurs pères la médecine pratique[4], et à qui l'expérience est échue par succession, promettent toujours, et avec serments, qu'on guérira. Qu'il est doux aux hommes de tout espérer d'une maladie mortelle, et de se porter encore passablement bien à l'agonie ! La mort surprend agréablement et sans s'être fait craindre : on la sent plus tôt qu'on n'a songé à s'y préparer et à s'y résoudre. O FAGON ESCULAPE ! faites régner sur toute la terre le quinquina et l'émétique[5], conduisez à sa perfection la science des simples[6], qui sont donnés aux hommes pour prolonger leur vie ; observez dans les cures, avec plus de précision et de sagesse que personne n'a encore fait, le climat, les temps, les symptômes et les complexions ; guérissez de la manière seule qu'il convient à chacun d'être guéri ; chassez des corps, où rien ne vous est caché de leur économie, les maladies les plus obscures et les plus invétérées ; n'attentez pas sur celles de l'esprit, elles sont incurables ; laissez à *Corinne*, à *Lesbie*, à *Canidie*, à *Trimalcion* et à *Carpus*, la passion ou la fureur des charlatans.

L'on souffre dans la république les chiromanciens[7] et les devins, ceux qui font l'horoscope et qui tirent la figure[8], ceux qui

désespéré, à l'agonie, pour vous montrer l'excellence de mes remèdes, et l'envie que j'aurais de vous rendre service. »

1. CONSTITUTION. Contrat par lequel on constitue une rente, une pension.

2. VÉNÉRABLES. Aujourd'hui les noms en *o* et en *i* ont beaucoup perdu de leur crédit ; d'autres désinences, appartenant à des idiomes différents, jouissent de la faveur publique.

3. FAGON. Médecin de la Dauphine, succéda en 1693 à d'Aquin dans la charge de premier médecin du roi ; Saint-Simon l'appelle « le plus implacable ennemi des charlatans. »

4. LA MÉDECINE PRATIQUE. La médecine empirique, celle qui se vante de ne pas laisser mourir les malades, mais qui les tue.

5. LE QUINQUINA ET L'ÉMÉTIQUE. Fagon les avait mis à la mode, malgré l'opposition furieuse du fameux Gui Patin (1601-1672).

6. DES SIMPLES. Des herbes. Fagon était professeur de botanique au Jardin des plantes et avait collaboré au catalogue publié en 1665, sous le titre de *Hortus Regius*.

7. CHIROMANCIENS. Charlatans qui prédisent l'avenir, en observant les lignes de la main.

8. LA FIGURE. On dit dans le même sens : *tirer l'horoscope*. On appelle *horoscope* une figure ou thème céleste, qui contient les douze maisons, c'est-à-dire les douze signes du Zodiaque, dans lesquels on marque la disposition du ciel et des astres, à un certain moment (par exemple au moment de la naissance) pour prédire la destinée de celui qui consulte l'astrologue.

connaissent le passé par le mouvement du *sas*[1], ceux qui font voir dans un miroir ou dans un vase d'eau la claire vérité; et ces gens sont en effet de quelque usage : ils prédisent aux hommes qu'ils feront fortune, aux filles qu'elles épouseront leurs amants, consolent les enfants dont les pères ne meurent point, et charment l'inquiétude des jeunes femmes qui ont de vieux maris : ils trompent enfin à très vil prix ceux qui cherchent à être trompés.

Que penser de la magie et du sortilège? La théorie en est obscure, les principes vagues, incertains, et qui approchent du visionnaire; mais il y a des faits embarrassants, affirmés par des hommes graves qui les ont vus[2], ou qui les ont appris de personnes qui leur ressemblent : les admettre tous ou les nier tous paraît un égal inconvénient; et j'ose dire qu'en cela, comme dans toutes les choses extraordinaires et qui sortent des communes règles, il y a un parti à trouver entre les âmes crédules et les esprits forts[3].

L'on ne peut guère charger l'enfance de la connaissance de trop de langues, et il me semble que l'on devrait mettre toute son application à l'en instruire : elles sont utiles à toutes les conditions des hommes, et elles leur ouvrent également l'entrée à une profonde ou à une facile et agréable érudition. Si l'on remet cette étude si pénible à un âge un peu plus avancé et qu'on appelle la jeunesse, ou l'on n'a pas la force de l'embrasser par choix, ou l'on n'a pas celle d'y persévérer; et si l'on y persévère, c'est consumer à la recherche des langues le même temps qui est consacré à l'usage que l'on en doit faire[4], c'est borner à la science des mots un âge qui veut déjà aller plus

---

1. Du sas. *Le sas* est un tamis que les devins, consultés sur un vol domestique, faisaient tourner et qui devait s'arrêter au moment où l'on nommait la personne qui avait commis le larcin.

2. Vus. Il convient de remarquer que La Bruyère n'a jamais vu ces faits embarrassants; il les a seulement entendu affirmer par des hommes graves. C'est qu'en effet personne ne les a jamais vus, mais tout le monde connaît des personnes graves ou non, qui hochent la tête et font les mystérieux quand on en parle.

3. Les esprits forts. Il n'est pas besoin d'être un esprit fort pour penser de la magie et de la sorcellerie ce qu'il faut en penser. Cependant ne soyons pas trop sévère pour notre auteur. On a brûlé des sorciers jusqu'à la fin du dix-huitième siècle; au temps où Voltaire était vieux, où J.-J. Rousseau avait achevé son œuvre, à la veille de la Révolution, on s'empressait autour du baquet de Mesmer; et aujourd'hui n'avons-nous pas le Spiritisme? La folie humaine est immortelle, comme la raison.

4. Doit faire. La Bruyère a dit excellemment au chapitre des *Jugements* : « Les langues sont la clef ou l'entrée des sciences, et rien davantage. » L'étude des langues n'a pas sa fin en elle-même, comme l'étude de l'histoire ou des mathématiques; elle a pour but la connaissance des choses par l'intelligence des mots.

loin et qui demande des choses, c'est au moins avoir perdu les premières et les plus belles années de sa vie. Un si grand fond ne se peut bien faire que lorsque tout s'imprime dans l'âme naturellement et profondément, que la mémoire est neuve, prompte et fidèle, que l'esprit et le cœur sont encore vides de passions, de soins et de désirs, et que l'on est déterminé à de longs travaux par ceux de qui l'on dépend. Je suis persuadé que le petit nombre d'habiles, ou le grand nombre des gens superficiels, vient de l'oubli de cette pratique.

L'étude des textes ne peut jamais être assez recommandée : c'est le chemin le plus court, le plus sûr et le plus agréable pour tout genre d'érudition. Ayez les choses de la première main, puisez à la source; maniez, remaniez le texte, apprenez-le de mémoire, citez-le dans les occasions, songez surtout à en pénétrer le sens dans toute son étendue et dans ses circonstances; conciliez un auteur original, ajustez[1] ses principes, tirez vous-mêmes les conclusions. Les premiers commentateurs se sont trouvés dans le cas où je désire que vous soyez : n'empruntez leurs lumières et ne suivez leurs vues qu'où les vôtres seraient trop courtes; leurs explications ne sont pas à vous, et peuvent aisément vous échapper[2] : vos observations, au contraire, naissent de votre esprit, et y demeurent; vous les retrouvez plus ordinairement dans la conversation, dans la consultation et dans la dispute. Ayez le plaisir de voir que vous n'êtes arrêté dans la lecture que par les difficultés qui sont invincibles, où les commentateurs et les scoliastes eux-mêmes demeurent court, si fertiles d'ailleurs, si abondants et si chargés d'une vaine et fastueuse érudition dans les endroits clairs, et qui ne font de peine ni à eux ni aux autres. Achevez ainsi de vous convaincre, par cette méthode d'étudier, que c'est la paresse des hommes qui a encouragé le pédantisme à grossir plutôt qu'à enrichir les bibliothèques, à faire périr le texte sous le poids des commentaires[3]; et qu'elle a en cela agi contre soi-même et contre ses

---

1. CONCILIEZ... AJUSTEZ. Accordez entre elles les pensées d'un auteur, coordonnez ses principes...

2. VOUS ÉCHAPPER. On ne comprend jamais aussi bien les pensées d'autrui que les siennes. C'est en ce sens que Pascal a dit : « On se persuade mieux, pour l'ordinaire, par les raisons qu'on a soi-même trouvées que par celles qui sont venues dans l'esprit des autres »

3. DES COMMENTAIRES. Le dix-septième siècle tout entier (Descartes, dans le Discours de la méthode, Malebranche, dans la Recherche de la vérité, Molière, dans les Femmes savantes, etc.) a été sévère à l'excès et injuste jusqu'à l'ingratitude pour le labeur patient des érudits. Tous ces grands écrivains du grand siècle devaient cependant le meilleur d'eux-mêmes aux savants du siècle précédent. Ils ne furent pas des pédants inutiles, ces Estienne, « imprimeurs admirables, irréprochables correcteurs, féconds édi-

plus chers intérêts, en multipliant les lectures, les recherches et le travail, qu'elle cherchait à éviter.

Qui règle les hommes dans leur manière de vivre et d'user des aliments? La santé et le régime? Cela est douteux. Une nation entière mange les viandes après les fruits, une autre fait tout le contraire: quelques-uns commencent leurs repas par de certains fruits, et les finissent par d'autres; est-ce raison? est-ce usage? Est-ce par un soin de leur santé que les hommes s'habillent jusqu'au menton, portent des fraises et des collets[1], eux qui ont eu si longtemps la poitrine découverte[2]? Est-ce par bienséance, surtout dans un temps où ils avaient trouvé le secret de paraître nus tout habillés[3]? Et d'ailleurs, les femmes, qui montrent leur gorge et leurs épaules, sont-elles d'une complexion moins délicate que les hommes, ou moins sujettes qu'eux aux bienséances? Quelle est la pudeur qui engage celles-ci à couvrir leurs jambes et presque leurs pieds, et qui leur permet d'avoir les bras nus au-dessus du coude? Qui avait mis autrefois dans l'esprit des hommes qu'on était à la guerre ou pour se défendre ou pour attaquer, et qui leur avait insinué l'usage des armes offensives et des défensives? Qui les oblige aujourd'hui de renoncer[4] à celles-ci, et, pendant qu'ils se bottent pour aller au bal, de soutenir sans armes et en pourpoint des travailleurs, exposés à tout le feu d'une contrescarpe? Nos pères, qui ne jugeaient pas une telle conduite utile au prince et à la patrie, étaient-ils sages ou insensés? Et nous-mêmes, quels héros célébrons-nous dans notre histoire? un Guesclin, un Clisson, un Foix, un Boucicaut[5], qui tous ont porté l'armet et endossé une cuirasse.

Qui pourrait rendre raison de la fortune de certains mots, et de la proscription de quelques autres? *Ains* a péri : la voyelle

teurs, écrivains piquants, maîtres en notre langue », selon les expressions de Michelet. — Henri Estienne disait avec un légitime orgueil : « Postérité! tu pourras te reposer, nous travaillons pour toi. Tu dormiras paisible, heureuse de nos veilles ! »

1. DES FRAISES ET DES COLLETS. Le collet était un ornement de toile qu'on mettait sur le collet du pourpoint et qu'on nommait aussi rabat. — La fraise était un collet à trois ou quatre rangs, plissés et empesés. — La mode des fraises date du règne de Henri II et dura jusqu'au temps de Richelieu.

2. LA POITRINE DÉCOUVERTE. Sous François Ier.

3. TOUT HABILLÉS. Allusion aux bas de soie qui montraient entièrement les jambes, plutôt qu'ils ne les couvraient.

4. RENONCER. On a dû renoncer aux armes défensives dès le jour où elles ont cessé de protéger efficacement contre l'artillerie.

5. BOUCICAUT. Bertrand Du Guesclin connétable de France (1314-1380). — Olivier de Clisson, connétable de France (1332-1407). — Gaston-Phébus, comte de Foix, vicomte de Béarn (1331-1391). — Jean de Maingre de Boucicaut, maréchal de France (1364-1421).

qui le commence, et si propre pour l'élision, n'a pu le sauver; il a cédé à un autre monosyllabe [1], et qui n'est au plus que son anagramme. *Certes* est beau dans sa vieillesse, et a encore de la force sur son déclin : la poésie le réclame, et notre langue doit beaucoup aux écrivains qui le disent en prose, et qui se commettent pour lui dans leurs ouvrages [2]. *Maint* est un mot qu'on ne devait jamais abandonner, et par la facilité qu'il y avait à le couler dans le style, et par son origine, qui est française [3]. *Moult* [4], quoique latin, était dans son temps d'un même mérite; et je ne vois pas par où *beaucoup* l'emporte sur lui. Quelle persécution le *car* [5] n'a-t-il pas essuyée! et s'il n'eût trouvé de la protection parmi les gens polis, n'était-il pas banni honteusement d'une langue à qui il a rendu de si longs services, sans qu'on sût quel mot lui substituer? *Cil* [6] a été dans ses beaux jours le plus joli mot de la langue française, et il est douloureux pour les poètes qu'il ait vieilli. *Douloureux* ne vient pas plus naturellement de *douleur*, que de *chaleur* vient *chaleureux* ou *chaloureux*; celui-ci se passe, bien que ce fût une richesse pour la langue, et qu'il se dise fort juste où *chaud* ne s'emploie qu'improprement [7]. *Valeur* devait aussi nous conserver *valeureux*;

1. Monosyllabe. *Mais* (note de La Bruyère). — *Mais* n'est pas l'anagramme de *Ains*. Le premier de ces mots vient de *magis* et le second de *ante*.

2. Leurs ouvrages. C'est La Bruyère qui se commet ainsi, c'est-à-dire se compromet, en employant dans ses ouvrages le mot *certes*. « *Certes* commence à vieillir, disait Richelet en 1680. En sa place on dit : *en vérité, assurément, à n'en point mentir.* » Aujourd'hui tout le monde emploie *certes*, et personne ne dit plus : *à n'en point mentir*. C'est ainsi que la mode décide souverainement de l'usage des mots. Cf. Horace, Épître aux Pisons.

Multa renascentur quæ jam cecidere, ca-
[dentque
Quæ nunc sunt in honore vocabula, si
[volet usus,
Quem penes arbitrium est et jus et norma
[loquendi.

3. Française. *Maint* est, dit-on, un vieux mot celtique, *maint*, qui signifierait multitude, d'où l'anglais *many*.

4. Moult. Du latin *multum*.

5. Le car. Voyez la lettre de Voiture à Mlle de Rambouillet, en faveur de cette préposition persécutée : « *Car* étant d'une si grande considération dans notre langue, j'approuve extrêmement le ressentiment que vous avez du tort qu'on lui veut faire, et je ne puis bien espérer de l'Académie dont vous me parlez, voyant qu'elle se veut établir par une si grande violence. En un temps où la fortune joue des tragédies par tous les endroits de l'Europe, je ne vois rien si digne de pitié, que quand je vois que l'on est près de chasser et faire le procès à un mot qui a si utilement servi cette monarchie, et qui dans toutes les brouilleries du royaume s'est toujours montré bon françois. Pour moi je ne puis comprendre quelle raison ils pourront alléguer contre une diction qui marche toujours à la tête de la raison, et qui n'a point d'autre charge que de l'introduire. Je ne sais pour quel intérêt ils tâchent d'ôter à *car* ce qui lui appartient, pour le donner à *pour ce que*, ni pourquoi ils veulent dire avec trois mots ce qu'ils peuvent dire avec trois lettres. »

6. Cil. C'était le masculin de *celle*; *cil* venait de *ecce-ille*, il a été remplacé par *celui* qui ne s'employait jadis qu'au cas oblique.

7. Qu'improprement. Nous remarquerons que la plupart des mots que La Bruyère craignait de voir disparaître ou dont il déplorait la perte sont restés ou sont rentrés dans la langue.

haine, haineux; peine, peineux; fruit, fructueux; pitié, piteux; joie, jovial[1]; foi, féal; cour, courtois; gîte, gisant; haleine, haléné; vanterie, vantard, mensonge, mensonger; coutume, coutumier : comme part maintient partial; point, pointu et pointilleux; ton, tonnant; son, sonore; frein, effréné; front, effronté; ris, ridicule; loi, loyal; cœur, cordial; bien, bénin; mal, malicieux. Heur se plaçait où bonheur ne saurait entrer, il a fait heureux, qui est si français, et il a cessé de l'être : si quelques poëtes s'en sont servis, c'est moins par choix que par la contrainte de la mesure. Issue prospère, et vient d'issir, qui est aboli. Fin subsiste sans conséquence pour finer, qui vient de lui, pendant que cesse et cesser règnent également. Verd ne fait plus verdoyer; ni fête, fêtoyer; ni larme, larmoyer; ni deuil, se douloir, se condouloir; ni joie, s'éjouir, bien qu'il fasse toujours se réjouir, se conjouir[2], ainsi qu'orgueil, s'enorgueillir. On a dit gent, le corps gent : ce mot si facile non seulement est tombé, l'on voit même qu'il a entraîné gentil dans sa chute. On dit diffamé, qui dérive de fame[3], qui ne s'entend plus. On dit curieux, dérivé de cure[4] qui est hors d'usage. Il y avait à gagner de dire si que pour de sorte que, ou de manière que; de moi, au lieu de pour moi ou quant à moi, de dire je sais que c'est qu'un mal, plutôt que je sais ce que c'est qu'un mal, soit par l'analogie latine, soit par l'avantage qu'il y a souvent à avoir un mot de moins à placer dans l'oraison[5]. L'usage a préféré par conséquent à par conséquence, et en conséquence à en conséquent, façons de faire à manières de faire, et manières d'agir à façons d'agir...; dans les verbes, travailler à ouvrer, être accoutumé à souloir, convenir à duire, faire du bruit à bruire, injurier à vilainer, piquer à poindre, faire ressouvenir à ramentevoir....; et dans les noms, pensées à pensers, un si beau mot, et dont le vers se trouvait si bien! grandes actions à prouesses, louanges à loz, méchanceté à mauvaistié, porte à huis, navire à nef, armée à ost, monastère à moustier, prairies à prées...; tous mots qui pouvaient durer ensemble d'une égale beauté, et rendre une langue plus abon-

---

1. JOVIAL. C'est joyeux et non pas jovial qui vient de joie et par conséquent de gaudium. Jovial vient de Jovialis, parce que Jupiter était considéré comme inspirant la joie et présidant au bonheur.

2. SE CONJOUIR. Ce mot, déjà fort rare au temps de La Bruyère, a tout à fait disparu.

3. FAME. Du latin fama, réputation.

4. CURE. On dit cependant encore dans le sens de cura : « personne n'en a cure... »

5. DANS L'ORAISON. Dans le discours. — Cette remarque de La Bruyère est très juste; il faudrait en effet, entre deux locutions qui expriment la même chose, choisir toujours la plus courte et la plus vive, et surtout celle qui est la moins chargée de conjonctions.

dante. L'usage a, par l'addition, la suppression, le changement ou le dérangement de quelques lettres, fait *frelater* de *fralater*, *prouver* de *preuver*, *profit* de *proufit*, *froment* de *froument*, *profil* de *pourfil*, *provision* de *pourveoir*, *promener* de *pourmener*, et *promenade* de *pourmenade*. Le même usage fait, selon l'occasion, d'*habile*, d'*utile*, de *facile*, de *docile*, de *mobile* et de *fertile*, sans y rien changer, des genres différents : au contraire, de *vil*, *vile*; *subtil*, *subtile*, selon leur terminaison, masculins ou féminins. Il a altéré les terminaisons anciennes : de *scel* il a fait *sceau*; de *mantel*, *manteau*; de *capel*, *chapeau*; de *coutel*, *couteau* : de *hamel*, *hameau* : de *damoisel*, *damoiseau* ; de *jouvencel*, *jouvenceau*; et cela sans que l'on voie guère ce que la langue française gagne à ces différences et à ces changements. Est-ce donc faire pour le progrès[1] d'une langue que de déférer à l'usage[2]? serait-il mieux de secouer le joug de son empire si despotique? Faudrait-il[3], dans une langue vivante, écouter la seule raison, qui prévient les équivoques, suit la racine des mots et le rapport qu'ils ont avec les langues originaires dont ils sont sortis, si la raison d'ailleurs veut qu'on suive l'usage[4]?

Si nos ancêtres ont mieux écrit que nous, ou si nous l'emportons sur eux par le choix des mots, par le tour et l'expression, par la clarté et la brièveté du discours, c'est une question souvent agitée, toujours indécise : on ne la terminera point en comparant, comme l'on fait quelquefois, un froid écrivain de l'autre siècle aux plus célèbres de celui-ci, ou les vers de Laurent[5], payé pour ne plus écrire, à ceux de Marot et de Desportes. Il faudrait, pour prononcer juste sur cette matière, opposer siècle à siècle, et excellent ouvrage à excellent ouvrage; par exemple, les meilleurs rondeaux de Benserade ou de Voiture à ces deux-ci[6] qu'une tradition nous a conservés sans nous en marquer le temps ni l'auteur :

1. Faire pour le progrès. Travailler au progrès.
2. A l'usage. Vaugelas et tous ceux qui avaient adopté ses principes voulaient qu'on se soumît aveuglément à l'usage.
3. Faudrait-il. Cette phrase est obscure; elle signifie : la raison nous commande d'une part de ramener autant que possible les mots d'une langue à une forme qui soit en rapport avec leur étymologie, et d'autre part elle nous défend de choquer l'usage, de heurter les façons communes de parler.
4. L'usage. — Tout ce morceau de La Bruyère est d'une importance capitale pour l'histoire de la langue. — Il convient d'en rapprocher la comédie de Saint-Evremond, *les Académiciens*. — Voir aussi le paragraphe III de la *Lettre à l'Académie* (*projets d'enrichir la langue*), où Fénelon regrette, comme La Bruyère, « qu'on ait gêné et appauvri notre langue, en voulant la purifier. »
5. Laurent. Méchant poëte de cour qui racontait en vers pitoyables les carrousels de Versailles et les fêtes de Chantilly.
6. Ces deux-ci. Ces deux rondeaux sont des pastiches, postérieurs à la re-

Bien à propos s'en vint Ogier[1] en France
Pour le païs de mescréans monder[2] :
Ja n'est besoin de conter sa vaillance,
Puisqu'ennemis n'osoient le regarder.

Or, quand il eut tout mis en assurance,
De voyager il voulut s'enharder;
En paradis trouva l'eau de jouvance,
Dont il se sceut de vieillesse engarder
   Bien à propos.

Puis par cette eau son corps tout décrépite
Transmué fut par manière subite
En jeune gars, frais, gracieux et droit.
Grand dommage est que cecy soit sornettes;
Filles connoy qui ne sont pas jeunettes,
A qui cette eau de jouvance viendroit
   Bien à propos.

De cettuy preux[3] maints grands clercs ont escrit.
Qu'oncques dangier n'étonna son courage :
Abusé fut par le malin esprit,
Qu'il épousa sous féminin visage.

Si piteux cas à la fin découvrit
Sans un seul brin de peur ni de dommage ;
Dont grand renom par tout le monde acquit,
Si qu'on tenoit très-honneste langage
   De cettuy preux.

Bien-tost après fille de roy s'éprit
De son amour, qui voulentiers s'offrit
Au bon Richard en second mariage.

Donc s'il vaut mieux ou diable ou femme avoir,
Et qui des deux bruit plus en ménage ;
Ceulx qui voudront, si le pourront sçavoir
   De cettuy preux.

---

naissance, et probablement des dernières années du règne d'Henri IV. Ils ne peuvent donc rien prouver dans la question soulevée par La Bruyère.

1. OGIER. Il s'agit d'Ogier le Danois, un des héros du Cycle carlovinglen.
2. MONDER. Purger, nettoyer.
3. CETTUY PREUX. Ce preux est Richard sans Peur, duc de Normandie, qui vivait à la fin du dixième siècle.

CHAPITRE XV.

DE LA CHAIRE

Le discours chrétien est devenu un spectacle. Cette tristesse évangélique [1] qui en est l'âme ne s'y remarque plus : elle est suppléée par les avantages de la mine, par les inflexions de la voix, par la régularité du geste, par le choix des mots, et par les longues énumérations. On n'écoute plus sérieusement la parole sainte : c'est une sorte d'amusement entre mille autres ; c'est un jeu où il y a de l'émulation et des parieurs.

L'éloquence profane est transposée, pour ainsi dire, du barreau, où LE MAITRE [2], PUCELLE [3] et FOURCROY [4] l'ont fait régner, et où elle n'est plus d'usage, à la chaire, où elle ne doit pas être.

L'on fait assaut d'éloquence jusqu'au pied de l'autel et en la présence des mystères. Celui qui écoute s'établit juge de celui qui prêche, pour condamner ou pour applaudir, et n'est pas plus converti par le discours qu'il favorise que par celui auquel il est contraire. L'orateur plaît aux uns, déplaît aux autres, et convient [5] avec tous en une chose, que, comme il ne cherche point à les rendre meilleurs, ils ne pensent pas aussi à le devenir.

Un apprentif [6] est docile, il écoute son maître, il profite de ses leçons, et il devient maître. L'homme indocile critique [7] le dis-

---

1. TRISTESSE ÉVANGÉLIQUE. *Tristesse* signifie ici *gravité, sérieux, austérité*. Corneille a dit, dans un sentiment analogue : « Il faut que dans la tragédie tout se ressente de la majestueuse tristesse qui en fait le plaisir. »

2. LE MAITRE. Antoine Lemaistre, neveu des Arnaud, frère de Lemaistre de Saci, le traducteur de l'ancien Testament. Après s'être fait une grande réputation comme avocat au parlement, il mourut en 1658, à Port-Royal, où il s'était retiré.

3. PUCELLE. L'avocat Claude Pucelle est moins connu que son fils René Pucelle, conseiller-clerc au parlement ; que ses discours et son zèle contre la bulle *Unigenitus* ont sauvé de l'oubli.

4. FOURCROY. Mort en 1691 ; il était l'ami de Racine et de Boileau.

5. CONVIENT. S'accorde avec tous en une chose.

6. APPRENTIF. C'est ainsi qu'on écrivait alors le mot *apprenti*. Boileau a dit au féminin dans sa X⁰ satire :

Vais-je épouser ici quelque apprentive
[auteur...]

7. CRITIQUE. Cf. Massillon, *Sermon sur la parole de Dieu* : « Parmi tous ceux qui nous écoutent, il en est peu aujourd'hui qui ne s'érigent en juges et en censeurs de la parole sainte. On ne vient ici que pour décider du mérite de ceux qui l'annoncent, pour faire des parallèles insensés, pour prononcer sur la différence des jours et des instructions ; on se fait honneur d'être difficile ; on passe sans attention sur les vérités les plus étonnantes, et qui seraient d'un plus grand usage pour soi ; et tout le fruit qu'on retire d'un discours chrétien se borne à en avoir mieux remarqué les défauts que tout autre. »

cours du prédicateur, comme le livre du philosophe; et il ne devient ni chrétien ni raisonnable.

Jusqu'à ce qu'il revienne un homme qui, avec un style nourri des saintes Écritures, explique au peuple la parole divine uniment et familièrement, les orateurs et les déclamateurs seront suivis.

Les citations profanes, les froides allusions, le mauvais pathétique, les antithèses, les figures outrées, ont fini : les portraits [1] finiront, et feront place à une simple explication de l'Évangile, jointe aux mouvements qui inspirent la conversion.

Cet homme que je souhaitais impatiemment, et que je ne daignais pas espérer de notre siècle, est enfin venu [2]. Les courtisans, à force de goût et de connaître les bienséances, lui ont applaudi; ils ont, chose incroyable! abandonné la chapelle du roi, pour venir entendre avec le peuple la parole de Dieu annoncée par cet homme apostolique [3]. La ville n'a pas été de l'avis de la cour : où il a prêché, les paroissiens ont déserté; jusqu'aux marguilliers ont disparu : les pasteurs ont tenu ferme ; mais les ouailles se sont dispersées, et les orateurs voisins en ont grossi leur auditoire. Je devais le prévoir, et ne pas dire qu'un tel homme n'avait qu'à se montrer pour être suivi, et qu'à parler pour être écouté : ne savais-je pas quelle est dans les hommes, et en toutes choses, la force indomptable de l'habitude? Depuis trente années on prête l'oreille aux rhéteurs, aux déclamateurs, aux *énumérateurs* [4];

---

1. LES PORTRAITS. C'est le P. Bourdaloue qui avait introduit dans les sermons la mode des portraits. — Voyez, au chapitre des *Ouvrages de l'esprit*, la note sur Arsène, c'est-à-dire sur M. de Tréville, dont Bourdaloue avait fait le portrait dans son sermon sur la *sévérité évangélique*, de façon que tout le monde le reconnût. — Voir aussi le *Discours sur Théophraste* : « Jusque dans la chaire on se croit obligé souvent de suspendre l'Évangile pour les prendre par leur faible, et les ramener à leurs devoirs par des choses qui soient de leur goût et de leur portée. »

2. ENFIN VENU. Allusion, disent les clefs, à l'abbé le Tourneux, mort en 1686. « Quel est, demandait un jour Louis XIV à Boileau, un prédicateur qu'on nomme le Tourneux? On dit que tout le monde y court. Est-il donc si habile? — Sire, répondit Boileau, Votre Majesté sait qu'on court toujours à la nouveauté : c'est un prédicateur qui prêche l'Évangile. »

3. HOMME APOSTOLIQUE. Le Père Séraphin. (Note de La Bruyère.) — Saint-Simon dit de lui : « Il prêcha cette année le carême à la cour. Ses sermons, dont il répétait deux fois de suite les mêmes phrases, et qui étaient fort à la capucine, plurent au Roi, et il devint fort à la mode de s'y empresser et de l'admirer; et c'est de lui, pour le dire en passant, qu'est venu le mot si répété : *Sans Dieu, point de cervelle*. Il ne laissa pas que d'être hardi devant un prince qui croyait donner les talents avec les emplois. M. de Villeroy était à ses sermons : chacun comme entraîné le regarda. »

4. ÉNUMÉRATEURS. Massillon lui-même n'est pas à l'abri du reproche exprimé par ce mot que La Bruyère a forgé : dans ses plus beaux sermons, il abuse de la figure de rhétorique appelée énumération.

on court ceux qui peignent en grand ou en miniature. Il n'y a pas longtemps qu'ils avaient des chutes ou des transitions ingénieuses, quelquefois même si vives et si aiguës qu'elles pouvaient passer pour épigrammes : ils les ont adoucies, je l'avoue, et ce ne sont plus que des madrigaux [1]. Ils ont toujours, d'une nécessité indispensable et géométrique, trois sujets admirables de vos attentions : ils prouveront une telle chose dans la première partie de leur discours, cette autre dans la seconde partie, et cette autre encore dans la troisième. Ainsi, vous serez convaincu d'abord d'une certaine vérité, et c'est leur premier point ; d'une autre vérité, et c'est leur second point ; et puis d'une troisième vérité, et c'est leur troisième point : de sorte que la première réflexion vous instruira d'un principe des plus fondamentaux de votre religion ; la seconde, d'un autre principe qui ne l'est pas moins ; et la dernière réflexion, d'un troisième et dernier principe, le plus important de tous, qui est remis pourtant, faute de loisir, à une autre fois. Enfin, pour reprendre et abréger cette division et former un plan... — Encore ! dites-vous, et quelles préparations pour un discours de trois quarts d'heure qui leur reste à faire ! Plus ils cherchent à le digérer et à l'éclaircir, plus ils m'embrouillent. — Je vous crois sans peine, et c'est l'effet le plus naturel de tout cet amas d'idées qui reviennent à la même, dont ils chargent sans pitié la mémoire de leurs auditeurs. Il semble, à les voir s'opiniâtrer à cet usage, que la grâce de la conversion soit attachée à ces énormes partitions [2]. Comment néanmoins

---

1. MADRIGAUX. Cf. Fénelon, *Dialogues sur l'éloquence :* Il s'agit d'un prédicateur qui, pour le jour des cendres, a pris pour texte : je mangeais la cendre comme mon pain ; « puis il a enchâssé dans son avant-propos, le plus agréablement du monde, l'histoire d'Artémise sur les cendres de son époux. Sa chute à son *Ave Maria* a été pleine d'art ; ses divisions étaient heureuses ; vous en jugerez. Cette cendre, dit-il, quoiqu'elle soit un signe de pénitence, est un principe de félicité ; quoiqu'elle semble nous humilier, elle est une source de gloire ; quoiqu'elle représente la mort, elle est un remède qui donne l'immortalité. Il a repris cette division en plusieurs manières, et chaque fois il donnait un nouveau lustre à ses antithèses. Le reste du discours n'était ni moins poli, ni moins brillant : la diction était pure, les pensées nouvelles, les périodes nombreuses ; chacune finissait par quelque trait surprenant. Il nous a fait des peintures morales, où chacun se trouvait : il a fait une anatomie des passions du cœur humain, qui égale les maximes de M. de La Rochefoucauld. »

2. PARTITIONS. Divisions. Fénelon a blâmé l'abus des divisions, dans le second *dialogue :* « Les divisions, dit-il, mettent dans le discours un ordre qui n'est qu'apparent. De plus, elles dessèchent et gênent le discours ; elles le coupent en deux ou trois parties qui interrompent l'action de l'orateur et l'effet qu'elle doit produire : il n'y a plus d'unité véritable, ce sont deux ou trois discours différents qui ne sont unis que par une liaison arbitraire. Le sermon d'avant-hier, celui d'hier et celui d'aujourd'hui, pourvu qu'ils soient d'un dessein suivi, comme les desseins

serait-on converti par de tels apôtres, si l'on ne peut qu'à peine les entendre articuler, les suivre et ne les pas perdre de vue? Je leur demanderais volontiers qu'au milieu de leur course impétueuse, ils voulussent plusieurs fois reprendre haleine, souffler un peu, et laisser souffler leurs auditeurs. Vains discours, paroles perdues! Le temps des homélies[1] n'est plus ; les Basiles, les Chrysostomes[2], ne le ramèneraient pas : on passerait en d'autres diocèses pour être hors de la portée de leur voix et de leurs familières instructions. Le commun des hommes aime les phrases et les périodes, admire ce qu'il n'entend pas, se suppose instruit, content de décider entre un premier et un second point, ou entre le dernier sermon et le pénultième[3].

Il y a moins d'un siècle qu'un livre français était un certain nombre de pages latines où l'on découvrait quelques lignes ou quelques mots en notre langue. Les passages, les traits et les citations n'en étaient pas demeurés là[4] : Ovide et Catulle achevaient de décider des mariages et des testaments, et venaient avec les Pandectes[5] au secours de la veuve et des pupilles[6]. Le sacré et le profane ne se quittaient point ; ils s'étaient glissés ensemble jusque dans la chaire : saint Cyrille, Horace, saint Cyprien, Lucrèce, parlaient alternativement : les poètes étaient de l'avis de saint Augustin et de tous les Pères : on parlait latin et longtemps devant des femmes et des marguilliers ; on a parlé grec : il fallait savoir prodigieusement pour prêcher si mal[7].

d'Avent, font autant ensemble un tout et un corps de discours, que les trois points d'un de ces sermons font un tout entre eux. »

1. HOMÉLIES. ὁμιλία signifie proprement conversation. L'homélie était une causerie familière dans laquelle l'évêque, le pasteur instruisait le peuple des choses de la religion.

2. BASILES. CHRYSOSTOMES. Saint Basile de Césarée (329-379) et saint Jean-Chrysostome d'Antioche, évêque de Constantinople (344-407) furent les plus éloquents des pères de l'Eglise grecque.

3. LE PÉNULTIÈME. L'avant-dernier.

4. LA. Des livres ils étaient passés dans les plaidoyers et dans les sermons.

5. PANDECTES. Les travaux législatifs publiés par ordre de l'empereur Justinien de 527 à 565, furent édictés dans l'ordre suivant : Le Code, les Institutes, les Pandectes ou Digeste, et les Novelles ou Authentiques.

6. DES PUPILLES. Voyez le plaidoyer de l'Intimé dans *les Plaideurs* et la note que lui a consacrée Louis Racine : « Bellièvre, dit-il, demandant à la reine Elisabeth la grâce de Marie Stuart dans un long discours que rapporte M. de Thou, non content de raconter plusieurs traits de l'histoire ancienne, cite des passages d'Homère, de Platon et de Callimaque. Du temps de notre poète, nos avocats avaient encore coutume de remplir leurs discours de longs passages des anciens, et, pour faire voir leur érudition, de rapporter beaucoup de citations ; c'est pour cela qu'on voit ici des passages d'Ovide et de Lucain, et qu'on entend citer non seulement le Digeste, mais Aristote, Pausanias, etc. Ce qu'il y a de singulier, c'est que personne ne vit le ridicule de cette manière de plaider. La finesse des plaisanteries de Racine ne fut pas sentie. Le parterre ne rit point de ce qu'il appelait des termes de chicane, et la pièce tomba aux premières représentations. »

7. SI MAL. Cf. Massillon, *Remercîment*

Autre temps, autre usage : le texte est encore latin, tout le discours est français et d'un beau français ; l'Évangile même n'est pas cité : il faut savoir aujourd'hui très peu de chose pour bien prêcher[1].

L'on a enfin banni la scolastique[2] de toutes les chaires des grandes villes, et on l'a reléguée dans les bourgs et dans les villages, pour l'instruction et pour le salut du laboureur ou du vigneron.

C'est avoir de l'esprit que de plaire au peuple dans un sermon par un style fleuri[3], une morale enjouée, des figures réitérées, des traits brillants, et de vives descriptions ; mais ce n'est point en avoir assez. Un meilleur esprit néglige ces ornements étrangers, indignes de servir à l'Évangile ; il prêche simplement, fortement, chrétiennement.

L'orateur fait de si belles images de certains désordres, y fait entrer des circonstances si délicates, met tant d'esprit, de tour et de raffinement dans celui qui pèche, que, si je n'ai pas de pente à vouloir ressembler à ses portraits, j'ai besoin du moins que quelque apôtre, avec un style plus chrétien, me dégoûte des vices dont l'on m'avait fait une peinture si agréable.

Un beau sermon est un discours oratoire qui est dans toutes ses règles, purgé de tous ses défauts, conforme aux préceptes de l'éloquence humaine, et paré de tous les ornements de la rhétorique. Ceux qui entendent finement n'en perdent pas le moindre trait ni une seule pensée ; ils suivent sans peine l'orateur dans toutes les énumérations où il se promène, comme dans

---

à l'Académie française : « La chaire semblait disputer ou de bouffonnerie avec le théâtre ou de sécheresse avec l'école ; et le prédicateur croyait avoir rempli le ministère le plus sérieux de la religion, quand il avait déshonoré la majesté de la parole sainte, en y mêlant des termes barbares qu'on n'entendait pas, ou des plaisanteries qu'on n'aurait pas dû entendre. »

1. POUR BIEN PRÊCHER. Il y a là une épigramme. La Bruyère veut faire entendre que, pour bien prêcher au goût du jour, c'est-à-dire dans le genre fleuri, il n'est besoin de rien savoir, pas même l'Evangile.

2. LA SCOLASTIQUE. « La scolastique est la partie de la théologie qui discute les questions de théologie par le secours de la raison et des arguments, suivant la méthode ordinaire des Ecoles. » *Dictionnaire de Trévoux*.

La Bruyère veut parler ici de l'abus du syllogisme, des arguments en Baroco et en Baralipton qui, en dernière analyse, faisaient tout le fond de la scolastique.

3. STYLE FLEURI. Cf. Fénelon, *lettre à l'Académie* : « J'avoue que le genre fleuri a ses grâces ; mais elles sont déplacées dans les discours où il ne s'agit point d'un jeu d'esprit plein de délicatesse, et où les grandes passions doivent parler. Le genre fleuri n'atteint jamais au sublime. Qu'est-ce que les anciens auraient dit d'une tragédie où Hécube aurait déploré son malheur par des pointes. La vraie douleur ne parle point ainsi. Que pourrait-on croire d'un prédicateur qui viendrait montrer aux pécheurs le jugement de Dieu pendant sur leur tête, et l'enfer ouvert sous leurs pieds, avec les jeux de mots les plus affectés ? »

toutes les élévations où il se jette : ce n'est une énigme que pour le peuple.

Le solide et l'admirable discours que celui qu'on vient d'entendre ! les points de religion les plus essentiels, comme les plus pressants motifs de conversion, y ont été traités : quel grand effet n'a-t-il pas dû faire sur l'esprit et dans l'âme de tous les auditeurs ! Les voilà rendus ; ils en sont émus et touchés au point de résoudre dans leur cœur, sur ce sermon de *Théodore*, qu'il est encore plus beau que le dernier qu'il a prêché.

La morale douce et relâchée[1] tombe avec celui qui la prêche : elle n'a rien qui réveille et qui pique la curiosité d'un homme du monde[2], qui craint moins qu'on ne pense une doctrine sévère, et qui l'aime même dans celui qui fait son devoir en l'annonçant[3]. Il semble donc qu'il y ait dans l'Église comme deux états qui doivent la partager : celui de dire la vérité dans toute son étendue, sans égards, sans déguisement ; celui de l'écouter avidement, avec goût, avec admiration, avec éloges, et de n'en faire cependant ni pis ni mieux.

L'on peut faire ce reproche à l'héroïque vertu des grands hommes, qu'elle a corrompu l'éloquence[4], ou du moins amolli le style de la plupart des prédicateurs. Au lieu de s'unir seulement avec les peuples pour bénir le ciel de si rares présents qui en sont venus, ils ont entré[5] en société avec les auteurs et les poètes, et, devenus comme eux panégyristes, ils ont enchéri sur les épîtres dédicatoires, sur les stances et sur les prologues ; ils ont changé la parole sainte en un tissu de louanges, justes à la vérité, mais mal placées, intéressées, que personne n'exige d'eux, et qui ne conviennent point à leur caractère. On est heureux si, à l'occasion du héros qu'ils célèbrent jusque dans le

---

1. Douce et relâchée. Voyez sur cette morale, et sur la dévotion aisée, les *Provinciales* de Pascal.

2. Homme du monde. Cette remarque est très juste. Les gens du monde, et même les libertins, pour peu qu'ils aient d'élévation dans l'esprit, bien loin de se sentir repoussés par une morale austère et un peu farouche, commencent par l'admirer, comme on admire tout ce qui marque de la force, s'approchent avec curiosité pour la considérer de plus près, et enfin s'y laissent prendre. C'est ce qui explique la propagation rapide des doctrines stoïciennes dans l'aristocratie romaine, si raffinée et si corrompue, et les nombreuses conversions opérées par les hommes de Port-Royal, ces stoïciens du christianisme, dans la société de la Fronde.

3. L'annonçant. On dit *annoncer l'Évangile*, pour *prêcher l'Évangile*.

4. Corrompu l'éloquence. Il faut avoir lu tout le paragraphe pour comprendre cette première phrase. Le style de notre auteur tombe ici sous le reproche d'affectation, et, ce qui est plus grave, il n'est pas exempt d'obscurité.

5. Ils ont entré. « Quand on voulait marquer une action, un mouvement, *entrer* se conjuguait avec *avoir*. Cette construction n'est plus guère employée. » Littré. — Bossuet dit : « Lucain eût entré lui-même dans ce sentiment, s'il l'eût pu. »

sanctuaire, ils disent un mot de Dieu et du mystère qu'ils devaient prêcher. Il s'en est trouvé quelques-uns qui, ayant assujetti le saint Évangile, qui doit être commun à tous, à la présence d'un seul auditeur, se sont vus déconcertés par des hasards qui le retenaient ailleurs, n'ont pu prononcer devant des chrétiens un discours chrétien qui n'était pas fait pour eux, et ont été suppléés par d'autres orateurs, qui n'ont eu le temps que de louer Dieu dans un sermon précipité[1].

Théodule a moins réussi que quelques-uns de ses auditeurs ne l'appréhendaient ; ils sont contents de lui et de son discours : il a mieux fait, à leur gré, que de charmer l'esprit et les oreilles, qui est de flatter leur jalousie.

Le métier de la parole ressemble en une chose à celui de la guerre ; il y a plus de risque qu'ailleurs, mais la fortune y est plus rapide.

Si vous êtes d'une certaine qualité, et que vous ne vous sentiez point d'autre talent que celui de faire de froids discours, prêchez, faites de froids discours : il n'y a rien de pire pour sa fortune que d'être entièrement ignoré. *Théodat* a été payé de ses mauvaises phrases et de son ennuyeuse monotonie.

L'on a eu de grands évêchés par un mérite de chaire, qui présentement ne vaudrait pas à son homme une simple prébende[2].

Le nom de ce panégyriste semble gémir sous le poids des titres dont il est accablé ; leur grand nombre remplit de vastes affiches qui sont distribuées dans les maisons, ou que l'on lit par les rues en caractères monstrueux[3], et qu'on ne peut non plus ignorer que la place publique. Quand, sur une si belle montre, l'on a seulement essayé du personnage, et qu'on l'a un peu écouté, l'on reconnaît qu'il manque au dénombrement de ses qualités celle de mauvais prédicateur.

L'oisiveté des femmes, et l'habitude qu'ont les hommes de les courir partout où elles s'assemblent, donnent du nom à de froids orateurs, et soutiennent quelque temps ceux qui ont décliné.

Devrait-il suffire d'avoir été grand et puissant dans le monde

---

1. PRÉCIPITÉ. Le jeudi-saint, 15 avril 1688, Louis XIV, retenu par la goutte, ne put assister à la cérémonie de la Cène ; l'abbé Roquette, neveu de l'évêque d'Autun, avait préparé un sermon tout à l'adresse du roi et où il était parlé de Sa Majesté beaucoup plus que de Dieu ; en l'absence de Louis XIV, il n'osa monter en chaire ; il n'y eut même pas le sermon précipité dont parle La Bruyère : la Cène se passa sans sermon.

2. PRÉBENDE. Qui aujourd'hui ne vaudrait pas à celui qui n'aurait que ce mérite un simple canonicat.

3. MONSTRUEUX. On voit que le charlatanisme des affiches ne date pas d'hier.

pour être louable ou non, et, devant le saint autel et dans la chaire de la vérité, loué et célébré à ses funérailles? N'y a-t-il point d'autre grandeur que celle qui vient de l'autorité et de la naissance [1]? Pourquoi n'est-il pas établi de faire publiquement le panégyrique d'un homme qui a excellé pendant sa vie dans la bonté, dans l'équité, dans la douceur, dans la fidélité, dans la piété? Ce qu'on appelle une oraison funèbre n'est aujourd'hui bien reçue du plus grand nombre des auditeurs qu'à mesure qu'elle s'éloigne davantage du discours chrétien; ou, si vous l'aimez mieux ainsi, qu'elle approche de plus près d'un éloge profane.

L'orateur cherche par ses discours un évêché: l'apôtre fait des conversions; il mérite de trouver ce que l'autre cherche.

L'on voit des clercs [2] revenir de quelques provinces où ils n'ont pas fait un long séjour, vains des conversions qu'ils ont trouvées toutes faites, comme de celles qu'ils n'ont pu faire, se comparer déjà aux VINCENTS et aux XAVIERS [3], et se croire des hommes apostoliques: de si grands travaux et de si heureuses missions ne seraient pas à leur gré payées d'une abbaye.

Tel tout d'un coup, et sans y avoir pensé la veille, prend du papier, une plume, dit en soi-même, Je vais faire un livre, sans autre talent pour écrire que le besoin qu'il a de cinquante pistoles. Je lui crie inutilement: Prenez une scie, *Dioscore*; sciez, ou bien tournez, ou faites une jante de roue, vous aurez votre salaire [4]. Il n'a point fait l'apprentissage de tous ces métiers. Copiez donc, transcrivez, soyez au plus correcteur d'imprimerie; n'écrivez point. Il veut écrire et faire imprimer; et parce qu'on n'envoie pas à l'imprimeur un cahier blanc, il le barbouille de ce qu'il lui plaît; il écrirait volontiers que la Seine coule à Paris, qu'il y a sept jours dans la semaine, ou que le temps est à la pluie; et comme ce discours n'est ni contre la religion ni contre l'État, et qu'il ne fera point d'autre désordre dans le public que de lui gâter le goût et l'accoutumer aux choses fades et insipides, il passe à l'examen [5], il est imprimé,

---

1. DE LA NAISSANCE. Cela est évident; mais il faut avouer que les exemples tirés de la vie des grands, surtout si cette vie a été traversée par des aventures tragiques, nous frappent beaucoup plus que ne le pourraient faire les leçons tirées des vertus obscures de quelques particuliers.

2. DES CLERCS. Il s'agit des ecclésiastiques chargés de la conversion des protestants.

3. VINCENTS... XAVIERS. Saint Vincent de Paul (1576-1660.) — Saint François-Xavier (1506-1552), un des premiers disciples d'Ignace de Loyola et que l'on a surnommé l'apôtre des Indes.

4. SALAIRE. Cf. Boileau, Art poétique, chant IV.

Soyez plutôt maçon, si c'est votre talent,
Ouvrier estimé dans un art nécessaire,
Qu'écrivain du commun et poète vulgaire.

5. A L'EXAMEN. A l'examen des censeurs royaux.

et, à la honte du siècle, comme pour l'humiliation des bons auteurs, réimprimé. De même un homme dit en son cœur, Je prêcherai, et il prêche; le voilà en chaire, sans autre talent ni vocation que le besoin d'un bénéfice.

Un clerc mondain ou irréligieux, s'il monte en chaire, est déclamateur [1].

Il y a au contraire des hommes saints, et dont le seul caractère est efficace pour la persuasion : ils paraissent [2], et tout un peuple qui doit les écouter est déjà ému et comme persuadé par leur présence; le discours qu'ils vont prononcer fera le reste.

L'évêque de MEAUX [3] et le P. BOURDALOUE [4] me rappellent DÉMOSTHÈNE et CICÉRON. Tous deux, maîtres dans l'éloquence de la chaire, ont eu le destin des grands modèles : l'un a fait de mauvais censeurs, l'autre de mauvais copistes.

L'éloquence de la chaire, en ce qui y entre d'humain [5] et du talent de l'orateur, est cachée [6], connue de peu de personnes, et d'une difficile exécution : quel art en ce genre pour plaire en persuadant! Il faut marcher par des chemins battus, dire ce qui a été dit, et ce que l'on prévoit que vous allez dire : les matières sont grandes, mais usées et triviales; les principes sûrs, mais dont les auditeurs pénètrent les conclusions d'une seule vue. Il y entre des sujets qui sont sublimes : mais qui peut traiter le sublime? Il y a des mystères que l'on doit expliquer, et qui s'expliquent mieux par une leçon de l'école que par un discours oratoire. La morale même de la chaire, qui comprend une matière aussi vaste et aussi diversifiée que le sont les mœurs des hommes, roule sur les mêmes pivots, retrace les mêmes images, et se prescrit des bornes bien plus étroites que la satire. Après l'invective commune contre les honneurs, les richesses et le plaisir, il ne reste plus à l'orateur qu'à courir à la fin de son discours et à congédier l'assemblée. Si quelquefois on pleure, si on est ému, après avoir fait attention au génie et au caractère de

---

1. DÉCLAMATEUR. C'est que, selon l'expression d'un ancien, *pectus est quod facit disertum.* « Les grandes pensées, a dit Vauvenargues, viennent du cœur. » Celui, dont l'éloquence n'a point sa source dans une conviction profonde et même passionnée, ne saurait être qu'un déclamateur.

2. ILS PARAISSENT. Cf. Virgile, *Énéide*, I, 151.

Tum, pietate gravem ac meritis si forte
  [virum quem
Conspexere, silent, arrectisque auribus
  [adstant.

3. L'ÉVÊQUE DE MEAUX. Bossuet.

4. BOURDALOUE. Né en 1633, mort en 1704; il était de la Société de Jésus.

5. D'HUMAIN. Même quand on ne la considère que comme un art purement humain. C'est dans le même sens que La Bruyère a dit, dans une note du premier chapitre : « Moïse... quand même on ne le considère que comme un homme qui a écrit. »

6. CACHÉE. A des secrets qui ne sont point connus du vulgaire.

ceux qui font pleurer, peut-être conviendra-t-on que c'est la matière qui se prêche elle-même, et notre intérêt le plus capital qui se fait sentir; que c'est moins une véritable éloquence que la ferme poitrine[1] du missionnaire qui nous ébranle et qui cause en nous ces mouvements. Enfin, le prédicateur n'est point soutenu, comme l'avocat, par des faits toujours nouveaux, par de différents événements, par des aventures inouïes; il ne s'exerce point sur les questions douteuses, il ne fait point valoir les violentes conjectures et les présomptions : toutes choses néanmoins qui élèvent le génie, lui donnent de la force et de l'étendue, et qui contraignent bien moins l'éloquence qu'elles ne la fixent et ne la dirigent. Il doit, au contraire, tirer son discours d'une source commune, et où tout le monde puise; et s'il s'écarte de ces lieux communs, il n'est plus populaire, il est abstrait ou déclamateur, il ne prêche plus l'Évangile. Il n'a besoin que d'une noble simplicité, mais il faut l'atteindre; talent rare, et qui passe les forces du commun des hommes[2] : ce qu'ils ont de génie, d'imagination, d'érudition et de mémoire, ne leur sert souvent qu'à s'en éloigner.

La fonction de l'avocat est pénible, laborieuse, et suppose, dans celui qui l'exerce, un riche fond et de grandes ressources. Il n'est pas seulement chargé, comme le prédicateur, d'un certain nombre d'oraisons composées avec loisir, récitées de mémoire, avec autorité, sans contradicteurs, et qui, avec de médiocres changements, lui font honneur plus d'une fois. Il prononce de graves plaidoyers devant des juges qui peuvent lui imposer silence, et contre des adversaires qui l'interrompent; il doit être prêt sur la réplique; il parle en un même jour, dans divers tribunaux, de différentes affaires. Sa maison n'est pas pour lui un lieu de repos et de retraite, ni un asile contre les plaideurs; elle est ouverte à tous ceux qui viennent l'accabler de leur questions et de leurs doutes : il ne se met pas au lit, on ne l'essuie point, on ne lui

---

1. LA FERME POITRINE. Il s'agit ici de ce genre d'éloquence que Buffon, qui le dédaigne trop, a qualifié ainsi : « c'est le corps qui parle au corps... » Voir page 2 de notre édition des *Morceaux choisis* de Buffon.

2. DU COMMUN DES HOMMES. Cf. Fénelon, *Dialogues sur l'éloquence*, II. « La plupart des gens qui veulent faire de beaux discours cherchent sans choix également partout la pompe des paroles; ils croient avoir tout fait, pourvu qu'ils aient fait un amas de grands mots et de pensées vagues; ils ne songent qu'à charger leurs discours d'ornements; semblables aux méchants cuisiniers, qui ne savent rien assaisonner avec justesse, et qui croient donner un goût exquis aux viandes en y mettant beaucoup de sel et de poivre. La véritable éloquence n'a rien d'enflé ni d'ambitieux; elle se modère et se proportionne aux sujets qu'elle traite et aux gens qu'elle instruit; elle n'est grande et sublime que quand il faut l'être. »

prépare point des rafraîchissements [1] ; il ne se fait point dans sa chambre un concours de monde de tous les états et de tous les sexes, pour le féliciter sur l'agrément et sur la politesse de son langage, lui remettre l'esprit sur un endroit où il a couru risque de demeurer court, ou sur un scrupule qu'il a sur le chevet d'avoir plaidé moins vivement qu'à l'ordinaire. Il se délasse d'un long discours par de longs écrits, il ne fait que changer de travaux et de fatigues : j'ose dire qu'il est, dans son genre, ce qu'étaient dans le leur les premiers hommes apostoliques [2].

Quand on a ainsi distingué l'éloquence du barreau de la fonction de l'avocat, et l'éloquence de la chaire du ministère du prédicateur, on croit voir qu'il est plus aisé de prêcher que de plaider, et plus difficile de bien prêcher que de bien plaider [3].

Quel avantage n'a pas un discours prononcé sur un ouvrage qui est écrit ! Les hommes sont les dupes de l'action et de la parole, comme de tout l'appareil de l'auditoire. Pour peu de prévention qu'ils aient en faveur de celui qui parle, ils l'admirent, et cherchent ensuite à le comprendre : avant qu'il ait commencé, ils s'écrient qu'il va bien faire ; ils s'endorment bientôt, et, le discours fini, ils se réveillent pour dire qu'il a bien fait. On se passionne moins pour un auteur : son ouvrage est lu dans le loisir de la campagne ou dans le silence du cabinet : il n'y a point de rendez-vous publics pour lui applaudir, encore moins de cabale pour lui sacrifier tous ses rivaux, et pour l'élever à la prélature. On lit son livre, quelque excellent qu'il soit, dans l'esprit de le trouver médiocre [4] : on le feuillette, on le discute,

---

1. RAFRAÎCHISSEMENTS. Cf. Boileau, X⁰ Satire.
Quelque léger dégoût vient-il le travailler,
Une faible vapeur le fait-elle bâiller,
Un escadron coiffé d'abord court à son [aide :
L'une chauffe un bouillon, l'autre apprête [un remède ;
Chez lui sirops exquis, ratafias vantés,
Confitures surtout, volent de tous côtés :
Car de tous mets sucrés, secs, en pâte ou [liquides,
Les estomacs dévots toujours furent avi- [des.
Le premier massepain pour eux, je crois, [se fit,
Et le premier citron à Rouen fut confit.
La X⁰ satire de Boileau est postérieure de trois ans à la publication de ce caractère.

2. APOSTOLIQUES. Qu'on ne s'y méprenne point : c'est l'avocat, et non le prédicateur que La Bruyère compare ici aux hommes apostoliques.

3. BIEN PLAIDER. Cf. Montaigne. « La charge de prescheur, dit-il, luy donne autant qu'il luy plaist de loisir pour se préparer, et puis sa carrière se passe d'un fil et d'une suite sans interruption ; là où les commoditez de l'avocat le pressent à toute heure de se mettre en lice, et les responses improveues de sa partie adverse le rejectent de son bransle, où il luy fault sur le champ prendre nouveau party..... La part de l'advocat est plus difficile que celle du prescheur ; et nous trouvons pourtant, ce m'est advis, plus de passables advocats que de prescheurs, au moins en France. »

4. MÉDIOCRE. Tacite, ou l'auteur quel qu'il soit du *Dialogus* a fort bien indiqué les motifs de cette malveillance : « Vitio autem malignitatis humanæ vetera semper in laude, præsentia in fastidio esse. » C'est la malignité

on le confronte; ce ne sont pas des sons qui se perdent en l'air, et qui s'oublient; ce qui est imprimé demeure imprimé. On l'attend quelquefois plusieurs jours avant l'impression pour le décrier; et le plaisir le plus délicat[1] que l'on en tire vient de la critique qu'on en fait : on est piqué d'y trouver à chaque page des traits qui doivent plaire, on va même souvent jusqu'à appréhender d'en être diverti, et on ne quitte ce livre que parce qu'il est bon[2].

Tout le monde ne se donne pas pour orateur; les phrases, les figures, le don de la mémoire, la robe ou l'engagement de celui qui prêche ne sont pas des choses qu'on ose ou qu'on veuille toujours s'approprier; chacun, au contraire, croit penser bien, et écrire encore mieux ce qu'il a pensé; il en est moins favorable à celui qui pense et qui écrit aussi bien que lui. En un mot, le *sermonneur* est plus tôt évêque que le plus solide écrivain n'est revêtu d'un prieuré simple; et dans la distribution des grâces, de nouvelles sont accordées à celui-là, pendant que l'auteur grave se tient heureux d'avoir ses restes.

S'il arrive que les méchants vous haïssent et vous persécutent, les gens de bien vous conseillent de vous humilier devant Dieu, pour vous mettre en garde contre la vanité qui pourrait vous venir de déplaire à des gens de ce caractère : de même, si certains hommes sujets à se récrier[3] sur le médiocre désapprouvent un ouvrage que vous aurez écrit, ou un discours que vous venez de prononcer en public, soit au barreau, soit dans la chaire, ou ailleurs, humiliez-vous[4]; on ne peut guère être exposé à une tentation d'orgueil plus délicate et plus prochaine.

Il me semble qu'un prédicateur[5] devrait faire choix dans chaque discours d'une vérité unique, mais capitale, terrible ou instructive; la manier à fond et l'épuiser; abandonner toutes ces divisions si recherchées, si retournées, si remaniées, et si

humaine, le secret désir de ravaler un écrivain de génie au-dessous de lui-même et au niveau du commun, qui fait accueillir le livre nouveau d'un auteur dès longtemps hors de pairs avec l'espoir de le trouver médiocre.

1. LE PLUS DÉLICAT. Plaisir bien médiocre cependant, puisqu'il « nous ôte celui d'être vivement touché de très belles choses. »

2. PARCE QU'IL EST BON. Et que la malignité n'y trouve pas son compte.

3. A SE RÉCRIER. A se récrier d'admiration, comme les femmes savantes à propos du fameux *quoi qu'on die* de Trissotin.

4. HUMILIEZ-VOUS. Devant Dieu, et non devant la critique. — Quoique la fierté d'un génie qui se connaît soi-même, soit un sentiment légitime, il faut avouer que LA BRUYÈRE exprime ici dans des termes difficilement supportables son dédain pour la critique.

5. UN PRÉDICATEUR. D'après les clefs, le P. de la Rue. — Cette indication est fort douteuse. Le P. de la Rue, humaniste et professeur fort distingué, fut au contraire un prédicateur médiocre.

différenciées; ne point supposer ce qui est faux, je veux dire que le grand ou le beau monde sait sa religion et ses devoirs, et ne pas appréhender de faire, ou à ces bonnes têtes, ou à ces esprits si raffinés, des catéchismes; ce temps si long que l'on use à composer un long ouvrage, l'employer à se rendre si maître de sa matière, que le tour et les expressions naissent dans l'action, et coulent de source; se livrer, après une certaine préparation, à son génie et aux mouvements qu'un grand sujet peut inspirer : qu'il pourrait enfin s'épargner ces prodigieux efforts de mémoire qui ressemblent mieux à une gageure qu'à une affaire sérieuse, qui corrompent le geste et défigurent le visage; jeter au contraire, par un bel enthousiasme, la persuasion dans les esprits et l'alarme dans le cœur, et toucher ses auditeurs d'une toute autre crainte que de celle de le voir demeurer court [1].

Que celui qui n'est pas encore assez parfait pour s'oublier soi-même dans le ministère de la parole sainte ne se décourage point par les règles austères qu'on lui prescrit, comme si elles lui ôtaient les moyens de faire montre de son esprit, et de monter aux dignités où il aspire : quel plus beau talent que celui de prêcher apostoliquement? et quel autre mérite mieux un évêché? FÉNELON en était-il indigne? aurait-il pu échapper au choix du Prince que par un autre choix [2]?

CHAPITRE XVI

DES ESPRITS FORTS.

Les esprits forts [3] savent-ils qu'on les appelle ainsi par ironie? Quelle plus grande faiblesse que d'être incertain quel est le

---

1. COURT. On retrouvera toutes ces idées si saines et si judicieuses développées dans les *Dialogues sur l'éloquence* de Fénelon.

2. UN AUTRE CHOIX. Fénelon était encore à cette époque précepteur du duc de Bourgogne. Il ne devint archevêque de Cambrai qu'en 1695. — La Bruyère ne pouvait terminer un chapitre sur l'éloquence de la chaire d'une façon plus digne de son sujet et de lui-même qu'en écrivant le nom de Fénelon, c'est-à-dire de celui des orateurs chrétiens qui a le mieux réalisé l'antique maxime : *vir bonus, dicendi peritus.*

3. LES ESPRITS FORTS. La Bruyère, dans la préface du *discours à l'Académie* a dit : « Les hommes religieux n'ont-ils pas observé que de seize chapitres qui composent ce livre, il y en a quinze qui, s'attachant à découvrir le faux et le ridicule qui se rencontrent dans les objets des passions et des attachements humains, ne tendent qu'à ruiner tous les obstacles qui affaiblissent d'abord et qui éteignent ensuite, dans tous les hommes, la connaissance de Dieu;

principe de son être, de sa vie, de ses sens, de ses connaissances, et quelle en doit être la fin? Quel découragement plus grand que de douter si son âme n'est point matière comme la pierre et le reptile[1], et si elle n'est point corruptible comme ces viles créatures? N'y a-t-il pas plus de force[2] et de grandeur à recevoir dans notre esprit l'idée d'un être supérieur à tous les êtres, qui les a tous faits, et à qui tous se doivent rapporter; d'un être souverainement parfait, qui est pur, qui n'a point commencé et qui ne peut finir, dont notre âme est l'image, et, si j'ose dire, une portion[3], comme esprit et comme immortelle?

Le docile et le faible sont susceptibles d'impressions : l'un en reçoit de bonnes, l'autre de mauvaises; c'est-à-dire que le premier est persuadé et fidèle, et que le second est entêté et corrompu. Ainsi, l'esprit docile admet la vraie religion; et l'esprit faible, ou n'en admet aucune, ou en admet une fausse : or l'esprit fort, ou n'a point de religion, ou se fait une religion; donc l'esprit fort, c'est l'esprit faible[4].

J'appelle mondains, terrestres ou grossiers, ceux dont l'esprit et le cœur sont attachés à une petite portion de ce monde qu'ils habitent, qui est la terre[5]; qui n'estiment rien, qui n'aiment

---

qu'ainsi ils ne sont que des préparations au seizième et dernier chapitre, où l'athéisme est attaqué, et peut-être confondu; où les preuves de Dieu, une partie du moins de celle que les faibles hommes sont capables de recevoir dans leur esprit, sont apportées; où la providence de Dieu est défendue contre l'insulte et les plaintes des libertins? » Sainte-Beuve a dit sur ce chapitre des *Esprits forts* : « L'auteur avait à cœur de terminer par ce qu'il y a de plus élevé dans la société comme dans l'homme, la Religion. Avant de montrer et de caractériser la vraie, il avait commencé par flétrir courageusement la fausse dans le chapitre de *la Mode*. Le chapitre *de la Chaire*, l'avant-dernier du livre, bien qu'essentiellement littéraire et relevant surtout de la Rhétorique, achemine pourtant, par la nature même du sujet, au dernier chapitre tout religieux, intitulé *des Esprits forts* : et celui-ci, trop poussé et trop développé certainement pour devoir être considéré comme une simple précaution, termine l'œuvre par une espèce de traité à peu près complet de philosophie spiritualiste et religieuse. Cette fin est beaucoup plus suivie et d'un plus rigoureux enchaînement que le reste. On peut dire que ce dernier chapitre tranche d'aspect et de ton, avec tous les autres : c'est une réfutation en règle de l'incrédulité. »

1. LA PIERRE ET LE REPTILE. Ce rapprochement entre un être organisé et une pierre n'est pas heureux.

2. PLUS DE FORCE. Pascal avait dit : « Athéisme manque de force d'esprit, mais jusqu'à un certain degré seulement. »

3. UNE PORTION. Cette expression rappelle celle d'Horace : *divinæ particulam auræ*. On retrouve des expressions analogues dans un grand nombre de passages du *De senectute* (discours de Cyrus mourant), du *De Republica* (songe de Scipion), et surtout des *Épîtres à Lucilius*.

4. L'ESPRIT FAIBLE. Cf. Pascal : « Rien n'accuse davantage une extrême faiblesse d'esprit que de ne pas connaître quel est le malheur d'un homme sans Dieu... Rien n'est plus lâche que de faire le brave contre Dieu. » Il convient de rapprocher tout l'article des *Pensées* du chapitre de La Bruyère.

5. QUI EST LA TERRE. Pascal avait dit avec plus de force : « Que l'homme étant revenu à soi, considère ce qu'il est au prix de ce qui est; qu'il se re-

rien au delà : gens aussi limités que ce qu'ils appellent leurs possessions ou leur domaine, que l'on mesure, dont on compte les arpents, et dont on montre les bornes. Je ne m'étonne pas que des hommes qui s'appuient sur un atome chancellent dans les moindres efforts qu'ils font pour sonder la vérité; si, avec des vues si courtes, ils ne percent point, à travers le ciel et les astres, jusques à Dieu même ; si, ne s'apercevant point ou de l'excellence de ce qui est esprit, ou de la dignité de l'âme, ils ressentent encore moins combien elle est difficile à assouvir[1], combien la terre entière est au-dessous d'elle, de quelle nécessité lui devient un être souverainement parfait, qui est Dieu, et quel besoin indispensable elle a d'une religion qui le lui indique, et qui lui en est une caution sûre. Je comprends au contraire fort aisément qu'il est naturel à de tels esprits de tomber dans l'incrédulité ou l'indifférence, et de faire servir Dieu et la religion à la politique[2], c'est-à-dire à l'ordre et à la décoration de ce monde, la seule chose, selon eux, qui mérite qu'on y pense.

Quelques-uns achèvent de se corrompre par de longs voyages[3], et perdent le peu de religion qui leur restait : ils voient de jour à autre un nouveau culte, diverses mœurs, diverses cérémonies. Ils ressemblent à ceux qui entrent dans les magasins, indéterminés sur le choix des étoffes qu'ils veulent acheter : le grand nombre de celles qu'on leur montre les rend plus indifférents ; elles ont chacune leur agrément et leur bienséance : ils ne se fixent point, ils sortent sans emplette.

Il y a des hommes qui attendent à[4] être dévots et religieux que tout le monde se déclare impie et libertin : ce sera alors le parti du vulgaire; ils sauront s'en dégager. La singularité leur plaît dans une matière si sérieuse et si profonde ; ils ne suivent la mode et le train commun que dans les choses de rien et de nulle suite : qui sait même s'ils n'ont pas déjà mis une sorte de

garde comme égaré dans ce canton détourné de la nature; et que, *de ce petit cachot où il se trouve logé, j'entends l'univers,* il apprenne à estimer la terre, les royaumes, les villes et soi-même à son juste prix. » Art. I des *Pensées.*

1. DIFFICILE A ASSOUVIR. Cf. Jouffroy, du *Problème de la destinée humaine :* « Le cœur de l'homme et toutes les félicités de la vie mis en présence, le cœur de l'homme n'est point satisfait. »

2. LA POLITIQUE. La Bruyère a ici en vue la pire espèce d'athées, ceux qui font de la religion un instrument de gouvernement.

3. DE LONGS VOYAGES. Allusion évidente au célèbre voyageur François Bernier, né à Anvers en 1625, disciple de Gassendi et par conséquent de Démocrite et d'Epicure ; il avait été pendant douze ans médecin du grand Mongol. Voltaire dit de lui : « mort en vrai philosophe en 1688. »

4. ATTENDENT A. Attendent pour... Fléchier dit également dans un de ses sermons : « On attend à se convertir à l'heure de la mort. »

bravoure et d'intrépidité à courir tout le risque de l'avenir[1] ? Il ne faut pas d'ailleurs que, dans une certaine condition, avec une certaine étendue d'esprit et de certaines vues, l'on songe à croire comme les savants et le peuple[2].

Il faudrait s'éprouver et s'examiner très sérieusement avant que de se déclarer esprit fort ou libertin, afin au moins, et selon ses principes, de finir comme l'on a vécu ; ou si l'on ne se sent pas la force d'aller si loin, se résoudre de vivre comme l'on veut mourir.

Toute plaisanterie dans un homme mourant[3] est hors de sa place : si elle roule sur de certains chapitres, elle est funeste. C'est une extrême misère que de donner à ses dépens, à ceux que l'on laisse, le plaisir d'un bon mot.

Dans quelque prévention où l'on puisse être sur ce qui doit suivre la mort, c'est une chose bien sérieuse que de mourir : ce n'est point alors le badinage qui sied bien, mais la constance.

Il y a eu de tout temps de ces gens d'un bel esprit et d'une agréable littérature, esclaves des grands dont ils ont épousé le libertinage et porté le joug toute leur vie, contre leurs propres lumières et contre leur conscience. Ces hommes n'ont jamais vécu que pour d'autres hommes, et ils semblent les avoir regardés comme leur dernière fin. Ils ont eu honte de se sauver à leurs yeux, de paraître tels qu'ils étaient peut-être dans le cœur, et ils se sont perdus par déférence ou par faiblesse. Y a-t-il donc sur la terre des grands assez grands et des puissants assez puissants pour mériter de nous que nous croyions et que nous vivions à leur gré, selon leur goût et leurs caprices, et que nous poussions la complaisance plus loin en mourant non de la manière qui est la plus sûre pour nous, mais de celle qui leur plaît davantage[4] ?

---

1. RISQUE DE L'AVENIR. Cette expression veut être rapprochée du fameux *pari* de Pascal « pour ou contre Dieu. » Voyez l'article x.

2. LE PEUPLE. Au dix-septième siècle, les savants et le peuple pensaient de même sur les choses de la religion ; ils *croyaient* également, quoique ce ne fût pas pour les mêmes raisons.

3. MOURANT. On connaît le mot attribué à Auguste : « Eh bien ! trouvez-vous que j'aie assez bien joué cette farce de la vie ?... si vous êtes contents, applaudissez. » Vespasien, se riant d'avance de son apothéose, disait : « Je sens que je deviens dieu. » Comme on demandait à Saint-Evremond s'il voulait se réconcilier, il répondit : « Je voudrais me réconcilier avec l'appétit. »

4. DAVANTAGE. La Bruyère, qui vivait dans la compagnie des grands, avait su toujours sauvegarder sa propre dignité : il avait donc le droit d'adresser cette leçon aux beaux esprits, qui, pour plaire à des princes vicieux, leur livraient jusqu'à leur conscience.

DES ESPRITS FORTS.

J'exigerais de ceux qui vont contre le train commun et les grandes règles, qu'il sussent plus que les autres, qu'ils eussent des raisons claires, et de ces arguments qui emportent conviction.

Je voudrais voir un homme sobre, modéré, chaste, équitable, prononcer qu'il n'y a point de Dieu ; il parlerait du moins sans intérêt : mais cet homme ne se trouve point.

J'aurais une extrême curiosité de voir celui qui serait persuadé que Dieu n'est point ; il me dirait du moins la raison invincible qui a su le convaincre.

L'impossibilité où je suis de prouver que Dieu n'est pas, me découvre son existence.

Dieu condamne et punit ceux qui l'offensent, seul juge en sa propre cause ; ce qui répugne, s'il n'est lui-même la justice et la vérité, c'est-à-dire s'il n'est Dieu.

Je sens qu'il y a un Dieu, et je ne sens pas qu'il n'y en ait point ; cela me suffit, tout le raisonnement du monde m'est inutile : je conclus que Dieu existe[1]. Cette conclusion est dans ma nature ; j'en ai reçu les principes trop aisément dans mon enfance, et je les ai conservés depuis trop naturellement dans un âge plus avancé, pour les soupçonner de fausseté : mais il y a des esprits qui se défont de ces principes. — C'est une grande question s'il s'en trouve de tels ; et, quand il serait ainsi, cela prouve seulement qu'il y a des monstres.

L'athéisme n'est point. Les grands, qui en sont le plus soupçonnés, sont trop paresseux pour décider en leur esprit que Dieu n'est pas : leur indolence va jusqu'à les rendre froids et indifférents sur cet article si capital, comme sur la nature de leur âme, et sur les conséquences d'une vraie religion ; ils ne nient ces choses ni ne les accordent ; ils n'y pensent point.

Nous n'avons pas trop de toute notre santé, de toutes nos forces, et de tout notre esprit, pour penser aux hommes ou au plus petit intérêt : il semble, au contraire, que la bienséance et la coutume exigent de nous que nous ne pensions à Dieu que dans un état où il ne reste en nous qu'autant de raison qu'il faut pour ne pas dire qu'il n'y en a plus[2].

---

1. QUE DIEU EXISTE. L'auteur prend ici une position intermédiaire entre Descartes et Pascal. Comme le premier, il conclut que Dieu existe, parce que l'idée d'un être souverainement parfait, c'est-à-dire de Dieu, est en moi. Comme le second, il s'adresse plutôt au sentiment qu'au raisonnement. Pascal avait dit : « Le cœur a des raisons que la raison ne connaît pas... c'est le cœur qui sent Dieu et non la raison. »

2. QU'IL N'Y EN A PLUS. C'est-à-dire à l'heure de la mort.

Un grand croit s'évanouir, et il meurt[1]; un autre grand périt insensiblement, et perd chaque jour quelque chose de soi-même avant qu'il soit éteint : formidables leçons[2], mais inutiles! Des circonstances si marquées et si sensiblement opposées ne se relèvent point[3], et ne touchent personne. Les hommes n'y ont pas plus d'attention qu'à une fleur qui se fane[4] ou à une feuille qui tombe; ils envient les places qui demeurent vacantes, ou ils s'informent si elles sont remplies, et par qui.

Les hommes sont-ils assez bons, assez fidèles, assez équitables, pour mériter toute notre confiance, et ne nous pas faire désirer du moins que Dieu existât, à qui nous puissions appeler de leurs jugements et avoir recours quand nous en sommes persécutés ou trahis?

Si c'est le grand et le sublime de la religion qui éblouit ou qui confond les esprits forts, ils ne sont plus des esprits forts, mais de faibles génies et de petits esprits; et, si c'est au contraire ce qu'il y a d'humble et de simple qui les rebute, ils sont à la vérité des esprits forts, et plus forts que tant de grands hommes si éclairés, si élevés, et néanmoins si fidèles, que les LÉON, les BASILE, les JÉRÔME, les AUGUSTIN[5].

Un Père de l'Église, un docteur de l'Église, quels noms! quelle tristesse dans leurs écrits! quelle sécheresse, quelle froide dévotion, et peut-être quelle scolastique! disent ceux qui ne les ont jamais lus[6]. Mais plutôt quel étonnement pour tous

---

1. IL MEURT. Allusion à la mort subite de La Feuillade, de Louvois, de Seignelay.

2. FORMIDABLES LEÇONS. Cf. Bossuet, *Oraison funèbre de Madame* : « Considérez ces grandes puissances que nous regardons de si bas : pendant que nous tremblons sous leur main, Dieu les frappe, pour nous avertir. Leur élévation en est la cause, et il les épargne si peu qu'il ne craint pas de les sacrifier à l'instruction du reste des hommes... Nous devrions être assez convaincus de notre néant : mais s'il faut des coups de surprise à nos cœurs enchantés de l'amour du monde, celui-ci est assez grand et assez terrible. O nuit désastreuse! O nuit effroyable! où retentit tout à coup comme un éclat de tonnerre, cette étonnante nouvelle : Madame se meurt! Madame est morte! »

3. NE SE RELÈVENT POINT. Ne sont point remarquées.

4. QUI SE FANE. Cf. Bossuet : « Madame cependant, a passé du matin au soir, ainsi que l'herbe des champs; le matin elle fleurissait, avec quelles grâces! vous le savez : le soir nous la vîmes séchée... »

5. LES LÉON... LES AUGUSTIN. Nous avons déjà rencontré Saint Basile au chapitre *de la Chaire*. — Léon est sans doute le pape saint Léon le Grand, si célèbre pour avoir arrêté, en 452, Attila aux portes de Rome. — Saint Jérôme, né en Dalmatie en 331, mort dans sa solitude de Bethléem en 420; il est l'auteur de *la Vulgate*, traduction latine de la Bible. — Saint Augustin, né à Tagaste, en Afrique, en 345, mort en 430, à Hippone, dont il était évêque, pendant le siège de cette ville par les Vandales, l'auteur de *la Cité de Dieu*, des *Confessions*, etc.

6. JAMAIS LUS. Fénelon, dans le *IIIe dialogue sur l'éloquence*, et Villemain, dans son *Tableau de l'éloquence chrétienne*, ont parlé en termes excellents et souvent magnifiques des Pères de l'Église.

ceux qui se sont fait une idée des Pères si éloignée de la vérité, s'ils voyaient dans leurs ouvrages plus de tour et de délicatesse, plus de politesse et d'esprit, plus de richesse d'expression et plus de force de raisonnement, des traits plus vifs et des grâces plus naturelles, que l'on n'en remarque dans la plupart des livres de ce temps, qui sont lus avec goût, qui donnent du nom et de la vanité à leurs auteurs ! Quel plaisir d'aimer la religion, et de la voir crue, soutenue, expliquée par de si beaux génies et par de si solides esprits ! surtout lorsque l'on vient à connaître que, pour l'étendue des connaissances, pour la profondeur et la pénétration, pour les principes de la pure philosophie, pour leur application et leur développement, pour la justesse des conclusions, pour la dignité du discours, pour la beauté de la morale et des sentiments, il n'y a rien par exemple que l'on puisse comparer à saint AUGUSTIN que PLATON et que CICÉRON.

L'homme est né menteur[1] : la vérité est simple et ingénue, et il veut du spécieux et de l'ornement ; elle n'est pas à lui, elle vient du ciel toute faite, pour ainsi dire, et dans toute sa perfection ; et l'homme n'aime que son propre ouvrage, la fiction et la fable. Voyez le peuple : il controuve, il augmente, il charge, par grossièreté et par sottise : demandez même au plus honnête homme s'il est toujours vrai dans ses discours, s'il ne se surprend pas quelquefois dans des déguisements où engagent nécessairement la vanité et la légèreté ; si, pour faire un meilleur conte, il ne lui échappe pas souvent d'ajouter à un fait qu'il récite une circonstance qui y manque. Une chose arrive aujourd'hui, et presque sous nos yeux ; cent personnes qui l'ont vue la racontent en cent façons différentes ; celui-ci, s'il est écouté, la dira encore d'une manière qui n'a pas été dite : quelle créance donc pourrais-je donner à des faits qui sont anciens et éloignés de nous par plusieurs siècles ? quel fondement dois-je faire sur les plus graves historiens ? que devient l'histoire[2] ? César a-t-il été massacré au milieu du sénat ? y a-t-il eu un César ? Quelle conséquence ! me dites-vous ; quels doutes ! quelle demande ! Vous riez ! vous ne me jugez pas digne d'aucune réponse[3] ; et je

---

1. MENTEUR. La Bruyère reproduit ici les arguments des Esprits forts contre l'authenticité des Livres saints, afin de les réfuter ensuite.

2. L'HISTOIRE. C'est ici le sophisme qui consiste à tirer une conséquence générale d'un petit nombre de faits particuliers. — De ce que les hommes mentent quelquefois, il n'en résulte pas qu'ils mentent toujours et par conséquent que leur témoignage doive toujours être rejeté.

3. D'AUCUNE RÉPONSE. On dirait aujourd'hui : vous ne me jugez digne d'aucune réponse. Mais il ne faut pas oublier qu'au dix-septième siècle, *aucun* avait le sens de *quelque* (*aucun* vient de *aliquis-unus*), et n'impliquait aucune négation.

crois même que vous avez raison. Je suppose néanmoins que le livre qui fait mention de César ne soit pas un livre profane, écrit de la main des hommes qui sont menteurs, trouvé par hasard dans les bibliothèques parmi d'autres manuscrits qui contiennent des histoires vraies ou apocryphes; qu'au contraire il soit inspiré, saint, divin; qu'il porte en soi ces caractères; qu'il se trouve depuis près de deux mille ans dans une société nombreuse qui n'a pas permis qu'on y ait fait pendant tout ce temps la moindre altération, et qui s'est fait une religion de le conserver dans toute son intégrité: qu'il y ait même un engagement religieux et indispensable d'avoir de la foi pour tous les faits contenus dans ce volume où il est parlé de César et de sa dictature: avouez-le, *Lucile*, vous douterez alors qu'il y ait eu un César.

Toute musique n'est pas propre à louer Dieu et à être entendue dans le sanctuaire. Toute philosophie ne parle pas dignement de Dieu, de sa puissance, des principes de ses opérations et de ses mystères: plus cette philosophie est subtile et idéale [1], plus elle est vaine et inutile pour expliquer des choses qui ne demandent des hommes qu'un sens droit pour être connues jusques à un certain point, et qui au delà sont inexplicables. Vouloir rendre raison de Dieu, de ses perfections, et, si j'ose ainsi parler, de ses actions, c'est aller plus loin que les anciens philosophes, que les apôtres, que les premiers docteurs; mais ce n'est pas rencontrer si juste, c'est creuser longtemps et profondément sans trouver les sources de la vérité. Dès qu'on a abandonné les termes de bonté, de miséricorde, de justice et de toute-puissance, qui donnent de Dieu de si hautes et de si aimables idées, quelque grand effort d'imagination qu'on puisse faire, il faut recevoir les expressions sèches, stériles, vides de sens; admettre les pensées creuses, écartées des notions communes, ou tout au plus les subtiles et les ingénieuses; et, à mesure que l'on acquiert d'ouverture dans une nouvelle métaphysique, perdre un peu de sa religion [2].

---

1. SUBTILE ET IDÉALE. La Bruyère, comme Pascal, se défie de la *métaphysique*. Pascal avait dit: « Écrire contre ceux qui approfondissent trop les sciences. Descartes. — Il faut dire en gros: cela se fait par figure et mouvement, car cela est vrai. Mais de dire quels, et composer la machine, cela est ridicule; car cela est inutile, incertain et pénible. »

2. DE SA RELIGION. Bossuet disait des principes philosophiques au moyen desquels le P. Malebranche prétendait expliquer les mystères du christianisme, *Pulchra, nova, falsa*. Il écrivait à un disciple de ce grand métaphysicien: « Je vois un grand combat se préparer contre l'Église sous le nom de philosophie cartésienne. Je vois naître de son sein et de ses principes, à mon avis

Jusques où[1] les hommes ne se portent-ils point par l'intérêt de la religion, dont ils sont si peu persuadés, et qu'ils pratiquent si mal !

Cette même religion que les hommes défendent avec chaleur et avec zèle contre ceux qui en ont une toute contraire, ils l'altèrent eux-mêmes dans leur esprit par des sentiments particuliers; ils y ajoutent et ils en retranchent mille choses souvent essentielles, selon ce qui leur convient, et ils demeurent fermes et inébranlables dans cette forme qu'ils lui ont donnée. Ainsi, à parler populairement[2], on peut dire d'une seule nation qu'elle vit sous un même culte, et qu'elle n'a qu'une seule religion; mais, à parler exactement, il est vrai qu'elle en a plusieurs, et que chacun presque y a la sienne.

Deux sortes de gens fleurissent dans les cours, et y dominent dans divers temps, les libertins et les hypocrites[3] : ceux-là gaiement, ouvertement, sans art et sans dissimulation; ceux-ci finement par des artifices, par la cabale. Cent fois plus épris de la fortune que les premiers, ils en sont jaloux jusqu'à l'excès; ils veulent la gouverner, la posséder seuls, la partager entre eux et en exclure tout autre; dignités, charges, postes, bénéfices, pensions, honneurs, tout leur convient et ne convient qu'à eux, le reste des hommes en est indigne; ils ne comprennent point que sans leur attache[4] on ait l'impudence de les espérer. Une troupe de masques entre dans un bal : ont-ils la main, ils dansent, ils se font danser les uns les autres, ils dansent encore, ils dansent toujours : ils ne rendent la main à personne de l'assemblée, quelque digne qu'elle soit de leur attention[5]. On languit, on sèche de les voir danser et de ne danser point : quelques-uns murmurent; les plus sages prennent leur parti, et s'en vont.

---

mal entendus, plus d'une hérésie; et je prévois que les conséquences qu'on en tire contre les dogmes qu'ont tenus nos pères, la vont rendre odieuse, et feront perdre à l'Eglise tout le fruit qu'elle en pouvait espérer pour établir dans l'esprit des philosophes la divinité et l'immortalité de l'âme. »

1. JUSQUES OÙ. Jusqu'à quels excès... Il est impossible que La Bruyère fasse ici allusion à la révocation de l'Edit de Nantes, qu'il approuvait aussi bien que Bossuet et que Fénelon; mais s'il n'y pense pas, il fait que le lecteur y pense malgré lui.

2. POPULAIREMENT. Comme tout le monde.

3. LES LIBERTINS ET LES HYPOCRITES. La Bruyère, en se faisant le champion de la religion, ne veut pas qu'on confonde la cause qu'il défend avec celle des faux dévots.

4. LEUR ATTACHE. Sans leur être attaché, sans tenir à eux par quelque endroit.

5. LEUR ATTENTION. Il aurait fallu écrire à *aucune personne* pour justifier le féminin *quelque digne qu'elle soit*. —Cette comparaison est d'un goût médiocre et ne s'attendait pas en un pareil sujet.

Il y a deux espèces de libertins : les libertins, ceux du moins qui croient l'être[1], et les hypocrites ou faux dévots, c'est-à-dire ceux qui ne veulent pas être crus libertins : les derniers[2], dans ce genre-là, sont les meilleurs.

Le faux dévot ou ne croit pas en Dieu, ou se moque de Dieu ; parlons de lui obligeamment : il ne croit pas en Dieu.

Si toute religion est une crainte respectueuse de la Divinité, que penser de ceux qui osent la blesser dans sa plus vive image, qui est le prince[3] ?

Si l'on nous assurait que le motif secret de l'ambassade des Siamois a été d'exciter le roi Très Chrétien à renoncer au christianisme, à permettre l'entrée de son royaume aux *Talapoins*[4], qui eussent pénétré dans nos maisons pour persuader leur religion à nos femmes, à nos enfants et à nous-mêmes, par leurs livres et par leurs entretiens ; qui eussent élevé des *pagodes* au milieu des villes, où ils eussent placé des figures de métal pour être adorées, avec quelles risées et quel étrange mépris n'entendrions-nous pas des choses si extravagantes ! Nous faisons cependant six mille lieues de mer pour la conversion des Indes, des royaumes de Siam, de la Chine et du Japon, c'est-à-dire pour faire très sérieusement à tous ces peuples des propositions qui doivent leur paraître très folles et très ridicules. Ils supportent néanmoins nos religieux et nos prêtres : ils les écoutent quelquefois, leur laissent bâtir leurs églises et faire leurs missions : qui fait cela en eux et en nous ? ne serait-ce point la force de la vérité ?

Il ne convient pas à toute sorte de personnes de lever l'étendard d'aumônier[5], et d'avoir tous les pauvres d'une ville assemblés à sa porte, qui y reçoivent leurs portions. Qui ne sait pas, au contraire, des misères plus secrètes, qu'il peut entreprendre de soulager, ou immédiatement et par ses secours, ou du moins par sa médiation ? De même il n'est pas donné à tous de monter en chaire et d'y distribuer, en missionnaire ou en catéchiste[6], la

---

1. QUI CROIENT L'ÊTRE. La Bruyère ne croit pas qu'il y ait des athées véritables et sincères.

2. LES DERNIERS. Les moins habiles entre les hypocrites sont les meilleurs, parce qu'ils sont les moins dangereux.

3. LE PRINCE. Que penser des faux dévots qui blessent la religion en trompant le Roi, qui est l'image de Dieu sur la terre.

4. TALAPOINS. Prêtres bouddhistes.

5. D'AUMONIER. De s'établir publiquement distributeur d'aumônes, comme le fait Tartufe :

Si l'on vient pour me voir, je vais aux [prisonniers
Des aumônes que j'ai, partager les deniers.

6. CATÉCHISTE. « *Catéchiser*, dit Furetière, c'est enseigner les principes et les mystères de la foi chrétienne. Les missionnaires vont *catéchiser* les paysans dans les villages. »

parole sainte : mais qui n'a pas quelquefois sous sa main un libertin à réduire ou à ramener, par de douces et insinuantes conversations, à la docilité? Quand on ne serait pendant sa vie que l'apôtre d'un seul homme, ce ne serait pas être en vain sur la terre, ni lui être un fardeau inutile [1].

Il y a deux mondes : l'un où l'on séjourne peu [2], et dont l'on doit sortir pour n'y plus rentrer ; l'autre où l'on doit bientôt entrer pour n'en jamais sortir. La faveur, l'autorité, les amis, la haute réputation, les grands biens, servent pour le premier monde ; le mépris de toutes ces choses sert pour le second. Il s'agit de choisir.

Qui a vécu un seul jour a vécu un siècle [3] : même soleil, même terre, même monde, mêmes sensations ; rien ne ressemble mieux à aujourd'hui que demain : il y aurait quelque curiosité [4] à mourir, c'est-à-dire à n'être plus un corps, mais à être seulement esprit. L'homme cependant, impatient de la nouveauté, n'est point curieux sur ce seul article : né inquiet et qui s'ennuie de tout, il ne s'ennuie point de vivre ; il consentirait peut-être à vivre toujours. Ce qu'il voit de la mort le frappe plus violemment que ce qu'il en sait : la maladie, la douleur, le cadavre, le dégoûtent de la connaissance d'un autre monde ; il faut tout le sérieux de la religion pour le réduire.

Si Dieu avait donné le choix ou de mourir ou de toujours vivre, après avoir médité profondément ce que c'est que de ne voir nulle fin à la pauvreté, à la dépendance, à l'ennui, à la maladie, ou de n'essayer des richesses, de la grandeur, des plaisirs et de la santé, que pour les voir changer inviolablement [5], et par la révolution des temps, en leurs contraires, et être ainsi

---

1. FARDEAU INUTILE. Cf. Racine, *Iphigénie*, acte Ier :

Mais puisqu'il faut enfin que j'arrive au [tombeau,
Voudrais-je, de la terre inutile fardeau,
Attendre chez mon père une obscure vieil- [lesse.

Racine lui-même avait traduit cette pensée d'Homère.

2. ON SÉJOURNE PEU. L'Antigone de Sophocle avait déjà dit: « J'aime mieux plaire aux morts qu'aux vivants, car j'ai un plus long temps à passer avec ceux qui ne sont plus sur la terre qu'avec ceux qui sont ici. »

3. A VÉCU UN SIÈCLE. Cf. Lucrèce, *De natura rerum*, III :

... Eadem tamen omnia restant,
Omnia si pergas vivendo vincere sæcla,
Atque etiam potius, si nunquam sis mori- [turus

— Montaigne a imité Lucrèce, I, 19 : « Et si vous avez vescu un jour, vous avez tout veu : un jour est égal à tous les jours. Il n'y a point d'aultre lumière ni d'aultre nuict ; ce soleil, celle lune, ces étoiles, cette disposition, c'est celle mesme que vos ayeuls ont jouye et qui entretiendra vos arrière-nepveux. »

4. QUELQUE CURIOSITÉ. Cela est à la fois ingénieux et hardi. Rabelais mourant disait : « Je vais chercher un grand Peut-être. » La curiosité de La Bruyère est moins entachée de scepticisme.

5. INVIOLABLEMENT. Suivant une loi invariable.

le jouet des biens et des maux, l'on ne saurait guère à quoi se résoudre. La nature nous fixe, et nous ôte l'embarras de choisir[1] ; et la mort, qu'elle nous rend nécessaire, est encore adoucie par la religion.

Si ma religion était fausse, je l'avoue, voilà le piège le mieux dressé qu'il soit possible d'imaginer ; il était inévitable de ne pas donner tout au travers et de n'y être pas pris : quelle majesté, quel éclat des mystères ! quelle suite et quel enchaînement de toute la doctrine ! quelle raison éminente ! quelle candeur, quelle innocence de mœurs ! quelle force invincible et accablante des témoignages rendus successivement et pendant trois siècles entiers par des millions de personnes les plus sages, les plus modérées qui fussent alors sur la terre, et que le sentiment d'une même vérité soutient dans l'exil, dans les fers, contre la vue de la mort et du dernier supplice ! Prenez l'histoire, ouvrez, remontez jusques au commencement du monde, jusques à la veille de sa naissance : y a-t-il eu rien de semblable dans tous les temps ? Dieu même pouvait-il jamais mieux rencontrer pour me séduire ? par où échapper ? où aller, où me jeter, je ne dis pas pour trouver rien de meilleur, mais quelque chose qui en approche ? S'il faut périr, c'est par là que je veux périr ; il m'est plus doux de nier Dieu que de l'accorder avec une tromperie si spécieuse et si entière : mais je l'ai approfondi, je ne puis être athée ; je suis donc ramené et entraîné dans ma religion, c'en est fait.

La religion est vraie, ou elle est fausse[2] : si elle n'est qu'une

---

1. DE CHOISIR. Cf. Montaigne, Essais, I, 19 : « Nature nous y force. Sortez, dict-elle, de ce monde comme vous y estes entrez. Le mesme passage que vous feistes de la mort à la vie, sans passion et sans frayeur, refaictes-le de la vie à la mort. Vostre mort est une des pièces de l'ordre de l'univers ; c'est une des pièces de la vie du monde. »

2. FAUSSE. Cf. Pascal. « Examinons donc ce point, et disons : Dieu est, ou il n'est pas... Il faut parier : cela n'est pas volontaire, vous êtes embarqué... Pesons le gain et la perte...si vous gagnez vous gagnez tout ; si vous perdez, vous ne perdez rien. Gagez donc que Dieu est, sans hésiter... Si vous n'aviez qu'à gagner deux vies pour une, il faudrait jouer... mais il y a une éternité de vie et de bonheur... il y a une infinité de vie infiniment heureuse à gagner... Quel mal vous arrivera-t-il en prenant ce parti ? vous serez fidèle, honnête, humble, reconnaissant, bienfaisant, sincère ami, véritable. A la vérité, vous ne serez point dans les plaisirs empestés, dans la gloire, dans les délices, mais n'en aurez-vous point d'autres ? — Je vous dis que vous y gagnerez en cette vie, et qu'à chaque pas que vous ferez dans ce chemin, vous verrez tant de certitude de gain, et tant de néant de ce que vous hasardez, que vous reconnaîtrez à la fin que vous avez parié pour une chose certaine, infinie, pour laquelle vous n'avez rien donné. » Nous n'avons reproduit que les parties les plus claires de cette célèbre argumentation de Pascal, qui, il faut l'avouer, est remplie d'épines et de difficultés. La Bruyère est plus simple, moins subtil et prouve davantage en voulant moins prouver.

fiction, voilà, si l'on veut, soixante années perdues pour l'homme de bien, pour le chartreux ou le solitaire; ils ne courent pas un autre risque : mais si elle est fondée sur la vérité même, c'est alors un épouvantable malheur pour l'homme vicieux; l'idée seule des maux qu'il se prépare me trouble l'imagination; la pensée est trop faible pour les concevoir, et les paroles trop vaines pour les exprimer. Certes, en supposant même dans le monde moins de certitude qu'il ne s'en trouve en effet sur la vérité de la religion, il n'y a point pour l'homme un meilleur parti que la vertu.

Je ne sais si ceux qui osent nier Dieu méritent qu'on s'efforce de le leur prouver, et qu'on les traite plus sérieusement que l'on n'a fait dans ce chapitre. L'ignorance, qui est leur caractère, les rend incapables des principes les plus clairs et des raisonnements les mieux suivis. Je consens néanmoins qu'ils lisent celui que je vais faire, pourvu qu'ils ne se persuadent pas que c'est tout ce que l'on pouvait dire sur une vérité si éclatante.

Il y a quarante ans que je n'étais point, et qu'il n'était pas en moi de pouvoir jamais être, comme il ne dépend pas de moi, qui suis une fois, de n'être plus. J'ai donc commencé, et je continue d'être par quelque chose qui est hors de moi, qui durera après moi, qui est meilleur et plus puissant que moi. Si ce quelque chose n'est pas Dieu, qu'on me dise ce que c'est[1].

Peut-être que moi qui existe n'existe ainsi que par la force d'une nature universelle qui a toujours été telle que nous la voyons, en remontant jusques à l'infinité des temps[2]. Mais cette nature, ou elle est seulement esprit, et c'est Dieu; ou elle est matière, et ne peut par conséquent avoir créé mon esprit; ou elle est un composé de matière et d'esprit, et alors, ce qui est esprit dans la nature, je l'appelle Dieu.

Peut-être aussi que ce que j'appelle mon esprit n'est qu'une portion de matière qui existe par la force d'une nature universelle, qui est aussi matière, qui a toujours été, et qui sera toujours telle que nous la voyons, et qui n'est point Dieu[3]. Mais du moins faut-il m'accorder que ce que j'appelle mon esprit, quelque chose que ce puisse être, est une chose qui pense, et que, s'il est matière, il est nécessairement une matière qui

---

1. CE QUE C'EST. Le même argument a été développé par saint Augustin dans le chapitre VIII des *Soliloques*, par Descartes, *Discours de la méthode et troisième méditation*, par Bossuet, *Connaissance de Dieu et de soi-même*, par Fénelon, *Traité de l'existence de Dieu*.
2. DU TEMPS. Objection du système des Libertins (note de La Bruyère).
3. DIEU. Instance des Libertins (note de La Bruyère).

pense ; car l'on ne me persuadera point qu'il n'y ait pas en moi quelque chose qui pense pendant que je fais ce raisonnement. Or, ce quelque chose qui est en moi et qui pense, s'il doit son être et sa conservation à une nature universelle, qui a toujours été et qui sera toujours, laquelle il reconnaisse comme sa cause, il faut indispensablement que ce soit à une nature universelle, ou qui pense, ou qui soit plus noble et plus parfaite que ce qui pense ; et si cette nature ainsi faite est matière, l'on doit encore conclure que c'est une matière universelle qui pense, ou qui est plus noble et plus parfaite que ce qui pense.

Je continue, et je dis : Cette matière telle qu'elle vient d'être supposée, si elle n'est pas un être chimérique, mais réel, n'est pas aussi imperceptible à tous les sens ; et si elle ne se découvre pas par elle-même, on la connaît du moins dans le divers arrangement de ses parties, qui constitue les corps, et qui en fait la différence : elle est donc elle-même tous ces différents corps ; et comme elle est une matière qui pense selon la supposition, ou qui vaut mieux que ce qui pense, il s'ensuit qu'elle est telle du moins selon quelques-uns de ces corps, et, par une suite nécessaire, selon tous ces corps, c'est-à-dire qu'elle pense dans les pierres, dans les métaux, dans les mers, dans la terre, dans moi-même, qui ne suis qu'un corps, comme dans toutes les autres parties qui la composent. C'est donc à l'assemblage de ces parties si terrestres, si grossières, si corporelles, qui toutes ensemble sont la matière universelle ou ce monde visible, que je dois ce quelque chose qui est en moi, qui pense, et que j'appelle mon esprit ; ce qui est absurde.

Si au contraire cette nature universelle, quelque chose que ce puisse être, ne peut pas être tous ces corps, ni aucun de ces corps, il suit de là qu'elle n'est point matière, ni perceptible par aucun des sens : si cependant elle pense, ou si elle est plus parfaite que ce qui pense, je conclus encore qu'elle est esprit, ou un être meilleur et plus accompli que ce qui est esprit : si d'ailleurs il ne reste plus à ce qui pense en moi, et que j'appelle mon esprit, que cette nature universelle à laquelle il puisse remonter pour rencontrer sa première cause et son unique origine, parce qu'il ne trouve point son principe en soi, et qu'il le trouve encore moins dans la matière[1], ainsi qu'il a été démontré, alors je ne dispute point

---

[1]. ENCORE MOINS DANS LA MATIÈRE. C'est à peu près la première des trois preuves métaphysiques de Descartes ; j'ai l'idée du tout parfait ; et je ne la tiens pas du néant, ni de moi-même qui suis imparfait, ni du monde extérieur. Donc je la tiens d'un être tout parfait qui est Dieu.

des noms ; mais cette source originaire de tout esprit, qui est esprit elle-même, et qui est plus excellente que tout esprit, je l'appelle Dieu.

En un mot, je pense, donc Dieu existe[1] : car ce qui pense en moi, je ne le dois point à moi-même, parce qu'il n'a pas plus dépendu de moi de me le donner une première fois, qu'il dépend encore de moi de me le conserver un seul instant ; je ne le dois point à un être qui soit au-dessus de moi, et qui soit matière, puisqu'il est impossible que la matière soit au-dessus de ce qui pense : je le dois donc à un être qui est au-dessus de moi, et qui n'est point matière ; et c'est Dieu.

De ce qu'une nature universelle qui pense exclut de soi généralement tout ce qui est matière, il suit nécessairement qu'un être particulier qui pense ne peut pas aussi admettre en soi la moindre matière ; car, bien qu'un être universel qui pense renferme dans son idée infiniment plus de grandeur, de puissance, d'indépendance et de capacité qu'un être particulier qui pense, il ne renferme pas néanmoins une plus grande exclusion[2] de matière, puisque cette exclusion dans l'un et l'autre de ces deux êtres est aussi grande qu'elle peut être et comme infinie, et qu'il est autant impossible que ce qui pense en moi soit matière, qu'il est inconcevable que Dieu soit matière : ainsi, comme Dieu est esprit, mon âme aussi est esprit.

Je ne sais point si le chien choisit, s'il se ressouvient, s'il affectionne, s'il craint, s'il imagine, s'il pense : quand donc l'on me dit que toutes ces choses ne sont en lui ni passions ni sentiment, mais l'effet naturel et nécessaire de la disposition de sa machine préparée par le divers arrangement des parties de la matière, je puis au moins acquiescer à cette doctrine[3]. Mais je pense, et je suis certain que je pense : or, quelle proportion y

---

1. DIEU EXISTE. C'est une imitation du fameux enthymème de Descartes : Je pense, donc je suis.

2. EXCLUSION. Le style de La Bruyère se gâte, en touchant à la métaphysique ; *renfermer une exclusion* est une expression malheureuse : ce qui est exclu de quelque part, ne peut y être renfermé.

3. CETTE DOCTRINE. C'est celle de Descartes que La Fontaine a exposée dans sa fable *les deux rats, le renard et l'œuf*.

.... Ils disent donc
Que la bête est une machine ;
Qu'en elle tout se fait sans choix et par
[ressorts ;
Nul sentiment, point d'âme ; en elle tout
[est corps.
Telle est la montre qui chemine
A pas toujours égaux, aveugle et sans
[dessein.
Ouvrez-la, lisez dans son sein :
Mainte roue y tient lieu de tout l'esprit
[du monde ;
La première y meut la seconde ;
Une troisième suit : elle sonne à la fin.
Au dire de ces gens, la bête est toute
[telle.

Il faut lire toute cette fable où le roman de Descartes sur l'animal-machine est réfuté dans des vers charmants et pleins d'une ingénieuse philosophie.

a-t-il de tel ou de tel arrangement des parties de la matière, c'est-à-dire d'une étendue selon toutes ses dimensions, qui est longue, large et profonde, et qui est divisible[1] dans tous ces sens, avec ce qui pense ?

Si tout est matière, et si la pensée en moi, comme dans tous les autres hommes, n'est qu'un effet de l'arrangement des parties de la matière, qui a mis dans le monde toute autre idée que celle des choses matérielles ? La matière a-t-elle dans son fond une idée aussi pure, aussi simple, aussi immatérielle qu'est celle de l'esprit ? comment peut-elle être le principe de ce qui la nie et l'exclut de son propre être ? comment est-elle dans l'homme ce qui pense, c'est-à-dire ce qui est à l'homme même une conviction qu'il n'est point matière ?

Il y a des êtres qui durent peu, parce qu'ils sont composés de choses très différentes, et qui se nuisent réciproquement ; il y en a d'autres qui durent davantage, parce qu'ils sont plus simples ; mais ils périssent, parce qu'ils ne laissent pas d'avoir des parties selon lesquelles ils peuvent être divisés. Ce qui pense en moi doit durer beaucoup, parce que c'est un être pur, exempt de tout mélange et de toute composition ; et il n'y a pas de raison qu'il doive périr : car qui peut corrompre ou séparer un être simple et qui n'a point de parties ?

L'âme voit la couleur par l'organe de l'œil, et entend les sons par l'organe de l'oreille ; mais elle peut cesser de voir ou d'entendre, quand ces sens ou ces objets lui manquent, sans que pour cela elle cesse d'être, parce que l'âme n'est point précisément ce qui voit la couleur, ou ce qui entend les sons ; elle n'est que ce qui pense. Or, comment peut-elle cesser d'être telle ? Ce n'est point par le défaut d'organe, puisqu'il est prouvé qu'elle n'est point matière ; ni par le défaut d'objet, tant qu'il y aura un Dieu et d'éternelles vérités : elle est donc incorruptible.

Je ne conçois point qu'une âme que Dieu a voulu remplir de l'idée de son être infini et souverainement parfait doive être anéantie[2].

Voyez, *Lucile*[3], ce morceau de terre, plus propre et plus orné

---

1. DIVISIBLE. Je suis un être un, simple et identique à moi-même ; ma substance ne peut donc être confondue avec la substance matérielle ; car ni l'unité, ni la simplicité, ni l'identité ne se trouvent dans la matière.

2. ANÉANTIE. Ce paragraphe et les deux précédents paraissent plutôt avoir été inspirés par Platon que par Descartes. Voyez le *Phédon* et le *Phèdre*.

3. VOYEZ, LUCILE. Cette leçon paraît s'adresser à l'élève de La Bruyère, c'est-à-dire au duc de Bourbon. Le morceau de terre dont il s'agit, est le parc de Chantilly.

que les autres terres qui lui sont contiguës : ici, ce sont des compartiments mêlés d'eaux plates [1] et d'eaux jaillissantes [2]; là, des allées en palissade qui n'ont pas de fin, et qui vous couvrent des vents du nord; d'un côté, c'est un bois épais qui défend de tous les soleils, et d'un autre un beau point de vue; plus bas, une Yvette, ou un Lignon [3], qui coulait obscurément entre les saules et les peupliers, est devenu un canal qui est revêtu [4]; ailleurs, de longues et fraîches avenues se perdent dans la campagne, et annoncent la maison, qui est entourée d'eau. Vous récrierez-vous : « Quel jeu du hasard ! combien de belles choses se sont rencontrées ensemble inopinément ! » Non, sans doute : vous direz au contraire : « Cela est bien imaginé et bien ordonné; il règne ici un bon goût et beaucoup d'intelligence [5]. » Je parlerai comme vous, et j'ajouterai que ce doit être la demeure de quelqu'un de ces gens chez qui un NAUTRE [6] va tracer et prendre des alignements dès le jour même qu'ils sont en place. Qu'est-ce pourtant que cette pièce de terre ainsi disposée, et où tout l'art d'un ouvrier habile a été employé pour l'embellir, si même toute la terre n'est qu'un atome suspendu en l'air, et si vous écoutez ce que je vais dire?

Vous êtes placé, ô Lucile, quelque part sur cet atome [7]; il

1. D'EAUX PLATES de bassins.
2. D'EAUX JAILLISSANTES. Bossuet, dans l'oraison funèbre de Condé, a montré le prince « conduisant ses amis dans ces superbes allées, au bruit de tant de jets d'eau qui ne se taisaient ni jour ni nuit. »
3. UNE YVETTE OU UN LIGNON. L'Yvette est cette petite rivière qui arrose la jolie vallée de Chevreuse; le Lignon doit sa célébrité au roman d'Astrée. — L'auteur les nomme ici pour la Nonette et la Thève qui arrosent le parc de Chantilly.
4. REVÊTU. Dont les parois sont revêtues de pierre.
5. INTELLIGENCE. C'est l'argument favori de Voltaire pour prouver l'existence de Dieu : « Si une horloge prouve un horloger, si un palais annonce un architecte, comment l'univers ne démontre-t-il pas une intelligence suprême ? »
6. NAUTRE. André Le Nostre, le fameux jardinier, qui a dessiné les jardins de Versailles, de Saint-Cloud, des Tuileries, le parc de Chantilly, la terrasse de Saint-Germain, etc.
7. CET ATOME. Cf. Pascal, Pensées :

« Que l'homme contemple donc la nature entière dans sa haute et pleine majesté; qu'il éloigne sa vue des objets bas qui l'environnent; qu'il regarde cette éclatante lumière, mise comme une lampe éternelle, pour éclairer l'univers; que la terre lui paraisse comme un point, au prix du vaste tour que cet astre décrit, et qu'il s'étonne de ce que ce vaste tour n'est lui-même qu'un point très délicat à l'égard de celui que les astres qui roulent dans le firmament embrassent. Mais si notre vue s'arrête là, que l'imagination passe outre. Elle se lassera plutôt de concevoir, que la nature de fournir. Tout ce que nous voyons du monde n'est qu'un trait imperceptible dans l'ample sein de la nature. Nulle idée n'en approche. Nous avons beau enfler nos conceptions au delà des espaces imaginables, nous n'enfantons que des atomes, au prix de la réalité des choses. C'est une sphère infinie dont le centre est partout, la circonférence nulle part. Enfin c'est un des plus grands caractères sensibles de la toute-puissance de Dieu, que notre imagination se perde dans cette pensée..... Mais pour présenter à l'homme

faut donc que vous soyez bien petit, car vous n'y occupez pas une grande place : cependant vous avez des yeux, qui sont deux points imperceptibles ; ne laissez pas de les ouvrir vers le ciel : qu'y apercevez-vous quelquefois ? la lune dans son plein ? elle est belle alors et fort lumineuse, quoique sa lumière ne soit que la réflexion de celle du soleil : elle paraît grande comme le soleil, plus grande que les autres planètes et qu'aucune des étoiles ; mais ne vous laissez pas tromper par les dehors : il n'y a rien au ciel de si petit que la lune, sa superficie [1] est treize fois plus petite que celle de la terre, sa solidité [2] quarante-huit fois ; et son diamètre de sept cent cinquante lieues n'est que le quart de celui de la terre : aussi est-il vrai qu'il n'y a que son voisinage qui lui donne une si grande apparence, puisqu'elle n'est guère plus éloignée de nous que de trente fois le diamètre de la terre, ou que sa distance n'est que de cent mille lieues [3]. Elle n'a presque pas même de chemin à faire en comparaison du vaste tour que le soleil fait dans les espaces du ciel [4] ; car il est certain qu'elle n'achève par jour que cinq cent quarante mille lieues : ce n'est par heure que vingt-deux mille cinq cents lieues, et trois cent soixante et quinze lieues dans une minute [5]. Il faut néanmoins, pour accomplir cette course, qu'elle aille cinq mille six cents fois plus vite qu'un cheval de poste qui ferait quatre lieues par heure, qu'elle vole quatre-vingts fois plus légèrement que le son, que le bruit, par exemple, du canon et du tonnerre, qui par-

un autre prodige aussi étonnant, qu'il recherche dans ce qu'il connaît les choses les plus délicates. Qu'un ciron lui offre par exemple dans la petitesse de son corps des parties incomparablement plus petites, des jambes avec des jointures, des veines dans ces jambes, du sang dans ces veines, des humeurs dans ce sang, des gouttes dans ces humeurs, des vapeurs dans ces gouttes ; que divisant encore ces dernières choses, il épuise ses forces et ses conceptions, et que le dernier objet auquel il peut arriver soit maintenant celui de notre discours. Il pensera peut-être que c'est là l'extrême petitesse de la nature. Je veux lui faire voir là-dessus un abîme nouveau. Je veux lui peindre non seulement l'univers visible, mais encore tout ce qu'il est capable de concevoir de l'immensité de la nature, dans l'enceinte de ce raccourci d'atome. »

1. TREIZE FOIS. Les chiffres donnés par notre auteur manquent un peu d'exactitude. Le diamètre de la lune est les $\frac{3}{11}$ de celui de la terre, la surface est $\frac{1}{14}$ environ et le volume environ $\frac{1}{50}$.

2. SOLIDITÉ. Son volume.

3. CENT MILLE LIEUES. La distance moyenne de la lune à la terre est de 60,273 rayons terrestres, c'est-à-dire 96,088 lieues de 4 kilomètres.

4. DU CIEL. La Bruyère parle ici comme s'il n'adoptait pas le système de Copernic, condamné dans la personne de Galilée et que Descartes n'avait osé professer publiquement.

5. MINUTE. Si l'on suppose la terre immobile, la lune achèverait par jour plus de 600,000 lieues ; en réalité, elle ne fait que 90,000 lieues par jour de 24 heures.

court en une heure deux cent soixante et dix-sept lieues[1].

Mais quelle comparaison de la lune au soleil pour la grandeur, pour l'éloignement, pour la course ! vous verrez qu'il n'y en a aucune. Souvenez-vous seulement du diamètre de la terre, il est de trois mille lieues ; celui du soleil est cent fois[2] plus grand, il est donc de trois cent mille lieues. Si c'est là sa largeur en tous sens, quelle peut être toute sa superficie ! quelle sa solidité ! Comprenez-vous bien cette étendue, et qu'un million de terres comme la nôtre ne seraient toutes ensemble pas plus grosses que le soleil[3] ? Quel est donc, direz-vous, son éloignement, si l'on en juge par son apparence ? Vous avez raison, il est prodigieux ; il est démontré qu'il ne peut pas y avoir de la terre au soleil moins de dix mille diamètres de la terre, autrement moins de trente millions de lieues : peut-être y a-t-il quatre fois, six fois, dix fois plus loin ; on n'a aucune méthode pour déterminer cette distance[4].

Pour aider seulement votre imagination à se la représenter, supposons une meule de moulin qui tombe du soleil sur la terre ; donnons-lui la plus grande vitesse qu'elle soit capable d'avoir, celle même que n'ont pas les corps tombant de fort haut ; supposons encore qu'elle conserve toujours cette même vitesse, sans en acquérir et sans en perdre ; qu'elle parcourt quinze toises par chaque seconde de temps, c'est-à-dire la moitié de l'élévation des plus hautes tours, et ainsi neuf cents toises en une minute ; passons-lui mille toises en une minute pour une plus grande facilité ; mille toises font une demi-lieue commune ; ainsi en deux minutes la meule fera une lieue, et en une heure elle en fera trente, et en un jour elle fera sept cent vingt lieues : or, elle a trente millions à traverser avant que d'arriver à terre ; il lui faudra donc quarante et un mille six cent soixante-six jours, qui sont plus de cent quatorze années, pour faire ce voyage. Ne vous effrayez pas, Lucile, écoutez-moi : la distance de la terre à Saturne est au moins décuple de celle de la terre au soleil ; c'est vous dire qu'elle ne peut être moindre que de trois cents millions de lieues, et que cette pierre emploierait plus de onze cent quarante ans pour tomber de Saturne en terre.

---

1. LIEUES. Le son parcourt 322 mètres par seconde, ce qui fait plus de 300 lieues en une heure.

2. CENT FOIS. Cent dix fois.

3. QUE LE SOLEIL. Le volume du soleil est 1,400,000 fois plus gros que celui de la terre.

4. CETTE DISTANCE. La distance moyenne du soleil à la terre est de 24,000 rayons terrestres et surpasse 38 millions de lieues.

Par cette élévation de Saturne, élevez vous-même[1], si vous le pouvez, votre imagination à concevoir quelle doit être l'immensité du chemin qu'il parcourt chaque jour au-dessus de nos têtes : le cercle que Saturne décrit a plus de six cents millions de lieues de diamètre, et par conséquent plus de dix-huit cents millions de lieues de circonférence[2] ; un cheval anglais qui ferait dix lieues par heure n'aurait à courir que vingt mille cinq cent quarante-huit ans pour faire ce tour.

Je n'ai pas tout dit, ô Lucile, sur le miracle de ce monde visible, ou, comme vous parlez quelquefois, sur les merveilles du hasard, que vous admettez seul pour la cause première de toutes choses ! Il est encore un ouvrier plus admirable que vous ne pensez ; connaissez le hasard, laissez-vous instruire de toute la puissance de votre Dieu. Savez-vous que cette distance de trente millions de lieues qu'il y a de la terre au soleil, et celle de trois cents millions de lieues de la terre à Saturne, sont si peu de chose, comparées à l'éloignement qu'il y a de la terre aux étoiles, que ce n'est pas même s'énoncer assez juste que de se servir, sur le sujet de ces distances, du terme de comparaison ? quelle proportion à la vérité de ce qui se mesure, quelque grand qu'il puisse être, avec ce qui ne se mesure pas ? On ne connaît point la hauteur d'une étoile ; elle est, si j'ose ainsi parler, *immensurable*[3] ; il n'y a plus ni angles, ni sinus, ni parallaxes, dont on puisse s'aider : si un homme observait à Paris une étoile fixe, et qu'un autre la regardât du Japon, les deux lignes qui partiraient de leurs yeux pour aboutir jusqu'à cet astre ne feraient pas un angle, et se confondraient en une seule et même ligne, tant la terre entière n'est pas espace par rapport à cet éloignement. Mais les étoiles ont cela de commun avec Saturne et avec le soleil : il faut dire quelque chose de plus. Si deux observateurs, l'un sur la terre et l'autre dans le soleil, observaient en même temps une étoile, les deux rayons visuels de ces deux observateurs ne formeraient point d'angle sensible. Pour concevoir la chose autrement : si un homme était situé

---

1. ELEVEZ VOUS-MÊME. On est étonné de rencontrer un jeu de mots aussi puéril dans un pareil sujet.

2. DE CIRCONFÉRENCE. La planète Saturne qui est 800 fois plus grosse que la terre, et qui est 9 fois 1/2 plus loin qu'elle du soleil, se meut à 356,000,000 de lieues du soleil, dans une orbite qu'elle décrit en 29 ans, 5 mois et 14 jours.

3. IMMENSURABLE. Il est à regretter que cette expression n'ait pas été adoptée par l'usage. *Incommensurable* n'en est pas l'équivalent ; il se dit de deux lignes comparées l'une à l'autre et qui n'ont point de mesure commune, quelque petite qu'elle soit. Le côté du carré est *incommensurable* avec sa diagonale ; la distance qui nous sépare de la voie lactée est *immensurable*.

dans une étoile, notre soleil, notre terre, et les trente millions de lieues qui les séparent, lui paraîtraient un même point : cela est démontré.

On ne sait pas aussi la distance d'une étoile d'avec une autre étoile, quelque voisines qu'elles nous paraissent. Les Pléiades se touchent presque, à en juger par nos yeux : une étoile paraît assise sur l'une de celles qui forment la queue de la grande Ourse ; à peine la vue peut-elle atteindre à discerner la partie du ciel qui les sépare, c'est comme une étoile qui paraît double. Si cependant tout l'art des astronomes est inutile pour en marquer la distance, que doit-on penser de l'éloignement de deux étoiles qui en effet paraissent éloignées l'une de l'autre, et à plus forte raison des deux polaires ? quelle est donc l'immensité de la ligne qui passe d'une polaire à l'autre ? et que sera-ce que le cercle dont cette ligne est le diamètre ? Mais n'est-ce pas quelque chose de plus que de sonder les abîmes, que de vouloir imaginer la solidité du globe dont ce cercle n'est qu'une section ? Serons-nous encore surpris que ces mêmes étoiles, si démesurées dans leur grandeur, ne nous paraissent néanmoins que comme des étincelles ? N'admirerons-nous pas plutôt que d'une hauteur si prodigieuse elles puissent conserver une certaine apparence, et qu'on ne les perde pas toutes de vue ? Il n'est pas aussi imaginable combien il nous en échappe. On fixe le nombre des étoiles, oui, de celles qui sont apparentes : le moyen de compter celles qu'on n'aperçoit point, celles, par exemple, qui composent la voie de lait[1], cette trace lumineuse qu'on remarque au ciel dans une nuit sereine du nord au midi, et qui, par leur extraordinaire élévation, ne pouvant percer jusqu'à nos yeux pour être vues chacune en particulier, ne font au plus que blanchir cette route des cieux[2] où elles sont placées ?

Me voilà donc sur la terre comme un grain de sable qui ne tient à rien, et qui est suspendu[3] au milieu des airs : un nombre presque infini de globes de feu d'une grandeur inexprimable et qui confond l'imagination, d'une hauteur qui surpasse nos conceptions, tournent, roulent autour de ce grain de sable, et tra-

---

1. Voie de lait. On dit mieux *la voie lactée*.
2. Blanchir cette route des cieux. On sent que l'auteur est soulevé par son sujet ; l'expression devient poétique, sans atteindre toutefois à l'incomparable majesté de Pascal.
3. Suspendu. Cf. Pascal « Qui se considérera de la sorte s'effraiera de soi-même ; et se voyant comme suspendu dans la masse que la nature lui a donnée, entre ces deux abîmes de l'infini et du néant, il tremblera dans la vue de ces merveilles ; et je crois que, sa curiosité se changeant en admiration, il sera plus disposé à les contempler en silence qu'à les rechercher avec présomption. »

versent chaque jour, depuis plus de six mille ans, les vastes et immenses espaces des cieux. Voulez-vous un autre système[1], et qui ne diminue rien du merveilleux? La terre elle-même est emportée avec une rapidité inconcevable autour du soleil, centre de l'univers[2]. Je me les représente, tous ces globes, ces corps effroyables qui sont en marche; ils ne s'embarrassent point l'un l'autre, ils ne se choquent point, ils ne se dérangent point : si le plus petit d'eux tous venait à se démentir et à rencontrer la terre, que deviendrait la terre[3]? Tous au contraire sont en leur place, demeurent dans l'ordre qui leur est prescrit, suivent la route qui leur est marquée, et si paisiblement à notre égard, que personne n'a l'oreille assez fine pour les entendre marcher[4], et que le vulgaire ne sait pas s'ils sont au monde. O économie merveilleuse du hasard! l'intelligence même pourrait-elle mieux réussir? Une seule chose, Lucile, me fait de la peine : ces grands corps sont si précis et si constants dans leur marche, dans leurs révolutions et dans tous leurs rapports, qu'un petit animal relégué en un coin de cet espace immense qu'on appelle le monde, après les avoir observés, s'est fait une méthode infaillible de prédire à quel point de leur course tous ces astres se trouveront d'aujourd'hui en deux, en quatre, en vingt mille ans. Voilà mon scrupule, Lucile; si c'est par hasard qu'ils observent des règles si invariables, qu'est-ce que l'ordre? qu'est-ce que la règle?

Je vous demanderai même ce que c'est que le hasard : est-il corps? est-il esprit? est-ce un être distingué des autres êtres, qui ait son existence particulière, qui soit quelque part? ou plutôt n'est-ce pas un mode ou une façon d'être? Quand une boule rencontre une pierre, l'on dit : c'est un hasard; mais est-ce autre chose que ces deux corps qui se choquent fortuitement? Si par ce hasard ou cette rencontre la boule ne va plus droit, mais obliquement; si son mouvement n'est plus direct, mais

---

1. UN AUTRE SYSTÈME. Celui de Copernic, de Galilée, de Descartes, de Gassendi, exposé, dès 1686, par Fontenelle dans ses *Entretiens sur la pluralité des mondes*.

2. CENTRE DE L'UNIVERS. Le soleil n'est pas le centre de l'univers, mais seulement le centre de notre système planétaire.

3. LA TERRE. Cf. Molière, *les Femmes savantes*, acte IV.

Je viens vous annoncer une grande nou-
[velle.
Nous l'avons en dormant, Madame, échappé
[belle.
Un monde près de nous a passé tout du
[long,
Est chu, tout au travers de notre tour-
[billon;
Et s'il eût, en chemin, rencontré notre
[terre,
Elle eût été brisée en morceaux comme
[verre.

4. ENTENDRE MARCHER. Cicéron, d'après Pythagore, regrette que nous n'ayons pas l'oreille assez fine pour les entendre marcher; et il imagine qu'une des plus vives jouissances des justes, dans la vie future, sera de percevoir l'harmonie des sphères. (Voir le *Songe de Scipion* dans le *De republica*.)

réfléchi; si elle ne roule plus sur son axe, mais qu'elle tournoie et qu'elle pirouette, conclurai-je que c'est par ce même hasard qu'en général la boule est en mouvement? ne soupçonnerai-je pas plus volontiers qu'elle se meut ou de soi-même ou par l'impulsion du bras qui l'a jetée? Et parce que les roues d'une pendule sont déterminées l'une par l'autre à un mouvement circulaire d'une telle ou telle vitesse, examinerai-je moins curieusement quelle peut être la cause de tous ces mouvements, s'ils se font d'eux-mêmes ou par la force mouvante d'un poids qui les emporte? Mais ni ces roues ni cette boule n'ont pu se donner le mouvement d'eux-mêmes[1], ou ne l'ont point par leur nature, s'ils peuvent le perdre sans changer de nature : il y a donc apparence qu'ils sont mus d'ailleurs, et par une puissance qui leur est étrangère. Et les corps célestes, s'ils venaient à perdre leur mouvement, changeraient-ils de nature? seraient-ils moins des corps? Je ne me l'imagine pas ainsi; ils se meuvent cependant, et ce n'est point d'eux-mêmes et par leur nature. Il faudrait donc chercher, ô Lucile, s'il n'y a point hors d'eux un principe qui les fait mouvoir; qui que vous trouviez, je l'appelle Dieu[2].

Si nous supposions que ces grands corps sont sans mouvement, on ne demanderait plus, à la vérité, qui les met en mouvement, mais on serait toujours reçu à demander qui a fait ces corps, comme on peut s'informer qui a fait ces roues ou cette boule; et quand chacun de ces grands corps serait supposé un amas fortuit d'atomes qui se sont liés et enchaînés ensemble par la figure et la conformation de leurs parties, je prendrais un de ces atomes et je dirais : Qui a créé cet atome? Est-il matière? est-il intelligence? A-t-il eu quelque idée de soi-même, avant que de se faire soi-même? Il était donc un moment avant que d'être; il était et il n'était pas tout à la fois; et s'il est auteur de son être et de sa manière d'être, pourquoi s'est-il fait corps plutôt qu'esprit[3]? Bien plus, cet atome n'a-t-il pas com-

---

1. D'EUX-MÊMES. C'est une incorrection : il faudrait *d'elles-mêmes*, et le féminin pareillement pour le reste de la phrase.

2. JE L'APPELLE DIEU. C'est la preuve de l'existence de Dieu, tirée de la nécessité d'un premier moteur; elle est essentiellement platonicienne.

3. PLUTÔT QU'ESPRIT. La Bruyère s'inspire ici de la deuxième preuve métaphysique de Descartes, qu'on peut résumer de la manière suivante: « J'existe et j'ai l'idée du tout parfait, — et je suis imparfait. Donc je ne suis pas par moi-même : car, si je me fusse donné l'être, si j'eusse eu de moi-même tout ce peu que je participe de l'Être parfait, j'eusse pu avoir de moi, par même raison, tout le surplus que je connaissais me manquer. Donc il existe, en dehors de moi, un Être parfait qui m'a donné l'être et l'idée du tout parfait. »

mencé? est-il éternel? est-il infini? Ferez-vous un Dieu de cet atome?

Le ciron a des yeux, il se détourne à la rencontre des objets qui lui pourraient nuire; quand on le met sur de l'ébène pour le mieux remarquer, si, dans le temps qu'il marche vers un côté, on lui présente le moindre fétu, il change de route : est-ce un jeu de hasard que son cristallin, sa rétine et son nerf optique?

L'on voit dans une goutte d'eau, que le poivre qu'on y a mis tremper a altérée, un nombre presque innombrable de petits animaux, dont le microscope nous fait apercevoir la figure, et qui se meuvent avec une rapidité incroyable, comme autant de monstres dans une vaste mer : chacun de ces animaux est plus petit mille fois qu'un ciron, et néanmoins c'est un corps qui vit, qui se nourrit, qui croit, qui doit avoir des muscles, des vaisseaux équivalents aux veines, aux nerfs, aux artères, et un cerveau pour distribuer les esprits animaux[1].

Une tache de moisissure de la grandeur d'un grain de sable parait dans le microscope comme un amas de plusieurs plantes très distinctes, dont les unes ont des fleurs, les autres des fruits; il y en a qui n'ont que des boutons à demi ouverts, il y en a quelques-unes qui sont fanées : de quelle étrange petitesse doivent être les racines et les filtres qui séparent les aliments de ces petites plantes! et si l'on vient à considérer que ces plantes ont leurs graines, ainsi que les chênes et les pins, et que ces petits animaux[2] dont je viens de parler se multiplient par voie de génération, comme les éléphants et les baleines, où cela ne mène-t-il point? Qui a sû travailler à des ouvrages si délicats, si fins, qui échappent à la vue des hommes, et qui tiennent de l'infini comme les cieux, bien que dans l'autre extrémité? Ne serait-ce point celui qui a fait les cieux, les astres, ces masses énormes, épouvantables par leur grandeur, par leur élévation, par la rapidité et l'étendue de leur course, et qui se joue de les faire mouvoir?

Il est de fait que l'homme jouit du soleil, des astres, des cieux

---

1. LES ESPRITS ANIMAUX. Théorie de Descartes, une de celles qui ont été inventées pour expliquer les rapports de l'âme et du corps; cette hypothèse, comme celle des *Causes occasionnelles* de Malebranche et de l'harmonie préétablie de Leibnitz, est depuis longtemps abandonnée. Le *Dictionnaire de Trévoux* disait : « Les *esprits* sont les parties les plus volatiles du corps, qui servent à faire toutes ses opérations. Les esprits *animaux* sont les corps très subtils et très mobiles contenus dans le cerveau et dans les nerfs; ils sont les auteurs du sentiment et du mouvement animal. »

2. CES PETITS ANIMAUX. Voyez Bernardin de Saint-Pierre, *les Harmonies de la nature*, et particulièrement le joli morceau du fraisier.

et de leurs influences, comme il jouit de l'air qu'il respire, et de la terre sur laquelle il marche et qui le soutient ; et s'il fallait ajouter à la certitude d'un fait la convenance ou la vraisemblance, elle y est tout entière, puisque les cieux et tout ce qu'ils contiennent ne peuvent pas entrer en comparaison, pour la noblesse et la dignité, avec le moindre des hommes qui sont sur la terre, et que la proportion qui se trouve entre eux et lui est celle de la matière incapable de sentiment, qui est seulement une étendue, selon trois dimensions, à ce qui est esprit, raison ou intelligence[1]. Si on dit que l'homme aurait pu se passer à moins[2] pour sa conservation, je réponds que Dieu ne pouvait moins faire pour étaler son pouvoir, sa bonté et sa magnificence, puisque, quelque chose que nous voyions qu'il ait faite, il pouvait faire infiniment davantage.

Le monde entier, s'il est fait pour l'homme, est littéralement la moindre chose que Dieu ait faite pour l'homme ; la preuve s'en tire du fond de la religion : ce n'est donc ni vanité ni présomption à l'homme de se rendre sur ses avantages[3] à la force de la vérité ; ce serait en lui stupidité et aveuglement de ne pas se laisser convaincre par l'enchaînement des preuves dont la religion se sert pour lui faire connaître ses privilèges, ses ressources, ses espérances, pour lui apprendre ce qu'il est et ce qu'il peut devenir. — Mais la lune est habitée ; il n'est pas du moins impossible qu'elle le soit[4]. — Que parlez-vous, Lucile, de la lune, et à quel propos ? En supposant Dieu, quelle est en effet la chose impossible ? Vous demandez peut-être si nous sommes les seuls dans l'univers que Dieu ait si bien traités ; s'il n'y a point dans la lune ou d'autres hommes ou d'autres créatures que Dieu ait aussi favorisées ? Vaine curiosité ! frivole demande ! La terre, Lucile, est habitée ; nous l'habitons, et nous savons que nous l'habitons ; nous avons nos preuves, notre évidence, nos convictions, sur tout ce que nous devons penser de Dieu et de nous-mêmes ; que ceux qui peuplent les globes célestes, quels qu'ils puissent être, s'inquiètent pour eux-mêmes : ils ont leurs soins, et nous les nôtres. Vous avez, Lucile, observé la

---

1. Ou INTELLIGENCE. Cf. Pascal. « L'homme n'est qu'un roseau le plus faible de la nature, mais c'est un roseau pensant. Il ne faut pas que l'univers entier s'arme pour l'écraser. Une vapeur, une goutte d'eau suffit pour le tuer. Mais quand l'univers l'écraserait, l'homme serait encore plus noble que ce qui le tue, parce qu'il sait qu'il meurt, et l'avantage que l'univers a sur lui : l'univers n'en sait rien. »

2. A MOINS. Se contenter de moins.

3. AVANTAGES. De se rendre à la force de la vérité qui l'oblige à reconnaître ses avantages.

4. QU'ELLE LE SOIT. Les *Entretiens* de Fontenelle avaient déjà rendu ces idées presque populaires.

lune, vous avez reconnu ses taches, ses abîmes, ses inégalités, sa hauteur, son étendue, son cours, ses éclipses : tous les astronomes n'ont pas été plus loin. Imaginez de nouveaux instruments, observez-la avec plus d'exactitude : voyez-vous qu'elle soit peuplée, et de quels animaux? ressemblent-ils aux hommes? sont-ce des hommes? Laissez-moi voir après vous; et si nous sommes convaincus l'un et l'autre que des hommes habitent la lune, examinons alors s'ils sont chrétiens, et si Dieu a partagé ses faveurs entre eux et nous.

Tout est grand et admirable dans la nature; il ne s'y voit rien qui ne soit marqué au coin de l'ouvrier; ce qui s'y voit d'irrégulier et d'imparfait suppose règle et perfection. Homme vain et présomptueux! faites un vermisseau que vous foulez au pieds, que vous méprisez : vous avez horreur du crapaud, faites un crapaud, s'il est possible. Quel excellent maître que celui qui fait des ouvrages, je ne dis pas que les hommes admirent, mais qu'ils craignent! Je ne vous demande pas de vous mettre à votre atelier pour faire un homme d'esprit, un homme bien fait, une belle femme; l'entreprise est forte et au-dessus de vous; essayez seulement de faire un bossu, un fou, un monstre, je suis content [1].

Rois, monarques, potentats, sacrées majestés! vous ai-je nommés par tous vos superbes noms? grands de la terre, très hauts, très puissants et peut-être *tout puissants seigneurs!* nous autres hommes nous avons besoin pour nos moissons d'un peu de pluie, de quelque chose de moins, d'un peu de rosée : faites de la rosée, envoyez sur la terre une goutte d'eau [2].

L'ordre, la décoration, les effets de la nature, sont populaires [3]; les causes, les principes, ne le sont point : demandez à une femme comment un bel œil n'a qu'à s'ouvrir pour voir : demandez-le à un homme docte [4].

---

1. JE SUIS CONTENT. En effet toute la question est là. L'homme peut beaucoup; un jour peut-être il pourra tout dans le domaine de la nature inorganique; mais le secret de la vie lui est inconnu; il ne saurait faire une algue, pas même une cellule. Il est deux choses qui échappent à sa puissance, parce qu'elles échappent à sa connaissance : la naissance et la mort.

2. UNE GOUTTE D'EAU. Tout cela est excellent, et beaucoup plus démonstratif que les considérations sur les volumes ou les distances des planètes ou des étoiles. Il importe peu que Sirius ou la Lyre soit à une distance *immensurable* de la terre, quand il s'agit de démontrer l'existence de Dieu. Mais il importe de faire toucher du doigt la nécessité du premier moteur, du principe de la vie, de Celui, en un mot, qui fait la pluie et le beau temps et qui fait germer le brin d'herbe, ce que ne sauraient faire les hommes.

3. POPULAIRES. Intelligibles, même pour le vulgaire.

4. HOMME DOCTE. Nous ne connaissons que le *comment* des phénomènes; le *pourquoi* nous échappe. Nous déterminons les lois, nous ignorons les causes.

Plusieurs millions d'années, plusieurs centaines de millions d'années, en un mot, tous les temps ne sont qu'un instant, comparés à la durée de Dieu, qui est éternelle : tous les espaces du monde entier ne sont qu'un point, qu'un léger atome, comparés à son immensité. S'il est ainsi, comme je l'avance (car quelle proportion du fini à l'infini?), je demande qu'est-ce que le cours de la vie d'un homme? qu'est-ce qu'un grain de poussière qu'on appelle la terre? qu'est-ce qu'une petite portion de cette terre que l'homme possède et qu'il habite? Les méchants prospèrent[1] pendant qu'ils vivent; quelques méchants, je l'avoue. La vertu est opprimée et le crime impuni sur la terre; quelquefois, j'en conviens. C'est une injustice. Point du tout : il faudrait, pour tirer cette conclusion, avoir prouvé qu'absolument les méchants sont heureux[2], que la vertu ne l'est pas, et que le crime demeure impuni : il faudrait du moins que ce peu de temps où les bons souffrent et où les méchants prospèrent eût une durée, et que ce que nous appelons prospérité et fortune ne fût pas une apparence fausse et une ombre vaine qui s'évanouit; que cette terre, cet atome, où il paraît que la vertu et le crime rencontrent si rarement ce qui leur est dû, fût le seul endroit de la scène où se doivent passer la punition et les récompenses.

De ce que je pense, je n'infère pas plus clairement que je suis esprit, que je conclus de ce que je fais ou ne fais point, selon qu'il me plaît, que je suis libre[3]. Or, liberté, c'est choix, autrement une détermination volontaire au bien ou au mal, et ainsi une action bonne ou mauvaise, et ce qu'on appelle vertu ou crime. Que le crime soit absolument impuni, il est vrai, c'est injustice; qu'il le soit sur la terre, c'est un mystère. Supposons pourtant, avec l'athée, que c'est injustice : toute injustice est une négation ou une privation de justice; donc toute injustice suppose justice[4]. Toute justice est une conformité à une souve-

---

1. LES MÉCHANTS PROSPÈRENT. C'est ce qu'on appelle, en philosophie, l'objection tirée du mal moral. Elle serait irréfutable, si la mort devait tout finir; car il vaudrait mieux supposer que Dieu n'existe pas que de supposer un Dieu injuste. Mais, si l'on admet la continuité de la vie après la mort, l'objection n'a plus aucune force : le mal moral qui existe ici-bas, prouve seulement la nécessité d'une âme immortelle et d'un Dieu rémunérateur et vengeur.

2. HEUREUX. Les méchants sont-ils heureux, même sur cette terre? Cela est douteux. Néron était-il heureux, après la mort de sa mère, même au milieu des adulations des soldats, du sénat et du peuple. Voir l'admirable récit de Tacite, au XIV° livre des *Annales*.

3. LIBRE. J'ai conscience d'être la cause de mes déterminations, j'ai conscience de ma liberté; donc je suis libre. On ne peut rien opposer à ce témoignage de la conscience.

4. SUPPOSE JUSTICE. Si nous disons que c'est injustice, c'est que nous avons l'idée de la Justice; et il est nécessaire que cette Justice soit quelque part;

raine raison : je demande, en effet, quand il n'a pas été raisonnable que le crime soit puni, à moins qu'on ne dise que c'est quand le triangle avait moins de trois angles; or, toute conformité à la raison est une vérité; cette conformité, comme il vient d'être dit, a toujours été; elle est donc de celles que l'on appelle des éternelles vérités. Cette vérité, d'ailleurs, ou n'est point et ne peut être, ou elle est l'objet d'une connaissance; elle est donc éternelle, cette connaissance, et c'est Dieu.

Les dénoûments qui découvrent les crimes les plus cachés, et où la précaution des coupables pour les dérober aux yeux des hommes a été plus grande, paraissent si simples et si faciles qu'il semble qu'il n'y ait que Dieu seul qui puisse en être l'auteur; et les faits d'ailleurs que l'on en rapporte sont en si grand nombre, que s'il plaît à quelques-uns de les attribuer à de purs hasards, il faut donc qu'ils soutiennent que le hasard, de tout temps, a passé en coutume.

Si vous faites cette supposition que tous les hommes qui peuplent la terre, sans exception, soient chacun dans l'abondance, et que rien ne leur manque, j'infère de là que nul homme qui est sur la terre n'est dans l'abondance, et que tout lui manque. Il n'y a que deux sortes de richesses, et auxquelles les autres se réduisent, l'argent et les terres : si tous sont riches, qui cultivera les terres et qui fouillera les mines? Ceux qui sont éloignés des mines ne les fouilleront pas, ni ceux qui habitent des terres incultes et minérales ne pourront pas en tirer des fruits : on aura recours au commerce, et on le suppose. Mais si les hommes abondent de biens, et que nul ne soit dans le cas de vivre par son travail, qui transportera d'une région à une autre les lingots ou les choses échangées? qui mettra des vaisseaux en mer? qui se chargera de les conduire? qui entreprendra des caravanes? on manquera alors du nécessaire et des choses utiles. S'il n'y a plus de besoins[1], il n'y a plus d'arts, plus de sciences, plus d'invention, plus de mécanique. D'ailleurs cette égalité de possessions et de richesses en établit une autre dans les conditions, bannit toute subordination, réduit les hommes à se servir

---

elle est donc en Dieu, ou plutôt elle est Dieu même.

1. DE BESOINS. Virgile est peut-être le premier qui ait vu clairement que le besoin, c'est-à-dire la souffrance, était la condition du progrès. Voir *Géorgiques*, I, 121-146 :

. . . . . Pater ipse colendi

Haud facilem esse viam voluit, primusque
[per artem
Movit agros, curis acuens mortalia corda,
Nec torpere gravi passus sua regna ve-
[terno.

Tum variæ venere artes : labor omnia
[vicit
Improbus, et duris urgens in rebus eges-
[tas.

eux-mêmes, et à ne pouvoir être secourus les uns des autres; rend les lois frivoles et inutiles; entraîne une anarchie universelle; attire la violence, les injures, les massacres, l'impunité.

Si vous supposez au contraire que tous les hommes sont pauvres, en vain le soleil se lève pour eux sur l'horizon, en vain il échauffe la terre et la rend féconde, en vain le ciel verse sur elle ses influences, les fleuves en vain l'arrosent, et répandent dans les diverses contrées la fertilité et l'abondance; inutilement aussi la mer laisse sonder ses abîmes profonds, les rochers et les montagnes s'ouvrent pour laisser fouiller dans leur sein et en tirer tous les trésors qu'ils y renferment. Mais si vous établissez que de tous les hommes répandus dans le monde, les uns soient riches et les autres pauvres et indigents, vous faites alors que le besoin rapproche mutuellement les hommes, les lie, les réconcilie : ceux-ci servent, obéissent, inventent, travaillent, cultivent, perfectionnent; ceux-là jouissent, nourrissent, secourent, protègent, gouvernent : tout ordre est rétabli, et Dieu se découvre.

Mettez l'autorité, les plaisirs et l'oisiveté d'un côté [1]; la dépendance, les soins et la misère de l'autre : ou ces choses sont déplacées par la malice des hommes, ou Dieu n'est pas Dieu.

Une certaine inégalité dans les conditions, qui entretient l'ordre et la subordination, est l'ouvrage de Dieu, ou suppose une loi divine : une trop grande disproportion, et telle qu'elle se remarque parmi les hommes, est leur ouvrage, ou la loi des plus forts.

Les extrémités sont vicieuses, et partent de l'homme [2]; toute compensation est juste, et vient de Dieu.

———

Si on ne goûte point ces Caractères, je m'en étonne [3]; et si on les goûte, je m'en étonne de même [4].

———

1. D'UN CÔTÉ. Après avoir réfuté la chimère de l'égalité absolue des conditions, La Bruyère s'élève avec beaucoup de force et de raison contre cette inégalité excessive qui a été l'objet des attaques de toute la philosophie du dix-huitième siècle et que la Révolution de 1789 a eu pour mission de faire disparaître.

2. DE L'HOMME. Il semble déjà entendre J.-J. Rousseau s'écrier : « Tout est bien sortant des mains de l'Auteur des choses; tout dégénère entre les mains de l'homme. » Nous avons eu plusieurs fois l'occasion d'établir des rapprochements entre l'auteur de l'*Émile* et l'auteur des *Caractères*.

3. JE M'EN ÉTONNE. Le livre finit par une épigramme. La Bruyère s'étonne qu'on ne goûte point ses caractères, parce qu'ils divertissent aux dépens du prochain.

4. DE MÊME. Parce que chacun peut voir, dans ces caractères, ses défauts et ses vices.

DISCOURS
SUR THÉOPHRASTE

Je n'estime pas que l'homme soit capable de former dans son esprit un projet plus vain et plus chimérique, que de prétendre, en écrivant de quelque art ou de quelque science que ce soit, échapper à toute sorte de critique, et enlever les suffrages de tous ses lecteurs.

Car sans m'étendre sur la différence des esprits des hommes, aussi prodigieuse en eux que celle de leurs visages, qui fait goûter aux uns les choses de spéculation, et aux autres celles de pratique; qui fait que quelques-uns cherchent dans les livres à exercer leur imagination, quelques autres à former leur jugement; qu'entre ceux qui lisent, ceux-ci aiment à être forcés par la démonstration, et ceux-là veulent entendre délicatement, ou former des raisonnements et des conjectures; je me renferme seulement dans cette science qui décrit les mœurs, qui examine les hommes, et qui développe leurs caractères; et j'ose dire que sur les ouvrages qui traitent de choses qui les touchent de si près, et où il ne s'agit que d'eux-mêmes, ils sont encore extrêmement difficiles à contenter.

Quelques savants[1] ne goûtent que les apophthegmes des anciens, et les exemples tirés des Romains, des Grecs, des Perses, des Égyptiens; l'histoire du monde présent leur est insipide; ils ne sont point touchés des hommes qui les environnent et avec qui ils vivent, et ne font nulle attention à leurs mœurs. Les femmes au contraire, les gens de la cour, et tous ceux qui n'ont que beaucoup d'esprit sans érudition, indifférents pour toutes les choses qui les ont précédés, sont avides de celles qui se passent à leurs yeux, et qui sont comme sous leur main; ils les examinent, ils les discernent, ils ne perdent pas de vue les personnes qui les entourent, si charmés des descriptions et des peintures que l'on fait de leurs contemporains, de leurs concitoyens, de ceux enfin qui leur ressemblent et à qui ils ne croient pas ressembler, que jusque dans la chaire[2] l'on se croit

---

1. QUELQUES SAVANTS. Cf. *De la société et de la conversation*: « Herma-goras ne sait qui est roi de Hongrie... »
2. LA CHAIRE. Cf. *De la chaire*:

obligé souvent de suspendre l'Évangile pour les prendre par leur faible, et les ramener à leurs devoirs par des choses qui soient de leur goût et de leur portée.

La cour, ou ne connaît pas la ville, ou, par le mépris qu'elle a pour elle, néglige d'en relever le ridicule, et n'est point frappée des images qu'il peut fournir; et si au contraire l'on peint la cour, comme c'est toujours avec les ménagements[1] qui lui sont dus, la ville ne tire pas de cette ébauche de quoi remplir sa curiosité et se faire une juste idée d'un pays où il faut même avoir vécu pour le connaître.

D'autre part, il est naturel aux hommes de ne point convenir de la beauté ou de la délicatesse d'un trait de morale qui les peint, qui les désigne, et où ils se reconnaissent eux-mêmes; ils se tirent d'embarras en le condamnant; et tels n'approuvent la satire, que lorsque, commençant à lâcher prise et à s'éloigner de leurs personnes, elle va mordre quelque autre.

Enfin, quelle apparence de pouvoir remplir tous les goûts si différents des hommes par un seul ouvrage de morale? Les uns cherchent des définitions, des divisions, des tables et de la méthode; ils veulent qu'on leur explique ce que c'est que la vertu en général, et cette vertu en particulier; quelle différence se trouve entre la valeur, la force et la magnanimité; les vices extrêmes par le défaut ou par l'excès entre lesquels chaque vertu se trouve placée, et duquel de ces deux extrêmes elle emprunte davantage[2] : toute autre doctrine ne leur plaît pas. Les autres, contents que l'on réduise les mœurs aux passions, et que l'on explique celles-ci par le mouvement du sang, par celui des fibres et des artères, quittent un auteur[3] de tout le reste.

Il s'en trouve d'un troisième ordre qui, persuadés que toute doctrine des mœurs doit tendre à les réformer, à discerner les bonnes d'avec les mauvaises, et à démêler dans les hommes ce qu'il y a de vain, de faible et de ridicule, d'avec ce qu'ils peuvent avoir de bon, de sain et de louable, se plaisent infiniment dans la lecture des livres qui, supposant les principes physiques et moraux rebattus par les anciens et les modernes, se jettent

---

« Les citations profanes ont fini. Les portraits finiront et feront place à une simple explication de l'Évangile... »

1. MÉNAGEMENTS. La Bruyère lui-même n'en a guère usé dans son chapitre *De la cour*.

2. DAVANTAGE. Aristote pensait que chaque vertu se trouve placée entre deux vices extrêmes (comme l'économie entre la prodigalité et l'avarice, etc.)— De là cette formule célèbre : *In medio virtus*.

3. UN AUTEUR. Cet auteur n'est-il pas Descartes, dans le *Traité des passions*? Bossuet a suivi la même méthode dans la *Connaissance de Dieu et de soi-même*, ch. III.

d'abord dans leur application aux mœurs du temps, corrigent les hommes les uns par les autres, par ces images de choses qui leur sont si familières et dont néanmoins ils ne s'avisaient pas de tirer leur instruction.

Tel est le traité des *Caractères des mœurs* que nous a laissé Théophraste. Il l'a puisé dans les *Éthiques* et dans les *grandes Morales* d'Aristote, dont il fut le disciple. Les excellentes définitions que l'on lit au commencement de chaque chapitre sont établies sur les idées et sur les principes de ce grand philosophe, et le fond des caractères qui y sont décrits est pris de la même source. Il est vrai qu'il se les rend propres par l'étendue qu'il leur donne, et par la satire ingénieuse qu'il en tire contre les vices des Grecs et surtout des Athéniens.

Ce livre ne peut guère passer que pour le commencement d'un plus long ouvrage que Théophraste avait entrepris. Le projet de ce philosophe, comme vous le remarquerez dans sa préface, était de traiter de toutes les vertus et de tous les vices. Et comme il assure lui-même dans cet endroit qu'il commence un si grand dessein à l'âge de quatre-vingt-dix-neuf ans, il y a apparence qu'une prompte mort l'empêcha de le conduire à sa perfection. J'avoue que l'opinion commune a toujours été qu'il avait poussé sa vie au-delà de cent ans, et saint Jérôme, dans une lettre qu'il écrit à Népotien, assure qu'il est mort à cent sept ans accomplis : de sorte que je ne doute point qu'il y ait eu une ancienne erreur, ou dans les chiffres grecs qui ont servi de règle à Diogène Laërce, qui ne le fait vivre que quatre-vingt-quinze années[1], ou dans les premiers manuscrits qui ont été faits de cet historien, s'il est vrai d'ailleurs que les quatre-vingt-dix-neuf ans que cet auteur se donne dans cette préface se lisent également dans quatre manuscrits de la bibliothèque Palatine, où[2] l'on a aussi trouvé les cinq derniers chapitres des *Caractères* de Théophraste qui manquaient aux anciennes impressions, et où l'on a vu deux titres, l'un : *Du goût qu'on a pour les vicieux*, et l'autre : *Du gain sordide*, qui sont seuls et dénués de leurs chapitres[3].

---

1. ANNÉES. C'est à 85 ans, et non à 95, que Diogène de Laërte, l'auteur de la *Vie des philosophes*, fait mourir Théophraste, et cette opinion est la plus probable. (Théophraste serait né en 371 et mort en 286.) — La lettre à Polyclès, qui sert d'avant-propos aux *Caractères*, indique l'âge de 99 ans comme époque de la composition du livre de Théophraste, mais le texte paraît altéré.

2. Où se rapporte à la Bibliothèque de l'Électeur palatin, et non aux quatre manuscrits de cette bibliothèque.

3. CHAPITRES. Ces deux chapitres ont été retrouvés au dix-huitième siècle, dans un manuscrit du Vatican, et plusieurs fois traduits et réimprimés. Nous n'avons pas cru devoir les insérer dans la présente édition, qui est une édition de La Bruyère et non de Théophraste.

Ainsi cet ouvrage n'est peut-être même qu'un simple fragment, mais cependant un reste précieux de l'antiquité, et un monument de la vivacité de l'esprit et du jugement ferme et solide de ce philosophe dans un âge si avancé. En effet, il a toujours été lu comme un chef-d'œuvre dans son genre : il ne se voit rien où le goût attique se fasse mieux remarquer, et où l'élégance grecque éclate davantage : on l'a appelé un livre d'or. Les savants faisant attention à la diversité des mœurs qui y sont traitées et à la manière naïve dont tous les caractères y sont exprimés, et la comparant d'ailleurs avec celle du poëte Ménandre [1], disciple de Théophraste, et qui servit ensuite de modèle à Térence, qu'on a dans nos jours si heureusement imité, ne peuvent s'empêcher de reconnaître dans ce petit ouvrage la première source de tout le comique, je dis de celui qui est épuré des pointes, des obscénités, des équivoques; qui est pris dans la nature, qui fait rire les sages et les vertueux.

Mais peut-être que pour relever le mérite de ce traité des Caractères, et en inspirer la lecture, il ne sera pas inutile de dire quelque chose de celui de leur auteur. Il était d'Érèse, ville de Lesbos, fils d'un foulon ; il eut pour premier maître dans son pays un certain Leucippe [2] qui était de la même ville que lui; de là il passa à l'école de Platon, et s'arrêta ensuite à celle d'Aristote, où il se distingua entre tous ses disciples. Ce nouveau maître, charmé de la facilité de son esprit et de la douceur de son élocution, lui changea son nom qui était Tyrtame, en celui d'Euphraste, qui signifie celui qui parle bien : et ce nom ne répondant point assez à la haute estime qu'il avait de la beauté de son génie et de ses expressions, il l'appela Théophraste, c'est-à-dire un homme dont le langage est divin. Et il semble que Cicéron ait entré dans les sentiments de ce philosophe, lorsque dans le livre qu'il intitule *Brutus, ou des Orateurs illustres*, il parle ainsi : Qui est plus fécond et plus abondant que Platon? plus solide et plus ferme qu'Aristote? plus

---

1. MÉNANDRE, Athénien, vécut de 342 à 290, créateur de la comédie nouvelle. D'après Athénée, Théophraste, dans ses leçons, se rapprochait de l'action théâtrale, accompagnant son discours de gestes analogues à l'objet dont il parlait. — On a dit qu'on ne savait si c'était Ménandre qui imitait la nature ou la nature qui imitait Ménandre. — Térence, si parfait pour nous, n'était, au jugement de César, qu'un demi-Ménandre.

2. LEUCIPPE. « Un autre que Leucippe, philosophe célèbre et disciple de Zénon. » (Note de La Bruyère.) — Le Leucippe le plus célèbre qui ne fut disciple ni de Zénon d'Élée, ni de Zénon de Citium, est le maître de Démocrite et le fondateur de la philosophie atomistique. — Quant au Leucippe, premier maître de Théophraste, il est d'ailleurs inconnu.

agréable et plus doux que Théophraste? Et dans quelques-unes de ses épîtres à Atticus, on voit que parlant du même Théophraste, il l'appelle son ami, que la lecture de ses livres lui était familière, et qu'il en faisait ses délices.

Aristote disait de lui et de Callisthène[1], un autre de ses disciples, ce que Platon avait dit la première fois d'Aristote même et de Xénocrate[2], que Callisthène était lent à concevoir et avait l'esprit tardif; et que Théophraste au contraire l'avait si vif, si perçant et si pénétrant, qu'il comprenait d'abord d'une chose tout ce qui pouvait en être connu; que l'un avait besoin d'éperon pour être excité, et qu'il fallait à l'autre un frein pour le retenir.

Il estimait en celui-ci sur toutes choses un caractère de douceur qui régnait également dans ses mœurs et dans son style. L'on raconte que les disciples d'Aristote voyant leur maître avancé en âge et d'une santé fort affaiblie, le prièrent de leur nommer son successeur; que comme il avait deux hommes dans son école sur qui seuls ce choix pouvait tomber, Ménédème[3] le Rhodien et Théophraste d'Érèse, par un esprit de ménagement pour celui qu'il voulait exclure, il se déclara de cette manière : il feignit, peu de temps après que ses disciples lui eurent fait cette prière et en leur présence, que le vin dont il faisait un usage ordinaire lui était nuisible; il se fit apporter des vins de Rhodes et de Lesbos; il goûta de tous les deux, dit qu'ils ne démentaient point leur terroir, et que chacun dans son genre était excellent; que le premier avait de la force, mais que celui de Lesbos avait plus de douceur et qu'il lui donnait la préférence. Quoi qu'il en soit de ce fait, qu'on lit dans Aulu-Gelle, il est certain que lorsque Aristote, accusé par Eurymédon, prêtre de Cérès, d'avoir mal parlé des dieux, craignant le destin de Socrate[4], voulut sortir d'Athènes et se retirer à Chalcis, ville d'Eubée, il abandonna son

---

1. CALLISTHÈNE d'Olynthe, parent d'Aristote, né en 360, mort en 328, un des ancêtres de la philosophie stoïcienne. Il suivit Alexandre dans ses expéditions. « C'était, dit Dacier, un homme d'un très grand savoir, d'une probité à toute épreuve, et surtout très amoureux de la liberté; ce qui le rendait d'une humeur peu complaisante et très peu propre à la cour. » Suivant les uns, Alexandre le fit mettre en croix; suivant les autres, il fut enfermé dans une cage de fer où il mourut sept mois après.

2. XÉNOCRATE. Succéda à Speusippe, neveu de Platon, comme chef de l'Académie. C'est à lui que Platon conseillait de sacrifier aux Grâces.

3. MÉNÉDÈME. Ou plutôt Eudème de Rhodes.

4. SOCRATE. Il n'est pas le seul qui ait été, avant Aristote, accusé d'avoir mal parlé des dieux. La première accusation d'impiété paraît avoir été portée contre Anaxagore. Diagoras de Mélos fut proscrit en 414; Protagoras, condamné à mort, s'enfuit sur une barque, et périt dans un naufrage; Théodore de Cyrène but la ciguë en 325. Aristote s'exila en 323.

école au Lesbien, lui confia ses écrits à condition de les tenir secrets : et c'est par Théophraste que sont venus jusques à nous les ouvrages de ce grand homme.

Son nom devint si célèbre par toute la Grèce que, successeur d'Aristote, il put compter bientôt dans l'école qu'il lui avait laissée jusques à deux mille disciples. Il excita l'envie de Sophocle[1], fils d'Amphiclide, et qui pour lors était préteur : celui-ci, en effet son ennemi, mais sous prétexte d'une exacte police et d'empêcher les assemblées, fit une loi qui défendait, sur peine de la vie, à aucun philosophe d'enseigner dans les écoles. Ils obéirent; mais l'année suivante, Philon ayant succédé à Sophocle, qui était sorti de charge, le peuple d'Athènes abrogea cette loi odieuse que ce dernier avait faite, le condamna à une amende de cinq talents, rétablit Théophraste et le reste des philosophes.

Plus heureux qu'Aristote, qui avait été contraint de céder à Eurymédon, il fut sur le point de voir un certain Agnonide puni comme impie par les Athéniens, seulement à cause qu'il avait osé l'accuser d'impiété : tant était grande l'affection que ce peuple avait pour lui et qu'il méritait par sa vertu.

En effet, on lui rend ce témoignage qu'il avait une singulière prudence, qu'il était zélé pour le bien public, laborieux, officieux, affable, bienfaisant. Ainsi, au rapport de Plutarque, lorsque Érèse fut accablée de tyrans qui avaient usurpé la domination de leur pays, il se joignit à Phidias[2], son compatriote, contribua avec lui de ses biens pour armer les bannis, qui rentrèrent dans leur ville, en chassèrent les traîtres, et rendirent à toute l'île de Lesbos sa liberté.

Tant de rares qualités ne lui acquirent pas seulement la bienveillance du peuple, mais encore l'estime et la familiarité des rois. Il fut ami de Cassandre, qui avait succédé à Aridée, frère d'Alexandre le Grand, au royaume de Macédoine; et Ptolémée, fils de Lagus, et premier roi d'Égypte, entretint toujours un commerce étroit avec ce philosophe. Il mourut enfin accablé d'années et de fatigues, et il cessa tout à la fois de travailler et de vivre. Toute la Grèce le pleura, et tout le peuple athénien assista à ses funérailles.

L'on raconte de lui que dans son extrême vieillesse, ne pouvant plus marcher à pied, il se faisait porter en litière par la ville, où il était vu du peuple, à qui il était si cher. L'on dit aussi que

---

1. Sophocle. « Un autre que le poëte tragique. » (Note de La Bruyère.)

2. Phidias. « Un autre que le fameux sculpteur. » (Note de La Bruyère.)

ses disciples qui entouraient son lit lorsqu'il mourut, lui ayant demandé s'il n'avait rien à leur recommander, il leur tint ce discours : « La vie nous séduit, elle nous promet de grands plai-
» sirs dans la possession de la gloire ; mais à peine commence-
» t-on à vivre, qu'il faut mourir : il n'y a souvent rien de plus
» stérile que l'amour de la réputation. Cependant, mes disciples,
» contentez-vous : si vous négligez l'estime des hommes, vous
» vous épargnez à vous-mêmes de grands travaux ; s'ils ne ré-
» butent point votre courage, il peut arriver que la gloire sera
» votre récompense. Souvenez-vous seulement qu'il y a dans la
» vie beaucoup de choses inutiles, et qu'il y en a peu qui mè-
» nent à une fin solide. Ce n'est point à moi à délibérer sur le
» parti que je dois prendre, il n'est plus temps : pour vous qui
» avez à me survivre, vous ne sauriez peser trop mûrement ce
» que vous devez faire. » Et ce furent là ses dernières paroles.

Cicéron, dans le troisième livre des *Tusculanes*, dit que Théophraste mourant se plaignit de la nature, de ce qu'elle avait accordé aux cerfs et aux corneilles une vie si longue et qui leur est si inutile, lorsqu'elle n'avait donné aux hommes qu'une vie très courte, bien qu'il leur importe si fort de vivre longtemps ; que si l'âge des hommes eût pu s'étendre à un plus grand nombre d'années, il serait arrivé que leur vie aurait été cultivée par une doctrine universelle, et qu'il n'y aurait eu dans le monde ni art ni science qui n'eût atteint sa perfection[1]. Et saint Jérôme, dans l'endroit déjà cité, assure que Théophraste à l'âge de cent sept ans, frappé de la maladie dont il mourut, regretta de sortir de la vie dans un temps où il ne faisait que commencer à être sage.

Il avait coutume de dire qu'il ne faut pas aimer ses amis pour les éprouver, mais les éprouver pour les aimer ; que les amis doivent être communs entre les frères, comme tout est commun entre les amis ; que l'on devait plutôt se fier à un cheval sans frein, qu'à celui qui parle sans jugement ; que la plus forte dépense que l'on puisse faire est celle du temps. Il dit un jour à un homme qui se taisait à table dans un festin : « Si tu es un habile homme, tu as tort de ne pas parler ; mais, s'il n'en est

---

1. PERFECTION. Cette perfection des sciences que l'individu ne peut atteindre, est un but idéal dont l'espèce se rapproche sans cesse. « Toute la suite des hommes, pendant le cours de tant de siècles, doit être considérée comme un même homme qui subsiste toujours et qui apprend continuellement. » (PASCAL.)

pas ainsi, tu en sais beaucoup. » Voilà quelques-unes de ses maximes.

Mais si nous parlons de ses ouvrages, ils sont infinis, et nous n'apprenons pas que jamais nul ancien ait plus écrit que Théophraste. Diogène Laërce fait l'énumération de plus de deux cents traités différents, et sur toutes sortes de sujets, qu'il a composés. La plus grande partie s'est perdue par le malheur des temps, et l'autre se réduit à vingt traités, qui sont recueillis dans le volume de ses œuvres. L'on y voit neuf livres de l'histoire des plantes, six livres de leurs causes. Il a écrit des vents, du feu, des pierres, du miel, des signes du beau temps, des signes de la pluie, des signes de la tempête, des odeurs, de la sueur, du vertige, de la lassitude, du relâchement des nerfs, de la défaillance, des poissons qui vivent hors de l'eau, des animaux qui changent de couleur, des animaux qui naissent subitement, des animaux sujets à l'envie, des caractères des mœurs. Voilà ce qui nous reste de ses écrits, entre lesquels ce dernier seul, dont on donne la traduction, peut répondre non seulement de la beauté de ceux que l'on vient de déduire, mais encore du mérite d'un nombre infini d'autres qui ne sont pas venus jusqu'à nous.

Que si quelques-uns se refroidissaient pour cet ouvrage moral par les choses qu'ils y voient, qui sont du temps auquel il a été écrit et qui ne sont point selon leurs mœurs, que peuvent-ils faire de plus utile et de plus agréable pour eux que de se défaire de cette prévention pour leurs coutumes et leurs manières, qui, sans autre discussion, non seulement les leur fait trouver les meilleures de toutes, mais leur fait presque décider que tout ce qui n'y est pas conforme est méprisable, et qui les prive, dans la lecture des livres des anciens[1], du plaisir et de l'instruction qu'ils en doivent attendre?

Nous, qui sommes si modernes, serons anciens dans quelques siècles. Alors l'histoire du nôtre fera goûter à la postérité la vénalité des charges, c'est-à-dire le pouvoir de protéger l'innocence, de punir le crime, et de faire justice à tout le monde, acheté à deniers comptants comme une métairie; la splendeur des partisans[2], gens si méprisés chez les Hébreux et chez les

---

1. ANCIENS. « La lecture de tous les bons livres est comme une conversation avec les plus honnêtes gens des siècles passés... C'est quasi le même de converser avec ceux des autres siècles que de voyager. Il est bon de savoir quelque chose des mœurs de divers peuples, afin de juger des nôtres, plus sainement, et que nous ne pensions pas que tout ce qui est contre nos mœurs soit ridicule et contre raison, ainsi qu'ont coutume de le faire ceux qui n'ont rien vu. » (DESCARTES.)

2. PARTISANS. Ce mot représente lit-

Grecs. L'on entendra parler d'une capitale d'un grand royaume, où il n'y avait ni places publiques, ni bains, ni fontaines, ni amphithéâtres, ni galeries, ni portiques, ni promenoirs, qui était pourtant une ville merveilleuse [1]. L'on dira que tout le cours de la vie s'y passait presque à sortir de sa maison pour aller se renfermer dans celle d'un autre ; que d'honnêtes femmes, qui n'étaient ni marchandes ni hôtelières, avaient leurs maisons ouvertes à ceux qui payaient pour y entrer [2] ; que l'on avait à choisir des dés, des cartes et de tous les jeux ; que l'on mangeait dans ces maisons, et qu'elles étaient commodes à tout commerce.

L'on saura que le peuple ne paraissait dans la ville que pour y passer avec précipitation : nul entretien, nulle familiarité ; que tout y était farouche et comme alarmé par le bruit des chars qu'il fallait éviter, et qui s'abandonnaient au milieu des rues, comme on fait dans une lice pour remporter le prix de la course. L'on apprendra sans étonnement qu'en pleine paix, et dans une tranquillité publique, des citoyens entraient dans les temples, allaient voir des femmes, ou visitaient leurs amis avec des armes offensives, et qu'il n'y avait presque personne qui n'eût à son côté de quoi pouvoir d'un seul coup en tuer un autre. Ou si ceux qui viendront après nous, rebutés par des mœurs si étranges et si différentes des leurs, se dégoûtent par là de nos mémoires, de nos poésies, de notre comique et de nos satires, pouvons-nous ne les pas plaindre par avance de se priver eux-mêmes, par cette fausse délicatesse, de la lecture de si beaux ouvrages, si travaillés, si réguliers, et de la connaissance du plus beau règne dont jamais l'histoire ait été embellie ?

Ayons donc pour les livres des anciens cette même indulgence que nous espérons nous-mêmes de la postérité, persuadés que les hommes n'ont point d'usages ni de coutumes qui soient de tous les siècles, qu'elles changent avec les temps ; que nous sommes trop éloignés de celles qui ont passé, et trop proches de celles qui règnent encore, pour être dans la distance qu'il faut pour faire des unes et des autres un juste discernement. Alors,

---

téralement l'idée du soldat qui met à contribution le pays ennemi ; on appelait ainsi, au dix-septième siècle, les traitants ou fermiers des impôts ; les financiers ; on les nommait aussi maltôtiers ; ce sont les publicains de l'Evangile.

1. Merveilleuse. Ce tableau ne ressemble guère au Paris actuel. Nous avons aujourd'hui des places, des fontaines, etc.

2. Entrer. Les joueurs laissaient sur les tables de jeu, quelque riche que fût leur hôte, une partie du gain pour payer les cartes. C'est à cet usage que La Bruyère fait allusion.

ni ce que nous appelons la politesse de nos mœurs, ni la bienséance de nos coutumes, ni notre faste, ni notre magnificence, ne nous préviendront pas davantage contre la vie simple des Athéniens, que contre celle des premiers hommes, grands par eux-mêmes [1], et indépendamment de mille choses extérieures qui ont été depuis inventées pour suppléer peut-être à cette véritable grandeur qui n'est plus.

La nature se montrait en eux dans toute sa pureté et sa dignité, et n'était point encore souillée par la vanité, par le luxe, et par la sotte ambition. Un homme n'était honoré sur la terre qu'à cause de sa force ou de sa vertu : il n'était point riche par des charges ou des pensions, mais par son champ, par ses troupeaux, par ses enfants et ses serviteurs; sa nourriture était saine et naturelle, les fruits de la terre, le lait de ses animaux et de ses brebis; ses vêtements simples et uniformes, leurs laines, leurs toisons; ses plaisirs innocents, une grande récolte, le mariage de ses enfants, l'union avec ses voisins, la paix dans sa famille. Rien n'est plus opposé à nos mœurs que toutes ces choses; mais l'éloignement des temps nous les fait goûter, ainsi que la distance des lieux nous fait recevoir tout ce que les diverses relations ou les livres de voyages nous apprennent des pays lointains et des nations étrangères.

Ils racontent une religion, une police, une manière de se nourrir, de s'habiller, de bâtir et de faire la guerre, qu'on ne savait point, des mœurs que l'on ignorait : celles qui approchent des nôtres nous touchent, celles qui s'en éloignent nous étonnent; mais toutes nous amusent, moins rebutés par la barbarie des manières et des coutumes de peuples si éloignés qu'instruits et même réjouis par leur nouveauté, il nous suffit que ceux dont il s'agit soient Siamois, Chinois, nègres ou Abyssins.

Or ceux dont Théophraste nous peint les mœurs dans ses *Caractères* étaient Athéniens, et nous sommes Français; et si nous joignons à la diversité des lieux et du climat le long intervalle des temps, et que nous considérions que ce livre a pu être écrit la dernière année de la cent quinzième olympiade, trois cent quatorze ans avant l'ère chrétienne, et qu'ainsi il y a deux mille ans accomplis que vivait ce peuple d'Athènes dont il fait la peinture, nous admirerons de nous y reconnaître nous-mêmes, nos amis, nos ennemis, ceux avec qui nous vivons, et que cette ressemblance avec des hommes séparés par tant de siècles soit si

---

1. Eux-mêmes. — On voit que le roman de la grandeur primitive de l'homme, si cher à Rousseau, date de plus loin que du dix-huitième siècle.

entière. En effet, les hommes n'ont point changé selon le cœur et selon les passions; ils sont encore tels qu'ils étaient alors et qu'ils sont marqués dans Théophraste : vains, dissimulés, flatteurs, intéressés, effrontés, importuns, défiants, médisants, querelleux, superstitieux.

Il est vrai, Athènes [1] était libre; c'était le centre d'une république; ses citoyens étaient égaux; ils ne rougissaient point l'un de l'autre; ils marchaient presque seuls et à pied dans une ville propre, paisible et spacieuse, entraient dans les boutiques et dans les marchés, achetaient eux-mêmes les choses nécessaires; l'émulation d'une cour ne les faisait point sortir d'une vie commune; ils réservaient leurs esclaves pour les bains, pour les repas, pour le service intérieur des maisons, pour les voyages; ils passaient une partie de leur vie dans les places, dans les temples, aux amphithéâtres, sur un port, sous des portiques, et au milieu d'une ville dont ils étaient également les maîtres. Là, le peuple s'assemblait pour délibérer des affaires publiques; ici, il s'entretenait avec les étrangers; ailleurs, les philosophes tantôt enseignaient leur doctrine, tantôt conféraient avec leurs disciples : ces lieux étaient tout à la fois la scène des plaisirs et des affaires. Il y avait dans ces mœurs quelque chose de simple et de populaire, et qui ressemble peu aux nôtres, je l'avoue; mais cependant quels hommes, en général, que les Athéniens, et quelle ville qu'Athènes! quelles lois! quelle police! quelle valeur! quelle discipline! quelle perfection dans toutes les sciences et dans tous les arts! mais quelle politesse dans le commerce ordinaire et dans le langage! Théophraste, le même Théophraste dont l'on vient de dire de si grandes choses, ce parleur agréable, cet homme qui s'exprimait divinement, fut reconnu étranger et appelé de ce nom par une simple femme de qui il achetait des herbes au marché, et qui reconnut, par je ne sais quoi d'attique qui lui manquait et que les Romains ont depuis appelé urbanité [2], qu'il n'était pas Athénien : et Cicéron rapporte que ce grand personnage demeura étonné de voir qu'ayant vieilli dans

---

1. ATHÈNES. Voyez, sur le gouvernement d'Athènes, l'admirable discours de Périclès au liv. II, ch. XXXVII à XLI, de Thucydide; et Bossuet, ch. v de la IIIe partie du *Discours sur l'histoire universelle* : « La liberté que se figuraient les Grecs, était une liberté soumise à la loi, c'est-à-dire à la raison même reconnue par tout le peuple, etc. »

2. URBANITÉ. La Bruyère a mal interprété le texte de Cicéron (*Brutus*, 46.) Ce n'est point parce qu'il manquait d'atticisme (en prenant ce mot dans le sens d'urbanité), qu'un homme aussi poli que Théophraste fut reconnu pour étranger par une marchande d'herbes, mais par quelque reste de son accent éolien, très différent de celui d'Athènes.

Athènes, possédant si parfaitement le langage attique, et en ayant acquis l'accent par une habitude de tant d'années, il ne s'était pu donner ce que le simple peuple avait naturellement et sans nulle peine. Que si l'on ne laisse pas de lire quelquefois, dans ce traité des Caractères, de certaines mœurs qu'on ne peut excuser, et qui nous paraissent ridicules, il faut se souvenir qu'elles ont paru telles à Théophraste, qu'il les a regardées comme des vices dont il a fait une peinture naïve qui fît honte aux Athéniens, et qui servît à les corriger.

Enfin, dans l'esprit de contenter ceux qui reçoivent froidement tout ce qui appartient aux étrangers et aux anciens, et qui n'estiment que leurs mœurs, on les ajoute à cet ouvrage. L'on a cru pouvoir se dispenser de suivre le projet de ce philosophe, soit parce qu'il est toujours pernicieux de poursuivre le travail d'autrui, surtout si c'est d'un ancien ou d'un auteur d'une grande réputation ; soit encore parce que cette unique figure qu'on appelle description ou énumération, employée avec tant de succès dans ces vingt-huit chapitres des Caractères, pourrait en avoir un beaucoup moindre, si elle était traitée par un génie fort inférieur à celui de Théophraste.

Au contraire, se ressouvenant que parmi le grand nombre des traités de ce philosophe, rapportés par Diogène Laërce, il s'en trouve un sous le titre de *Proverbes*, c'est-à-dire de pièces détachées, comme des réflexions ou des remarques ; que le premier et le plus grand livre de morale qui ait été fait, porte ce même nom dans les divines Écritures, on s'est trouvé excité par de si grands modèles à suivre selon ses forces une semblable manière [1] d'écrire des mœurs ; et l'on n'a point été détourné de son entreprise par deux ouvrages de morale qui sont dans les mains de tout le monde, et d'où, faute d'attention ou par un esprit de critique, quelques-uns pourraient penser que ces remarques sont imitées.

L'un [2], par l'engagement de son auteur, fait servir la métaphysique à la religion, fait connaître l'âme, ses passions, ses vices ; traite les grands et les sérieux motifs pour conduire à la vertu, et veut rendre l'homme chrétien. L'autre [3], qui est la production d'un esprit instruit par le commerce du monde, et dont la déli-

---

1. MANIÈRE. « L'on entend cette manière coupée dont Salomon a écrit ses *Proverbes*, et nullement les choses qui sont divines et hors de toute comparaison. » (Note de La Bruyère.)
2. L'UN. Les *Pensées* de Pascal.
3. L'AUTRE. Les *Maximes* de La Rochefoucauld.

catesse était égale à la pénétration, observant que l'amour-propre est dans l'homme la cause de tous ses faibles, l'attaque sans relâche, quelque part où il le trouve ; et cette unique pensée, comme multipliée en mille manières différentes, a toujours, par le choix des mots et par la variété de l'expression, la grâce de la nouveauté.

L'on ne suit aucune de ces routes dans l'ouvrage qui est joint à la traduction des Caractères : il est tout différent des deux autres que je viens de toucher : moins sublime que le premier et moins délicat que le second, il ne tend qu'à rendre l'homme raisonnable, mais par des voies simples et communes, et en l'examinant indifféremment, sans beaucoup de méthode et selon que les divers chapitres y conduisent, par les âges, les sexes et les conditions, et par les vices, les faibles et le ridicule qui y sont attachés.

L'on s'est plus appliqué aux vices de l'esprit, aux replis du cœur et à tout l'intérieur de l'homme que n'a fait Théophraste ; et l'on peut dire que, comme ses *Caractères*, par mille choses extérieures qu'ils font remarquer dans l'homme, par ses actions, ses paroles et ses démarches, apprennent quel est son fond, et font remonter jusques à la source de son dérèglement ; tout au contraire, les nouveaux Caractères, déployant d'abord les pensées, les sentiments et les mouvements des hommes, découvrent le principe de leur malice et de leurs faiblesses, font que l'on prévoit aisément tout ce qu'ils sont capables de dire ou de faire, et qu'on ne s'étonne plus de mille actions vicieuses ou frivoles dont leur vie est toute remplie.

Il faut avouer que sur les titres de ces deux ouvrages l'embarras s'est trouvé presque égal. Pour ceux qui partagent le dernier, s'ils ne plaisent point assez, l'on permet d'en suppléer d'autres : mais à l'égard des titres des *Caractères* de Théophraste, la même liberté n'est pas accordée, parce qu'on n'est point maître du bien d'autrui. Il a fallu suivre l'esprit de l'auteur, et les traduire selon le sens le plus proche de la diction grecque, et en même temps selon la plus exacte conformité avec leurs chapitres, ce qui n'est pas une chose facile, parce que souvent la signification d'un terme grec, traduit en français mot pour mot, n'est plus la même dans notre langue : par exemple, ironie est chez nous une raillerie dans la conversation, ou une figure de rhétorique, et, chez Théophraste, c'est quelque chose entre la fourberie et la dissimulation, qui n'est pourtant ni l'un ni l'autre, mais précisément ce qui est décrit dans le premier chapitre.

Et d'ailleurs les Grecs ont quelquefois deux ou trois termes assez différents pour exprimer des choses qui le sont aussi, et que nous ne saurions guère rendre que par un seul mot; cette pauvreté embarrasse. En effet, l'on remarque dans cet ouvrage grec trois espèces d'avarice, deux sortes d'importuns, des flatteurs de deux manières, et autant de grands parleurs; de sorte que les caractères de ces personnes semblent rentrer les uns dans les autres, au désavantage du titre; ils ne sont pas aussi toujours suivis et parfaitement conformes, parce que Théophraste, emporté quelquefois par le dessein qu'il a de faire des portraits, se trouve déterminé à ces changements par le caractère seul et les mœurs du personnage qu'il peint ou dont il fait la satire.

Les définitions qui sont au commencement de chaque chapitre ont eu leurs difficultés. Elles sont courtes et concises dans Théophraste, selon la force du grec et le style d'Aristote, qui lui en a fourni les premières idées: on les a étendues dans la traduction, pour les rendre intelligibles. Il se lit aussi, dans ce traité, des phrases qui ne sont pas achevées, et qui forment un sens imparfait, auquel il a été facile de suppléer le véritable: il s'y trouve de différentes leçons, quelques endroits tout à fait interrompus, et qui pouvaient recevoir diverses explications; et, pour ne point s'égarer dans ces doutes, on a suivi les meilleurs interprètes[1].

Enfin, comme cet ouvrage n'est qu'une simple instruction sur les mœurs des hommes, et qu'il vise moins à les rendre savants qu'à les rendre sages, l'on s'est trouvé exempt de le charger de longues et curieuses observations ou de doctes commentaires qui rendissent un compte exact de l'antiquité. L'on s'est contenté de mettre de petites notes à côté de certains endroits que l'on a cru le mériter, afin que nuls de ceux qui ont de la justesse, de la vivacité, et à qui il ne manque que d'avoir lu beaucoup, ne se reprochent pas même ce petit défaut, ne puissent être arrêtés dans la lecture des Caractères, et douter un moment du sens de Théophraste.

[1]. INTERPRÈTES. « La Bruyère travaillait sur un texte très fautif et très incomplet... Il n'a pas même traduit ce texte avec beaucoup d'exactitude, et, en reproduisant la pensée d'autrui, il n'a presque rien de cette verve, de cette spirituelle vivacité, de cette énergie et de cet éclat avec lequel il exprime ses propres pensées. » (PIERRON, Hist. de la litt. grecque.)

LES CARACTÈRES
DE THÉOPHRASTE

TRADUITS DU GREC

AVANT-PROPOS

A POLYCLÈS

J'ai admiré souvent, et j'avoue que je ne puis encore comprendre, quelque sérieuse réflexion que je fasse, pourquoi toute la Grèce étant placée sous un même ciel, et les Grecs nourris et élevés de la même manière[1], il se trouve néanmoins si peu de ressemblance dans leurs mœurs. Puis donc, mon cher Polyclès, qu'à l'âge de quatre-vingt-dix-neuf ans où je me trouve, j'ai assez vécu pour connaître les hommes; que j'ai vu[2] d'ailleurs, pendant le cours de ma vie, toutes sortes de personnes et de divers tempéraments, et que je me suis toujours attaché à étudier les hommes vertueux, comme ceux qui n'étaient connus que par leurs vices; il semble que j'ai dû marquer les caractères des uns et des autres[3], et ne me pas contenter de peindre les Grecs en général, mais même de toucher ce qui est personnel, et ce que plusieurs d'entre eux paraissent avoir de plus familier. J'espère, mon cher Polyclès, que cet ouvrage sera utile à ceux qui viendront après nous : il leur tracera des modèles qu'ils pourront suivre; il leur apprendra à faire le discernement de ceux avec qui ils doivent lier quelque commerce, et dont l'émulation

---

1. MANIÈRE. « Par rapport aux Barbares, dont les mœurs étaient très différentes de celles des Grecs. (Note de La Bruyère.) — Cependant l'éducation d'Athènes était bien différente de celle de Sparte. Voy. le discours de Périclès cité plus haut et les opuscules de Xénophon sur le gouvernement d'Athènes et celui de Sparte.

2. J'AI VU. Cf. Homère, *Odyssée* :

Πολλῶν δ'ἀνθρώπων ἴδεν ἄστεα καὶ νόον
[ἔγνω.

3. DES AUTRES. « Théophraste avait dessein de traiter de toutes les vertus et de tous les vices. » (Note de La Bruyère.)

les portera à imiter leurs vertus et leur sagesse. Ainsi je vais entrer en matière : c'est à vous de pénétrer dans mon sens, et d'examiner avec attention si la vérité se trouve dans mes paroles. Et, sans faire une plus longue préface, je parlerai d'abord de la dissimulation ; je définirai ce vice, et je dirai ce que c'est qu'un homme dissimulé, je décrirai ses mœurs ; et je traiterai ensuite des autres passions, suivant le projet que j'en ai fait.

DE LA DISSIMULATION.

La dissimulation[1] n'est pas aisée à bien définir : si l'on se contente d'en faire une simple description, l'on peut dire que c'est un certain art de composer ses paroles et ses actions pour une mauvaise fin. Un homme dissimulé se comporte de cette manière : il aborde ses ennemis, leur parle, et leur fait croire par cette démarche qu'il ne les hait point ; il loue ouvertement et en leur présence ceux à qui il dresse de secrètes embûches, et il s'afflige avec eux s'il leur est arrivé quelque disgrâce ; il semble pardonner les discours offensants que l'on lui tient ; il récite froidement les plus horribles choses que l'on aura dites contre sa réputation : et il emploie les paroles les plus flatteuses pour adoucir ceux qui se plaignent de lui, et qui sont aigris par les injures qu'ils en ont reçues. S'il arrive que quelqu'un l'aborde avec empressement, il feint des affaires, et lui dit de revenir une autre fois : il cache soigneusement tout ce qu'il fait ; et, à l'entendre parler, on croirait toujours qu'il délibère. Il ne parle point indifféremment ; il a ses raisons pour dire tantôt qu'il ne fait que revenir de la campagne, tantôt qu'il est arrivé à la ville fort tard, et quelquefois qu'il est languissant, ou qu'il a une mauvaise santé. Il dit à celui qui lui emprunte de l'argent à intérêt, ou qui le prie de contribuer[2] de sa part à une somme que ses amis consentent de lui prêter, qu'il ne vend rien, qu'il ne s'est jamais vu si dénué d'argent ; pendant qu'il dit aux autres que le commerce va le mieux du monde, quoique en effet il ne vende rien. Souvent, après avoir écouté ce qu'on lui a dit, il veut faire croire qu'il n'y a pas eu la moindre attention : il feint de n'avoir pas aperçu les choses où il vient de jeter les yeux ; ou s'il est convenu d'un fait, de ne s'en plus souvenir. Il

---

1. LA DISSIMULATION. « L'auteur parle de celle qui ne vient pas de la prudence, et que les Grecs appelaient *ironie.* » (Note de La Bruyère.)

2. CONTRIBUER. « Cette sorte de contribution était fréquente à Athènes et autorisée par les lois. » (Note de La Bruyère.)

n'a pour ceux qui lui parlent d'affaires, que cette seule réponse :
J'y penserai Il sait de certaines choses, il en ignore d'autres, il
est saisi d'admiration ; d'autres fois il aura pensé comme vous
sur cet événement, et cela selon ses différents intérêts. Son langage le plus ordinaire est celui-ci : Je n'en crois rien, je ne
comprends pas que cela puisse être, je ne sais où j'en suis ; ou
bien : Il me semble que je ne suis pas moi-même ; et ensuite :
Ce n'est pas ainsi qu'il me l'a fait entendre ; voilà une chose merveilleuse, et qui passe toute créance : contez cela à d'autres.
Dois-je vous croire ? ou me persuaderai-je qu'il m'ait dit la vérité ? Paroles doubles et artificieuses, dont il faut se défier comme
de ce qu'il y a au monde de plus pernicieux. Ces manières d'agir
ne partent point d'une âme simple et droite, mais d'une mauvaise volonté, ou d'un homme qui veut nuire : le venin des aspics
est moins à craindre.

DE LA FLATTERIE.

La flatterie est un commerce honteux[1] qui n'est utile qu'au
flatteur[2]. Si un flatteur se promène avec quelqu'un dans la place :
Remarquez-vous, lui dit-il, comme tout le monde a les yeux sur
vous ? cela n'arrive qu'à vous seul. Hier il fut bien parlé de vous[3],
et l'on ne tarissait point sur vos louanges ; nous nous trouvâmes plus de trente personnes dans un endroit du Portique[4], et
comme par la suite du discours l'on vint à tomber sur celui que
l'on devait estimer le plus homme de bien[5] de la ville, tous d'une
commune voix vous nommèrent, et il n'y en eut pas un seul qui
vous refusât ses suffrages. Il lui dit mille choses de cette nature.
Il affecte d'apercevoir le moindre duvet qui sera attaché à votre
habit, de le prendre et de le souffler à terre. Si par hasard le

---

1. UN COMMERCE HONTEUX. Cf. Molière, rôle d'Alceste :
Ce commerce honteux de semblants
　　　　　　　　　　　　[d'amitié.

2. FLATTEUR. Cf. Lafontaine :
Apprenez que tout flatteur
Vit aux dépens de celui qui l'écoute.

3. DE VOUS. Cf. Molière, rôle de Dorante : « Ma foi, monsieur Jourdain..., vous êtes l'homme du monde que j'estime le plus, et je parlais de vous encore ce matin dans la chambre du roi. »

4. PORTIQUE. « Edifice public qui servit depuis à Zénon et à ses disciples de rendez-vous pour leurs disputes ; ils en furent appelés Stoïciens ; car στοά, mot grec, signifie portique. » (Note de La Bruyère.) — Zénon fut contemporain de Théophraste ; il est probable que le nom du portique est placé ici avec une intention maligne : rivalité de sectes, de clientèle. — Plus tard les Stoïciens ont fort mal traité Théophraste. (Voy. Cicéron, De finibus.)

5. HOMME DE BIEN. Cf. Molière, rôle d'Oronte :
L'estime où je vous tiens ne doit point
　　　　　　　　　　　　[vous surprendre,
Et de tout l'univers vous la pouvez prétendre
　　　　　　　　　　　　[tendre
... L'État n'a rien qui ne soit au dessous
Du mérite éclatant que l'on découvre en
　　　　　　　　　　　　[vous.

vent a fait voler quelques petites pailles sur votre barbe ou sur vos cheveux, il prend soin de vous les ôter; et, vous souriant, Il est merveilleux, dit-il, combien vous êtes blanchi[1] depuis deux jours que je ne vous ai pas vu; et il ajoute : Voilà encore pour un homme de votre âge[2] assez de cheveux noirs. Si celui qu'il veut flatter prend la parole, il impose silence à tous ceux qui se trouvent présents, et il les force d'approuver aveuglément tout ce qu'il avance; et, dès qu'il a cessé de parler, il se récrie : Cela est dit le mieux du monde, rien n'est plus heureusement rencontré[3]. D'autres fois, s'il lui arrive de faire à quelqu'un une raillerie froide, il ne manque pas de lui applaudir, d'entrer dans cette mauvaise plaisanterie; et quoiqu'il n'ait nulle envie de rire, il porte à sa bouche l'un des bouts de son manteau, comme s'il ne pouvait se contenir et qu'il voulût s'empêcher d'éclater; et s'il l'accompagne lorsqu'il marche par la ville, il dit à ceux qu'il rencontre dans son chemin de s'arrêter jusqu'à ce qu'il soit passé. Il achète des fruits, et les porte chez ce citoyen; il les donne à ses enfants en sa présence, il les baise, il les caresse : Voilà, dit-il, de jolis enfants[4], et dignes d'un tel père. S'il sort de sa maison, il le suit; s'il entre dans une boutique pour essayer des souliers, il lui dit: Votre pied est mieux fait que cela. Il l'accompagne ensuite chez ses amis, ou plutôt il entre le premier dans leur maison, et leur dit : Un tel me suit, et vient vous rendre visite; et retournant sur ses pas, Je vous ai annoncé, dit-il, et l'on se fait grand honneur de vous recevoir. Le flatteur se met à tout sans hésiter, se mêle des choses les plus viles, et qui ne conviennent qu'à des femmes[5]. S'il est invité à souper, il est le premier des conviés à louer le vin; assis à table le plus proche de celui qui fait le repas, il lui répète souvent : En vérité, vous faites une chère délicate; et montrant aux autres l'un des mets qu'il soulève du plat, Cela s'appelle, dit-il, un morceau friand. Il a soin de lui demander s'il a froid, s'il ne

---

1. BLANCHI. « Allusion à la nuance que de petites pailles font dans les cheveux. » (Note de La Bruyère.)

2. DE VOTRE ÂGE. « Il parle à un jeune homme. » (Note de La Bruyère.)

3. RENCONTRÉ. Cf. Molière, rôle de Philinte :

Ah! qu'en termes galants ces choses-là
[sont mises!
... La chute en est jolie, amoureuse,
[admirable.
... Je n'ai jamais ouï de vers si bien
[tournés.

4. DE JOLIS ENFANTS. Cf. Molière, rôle de don Juan : « Et votre petite fille Claudine, comment se porte-t-elle?... La jolie petite que c'est! je l'aime de tout mon cœur... Et le petit Colin, fait-il toujours bien du bruit avec son tambour?... et votre petit chien Brusquet?... etc. »

5. DES FEMMES. Le texte grec est plus expressif, et en même temps moins irrespectueux pour les dames. Il s'agit d'un objet qu'on vend « au marché des femmes », c'est-à-dire au marché à la poterie, et que le flatteur présente à son patron sans sourciller.

voudrait point une autre robe, et il s'empresse de le mieux couvrir. Il lui parle sans cesse à l'oreille; et si quelqu'un de la compagnie l'interroge, il répond négligemment et sans le regarder, n'ayant des yeux que pour un seul. Il ne faut pas croire qu'au théâtre il oublie d'arracher des carreaux[1] des mains du valet qui les distribue, pour les porter à sa place et l'y faire asseoir plus mollement. J'ai dû dire aussi qu'avant qu'il sorte de sa maison il en loue l'architecture, se récrie sur toutes choses, dit que les jardins sont bien plantés; et s'il aperçoit quelque part le portrait du maître, où il soit extrêmement flatté, il est touché de voir combien il lui ressemble, et il l'admire comme un chef-d'œuvre. En un mot, le flatteur ne dit rien et ne fait rien au hasard, mais il rapporte toutes ses paroles et toutes ses actions au dessein qu'il a de plaire à quelqu'un et d'acquérir ses bonnes grâces.

DE L'IMPERTINENT OU DU DISEUR DE RIENS.

La sotte envie de discourir vient d'une habitude qu'on a contractée de parler beaucoup et sans réflexion. Un homme qui veut parler se trouvant assis proche d'une personne qu'il n'a jamais vue, et qu'il ne connait point, entre d'abord en matière, l'entretient de sa femme, et lui fait son éloge, lui conte son songe, lui fait un long détail d'un repas où il s'est trouvé, sans oublier le moindre mets ni un seul service; il s'échauffe ensuite dans la conversation, déclame contre le temps présent, et soutient que les hommes qui vivent présentement ne valent point leurs pères. De là il se jette sur ce qui se débite au marché, sur la cherté du blé, sur le grand nombre d'étrangers qui sont dans la ville. Il dit qu'au printemps où commencent les Bacchanales[2], la mer devient navigable; qu'un peu de pluie serait utile aux biens de la terre, et ferait espérer une bonne récolte; qu'il cultivera son champ l'année prochaine, et qu'il le mettra en valeur; que le siècle est dur, et qu'on a bien de la peine à vivre. Il apprend à cet inconnu que c'est Damippe qui a fait brûler la plus belle torche devant l'autel de Cérès[3], à la fête des Mystères:

---

1. DES CARREAUX. Cf. Ovide, *Art d'aimer* :

. . . . . Fuit utile multis
Pulvinum facili composuisse manu.

2. LES BACCHANALES. « Premières Bacchanales, qui se célébraient dans la ville. » (Note de la Bruyère.) — Ce sont les grandes Dionysiaques.

3. CÉRÈS. « Les mystères de Cérès se célébraient la nuit, et il y avait une émulation entre les Athéniens à qui y apporterait une plus grande torche. » (Note de La Bruyère.)

il lui demande combien de colonnes soutiennent le théâtre de la musique[1]; quel est le quantième du mois; il lui dit qu'il a eu la veille une indigestion : et si cet homme à qui il parle a la patience de l'écouter, il ne partira pas d'auprès de lui, il lui annoncera comme une chose nouvelle que les Mystères[2] se célèbrent dans le mois d'août, les *Apaturies*[3] au mois d'octobre; et à la campagne, dans le mois de décembre, les Bacchanales[4]. Il n'y a, avec de si grands causeurs, qu'un parti à prendre, qui est de fuir[5], si l'on veut du moins éviter la fièvre; car quel moyen de pouvoir tenir contre des gens qui ne savent pas discerner ni votre loisir, ni le temps de vos affaires ?

DE LA RUSTICITÉ.

Il semble que la rusticité n'est autre chose qu'une ignorance grossière des bienséances. L'on voit en effet des gens rustiques et sans réflexion sortir un jour de médecine[6], et se trouver en cet état dans un lieu public parmi le monde; ne pas faire la différence de l'odeur forte du thym ou de la marjolaine d'avec les parfums les plus délicieux; être chaussés large et grossièrement; parler haut, et ne pouvoir se réduire à un ton de voix modéré; ne pas se fier à leurs amis sur les moindres affaires, pendant qu'ils s'en entretiennent avec leurs domestiques, jusqu'à rendre compte à leurs moindres valets de ce qui aura été dit dans une assemblée publique. On les voit assis, leur robe relevée jusques aux genoux et d'une manière indécente. Il ne leur arrive pas en toute leur vie de rien admirer, ni de paraître surpris des choses les plus extraordinaires que l'on rencontre sur les chemins; mais si c'est un bœuf, un âne ou un bouc, alors ils s'arrêtent et ne se lassent point de les contempler. Si quelquefois ils entrent dans leur cuisine, ils mangent avidement tout ce qu'ils y trouvent; boivent tout d'une haleine une grande tasse de vin pur; ils se cachent pour cela de leur servante, avec qui d'ailleurs ils

---

1. LE THÉÂTRE DE LA MUSIQUE. L'Odéon, bâti par Périclès, détruit par Sylla.

2. LES MYSTÈRES. « Fête de Cérès. — Voy. plus haut. » (Note de La Bruyère.) — Les mystères d'Eleusis.

3. LES APATURIES. « En français, la fête des Tromperies; elle se faisait en l'honneur de Bacchus. — Son origine ne fait rien aux mœurs de ce chapitre. » (Note de La Bruyère.)

4. LES BACCHANALES. « Secondes Bacchanales, qui se célébraient en hiver, à la campagne. » (Note de La Bruyère.)

5. FUIR. Aristote disait à un bavard de cette sorte : « Ce qui m'étonne, c'est qu'on ait des oreilles pour t'entendre, quand on a des jambes pour te fuir. »

6. MÉDECINE. « Le texte grec nomme une certaine drogue qui rendait l'haleine fort mauvaise le jour qu'on l'avait prise. » (Note de La Bruyère.)

vont au moulin, et entrent dans les plus petits détails du domestique. Ils interrompent leur souper, et se lèvent pour donner une poignée d'herbes aux bêtes de charrue[1] qu'ils ont dans leurs étables. Heurte-t-on à leur porte pendant qu'ils dînent, ils sont attentifs et curieux. Vous remarquez toujours proche de leur table un gros chien de cour qu'ils appellent à eux, qu'ils empoignent par la gueule, en disant : Voilà celui qui garde la place, qui prend soin de la maison et de ceux qui sont dedans. Ces gens, épineux dans les payements qu'on leur fait, rebutent un grand nombre de pièces qu'ils croient légères, ou qui ne brillent pas assez à leurs yeux, et qu'on est obligé de leur changer. Ils sont occupés pendant la nuit d'une charrue, d'un sac, d'une faux, d'une corbeille, et ils rêvent à qui ils ont prêté ces ustensiles. Et lorsqu'ils marchent par la ville, Combien vaut, demandent-ils aux premiers qu'ils rencontrent, le poisson salé? Les fourrures se vendent-elles bien? N'est-ce pas aujourd'hui que les jeux nous ramènent une nouvelle lune[2]? D'autres fois, ne sachant que dire, ils vous apprennent qu'ils vont se faire raser, et qu'ils ne sortent que pour cela. Ce sont ces mêmes personnes que l'on entend chanter dans le bain, qui mettent des clous à leurs souliers, et qui, se trouvant tout portés devant la boutique d'Archias[3], achètent eux-mêmes des viandes salées, et les apportent à la main en pleine rue.

DU COMPLAISANT OU DE L'ENVIE DE PLAIRE.

Pour faire une définition un peu exacte de cette affectation que quelques-uns ont de plaire à tout le monde, il faut dire que c'est une manière de vivre où l'on cherche beaucoup moins ce qui est vertueux et honnête, que ce qui est agréable. Celui qui a cette passion, d'aussi loin qu'il aperçoit un homme dans la place, le salue en s'écriant : Voilà ce qu'on appelle un homme de bien ! l'aborde, l'admire sur les moindres choses, le retient avec ses deux mains, de peur qu'il ne lui échappe ; et, après avoir fait quelques pas avec lui, il lui demande avec empressement quel jour on pourra le voir, et enfin ne s'en sépare qu'en lui donnant

---

1. BÊTES DE CHARRUE. « Des bœufs. » (Note de La Bruyère.)

2. LUNE. « Cela est dit rustiquement ; un autre dirait que la nouvelle lune ramène les jeux ; et d'ailleurs, c'est comme si, le jour de Pâques, quelqu'un disait : n'est-ce pas aujourd'hui Pâques ? » (Note de La Bruyère.)

3. ARCHIAS. « Fameux marchand de chairs salées, nourriture ordinaire du peuple. » (Note de La Bruyère.)

mille éloges. Si quelqu'un le choisit pour arbitre dans un procès, il ne doit pas attendre de lui qu'il lui soit plus favorable qu'à son adversaire: comme il veut plaire à tous deux, il les ménagera également. C'est dans cette vue que, pour se concilier tous les étrangers qui sont dans la ville, il leur dit quelquefois qu'il leur trouve plus de raison et d'équité que dans ses concitoyens. S'il est prié d'un repas, il demande en entrant à celui qui l'a convié où sont ses enfants; et dès qu'ils paraissent, il se récrie sur la ressemblance qu'ils ont avec leur père, et que deux figues ne se ressemblent pas mieux: il les fait approcher de lui, il les baise; et les ayant fait asseoir à ses deux côtés, il badine avec eux. A qui est, dit-il, la petite bouteille? à qui est la jolie cognée [1]? Il les prend ensuite sur lui et les laisse dormir sur son estomac, quoiqu'il en soit incommodé. Celui enfin qui veut plaire se fait raser souvent, a un fort grand soin de ses dents, change tous les jours d'habits, et les quitte presque tout neufs: il ne sort point en public qu'il ne soit parfumé. On ne le voit guère dans les salles publiques qu'auprès des comptoirs des banquiers [2]; et dans les écoles, qu'aux endroits seulement où s'exercent les jeunes gens [3]; et au théâtre, les jours de spectacle, que dans les meilleures places et tout proche des préteurs [4]. Ces gens encore n'achètent jamais rien pour eux, mais ils envoient à Byzance toute sorte de bijoux précieux, des chiens de Sparte à Cyzique, et à Rhodes l'excellent miel du mont Hymette; et ils prennent soin que toute la ville soit informée qu'ils font ces emplettes. Leur maison est toujours remplie de mille choses curieuses qui font plaisir à voir, ou que l'on peut donner, comme des singes et des satyres [5] qu'ils savent nourrir, des pigeons de Sicile, des dés qu'ils font faire d'os de chèvre, des fioles pour des parfums, des cannes torses que l'on fait à Sparte, et des tapis de Perse à personnages. Ils ont chez eux jusques à un jeu de paume, et une arène propre à s'exercer à la lutte; et s'ils se promènent par la ville, et qu'ils rencontrent en leur chemin des philosophes, des sophistes [6], des escrimeurs, ou des musi-

---

1. BOUTEILLE... COGNÉE... « Petits jouets que les Grecs pendaient au cou de leurs enfants. » (Note de La Bruyère.)

2. DES BANQUIERS. « C'était l'endroit où s'assemblaient les plus honnêtes gens de la ville. » (Note de La Bruyère.) — Le texte grec ne parle pas de salles publiques, mais de la place publique, de l'Agora.

3. LES JEUNES GENS. « Pour être connu d'eux et en être regardé, ainsi que de tous ceux qui s'y trouvaient. » (Note de La Bruyère.) — Ces endroits sont les Gymnases, le Cynosarge, l'Académie, le Lycée.

4. DES PRÉTEURS. Des Stratèges.

5. SATYRES. « Une espèce de singes. » (Note de La Bruyère.)

6. SOPHISTES. « Une sorte de philo-

ciens, ils leurs offrent leur maison pour s'y exercer chacun dans son art indifféremment : ils se trouvent présents à ces exercices ; et, se mêlant avec ceux qui viennent là pour regarder : A qui croyez-vous qu'appartienne une si belle maison et cette arène si commode ? Vous voyez, ajoutent-ils en leur montrant quelque homme puissant de la ville, celui qui en est le maître, et qui en peut disposer.

DE L'IMAGE D'UN COQUIN

Un coquin est celui à qui les choses les plus honteuses ne coûtent rien à dire ou à faire [1], qui jure volontiers [2], et fait des serments en justice autant qu'on lui en demande, qui est perdu de réputation [3], que l'on outrage impunément, qui est un chicaneur de profession, un effronté, et qui se mêle de toutes sortes d'affaires.

Un homme de ce caractère entre sans masque dans une danse comique [4], et même sans être ivre ; mais de sang-froid il se distingue dans la danse la plus obscène [5] par les postures les plus indécentes. C'est lui qui, dans ces lieux où l'on voit des prestiges [6], s'ingère de recueillir l'argent de chacun des spectateurs, et qui fait querelle à ceux qui, étant entrés par billets, croient ne devoir rien payer. Il est d'ailleurs de tous métiers : tantôt il tient une taverne, tantôt il est partisan ; il n'y a point de si sale commerce [7] où il ne soit capable d'entrer. Vous le verrez aujourd'hui crieur public, demain cuisinier ou brelan-

---

sophes vains et intéressés. » (Note de la Bruyère.) — Cette définition est un peu superficielle. — Voyez, sur les sophistes, le *Gorgias*, le *Protagoras*, la *République* de Platon, le ch. VIII du *Brutus* de Cicéron, etc.

1. A FAIRE. Cf. Molière, rôle de Scapin : « A vous dire la vérité, il y a peu de choses qui me soient impossibles, quand je m'en veux mêler. »

2. JURE VOLONTIERS. Cf. Racine, rôle de Chicaneau :

... Il viendra me demander peut-être
Un grand homme sec, là, qui me sert de
[témoin,
Et qui jure pour moi lorsque j'en ai be-
[soin.

3. PERDU DE RÉPUTATION. Cf. Molière, le *Misanthrope* :

Quelques titres honteux qu'en tous lieux
[on lui donne,
Son misérable honneur ne voit pour lui
[personne.

4. DANSE COMIQUE. « Sur le théâtre, avec des farceurs. » (Note de La Bruyère.)

5. OBSCÈNE. « Cette danse, la plus déréglée de toutes, s'appelait en grec Κόρδαξ, parce que l'on s'y servait d'une corde pour faire des postures. » (Note de La Bruyère.) — Etymologie douteuse : χορδή (et non χορδή) ne signifiant que boyau, et par extension corde à boyau.

6. PRESTIGES. « Choses fort extraordinaires, telles qu'on en voit dans nos foires. » (Note de La Bruyère.)

7. COMMERCE. Cf. Molière, le *Misanthrope* :

On sait que ce pied-plat, digne qu'on le
[confonde,
Par de sales emplois s'est poussé dans le
[monde.

dier : tout lui est propre. S'il a une mère, il la laisse mourir de faim. Il est sujet au larcin, et à se voir traîner par la ville dans une prison, sa demeure ordinaire [1], et où il passe une partie de sa vie. Ce sont ces sortes de gens que l'on voit se faire entourer du peuple, appeler ceux qui passent, et se plaindre à eux avec une voix forte et enrouée, insulter ceux qui les contredisent. Les uns fendent la presse pour les voir, pendant que les autres, contents de les avoir vus, se dégagent et poursuivent leur chemin sans vouloir les écouter ; mais ces effrontés continuent de parler : ils disent à celui-ci le commencement d'un fait, quelque mot à cet autre ; à peine peut-on tirer d'eux la moindre partie de ce dont il s'agit ; et vous remarquerez qu'ils choisissent pour cela des jours d'assemblée publique, où il y a un grand concours de monde, qui se trouve le témoin de leur insolence. Toujours accablés de procès que l'on intente contre eux, ou qu'ils ont intentés à d'autres, de ceux dont ils se délivrent par de faux serments, comme de ceux qui les obligent de comparaître, ils n'oublient jamais de porter leur boîte [2] dans leur sein, et une liasse de papiers entre leurs mains : vous les voyez dominer parmi de vils praticiens à qui ils prêtent à usure, retirant chaque jour une obole et demie de chaque drachme [3] ; ensuite fréquenter les tavernes, parcourir les lieux où l'on débite le poisson frais ou salé, et consumer ainsi en bonne chère tout le profit qu'ils tirent de cette espèce de trafic. En un mot, ils sont querelleux et difficiles, ont sans cesse la bouche ouverte à la calomnie, ont une voix étourdissante, et qu'ils font retentir dans les marchés et dans les boutiques.

DU GRAND PARLEUR OU DU BABIL

Ce que quelques-uns appellent *babil*, est proprement une intempérance de langue qui ne permet pas à un homme de se taire. Vous ne contez pas la chose comme elle est, dira quelqu'un de ces grands parleurs à quiconque veut l'entretenir de quelque affaire que ce soit ; j'ai tout su, et si vous vous donnez

---

1. DEMEURE ORDINAIRE. Cf. Molière, rôle de Scapin : « Trois ans de galères de plus ou de moins ne sont pas pour arrêter un noble cœur. »
2. LEUR BOITE. « Une petite boîte de cuivre fort légère, où les plaideurs mettaient leurs titres et les pièces de leurs procès. » (Note de La Bruyère.) — Cf. Racine, *les Plaideurs* :
Que de sacs ! Il en a jusques aux jarretières.
3. DRACHME. « Une obole était la sixième partie d'une drachme. » (Note de La Bruyère.) — C'est l'usure à 25 p. 100 par jour.

la patience de m'écouter, je vous apprendrai tout. Et si cet autre continue de parler, Vous avez déjà dit cela; songez, poursuit-il, à ne rien oublier. Fort bien; cela est ainsi, car vous m'avez heureusement remis dans le fait : voyez ce que c'est que de s'entendre les uns les autres. Et ensuite : Mais que veux-je dire? Ah! j'oubliais une chose : oui, c'est cela même, et je voulais voir si vous tomberiez juste dans tout ce que j'en ai appris. C'est par de telles ou semblables interruptions qu'il ne donne pas le loisir à celui qui lui parle, de respirer. Et lorsqu'il a comme assassiné de son *babil* chacun de ceux qui ont voulu lier avec lui quelque entretien, il va se jeter dans un cercle de personnes graves qui traitent ensemble de choses sérieuses, et les met en fuite. De là il entre dans les écoles publiques et dans les lieux des exercices[1], où il amuse les maîtres par de vains discours, et empêche la jeunesse de profiter de leurs leçons. S'il échappe à quelqu'un de dire, Je m'en vais, celui-ci se met à le suivre[2], et il ne l'abandonne point qu'il ne l'ait remis jusque dans sa maison. Si par hasard il a appris ce qui aura été dit dans une assemblée de ville, il court dans le même temps le divulguer. Il s'étend merveilleusement sur la fameuse bataille[3] qui s'est donnée sous le gouvernement de l'orateur Aristophon, comme sur le combat célèbre[4] que ceux de Lacédémone ont livré aux Athéniens sous la conduite de Lysandre. Il raconte une autre fois quels applaudissements a eus un discours qu'il a fait dans le public, en répète une grande partie, mêle dans ce récit ennuyeux des invectives contre le peuple, pendant que de ceux qui l'écoutent, les uns s'endorment, les autres le quittent, et que nul ne se ressouvient d'un seul mot qu'il aura dit. Un grand causeur, en un mot, s'il est sur les tribunaux, ne laisse pas la liberté de juger; il ne permet pas que l'on mange à table; et s'il se trouve au théâtre, il empêche non seulement d'entendre,

---

1. Exercices. « C'était un crime puni de mort à Athènes par une loi de Solon, à laquelle on avait un peu dérogé du temps de Théophraste. » (Note de La Bruyère.)

2. Le suivre. Cf. Horace, *Satires*, liv. Ier, sat. 9 :

..... Misere cupis, inquit, abire;
Jamdudum video; sed nil agis, usque
[tenebo;
Persequar hinc quo nunc iter est tibi...
Nil habeo quod agam et non sum piger :
[usque sequar te.

Comparer aussi le récitateur d'Horace :

Non missura cutem, nisi plena cruoris,
[hirudo.

3. Bataille. « C'est-à-dire sur la bataille d'Arbèles et la victoire d'Alexandre, suivies de la mort de Darius, dont les nouvelles vinrent à Athènes lorsqu'Aristophon, célèbre orateur, était premier magistrat. » (Note de La Bruyère.)

4. Célèbre. « Il était plus ancien que la bataille d'Arbèles, mais trivial et su de tout le peuple. » (Note de La Bruyère.) — Il s'agit de la funeste bataille de l'Ægos-Potamos.

mais même de voir les acteurs. On lui fait avouer ingénument qu'il ne lui est pas possible de se taire ; qu'il faut que sa langue se remue dans son palais comme le poisson dans l'eau ; et que quand on l'accuserait d'être plus *babillard* qu'une hirondelle, il faut qu'il parle : aussi écoute-t-il froidement toutes les railleries que l'on fait de lui sur ce sujet ; et jusques à ses propres enfants, s'ils commencent à s'abandonner au sommeil, Faites-nous, lui disent-ils, un conte qui achève de nous endormir

DU DÉBIT DES NOUVELLES

Un nouvelliste, ou un conteur de fables, est un homme qui arrange, selon son caprice, des discours et des faits remplis de fausseté ; qui, lorsqu'il rencontre l'un de ses amis, compose son visage, et lui souriant, D'où venez-vous ainsi ? lui dit-il ; que nous direz-vous de bon ? n'y a-t-il rien de nouveau [1] ? Et continuant de l'interroger : Quoi donc ! n'y-a-t-il aucune nouvelle ? cependant il y a des choses étonnantes à raconter. Et sans lui donner le loisir de lui répondre, Que dites-vous donc ? poursuit-il ; n'avez-vous rien entendu par la ville ? Je vois bien que vous ne savez rien, et que je vais vous régaler de grandes nouveautés. Alors, ou c'est un soldat, ou le fils d'Astée le joueur de flûte [2], ou Lycon l'ingénieur, tous gens qui arrivent fraîchement de l'armée, de qui il sait toutes choses ; car il allègue pour témoins de ce qu'il avance des hommes obscurs qu'on ne peut trouver pour les convaincre de fausseté : il assure donc que ces personnes lui ont dit que le roi [3] et Polysperchon [4] ont gagné la bataille, et que Cassandre, leur ennemi, est tombé vif entre leurs mains [5]. Et lorsque quelqu'un lui dit : Mais en vérité cela est-il croyable ? il lui réplique que cette nouvelle se crie et se répand par toute la ville, que tous s'accordent à dire la même chose, que c'est tout ce qui se raconte du combat, et qu'il y a eu un grand carnage. Il ajoute qu'il a lu cet événement sur le visage de ceux

---

1. NOUVEAU. Cf. Démosthène, I*re* *Philippique* : « Voulez-vous toujours, dites-moi, vous promener sur la place publique, vous demandant les uns aux autres : que dit-on de nouveau ?... etc. »

2. FLUTE. « L'usage de la flûte, très ancien dans les troupes. » (Note de La Bruyère.)

3. LE ROI. « Aridée, frère d'Alexandre le Grand. » (Note de La Bruyère.)

4. POLYSPERCHON. « Capitaine du même Alexandre. » (Note de La Bruyère.)

5. LEURS MAINS. « C'était un faux bruit ; et Cassandre, fils d'Antipater, disputant à Aridée et à Polysperchon la tutelle des enfants d'Alexandre, avait eu de l'avantage sur eux. » (Note de La Bruyère.)

qui gouvernent ; qu'il y a un homme caché chez l'un de ces magistrats depuis cinq jours entiers, qui revient de la Macédoine, qui a tout vu et qui lui a tout dit. Ensuite, interrompant le fil de sa narration, Que pensez-vous de ce succès ? demande-t-il à ceux qui l'écoutent. Pauvre Cassandre, malheureux prince ! s'écrie-t-il d'une manière touchante. Voyez ce que c'est que la fortune ; car enfin Cassandre était puissant, et il avait avec lui de grandes forces. Ce que je vous dis, poursuit-il, est un secret qu'il faut garder pour vous seul ; pendant qu'il court par toute la ville le débiter à qui le veut entendre. Je vous avoue que ces discours de nouvelles me donnent de l'admiration, et que je ne conçois pas quelle est la fin qu'ils se proposent ; car, pour ne rien dire de la bassesse qu'il y a à toujours mentir, je ne vois pas qu'ils puissent recueillir le moindre fruit de cette pratique : au contraire, il est arrivé à quelques-uns de se laisser voler leurs habits dans un bain public, pendant qu'ils ne songeaient qu'à rassembler autour d'eux une foule de peuple, et à lui conter des nouvelles. Quelques autres, après avoir vaincu sur mer et sur terre dans le Portique[1], ont payé l'amende pour n'avoir pas comparu à une cause appelée. Enfin il s'en est trouvé qui, le jour même qu'ils ont pris une ville, du moins par leurs beaux discours, ont manqué de dîner. Je ne crois pas qu'il y ait rien de si misérable que la condition de ces personnes : car quelle est la boutique, quel est le portique, quel est l'endroit d'un marché public où ils ne passent tout le jour à rendre sourds ceux qui les écoutent, ou à les fatiguer par leurs mensonges ?

DE L'EFFRONTERIE CAUSÉE PAR L'AVARICE.

Pour faire connaître ce vice, il faut dire que c'est un mépris de l'honneur dans la vue d'un vil intérêt. Un homme que l'avarice rend effronté ose emprunter une somme d'argent à celui à qui il en doit déjà, et qu'il lui retient avec injustice. Le jour même qu'il aura sacrifié aux dieux, au lieu de manger religieusement chez soi une partie des viandes consacrées[2], il les fait saler pour lui servir dans plusieurs repas, et va souper chez l'un de ses amis ; et là, à table, à la vue de tout le monde, il appelle son valet, qu'il veut encore nourrir aux dépens de son hôte ; et lui

---

1. PORTIQUE. « Voyez le chapitre de la flatterie. » (Note de La Bruyère.) — Voyez la note 4 de ce chapitre.

2. CONSACRÉES. « C'était la coutume des Grecs. Voyez le chapitre du contretemps. » (Note de La Bruyère.)

coupant un morceau de viande qu'il met sur un quartier de pain,
Tenez, mon ami, lui-dit-il, faites bonne chère. Il va lui-même
au marché acheter des viandes cuites[1] ; et avant que de convenir du prix, pour avoir une meilleure composition du marchand,
il lui fait ressouvenir qu'il lui a autrefois rendu service. Il fait
ensuite peser ces viandes, et il en entasse le plus qu'il peut :
s'il en est empêché par celui qui les vend, il jette du moins
quelques os dans la balance : si elle peut tout contenir, il est
satisfait ; sinon, il ramasse sur la table des morceaux de rebut,
comme pour se dédommager, sourit, et s'en va. Une autre fois,
sur l'argent qu'il aura reçu de quelques étrangers pour leur
louer des places au théâtre, il trouve le secret d'avoir sa part
franche du spectacle, et d'y envoyer le lendemain ses enfants et
leur précepteur. Tout lui fait envie ; il veut profiter des bons
marchés, et demande hardiment au premier venu une chose
qu'il ne vient que d'acheter. Se trouve-t-il dans une maison
étrangère, il emprunte jusques à l'orge et à la paille ; encore
faut-il que celui qui les lui prête fasse les frais de les faire
porter jusque chez lui. Cet effronté, en un mot, entre sans
payer dans un bain public, et là, en présence du baigneur, qui
crie inutilement contre lui, prenant le premier vase qu'il rencontre, il le plonge dans une cuve d'airain qui est remplie
d'eau, se la répand sur tout le corps[2]. Me voilà lavé, ajoute-t-il,
autant que j'en ai besoin, et sans avoir obligation à personne ;
remet sa robe et disparaît.

DE L'ÉPARGNE SORDIDE.

Cette espèce d'avarice est dans les hommes une passion de
vouloir ménager les plus petites choses sans aucune fin honnête.
C'est dans cet esprit que quelques-uns, recevant tous les mois
le loyer de leur maison, ne négligent pas d'aller eux-mêmes
demander la moitié d'une obole qui manquait au dernier payement qu'on leur a fait ; que d'autres, faisant l'effort de donner à
manger chez eux, ne sont occupés, pendant le repas, qu'à
compter le nombre de fois que chacun des conviés demande à

---

1. CUITES. « Comme le menu peuple qui achetait son souper chez le charcutier. » (Note de la Bruyère.)

2. LE CORPS. « Les pauvres se lavaient ainsi pour payer moins. » (Note de La Bruyère.)

DE L'EFFRONTERIE PAR L'AVARICE.

boire[1]. Ce sont eux encore dont la portion des prémices[2] des viandes que l'on envoie sur l'autel de Diane est toujours la plus petite. Ils apprécient les choses au-dessous de ce qu'elles valent ; et, de quelque bon marché qu'un autre, en leur rendant compte, veuille se prévaloir, ils lui soutiennent toujours qu'il a acheté trop cher. Implacables à l'égard d'un valet qui aura laissé tomber un pot de terre, ou cassé par malheur quelque vase d'argile, ils lui déduisent cette perte sur sa nourriture ; mais si leurs femmes ont perdu seulement un denier, il faut alors renverser toute une maison, déranger les lits, transporter des coffres, et chercher dans les recoins les plus cachés. Lorsqu'ils vendent, ils n'ont que cette unique chose en vue, qu'il n'y ait qu'à perdre pour celui qui achète. Il n'est permis à personne de cueillir une figue dans leur jardin, de passer au travers de leur champ, de ramasser une petite branche de palmier, ou quelques olives qui seront tombées de l'arbre. Ils vont tous les jours se promener sur leurs terres, en remarquent les bornes, voient si l'on n'y a rien changé, et si elles sont toujours les mêmes. Ils tirent intérêt de l'intérêt même, et ce n'est qu'à cette condition qu'ils donnent du temps à leurs créanciers. S'ils ont invité à dîner quelques-uns de leurs amis, et qui ne sont que des personnes du peuple, ils ne feignent point de leur faire servir un simple hachis[3] ; et on les a vus souvent aller eux-mêmes au marché pour ces repas, y trouver tout trop cher, et en revenir sans rien acheter. Ne prenez pas l'habitude, disent-ils à leurs femmes, de prêter votre sel, votre orge, votre farine, ni même du cumin[4], de la marjolaine[5], des gâteaux[6] pour l'autel, du coton, de la laine ; car ces petits détails ne laissent pas de monter, à la fin d'une année, à une grosse somme. Ces avares, en un mot, ont des trousseaux de clefs rouillées, dont ils ne se servent point ; des cassettes[7] où

1, A BOIRE. Cf. Molière, rôle d'Harpagon : « Vous, je vous établis dans la charge de rincer les verres et de donner à boire, mais seulement lorsque l'on aura soif, et non pas selon la coutume de certains impertinents de laquais, qui viennent provoquer les gens et les faire aviser de boire lorsque l'on n'y songe pas. Attendez qu'on vous en demande plus d'une fois, et vous ressouvenez de porter toujours beaucoup d'eau. »

2. PRÉMICES. « Les Grecs commençaient par ces offrandes leurs repas publics. » (Note de La Bruyère.)

3. UN SIMPLE HACHIS. Cf. Molière, rôle d'Harpagon : « Il faudra de ces choses dont on ne mange guère et qui rassasient d'abord : quelque bon haricot bien gras, avec quelque pâté en pot bien garni de marrons. »

4. CUMIN. « Une sorte d'herbe. » (Note de La Bruyère.)

5. MARJOLAINE. « Elle empêche les viandes de se corrompre, ainsi que le thym et le laurier. » (Note de La Bruyère.)

6. GATEAUX. « Faits de farine et de miel, et qui servaient aux sacrifices. » (Note de La Bruyère.)

7. CASSETTES. Cf. Molière, rôle d'Harpagon : « O ma chère cassette !... »

leur argent est en dépôt, qu'ils n'ouvrent jamais, et qu'ils laissent moisir dans un coin de leur cabinet. Ils portent des habits qui leur sont trop courts et trop étroits; les plus petites fioles contiennent plus d'huile qu'il n'en faut pour les oindre; ils ont la tête rasée jusqu'au cuir; se déchaussent vers le milieu du jour[1], pour épargner leurs souliers; vont trouver les foulons, pour obtenir d'eux de ne pas épargner la craie dans la laine qu'ils leur ont donnée à préparer, afin, disent-ils, que leur étoffe se tache moins[2].

DE L'IMPUDENT OU DE CELUI QUI NE ROUGIT DE RIEN.

L'impudent est facile à définir; il suffit de dire que c'est une profession ouverte d'une plaisanterie outrée, comme de ce qu'il y a de plus honteux et de plus contraire à la bienséance. Celui-là, par exemple, est impudent, qui se plaît à battre des mains au théâtre lorsque tout le monde se tait, ou y siffler les acteurs que les autres voient et écoutent avec plaisir; qui, couché sur le dos, pendant que toute l'assemblée garde un profond silence, fait entendre de sales hoquets, qui obligent les spectateurs de tourner la tête et d'interrompre leur attention. Un homme de ce caractère achète en plein marché des noix, des pommes, toute sorte de fruits, les mange, cause debout avec la fruitière, appelle par leurs noms ceux qui passent sans presque les connaître, en arrête d'autres qui courent par la place, et qui ont leurs affaires; et s'il voit venir quelque plaideur, il l'aborde, le raille et le félicite sur une cause importante qu'il vient de plaider. Il va lui-même choisir de la viande, et louer pour un souper des femmes qui jouent de la flûte; et, montrant à ceux qu'il rencontre ce qu'il vient d'acheter, il les convie en riant d'en venir manger. On le voit s'arrêter devant la boutique d'un barbier ou d'un parfumeur, et là[3] annoncer qu'il va faire un grand repas et s'enivrer[4]. Si quelquefois il vend du vin, il le fait mêler pour ses amis comme pour les autres sans distinction. Il ne permet pas à ses enfants

---

1. DU JOUR. « Parce que dans cette partie du jour, le froid en toute saison était supportable. » (Note de La Bruyère.)

2. TACHE MOINS. « C'était aussi parce que cet apprêt avec de la craie, comme le pire de tous, et qui rendait les étoffes dures et grossières, était celui qui coûtait le moins. » (Note de La Bruyère.)

3. LA. « Il y avait des gens fainéants et désoccupés qui s'assemblaient dans leurs boutiques. » (Note de La Bruyère.)

4. SI QUELQUEFOIS. — Les traits qui suivent ne conviennent guère au caractère de l'impudent et doivent être reportés au chapitre *du gain sordide.*

d'aller à l'amphithéâtre avant que les jeux soient commencés, et lorsque l'on paye pour être placé, mais seulement sur la fin du spectacle, et quand l'architecte[1] néglige les places et les donne pour rien. Étant envoyé avec quelques autres citoyens en ambassade, il laisse chez soi la somme que le public lui a donnée pour faire les frais de son voyage, et emprunte de l'argent de ses collègues : sa coutume alors est de charger son valet de fardeaux au delà de ce qu'il en peut porter, et de lui retrancher cependant de son ordinaire; et comme il arrive souvent que l'on fait dans les villes des présents aux ambassadeurs, il demande sa part pour la vendre. Vous m'achetez toujours, dit-il au jeune esclave qui le sert dans le bain, une mauvaise huile et qu'on ne peut supporter : il se sert ensuite de l'huile d'un autre, et épargne la sienne. Il envie à ses propres valets, qui le suivent, la plus petite pièce de monnaie qu'ils auront ramassée dans les rues, et il ne manque point d'en retenir sa part avec ce mot, *Mercure est commun*[2]. Il fait pis ; il distribue à ses domestiques leurs provisions dans une certaine mesure dont le fond, creux par dessous, s'enfonce en dedans et s'élève comme en pyramide; et quand elle est pleine, il la rase lui-même avec le rouleau le plus près qu'il peut[3]... De même, s'il paye à quelqu'un trente mines[4] qu'il lui doit, il fait si bien qu'il y manque quatre drachmes[5] dont il profite. Mais, dans ces grands repas où il faut traiter toute une tribu[6], il fait recueillir, par ceux de ses domestiques qui ont soin de la table, le reste des viandes qui ont été servies, pour lui en rendre compte : il serait fâché de leur laisser une rave à demi mangée.

DU CONTRE TEMPS.

Cette ignorance du temps et de l'occasion est une manière d'aborder les gens[7], ou d'agir avec eux, toujours incommode et embarrassante. Un importun est celui qui choisit le moment que

---

1. L'ARCHITECTE. « L'architecte qui avait bâti l'amphithéâtre et à qui la république donnait le louage des places en payement. » (Note de La Bruyère.)
2. COMMUN. « Proverbe grec, qui revient à notre *je retiens part.* » (Note de La Bruyère.)
3. QU'IL PEUT. « Quelque chose manque ici dans le texte. » (Note de La Bruyère.)
4. MINES. « Mine se doit prendre ici pour une pièce de monnaie. » (Note de La Bruyère.)
5. DRACHMES. « Petites pièces de monnaie, dont il fallait cent à Athènes pour faire une mine. » (Note de La Bruyère.)
6. TRIBU. « Athènes était partagée en plusieurs tribus ; voyez le chapitre *de la médisance.* » (Note de La Bruyère.)
7. ABORDER LES GENS. Voy. sur ce caractère, Molière, *les Fâcheux.*

son ami est accablé de ses propres affaires, pour lui parler des siennes; qui, voyant que quelqu'un vient d'être condamné en justice de payer pour un autre pour qui il s'est obligé, le prie néanmoins de répondre pour lui; qui comparaît pour servir de témoin dans un procès que l'on vient de juger; qui prend le temps des noces où il est invité, pour se déchaîner contre les femmes; qui entraîne à la promenade des gens à peine arrivés d'un long voyage, et qui n'aspirent qu'à se reposer : fort capable d'amener des marchands pour offrir d'une chose plus qu'elle ne vaut, après qu'elle est vendue; de se lever au milieu d'une assemblée, pour reprendre un fait dès ses commencements, et en instruire à fond ceux qui en ont les oreilles rebattues, et qui le savent mieux que lui; souvent empressé pour engager dans une affaire des personnes qui, ne l'affectionnant point, n'osent pourtant refuser d'y entrer. S'il arrive que quelqu'un dans la ville doive faire un festin après avoir sacrifié[1], il va lui demander une portion des viandes qu'il a préparées. Une autre fois, s'il voit qu'un maître châtie devant lui son esclave, « J'ai perdu, » dit-il, un des miens dans une pareille occasion; je le fis » fouetter, il se désespéra, et s'alla pendre. » Enfin il n'est propre qu'à commettre de nouveau deux personnes qui veulent s'accommoder, s'ils l'ont fait arbitre de leur différend. C'est encore une action qui lui convient fort que d'aller prendre, au milieu du repas, pour danser[2], un homme qui est de sang-froid et qui n'a bu que modérément.

DE L'AIR EMPRESSÉ.

Il semble qu'un trop grand empressement est une recherche importune ou une vaine affectation de marquer aux autres de la bienveillance par ses paroles et par toute sa conduite. Les manières d'un homme empressé sont de prendre sur soi l'événement d'une affaire qui est au-dessus de ses forces et dont il ne saurait sortir avec honneur; et dans une chose que toute une assemblée juge raisonnable, et où il ne se trouve pas la moindre difficulté, d'insister longtemps sur une légère circonstance, pour être ensuite

---

1. SACRIFIÉ. « Les Grecs, le jour même qu'ils avaient sacrifié, ou soupaient avec leurs amis, ou leur envoyaient à chacun une portion de la victime. C'était donc un contretemps de demander sa part prématurément et lorsque le festin était résolu, auquel on pouvait même être invité. » (Note de La Bruyère.)

2. DANSER. « Cela ne se faisait chez les Grecs qu'après le repas, et lorsque les tables étaient enlevées. » (Note de La Bruyère.)

de l'avis des autres ; de faire beaucoup plus apporter de vin dans un repas qu'on n'en peut boire ; d'entrer dans une querelle où il se trouve présent, d'une manière à l'échauffer davantage. Rien n'est aussi plus ordinaire que de le voir s'offrir à servir de guide dans un chemin détourné qu'il ne connaît pas, et dont il ne peut ensuite trouver l'issue : venir vers son général, et lui demander quand il doit ranger son armée en bataille, quel jour il faudra combattre, et s'il n'a point d'ordres à lui donner pour le lendemain : une autre fois s'approcher de son père, Ma mère, lui dit-il mystérieusement, vient de se coucher, et ne commence qu'à s'endormir : s'il entre enfin dans la chambre d'un malade à qui son médecin a défendu le vin, dire qu'on peut essayer s'il ne lui fera point de mal, et le soutenir doucement pour lui en faire prendre. S'il apprend qu'une femme soit morte dans la ville, il s'ingère de faire son épitaphe ; il y a fait graver son nom, celui de son mari, de son père, de sa mère, son pays, son origine, avec cet éloge : *Ils avaient tous de la vertu*[1]. S'il est quelquefois obligé de jurer devant des juges qui exigent son serment, Ce n'est pas, dit-il en perçant la foule pour paraître à l'audience, la première fois que cela m'est arrivé.

DE LA STUPIDITÉ.

La stupidité est en nous une pesanteur d'esprit qui accompagne nos actions et nos discours. Un homme stupide, ayant lui-même calculé avec des jetons une certaine somme, demande à ceux qui le regardent faire à quoi elle se monte[2]. S'il est obligé de paraître dans un jour prescrit devant ses juges, pour se défendre dans un procès que l'on lui fait, il l'oublie entièrement et part pour la campagne. Il s'endort à un spectacle, et ne se réveille que longtemps après qu'il est fini, et que le peuple s'est retiré. Après s'être rempli de viandes le soir, il se lève la nuit pour une indigestion, va dans la rue, se soulager où il est mordu d'un chien du voisinage. Il cherche ce qu'on vient de lui donner, et qu'il a mis lui-même dans quelque endroit où souvent il ne le peut retrouver. Lorsqu'on l'avertit de la mort de l'un de ses amis afin qu'il assiste à ses funérailles, il s'attriste, il pleure, il se désespère, et prenant une façon de parler pour une autre, A la bonne heure, ajoute-t-il ; ou une pareille sottise. Cette précaution qu'ont

---

1. DE LA VERTU « Formule d'épitaphe. » (note de La Bruyère.) — On a dit plus tard : « menteur comme une épitaphe. »

2. MONTE. Ce trait et la plupart des suivants appartiennent plutôt au distrait qu'au stupide.

les personnages sages de ne pas donner sans témoins [1] de l'argent à leurs créanciers, il l'a pour en recevoir de ses débiteurs. On le voit quereller son valet dans le plus grand froid de l'hiver, pour ne pas lui avoir acheté des concombres. S'il s'avise un jour de faire exercer ses enfants à la lutte ou à la course, il ne leur permet pas de se retirer qu'ils ne soient tout en sueur et hors d'haleine. Il va cueillir lui-même des lentilles, les fait cuire; et, oubliant qu'il y a mis du sel, il les sale une seconde fois, de sorte que personne ne peut y goûter. Dans le temps d'une pluie incommode, et dont tout le monde se plaint, il lui échappera de dire que l'eau du ciel est une chose délicieuse : et si on lui demande par hasard combien il a vu emporter de morts par la porte sacrée [2]? Autant, répond-il, pensant peut-être à de l'argent ou à des grains, que je voudrais que vous et moi en pussions avoir.

DE LA BRUTALITÉ.

La brutalité est une certaine dureté, et j'ose dire une férocité qui se rencontre dans nos manières d'agir, et qui passe même jusqu'à nos paroles. Si vous demandez à un homme brutal, Qu'est devenu un tel? il vous répond durement : Ne me rompez point la tête. Si vous le saluez, il ne vous fait pas l'honneur de vous rendre le salut. Si quelquefois il met en vente une chose qui lui appartient, il est inutile de lui en demander le prix, il ne vous écoute pas; mais il dit fièrement à celui qui la marchande : Qu'y trouvez-vous à dire? Il se moque de la piété de ceux qui envoient leurs offrandes dans les temples, aux jours d'une grande célébrité : Si leurs prières, dit-il, vont jusques aux dieux, et s'ils en obtiennent les biens qu'ils souhaitent, l'on peut dire qu'ils les ont bien payés, et que ce n'est pas un présent du ciel. Il est inexorable à celui qui sans dessein l'aura poussé légèrement, ou lui aura marché sur le pied; c'est une faute qu'il ne pardonne pas. La première chose qu'il dit à un ami qui lui emprunte quelque argent, c'est qu'il ne lui en prêtera point : il va le trouver ensuite, et le lui donne de mauvaise grâce, ajoutant qu'il le compte perdu. Il ne lui arrive jamais de se heurter à une pierre qu'il rencontre en son chemin, sans lui donner de grandes malédictions. Il ne daigne pas attendre personne; et si l'on diffère un

---

1. TÉMOINS. « Les témoins étaient fort en usage chez les Grecs, dans les payements et dans tous les actes. » (Note de La Bruyère.)

2. SACRÉE. « Pour être enterrés hors de la ville, suivant la loi de Solon. » (Note de La Bruyère.)

moment à se rendre au lieu dont on est convenu avec lui, il se retire. Il se distingue toujours par une grande singularité ; il ne veut ni chanter à son tour, ni réciter dans un repas[1], ni même danser avec les autres. En un mot, on ne le voit guère dans les temples importuner les dieux, et leur faire des vœux ou des sacrifices.

DE LA SUPERSTITION.

La superstition semble n'être autre chose qu'une crainte mal réglée de la Divinité. Un homme superstitieux après avoir lavé ses mains, s'être purifié avec de l'eau lustrale[2], sort du temple, et se promène une grande partie du jour avec une feuille de laurier dans sa bouche. S'il voit une belette, il s'arrête tout court, et il ne continue pas de marcher que quelqu'un n'ait passé avant lui par le même endroit que cet animal a traversé, ou qu'il n'ait jeté lui-même trois petites pierres dans le chemin, comme pour éloigner de lui ce mauvais présage. En quelque endroit de sa maison qu'il ait aperçu un serpent, il ne diffère pas d'y élever un autel : et dès qu'il remarque dans les carrefours de ces pierres que la dévotion du peuple y a consacrées, il s'en approche, verse dessus toute l'huile de sa fiole, plie les genoux devant elles, et les adore. Si un rat lui a rongé un sac de farine, il court au devin, qui ne manque pas de lui enjoindre d'y faire mettre une pièce ; mais, bien loin d'être satisfait de sa réponse, effrayé d'une aventure si extraordinaire, il n'ose plus se servir de son sac, et s'en défait. Son faible encore est de purifier sans fin la maison qu'il habite, d'éviter de s'asseoir sur un tombeau, comme d'assister à des funérailles, ou d'entrer dans la chambre d'une femme qui est en couche ; et lorsqu'il lui arrive d'avoir, pendant son sommeil, quelque vision[3], il va trouver les interprètes des songes, les devins et les augures, pour savoir d'eux à quel dieu ou à quelle déesse il doit sacrifier. Il est fort exact à visiter, sur la fin de

---

1. REPAS. « Les Grecs récitaient à table quelques beaux endroits de leurs poètes et dansaient ensemble après le repas. Voyez le chapitre du contretemps. » (Note de La Bruyère.)

2. EAU LUSTRALE. « Une eau où l'on avait éteint un tison ardent pris sur l'autel où l'on brûlait la victime : elle était dans une chaudière à la porte du temple ; l'on s'en lavait soi-même, ou l'on s'en faisait laver par les prêtres. » (Note de La Bruyère.) — Il serait plus exact de dire qu'on s'en aspergeait ou qu'on s'en faisait asperger. Cf. Virgile, *Énéide*, L. VI.

Spargens rore levi et ramo felicis olivæ.

3. VISION. Diogène disait : « Vous ne réfléchissez pas à ce que vous faites étant éveillés ; mais vous faites beaucoup de cas des visions que vous avez en dormant. »

chaque mois, les prêtres d'Orphée, pour se faire initier dans ses mystères[1] : il y mène sa femme; ou, si elle s'en excuse par d'autres soins, il y fait conduire ses enfants par une nourrice. Lorsqu'il marche par la ville, il ne manque guère de se laver toute la tête avec l'eau des fontaines qui sont dans les places : quelquefois il a recours à des prêtresses, qui le purifient d'une autre manière en liant et en étendant autour de son corps un petit chien, ou de la squille[2]. Enfin, s'il voit un homme frappé d'épilepsie, saisi d'horreur, il crache dans son propre sein, comme pour rejeter le malheur de cette rencontre.

DE L'ESPRIT CHAGRIN.

L'esprit chagrin fait que l'on n'est jamais content de personne et que l'on fait aux autres mille plaintes sans fondement. Si quelqu'un fait un festin, et qu'il se souvienne d'envoyer un plat[3] à un homme de cette humeur, il ne reçoit de lui pour tout remercîment que le reproche d'avoir été oublié. Je n'étais pas digne, dit cet esprit querelleur, de boire de son vin, ni de manger à sa table. Après une grande sécheresse, venant à pleuvoir, comme il ne peut se plaindre de la pluie, il s'en prend au ciel de ce qu'elle n'a pas commencé plus tôt. Si le hasard lui fait voir une bourse dans son chemin, il s'incline. Il y a des gens, ajoute-t-il, qui ont du bonheur; pour moi, je n'ai jamais eu celui de trouver un trésor. Une autre fois, ayant envie d'un esclave, il prie instamment celui à qui il appartient d'y mettre le prix; et dès que celui-ci, vaincu par ses importunités, le lui a vendu, il se repent de l'avoir acheté. Ne suis-je pas trompé? demande-t-il; et exigerait-on si peu d'une chose qui serait sans défauts? A ceux qui lui font les compliments ordinaires sur la naissance d'un fils et sur l'augmentation de sa famille, Ajoutez, leur dit-il, pour ne rien oublier, sur ce que mon bien est diminué de la moitié. Un homme chagrin, après avoir eu de ses juges ce qu'il demandait, et l'avoir emporté tout d'une voix sur son adversaire, se plaint encore de celui qui a écrit ou parlé pour lui, de ce qu'il n'a pas touché les meilleurs moyens de sa cause; ou lorsque ses amis ont fait ensemble une certaine somme pour le secourir dans un

---

1. MYSTÈRES. « Instruire de ses mystères. » (Note de la Bruyère.)
2. SQUILLE. « Espèce d'oignon marin. » (Note de La Bruyère.)
3. UN PLAT. « C'a été la coutume des Juifs et d'autres peuples orientaux, des Grecs et des Romains. » (Note de La Bruyère.) — Il s'agit des portions de victime qu'on envoyait après les sacrifices.

besoin pressant [1], si quelqu'un l'en félicite et le convie à mieux espérer de la fortune : Comment, lui répond-il, puis-je être sensible à la moindre joie, quand je pense que je dois rendre cet argent à chacun de ceux qui me l'ont prêté, et n'être pas encore quitte envers eux de la reconnaissance de leur bienfait?

DE LA DÉFIANCE.

L'esprit de défiance nous fait croire que tout le monde est capable de nous tromper. Un homme défiant, par exemple, s'il envoie au marché l'un de ses domestiques pour y acheter des provisions, il le fait suivre par un autre qui doit lui rapporter fidèlement combien elles ont coûté. Si quelquefois il porte de l'argent sur soi dans un voyage, il le calcule à chaque stade [2] qu'il fait pour voir s'il a son compte. Une autre fois étant couché avec sa femme, il lui demande si elle a remarqué que son coffre-fort fût bien fermé, si sa cassette est toujours scellée, et si on a eu soin de bien fermer la porte du vestibule; et, bien qu'elle assure que tout est en bon état, l'inquiétude le prend, il se lève du lit, va en chemise et les pieds nus, avec la lampe qui brûle dans sa chambre, visiter lui-même tous les endroits de sa maison; et ce n'est qu'avec beaucoup de peine qu'il s'endort après cette recherche. Il mène avec lui des témoins quand il va demander ses arrérages, afin qu'il ne prenne pas un jour envie à ses débiteurs de lui dénier sa dette. Ce n'est point chez le foulon qui passe pour le meilleur ouvrier, qu'il envoie teindre sa robe; mais chez celui qui consent de ne point la recevoir sans donner caution. Si quelqu'un se hasarde de lui emprunter quelques vases [3], il les lui refuse souvent; * ou s'il les accorde, il ne les laisse pas enlever qu'ils ne soient pesés; il fait suivre celui qui les emporte, et envoie dès le lendemain prier qu'on les lui renvoie *[4]. A-t-il un esclave qu'il affectionne et qui l'accompagne dans la ville, il le fait marcher devant lui, de peur que s'il le perdait de vue, il ne lui échappât et ne prît la fuite. A un homme qui, em-

1. Pressant. Voyez *De la dissimulation*, note 2.
2. Stade. « Six cents pas. » (Note de La Bruyère.)
3. Vases. « D'or ou d'argent. » (Note de La Bruyère.)
4. Renvoie. « Ce qui se lit entre les deux étoiles n'est pas dans le grec, où le sens est interrompu; mais il est suppléé par quelques interprètes. » (Note de La Bruyère.) — C'est Casaubon qui avait suppléé à cette phrase défectueuse. Voici le passage de Théophraste restitué d'après les manuscrits du Vatican : « Il les refuse la plupart du temps; mais s'ils sont demandés par un ami ou un parent, il est tenté de les essayer et de les peser, et exige presque une caution avant de les prêter. »

portant de chez lui quelque chose que ce soit, lui dirait : Estimez cela et mettez-le sur mon compte, il répondrait qu'il faut le laisser où on l'a pris, et qu'il a d'autres affaires que celle de courir après son argent.

D'UN VILAIN HOMME.

Ce caractère suppose toujours dans un homme une extrême malpropreté, et une négligence pour sa personne qui passe dans l'excès, et qui blesse ceux qui s'en aperçoivent. Vous le verrez quelquefois tout couvert de lèpre, avec des ongles longs et malpropres, ne pas laisser de se mêler parmi le monde, et croire en être quitte pour dire que c'est une maladie de famille, et que son père et son aïeul y étaient sujets. Il a aux jambes des ulcères. On lui voit aux mains des poireaux et d'autres saletés, qu'il néglige de faire guérir ; ou s'il pense à y remédier, c'est lorsque le mal, aigri par le temps, est devenu incurable. Il est hérissé de poils sous les aisselles et par tout le corps, comme une bête fauve ; il a les dents noires, rongées, et telles que son abord ne se peut souffrir. Ce n'est pas tout : il crache ou il se mouche en mangeant, il parle la bouche pleine, fait en buvant des choses contre la bienséance, ne se sert jamais au bain que d'une huile qui sent mauvais, et ne paraît guère dans une assemblée publique qu'avec une vieille robe et toute tachée. S'il est obligé d'accompagner sa mère chez les devins, il n'ouvre la bouche que pour dire des choses de mauvais augure [1]. Une autre fois, dans le temple et en faisant des libations [2], il lui échappera des mains une coupe ou quelque autre vase ; et il rira ensuite de cette aventure, comme s'il avait fait quelque chose de merveilleux. Un homme si extraordinaire ne sait point écouter un concert ou d'excellents joueurs de flûte ; il bat des mains avec violence comme pour leur applaudir, ou bien il suit d'une voix désagréable le même air qu'ils jouent ; il s'ennuie de la symphonie, et demande si elle ne doit pas bientôt finir. Enfin si, étant assis à table, il veut cracher, c'est justement sur celui qui est derrière lui pour lui donner à boire.

1. MAUVAIS AUGURE. « Les anciens avaient un grand égard pour les paroles qui étaient proférées, même par hasard, par ceux qui venaient consulter les devins et les augures, prier ou sacrifier dans les temples. » (Note de La Bruyère.)

2. LIBATIONS. « Cérémonies où l'on répandoit du vin ou du lait dans les sacrifices. » (Note de La Bruyère.)

D'UN HOMME INCOMMODE.

Ce qu'on appelle un grand fâcheux est celui qui, sans faire à quelqu'un un fort grand tort, ne laisse pas de l'embarrasser beaucoup ; qui, entrant dans la chambre de son ami qui commence à s'endormir, le réveille pour l'entretenir de vains discours ; qui se trouvant sur le bord de la mer, sur le point qu'un homme est prêt de partir et de monter dans son vaisseau, l'arrête sans nul besoin, l'engage insensiblement à se promener avec lui sur le rivage ; qui, arrachant un petit enfant du sein de sa nourrice pendant qu'il tette, lui fait avaler quelque chose qu'il a mâché, bat des mains devant lui, le caresse et lui parle d'une voix contrefaite ; qui choisit le temps du repas, et que le potage est sur la table, pour dire qu'ayant pris médecine depuis deux jours, il est allé par haut et par bas, et qu'une bile noire et recuite était mêlée dans ses déjections ; qui, ne sachant que dire, apprend que l'eau de sa citerne est fraîche ; qu'il croît dans son jardin de bons légumes, ou que sa maison est ouverte à tout le monde comme une hôtellerie ; qui s'empresse de faire connaître à ses hôtes un parasite[1] qu'il a chez lui, qui l'invite à table à se mettre en bonne humeur, et à réjouir la compagnie.

DE LA SOTTE VANITÉ.

La sotte vanité semble être une passion inquiète de se faire valoir par les plus petites choses, ou de chercher dans les sujets les plus frivoles du nom et de la distinction. Ainsi un homme vain, s'il se trouve à un repas, affecte toujours de s'asseoir proche de celui qui l'a convié ; il consacre à Apollon la chevelure d'un fils qui lui vient de naître ; et dès qu'il est parvenu à l'âge de puberté, il le conduit lui-même à Delphes, lui coupe les cheveux, et les dépose dans le temple comme un monument d'un vœu solennel qu'il a accompli[2]. Il aime à se faire suivre par un More[3]. S'il fait un payement, il affecte que ce soit dans une

---

1. UN PARASITE. « Mot grec qui signifie celui qui ne mange que chez autrui. » (Note de La Bruyère.) Voy. Lucien, l'opuscule intitulé : « *Le parasite, ou que le métier de parasite est un art.* » — Juvénal, Satire V, et les comiques latins.

2. ACCOMPLI. « Le peuple d'Athènes, ou les personnes plus modestes, se contentaient d'assembler leurs parents, de couper en leur présence les cheveux de leurs fils parvenus à l'âge de puberté, et de les consacrer ensuite à Hercule, ou à quelque autre divinité qui avait un temple dans la ville. » (Note de La Bruyère.)

3. PAR UN MORE. Par un nègre.

monnaie toute neuve, et qui ne vienne que d'être frappée. Après qu'il a immolé un bœuf devant quelque autel, il se fait réserver la peau du front de cet animal, il l'orne de rubans et de fleurs, et l'attache à l'endroit de sa maison le plus exposé à la vue de ceux qui passent, afin que personne du peuple n'ignore qu'il a sacrifié un bœuf. Une autre fois, au retour d'une cavalcade qu'il aura faite avec d'autres citoyens, il renvoie chez soi par un valet tout son équipage, et ne garde qu'une riche robe dont il est habillé, et qu'il traîne le reste du jour dans la place publique[1]. S'il lui meurt un petit chien, il l'enterre, lui dresse une épitaphe avec ces mots : « Il était de race de Malte[2]. » Il consacre un anneau à Esculape, qu'il use à force d'y pendre des couronnes de fleurs. Il se parfume tous les jours. Il remplit avec un grand faste tout le temps de sa magistrature; et, sortant de charge, il rend compte au peuple avec ostentation des sacrifices qu'il a faits, comme du nombre et de la qualité des victimes qu'il a immolées. Alors, revêtu d'une robe blanche et couronné de fleurs, il paraît dans l'assemblée du peuple. Nous pouvons, dit-il, vous assurer, ô Athéniens, que, pendant le temps de notre gouvernement, nous avons sacrifié à Cybèle, et que nous lui avons rendu des honneurs tels que les mérite de nous la mère des dieux : espérez donc toutes choses heureuses de cette déesse. Après avoir parlé ainsi, il se retire dans sa maison, où il fait un long récit à sa femme de la manière dont tout lui a réussi, au delà même de ses souhaits.

DE L'AVARICE.

Ce vice est dans l'homme un oubli de l'honneur et de la gloire, quand il s'agit d'éviter la moindre dépense. Si un tel homme a remporté le prix de la tragédie[3], il consacre à Bacchus des guirlandes ou des bandelettes faites d'écorce de bois, et il fait graver son nom sur un présent si magnifique. Quelquefois, dans les temps difficiles, le peuple est obligé de s'assembler pour régler une contribution capable de subvenir aux besoins de la république; alors il se lève et garde le silence, ou le plus souvent il

---

1. PLACE PUBLIQUE. Cf. Molière, rôle de M. Jourdain : « Suivez-moi (il parle à ses laquais), que j'aille un peu montrer mon habit par la ville; et surtout ayez soin tous deux de marcher immédiatement sur mes pas, afin qu'on voie bien que vous êtes à moi. »

2. DE MALTE. « Cette île portait des petits chiens fort estimés. » Note de La Bruyère.)

3. TRAGÉDIE. « Qu'il a faite ou récitée » (Note de La Bruyère.)

fend la presse et se retire. Lorsqu'il marie sa fille, et qu'il sacrifie, selon la coutume, il n'abandonne de la victime que les parties seules qui doivent être brûlées sur l'autel[1]; il réserve les autres pour les vendre; et comme il manque de domestiques pour servir à table et être chargés du soin des noces, il loue des gens pour tout le temps de la fête, qui se nourrissent à leurs dépens, et à qui il donne une certaine somme. S'il est capitaine de galère, voulant ménager son lit, il se contente de coucher indifféremment avec les autres sur de la natte qu'il emprunte de son pilote[2]. Vous verrez une autre fois cet homme sordide acheter en plein marché des viandes cuites, toutes sortes d'herbes, et les porter hardiment dans son sein et sous sa robe : s'il l'a un jour envoyée chez le teinturier pour la détacher, comme il n'en a pas une seconde pour sortir, il est obligé de garder la chambre. Il sait éviter dans la place la rencontre d'un ami pauvre qui pourrait lui demander, comme aux autres, quelque secours[3]; il se détourne de lui, et reprend le chemin de sa maison. Il ne donne point de servantes à sa femme, content de lui en louer quelques-unes pour l'accompagner à la ville toutes les fois qu'elle sort. Enfin ne pensez pas que ce soit un autre que lui qui balaye le matin sa chambre, qui fasse son lit et le nettoie. Il faut ajouter qu'il porte un manteau usé, sale, et tout couvert de taches; qu'en ayant honte lui-même, il le retourne quand il est obligé d'aller tenir sa place dans quelque assemblée.

DE L'OSTENTATION.

Je n'estime pas que l'on puisse donner une idée plus juste de l'ostentation, qu'en disant que c'est dans l'homme une passion de faire montre d'un bien ou des avantages qu'il n'a pas. Celui en qui elle domine s'arrête dans l'endroit du Pirée[4] où les marchands étalent, et où se trouve un plus grand nombre d'étrangers; il entre en matière avec eux, il leur dit qu'il a beaucoup d'argent sur la mer; il discourt avec eux des avantages de ce

---

1. Sur l'autel. « C'étaient les cuisses et les intestins. » (Note de La Bruyère.)

2. Pilote. Le texte grec ajoute : « Il est capable de ne pas envoyer ses enfants à l'école vers le temps où il est d'usage de faire des présents au maître, mais de dire qu'ils sont malades afin de s'épargner cette dépense. » C'est ainsi qu'Harpagon « a toujours une querelle prête à faire à ses valets dans le temps des étrennes. »

3. Secours. « Par forme de contribution. Voyez les chapitres de la dissimulation et de l'esprit chagrin. » (Note de La Bruyère.)

4. Pirée. « Port à Athènes, fort célèbre. » (Note de La Bruyère.)

commerce, des gains immenses qu'il y a à espérer pour ceux qui y entrent, et de ceux surtout que lui qui leur parle y a faits. Il aborde dans un voyage le premier qu'il trouve sur son chemin, lui fait compagnie et lui dit bientôt qu'il a servi sous Alexandre; quels beaux vases et tout enrichis de pierreries il a rapportés de l'Asie, quels excellents ouvriers s'y rencontrent, et combien ceux de l'Europe leurs sont inférieurs [1]. Il se vante dans une autre occasion d'une lettre qu'il a reçue d'Antipater [2], qui apprend que lui troisième est entré dans la Macédoine. Il dit une autre fois que, bien que les magistrats lui aient permis tels transports de bois [3] qu'il lui plairait sans payer de tribut, pour éviter néanmoins l'envie du peuple, il n'a point voulu user de ce privilège. Il ajoute que pendant une grande cherté de vivres, il a distribué aux pauvres citoyens d'Athènes jusqu'à la somme de cinq talents [4]; et s'il parle à des gens qu'il ne connaît point, et dont il n'est pas mieux connu, il leur fait prendre des jetons, compter le nombre de ceux à qui il fait ces largesses; et quoiqu'il monte à plus de six cents personnes, il leur donne à tous des noms convenables; et, après avoir supputé les sommes particulières qu'il a données à chacun d'eux, il se trouve qu'il en résulte le double de ce qu'il pensait, et que dix talents y sont employés, sans compter, poursuit-il, les galères que j'ai armées à mes dépens, et les charges publiques que j'ai exercées à mes frais et sans récompense. Cet homme fastueux va chez un fameux marchand de chevaux, fait sortir de l'écurie les plus beaux et les meilleurs, fait ses offres, comme s'il voulait les acheter. De même il visite les foires les plus célèbres, entre sous les tentes des marchands, se fait déployer une riche robe, et qui vaut jusqu'à deux talents; et il sort en querellant son valet de ce qu'il ose le suivre sans porter de l'or sur lui pour les besoins où l'on se trouve [5]. Enfin, s'il habite une maison dont il paye le loyer, il dit hardiment à quelqu'un qui l'ignore que c'est une maison de famille, et qu'il a héritée de son père; mais qu'il

---

1. INFÉRIEURS. « C'était contre l'opinion commune de toute la Grèce. » (Note de La Bruyère.)

2. ANTIPATER. « L'un des capitaines d'Alexandre le Grand et dont la famille régna quelque temps dans la Macédoine. » (Note de La Bruyère.)

3. BOIS. « Parce que les pins, les cyprès et tout autre bois propre à construire des vaisseaux, étaient rares dans le pays attique, l'on n'en permettait le transport en d'autres pays qu'en payant un fort gros tribut. » (Note de La Bruyère.)

4. CINQ TALENTS. « Un talent attique dont il s'agit valait 60 mines attiques; une mine, 100 drachmes; une drachme, 6 oboles. Le talent attique valait quelques 600 écus de notre monnaie. » (Note de La Bruyère.)

5. SE TROUVE. « Coutume des anciens. » (Note de La Bruyère).

veut s'en défaire, seulement parce qu'elle est trop petite pour le grand nombre d'étrangers qu'il retire chez lui [1].

DE L'ORGUEIL.

Il faut définir l'orgueil une passion qui fait que de tout ce qui est au monde l'on n'estime que soi. Un homme fier et superbe n'écoute pas celui qui l'aborde dans la place pour lui parler de quelque affaire; mais, sans s'arrêter, et se faisant suivre quelque temps, il lui dit enfin qu'on peut le voir après son souper. Si l'on a reçu de lui le moindre bienfait, il ne veut pas qu'on en perde jamais le souvenir; il le reprochera en pleine rue, à la vue de tout le monde. N'attendez pas de lui qu'en quelque endroit qu'il vous rencontre, il s'approche de vous et qu'il vous parle le premier : de même, au lieu d'expédier sur-le-champ des marchands ou des ouvriers, il ne feint point de les renvoyer au lendemain matin et à l'heure de son lever. Vous le voyez marcher dans les rues de la ville la tête baissée, sans daigner parler à personne de ceux qui vont et viennent. S'il se familiarise quelquefois jusques à inviter ses amis à un repas, il prétexte des raisons pour ne pas se mettre à table et manger avec eux, et il charge ses principaux domestiques du soin de les régaler. Il ne lui arrive point de rendre visite à personne sans prendre la précaution d'envoyer quelqu'un des siens pour avertir qu'il va venir [2]. On ne le voit point chez lui lorsqu'il mange ou qu'il se parfume [3]. Il ne se donne pas la peine de régler lui-même des parties ; mais il dit négligemment à un valet de les calculer, de les arrêter et les passer à compte. Il ne sait point écrire dans une lettre, « Je vous prie de me faire ce plaisir, » ou « de me » rendre ce service ; » mais, « J'entends que cela soit ainsi ; » j'envoie un homme vers vous pour recevoir une telle chose ; » je ne veux pas que l'affaire se passe autrement ; faites ce » que je vous dis promptement et sans différer. » Voilà son style.

DE LA PEUR OU DU DÉFAUT DE COURAGE.

Cette crainte est un mouvement de l'âme qui s'ébranle ou qui cède en vue d'un péril vrai ou imaginaire; et l'homme timide

---

1. CHEZ LUI. « Par droit d'hospitalité. » (Note de La Bruyère.)
2. VENIR. « Voyez le chapitre *de la flatterie.* » (Note de La Bruyère.)
3. SE PARFUMER. « Avec des huiles de senteur. » (Note de La Bruyère.)

est celui dont je vais faire la peinture. S'il lui arrive d'être sur la mer, et s'il aperçoit de loin des dunes ou des promontoires, la peur lui fait croire que c'est le débris de quelques vaisseaux qui ont fait naufrage sur cette côte[1] ; aussi tremble-t-il au moindre flot qui s'élève, et il s'informe avec soin si tous ceux qui naviguent avec lui sont initiés[2] : s'il vient à remarquer que le pilote fait une nouvelle manœuvre ou semble se détourner comme pour éviter un écueil, il l'interroge, il lui demande avec inquiétude s'il ne croit pas s'être écarté de sa route, s'il tient toujours la haute mer, et si les dieux sont propices[3]. Après cela il se met à raconter une vision qu'il a eue pendant la nuit, dont il est encore épouvanté et qu'il prend pour un mauvais présage. Ensuite, ses frayeurs venant à croître, il se déshabille et ôte jusqu'à sa chemise, pour pouvoir mieux se sauver à la nage ; et, après cette précaution, il ne laisse pas de prier les nautoniers de le mettre à terre. Que si cet homme faible, dans une expédition militaire où il s'est engagé, entend dire que les ennemis sont proches, il appelle ses compagnons de guerre, observe leur contenance sur ce bruit qui court, leur dit qu'il est sans fondement, et que les coureurs n'ont pu discerner si ce qu'ils ont découvert à la campagne sont amis ou ennemis. Mais si l'on n'en peut plus douter par les clameurs que l'on entend, et s'il a vu lui-même de loin le commencement du combat, et que quelques hommes aient paru tomber à ses pieds ; alors, feignant que la précipitation et le tumulte lui ont fait oublier ses armes, il court les quérir dans sa tente, où il cache son épée sous le chevet de son lit, et emploie beaucoup de temps à la chercher, pendant que d'un autre côté son valet va par ses ordres savoir des nouvelles des ennemis, observer quelle route ils ont prise, et où en sont les affaires ; et dès qu'il voit apporter au camp quelqu'un tout sanglant d'une blessure qu'il a reçue, il accourt vers lui, le console et l'encourage, étanche le sang qui coule de sa plaie, chasse les mouches qui l'importunent, ne lui refuse aucun secours, et se mêle de tout, excepté de combattre. Si, pendant le temps qu'il est dans la chambre du malade, qu'il

---

1. Côte. Le texte grec dit : « Sur mer, il prend des promontoires pour des galères de pirates. »

2. Initiés. « Les anciens naviguaient rarement avec ceux qui passaient pour impies, et ils se faisaient initier avant de partir, c'est-à-dire instruire des mystères de quelque divinité pour se la rendre propice dans leurs voyages. » — Voyez le chapitre *de la superstition*. » (Note de La Bruyère.)

3. Propices. « Ils consultaient les dieux par les sacrifices, ou par les augures, c'est-à-dire par le vol, le chant et le manger des oiseaux, et encore par les entrailles des bêtes. » (Note de La Bruyère.)

ne perd pas de vue, il entend la trompette qui sonne la charge. Ah! dit-il avec imprécation, puisses-tu être pendu, maudit sonneur qui cornes incessamment et fais un bruit enragé qui empêche ce pauvre homme de dormir! Il arrive même que, tout plein d'un sang qui n'est pas le sien, mais qui a rejailli sur lui de la plaie du blessé, il fait accroire à ceux qui reviennent du combat qu'il a couru un grand risque de sa vie pour sauver celle de son ami; il conduit vers lui ceux qui y prennent intérêt, ou comme ses parents, ou parce qu'ils sont d'un même pays; et là il ne rougit pas de leur raconter quand et de quelle manière il a tiré cet homme des mains des ennemis, et l'a apporté dans sa tente.

DES GRANDS D'UNE RÉPUBLIQUE.

La plus grande passion de ceux qui ont les premières places dans un État populaire n'est pas le désir du gain ou de l'accroissement de leurs revenus, mais une impatience de s'agrandir, et de se fonder, s'il se pouvait, une souveraine puissance sur la ruine de celle du peuple[1]. S'il s'est assemblé pour délibérer à qui des citoyens il donnera la commission d'aider de ses soins le premier magistrat dans la conduite d'une fête ou d'un spectacle, cet homme ambitieux, et tel que je viens de le définir, se lève, demande cet emploi, et proteste que nul autre ne peut si bien s'en acquitter. Il n'approuve point la domination de plusieurs, et de tous les vers d'Homère il n'a retenu que celui-ci :

Les peuples sont heureux quand un seul les gouverne[2].

Son langage le plus ordinaire est tel : Retirons-nous de cette multitude qui nous environne; tenons ensemble un conseil particulier où le peuple ne soit point admis; essayons même de lui fermer le chemin à la magistrature. Et s'il se laisse prévenir contre une personne d'une condition privée, de qui il croit avoir reçu quelque injure, Cela, dit-il, ne se peut souffrir, et il faut que lui ou moi abandonnions la ville. Vous le voyez se promener dans la place sur le milieu du jour, avec des ongles propres, la barbe et les cheveux en bon ordre; repousser fière-

---

1. DU PEUPLE. Voyez le serment qu'on prêtait dans les hétairies (sociétés secrètes oligarchiques), au temps de la guerre du Péloponèse : « Je jure que je serai l'ennemi du peuple et que je lui ferai tout le mal que je pourrai. » Aristote, *Politique*, v, 7.
2. GOUVERNE. Homère. *Iliade* II, 204.

rement ceux qui se trouvent sur ses pas ; dire avec chagrin aux premiers qu'il rencontre que la ville est un lieu où il n'y a plus moyen de vivre ; qu'il ne peut plus tenir contre l'horrible foule des plaideurs, ni supporter plus longtemps les longueurs, les crieries et les mensonges des avocats ; qu'il commence à avoir honte de se trouver assis dans une assemblée publique, ou sur les tribunaux, auprès d'un homme mal habillé, sale, et qui dégoûte ; et qu'il n'y a pas un seul de ces orateurs dévoués au peuple qui ne lui soit insupportable. Il ajoute que c'est Thésée qu'on peut appeler le premier auteur de tous ces maux [1] ; et il fait de pareils discours aux étrangers qui arrivent dans la ville, comme à ceux [2] avec qui il sympathise de mœurs et de sentiments.

D'UNE TARDIVE INSTRUCTION.

Il s'agit de décrire quelques inconvénients où tombent ceux qui, ayant méprisé dans leur jeunesse les sciences et les exercices, veulent réparer cette négligence, dans un âge avancé, par un travail souvent inutile. Ainsi un vieillard de soixante ans s'avise d'apprendre des vers par cœur, et de les réciter à table dans un festin [3], où la mémoire venant à lui manquer, il a la confusion de demeurer court. Une autre fois, il apprend de son propre fils les évolutions qu'il faut faire dans les rangs à droite ou à gauche, le maniement des armes, et quel est l'usage à la guerre de la lance et du bouclier. S'il monte un cheval qu'on lui a prêté, il le presse de l'éperon, veut le manier ; et, lui faisant faire des voltes ou des caracoles, il tombe lourdement, et se casse la tête. On le voit tantôt pour s'exercer au javelot le lancer tout un jour contre l'homme de bois [4], tantôt tirer de l'arc et disputer avec son valet lequel des deux donnera mieux dans un blanc avec des flèches ; vouloir d'abord apprendre de lui, se mettre ensuite à l'instruire et à le corriger, comme s'il était le plus habile. Enfin, se voyant tout nu au sortir d'un bain, il imite les postures d'un lutteur ; et, par le défaut d'habitude, il les fait de mauvaise grâce, et il s'agite d'une manière ridicule.

1. CES MAUX. « Thésée avait jeté les fondements de la république d'Athènes, en établissant l'égalité entre les citoyens. » (Note de La Bruyère.) — On disait alors : c'est la faute de Thésée ; comme on a dit plus tard : c'est la faute à Voltaire.

2. CEUX. De ses concitoyens.

3. FESTIN. « Voyez le chapitre de la Brutalité. » (Note de La Bruyère.)

4. L'HOMME DE BOIS. « Une grande statue de bois qui était dans le lieu des exercices pour apprendre à darder. » (Note de La Bruyère.)

DE LA MÉDISANCE.

Je définis ainsi la médisance, une pente secrète de l'âme à penser mal de tous les hommes, laquelle se manifeste par les paroles. Et pour ce qui concerne le médisant, voici ses mœurs : si on l'interroge sur quelque autre, et que l'on lui demande quel est cet homme, il fait d'abord sa généalogie : Son père, dit-il, s'appelait Sosie [1], que l'on a connu dans le service et parmi les troupes sous le nom de Sosistrate ; il a été affranchi depuis ce temps et reçu dans l'une des tribus de la ville [2] : pour sa mère, c'était une noble thracienne [3], car les femmes de Thrace, ajoute-t-il, se piquent la plupart d'une ancienne noblesse : celui-ci, né de si honnêtes gens, est un scélérat, et qui ne mérite que le gibet. Dans une compagnie où il se trouve quelqu'un qui parle mal d'une personne absente, il relève la conversation : Je suis, lui dit-il, de votre sentiment ; cet homme m'est odieux, et je ne le puis souffrir : qu'il est insupportable par sa physionomie ! Y a-t-il un plus grand fripon et des manières plus extravagantes ? Savez-vous combien il donne à sa femme pour la dépense de chaque repas ? trois oboles [4], et rien davantage ; et croiriez-vous que, dans les rigueurs de l'hiver et au mois de décembre, il l'oblige de se laver avec de l'eau froide ? Si alors quelqu'un de ceux qui l'écoutent se lève et se retire, il parle de lui presque dans les mêmes termes. Nul de ses plus familiers n'est épargné : les morts [5] mêmes dans le tombeau ne trouvent pas un asile contre sa mauvaise langue.

1. Sosie. « C'était chez les Grecs un nom de valet ou d'esclave. » (Note de La Bruyère.)
2. De la ville. « Le peuple d'Athènes était partagé en diverses tribus. » (Note de La Bruyère.)
3. Noble Thracienne. « Cela est dit par dérision des Thraciennes, qui venaient dans la Grèce pour être servantes et quelque chose de pis. » (Note de La Bruyère.)
4. Oboles. « Il y avait au dessous de cette monnaie d'autres encore de moindre valeur. » (Note de La Bruyère.)
5. Les morts. « Il était défendu chez les Athéniens de parler mal des morts, par une loi de Solon, leur législateur. » (Note de La Bruyère.)

DISCOURS

PRONONCÉ

DANS L'ACADÉMIE FRANÇAISE

LE LUNDI 15 JUIN 1693

PRÉFACE

Ceux qui, interrogés sur le discours que je fis à l'Académie française le jour que j'eus l'honneur d'y être reçu, ont dit sèchement que j'avais fait des *Caractères*, croyant le blâmer, en ont donné l'idée la plus avantageuse que je pouvais moi-même désirer; car le public ayant approuvé ce genre d'écrire où je me suis appliqué depuis quelques années, c'était le prévenir en ma faveur que de faire une telle réponse. Il ne restait plus que de savoir si je n'aurais pas dû renoncer aux *Caractères* dans le discours dont il s'agissait; et cette question s'évanouit, dès qu'on sait que l'usage a prévalu qu'un nouvel académicien compose celui qu'il doit prononcer le jour de sa réception, de l'éloge du roi, de ceux du cardinal de Richelieu, du chancelier Séguier, de la personne à qui il succède, et de l'Académie française. De ces cinq éloges, il y en a quatre de personnels : or je demande à mes censeurs qu'ils me posent si bien la différence qu'il y a des éloges personnels aux *Caractères* qui louent, que je la puisse sentir, et avouer ma faute. Si, chargé de faire quelque autre harangue, je retombe encore dans des peintures, c'est alors qu'on pourra écouter leur critique, et peut-être me condamner; je dis peut-être, puisque les caractères ou du moins les images des choses et des personnes sont inévitables dans l'oraison, que tout écrivain est peintre, et tout excellent écrivain excellent peintre [1].

J'avoue que j'ai ajouté à ces tableaux, qui étaient de commande, les louanges de chacun des hommes illustres qui com-

---

[1]. PEINTRE. « Tout l'esprit d'un auteur consiste à bien définir et à bien peindre. » (LA BRUYÈRE.)

posent l'Académie française, et ils ont dû me le pardonner, s'ils ont fait attention qu'autant pour ménager leur pudeur que pour éviter les caractères, je me suis abstenu de toucher à leurs personnes, pour ne parler que de leurs ouvrages, dont j'ai fait des éloges publics plus ou moins étendus, selon que les sujets qu'ils y ont traités pouvaient l'exiger. J'ai loué des académiciens encore vivants, disent quelques-uns. Il est vrai; mais je les ai loués tous : qui d'entre eux aurait une raison de se plaindre? C'est une coutume toute nouvelle, ajoutent-ils, et qui n'avait point encore eu d'exemple. Je veux en convenir, et que j'ai pris soin de m'écarter des lieux communs et des phrases proverbiales usées depuis si longtemps pour avoir servi à un nombre infini de pareils discours depuis la naissance de l'Académie française. M'était-il donc si difficile de faire entrer Rome et Athènes, le Lycée et le Portique dans l'éloge de cette savante compagnie? *Être au comble de ses vœux de se voir académicien; protester que ce jour où l'on jouit pour la première fois d'un si rare bonheur est le jour le plus beau de sa vie; douter si cet honneur qu'on vient de recevoir est une chose vraie ou qu'on ait songée; espérer de puiser désormais à la source les plus pures eaux de l'éloquence française; n'avoir accepté, n'avoir désiré une telle place que pour profiter des lumières de tant de personnes si éclairées; promettre que, tout indigne de leur choix qu'on se reconnaît, on s'efforcera de s'en rendre digne :* cent autres formules de pareils compliments sont-elles si rares et si peu connues que je n'eusse pu les trouver, les placer et en mériter des applaudissements?

Parce donc que j'ai cru que, quoi que l'envie et l'injustice publient de l'Académie française, quoi qu'elles veuillent dire de son âge d'or[1] et de sa décadence, elle n'a jamais, depuis son établissement, rassemblé un si grand nombre de personnages illustres par toutes sortes de talents et en tout genre d'érudition qu'il est facile aujourd'hui d'y en remarquer; et que, dans cette prévention où je suis, je n'ai pas espéré que cette compagnie pût être une autre fois plus belle à peindre, ni prise dans un jour plus favorable, et que je me suis servi de l'occasion, ai-je rien fait qui doive m'attirer les moindres reproches? Cicéron a pu louer impunément Brutus, César, Pompée, Mar-

---

1. Age d'or. Cet âge d'or de l'Académie Française, à l'époque de sa fondation par Richelieu, 1635, est, comme l'âge d'or de la mythologie, une pure fable. Les académiciens qui reçurent La Bruyère, et qui s'appelaient La Fontaine, Racine, Boileau, Bossuet, Fénelon, valaient mieux que Saint-Amand, Faret, Bois-Robert, Gombaut, Porchères, Colomby, Godeau, Colletet, etc.

ceux, qui étaient vivants, qui étaient présents; il les a loués plusieurs fois; il les a loués seuls, dans le sénat, souvent en présence de leurs ennemis, toujours devant une compagnie jalouse de leur mérite, et qui avait bien d'autres délicatesses de politique sur la vertu des grands hommes que n'en saurait avoir l'Académie française. J'ai loué les académiciens, je les ai loués tous, et ce n'a pas été impunément : que me serait-il arrivé si je les avais blâmés tous[1] ?

« Je viens d'entendre, a dit Théobalde[2], une grande vilaine » harangue qui m'a fait bâiller vingt fois, et qui m'a ennuyé à » la mort. » Voilà ce qu'il a dit, et voilà ensuite ce qu'il a fait, lui et peu d'autres qui ont cru devoir entrer dans les mêmes intérêts. Ils partirent pour la cour le lendemain de la prononciation de ma harangue, ils allèrent de maisons en maisons, ils dirent aux personnes auprès de qui ils ont accès que je leur avais balbutié la veille un discours où il n'y avait ni style ni sens commun, qui était rempli d'extravagances, et une vraie satire. Revenus à Paris, ils se cantonnèrent en divers quartiers, où ils répandirent tant de venin contre moi, s'acharnèrent si fort à diffamer cette harangue, soit dans leurs conversations, soit dans les lettres qu'ils écrivirent à leurs amis dans les provinces, en dirent tant de mal et le persuadèrent si fortement à qui ne l'avait pas entendue, qu'ils crurent pouvoir insinuer au public, ou que les *Caractères* faits de la même main étaient mauvais, ou que, s'ils étaient bons, je n'en étais pas l'auteur, mais qu'une femme[3] de mes amies m'avait fourni ce qu'il y avait de plus supportable. Ils prononcèrent aussi que je n'étais pas capable de faire rien de suivi, pas même la moindre préface : tant ils estimaient impraticable à un homme même qui est dans l'habitude de penser et d'écrire ce qu'il pense, l'art de lier ses pensées et de faire des transitions.

Ils firent plus : violant les lois de l'Académie française, qui défend aux académiciens d'écrire ou de faire écrire contre leurs confrères, ils lâchèrent sur moi deux auteurs associés à une

---

1. Tous. Il y a, dans tout ce développement, beaucoup de finesse et de vivacité; c'est le ton de la bonne polémique.

2. Théobalde. Fontenelle, neveu de Corneille, qui ne put pardonner à La Bruyère les éloges qu'il donna à Racine, et qui, dans la querelle des anciens et des modernes, avait pris parti pour les seconds, tandis que La Bruyère tenait pour les premiers. — Il était de l'Académie depuis deux ans.

3. Une femme. On sait quelle place considérable les femmes occupent dans la littérature du dix-septième siècle. — (Voy. le chapitre *des ouvrages de l'esprit.*) — Parmi les livres qui avaient pu servir de modèle à La Bruyère, il faut citer les *Galeries de Portraits* de Mlle de Montpensier, publiées en 1657.

même gazette [1]; ils les animèrent, non pas à publier contre moi une satire fine et ingénieuse, ouvrage trop au-dessous des uns et des autres, *facile à manier, et dont les moindres esprits se trouvent capables* [2], mais à me dire de ces injures grossières et personnelles [3], si difficiles à rencontrer, si pénibles à prononcer ou à écrire, surtout à des gens à qui je veux croire qu'il reste encore quelque pudeur et quelque soin de leur réputation.

Et en vérité je ne doute point que le public ne soit enfin étourdi et fatigué d'entendre, depuis quelques années, de vieux corbeaux croasser autour de ceux qui, d'un vol libre et d'une plume légère, se sont élevés à quelque gloire par leurs écrits. Ces oiseaux lugubres semblent, par leurs cris continuels, leur vouloir imputer le décri universel où tombent nécessairement tout ce qu'ils exposent au grand jour de l'impression ; comme si on était cause qu'ils manquent de force et d'haleine, ou qu'on dût être responsable de cette médiocrité répandue sur leurs ouvrages. S'il s'imprime un livre de mœurs assez mal digéré pour tomber de soi-même et ne pas exciter leur jalousie, ils le louent volontiers, et plus volontiers encore ils n'en parlent point; mais s'il est tel que le monde en parle, ils l'attaquent avec furie. Prose, vers, tout est sujet à leur censure, tout est en proie à une haine implacable, qu'ils ont conçue contre ce qui ose paraître dans quelque perfection et avec les signes d'une approbation publique. On ne sait plus quelle morale leur fournir qui leur agrée ; il faudra leur rendre celle de la Serre [4] ou de Desmarets [5], et s'ils en sont crus, revenir au *Pédagogue chrétien* et

---

1. GAZETTE. « Mer. Gal. » (Note de La Bruyère.) — Il s'agit donc du *Mercure Galant*, que, dans le chapitre *des ouvrages de l'esprit*, La Bruyère avait mis « immédiatement au-dessous de rien ». — Le rédacteur en chef de cette revue mensuelle, qui paraissait depuis 1672, était Donneau de Vizé (1640-1710) ; les deux auteurs associés sont Vizé et Thomas Corneille. Fontenelle collaborait également au *Mercure*. — Dès 1677, le *Mercure Galant* avait pris le titre de *Mercure de France*.

2. CAPABLES. Voici le passage du *Mercure* auquel La Bruyère fait allusion : « Rien n'est plus aisé que de faire trois ou quatre pages d'un portrait qui ne demande point d'ordre, et il n'y a point de génie si borné qui ne soit capable de coudre ensemble quelques médisances de son prochain et d'y ajouter ce qui lui paraît capable de faire rire. »

3. PERSONNELLES. De Vizé l'avait accusé d'avoir « voulu faire réussir son livre à force de dire du mal de son prochain », d'avoir mis à profit « le désir empressé qu'on a de voir le mal que l'on dit d'une infinité de personnes distinguées », d'avoir « calomnié toute la terre », d'avoir obtenu son admission à l'Académie « par les plus fortes intrigues qui aient jamais été faites. »

4. LA SERRE. Jean-Puget de la Serre (1600-1668), auteur de tragédies en prose et d'autres ouvrages nombreux et remarquables par leur platitude. Voy. Boileau, *Satire III* :

Morbleu ! dit-il, La Serre est un charmant
[auteur !
Ses vers sont d'un beau style, et sa prose
[est coulante.

5. DESMARETS. Desmarets de Saint-Sorlin (1596-1676), après avoir été un des hôtes du salon bleu d'Arthénice et avoir mené une jeunesse assez licen-

à la *Cour Sainte*. Il paraît une nouvelle satire[1] écrite contre les vices en général, qui, d'un vers fort et d'un style d'airain, enfonce ses traits contre l'avarice, l'excès du jeu, la chicane, la mollesse, l'ordure et l'hypocrisie, où personne n'est nommé ni désigné, où nulle femme vertueuse ne peut ni ne doit se reconnaître; un BOURDALOUE en chaire ne fait point de peintures du crime ni plus vives ni plus innocentes : il n'importe, *c'est médisance, c'est calomnie*. Voilà, depuis quelque temps, leur unique ton, celui qu'ils emploient contre les ouvrages de mœurs qui réussissent : ils y prennent tout littéralement, ils les lisent comme une histoire, ils n'y entendent ni la poésie ni la figure; ainsi ils les condamnent; ils y trouvent des endroits faibles : il y en a dans Homère, dans Pindare, dans Virgile et dans Horace : où n'y en a-t-il point? si ce n'est peut-être dans leurs écrits. BERNIN[2] n'a pas manié le marbre ni traité toutes ses figures d'une égale force; mais on ne laisse pas de voir, dans ce qu'il a moins heureusement rencontré, de certains traits si achevés, tout proches de quelques autres qui le sont moins, qu'ils découvrent aisément l'excellence de l'ouvrier : si c'est un cheval, les crins sont tournés d'une main hardie, ils voltigent et semblent être le jouet du vent; l'œil est ardent, les naseaux soufflent le feu et la vie; un ciseau de maître s'y retrouve en mille endroits; il n'est pas donné à ses copistes ni à ses envieux d'arriver à de telles fautes par leurs chefs-d'œuvre : l'on voit bien que c'est quelque chose de manqué par un habile homme, et une faute de PRAXITÈLE.

Mais qui sont ceux qui, si tendres et si scrupuleux, ne peuvent même supporter que, sans blesser et sans nommer les vicieux, on se déclare contre le vice? Sont-ce des chartreux et des soli-

---

cieuse, se jeta dans une dévotion outrée et écrivit une quantité de livres de piété tous fort médiocres. On a oublié aujourd'hui sa comédie des *Visionnaires*, qui eut un grand succès, ainsi que les tragédies ridicules qu'il composa par ordre de Richelieu, et que son poëme des *Vertus chrétiennes*, en huit chants; mais, grâce à Boileau, on se souvient encore de ses attaques contre Port-Royal et de son épopée de *Clovis ou la France chrétienne*, qu'il avait publiée en 1657 pour discréditer à jamais l'*Iliade* et l'*Énéide*. (Voy. Boileau, épigrammes V, VIII.) — Saint-Évremond a mis en scène Desmarets dans sa comédie des *Académiciens*, et sous un jour peu favorable. (Voy. acte III, sc. III.) — Ce que Desmarets a fait de mieux est le quatrain sur la violette, dans la fameuse *Guirlande de Julie*.

1. SATIRE. La Xe satire de Boileau, sur les femmes, qui parut en 1693.

2. BERNIN, sculpteur, architecte et peintre italien, mort en 1680. — La Bruyère fait allusion à la statue équestre de Curtius, qui se trouve à l'extrémité de la pièce d'eau des Suisses, à Versailles. On raconte que cette statue avait été faite avec un bloc de marbre destiné par le Bernin à être la statue équestre de Louis XIV, qu'il avait manquée. — Le Bernin n'est pas un artiste méprisable, mais il ne saurait être comparé à Praxitèle; il a tous les défauts de l'art italien de la décadence.

taires? sont-ce les jésuites, hommes pieux et éclairés? sont-ce ces hommes religieux qui habitent en France les cloîtres et les abbayes? Tous, au contraire, lisent ces sortes d'ouvrages, et en particulier, et en public à leurs récréations; ils en inspirent la lecture à leurs pensionnaires, à leurs élèves; ils en dépeuplent les boutiques, ils les conservent dans leurs bibliothèques. N'ont-ils pas les premiers reconnu le plan et l'économie du Livre des *Caractères?* n'ont-ils pas observé que de seize chapitres qui le composent, il y en a quinze qui, s'attachant à découvrir le faux et le ridicule qui se rencontrent dans les objets des passions et des attachements humains, ne tendent qu'à ruiner tous les obstacles qui affaiblissent d'abord, et qui éteignent ensuite dans tous les hommes la connaissance de Dieu : qu'ainsi ils ne sont que des préparations au seizième et dernier chapitre, où l'athéisme est attaqué et peut-être confondu ; où les preuves de Dieu, une partie du moins de celles que les faibles hommes sont capables de recevoir dans leur esprit, sont apportées; où la providence de Dieu est défendue contre l'insulte et les plaintes des libertins? Qui sont donc ceux qui osent répéter contre un ouvrage si sérieux et si utile ce continuel refrain : *C'est médisance, c'est calomnie?* Il faut les nommer : ce sont des poëtes, mais quels poëtes? Des auteurs d'hymnes sacrées ou des traducteurs de psaumes, des Godeaux[1] ou des Corneilles[2]? Non; mais des faiseurs de stances et d'élégies amoureuses, de ces beaux esprits qui tournent un sonnet sur une absence ou sur un retour. Voilà ceux qui, par délicatesse de conscience, ne souffrent qu'impatiemment qu'en ménageant les particuliers avec toutes les précautions que la prudence peut suggérer, j'essaie, dans mon Livre des Mœurs, de décrier, s'il est possible, tous les vices du cœur et de l'esprit, de rendre l'homme raisonnable, et plus proche de devenir chrétien. Tels ont été les Théobaldes, ou ceux du moins qui travaillent sous eux et dans leur atelier.

Ils sont encore allés plus loin : car, palliant d'une politique zélée le chagrin de ne se sentir pas à leur gré si bien loués et si longtemps que chacun des autres académiciens, ils ont osé faire

---

1. GODEAU, évêque de Grasse et de Vence, né en 1605, mort en 1672, avait traduit les psaumes en vers français. — Comme Desmarets de Saint-Sorlin, il avait été un des poëtes de l'hôtel de Rambouillet, où on l'appelait le nain de Julie (Julie d'Angennes, fille de Catherine de Vivonne, marquise de Rambouillet, qui fut plus tard Mme de Montausier, et dont Fléchier a fait l'oraison funèbre). Il avait reçu l'évêché de Grasse de Richelieu en échange d'une paraphrase du *Benedicite.*

2. CORNEILLE. Le grand Corneille a laissé une traduction en vers de *l'Imitation de Jésus-Christ.*

des applications délicates et dangereuses de l'endroit de ma harangue où, m'exposant seul à prendre le parti de toute la littérature contre leurs[1] plus irréconciliables ennemis, gens pécunieux[2], que l'excès d'argent ou qu'une fortune faite par de certaines voies, jointe à la faveur des grands qu'elle leur attire nécessairement, mène jusqu'à une froide insolence, je leur fais à la vérité à tous une vive apostrophe, mais qu'il n'est pas permis de détourner de dessus eux pour la rejeter sur un seul, et sur tout autre.

Ainsi en usent à mon égard, excités peut-être par les Théobaldes, ceux qui, se persuadant qu'un auteur écrit seulement pour les amuser par la satire, et point du tout pour les instruire par une saine morale, au lieu de prendre pour eux et de faire servir à la correction de leurs mœurs les divers traits qui sont semés dans un ouvrage, s'appliquent à découvrir, s'ils le peuvent, quels de leurs amis ou de leurs ennemis ces traits peuvent regarder, négligent dans un livre tout ce qui n'est que remarques solides ou sérieuses réflexions, quoiqu'en si grand nombre qu'elles le composent presque tout entier, pour ne s'arrêter qu'aux peintures ou aux caractères; et, après les avoir expliqués à leur manière et en avoir cru trouver les originaux, donnent au public de longues listes, ou, comme ils les appellent, des clefs; fausses clefs, et qui leur sont aussi inutiles qu'elles sont injurieuses aux personnes dont les noms s'y voient déchiffrés, et à l'écrivain qui en est la cause, quoique innocente.

J'avais pris la précaution de protester, dans une préface, contre toutes ces interprétations, que quelque connaissance que j'ai des hommes m'avait fait prévoir, jusqu'à hésiter quelque temps si je devais rendre mon livre public, et à balancer entre le désir d'être utile à ma patrie par mes écrits, et la crainte de fournir à quelques-uns de quoi exercer leur malignité. Mais, puisque j'ai eu la faiblesse de publier ces *Caractères*, quelle digue élèverai-je contre ce déluge d'explications qui inonde la ville, et qui bientôt va gagner la cour? Dirai-je sérieusement, et protesterai-je avec d'horribles serments, que je ne suis ni auteur ni complice de ces clefs qui courent; que je n'en ai donné aucune; que mes plus familiers amis savent que je les leur ai toutes refusées; que les personnes les plus accréditées de la cour ont

---

1. LEURS. La Bruyère fait l'accord non avec le mot de « littérature », mais avec l'idée de « littérateurs ».

2. PÉCUNIEUX. Bien rentés. — Nous avons déjà rencontré cette expression dans le chapitre de *la ville*.

désespéré d'avoir mon secret? N'est-ce pas la même chose que si je me tourmentais beaucoup à soutenir que je ne suis pas un malhonnête homme, un homme sans pudeur, sans mœurs, sans conscience, tel enfin que les gazetiers dont je viens de parler ont voulu me représenter dans leur libelle diffamatoire?

Mais d'ailleurs comment aurais-je donné ces sortes de clefs, si je n'ai pu moi-même les forger telles qu'elles sont et que je les ai vues? Étant presque toutes différentes entre elles, quel moyen de les faire servir à une même entrée, je veux dire à l'intelligence de mes remarques? Nommant des personnes de la cour et de la ville à qui je n'ai jamais parlé, que je ne connais point, peuvent-elles partir de moi et être distribuées de ma main? Aurais-je donné celles qui se fabriquent à Romorantin, à Mortagne et à Belesme, dont les différentes applications sont à la baillive, à la femme de l'assesseur, au président de l'élection, au prévôt de la maréchaussée et au prévôt de la collégiale? Les noms y sont fort bien marqués; mais ils ne m'aident pas davantage à connaître les personnes. Qu'on me permette ici une vanité sur mon ouvrage : je suis presque disposé à croire qu'il faut que mes peintures expriment bien l'homme en général, puisqu'elles ressemblent à tant de particuliers, et que chacun y croit voir ceux de sa ville ou de sa province. J'ai peint à la vérité d'après nature, mais je n'ai pas toujours songé à peindre celui-ci ou celle-là dans mon Livre des Mœurs. Je ne me suis point loué au public pour faire des portraits qui ne fussent que vrais et ressemblants, de peur que quelquefois ils ne fussent pas croyables et ne parussent feints ou imaginés [1] : me rendant plus difficile je suis allé plus loin, j'ai pris un trait d'un côté et un trait d'un autre et de ces divers traits qui pouvaient convenir à une même personne j'en ai fait des peintures vraisemblables, cherchant moins à réjouir les lecteurs par le caractère, ou, comme le disent les mécontents, par la satire de quelqu'un, qu'à leur proposer des défauts à éviter et des modèles à suivre.

Il me semble donc que je dois être moins blâmé que plaint de ceux qui, par hasard, verraient leurs noms écrits dans ces insolentes listes que je désavoue, et que je condamne autant qu'elles le méritent. J'ose même attendre d'eux cette justice, que, sans s'arrêter à un auteur moral qui n'a eu nulle intention de les offenser par son ouvrage, ils passeront jusqu'aux inter-

---

1. CROYABLES. Cf. Boileau :

Le vrai peut quelquefois n'être pas vraisemblable.

prêtes, dont la noirceur est inexcusable. Je dis en effet ce que je dis, et nullement ce qu'on assure que j'ai voulu dire, et je réponds encore moins de ce qu'on me fait dire et que je ne dis point. Je nomme nettement les personnes que je veux nommer, toujours dans la vue de louer leur vertu ou leur mérite; j'écris leurs noms en lettres capitales, afin qu'on les voie de loin, et que le lecteur ne coure pas risque de les manquer. Si j'avais voulu mettre des noms véritables aux peintures moins obligeantes, je me serais épargné le travail d'emprunter des noms de l'ancienne histoire, d'employer des lettres initiales qui n'ont qu'une signification vaine et incertaine, de trouver enfin mille tours et mille faux-fuyants pour dépayser ceux qui me lisent, et les dégoûter des applications. Voilà la conduite que j'ai tenue dans la composition des *Caractères*.

Sur ce qui concerne la harangue, qui a paru longue et ennuyeuse au chef des mécontents, je ne sais en effet pourquoi j'ai tenté de faire de ce remercîment à l'Académie françoise un discours oratoire qui eût quelque force et quelque étendue. De zélés académiciens m'avaient déjà frayé ce chemin; mais ils se sont trouvés en petit nombre, et leur zèle pour l'honneur et pour la réputation de l'Académie n'a eu que peu d'imitateurs. Je pouvais suivre l'exemple de ceux qui, postulant une place dans une compagnie sans avoir jamais rien écrit, quoiqu'ils sachent écrire, annoncent dédaigneusement, la veille de leur réception, qu'ils n'ont que deux mots à dire et qu'un moment à parler, quoique capables de parler longtemps et de parler bien.

J'ai pensé, au contraire, qu'ainsi que nul artisan n'est agrégé à aucune société ni n'a ses lettres de maîtrise sans faire son chef-d'œuvre, de même, et avec encore plus de bienséance, un homme associé à un corps qui ne s'est soutenu et ne peut jamais se soutenir que par l'éloquence, se trouvait engagé à faire en y entrant un effort en ce genre, qui le fît aux yeux de tous paraître digne du choix dont il venait de l'honorer. Il me semblait encore que puisque l'éloquence profane ne paraissait plus régner au barreau, d'où elle a été bannie par la nécessité de l'expédition, et qu'elle ne devait plus être admise dans la chaire, où elle n'a été que trop soufferte, le seul asile qui pouvait lui rester était l'Académie française; et qu'il n'y avait rien de plus naturel, ni qui pût rendre cette compagnie plus célèbre, que si, au sujet des réceptions de nouveaux académiciens, elle savait quelquefois attirer la cour et la ville à ses assemblées, par la curiosité d'y entendre des pièces d'éloquence d'une juste étendue, faites de main de maîtres, et dont la profession est d'exceller dans la science de la parole.

Si je n'ai pas atteint mon but, qui était de prononcer un discours éloquent, il me paraît du moins que je me suis disculpé de l'avoir fait trop long de quelques minutes : car, si d'ailleurs Paris, à qui on l'avait promis mauvais, satirique et insensé, s'est plaint qu'on lui avait manqué de parole ; si Marly[1], où la curiosité de l'entendre s'était répandue, n'a point retenti d'applaudissements que la cour ait donnés à la critique qu'on en avait faite ; s'il a su franchir Chantilly[2], écueil des mauvais ouvrages ; si l'Académie française, à qui j'avais appelé comme au juge souverain de ces sortes de pièces, étant assemblée extraordinairement, a adopté celle-ci, l'a fait imprimer par son libraire, l'a mise dans ses archives ; si elle n'était pas, en effet, composée *d'un style affecté, dur et interrompu*, ni chargée de louanges fades et outrées, telles qu'on les lit dans *les prologues d'opéras* et dans tant d'*épîtres dédicatoires*, il ne faut plus s'étonner qu'elle ait ennuyé Théobalde. Je vois les temps (le public me permettra de le dire) où ce ne sera pas assez de l'approbation qu'il aura donnée à un ouvrage pour en faire la réputation, et que, pour y mettre le dernier sceau, il sera nécessaire que de certaines gens le désapprouvent, qu'ils y aient bâillé.

Car voudraient-ils, présentement qu'ils ont reconnu que cette harangue a moins mal réussi dans le public qu'ils ne l'avaient espéré, qu'ils savent que deux libraires ont plaidé[3] à qui l'imprimerait, voudraient-ils désavouer leur goût, et le jugement qu'ils en ont porté dans les premiers jours qu'elle fut prononcée ? Me permettraient-ils de publier ou seulement de soupçonner une tout autre raison de l'âpre censure qu'ils en firent, que la persuasion où ils étaient qu'elle le méritait ? On sait que cet homme, d'un nom et d'un mérite si distingué[4], avec qui j'eus l'honneur d'être reçu à l'Académie française, prié, sollicité, persécuté de consentir à l'impression de sa harangue par ceux mêmes qui voulaient supprimer la mienne et en éteindre la mémoire, leur résista toujours avec fermeté. Il leur dit *qu'il ne pouvait ni ne*

---

1. Marly. Château construit en 1679, en même temps que le grand Trianon. Le roi y allait souvent avec une partie de la cour.
2. Chantilly. Où habitaient le prince de Condé et le duc de Bourbon, fils et petit-fils du vainqueur de Rocroy. — Le grand Condé avait fort embelli « cette magnifique et délicieuse maison. » Voyez Bossuet, *Oraison funèbre de Louis de Bourbon.*
3. Plaidé. « L'instance était aux requêtes de l'Hôtel... » (Note de La Bruyère.)
4. Distingué. L'abbé Bignon. Voy. le discours.

devait approuver une distinction si odieuse qu'ils voulaient faire entre lui et moi ; que la préférence qu'ils donnaient à son discours avec cette affectation et cet empressement qu'ils lui marquaient, bien loin de l'obliger, comme ils pouvaient le croire, lui faisait au contraire une véritable peine ; que deux discours également innocents, prononcés dans le même jour, devaient être imprimés dans le même temps. Il s'expliqua ensuite obligeamment, en public et en particulier, sur le violent chagrin qu'il ressentait de ce que les deux auteurs de la gazette que j'ai cités avaient fait servir les louanges qu'il leur avait plu de lui donner à un dessein formé de médire de moi, de mon Discours et de mes *Caractères*; et il me fit, sur cette satire injurieuse, des explications et des excuses qu'il ne me devait point. Si donc on voulait inférer de cette conduite des Théobaldes, qu'ils ont cru faussement avoir besoin de comparaisons et d'une harangue folle et décriée pour relever celle de mon collègue, ils doivent répondre, pour se laver de ce soupçon, qui les déshonore, qu'ils ne sont ni courtisans, ni dévoués à la faveur, ni intéressés, ni adulateurs ; qu'au contraire ils sont sincères, et qu'ils ont dit naïvement ce qu'ils pensaient du plan, du style et des expressions de mon remerciment à l'Académie française. Mais on ne manquera pas d'insister et de leur dire que le jugement de la cour et de la ville, des grands et du peuple, lui a été favorable. Qu'importe ? Ils répliqueront avec confiance que le public a son goût et qu'ils ont le leur ; réponse qui ferme la bouche et qui termine tout différend. Il est vrai qu'elle m'éloigne de plus en plus de vouloir leur plaire par a... e mes écrits; car, si j'ai un peu de santé avec quelques années de vie, je n'aurai plus d'autre ambition que celle de rendre, par des soins assidus et par de bons conseils, mes ouvrages tels qu'ils puissent toujours partager les Théobaldes et le public.

DISCOURS

A L'ACADÉMIE FRANÇAISE

Messieurs,

Il serait difficile d'avoir l'honneur de se trouver au milieu de vous, d'avoir devant ses yeux l'Académie française, d'avoir lu l'histoire de son établissement, sans penser d'abord à celui à qui elle en est redevable[1], et sans se persuader qu'il n'y a rien de plus naturel et qui doive moins vous déplaire que d'entamer ce tissu de louanges qu'exigent le devoir et la coutume par quelques traits où ce grand cardinal soit reconnaissable et qui en renouvellent la mémoire.

Ce n'est point un personnage qu'il soit facile de rendre ni d'exprimer par de belles paroles ou par de riches figures, par ces discours moins faits pour relever le mérite de celui que l'on veut peindre, que pour montrer tout le feu et toute la vivacité de l'orateur. Suivez le règne de Louis le Juste[2] : c'est la vie du cardinal de Richelieu, c'est son éloge et celui du prince qui l'a mis en œuvre. Que pourrais-je ajouter à des faits encore récents et si mémorables? Ouvrez son Testament politique, digérez cet ouvrage : c'est la peinture de son esprit; son âme tout entière s'y développe; l'on y découvre le secret de sa conduite et de ses actions; l'on y trouve la source et la vraisemblance de tant et de si grands événements qui ont paru sous son administration; l'on y voit sans peine qu'un homme qui pense si virilement et

---

1. Redevable. L'Académie eut son berceau dans la petite chambre de Malherbe, dans le cénacle littéraire qui s'y réunissait sous sa présidence. Après la mort de Malherbe, nous retrouvons Racan, Maynard, formant le noyau d'une société de gens de lettres qui se tenait toutes les semaines chez le protestant Conrart, Conrart au silence prudent, selon le mot de Boileau. « Le cardinal de Richelieu qui aimait les grandes choses et surtout la langue française, en laquelle il écrivait lui-même fort bien, vit dans la société Conrart le germe d'une grande institution et un moyen de gouverner la langue par un conseil régulièrement établi. Il lui offrit de se changer en une Académie et de préparer la forme et les lois qu'elle recevrait à l'avenir. » (Pellisson, Hist. de l'Acad. fr.) — Ces messieurs résistèrent d'abord par crainte de se mettre en servitude en s'agrandissant. Le cardinal devenant pressant, il fallut céder; ils finirent par lui adresser une lettre qui était comme le développement du plan qu'il avait conçu. — Les lettres patentes du roi qui instituent l'Académie Française sont de 1635; elles ne furent enregistrées par le Parlement qu'en 1637, sur les injonctions du Cardinal.

2. Louis le Juste. Louis XIII, nommé le Juste dès son enfance, parce qu'il était né sous le signe de la Balance.

si juste a pu agir sûrement et avec succès, et que celui qui a achevé de si grandes choses, ou n'a jamais écrit, ou a dû écrire comme il a fait.

Génie fort et supérieur [1], il a su tout le fond et tout le mystère du gouvernement ; il a connu le beau et le sublime du ministère ; il a respecté l'étranger [2], ménagé les couronnes, connu le poids de leur alliance ; il a opposé des alliés à des ennemis ; il a veillé aux intérêts du dehors, à ceux du dedans, il n'a oublié que les siens : une vie si laborieuse et languissante, souvent exposée, a été le prix d'une si haute vertu. Dépositaire des trésors de son maître, comblé de ses bienfaits, ordonnateur, dispensateur de ses finances, on ne saurait dire qu'il est mort riche.

Le croirait-on, messieurs ? cette âme sérieuse et austère, formidable aux ennemis de l'État, inexorable aux factieux, plongée dans la négociation, occupée tantôt à affaiblir le parti de l'hérésie, tantôt à déconcerter une ligue et tantôt à méditer une conquête, a trouvé le loisir d'être savante, a goûté les belles-lettres et ceux qui en faisaient profession. Comparez-vous, si vous l'osez, au grand Richelieu, hommes dévoués à la fortune, qui, par le succès de vos affaires particulières, vous jugez dignes que l'on vous confie les affaires publiques ; qui vous donnez pour des génies heureux et pour de bonnes têtes ; qui dites que vous ne savez rien, que vous n'avez jamais lu, que vous ne lirez point, ou pour marquer l'inutilité des sciences, ou pour paraître ne devoir rien aux autres, mais puiser tout de votre fonds : apprenez que le cardinal de Richelieu a su, qu'il a lu ; je ne dis pas qu'il n'a point eu d'éloignement pour les gens de lettres, mais qu'il les a aimés, caressés, favorisés ; qu'il leur a ménagé des privilèges, qu'il leur destinait des pensions, qu'il les a réunis en une compagnie célèbre, qu'il en a fait l'Académie française. Oui, hommes riches et ambitieux, contempteurs de la vertu et de toute association qui ne roule pas sur les établissements et sur l'intérêt, celle-ci est une des pensées de ce grand ministre, né homme d'État, dévoué à l'État ; esprit solide, éminent, capable dans ce qu'il faisait des motifs les plus relevés, et qui tendaient

---

1. SUPÉRIEUR. Tout ce morceau sur Richelieu est banal et un peu vide. La Bruyère est resté bien au-dessous de Voiture. (Voyez l'éloge de Richelieu dans la lettre de Voiture sur la reprise de Corbie ; toute cette lettre est de la plus grande éloquence.)

2. L'ÉTRANGER. Singulier éloge donné au grand patriote qui a humilié l'Angleterre devant La Rochelle, l'Autriche et l'Espagne partout, à l'allié de Gustave-Adolphe contre l'Empire ; à l'homme qui disait : « Jusqu'où allaient les Gaules, jusque-là doit aller la France. »

au bien public comme à la gloire de la monarchie[1]; incapable de concevoir jamais rien qui ne fût digne de lui, du prince qu'il servait, de la France à qui il avait consacré ses méditations et ses veilles.

Il savait quelle est la force et l'utilité de l'éloquence, la puissance de la parole qui aide la raison et la fait valoir; qui insinue aux hommes la justice et la probité, qui porte dans le cœur du soldat l'intrépidité et l'audace, qui calme les émotions populaires, qui excite à leurs devoirs les compagnies entières ou la multitude : il n'ignorait pas quels sont les fruits de l'histoire et de la poésie, quelle est la nécessité de la grammaire, la base et le fondement des autres sciences; et que, pour conduire ces choses à un degré de perfection qui les rendit avantageuses à la république, il fallait dresser le plan d'une compagnie où la vertu seule fût admise, le mérite placé, l'esprit et le savoir rassemblés par des suffrages. N'allons pas plus loin : voilà, messieurs, vos principes et votre règle, dont je ne suis qu'une exception.

Rappelez en votre mémoire, la comparaison ne vous sera pas injurieuse, rappelez ce grand et premier concile[2] où les Pères qui le composaient étaient remarquables chacun par quelques membres mutilés, ou par les cicatrices qui leur étaient restées des fureurs de la persécution; ils semblaient tenir de leurs plaies le droit de s'asseoir dans cette assemblée générale de toute l'Église : il n'y avait aucun de vos illustres prédécesseurs qu'on ne s'empressât de voir, qu'on ne montrât dans les places, qu'on ne désignât par quelque ouvrage fameux qui lui avait fait un grand nom, et qui lui donnait rang dans cette Académie naissante qu'ils avaient comme fondée. Tels étaient ces grands artisans de la parole, ces premiers maîtres de l'éloquence française; tels vous êtes, messieurs, qui ne cédez ni en savoir ni en mérite à nul de ceux qui vous ont précédés.

L'un[3], aussi correct dans sa langue que s'il l'avait apprise par règles et par principes, aussi élégant dans les langues étran-

---

1. MONARCHIE. « Je n'ai jamais eu d'ennemis que ceux de l'État », disait Richelieu en mourant.

2. PREMIER CONCILE. Il ne s'agit pas ici du Concile de Jérusalem (50 ap. J.-C.), mais du Concile de Nicée, premier Concile œcuménique, tenu, en 325, par Constantin. — Toute la comparaison qui suit est forcée et n'est exempte ni d'emphase ni de mauvais goût.

3. L'UN. L'abbé de Choisy (1644-1724), auteur d'une traduction de l'*Imitation de J.-C.* (c'est à cet ouvrage que La Bruyère fait allusion), d'une *Histoire de l'Église*, et d'autres livres d'un genre très différent, tels que *les Mémoires de la comtesse des Barres*. Il avait été chargé d'une mission à Siam et en avait rapporté une relation intéressante. C'était un homme savant, spirituel, mais d'un caractère bizarre, ou, comme on dirait aujourd'hui, excentrique.

gères que si elles lui étaient naturelles, en quelque idiome qu'il compose, semble toujours parler celui de son pays : il a entrepris, il a fini une pénible traduction que le plus bel esprit pourrait avouer, et que le plus pieux personnage devrait désirer d'avoir faite.

L'autre[1] fait revivre Virgile parmi nous, transmet dans notre langue les grâces et les richesses de la latine, fait des romans[2] qui ont une fin, en bannit le prolixe et l'incroyable, pour y substituer le vraisemblable et le naturel.

Un autre[3], plus égal que Marot et plus poète que Voiture, a le jeu, le tour et la naïveté de tous les deux ; il instruit en badinant, persuade aux hommes la vertu par l'organe des bêtes, élève les petits sujets jusqu'au sublime : homme unique dans son genre d'écrire ; toujours original, soit qu'il invente, soit qu'il traduise ; qui a été au delà de ses modèles, modèle lui-même difficile à imiter.

Celui-ci[4] passe Juvénal, atteint Horace, semble créer les pensées d'autrui, et se rendre propre tout ce qu'il manie ; il a dans ce qu'il emprunte des autres toutes les grâces de la nouveauté et tout le mérite de l'invention : ses vers forts et harmonieux, faits de génie, quoique travaillés avec art, pleins de traits et de poésie, seront lus[5] encore quand la langue aura vieilli, en seront les derniers débris : on y remarque une critique sûre, judicieuse et innocente, s'il est permis du moins de dire de ce qui est mauvais qu'il est mauvais.

Cet autre[6] vient après un homme loué, applaudi, admiré, dont les vers volent en tous lieux et passent en proverbe ; qui prime, qui règne sur la scène ; qui s'est emparé de tout le théâtre : il ne l'en dépossède pas, il est vrai ; mais il s'y établit avec lui ; le

---

1. L'AUTRE. Segrais (1625-1701). — Il avait publié la traduction de *l'Énéide* ; la traduction des *Géorgiques* parut plus tard. Boileau vante ses Eglogues. — « Mademoiselle l'appelle une manière de bel esprit ; mais c'était en effet un très bel esprit et un véritable homme de lettres. Il fut obligé de quitter le service de cette princesse pour s'être opposé à son mariage avec le comte de Lauzun. » (Voltaire.)

2. DES ROMANS. Il s'agit de *Zaïde* et de *la Princesse de Clèves*, romans qu'on attribuait à Segrais, et qui sont vraiment de M*me* de La Fayette. « Ces romans sont les premiers où l'on vit les mœurs des honnêtes gens et des aventures naturelles décrites avec grâce. » (Voltaire.) — Ces romans ont une fin, tandis que l'*Astrée*, la *Cléopâtre* et le *Pharamond*, le *grand Cyrus* et la *Clélie* n'en avaient point.

3. UN AUTRE. La Fontaine.

4. CELUI-CI. Boileau.

5. SERONT LUS. Voltaire disait fort bien : « Ne dites pas de mal de Nicolas. » En effet, dire du mal de Nicolas Boileau, c'est dire du mal du bon sens, et cela porte malheur.

6. CET AUTRE. Racine. — On voit que La Bruyère tenait pour Racine contre Corneille. M*me* de Sévigné était d'un autre avis : « Vive donc notre vieil ami Corneille ! etc. »

monde s'accoutume à en voir faire la comparaison : quelques-uns ne souffrent pas que Corneille, le grand Corneille, lui soit préféré; quelques autres, qu'il lui soit égalé : ils en appellent à l'autre siècle, ils attendent la fin de quelques vieillards qui, touchés indifféremment de tout ce qui rappelle leurs premières années, n'aiment peut-être dans *Œdipe*[1] que le souvenir de leur jeunesse.

Que dirai-je de ce personnage[2] qui a fait parler si longtemps une envieuse critique et qui l'a fait taire; qu'on admire malgré soi, qui accable par le grand nombre et par l'éminence de ses talents; orateur, historien, théologien, philosophe; d'une rare érudition, d'une plus rare éloquence, soit dans ses entretiens, soit dans ses écrits, soit dans la chaire; un défenseur de la religion, une lumière de l'Église : parlons d'avance le langage de la postérité, un Père de l'Église : que n'est-il point[3]? Nommez, messieurs, une vertu qui ne soit pas la sienne.

Toucherai-je aussi votre dernier choix[4], si digne de vous? Quelles choses vous furent dites dans la place où je me trouve! Je m'en souviens; et, après ce que vous avez entendu, comment osé-je parler? comment daignez-vous m'entendre? Avouons-le, on sent la force et l'ascendant de ce rare esprit, soit qu'il prêche de génie et sans préparation, soit qu'il prononce un discours étudié et oratoire, soit qu'il explique ses pensées dans la conversation : toujours maître de l'oreille et du cœur de ceux qui l'écoutent, il ne leur permet pas d'envier ni tant d'élévation, ni tant de facilité, de délicatesse, de politesse : on est assez heureux de l'entendre, de sentir ce qu'il dit, et comme il le dit; on doit être content de soi, si l'on emporte ses réflexions et si l'on en profite. Quelle grande acquisition avez-vous faite en cet homme illustre! A qui m'associez-vous !

Je voudrais, messieurs, moins pressé par le temps et par les bienséances qui mettent des bornes à ce discours, pouvoir louer chacun de ceux qui composent cette Académie par des endroits encore plus marqués et par de plus vives expressions. Toutes les sortes de talents que l'on voit répandus parmi les hommes se trouvent partagées entre vous. Veut-on de diserts orateurs, qui

---

1. ŒDIPE. Pour les admirateurs passionnés de Corneille, il ne s'agit pas d'*Œdipe*, œuvre de sa vieillesse, mais du *Cid*, de *Cinna*, de *Polyeucte*, de *Nicomède*, etc.
2. PERSONNAGE. Bossuet.
3. QUE N'EST-IL POINT? L'éloge, pour être un peu emphatique, n'a rien d'exagéré. Bossuet, c'est la raison mise au service de la foi.
4. VOTRE DERNIER CHOIX. Fénelon, reçu à l'Académie Française la même année que La Bruyère.

aient semé dans la chaire toutes les fleurs de l'éloquence, qui, avec une saine morale, aient employé tous les tours et toutes les finesses de la langue, qui plaisent par un beau choix de paroles, qui fassent aimer les solennités, les temples, qui y fassent courir : qu'on ne les cherche pas ailleurs, ils sont parmi vous. Admire-t-on une vaste et profonde littérature qui aille fouiller dans les archives de l'antiquité pour en retirer des choses enfouies dans l'oubli, échappées aux esprits les plus curieux, ignorées des autres hommes ; une mémoire, une méthode, une précision à ne pouvoir, dans ses recherches, s'égarer d'une seule année, quelquefois d'un seul jour sur tant de siècles : cette doctrine admirable, vous la possédez ; elle est du moins en quelques-uns de ceux qui forment cette savante assemblée. Si l'on est curieux du don des langues joint au double talent de savoir avec exactitude les choses anciennes, et de narrer celles qui sont nouvelles avec autant de simplicité que de vérité ; des qualités si rares ne vous manquent pas, et sont réunies en un même sujet. Si l'on cherche[1] des hommes habiles, pleins d'esprit et d'expérience, qui, par le privilège de leurs emplois, fassent parler le prince avec dignité et avec justesse; d'autres qui placent heureusement et avec succès dans les négociations les plus délicates les talents qu'ils ont de bien parler et de bien écrire ; d'autres encore qui prêtent leurs soins et leur vigilance aux affaires publiques, après les avoir employés aux judiciaires, toujours avec une égale réputation : tous se trouvent au milieu de vous, et je souffre à ne les pas nommer.

Si vous aimez le savoir joint à l'éloquence, vous n'attendrez pas longtemps ; réservez seulement toute votre attention pour celui[2] qui parlera après moi. Que vous manque-t-il enfin? vous avez des écrivains habiles en l'une et en l'autre oraison ; des poètes en tout genre de poésies, soit morales, soit chrétiennes, soit héroïques, soit galantes et enjouées ; des imitateurs des anciens; des critiques austères; des esprits fins, délicats, subtils, ingénieux, propres à briller dans les conversations et dans les

---

1. SI L'ON CHERCHE. Ces éloges flatteurs s'adressent aux personnages obscurs comme Académiciens, mais illustres par leur rang et leurs dignités, c'étaient : Toussaint de la Roze, secrétaire de cabinet, qui imitait si bien l'écriture de Louis XIV, qu'il écrivait presque toutes les lettres autographes de ce monarque; François de Clermont-Tonnerre, évêque de Noyon; Nicolas Colbert, archevêque de Rouen ; le duc de Coislin, et de Calières, le diplomate. (Note de Walckenaër.)

2. CELUI. François Charpentier (1620-1702), de l'Académie Française et de l'Académie des Inscriptions, répondit à La Bruyère au nom de l'Académie, dont il était le directeur. (Voy. la préface des *Caractères*.) On a de lui une traduction de la *Cyropédie*.

cercles. Encore une fois, à quels hommes, à quels grands sujets m'associez-vous ?

Mais avec qui [1] daignez-vous aujourd'hui me recevoir ? après qui vous fais-je ce public remerciment ? Il ne doit pas néanmoins, cet homme si louable et si modeste, appréhender que je le loue : si proche de moi, il aurait autant de facilité que de disposition à m'interrompre. Je vous demanderai plus volontiers, à qui [2] me faites-vous succéder ? à un homme QUI AVAIT DE LA VERTU.

Quelquefois, messieurs, il arrive que ceux qui vous doivent les louanges des illustres morts dont ils remplissent la place, hésitent, partagés entre plusieurs choses qui méritent également qu'on les relève. Vous aviez choisi en M. l'abbé de la Chambre un homme si pieux, si tendre, si charitable, si louable par le cœur, qui avait des mœurs si sages et si chrétiennes, qui était si touché de religion, si attaché à ses devoirs, qu'une de ses moindres qualités était de bien écrire. De solides vertus, qu'on voudrait célébrer, font passer légèrement sur son érudition ou son éloquence ; on estime encore plus sa vie et sa conduite que ses ouvrages. Je préférerais en effet de prononcer le discours funèbre de celui à qui je succède, plutôt que de me borner à un simple éloge de son esprit. Le mérite en lui n'était pas une chose acquise, mais un patrimoine, un bien héréditaire, si du moins il en faut juger par le choix de celui qui avait livré son cœur, sa confiance, toute sa personne, à cette famille, qui l'avait rendue comme votre alliée, puisqu'on peut dire qu'il l'avait adoptée, et qu'il l'avait mise avec l'Académie française sous sa protection [3].

Je parle du chancelier Séguier. On s'en souvient comme de l'un des plus grands magistrats que la France ait nourris depuis ses commencements. Il a laissé à douter en quoi il excellait davantage, ou dans les belles-lettres, ou dans les affaires ; il est vrai du moins, et on en convient, qu'il surpassait en l'un et en l'autre tous ceux de son temps. Homme grave et familier, pro-

---

1. AVEC QUI. L'abbé J.-B. Bignon, petit-fils du savant Jérôme Bignon, avocat général au Parlement. Il avait été nommé à la place de Bussy-Rabutin et fut reçu le même jour que La Bruyère.
2. A QUI. Pierre Cureau de la Chambre, curé de Saint-Barthélemy, fils de Marin Cureau de la Chambre, auteur des *Caractères des passions*. Le père avait été de l'Académie française et de l'Académie des Sciences. Le fils fut, en 1670, de l'Académie Française, sans avoir rien écrit, et mourut en 1693, ne laissant que quelques sermons et trois discours académiques.
3. PROTECTION. Le chancelier Pierre Séguier, qui avait le titre de protecteur de l'Académie (mort en 1672).

fond dans les délibérations, quoique doux et facile dans le commerce, il a eu naturellement ce que tant d'autres veulent avoir et ne se donnent pas, ce qu'on n'a point par l'étude et par l'affectation, par les mots graves ou sentencieux, ce qui est plus rare que la science, et peut-être que la probité, je veux dire de la dignité. Il ne la devait point à l'éminence de son poste ; au contraire, il l'a anobli : il a été grand et accrédité sans ministère, et on ne voit pas que ceux qui ont su tout réunir en leurs personnes l'aient effacé.

Vous le perdîtes il y a quelques années, ce grand protecteur : vous jetâtes la vue autour de vous, vous promenâtes vos yeux sur tous ceux qui s'offraient et qui se trouvaient honorés de vous recevoir ; mais le sentiment de votre perte fut tel, que, dans les efforts que vous fîtes pour la réparer, vous osâtes penser à celui qui seul[1] pouvait vous la faire oublier et la tourner à votre gloire. Avec quelle bonté, avec quelle humanité ce magnanime prince vous a-t-il reçus ! N'en soyons pas surpris ; c'est son caractère, le même, messieurs, que l'on voit éclater dans toutes les actions de sa belle vie, mais que les surprenantes révolutions[2] arrivées dans un royaume voisin et allié de la France ont mis dans le plus beau jour qu'il pouvait jamais recevoir.

Quelle facilité est la nôtre pour perdre tout d'un coup le sentiment et la mémoire des choses dont nous nous sommes vus le plus fortement imprimés ! Souvenez-vous de ces jours tristes que nous avons passés dans l'agitation et dans le trouble ; curieux, incertains quelle fortune auraient courue un grand roi, une grande reine, le prince leur fils, famille auguste, mais malheureuse, que la piété et la religion[3] avaient poussée jusqu'aux dernières épreuves de l'adversité. Hélas ! avaient-ils péri sur la mer ou par la main de leurs ennemis[4] ? nous ne le savions pas : on s'interrogeait, on se promettait réciproquement les premières nouvelles[5] qui viendraient sur un événement si lamentable : ce

---

1. SEUL. Le roi, qui fut prié d'accepter le titre de protecteur de l'Académie à la mort du chancelier Séguier.

2. RÉVOLUTIONS. Il s'agit de la révolution de 1688 qui plaça sur le trône d'Angleterre Guillaume d'Orange.

3. LA RELIGION. Jacques II avait tenté de rétablir le catholicisme en Angleterre.

4. ENNEMIS. Jacques II avait été un instant prisonnier à Rochester, où il était gardé par les soldats Hollandais ; Guillaume III eut soin de le laisser s'évader.

5. NOUVELLES. Mme de Sévigné écrivait l'un de ces jours où les nouvelles les plus contradictoires arrivaient à la cour, le 29 décembre 1688. « Jamais il ne s'est vu un jour comme celui-ci. on dit quatre choses différentes du roi d'Angleterre, et toutes quatre de bons auteurs : il est à Calais ; il est à Boulogne ; il est arrêté en Angleterre ; il a péri dans son vaisseau ; un cinquième dit à Brest ; et tout cela tellement brouillé qu'on ne sait que dire...

n'était plus une affaire publique, mais domestique ; on n'en dormait plus, on s'éveillait les uns les autres pour s'annoncer ce qu'on avait appris. Et quand ces personnes royales, à qui l'on prenait tant d'intérêt, eussent pu échapper à la mer ou à leur patrie, était-ce assez ? ne fallait-il pas une terre étrangère où ils pussent aborder, un roi également bon et puissant qui pût et qui voulût les recevoir ? Je l'ai vue, cette réception[1], spectacle tendre s'il en fut jamais ! On y versait des larmes d'admiration et de joie : ce prince n'a pas plus de grâce lorsqu'à la tête de ses camps et de ses armées il foudroie une ville qui lui résiste, ou qu'il dissipe les troupes ennemies du seul bruit de son approche. S'il soutient cette longue guerre[2], n'en doutons pas, c'est pour nous donner une paix heureuse ; c'est pour l'avoir à des conditions qui soient justes et qui fassent honneur à la nation, qui ôtent pour toujours à l'ennemi l'espérance de nous troubler par de nouvelles hostilités. Que d'autres publient, exaltent ce que ce grand roi a exécuté, ou par lui-même, ou par ses capitaines, durant le cours de ces mouvements dont toute l'Europe est ébranlée, ils ont un sujet vaste et qui les exercera longtemps. Que d'autres augurent, s'ils le peuvent, ce qu'il veut achever dans cette campagne. Je ne parle que de son cœur, que de la pureté et de la droiture de ses intentions ; elles sont connues, elles lui échappent. On le félicite sur des titres d'honneur dont il vient de gratifier quelques grands de son État : que dit-il ? qu'il ne peut être content quand tous ne le sont pas, et qu'il lui est impossible que tous le soient comme il le voudrait. Il sait, messieurs, que la fortune d'un roi est de prendre des villes, de gagner des batailles, de reculer ses frontières, d'être craint de ses ennemis ; mais que la gloire du souverain consiste à être aimé de ses peuples, en avoir le cœur, et par le cœur tout ce qu'ils possèdent. Provinces éloignées, provinces voisines, ce prince humain et bienfaisant, que les peintres et les sculpteurs nous défigurent[3], vous tend les bras, vous regarde avec des yeux tendres et pleins de douceur : c'est là son attitude : il veut voir vos habitants, vos bergers[4], danser au son d'une flûte champêtre

Les laquais vont et viennent à tous moments ; jamais je n'ai vu un jour pareil. »

1. RÉCEPTION. La reine, Marie d'Este, et le prince de Galles (célèbre plus tard sous le nom de chevalier de Saint-Georges), arrivèrent à Saint-Germain le 6 février 1689 ; Jacques II les rejoignit le lendemain. Louis XIV vint lui-même recevoir la reine et le roi.

2. GUERRE. La guerre de la Ligue d'Augsbourg (1689-1697), qui se termina par la paix de Ryswyk.

3. DÉFIGURENT. Parce qu'ils le représentent toujours avec les attributs du guerrier et du conquérant.

4. BERGERS, il faut avouer que toute

sous les saules et les peupliers, y mêler leurs voix rustiques, et chanter les louanges de celui qui, avec la paix et les fruits de la paix, leur aura rendu la joie et la sérénité.

C'est pour arriver à ce comble de ses souhaits, la félicité commune, qu'il se livre aux travaux et aux fatigues d'une guerre pénible, qu'il essuie l'inclémence du ciel et des saisons, qu'il expose sa personne, qu'il risque une vie heureuse; voilà son secret et les vues qui le font agir; on les pénètre, on les discerne par les seules qualités de ceux qui sont en place, et qui l'aident de leurs conseils. Je ménage leur modestie : qu'ils me permettent seulement de remarquer qu'on ne devine point les projets de ce sage prince; qu'on devine au contraire, qu'on nomme les personnes qu'il va placer, et qu'il ne fait que confirmer la voix du peuple dans le choix qu'il fait de ses ministres. Il ne se décharge pas entièrement sur eux du poids de ses affaires : lui-même, si je l'ose dire, il est son principal ministre; toujours appliqué à nos besoins, il n'y a pour lui ni temps de relâche, ni heures privilégiées : déjà la nuit s'avance, les gardes sont relevées aux avenues de son palais, les astres brillent au ciel et font leur course; toute la nature repose, privée du jour, ensevelie dans les ombres; nous reposons aussi, tandis que ce roi, retiré dans son balustre[1], veille sur nous et sur tout l'État. Tel est, messieurs, le protecteur que vous vous êtes procuré, celui de ses peuples.

Vous m'avez admis dans une compagnie illustrée par une si haute protection : je ne le dissimule pas, j'ai assez estimé cette distinction pour désirer de l'avoir dans toute sa fleur et dans toute son intégrité, je veux dire de la devoir à votre seul choix, et j'ai mis votre choix à tel prix que je n'ai pas osé en blesser, pas même en effleurer la liberté par une importune sollicitation : j'avais d'ailleurs une juste défiance de moi-même, je sentais de la répugnance à demander d'être préféré à d'autres qui pouvaient être choisis. J'avais cru entrevoir, messieurs, une chose que je ne devais avoir aucune peine à croire, que vos inclinations se tournaient ailleurs, sur un sujet digne, sur un homme[2] rempli de vertus, d'esprit et de connaissances, qui était tel avant le

---

cette bergerie est bien fade; ajoutons qu'elle est bien peu conforme à la réalité. Voyez, sur la misère des habitants de la campagne sous Louis XIV, le chapitre de l'*Homme* : « L'on voit certains animaux farouches, etc. »

1. BALUSTRE. La balustrade qui entourait le lit du roi.

2. UN HOMME. Simon de La Loubère, (1642-1729), auteur d'odes et de sonnets qui ne valent pas la relation qu'il a laissée de sa mission à Siam (1687.) — Il fut nommé à l'Académie peu de temps après La Bruyère.

poste de confiance [1] qu'il occupe, et qui serait tel encore s'il ne l'occupait plus : je me sens touché non de sa déférence, je sais celle que je lui dois, mais de l'amitié qu'il m'a témoignée, jusqu'à s'oublier en ma faveur. Un père mène son fils à un spectacle; la foule y est grande, la porte est assiégée; il est haut et robuste, il fend la presse; et, comme il est près d'entrer, il pousse son fils devant lui, qui, sans cette précaution, ou n'entrerait point, ou entrerait tard. Cette démarche, d'avoir supplié quelques-uns de vous, comme il a fait, de détourner vers moi leurs suffrages, qui pouvaient si justement aller à lui, elle est rare, puisque, dans ces circonstances, elle est unique, et elle ne diminue rien de ma reconnaissance envers vous, puisque vos voix seules, toujours libres et arbitraires, donnent une place dans l'Académie française.

Vous me l'avez accordée, messieurs, et de si bonne grâce, avec un consentement si unanime, que je la dois et la veux tenir de votre seule magnificence [2]. Il n'y a ni poste, ni crédit, ni richesses, ni titres, ni autorité, ni faveur, qui aient pu vous plier à faire ce choix : je n'ai rien de toutes ces choses, tout me manque. Un ouvrage qui a eu quelque succès par sa singularité, et dont les fausses, je dis les fausses et malignes applications pouvaient me nuire auprès des personnes moins équitables et moins éclairées que vous, a été toute la médiation que j'ai employée, et que vous avez reçue. Quel moyen de me repentir jamais d'avoir écrit?

---

1. POSTE DE CONFIANCE. Il était gouverneur du fils de Louis Phelippeaux, comte de Pontchartrain, contrôleur général et secrétaire d'Etat en 1690, chancelier en 1699, qui se retira à l'Oratoire en 1714 et mourut en 1727. — L'élève de Simon de la Loubère, Jérôme de Pontchartrain, que son père avait fait secrétaire d'Etat, fut exclu du ministère par le régent Philippe d'Orléans.

2. MAGNIFICENCE. D'autres éditions portent *munificence*, qui est le mot propre.

TABLE ANALYTIQUE

DES MATIÈRES

Les chiffres indiquent les pages.
Les lettres T et N renvoient au Texte et aux Notes.

A

ACADÉMIE FRANÇAISE, T. et N. 18, T. 160, N. 257, 341, 348, T. et N. 451 à 472.
AGUESSEAU (le chancelier d'), N. 103.
ALIGRE (Mᵐᵉ d'), T. et N. 284, 285.
AMBOISE (le cardinal Georges d'), T. et N. 215.
AMBREVILLE, T. et N. 340.
AMPHION (v. Lulli).
AMYOT, N. 23, T. et N. 25.
ANCIENS ET MODERNES. — Tout le chap. des *ouvrages de l'esprit*, T. et N. et en particulier les pages 6, 9, 10. — *Discours à l'Académie*, 463 à 472, passim.
ANTAGORAS, T. et N. 263, 264.
ANTISTHÈNE, T. et N. 280 à 283.
ANTISTHIUS, T. et N. 293.
ARCHITECTURE GOTHIQUE, T. et N. 9.
ARISTARQUE (v. Harlay).
ARISTIDE (v. Pompone).
ARMENONVILLE (le Garde des sceaux d'), N. 110.
ARNAULD (le grand), N. 15, 266, 306.
ARNAULD (Angélique), N. 66.
ARRIAS (Robert de Châtillon?), T. et N. 86.
ARSÈNE (v. Tréville).
ARTÉNICE (v. Mᵐᵉ d'Aligres.)
AUBIGNÉ (comte d'), T. et N. 62, 87, 88, 329.
AUMONT (duchesse d'), T. et N. 64.
AVOCATS, T. et N. 136, 137, 361, 369 à 371.

B

BALZAC, N. 1, T. et N. 21, N. 22, T. et N. 23, 25, T. 36, N. 50, 90, 291, 341.
BARBEREAU, T. et N. 281.
BARBEZIEUX (marquis de), T. et N. 132, 133, 153, N. 182.
BARBIN, T. et N. 141.
BARON, N. 8, T. et N. 30, 277.
BASILIDE, T. et N. 207, 208.
BAUQUEMARE (le président de), T. et N. 69.
BEAUMAVIELLE, T. et N. 143.
BEAUVAIS (baron de), T. et N. 117.
BEAUVILLIERS (le duc de), N. 188, 278, T. et N. 325, 326, N. 329.
BELLEAU (Remy), T. et N. 2, 3.
BELLE-ISLE (comte de), N. 153.
BENOIT, T. et N. 281.
BENSERADE, T. et N. 102.
BERGERAC (Cyrano de) T. et N. 141.
BERNARDI, T. et N. 142.
BERNIER, N. 133, 375.
BERNIN, T. et N. 455.
BERRIER (Louis), T. et N. 112, 117, 118.
BIGNON (Jérôme), T. et N. 279.
BIGNON (l'abbé), T. et N. 460, 468.
BLOIS (Mˡˡᵉ de), N. 245.
BOILEAU, N. 2, 7, 8, 9, 10, 11, 12, 14, 17, 18, T. et N. 19, N. 21, 22, 23, 24, 26, 33, 34, T. et N. 39, N. 59, 84, 90, 102, 120, 123, 129, 137, 140, 159, 168, 180, 185, 188, 198, 216, 242, 247, 252, 276, 277, 288, 290, 292, 297, 310, 311, 321, 332, 334, 339, 343, 352, 361, 362, 368, 371, 454, 455, 458, T. et N. 465.
BOILEAU (l'abbé Charles), T. et N. 50.
BOISGUILLEBERT (le Pesant, sieur de), N. 117, 264.
BONTEMPS, T. et N. 171.
BOSSUET, N. 9, 18, 22, 30, 47, 48, 49, 50, 51, 52, 58, 73, 93, 99, 115, 122, 126, 131, 154, 157, 166, 170, 181, 190, 213, 216, 219, 222, 241, 255, 266, 304, 337, 366, T. 369, 378, 381, 385, 389, 404, 413, T. et N. 466.
BOUHOURS (le père), N. 16, 17, T. et N. 19, N. 23, 341.
BOURDALOUE, N. 15, 172, 202, 313, 362, T. et N. 369.
BOURSAULT, T. et N. 19, 102.
BRANCAS (comte de), T. et N. 226 à 232.
BRETEUIL (le baron de), T. et N. 54.
BRINVILLIERS (marquise de), N. 162.
BRIOCHÉ, T. et N. 281.
BRONTIN (v. Berrier ou Pontchartrain).

BROUSSAIN (comte de), N. 188.
BUSSY-RABUTIN, T. et N. 19, N. 21, 52, 161, 174, 214, 215, 236, 289, 468.

C

CALLOT (Jacques), T. et N. 315.
CAPYS (v. Boursault).
CARETTI, T. et N. 150, 281, T. et N. 352, 353.
CASSINI, T. et N. 168.
CATINAT, N. 46, 295.
CELSE (v. de Breteuil).
CHAMILLART (Michel de), N. 117, 182, 188.
CHAMLAY (marquis de), T. et N. 142.
CHAMPMESLÉ, T. et N. 277.
CHANTILLY, T. et N. 27, 52, 388, 389, 460.
CHAPELAIN, T. et N. 276.
CHARRON, N. 280.
CHARPENTIER, N. 2, T. et N. 467, 468.
CHEVREUSE (le duc de), N. 188, T. et N. 278.
CHAULIEU, N. 106, 133, 283.
CHOISY (l'abbé de), N. 167, 195, 334, T. et N. 464.
CHRYSIPPE (v. Langeois).
CLERMONT-TONNERRE (comte de), T. et N. 80.
CLITIPHON, T. et N. 111, 112.
CLITON, T. et N. 261.
COEFFETEAU, N. 23, T. et N. 25.
COLASSE, T. et N. 29, T. et N. 48.
COLBERT, N. 26, 112, 117, 125, 153, 168, 183, 186, 188, 220, 276.
COMÉDIE-COMÉDIENS, T. et N. 21, 22, 28, 29, 30, 277, 336, 337.
CONCINI (le maréchal d'Ancre), T. et N. 85, 118.
CONRART, N. 196, 462.
CONDÉ (Louis de Bourbon — le grand), T. et N. 51, T. 269, 278, N. 293, 296, 299.
CONDÉ (Henri-Jules de Bourbon — M. le prince), T. et N. 27, N. 225, 278.
CONDÉ (Louis de Bourbon — M. le duc), T. et N. 180, N. 181, 191, 291, 383.
CONTI (Louis-Armand, prince de), N. 245, 320, 321.
CONTI (François-Louis, prince de), T. et N. 278.
CORNEILLE, N. 8, T. et N. 18, 27, 31, 32, 33, N. 34, T. 48, N. 53, 59, 62, 69, 139, 160, 161, 174, 192, 207, 245, 260, T. et N. 276, 277, N. 290, T. et N. 291, N. 340, 453, T. et N. 456, 465, 466.
CORNEILLE (Thomas), N. 102, 154.
CORNUEL (Mme de), N. 118, 174.
COUR-COURTISAN, T. et N. 43, 44, 148, (et tout le chap. *de la cour*, en par-

ticulier, 172, 173), 324 à 326, 330, 461.
COURTANVAUX, T. et N. 46, 47.
COUSIN (le président), N. 116.
CRAMOISY, T. et N. 19.
CRASSUS (v. Louvois).
CRISPIUS (v. Leclerc).
CRITIQUE, T. et N. 11 à 21, 38.
CRITON (v. Berrier).
CYDIAS (v. Fontenelle).

D

DAMIS (v. Boileau).
DANGEAU (marquis de), N. 109, 116, 127, 175, 195, T. et N. 196, 197, 198, N. 253.
DAUPHIN (le grand), T. et N. 304.
DELPECH, T. et N. 112, 113.
DELRIEUX, T. et N. 333.
DÉMOCRITE, T. et N. 308 à 312.
DÉMOPHILE, T. et N. 206, 207.
DES BARREAUX, N. 133.
DESCARTES, N. 2, 9, 10, 20, T. et N. 124, N. 225, 233, 267, 288, 300, 355, 377, 380, 385, 386, 387, 388, 390, 394, 395, 396, 404, 410.
DESMAREST, N. 117, 153.
DESMAREST DE SAINT-SORLIN, T. et N. 141, 454, 455.
DESPORTES, N. 23, T. 359.
DÉVOTION, T. et N. 65, 66, 67, 274, 290, 324 à 331, 381, 382.
DIPHILE (v. Santeuil).
DOMAT, N. 210.
DONNEAU DE VIZÉ, N. 454.
DORILAS (v. Varillas).
DRANCE (v. Clermont-Tonnerre).
DU BARTAS, T. et N. 23, 24.
DU BELLAY, N. 23. 167.
DUHAMEL, T. et N. 137.
DU METZ, T. et N. 142.
DU PERRON, N. 23, 25.
DU PUY (les frères), N. 193.

E

EDUCATION, T. et N. 241 à 244, 298.
EGÉSIPPE (l'homme inutile), T. 42.
ELOQUENCE (ORATEURS), T. et N. 7, 33, 34, 304, et tout le chap. *de la Chaire*.
EMIRE, T. et N. 69 à 71.
ERASME, T. et N. 1, 48.
ERGASTE (v. Beauvais).
ESTRÉE (le maréchal d'), N. 127.
ESTRÉE (le cardinal d'), T. et N. 278, 355, 356.
ESTIENNE (Robert et Henri), N. 23, 144.
EURIPILE, T. et N. 280.

F

FABRY, T. et N. 159.
FAGON, T. et N. 353.

TABLE ANALYTIQUE DES MATIÈRES. 475

FAUCONNET (Jean), T. et N. 124.
FAVIER, T. et N. 330.
FÉNELON, N. 5, 8, 9, 10, 22, 23, 25, 40, 43, 90, 93, 107, 146, 147, 176, 182, 186, 205, 217, 237, 241, 243, 244, 257, 264, 266, 271, 278, 320, 338, 359, 362, 365, 370, T. et N. 372, 378, 381, 385, T. et N. 436.
FLÉCHIER, N. 193, 265, 350, 375.
FLORIDOR, T. et N. 198.
FONTENELLE, N. 10, T. et N. 29, N. 64, 102, T. et N. 105, 106, 107, 174, N. 397, T. et N. 453 à 461.
FOUQUET, N. 112, 118, 125, 153, 158, 178.
FOURCROY (avocat au parlement), T. et N. 361.
FRÉMONT (Nicolas de), T. et N. 109.

G

GALLOIS (v. *journal des savants*).
GAULTIER, T. et N. 145.
GAZETTE DE FRANCE, N. 19.
GAZETTE DE HOLLANDE, T. et N. 141.
GENEST, T. et N. 27.
GESVRES (duc de), N. 234, 235.
GITON (v. Barbezieux).
GNATHON, T. et N. 260.
GOMON, T. et N. 137.
GODEAU, T. et N. 456.
GOURVILLE, T. et N. 88, 89, 112, N. 127.
GRAMMONT (comte de), T. et N. 115, 116, N. 127, 130, 174, 229.
GRANDS, T. et N. 43, 44, 180, et tout le chap. *des grands*. — 319 à 325.
GUILLAUME III, T. et N. 208, N. 300, 301, 305 à 312, T. et N. 469, 470.

H

HANDBURG (v. Maimbourg).
HARLAY (le premier président, Achille de), N. 46, T. et N. 194, 195, 278, 314.
HARLAY (l'archevêque, François de), N. 48, T. et N. 196, 278.
HAUTEFEUILLES (le bailli de), N. 161.
HÉNAULT, N. 133.
HENRI IV, N. 186, 211, 216, 218.
HENRIETTE D'ANGLETERRE (Madame), N. 27, 54, T. et N. 58, N. 172.
HÉRACLITE, T. et N. 307, 308.
HERMAGORAS, T. et N. 104.
HERMIPPE, T. et N. 350, 351.
HERVÉ (Charles), T. et N. 98.
HUMIÈRES (marquis d'), N. 350.

I

INNOCENT XI, T. et N. 308.
IPHIS, T. et N. 322, 323.

IRÈNE, T. 239 (v. Mme de Montespan).

J

JACQUES II, T. et N. 185, 305 à 312 à 469, 470.
JACQUIER, T. et N. 112.
JANSÉNISTE, T. et N. 36.
JODELLE, T. et N. 23, 24.
JOURNAL DES SAVANTS, N. 19
JUSTE LIPSE, N. 25.

L

LA BAZINIÈRE, T. et N. 112.
LA BOÉTIE (Etienne de), N. 201, 202.
LA CALPRENÈDE, T. et N. 103.
LA CHAISE (le Père), N. 162, 196, 232.
LA CHAMBRE (l'abbé de), T. et N. 468.
LA COUTURE, T. et N. 159.
LA FARE, N. 27, 133, 254.
LA FAYETTE (Mme de), N. 66, 71, 161, 465.
LA FERTÉ (maréchale de), T. et N. 64, N. 195.
LA FEUILLADE (les ducs de), N. 150, T. et N. 185, 186, N. 188, T. et N. 254, 378.
LA FONTAINE, N. 14, 16, 20, 26, 27, 37, 40, 67, 94, 109, 121, 125, 146, 155, 170, 173, 192, 205, 226, 242, 263, 265, 267, 268, 291, 312, 333, 387, 419, T. et N. 465.
LA FORCE (Mlle de), T. et N. 284.
LA LOUBÈRE (Simon de), T. et N, 471, 472.
LA MOTHE-HADANCOURT (Mlle de), — (v. Ventadour).
LAMOIGNON (le président et l'avocat-général, de), T. et N. 278, 279.
LAMOTTE, N. 10, 107.
LANGLADE (marquis de), T. et N. 346.
LANGLÉE. T. et N. 114, 117, 127, 151, 152, N. 316.
LA RIVIÈRE, N. 6.
LA ROCHEFOUCAULD, N. 5, 41, 42, 46, 60, 71, 72, 73, 74, 75, 76, 77, 78, 79, 81, 82, 85, 99, 100, 101, 102, 108, 154, 155, 161, 176, 177, 181, 233, 238, 245, 246, 251, 258, 259, 273, 283, 292, 293, 296, 301, 362, T. et N. 414.
LA ROCHE-SUR-YON (prince de), T. et N. 226 à 232.
LA RUE (le Père), N. 372.
LA SERRE, T. et N. 454.
LAUGEOIS (le fermier général), T. et N. 116, 334.
LAURENT, T. et N. 389.
LAUZUN, N. 109, T. et N. 178, 179, 214, 215, 254, 465.
LEBRUN (le peintre), N. 142, T. et N. 194.
LE BRUN, T. et N. 346.

476   TABLE ANALYTIQUE DES MATIÈRES.

Le Camus, N. 48, 333, 340.
Le Clerc de Lessenville, T. et N. 139.
Le Maistre (Antoine), T. et N. 361.
Le Nostre (André), T. et N. 389.
Le Pelletier (Claude), T. et N. 55, 138, 139, N. 165.
Le Rochois (Marthe), T. et N. 143.
Lesclache, T. et N. 141.
Lesdiguières (duchesse de), T. et N. 64, N. 316.
Le Sueur (Eustache), T. et N. 230.
Le Tellier (l'archevêque Maurice), N. 46, 47, T. et N. 116.
Le Tellier (le chancelier), N. 118, 153.
Le Tourneux (l'abbé), T. et N. 362.
Lingendes (Claude et Jean de), T. et N. 269.
Lionne (marquis de), N. 183.
Longueville (Mᵐᵉ de), N. 21, 179, 184.
Lorenzani, T. et N. 330.
Lorges (maréchal de), N. 109.
Lorraine (Charles V, duc de), T. et N. 306.
Louis XIV, N. 118, T. et N. 213, 217, 220 à 223, N. 318, T. et N. 469 à 471.
Louvois, T. et N. 46, 47, 55, N. 142, 153, 158, 162, 165, T. et N. 166, 182, 183, 199, 220, 246, 378.
Lulli, T. et N. 26, 48, T. 194.
Luxembourg (maréchal de), N. 142, T. et N. 157, 158, N. 182, 207.

M

Mabillon, T. et N. 50.
Machiavel, N. 201, 202.
Montpensier (Mˡˡᵉ de), N. 178, 232, 453, 465.
Maillebois (comte de), N. 153.
Maimbourg, T. et N. 39.
Maine (duc du), T. et N. 278.
Maintenon (Mᵐᵉ de), N. 55, 87, 118, 162, 182, 196, 213, 278, 324, T. et N. 329, 330.
Maisonfort (Mᵐᵉ de), N. 329.
Malebranche, T. et N. 24, 25, N. 90, 225, 233, 245, 266, 283, 355, 390, 396.
Malézieux (de), N. 30.
Malherbe, N. 4, 20, T. et N. 22, 23, 24, 36, N. 60, 90, 94, 148, 171, 462.
Marguerite d'Angoulême, N. 23, 144.
Marin (le chevalier), N. 85, 101.
Marot, T. et N. 23, 24, 144, N. 343, 359, T. 465.
Marsin, N. 182.
Massillon, N. 18, 93, 148, 190, 204, 361, 362, 364.
Maurepas (comte de), N. 153.
Mauroy (l'abbé), T. et N. 226 à 232.
Maynard, N. 462.
Mazarin (duchesse de), N. 127.

Mecklenbourg-Schwerin (Louis Christian, duc de), T. et N. 141.
Mellin de Saint-Gelais, N. 24.
Ménage, N. 66, 181, 195, 295, 333, 341, 348.
Ménalippe (v. Nouveau).
Ménippe (v. Villeroy).
Ménalque, 225 à 232.
Mercure Galant, N. 19, T. et N. 2 141, 282, 454.
Méré (chevalier de), N. 133, 209.
Mesmes (le premier président Antoine T. et N. 137.
Mignard, T. et N. 48.
Misère (la misère au dix-septiè siècle), T. et N. 113, 122, 250, 26 265.
Miton, N. 209, 247.
Molière, N. 3, 4, 6, 7, 8, 12, 14, 1 16, 20, T. et N. 22, N. 24, T. et 30, N. 36, 38, 40, 44, 45, 52, 53, 5 61, 62, 63, 65, 67, 78, 83, 84, 85, 9 91, 94, 95, 99, 104, 106, 117, 128, 13 137, 139, 143, 147, 151, 153, 157, 16 164, 167, 169, T. et N. 170, N. 18 185, 192, 196, 198, 200, 223, 225, 22 246, 262, 272, 279, 288, 293, 297, 32 324 à 329, 333, 337, 344, 348, 349, 35 355, 382, 394, 419, 420, 425, 426, 43 433, 434, 442.
Mondori, T. et N. 198.
Monsieur (Philippe d'Orléans), N. 17 T. et N. 255, N. 333.
Montaigne, N. 7, 11, 12, 22, T. et 24, 25, N. 39, 40, 72, 75, 77, 78, 8 90, T. et N. 94, 96, 104, 158, 169, 17 198, 201, 203, 214, 225, 235, 238, 23 240, 241, 248, 253, 259, 270, 271, 27 275, 282, 308, 323, 316, 371, 384.
Montespan (Mᵐᵉ de), N. 196, 197, 23 278, 329.
Montausier (duc de), T. et N. 278.
Montausier (Julie d'Angennes, d chesse de), N. 101, 144, 278, 456.
Montmort (de), N. 127.
Montrevel (marquis de), T. et N. 29
Mopse (v. Saint-Pierre).
Morin (de Béziers), N. 127.
Mortemart (duc de), N. 188.

N

Narcisse, T. et N. 141.
Naudé (Gabriel), N. 201.
Nicole, N. 15, T. et N. 24, 25, N. 140 266, 280.
Noailles (cardinal de), N. 56, 126.
Nouveau (Jerôme de), T. et N. 139, 140
Novion (le président de), T. et N. 278 343.

TABLE ANALYTIQUE DES MATIÈRES.

O

OLONNE (comte d'), N. 188, 312.
ONUPHRE, T. et N. 326 à 329.
OPÉRA, T. et N. 26, 27.
ORLÉANS (Gaston d'), T. et N. 192, 193.
ORLÉANS (Philippe d'), v. Monsieur.
ORLÉANS (Philippe d'), duc de Chartres, plus tard régent, T. et N. 278, 472.
OSSAT (cardinal d'), T. et N. 279.

P

PALISSY, N. 41.
PAMPHILE (v. Dangeau).
PARIS, T. et N. 134, (et tout le chap. *de la Ville*) en particulier, 143.
PARTISAN, T. et N. 112, et tout le chap. *des Biens de fortune*.
PASCAL (Blaise), N. 4, 11, 14, 15, 24, 33, 38, 39, 40, 41, 44, 45, 49, 53, 63, 71, 75, 90, 94, 109, 110, 123, 166, 174, 179, 180, 182, 185, 191, 199, 203, 204, 205, 209, 214, 220, 221, 225, 232, 233, 235, 236, 238, 239, 240, 241, 247, 248, 249, 255, 256, 257, 259, T. 269. N. 273, 274, 276, 280, 292, 296, 297, 301, 307, 318, 330, 344, 355, 366, 374, 376, 377, 380, 384, 389, 393, 397, 409, T. et N. 411.
PASCAL (Jacqueline), N. 66, 179.
PATIN (Guy et Charles), N. 133, 261, 353.
PATRU (l'avocat), N. 311.
PAVILLON, N. 102.
PAYSANS, T. et N. 264, 265.
PELLISSON, N. 25, 56, 125, 196, T. et N. 278, 280, N. 341, 462.
PENAUTIER (Reich de), T. et N. 298, 299.
PÉRIANDRE (v. Langlée).
PERRAULT, N. 9, 10, 14, 84, 102, 103, 169.
PEUPLE, T. 180, T. et N. 188, 189, 200, 264, 265.
PHÉDON, T. et N. 133, 134.
PHELIPPEAUX, N. 153.
PHILÉMON (v. Stafford).
PHILOSOPHE-PHILOSOPHIZ, T. et N. 20, 123, 266, 267, 294, 295 — et tout le chap. *des Esprits forts* (voir aussi *Antisthène*, *Antisthius* et *Socrate*).
PLANCUS (v. Louvois).
POISSON DE BOURVALOIS, T. et N. 112.
POMPONNE (marquis de), T. et N. 165, 177.
PONTCHARTRAIN (comte de), N. 112, 116, 117, 118, 472.
PORT-ROYAL, N. 15, 22, 66, 220, 366, 453.
PRADON, T. et N. 7, 39.
PRÉCIEUSES, T. et N. 21, 84, 85, T. et N. 101, 114, 195, N. 454, 456.
PRUD'HOMME (le baigneur), N. 186.

PUCELLE (l'avocat Claude), T. et N. 361.

Q

QUINAULT, N. 14, T. et N. 26, 276.

R

RABELAIS, N. 9, T. et N. 24, N. 84, 87, 114 169, 343, 383.
RACAN, T. et N. 24, N. 462.
RACINE, N. 10, 13, 14, 18, 20, 26, T. et N. 27, 31, 32, 33, 58, 62, 91, 92, 122, 125, 126, 135, 138, 146, 148, 151, 159, 179, T. 194, N. 201, 213, 215, 221, 251, 260, 263, 264, 361, 364, 332, 425, 426, 453, T. et N. 465, 466.
RAMBOUILLET (hôtel de), (v. Précieuses).
RAMBOUILLET (marquise de), N. 101, 141 (v. Mme de Montausier).
RAMBOUILLET (Nicolas de), T. et N. 141.
RANCÉ (l'abbé de), T. et N. 255.
RAPIN (le Père), N. 66.
REGNIER, N. 323.
RENAUDOT (v. *Gazette de France*).
RICHELIEU (le cardinal de), T. et N. 47, 196, 206, 207, 216, T. 269, 279, 452, 455, 456, T. et N. 462 à 464.
RICHELIEU (le duc de), N. 173.
ROBERT (le chanoine), T. et N. 50.
ROHAN (duc de), N. 110.
RONSARD, T. et N. 23.
ROQUELAURE (duc de), N. 174.
ROQUETTE (évêque d'Autun), T. et N. 185.
ROQUETTE (l'abbé), T. et N. 367.
ROUSSEAU, T. et N. 159.
RUCCELLAI, T. et N. 85.
RUFFIN, T. et N. 263.

S

SACHOT (l'abbé), T. et N. 313.
SAINT-EVREMOND, N. 10, 25, 26, 30, 31, 35, 56, 127, 133, 160, 283, 312, 317, 359, 376, 453.
SAINT-PAVIN, N. 133.
SAINT-PIERRE (abbé de), T. et N. 54.
SAINT-POUANGE, T. et N. 110, N. 346.
SAINT-RÉAL, N. 133.
SAINT-SIMON, N. 15, 27, 46, 54, 55, 56, 80, 87, 101, 109, 127, 130, 133, 136, 137, 142, 151, 162, 165, 169, 179, 182, 184, 185, 186, 195, 197, 213, 217, 234, 235, 239, 299, 324, 349, 353, 362.
SALLO (v. *Journal des savants*).
SANNIONS (v. Lepelletier).
SANTEUIL, T. et N. 291, 292, 317, 318.
SARRAZIN, T. et N. 320, 321.
SATIRE, T. et N. 7, 39.
SAUVEUR (le mathématicien), N. 253.
SCARAMOUCHE, N. 103.
SCARRON, N. 18.

SCUDÉRY (Madeleine de), T. et N. 103, 107, 108, 173, 213, T. et N. 278.
SCUDÉRY (Georges de), N. 18.
SEGRAIS, T. et N. 465.
SÉGUIER (le chancelier Pierre), T. et N. 278, 468, 469.
SEIGNELAY (marquis de), T. et N. 55, N. 153, 188, 336, 378.
SÉRAPHIN (le Père), T. et N. 362.
SÉVIGNÉ (Mme de), N. 13, 15, T. et N. 21, N. 22, 26, 39, 59, 66, 94, 109, 117, 125, 127, 140, 145, 161, 162, 165, 173, 177, 178, 236, 254, 264, 281, 298, 299, 306, 346, 465, 469.
SILLERY (marquis de), N. 188.
SOSIE (v. Berrier).
SOUVRÉ (commandeur de), N. 188.
SOCRATE (v. philosophe).
SOYECOURT (le chevalier et le marquis de), T. et N. 204.
SOURCHES (marquis de), N. 346.
STAFFORD (Lord), T. et N. 48, 49.
STRATON (v. Lauzun).
SULLY, N. 186.

T

TALLARD, N. 182.
TALLEMANT DES RÉAUX, N. 140.
TÉLÈPHE, T. et N. 268.
TÉLÉPHON (v. La Feuillade).
TERRASSON, N. 10.
THÉOBALDE (v. Benserade, Boursault, Fontenelle, Perrault Th. Corneille).
THÉODAS (v. Santeuil).
THÉODECTE (v. d'Aubigné).
THÉODOTE, T. et N. 167.
THÉOPHILE DE VIAUX, T. et N. 22, 48.
THÉOPHILE (v. Roquette).
THOU (de), N. 25, 195, 364.
TIMANTE (v. de Pomponne).
TIMON, T. et N. 272.
TOURVILLE (maréchal de), N. 116.
TRAGÉDIE, T. et N. 7, 28, 29, 31, 32, 33.
TRÉVILLE, T. et N. 13, 14, 362.

TROILE (v. Gourville).
TROPHIME (v. Bossuet, François de Harlay, et le Camus.)
TURENNE, T. et N. 57, 142, N. 293, 296, 350.

V

VARDES (marquis de), T. et N. 278.
VARILLAS, T. et N. 39.
VAUBAN, N. 113, 117, 186, 264, T. et N. 300, N. 301.
VAUGELAS, N. 20, 25, 90, 210, 341, 359.
VEDEAU DE GRAMMONT, T. et N. 99.
VENDÔME (Louis-Joseph, duc de), N. 133, 172.
VENDÔME (le grand prieur de), N. 180, 278.
VENTADOUR (Lévy, duc de), T. et N. 110.
VIENNE (Louis de), T. et N. 334.
VIGNON, T. et N. 48.
VILLARS (maréchal de), N. 264.
VILLEROY (Nicolas de Neuville, duc de) N. 165, 182.
VILLEROY (François de Neuville, duc de), T. et N. 55, 56, 57, 173, 219, N. 296, 362.
VILLEROY (de), archevêque de Lyon, N. 161.
VOITURE, T. et N. 21, 25, N. 51, 101, 206, T. et N. 320, 321, 341, 357, 463, T. 465.

W

WITT (Jean et Corneille de), N. 311.

X

XANTIPPE (v. Bontemps).
XANTUS (v. Courtanvaux).
XIMÉNÈS (le cardinal), T. et N. 279.

Z

ZAMET, T. et N. 85.
ZÉLIE (v. Maintenon).
ZÉNOBIE, T. et N. 130, 131.

TABLE DES CHAPITRES

DES CARACTÈRES

DE LA BRUYÈRE ET DE THÉOPHRASTE

                                                                      Pages.

Notice sur la vie et les écrits de La Bruyère............................ v

CARACTÈRES DE LA BRUYÈRE :

Préface... 1
CHAPITRE I. Des Ouvrages de l'esprit.................................... 6
— II. Du Mérite personnel.. 40
— III. Des Femmes... 58
— IV. Du Cœur.. 71
— V. De la Société et de la Conversation............................. 83
— VI. Des Biens de la fortune.. 109
— VII. De la Ville... 134
— VIII. De la Cour.. 148
— IX. Des Grands.. 180
— X. Du Souverain ou de la République.............................. 201
— XI. De l'Homme.. 224
— XII. Des Jugements... 273
— XIII. De la Mode.. 312
— XIV. De quelques Usages... 331
— XV. De la Chaire... 361
— XVI. Des Esprits forts.. 373
Discours de La Bruyère sur Théophraste................................. 403

CARACTÈRES DE THÉOPHRASTE.

De la Dissimulation... 418
De la Flatterie... 419
De l'Impertinent, ou du Diseur de riens.................................. 421
De la Rusticité.. 422
Du Complaisant ou de l'envie de plaire.................................. 423
De l'Image d'un Coquin.. 425
Du grand Parleur... 426

Du Débit des nouvelles...	428
De l'Effronterie causée par l'Avarice................................	429
De l'Epargne sordide..	430
De l'Impudent, ou de celui qui ne rougit de rien.................	432
Du Contre-temps..	433
De l'Air empressé...	434
De la Stupidité..	435
De la Brutalité..	436
De la Superstition..	437
De l'Esprit chagrin...	438
De la Défiance..	439
D'un Vilain homme..	440
D'un Homme incommode..	441
De la sotte Vanité..	441
De l'Avarice..	442
De l'Ostentation..	443
De l'Orgueil..	445
De la Peur, ou du Défaut de courage...............................	445
Des Grands d'une République.......................................	447
D'une tardive Instruction...	448
De la Médisance..	449
Préface du Discours prononcé dans l'Académie française.......	451
Discours..	462
TABLE ANALYTIQUE DES MATIÈRES...................................	473

SAINT-CLOUD. — IMPRIMERIE V° EUG. BELIN ET FILS

MÊME LIBRAIRIE
Envoi franco au reçu du prix en un mandat ou en timbres-poste.

AUTEURS FRANÇAIS
Prescrits par les derniers programmes officiels.

BOILEAU-DESPRÉAUX. — **Œuvres poétiques et fragments des œuvres en prose.** Nouvelle édition, collationnée sur les meilleurs textes et renfermant une annotation générale d'après tous les commentateurs, un nouveau commentaire grammatical, des notices littéraires sur les auteurs de satires et d'arts poétiques en français, une appréciation du style de Boileau et une vie de l'auteur; par M. Ch. Aubertin, ancien maître des conférences de littérature française à l'Ecole normale, recteur honoraire, correspondant de l'Institut, professeur à la Faculté des lettres de Dijon. 1 vol. de 450 pages, in-12, cart. 2 fr.

— **Œuvres poétiques.** Nouvelle édition collationnée sur les meilleurs textes et renfermant une annotation générale d'après tous les commentateurs, un nouveau commentaire littéraire et grammatical, des sommaires historiques et analytiques, et une vie de l'auteur; par M. Ch. Aubertin. 1 vol. in-12, c. 1 fr. 50 c.

Édition autorisée par M. le Ministre de l'instruction publique (1881) et adoptée pour les bibliothèques scolaires.

BOSSUET. — **Choix de sermons** (1653-1691). Édition critique publiée sur les manuscrits autographes de la Bibliothèque nationale ou sur les éditions originales, avec une introduction et des notes; par M. A. Gazier, maître de conférences à la Faculté des lettres de Paris. 1 vol. in-12, cart. 3 fr.

Édition couronnée par l'Académie française.

— **Oraisons funèbres.** Nouvelle édition, revue sur celle de 1689, avec une introduction, des notes philologiques, historiques, littéraires, et un choix de documents historiques; par M. P. Jacquinet, ancien maître de conférences à l'Ecole normale supérieure, inspecteur général honoraire de l'instruction publique, recteur honoraire. 1 vol. de 582 pages, in-12, cart. 2 fr. 60 c.

Édition couronnée par l'Académie française, adoptée pour les bibliothèques scolaires et populaires.

BUFFON. — **Morceaux choisis.** Choix nouveau, précédé d'une introduction et accompagné de notes littéraires et scientifiques; par M. J. Labbé, ancien élève de l'Ecole normale, agrégé des classes supérieures. 1 vol. in-12, cart. 1 fr. 50 c.

Édition autorisée par M. le Ministre de l'instruction publique (1881).

FÉNELON. — **Lettre sur les occupations de l'Académie française**, suivie de la correspondance littéraire avec Lamotte. Nouvelle édition avec introduction, commentaire critique et notes; par M. Grenier, agrégé des lettres, proviseur du lycée Henri IV. 1 vol. in-12, cart. 80 c.

Édition autorisée par M. le Ministre de l'instruction publique (1881).

MÊME LIBRAIRIE
Envoi franco au reçu du prix en un mandat ou en timbres-poste.

AUTEURS FRANÇAIS
Prescrits par les derniers programmes officiels.

FÉNELON. — **Aventures de Télémaque**, suivies des Aventures d'Aristonoüs. Nouvelle édition contenant des notes historiques, mythologiques, géographiques, philologiques et littéraires, les passages des auteurs anciens traduits ou imités par Fénelon et des observations générales sur chaque livre; par M. Mazure, ancien inspecteur de l'Université. 1 vol. in-12, cart. 1 fr. 60 c.

Édition autorisée par M. le Ministre de l'instruction publique (1881), adoptée pour les distributions de prix, les bibliothèques de quartier des lycées et collèges et pour les bibliothèques scolaires.

LA BRUYÈRE. — **Les Caractères ou les mœurs de ce siècle**, suivis des Caractères de Théophraste. Nouvelle édition collationnée sur les meilleurs textes, précédée d'une notice sur La Bruyère et accompagnée de notes historiques et littéraires; par M. J. Labbé, ancien élève de l'Ecole normale, agrégé des classes supérieures. 1 vol. in-12, cart. 2 fr. 50 c.

Édition autorisée par M. le Ministre de l'instruction publique (1881).

LA FONTAINE. — **Fables.** Nouvelle édition, avec des notes littéraires et grammaticales, une vie de l'auteur et une notice sur la fable et les principaux fabulistes; par M. Ch. Aubertin, recteur honoraire, professeur à la Faculté des lettres de Dijon. 1 vol. in-12, cart. 1 fr. 60 c.

Édition autorisée par M. le Ministre de l'instruction publique (1881) et adoptée pour les bibliothèques scolaires.

SÉVIGNÉ (Mme DE). — **Lettres choisies.** Nouvelle édition collationnée sur les meilleurs textes, précédée d'une notice sur Mme de Sévigné et accompagnée de notes historiques et littéraires; par M. J. Labbé, ancien élève de l'Ecole normale, agrégé des classes supérieures. 1 vol. in-12, cart. 2 fr.

VOLTAIRE. — **Lettres choisies**, avec notes historiques et littéraires; par M. Ch. Aubertin, ancien maître des conférences de littérature française à l'Ecole normale supérieure, recteur honoraire, correspondant de l'Institut. 1 vol. in-12, c. 2 fr. 50 c.

— **Siècle de Louis XIV.** Nouvelle édition, précédée d'une notice sur l'auteur, d'études préliminaires sur son œuvre, des principaux jugements qu'on en a portés, accompagnée de notes historiques, géographiques, littéraires et grammaticales, suivie d'une table analytique et chronologique; par M. L. Grégoire, docteur ès lettres, professeur au lycée Condorcet. 1 fort vol. in-12, cart. 2 fr. 75 c.

Édition autorisée par M. le Ministre de l'instruction publique (1881) et adoptée pour les bibliothèques scolaires.

MÊME LIBRAIRIE

Envoi franco au reçu du prix en un mandat ou en timbres-poste.

THÉATRE DE P. CORNEILLE

LE CID
TRAGÉDIE

Nouvelle édition, avec des notes historiques, grammaticales et littéraires, précédée d'appréciations littéraires et analytiques empruntées aux meilleurs critiques; par M. F. JONETTE, inspecteur d'académie. In-12, cart.   50 c.
Édition autorisée par M. le Ministre de l'instruction publique (1881).

HORACE
TRAGÉDIE

Nouvelle édition, avec des notes historiques, grammaticales et littéraires, précédée d'appréciations littéraires et analytiques empruntées aux meilleurs critiques; par M. GIDEL, docteur ès lettres, proviseur du lycée Louis-le-Grand. In-12, cart.   50 c.
Édition autorisée par M. le Ministre de l'instruction publique (1881).

CINNA, OU LA CLÉMENCE D'AUGUSTE
TRAGÉDIE

Nouvelle édition, avec des notes historiques, grammaticales et littéraires, précédée d'appréciations littéraires et analytiques, empruntées aux meilleurs critiques; par M. F. JONETTE, inspecteur d'académie. In-12, cart.   50 c.
Édition autorisée par M. le Ministre de l'instruction publique (1881).

NICOMÈDE
TRAGÉDIE

Texte revu sur la dernière édition donnée par le poète (1682) et publié avec une introduction, les notes les plus importantes des précédents commentateurs et de nouvelles notes philologiques et littéraires; par M. Armand GASTÉ, ancien élève de l'École normale supérieure, professeur à la Faculté des lettres de Caen. In-12, cart.   75 c.
Édition adoptée pour les bibliothèques populaires.

POLYEUCTE
TRAGÉDIE

Nouvelle édition, avec des notes historiques, grammaticales et littéraires, précédée d'appréciations littéraires et analytiques empruntées aux meilleurs critiques; par M. GIDEL, docteur ès lettres, proviseur du lycée Louis-le-Grand. In-12, cart.   50 c.
Édition autorisée par M. le Ministre de l'instruction publique (1881).

MÊME LIBRAIRIE
Envoi franco au reçu du prix en un mandat ou en timbres-poste.

THÉATRE DE MOLIÈRE

L'AVARE
COMÉDIE (1668)

Texte revu sur l'édition originale et publié avec commentaire, étude sur la pièce, notice historique sur le théâtre de Molière et scènes choisies de Plaute et de Larivey; par M. BOULLY, professeur agrégé de l'Université. In-12, cart.   1 fr.
Édition adoptée pour les bibliothèques populaires et scolaires.

LE BOURGEOIS GENTILHOMME
COMÉDIE-BALLET

Texte revu sur l'édition originale (1671), avec une introduction, les notes les plus importantes des précédents commentateurs et de nouvelles notes historiques, grammaticales et littéraires; par M. A. GASTÉ, professeur à la Faculté des lettres de Caen. In-12, cart.   1 fr.

LES FEMMES SAVANTES
COMÉDIE (1672)

Nouvelle édition, avec notes historiques, grammaticales et littéraires, précédée d'appréciations littéraires et philosophiques; par M. HENRY, agrégé de l'Université. In-12, cart.   75 c.
Édition autorisée par M. le Ministre de l'instruction publique (1881).

LE MISANTHROPE
COMÉDIE (1666)

Texte revu sur l'édition de 1667 et publié avec commentaire, étude sur la pièce et notice historique sur le théâtre de Molière; par M. Émile BOULLY, professeur agrégé de l'Université. In-12, cart.   1 fr. 25 c.
Édition adoptée pour les bibliothèques populaires et scolaires.

LE MISANTHROPE
COMÉDIE

Nouvelle édition, avec notes historiques, grammaticales et littéraires, précédée d'appréciations littéraires et philosophiques; par M. AULARD, inspecteur de l'Université. In-12, cart.   50 c.
Édition autorisée par M. le Ministre de l'instruction publique (1881).

LE TARTUFFE
COMÉDIE (1664)

Nouvelle édition, revue sur les éditions originales, avec notes historiques, grammaticales et littéraires, précédée d'une notice historique sur la pièce; par M. BOULLY, professeur agrégé de l'Université. In-12, cart.   75 c.
Édition autorisée par M. le Ministre de l'instruction publique (1881) et adoptée pour les bibliothèques populaires et scolaires.

www.ingramcontent.com/pod-product-compliance
Lightning Source LLC
Chambersburg PA
CBHW071721230426
43670CB00008B/1079